剑桥哲学史
1870-1945
THE CAMBRIDGE HISTORY OF PHILOSOPHY

[英] 托马斯·鲍德温 编
周晓亮 等译

下

中国社会科学出版社

下 卷

目 录

第十篇 知识、语言与形而上学的终结 …………………………（601）
 第四十一章 可感觉的表象 ……………… 迈克尔·马丁（603）
 第四十二章 认识论的复兴 …………… 卢西亚诺·弗洛里迪（617）
 第四十三章 唯我论之争 ………………… 大卫·贝尔（629）
 第四十四章 语言 ……………… 大卫·霍尔德克罗夫特（641）
 第四十五章 作为形而上学之哲学的终结
  ………………………………… 西蒙·格伦迪宁（654）

第十一篇 哲学与精密科学 ……………………………………（671）
 第四十六章 一阶逻辑及其竞争者 …… 迈克尔·斯坎伦（673）
 第四十七章 数理逻辑的黄金时代 ……… 约翰·道森（685）
 第四十八章 广义相对论 ………………… 托马斯·里克曼（694）
 第四十九章 科学的解释 ………………… 乔治·盖尔（703）
 第五十章 概率论思维的兴起 ………… 扬·冯·普拉托（719）

第十二篇 心灵及其在自然中的位置 …………………………（727）
 第五十一章 活力论与突现 ……… 布莱恩·麦克劳克林（729）
 第五十二章 行为主义与心理学 …… 加里·哈特菲尔德（740）

第五十三章　格式塔心理学 …………… 托马斯·利希(750)
第五十四章　维特根斯坦的心灵概念 ……… 玛丽·麦金(760)

第十三篇　哲学与社会科学 ………………………… (769)
　　第五十五章　社会科学方法论 …………… 詹姆斯·博曼(771)
　　第五十六章　社会人类学的兴起 ……… 梅里李·H. 萨蒙(782)
　　第五十七章　西方马克思主义与意识形态
　　　　　　　　批判 ………… 亚历克斯·卡利尼克斯(788)

第十四篇　伦理学、宗教与艺术 …………………… (797)
　　第五十八章　从直觉主义到情感主义 …… 乔纳森·丹西(799)
　　第五十九章　宗教哲学 ………………… 理查德·罗伯茨(812)
　　第六十章　作为哲学的文学 ……… 莱安农·戈德索普(821)
　　第六十一章　两次世界大战之间的美学：艺术与
　　　　　　　　解放 ……………………… 保罗·盖耶(830)

第十五篇　法律与政治 ……………………………… (849)
　　第六十二章　汉斯·凯尔森与规范的法律实证
　　　　　　　　主义 ……………… 斯坦利·L. 保尔森(851)
　　第六十三章　自由民主国家：捍卫与发展
　　　　　　　　……………………… 理查德·贝拉米(857)
　　第六十四章　自由民主国家：批评者 …… 瓦尔特·亚当森(870)

附录　传记与文献 …………………………………… (881)

参考文献 ……………………………………………… (987)

索引 …………………………………………………… (1096)

后记 …………………………………………………… (1211)

第十篇

知识、语言与形而上学的终结

第四十一章

可感觉的表象

【521】

我们现在所认为的20世纪初期不同哲学传统的工作中，知觉问题起了核心作用，最明显的是在早期分析哲学的感觉材料理论中，以及随后40年间对感觉材料理论的积极回应中所起的核心作用，而在德国和法国现象学家特有的对世界的前反思意识的讨论中，它同样起了核心作用。在英语世界中，人们可以拿罗素的《哲学问题》（*The Problems of Philosophy*，1912）和奥斯汀（J. L. Austin）的《感觉与可感觉物》（*Sense and Sensibilia*，1962——这是在他逝后出版的，最初是在我们这个时期末即1947年所做的讲演）中对之所做的回应，作为这一时期开端的标志。在欧洲大陆，从胡塞尔（Husserl）的《逻辑研究》（*Logical Investigation*，1900/1）到梅洛—庞蒂（Merleau-Ponty）的《知觉现象学》（*Phenomenology of Perception*，1945），我们看到了相应的线索。

虽然可以认为这些问题的结构在这两种传统中是相同的，但我在本章中详细阐述和评论的是这些相关探讨中的某些不同之处。分析传统一开始就宣称对常识和明显真理的所谓依恋，对此人们是很熟悉的。但当人们来考察知觉这个话题，即作为逻辑研究和意义分析的早期分析哲学发展中所主要关注的话题，早期的分析理论看上去就显得很奇怪、很特异了。另一方面，现象学家们必须说的许多东西，更能打动当代英语世界哲学家而不是他们的分析前辈们的心弦。但20世纪初的讨论所取得的发展表明，这些思想家之间的相似与差异，以及我们现在构想这些问题的方式所带来的反应，多多少少比人们所能预料的更难捉摸。

一 感觉材料理论

【522】实在论的问题是与20世纪初许多英语世界哲学中关于感官知觉的讨论缠绕在一起的。形形色色的实在论者坚持认为，我们拥有对世界的认识，而世界却不依赖于这种认识。与此同时，我们对感官知觉如何把我们（至少在部分上）与这个世界联系起来操心不已。例如，有的哲学家自称是**批判的**实在论者，他们既强调世界与我们无关的实在性，也强调我们与世界的感性联系的性质是大有疑问的（参见Drake et al. 1920）。在世纪之交的牛津，哈罗德·普里查德追随他的老师约翰·库克·威尔逊（John Cook Wilson），抛弃了唯心主义（Prichard 1909）。从此，他关于知识论的著作就主要是关于知觉的讨论，知觉问题是随后几代牛津哲学家一直热衷的问题，他们包括普赖斯（H. H. Price）、赖尔（Gilbert Ryle）、艾耶尔、保罗（G. A. Paul）和奥斯汀。不过，英语传统中的主导部分仍然是剑桥特有的理论发展：即关于表象和知觉的感觉材料理论。

"感觉材料"（sense-datum）这个词是摩尔在1909年的讨论中发明使用的（参见Moore 1909），但把它首次引入公共领域，却是罗素在《哲学问题》（*The Problems of Philosophy*，1912）一书中所为，尽管这个词首次联系到知觉来使用，实际是在19世纪末的罗伊斯和詹姆斯那里。除摩尔和罗素以外，我们可以提到这个传统发展中的另两个重要人物：罗素的学生之一布罗德（C. D. Broad，尽管他更喜欢的词是"sensum"——参见Broad 1914）和普赖斯（参见Price 1932）。普赖斯是牛津哲学家，他在回牛津前师从摩尔，在牛津时恰好给威尔弗雷德·塞拉斯（Wilfrid Sellars）上过课，后者是批判的实在论者罗伊·伍德·塞拉斯（Roy Wood Sellars）的儿子，对普赖斯曾帮助传播过的"给与物"（即感觉材料）的"神话"进行了激烈而有影响的批判。

20世纪上半叶的许多哲学家对感觉材料进行了许多讨论，尽管很少有人实际上拥护这个理论。在这个世纪的晚些时候，在对感觉材料理论的讨论中，我们看到艾耶尔也名列其中。艾耶尔的确使用过"感觉材料"这个词来概括他的观点（参见 Ayer 1940），奥斯汀（明显偏向于牛津）把艾耶尔以及普赖斯都看作是感觉材料传统的代表。但我们在下面将会看到，艾耶尔对这些问题有很不相同的观点，因此不应仅仅因为他也使用了感觉材料论者用过的这个词，而把他包括在感觉材料论者之中。

感觉材料论者声称，当某人在感觉时，他或她就在经验中被"给与了"感觉材料。根据这种说法，知觉问题于是就变成了确定感觉材料与知觉的物质对象之间有何种关系的问题。要注意的是，引入"感觉材料"这个词是用来代表在感官知觉中被给与心灵的**任何东西**的。如此引入这个词，并不想使它在物理对象、物理对象的组成部分或非物理对象之间引起偏见。不过，在使用这个词的时候，感觉材料论者们隐含地做出了两个进一步的假定，对这两个假定很难用他们的表述来评论，而我们现在应当把它们看作是极有争议的。首先，摩尔、罗素、布罗德和普赖斯都假定，每当人们有了感觉经验——当人们感觉到一个对象，或至少它向人们显出仿佛那里有某个东西的时候——那么，实际上就一定有某个东西存在，人们对它有感知关系；他们甚至假定，一定有某个东西，它实际上具有在人们看来被感觉到的对象所具有的属性。所以，当我盯着桌子，如果这时它对我显出仿佛我面前有一大片棕色的东西，那么，就一定有一片实际的、棕色的东西存在，而且被我感觉到了。即使我们考虑如下情况也是如此，即我错误地把一个白色的对象感觉成了棕色的，或甚至在附近没有任何桌子的时候我也有一张棕色桌子存在的幻觉或幻想。

如果人们对信念或愿望这样的心理状态的对象也提出类似的看法，就不会有人认为这种观点有吸引力了。如果詹姆斯希望圣诞老人造访，我们不会假定，实际有一个存在物，即圣尼古拉，詹姆斯对他有一个愿望，即他会造访。我们都同意，这种心理状态只能有"意向的"对象，它们表面上与对象有关，但我们处于这样的心理状态并不需要有这样一个恰当对象实际存在。因此，对于感觉材料论者所犯的这个关键错误，有一个通常的判断，即认为他们在如下一点搞混了：他们忽视了知觉的意向性，没有注意到，感觉的对象可以仅仅是意向的对象，实际并不存在（例见，Anscombe 1965，Searle 1983：ch.2）。这也是早期分析传统似乎与现象学学派明显不同的一个方面，后者恰恰强调了知觉的意向性。然而，我们将会看到，感觉材料理论与意向性之间的关系，以及由此带来的感觉材料传统与现象学之间的对立，远比这里提到的更为复杂。

人们所用的第二个有疑问的假定认为，可以在感觉中给与我们的东西的范畴，在理论上有一种有趣的统一性。只要给出这个假定，我们就会设想，我们在谈论感觉材料和拥有一个感觉材料理论时是有意义的。虽然人们可以引入"胃—材料"这个词来表示人们胃中的任何东西，但由此并不能得出，胃—材料构成了理论上可资争论的东西。感觉材料论者认为我们可以对感觉材料进行一般争论，这反映了一个进一步的假定：不但事物是被给予我们的，而且一个重要的事物类也是这样被给予我们的。

这就是说，感觉材料论者并不直接假定被给与的东西一定是除物理对象之外的某种东西。虽然他们几乎一成不变地相信感觉材料是非物理的，但这通常是他们论证的结论。在罗素的《哲学问题》中，这个论证一带而过，并且过于简单而无法令人满意——他只是提到了这样的事实：当我们从不同的角度观察一个稳定的对象，即一张桌子，我们可以得到相互冲突的表象（Russell 1912：ch.1）。罗素的讨论几乎是明确用来回应休谟在《人类理智研究》（*Enquiry Concerning Human Understanding*）中得出相似结论的那个（同样简单而不能令人满意的）论证的。与此相反，摩尔对这个问题往往是长期不断地苦思冥想，在一篇篇文章中反复探索（参见 Moore 1914，1925）。总的来说，他打算通过某种有所改变的幻觉论证（即诉诸这样的事实：一个对象可以显出并非它实际所是的那个样子）来达到那个结论，而布罗德和普赖斯也同样如此。

在这些作家看来，我们首先确定有这样一种情况，即我们都会同意，某个东西在人们看来是棕色的，即使他们要知觉的任何候选的物理对象都不是棕色的。按照上面强调的假定推下去，感觉材料论者就会得出结论:在这种情况下,人们感觉到某个非物理的棕色感觉对象。于是,他们就采用某种概括步骤来表明,即使是在我们以为不可能有幻觉的情况下,也一定有某个这样的非物理东西呈现于感官。虽然这个概括步骤的根据并不总能弄清楚,但一般认为采用这个步骤似乎为我们提供了关于感觉材料的最好解释,即使人们并不打算用为此提出的哲学理论来取代心理学的或神经生理学的知觉研究。

总的来说,这些作家提议把非物理的感觉材料作为感觉的直接对象,并不否认我们也感觉到物理的对象。以摩尔为例,在他的各部著作中,感觉材料理论都是与有关日常世界的健全的常识实在论结合在一起的(特别参见 Moore 1925)。在不同的时期,罗素有时主张现象论,有时主张中立一元论。根据前者,物理世界是由感觉元素和事实做出的构造(参见 Russell 1914);根据后者,世界以及心灵都是由感觉活动中的共同基础做出的构造(参见 Russell 1921)。他的这两种主张都不是很认真的。虽然普赖斯对知觉活动的说明在许多细节上都回应了摩尔,但当说到形而上学的时候,他更为现象论所吸引,尽管他最后的立场在形式上并不完全是现象论的。

在英国和美国,这些最初的感觉材料论者都很有影响,但主要是被作为批判的对象。他们令人感兴趣的地方,与其说是其他人采纳他们的探讨方法并对之进行阐述的方式,不如说是按他们那样构想的那些问题是如何构成讨论的框架的。不过,在探寻各种批评线索之前,我想先把这个理论框架与同一时期德语世界中表面上截然不同的理论框架做个比较。【525】

二 现象学与知觉

在 19 世纪末,布伦塔诺从经院哲学中把"意向性"这个术语重新引入哲学用法,以便表明心灵如何能与思想中的对象联系起来的问题(参见 Brentano 1874[1973:84])。胡塞尔是布伦塔诺心理学的学生,他把现象学确立为一门哲学学科,其任务就是要描述世界的各种现象是如何能给与心灵的,如何能成为心理状态的对象的。胡塞尔非常重视知觉问题，正如重视与思想之事有关的那些问题一样。在这方面，他与感觉材料论者们的关注很相似。胡塞尔的《逻辑研究》的第二部分很多都是用来说明知觉意识的。他的这一关注焦点也延续到他的晚期著作中，例如《观念》（*Ideas*），这是他在完成了现象学的关键性转向后阐述的一部主要著作，他在其中引入了"现象学还原"这个概念。根据这个概念，现象学家需要把他或她在建立理论时的本体论预设加上括号，而仅仅关注对意识及其对象的严格描述（Hussell 1913）。

根据《观念》中的论述，胡塞尔将知觉的心理活动，即意向活动（noesis），同知觉的心理活动的内容，即意向对象（noema），区分开来，该内容将自身指定为知觉活动中呈现的对象。拥有这个内容的活动可以在其对象不存在时发生。胡塞尔用这种方式断定了知觉的意向性，即知觉活动同思想一样，可以似乎指向一些对象，而这时并没有任何实际存在的对象被知觉到（Husserl 1913［1982：213—214］）。但同时胡塞尔并不认为只有意向对象才包含在感官知觉中。他还断言感觉的诸方面也会呈现出来，用《观念》中的话说，也就是 hyle，即感觉活动的材料（Hussell 1913［1982：203ff］）。

胡塞尔的思想在海德格尔那里（Heidegger 1927），以及在萨特和梅洛—庞蒂（Merleau-Ponty）的著作中得到了发展并受到彻底的批判。后两个人特别研究和阐发了他关于知觉的观点。萨特的最具胡塞尔哲学意味的著作是《想象的心理学》（Satre 1940），人们在其中看到了胡塞尔的讲演中也强调的一点，即在意识中感觉对象的活动与想象对象的活动之间的差异。这里引入的是意识中的差别，而不是意识对象种类的差别，这个思想与摩尔和普赖斯的断言形成鲜明的对照。他们认为，意识中的任何变化都只不过是意识对象的变化。萨特在后来的著作《存在与虚无》中更加关注的是这样的观点，即前反思的意识本身是空的，是使世界呈现给主体的一个容器。在这里，萨特和梅洛—庞蒂一道，批评了胡塞尔对以 hyle 方式出现的被动经验方面的承诺（Satre 1943［1956：xxxv］）。

在现象学传统以及后来的解释中有一个很可疑的问题，即现象学家是否能够或确实接受关于感知世界的实在论。由于感觉对象的实在性问题是作为纯现象学的问题提出来的,所以它的焦点集中在这样一点上:一个对象如何在感觉中像真的一样而不是像想象的那样被给出来。进一步的、引起微妙争论的问题是:这些哲学家们是否允许人们提出这样一个外在的问题,即主体是否在对真实事物的知觉中与一个不依赖于他们的对象相联系。一种解释方式是把胡塞尔看成自《观念》以后就赞成一种先验唯心论,回避人们提出这个外在的问题。萨特在《存在与虚无》中对感觉意识对象的讨论也有唯心论的倾向——好像世界的存在对我来说就是感觉事件(encounters)发生的实际过程和潜在过程这件事。但在这两位作家看来,有一种直言不讳的解释方式,即试图对他们关于知觉意向性的论述重新给出一种实在论的解读。

梅洛—庞蒂的观点表明这些问题中有些是多么微妙。首先在《行为的结构》(*The Structure of Behaviour*, 1942)中,梅洛—庞蒂提出了一种知觉现象学,既利用也批评了格式塔心理学。在该书的第四部分,他强调了这样一个思想,即反映在知觉现象学中的"素朴实在论"——给与我们的那些对象,其性质超出了知觉意识中所给出的性质——与我们关于经验是自然界中因果过程的结果这一看法之间存在着冲突。这也是分析传统中的一个人们熟悉的话题。但值得注意的是,早期的分析传统不大依赖于这种论证方式。一个理由是,分析传统中的许多讨论都采取了"第一哲学"的方式,这一方式完全先于任何经验的知识,因而也完全先于关于感官作用的科学知识。

在经验对知觉的作用问题上,梅洛—庞蒂的态度与这种态度明显不同。在他后期的《知觉现象学》(*Phenomenology of Perception*, 1945)中,梅洛—庞蒂讨论了身体作为经验中的现象给予的临界地位,部分上诉诸于神经病学的证据来支持他所做出的论断。不过,先验唯心论并没有被抛弃:经验仍然是经验科学的先验条件。确切地说,这里的关键一步是:作为经验条件起作用的现象的身体,取代了作为经验的先决条件的先验自我,使得没有任何东西在意识之外作为其条件。

[527]

在分析传统与现象学学派内部都承认，感官的对象可以呈现出不同的、甚至是冲突的表象。两者都考虑到纯粹瞬间的表象与实在之间的差异。两者都承认，知觉的因果基础对经验研究是开放的，两者都把这种经验研究与对经验地位的哲学反思作对比。由此引起的对这些共同问题的哲学讨论仍然是大相殊异的。而且，这里很明显的是，感觉材料的传统似乎比胡塞尔、萨特和梅洛—庞蒂所做的细致的现象学陈述离我们更遥远得多，尽管这个传统要求把哲学方法建立在常识的真理和分析之上。它们的区别在哪里呢？

三 比较与差别

胡塞尔强调了知觉的意向对象，肯定了日常世界是在感觉意识中给予我们的；而摩尔则担心，是否只是对象的外表，甚至只是与日常世界的对象完全不同的东西，才能在视觉中呈现给我们。如果摩尔的忧虑似乎与有关我们经验的朴素反思不一致，那么，我们可能很容易同意近来分析传统对感觉材料理论的批评，并认为它们的关键错误是否定或忽略了知觉的意向性。而且很容易把这一点看成是这两种论述进展之间的根本差别。

不过，这种根本差别要比这里说的那一点更难捉摸，它反映出分析传统超越了早期感觉材料论者的有限的、特有的承诺。最好不要认为他们忽略了意向性现象，而宁可认为，当人们关注知觉时，他们对意向性现象的中心地位提出了质疑。如同对感觉的性质的讨论一样，摩尔和罗素也讨论了判断的性质。在提出判断理论时，他们并不认为，当人们做出了一个错误的判断，就一定有一个东西与人们所判断的东西恰好对应。当他们给感觉与判断以不同对待时（如他们继续所做的那样），这大概是因为他们设想，感觉有某种独特的东西，这个东西要求一个对象呈现给心灵。

即使摩尔似乎否认感官知觉的任何意向性，也并非所有的感觉材料论者都是如此。布罗德区分了感觉的本体论对象和感觉的认识论对象，这可以解释为承认了感官知觉的意向性（Broad 1937：141—

142）。普赖斯则更清楚地肯定了这一点，他在这样做时，在对知觉的接受性的说明中，非常明确地提到了胡塞尔；根据这个说明，当人们意识到一个非物理的感觉材料时，他们也就得到了由一个物理对象的某个方面所呈现出来的印象（Price 1932：151ff.）。

甚至在最初提出感觉材料理论的情况下，也有另一可供选择的观点被提出来，这种观点坚持认为，对象可以表现为不同于它们实际所是的样子。批判的实在论者就坚决主张，虽然我们在感觉上与世界本身相联系，但要对表象做出说明，我们就需要承认，对象除了具有我们比较熟悉的实际的形状和颜色的属性，还具有显得弯曲或显得是红色的属性（例见，Dawes Hicks 1917）。有时人们认为，感觉材料论者没有注意到，从关于事物如何呈现的断言到任何事物实际如何的断言，并没有任何逻辑线索。如果人们考察布罗德在"关于呈现的多重关系理论"的题目下关于批判实在论者的细致讨论，人们就会看到，他已经敏锐地意识到了在他的观点之外的这种可供选择的观点，但他认为这种观点在解释上是不充分的（Broad 1937：178ff.）。感觉材料论者没有假定他们的观点的真理性会作为一个逻辑问题而出现。他们也不需要认为，关于事物如何向我们显现这件事的所有方面都需要对应于被感觉对象实际具有的某个属性。（未经辩护而总是被断言的）关键假定是：感觉活动包括可观察属性的呈现，必须用例证来说明这些属性正如实际那样向人们显示出来。与这个假定一致的设想是：表象还有别的一些方面，应当对之做出不同的解释。而且，这有助于强调，感觉材料传统可以允许感官知觉有意向性的方面。所以，要说明他们为什么强调他们所强调的东西，就需要从其他地方寻找原因。

这些理论家在意向性现象方面没有陷入普遍的混乱。确切地说，他们似乎认为，在感觉活动这件事上有某种与众不同的东西。不过，他们似乎不准备提出任何论证来支持他们这种区别对待的做法。当普赖斯着手为感觉对象必然存在的假设辩护时，他声称这个假设是一个不容置疑的原则，对我们完全是自明的（Price 1932：3ff.）。因而，总的来说，这些不同的理论家们认为，在感觉活动本身和纯粹的思想之间存在着重要区别,因而要十分不同地对待它们。

同时,正如我们上文所说,胡塞尔并没有否定感觉在知觉意识中的作用,他强调了感觉材料(hyle)在意识以及意识内容(noema)中的作用。但我们可以说,现象学传统不必坚持认为,一切对于感觉意识而存在的东西都是所给予的意向对象——尽管萨特确实进一步肯定了这一点,而梅洛—庞蒂却反对感觉在知觉现象学中有任何作用。因而,这种差别似乎更加模糊了:现象学的传统强调知觉的意向性,同时在某些情况下也考虑感觉的方面;感觉材料传统强调感觉活动的非意向方面,强调感觉活动与思想的差别,但并非所有的感觉材料论者都否定意向性在知觉中的作用。

【529】

要把握这里的对立的本质,我们实际上需要注意一下当代人所反对的感觉材料理论。一旦我们看到了对感觉材料理论的两个进一步的批评,这种本质差别就显现出来了,这些反对意见集中在我们现在想要贬低的这个方法的要素上。回想一下,摩尔坚持认为,尽管感觉材料是非物理的,但它们也是不依赖于心灵的(Moore 1914)。布罗德更加小心谨慎地考察了关于心灵的依赖性假定的各种正反两方面的论证,然后得到了相同的结论:所有的感觉材料都(或许)是不依赖于心灵的(Broad 1923:ch:XIII)。现在,这些理论家在声称非物理的感觉材料是不依赖于心灵的时候,他们使他们的观点变得更成问题,远甚于他们若把感觉材料看作类似于感觉的、主观的或依赖于心灵的东西,如现在许多人关于心理影像的构想那样。

正如奥斯汀在《感觉与可感物》中严厉抨击感觉材料传统时所抱怨的那样,感觉材料和物质对象二分中的任何一方都没有为对方所清除掉。公共的知觉对象并非毫无例外地是物质的或物理的:桌子和树木可以是由物质构成的,但彩虹或影子、声音或味道又是由什么构成的呢?所有这些都属于共有的知觉对象(Austin 1962:lect. VII)。但是,如果人们在这些物质的感觉对象中无法找到共同的属性,那么,感觉材料论者就排除了能找到一个成为感觉材料共同具有的东西的适宜的候选者。因为只有这样的候选者才能使感觉材料与物质对象相反,普遍依赖于我们对它们的意识;而这种主张正是感觉材料论者所否定的。当然，他们仍然断言，感觉材料是"私人的"：一个既定的感觉材料只能成为一个主体的意识对象。可是，这种说法不能用作感觉材料的定义，因为对于在此意义上某个东西是私人的这件事，需要做出解释，对此的简单解释依据于心灵的依赖性，而这种解释被排除了。换一个说法，他们一定会断言，自然规律是这样的，以致一个主体处于具有感觉经验的情况下时，他一定得到了某个被恰当放置的感觉材料，这样一个感觉材料因而是任何他人所得不到。有一种说法认为，感觉材料起到了作为意识的直接对象的作用，但人们从这种说法中得不到对感觉材料内在性质的任何说明。于是，感觉材料论者似乎就承诺有一门感觉材料科学，它不仅探讨感觉材料与我们的意识状态完全相互关联的方式，而且探讨它们因此必定具有的基本性质。【530】

如果人们注意早期对感觉材料理论的反应，那么，引起最大分歧的正是关于感觉材料性质的这样一幅图画或观念，即认为在有关感觉材料和需要通过研究（尽管是超出任何自然科学范围的研究）来确定的感官知觉的性质方面，实际存在着重大的分歧。例如，刘易斯就另外捍卫一种给与物的概念，批评感觉材料理论设想在简单而单一的感觉活动中可以产生出某种实体性的、不依赖于主体的东西。他所偏爱的对感觉活动的说明（以感受性，即被感觉到的性质为例），赋予我们的概念能力一种以不同方式约束感受性的作用：一种方式是作为被知觉的实在的对象，另一种方式是作为知觉者领悟这种对象的活动（Lewis 1929：appendix D）。同样，杜卡斯（Ducasse）同摩尔的核心分歧是，杜卡斯否认我们清楚地知道感觉对象一定是实在的、不依赖于心灵的对象（Ducasse 1942；Moore 1942）。而且，保罗所说的感觉材料的个体性和持续性条件之谜，也是十分有趣的问题（其方式在关于心理活动的类似问题方面则不会如此有趣），这完全是因为它强调了这样的问题：我们要假定的表象领域有怎样的实在性（Paul 1936）。

实际上，人们也应该把艾耶尔的知觉理论定位在这里，奥斯汀把它与普赖斯的理论放在一起，作为感觉材料理论的例子。艾耶尔从卡尔纳普和逻辑实证主义者那里接过了这样的思想，即不可能有真正的形而上学争论——所以，关于知觉讨论中的争议之处肯定在于选择何种图式去描绘这样一些事实上的分歧，这些事实是通过经验研究取得共同一致意见的。感觉材料论者不会关心有争议的实体的存在。相反，艾耶尔认为，有一些事实是争论各方已经同意的，比如：表象可以互相冲突，幻觉是可能的。因此，我们应当把关于感觉材料的讨论，看作仅仅是向我们提供了谈论这些事实的另一种方式（Ayer 1940：55—57）。当时很少有哲学家认为艾耶尔的重构是恰当的。例如，巴恩斯（W. H. Barnes）拒绝了艾耶尔的设想，认为它对于他所谈到的那个争论是不准确的，而且，对于艾耶尔有关我们只是有了一门新语言的提法，他的抱怨似乎也预示了塞拉斯后来在"经验主义和心灵哲学"（Empiricism and the Philosophy of Mind）一文中所提出的反驳（Barnes 1945，Sellars 1956 [1963：135—139]）。

不过，即使艾耶尔没有准确把握这场争论和他之前出现的问题，他也确实为我们提供了这场争论发展中一个有意义的步骤。因为拒绝了关于知觉的非物理对象的实体形而上学之后，这场争论的焦点就归结到根据幻觉进行论证以及对经验知识的不可改变的基础的需要上来。反过来，正是这些因素成为了奥斯汀批判的目标，即使那种不可改变性对早期感觉材料论者并不是最重要的。

【531】

我们暂时先不谈这些后来的发展，假如关于感觉材料不依赖于心灵的主张使感觉材料论者很容易受到这样的攻击，那么，他们为什么还坚持这个主张呢？答案很简单：他们关心的是实在论。摩尔最初进入这个领域发生在他对绝对唯心论的所谓驳斥中。在"驳唯心论"（Refutation of Idealism）一文中，他声称，我们在感觉活动中意识到了某种不依赖于心灵的东西，因而通过感觉活动我们就获得了一个明显例子，表明唯心论是错误的（Moore 1903）。从此以后，我们就假定了感觉活动是一种认知形式——在罗素看来，这是亲知的知识的主要例子，但不是唯一的例子（Russell 1912：72ff.）。由此，我们就认可了这样的学说，即知识只是关于一些不依赖于对它们的认知的事物的。这个思想也得到普赖斯的附和。这个思想也不是批评者们所忽略的那个传统的核心部分。在早先对罗素的回应中，普里查德指责罗素犯了"感觉材料谬误"（Prichard 1950：200ff.）。正如人们可以从后面的批评中预料到的，这里并不是把关注的焦点放在了幻觉论证的无效性上。毋宁说，普里查德抱怨感觉材料论者设想我们认识的是感觉的对象，而这里的情形显然不是如此，因为正如幻觉论证所揭示的那样，这些对象是不可能独立于心灵的。

正是在这里，我们得到了启发，明白了早期分析学派怎样与现象学传统有如此不同的发展。当刘易斯断言不可说的给与物存在的时候，他在某种程度上针对的就是感觉材料方法（Lewis 1929：53）。他批评了这样的观点，即认为人们可以知道任何事情而无须用概念的中介把不同的事例结合为一个共同的类。这也就是要拒绝感觉材料传统中的一个关键要素：感觉活动是简单的、原始的，或不可分析的认知状态的一个样板，它将认知者与某个不依赖于心灵的东西联系起来，而主体对所认知的东西的把握是前概念的。

感觉材料方法的这个方面与现象学传统确实有根本差别。虽然胡塞尔允许赋予各部分知觉活动的材料以某种作用，但这些方面并不是给予一个主体作为意识的对象的——它们并不像感觉材料被设想的那样有可能成为知识。在把感觉活动的最基本要素当作是关于某种前概念之物的知识时，感觉材料传统就贬低了经验的一切意向性方面，仿佛经验的意向性是由思想者的概念能力引起来的，因而它不能成为与心灵无关领域的知识的清楚例证。

假定摩尔和罗素的工作占据了主导地位，分析传统中对知觉的讨论就往往把可感的表象主要当成非意向性的现象。但当摩尔和罗素独特的先入之见消失了，这种知觉理论的动机也发生了变化。正如上文所示，艾耶尔更明显地为认识论方面的关注所推动，他的兴趣是要发现经验知识的恰当基础。在 20 世纪晚期，感觉材料的方法表现为将可疑的认识论先入之见与对幻觉论证的充满争议的反应结合起来。事实上，分析传统与现象学传统中共同的因素是对幻觉论证和冲突表象问题的重视——在解决这些相关问题的不同方式中，感觉材料和知觉的意向性都被人们所用。分析传统的特定发展导致塞拉斯和奥斯汀在 20 世纪中期的著作中所进行的批判，前者攻击的是给与物的神话，

【532】

后者则冷嘲热讽地抛弃了这场争论中的术语，这些批判甚至对幻觉论证的力量也发生了质疑。

　　从 20 世纪下半叶开始，分析的传统为物理主义所支配。因而，非物理的感觉材料本体论逐渐变得不时髦了。奥斯汀对［感觉材料论］的攻击恰恰始于我们这里所关注的这一时期的末尾，它标志着英语世界对知觉问题产生的最大影响。在主体重新得到普遍关注之时，这种对幻觉的关注使知觉的意向性观念变得更为诱人。但人们在以此来说明对现象学传统的共同关注之前，应当想到，现象学传统与当代分析的工作相比，对自然科学采取了一种截然不同的、更加谨慎的态度。

迈克尔·马丁

第四十二章

认识论的复兴

【533】

两次世界大战之间的认识论复兴，构成了连接现代早期知识哲学与当代知识哲学之间的桥梁。在19、20世纪之交，经过对19世纪新康德主义和新黑格尔主义唯心论发展的反形而上学的、自然主义的反动，对认识论的兴趣已经复活了。在德语世界的哲学中，这种反动根源于赫尔姆霍茨重新对康德做出的科学解释，根源于布伦塔诺的现象学，根源于马赫的中立一元论。在英国哲学中，这种反动获得了一种特殊的性质，即摩尔和罗素对黑格尔主义的反驳。在美国，威廉·詹姆斯和皮尔士的新实用主义认识论已经将注意力从传统先天的东西转向了自然科学。不过，两战期间认识论的复兴不仅仅是这种摆脱唯心论的继续，它也受到了数学、逻辑和物理学中主要进展的激励，这些进展引起了新的方法论方面的关注（就像在法国科学哲学家杜恒、彭加勒、巴舍拉尔等有影响的传统中那样）。因为这一复兴而凸显出来的诸特征中，人们可以列举如下：对数学、自然科学和社会科学发生兴趣；对先天综合真理的可能性进行批判；将认识论从观念和判断理论转变为命题态度、句子和意义理论的逻辑与语义学研究；以实在论和自然主义为取向，即使不赋予常识和经验的要求以特权，也具有与它们相适应的倾向；重新考虑哲学的作用，将它看作对分析的批判运用，而不是看作知识的自发的、至上的形式；最后，不关心历史哲学和概念发展的时间辩证法。

当然，这些观点从来没有形成一个统一的研究纲领。两次世界大战之间的哲学家们在展开他们的认识论研究时采取了十分不同的立场，充分地再现和分析这些立场不是本章简短篇幅所能承担的任务。本章比较有限的目标是勾勒出不同传统中对怀疑论和知识的基础这一【534】

核心论题的讨论。

一 怀疑论的两副面孔

怀疑论的争端由两个问题所设定：

（K）知识是可能的吗？
（KK）认识论是可能的吗？
（即，回答问题（K）的认识论是可能的吗？）

在处理有关认知主张的合法性问题上，（K）是由具体到总体，而（KK）则是由总体到具体。在我们所说这段时期之初，胡塞尔和新托马斯主义哲学家梅西耶（Desiré Mercier）进一步澄清了这些争端的规范性特征。

根据胡塞尔所言（1950），知识论的可辨明的基础不可能由知识的其他例证提供出来。我们可以按照笛卡尔的策略，分析知识的可能事例，给它们附上一个"［标志其］可疑性的标签"。怀疑论者质疑的是，我们是否能永远摘掉这个标签；而胡塞尔论证说，仅仅通过对知识做某种扩展而设想对怀疑论的挑战做出的任何回应，都是荒谬的。可以认为，违反了胡塞尔的原则，就是同伦理学中的"自然主义谬误"站在了一起：（K）不是自然科学中的问题；由于假定了这一点，于是人们要问，被认为是知识的东西是否无可非议地值得如此描述。胡塞尔阐明这个原则，是为了反对他先前的心理主义，这就解释了为什么能很容易地将其表述为一种反自然主义的悖论：如果自然化的认识论由于在经验上可以检验而与哲学的知识论区别开来，那么，它就引出了它自身的辨明问题。可是，如果它自称能够解决这个根本问题，那么，它就必须提供一个其本身不能是经验知识之例的解决方法，而由于这个方法，它又不得不放弃获得经验科学地位的渴望。采取这种反自然主义的立场，是胡塞尔为什么赞成对认识论进行纯概念探讨的原因之一。他因而认为，处理（K）的唯一正确方式是借助于原则性的、令人信服的论证,正如塞拉斯后来说的那样,"把它置于推理的逻辑空间中,这些推理辨明和能够辨明人们所说的东西"(Sellars 1963：169)。

但是,如果无法提供对(KK)的令人满意的回答,人们就无法确立对(K)的回答。对认识论的可能性的质疑依赖于**标准问题**(Sextus Empiricus 1976：II.2),梅西耶把它作为"怀疑主义的战马"(le cheval du bataille du scepticisme)重新提出来(Mercier 1923；新近的讨论,参见 Chisholm 1973,1989)。要知道万物是否实际如其似乎所是那样,人们就需要一个区分真假表象的标准。但要知道该标准是否可靠,人们就需要知道它是否成功地区分了真假表象。而人们无法知道这一点,除非已经知道何种表象为真,何种表象为假。所以,认识论似乎无法确定任何(如果有的话)值得被称为知识的东西。

二 反自然主义和德国哲学中的基本问题

由于康德只关注怀疑论,他没有考虑到(KK)。他的第一《批判》中的先验方法被认为带来了对科学知识的辨明,但这个《批判》本身是以哪一种知识为样板的呢?它如何能够得到辨明而不会带来恶性循环呢?1807年,康德主义哲学家弗里斯(Jakob Friedrich Fries)在他的《新的或人类学的批判理性》(*Neue oder anthropologische Kritik Vernunft*)探讨了这个问题。弗里斯把(KK)问题概括为一个三难推理:认识论的前提可以被独断地假定出来,或用无穷无尽的一串陈述来辨明,或者固定在一种可辨明的、但又无须辨明的心理学的基础上。在20世纪的一二十年代期间,出现了一次"弗里斯复兴"(Fries-Renaissance),尤其是在纳尔逊(Leonard Nelson)的工作中(Haller 1974；Nelson 1971)。根据弗里斯的分析,纳尔逊开始反对在笛卡尔式的、反怀疑论的、可辨明意义上的整个认识论纲领,支持一种更具描述性的、心理主义的研究方法(Nelson 1930,1965)。尽管纳尔逊对基本的争论进行了批评,但他的"自然化的认识论"大大有助于重新唤醒哲学家们对20世纪20年代末30年代初的基本争端的兴趣。石里克是特别受到他的工作影响的一位哲学家。

石里克赞成笛卡尔的要求,即认为有一个绝对确实的知识基础存在。他还承认,"自明的一点是:关于一切知识基础的问题无非就是真理的标准问题"(Schlick 1979:II, 374),他因而支持真理符合论。不过,在他看来,"任何认为笛卡尔的论点[即直接知觉到意识的事实]构成了知识的人,都将不可避免地陷入类似的循环[即弗里斯的三难推理]"(Schlick 1925[1974:86])。于是,他最终捍卫一种基础主义,在这种基础主义看来,存在着一些外在于认知者信念状态的客观事实,它们可以为认知者所理解,并能以知识胜任的方式证明认知者的信念是正当的。

[536] 根据石里克的观点,**记录命题**,即基本陈述,"绝对简单地、无须任何形成、变化或添加地摆明事实,它们的详尽阐述构成了一切科学的内容"(Schlick 1979:II, 370, 亦见 400—413)。虽然它们在逻辑上先于其他的事实命题,但它们本身却以先天层面的、不容置疑的、具有经验内容的"断定"(Konstatierungen)为根据。比如像"现在这里有红色"这样的断定就表达了当下的、简单的、存在性的经验,这些经验提供了对实在的真正亲知,尽管它们完全是主观的、转瞬即逝的、无法言说的。它们是不容置疑的,因为要理解它们的意义,就是要理解它们的真理;因而它们构成了记录命题的基本证据形式,这些命题不断地受到它们的检验。因此,这些"断定"就是科学的基础,这不是在固定不变的、统计学的意义上说的,而只是在它们构成了对科学的无限发展所必要和充分的不断更新的基础的意义上说的。

石里克的基础主义需要一种证实主义的语义学,一种关于基本命题的实指的意义理论,一种关于当下"给与"主体的无法言说的世界经验的概念。因而,在奥托·纽拉特等批评家看来,它类似于一种直觉哲学;他们证明,这种哲学面临着唯我论的重重困难,包含着无法接受的形而上学论题。

纽拉特认为,对于记录命题——作为用物理主义语言表达的、记录了经验观察的实际陈述——的性质,只有唯名论的和构成主义的解

第四十二章 认识论的复兴

释才是形而上学上可接受的。科学理论可以在经验上基于这些基本的记录句子，但任何语言"之外的"观点都是无法达到的。句子只能与别的句子相比较。直接指称外部实在或内部经验，就是要避免成为空洞的形而上学。既然记录句子本质上是可错的，因而原则上总是可以修正的，那么，笛卡尔对绝对确定性的任何要求就是不现实的和错误的。在纽拉特看来，对科学的认识上的辨明，并不是求助于外部事实或所谓的直觉而达到的，而是内在地通过逻辑融贯性（不一定排除某些次序关系）、手段的经济性、对社会和科学目的的实用考虑、合理地使用科学共同体的约定以及持续不断地公开辩论来达到的。纽拉特追随杜恒认为，假定有一种明显成功的理论，那么，我们可以使各种不同的解释符合支持该理论的同样证据，而且在替换或修正一个理论时，要对各种假设和观察陈述作为整个网络进行检查，而非个别地进行检查。实践上的便利而非绝对的真理才是决定性的。

纽拉特用了一个著名的类比来概括他的观点："我们就像不得不在大海上重新建造船只［知识体系］的水手一样，永远无法在干船坞里拆卸它，用它最好的部件重建它。"（Neurath 1983：92）黑格尔也强调了相似的观点："考察知识只能通过认识活动来进行。考察这种所谓的工具与认识这个工具是一回事。但要在我们认识之前就试图去认识［即康德的批判纲领］，那就像经院学家的那个精明决定一样荒谬，在学会游泳之前，不要冒险跳入水中。"（Hegel 1830［1975：14］）这还不是纽拉特的融贯论与黑格尔的融贯论的唯一相似之处。前者的整体论的、非主观主义的"泛内在主义"的直接后果，就是对整个人类知识领域进行统一的、提纲挈领的探讨的强烈倾向。这种"认识论上的极权主义"也是对基础问题的其他探讨的共同特征，希尔伯特和卡西尔等人的探讨即是如此，他们同样对笛卡尔的主体转向表示怀疑，尽管他们喜欢康德的构成主义而不是纯粹的融贯论。在纽拉特那里，这种倾向在他的《国际统一科学百科全书》方案中反映出来。这个《百科全书》方案是作为法国启蒙运动观念的发展提出来的，是作为狄德罗著名的《百科全书》的发展而提出来的。但后者以笛卡尔哲学为基础，所以应将它与黑格尔的《哲学科学百科全

【537】

书》(Encyclopedia of the Philosophical Science) 相比才更恰当,尽管纽拉特的方案具有方法论上的辩护,而不是黑格尔的本体论上的辩护。

石里克坚决反对纽拉特的融贯论。如果认知陈述不是基于一组具体的、更基本的记录命题,而这组命题又最终根植于对世界的感觉经验,那么,所有命题都可以看作是原则上可修正的,而且它们的真也只能在于它们在这个知识系统内的相互一致。石里克论证说,这种融贯并没有提供什么东西——我们只能在一个形式系统中而不能在经验科学中将真理等同于逻辑的融贯,因为否则的话一种连贯的不实之词就可能像科学事实那样成为可接受的。而且,如果不存在融贯,就会完全不清楚什么样的命题可能需要修正、取消或调整,以及如何这样做。但是,虽然有石里克的批评,纽拉特的融贯论仍然在实用主义运动中找到了同盟者,它同样反对笛卡尔主义。奎因的可错论的、整体论的、自然化的认识论可以看作是它的最新发展(Quine 1969,1992)。

另一个深受"弗里斯复兴"影响的哲学家是波普尔(Popper 1962,1979)。他讨论了科学理论中基础陈述的性质问题以及他的动态解决办法——我们完全可以使具体科学的预设能够接受未来的检验——这一讨论成为后来关于基础问题的某些重要著作的来源(Albert 1978,1985;Apel 1975;Lakatos 1978)。它也是对(KK)的解释中的一个重要修正的由来,如今(KK)不再被理解为元认识论的问题,而被理解为关于科学知识基础的问题。

三 融贯论、自然主义和英国哲学对怀疑论的驳斥

认识论上的融贯论是本体论上的反实在论的天然同盟者,两者都在各种唯心论哲学中找到了肥沃的土壤。唯心论哲学为一元论的超自然主义辩护,断言表象的性质是矛盾的,它们的这些断言可以顺理成章地利用怀疑论者的二元论的反自然主义(Hegel 1820)。纽拉特谴责了石里克的形而上学倾向,但他本人却拥有一种与某些唯心论者并非完全不同的融贯论的认识论。

第四十二章 认识论的复兴

在第一次世界大战后,最令人感兴趣、最有影响的唯心论认识论是布拉德雷的唯心论认识论(Bradley 1914,1922,1930)。布拉德雷认为,"绝对"仍然是未知的,因为知识必定是推论的和关系性的,所以,相对于实在的连续统一的性质而言,知识总是不充分的。在理想上,实在、对实在的真正描述以及关于实在的完整知识,这些都是一致的。在实际上,知识是片断的,真理只能是或多或少恰当的。包括科学在内的知识就像是一个人的传记:无论描述得多么精确,它仍然只有部分为真,与实际生活相比显然是不能令人满意的。辨明被理解为一个过程,通过这个过程,不完全知识的可能事例可以包括在这个认识系统之中,也可以不包括于其中,这种辨明是根据融贯性来解释的。对实在只有一种终极的、完满的、精确的描述,每个有限的真理就其为真而言,是与实现它的每个其他有限真理一致的。

这里涉及的这种整体论的融贯性,布拉德雷和他的朋友伯纳德·鲍桑葵(Bernard Bosanquet 1920)似乎已经想到了,而且乔基姆(J. J. Joachim 1939)和布兰德·布兰夏德(Brand Blanshard 1939)做了进一步改进,它比纽拉特的纯逻辑的融贯性更为丰富。它可以比作在复杂的填字游戏中将一组词连接起来,或在拼图游戏中将一组卡片连接起来的具有内在相互关系的网络:每个真理都意味着与其他部分有意义地、独特地连接在一起,构成最后的全部体系。本体论的考察证明,这种整体论的融贯性是正当的,而且可以把后来影响了纽拉特等人的融贯论的认识论的某些问题,说成是由于缺乏类似的形而上学承诺引起的。

英国哲学家们对唯心论的反叛,在某种程度上得到有关这些形而上学承诺(例如,内在关系和有机整体)的怀疑主义的推动。在这些实在论的批评者中,G. E. 摩尔对认识论所采取的实证的探讨路径独具一格,很有影响。与怀疑论的立场相反,摩尔认为,存在着许多常识性信念,每个人都自然而然地倾向于相信它们,而且所有的人经过反思都赞成它们。这些信念具有最高的(a)**假定的**可信性和(b)**普遍的**可信性。它们的假定的可信性是指,实际上不可能去怀疑它们或不赞同它们。我们完全有权一开始就把它们当作显然在认识上得到

【539】

辨明的，从而使怀疑论者难以证明（在整体上）有更好的理由去相信非 p 而不是 p。它们的普遍可信性是指，怀疑论者的主张是不融贯的。对 p 的可信性的否定是以 p 本身或可信的诸 p 的系统为前提的。

摩尔根据（a）和（b）来捍卫常识（Moore 1925, 1939）。他对黎德哲学做了重新评价，他断言，存在着一个客观的、不依赖于心灵的物理世界，我们通过我们的感觉材料可以最终知道它。不过，我们对这些感觉材料的直接意识如何与我们关于世界的知识联系起来，这对摩尔来说仍然是一个永恒的问题，而且引出了杜卡斯的副词实在论：感觉是知觉一个对象的方式，而不是知觉实体的方式。所以，当我们在看一个西红柿的时候，我们并不是直接意识到红色的感觉材料，而是"一个对象正在红色地向我们显现着"（Ducasse 1942）。

摩尔的反怀疑论策略基于一种对怀疑论的不恰当评价，即使它很有影响。古代的怀疑论者本身就已经清除了（b）（Sextus Empiricus 1976：II, 144—203）。怀疑论并不是一种学说，而是一个内在的批判过程，它使纽拉特的船从内部就逐渐腐烂了。至于（a），如果它不以对（K）的反怀疑论答案为前提，它就不能用来反对怀疑论，因此它是在用未经证明的假定来辩论。摩尔对常识的依赖表明，他要用自然化的认识论来回答（K）。但由于（K）合法地涉及认识论问题，这就意味着他在认识论中犯了自然主义的谬误，摩尔本人曾帮助澄清了伦理学中的这种谬误。因此，摩尔的反笛卡尔的自然主义要得到令人信服的辩护，就只能向怀疑论者做某种让步，正如伽桑第和休谟以前所做的那样，实际上后来维特根斯坦也这样做了（Wittgenstein 1969）。

我们"关于外部世界的知识"问题也成为罗素著作中的一个核心主题。他在回答这个传统问题的时候，提出了"亲知的知识与摹状的知识"的著名区分，后者基于他的摹状词理论和他的"根本认识论原则"，即"任何我们可以理解的命题都必定是由我们所亲知的成分构成的"（Russell 1912：91）。在《哲学问题》中，罗素证明，关于颜色、形状、结构等的感觉材料是我们在感觉经验中亲知的，它们产生了自明的、直觉的真理，这些真理为我们关于外部世界的知识提供了基础。这听上去很像是我们熟悉的经验主义的基础主义；但关于这些感觉材料的本体论地位问题仍然存在，关于这些感觉材料的真理如何与关于桌子之类的物理对象的真理联系起来的问题仍然存在，罗素对这些问题的回答是异乎寻常的。在他1913年的"知识论"(Theory of Knowledge, in Russell 1984)一文中，他认为感觉材料是物理的，但被置于私人空间中，尽管他曾于1921年接受了中立一元论，把感觉材料看成是中立的，先行于心理的和物理的区分（Russell 1921: lect. Ⅷ）。物理对象本身只能"由摹状词而得知"，从1913年起，他认为这个知识依赖于复杂的"逻辑建构"。借此逻辑构造，感觉材料所置身的不同私人空间（或"观象"）被以某种方式结合到一个公共空间中，使得关于物理对象的真理可以根据构成它们的观象内容来解释。

这种复杂的建构论从来没有得到很多的支持，罗素在后来的著作（例如，Russell 1927）中提出另一个理论来替换它。但他自1921年以后的著作中更令人感兴趣的东西是他着手阐发"外在主义"知识观的方式。在《哲学问题》（1912: ch13）中，罗素提出对知识的经典分析，即知识是"得到辨明的真信念"，同时他也看到了一个难题：在某些情况下，由于某些不适宜的情况，S可以完全得到辨明地相信p，p可能是真的，但S仍可能实际上并不知道p，因为事实上S只是偶然想到了这条真理。罗素并没有停留在这个看法上，他认为他可以通过提出辨明的标准来处理这个难题（众所周知，当埃德蒙·葛梯尔将这个观点重新提起时，它引出了现代认识论的一个分支——参见Gettier 1963）。但自1921年以后，当罗素改信了中立一元论并深受行为主义心理学的影响，他却开始提出并捍卫一种作为内在状态的知识概念，这种内在状态精确地或可靠地表现了世界的某些特征（他提出了现在著名的知识的"温度计类比"，见Russell 1921: 181）。罗素首先将这个概念用于记忆；在后来的著作中，他进一步推广对它的应用——特别是在他最后的主要著作《人类知识：它的范围和限度》(*Human Knowledge. Its Scope and Limits*, 1948)中，他用它来阐发一种对归纳的复杂的外在主义的说明。不过，应当补充的是，在最后这个问题上，拉姆齐已经预见到罗素的观点（Ramsey 1931：197），他还将罗素关于外在主义知识概念的推测性的表述概括为一个大胆的陈述："一个信念［是］知识，如果它是（i）真的，（ii）确定的，（iii）其获得是通过一个可靠的过程……［就是说，这个过程］必须是以某种方式由不是信念的东西所引起的，或者必须伴有或多或少能赖以给出真信念的东西。"（Ramsey 1931：258）这种观点的长处现在得到普遍的肯定，实际上这在某种程度上是因为，与罗素提出的办法相比，据认为它更好地解决了罗素的"葛梯尔问题"。因此，在这方面，罗素和拉姆齐共同为当代认识论的核心论域提供了舞台。

四 美国哲学中的实用主义认识论

在两次世界大战期间的美国，最能代表认识论复兴的哲学家是约翰·杜威和 C. I. 刘易斯。

在杜威那里，达尔文主义、心理学和黑格尔的辩证法的影响都在一种反笛卡尔主义的、自然主义的认识论中反映出来（Dewey 1925，1929，1938）。他坚持认为，传统认识论受到四个主要错误的困扰：

1. 基础主义；
2. 知识在我们把握实在过程中的假定的优越性；
3. 已知的实在、认知过程和作为其结果的知识之间的人为区别；
4. 知识的旁观者理论——把知识的对象理解为一个独立的实在，被动地为一个外在的、与其无关的旁观者所思考。

因此，他试图改正这些错误，他证明：

1. 知识是一种非等级的关系现象，是从两个相互依赖的关系项即心灵和自然之间自然的、易错的相互作用中出现的（"语境主义")；

2. 非反思的、非认知的经验提供了直接通达世界的途径；

3. 认识的连续统既包括探究过程也包括知识，前者是一系列自纠正的、有组织的活动，后者被定义为达到了"有保证的可断定性"，被解释为它的恰当完成；

4. 知识的对象恰恰是实验程序的可观察的结果。

于是，在杜威看来，对知识的阐述就是一种符号学方法，即推理蕴含的过程，通过这种方法，我们可以跨越已知与未知之间的鸿沟，从而促进对未来结果的实验确定。认知永远是应付问题情境的语境化方式（"认识论上的内在论"）。令人满意的理论或概念并不是大谈与实在的某种静态的符合，而是这样一些理论或概念，它们在它们因之而得到阐发的各种实践的和理论的尝试中，最终表明是能够可靠应用的。杜威对笛卡尔认识论的批判比他的工具主义更有影响（如在奎因、普特南和罗蒂的著作中所见）。例如，罗素和莱欣巴赫直截了当地反驳说，工具主义没有对数学科学做出说明。【542】

刘易斯与康德的关系就像杜威与黑格尔的关系。他像康德一样用判断来分析知识，判断的正确性取决于它们与指称的关系，而对判断的辨明则需要支持性的理由。他认为，知识具有等级结构，依据的是感觉状态的无错误性。感觉的给与物——对呈现给感官的东西的直接领悟——缺乏概念的结构，而且既然对感觉上呈现出来的东西的领悟与这种东西作为表象的存在是无法区分的，那么，这里就没有错误的可能性，所以感觉的给与物尚不是一种知识形式；刘易斯与笛卡尔相反，他认为只有错误是可能的，我们才能谈论知识。但认识论上不可错的给与物却支持着"最终的判断"，这些判断是确定的，有预言价值的。它们的逻辑形式是："假定有一个感觉刺激 S，如果可能的行为 A 被做出，那么，预期的经验表象 E 就会出现。"最终判断的确实性得以确立，是由于它们得到了对所预言的结果的实践检验的证实。对于与感觉给与物不同的客观事实（例如物理对象），我们所做出的一切其他经验判断，都不是终极的。非终极的判断至多是或然的和越来越可证实的，但不是绝对确实的。它们的逻辑形式是："如果 O 是一个物理对象，而且，如果出现了 S 和 A，那么，在所有可能性中，E 将出现。"它们需要最终判断，并以之作为它们的基础。刘易斯论证说，或然性最终需要确实性并基于确实性，因为如果没有任何判断能被认作确实的，那么，即使或然判断也是不可能的（它们只是"或许或然的"）。终极判断和非终极判断之间的根本关系允许：前者若得到证实，就将其或然性程度赋予后者，因而也将其意义赋予了后者。

虽然在刘易斯看来，先天与分析有共同的范围，但先天的概念、范畴、逻辑关系以及真理并不是经验上无关的语言约定。它们提供了必不可少的有序的、分门别类的、解释性的标准。没有它们，给与物就不会上升到知识的层次，而仍然是无法理解的。因此，它们在将感觉给与物的无限的、不确定的连续概念化，在赋予这种感觉连续以意义的过程中，起到了关键作用。与康德的观点相反的是，先天的结构是创造性的建构，它们不约束经验，但需要适合于经验，因此它们不是固定的。由于具有解释学的功能，它们就代表了稳定的语义学承诺，这些承诺可以根据如下实用主义的要求而修正或替换：可理解性、有序性、简单性、经济性、广泛性、复原性，归根结底是理智和实践上的满意性。

【543】

刘易斯试图将他的"现象主义的"基础主义与关于物理对象知觉的实在论理论（非终极判断中的术语指称真正的物理对象，而不只是现象或主观表象）调和起来，没有诉诸康德的先天综合判断学说，但他最初的"实用主义的先天主义"仍然是两次世界大战期间为阐发先验认识论所做的一次相当独立的尝试。

卢西亚诺·弗洛里迪

第四十三章

唯我论之争

"唯我论"一词来自拉丁文 solus ipse，意思是**唯独自我**。宽泛地说，一种方法、学说或观点在如下意义上是唯我论的，即它将一种根本的、不可还原的、不对称的作用指定给一种主观现象，这种主观现象通常是用第一人称代词的单数形式表示的。这就是说，唯我论的理论强调有关（比方说）"我"、受动的我（me）、我自己、我的自我、我的主体性或者我的经验的独一无二的、不可还原的东西。

在进行说明时依赖于这种本质上第一人称的现象，是接受一种唯我论的必要条件，但不是充分条件。例如，笛卡尔所使用的"我思故我在"原则就需要用第一人称单数来表达。然而，笛卡尔的"我思"并不意味着**我**的情形与**他人**的情形之间必然不对称，只要以此为理由，笛卡尔"我思"就不是内在地或不可避免地唯我论的。相反，确如笛卡尔本人明确指出的那样，"我思"是一条无论任何人都可以用于他（她）自己的原则。我认为，唯我论需要承诺的是一个更强的观点，即存在着"我独自……"或"只有我……"这种形式的形而上学的和认识论的真理。例如，在本体论上，一个唯我论者会说"我独自存在"，"只有我有意识"，或用维特根斯坦的话说，"我的世界就是首先的和唯一的世界"。另一方面，在认识论上，唯我论可能采取支持如下结论的理论形式，即"对一切所能认识的东西而言，只有我存在"，或者"不可能有任何正当的理由否定只有我有意识"。

在这一点上，进一步区分两种不同的理论类型将是很有用的，我将这两种理论类型分别称之为**部分的**唯我论和**全面的**唯我论。大致而言，当一个理论对如下之类的问题给出了肯定的回答，它就将是一种部分的唯我论："我独自在这个世界上吗？"或者"我的意识是唯一

【545】存在的意识吗?"这种理论的范围限于我的心理状态的存在、性质或可知性与他人心理状态的存在、性质或可知性之间在本体论和(或)认识论上的不对称。部分唯我论的一个人们熟悉的例子是如下形式的怀疑论,大致地说,这种怀疑论断言,"我有理由断定一个且只有一个有意识的存在物存在,即我自己;关于有其他此类存在物存在的断言,从最好方面来说,是没有根据的,从最坏方面来说,则是错误的,或完全矛盾的"。换言之,部分的唯我论是一种关于**心灵**(精神现象、心理状态、有感觉的存在物、有意识的主体等诸如此类东西)的理论,因此,它对非精神现象的存在、性质或可知性可以保持中立。相反,全面的唯我论包含了一系列远为彻底的承诺,根据这些承诺,必须用实质唯我论的方式来说明的东西不是别的,正是**这个世界**,即作为整体的实在。我们在维特根斯坦如下惊人之语的思想基础中,也许可以看到这些承诺,他断言:"这个世界是**我的**世界"(Wittgenstein 1922:5.62),又说,"在死亡时,这个世界并没有发生改变,而是走到了终点"(6.431)。

在这里所论的这个期间,关于一个连贯一致的本体论的或认识论的唯我论(不论是部分的还是全面的)是否可能的问题,使许多具有各种截然不同哲学传统的哲学家殚精竭虑。本章的目的是要勾画出最能表明由此引起的争论的东西,以便不仅阐明它们的独特特征,还要阐明它们的一些共同假定,以及它们有时依据的共同步骤。

一 常识

人们常说,唯我论的哲学重要性不可能因为某些哲学家实际采纳它或拥护它而来,"因为没有人这样做过"(Craig 1998:25)。萨特(Sartre)声称,"**没有人是真正的唯我论者**"(Sartre 1943[1958:250])。而且,广泛流传的信念是,唯我论可以没有拥护者,因为在心理学上不可能相信它是真的——或者更确切地说,因为一个正常人不可能认真地相信它是真的。叔本华第一个用这些话去反对唯我论。他写道,作为一种学说,

第四十三章 唯我论之争

当然，对它决不能用证明来驳倒。但在哲学上，它也仅仅被用作怀疑论的诡辩，即作为一种借口。与此相反，作为一种真诚的确信，它只能在疯人院里看到，它本身不需要驳斥，只需要治疗。因此，我们不需进一步探究它。（Schopenhauer 1844 [1969：I, 104]）

罗素的态度尽管表达得更文雅一些，但并没有什么不同：

唯我论认为，只有我存在。这是一个很难反驳的观点，但更难以置信。我曾收到一位哲学家的来信，他声称是一个唯我论者，但他感到奇怪的是，其他没有任何人会这样说。然而这位哲学家却自称不相信有其他人存在。这表明，唯我论实际上甚至不被确信其为真的那些人所相信。（Russell 1927：302；亦参见Russell 1948：195—196）

罗素认为，作为怀疑论的一种形式，唯我论可能"在逻辑上无懈可击"，但不过它仍然"在心理学上不可能，而任何自称接受它的哲学都存在一种矫揉造作的成分"（Russell 1948：9）。

有人精神健全地主张唯我论，人们判定这种主张是不真诚的，所根据通常是援引这样一个常识原则，即行动胜于雄辩：人们断言，唯我论者所说的或声称相信的东西，与他们实际所做的事情——尤其在他们吃饭，玩十五子棋，与朋友们作乐的时候——之间，一定是不一致的。这种不一致也成为一个根据，人们因而众所周知地嘲笑唯我论者无人与之对话，没有理由表达或尝试交流他们的观点（见Moore 1925：203；Stebbing 1933：27）。

然而，用来攻击唯我论，纯粹常识这个工具是迟钝的：它不能区分唯我论学说可能采取的各种形式，没有揭示采纳唯我论背后可能隐含的哲学动机，它可能体现的洞见以及发现其错误的理由（如果有的话）（见Braithwaite 1993：14—15）。罗素的常识并没有提供任何理由以断定唯我论是错的；它至多提出了一个无力的借口，以便对一个被称作"唯我论者"的想象人物可能说的一切不予置理。

二 反笛卡尔主义

存在着一组似乎合理的、相互关联和互相支持的学说，它们共同构成了一幅图画，展示我的心灵、我的身体、他人的心灵以及居于外部世界中的物理对象是如何相互联系的。这幅图画可以恰当地称作笛卡尔式的图像，它本质的东西是对如下论点的承诺：（1）我的心灵（及其内容）仅仅是外在地、偶然地与我的身体（及其行为）相联系。（2）我关于另一个人心灵的知识仅仅是偶然地与我关于他或她的身体和行为的知识相联系。（3）用笛卡尔的话说，心灵"比身体更好地为人所知"（Descartes 1954：66）。"没有什么能比我自己的心灵更容易或更明显地被我知觉到"（Descartes 1954：75）。（4）关于我自己心灵的知识仅仅是外在地与我关于其他心灵的知识和我关于物质对象的知识相联系。最后的也是更基本的一点是，（5）这里在先的、哲学上最根本的现象是**认知的**：人们在着手理解自己、自己与他人的关系、自己在世界中的位置时，要处理的问题首先与自我认识、对他人的认识、对外部世界的认识相关。

[547]

虽然这些承诺至此没有一条不可避免地是唯我论的，但对它们显然都能做进一步的阐发和解释，由此会产生各种各样的唯我论理论，既有本体论上的唯我论也有认识论上的唯我论，既有部分的唯我论也有全面的唯我论。在英吉利海峡两边，在20世纪关于唯我论的争论中，一个反复出现的论题就是需要彻底地批判笛卡尔主义，其目的在于阐明对自我、他人和世界的完全不同的看法，一切唯我论的倾向和诱惑都从这一看法中清除掉了。

三 存在主义与一个人对他人的经验

从笛卡尔哲学的框架内部看，认知现象所赋有的在先性（论点5）带来了对我与他人关系的说明，根据这一说明，"他人的灵魂与我的灵魂是全面分离的,首先将我的灵魂与我的身体分离开来,然后将我的身体与他人的身体分离开来,最后将他人的身体与他人的灵魂分离开来"(Sartre 1943［1969：223］)。在《存在与虚无》的"唯我论的暗礁"一节中,萨特对隐含在这一观点下的一个假定发起攻击,这个假定认为,"我与他人的根本联系是通过知识实现的"(233)。他提出了一系列生动的现象学描述,试图彰显我自己与他人之间的"根本联系"。"在这种联系中,他人以某种方式显示出来,而不是在我们对他人的知识中显示出来"(253)——结果表明,这种联系是直接的、不可还原的、最终是情感性的,而不是毫无感情的认知。另一个人的在场——尤其是这样某个人的在场,我与他面对面,我被他所审视,我可能成为他的淫荡好奇心的对象,或(比方说)肉体上讨厌的对象——是某种我直接体验到危险的东西,我对此在场的自发反应是忧虑和羞耻。萨特断言,正是在这里,我自己与他人之间有了一个原始的、给予的、不可逃避的联系,但这"不是一种认识的联系,而是存在的联系"。"超越了我可能拥有的任何知识,我就是他人所知道的那个自我"(261)。正如最后这句话所表明的,萨特提出了一种对人类存在的说明,说明了什么才是成之为一个人。在此说明中,不但一个人对他人的意识,而且一个人对他人对这个人自己的意识的自发反应,同样正由这个人作为有意识的存在物的同一性所构成。这一说明包含了对上述论点(4)和(5)的直接攻击。

根据这种存在主义策略,包括理由、辨明、推断、证据、信念、知识在内的认知关系,被代之以对各种假定的更原始的非认知现象的诉求,其中包括自发的态度、情绪和承诺;这种策略的原型存在于克尔凯郭尔(Kierkegaard)对宗教信仰和人与上帝关系的性质的说明中。这个基本策略也被海德格尔以一种世俗化的方式所采纳。在他那里,对 Dasein(人类存在)的存在论分析揭示了一个自发的、原始的社会维度,他称之为 Mitsein("共在"或"与他人共在"):"Dasein 本身实质上是 Mitsein……Mitsein 是 Dasein 的一种生存论上的特征。"(Heidegger 1927［1967：156］)

【548】

> Mitsein 属于 Dasein 的存在，这恰恰是 Dasein 之为其存在之点。因此，作为 Mitsein，Dasein 实质上是为他人之故而"存在"。这一点必须当作对 Dasein 之本质的生存论的陈述来理解……因为 Dasein 的存在是 Mitsein，所以它对存在的理解已经蕴含了对他人的理解。这种理解……并不是由对他人的知识而得来的一种熟知，而是一种原始生存论上的存在，唯有它才使这种知识和熟知成为可能。（Heidegger 1927：161）

沿着海德格尔的足迹，萨特和梅洛—庞蒂得出结论，为己的存在，或自我意识的存在（L'être-pour-soi）在实质上包含了为他人的存在，或主体间的、社会的存在（L'être-pour-autrui）。用梅洛—庞蒂的话说，必须将"社会的世界"解释为"［人类］生存的永恒领域或维度"（Merleau-Ponty 1945 [1962：362]）。存在主义面对唯我论的威胁所做出的反应中，有一些共同的东西，萨特对此做了概括，他断言："如果我们要反驳唯我论，那么，我对他人的关系［一定］首先而根本地是存在对存在的关系，而不是知识对知识的关系。"（Sartre 1943 [1958：244]）

四 现象学与一个人对对象的经验

在胡塞尔的晚期著作中，在受其影响的那些著作的思想中，由于采用了现象学的方法和洞见，而将一种泛笛卡尔的、连贯一致的、全面唯我论的可能性摧毁了。人们特别用现象学来攻击这样一个假定：自我意识和自我认识仅仅是外在地与人对物质对象的意识相关的（比较上述论点（4））。如果可以表明，即使是我的最密切的主观经验，我的最原始的自我意识形式，恰恰在本性上都充满着对外部世界对象的参照或关于外部世界对象的假定，那么，至少有一条常见的通向怀疑主义唯我论的道路会被封闭掉。因此，用梅洛—庞蒂的话说，这里的目的就是要表明，作为有意识的存在者，"我们完全是由与世界的关系构成的"（Merleau-Ponty 1945 [1962：xiii]）。

【549】

在这方面唯一最有影响的贡献是胡塞尔的"意向对象的视域结构"学说——简称为胡塞尔的**视域理论**。胡塞尔认为,我们的日常对象(不论是在知觉、记忆、思想还是想象中的对象)具有复杂的内在结构,在对这一结构的艰苦分析的过程中,他区分了每一个这种意向对象所展现的种类不同的两个方面。即:一是对象**实际**地或**清晰**地呈现在既定经验中的那些方面,另一是对象仅仅**可能**地或**隐含**地呈现出来的那些方面,尽管这些方面也可以在该经验中察觉到。例如,在对我面前桌子上这本书的直接的视觉中,朝向我的是书的封面、书脊和书页的底边:我对它们有一种直接的、清晰的、实际的知觉。然而,胡塞尔强调说,如果认为我的经验的内容只包括(比方说)三个相邻的、平面的和有颜色的表面,它们相互处于某种几何关系中,那么,对我的经验的描述就可能是完全错误的。因为相反,我看到的是**一本书**——它是作为一个三维的、物质的、固体的人工制品提供给我的;它的某些侧面、属性、方面和可能性并没有清晰地呈现在我的知觉中。它是一个有历史的东西;是一个有重量的东西;是一个我可以触及、拿起、打开、加以研究的东西。

这些"潜在的方面"虽然是内在不确定的,但它们为我的知觉经验所得知,使我的知觉经验成为实际那个样子。胡塞尔以隐喻的方式描述了这一情形的特点:他声称,每一个意向经验都有一个核,它包含了"亲身"呈现于经验中的那个对象的那些方面,这个核是由各种不确定的可能性的视域包围着的,这个视域包含(比方说)对以下情形的不言而喻的意识:从那边看这个对象是什么样子,如果我把它转个方向它会是什么样子,如果我去触摸它或把它拿起来会有什么样的感觉,等等。"于是,属于每个意向性的视域结构为现象学分析和现象学描述规定了一种全新的方法"(Husserl 1931 [1973: 48])。其中最突出的方法,而且不仅为胡塞尔所用,也为海德格尔、萨特和梅洛—庞蒂等现象学家所用的方法,就是弄清不言而喻地呈现在我们的经验中**作为一个视域**的那些结构成分。

在这些哲学家的手中,这个方法带来了强整体论的结果。作为对某个普通对象的日常经验的不可分割的组成部分,他们声称(例如)

【550】发现了诸内在关系的复杂结构，该结构将这个经验与无限多的其他经验（其中既包括实际的经验也包括可能的经验）联系起来。对于唯我论之争来说，这些发现的重要性缘于这样的事实，即这类相互关联的经验并不限于给与我的、**作为我自己的**经验的那些经验：例如，当我知觉这本书时，我的知觉中内在的东西，主要不是意识到（尽管是不明说的和不确定的），假如我从那边看这本书，它**在我看来**会是什么样，而仅仅是意识到，**从那边看它会是什么样**——就是说，对于从那个位置上看的**任何人**来说，它会是什么样。这里的整体论是十分有力的，足以将涉及其他有意识的存在物及其经验的东西，都作为我们对物理对象的经验的主要的、不可避免的组成部分整合起来。如果这是对的，那么，部分的唯我论试图把我对其他心灵存在的承诺说成是不依赖于我对物质世界存在的承诺，就完全是自相矛盾了。梅洛—庞蒂写道："唯我论只对试图不明说地意识到自己的存在，而又不成为任何东西或做任何事情的人，才是严格正确的，而这是不可能的……[因为]先验的主体性是启示的主体性，是启示给自身和他人的，因此也是一种主体间性。"（Merleau-Ponty 1945 [1962: 361]）

在胡塞尔的后期著作中，在关于我的意向经验只在整个"生活世界"（Lebenswelt）的视域之内发生这一学说中，对体现出这一研究方法特点的整体论做出了最坚定不移的表述。根据这一观点，我的经验不仅仅是一堆自给自足的原子，其中每个原子都有自己的、不依赖于所有其他原子的内容和意义。相反，任何特定经验的存在、同一性和性质，本质上都依赖于它在它作为其组成部分的整体中的位置；这个整体与作为**我的经验**而给出的那些经验大不相同，它是被直接而不可避免地给出的，它拥有社会、文化和历史的维度，其中与其他有意识的存在物的关联是构成性的，因而也是根深蒂固的（比较维特根斯坦对"生活形式"的论述——Wittgenstein 1953: 226）。下面就是胡塞尔试图传达的一种观点，尽管不太好懂：

> 我所经验到的或我能够经验到的**每一个自然对象**……都得到了一个非表象的[即主体间的]层面（尽管决不会成为被清楚

直觉到的层面)……即:以针对其他自我的给与方式出现的同一个自然对象。就具体客观世界中随之构成的尘俗世事而言,这种情况经过必要的修正反复发生着,因为这个世界总是为我们而存在的:即它是人类和文化的世界。(Husserl 1931 [1973: 125])

五 唯我论与语言

在主要受维特根斯特和罗素的影响而产生的分析传统中,关于连贯一致的唯我论的可能性的争论,倾向于强调广泛的语言性质问题,特别强调在原则上唯我论是否可以表达的问题,就是说,它是否能够用语言说出来。例如,罗素论证说,一个全面的唯我论者一定会说"只有我存在","我自己就是整个宇宙",或者一定会使用某个等价的话语形式,它包含了一个或更多的第一人称代词,比如"我"、"我自己"、"我的"等等。然后,罗素对这个学说进行了反驳:

【551】

> 我们决不能用"只有我存在"这样的话来陈述它,因为这些话没有任何明确的意义,除非这个学说是错的。如果这个世界实际上是一个充满人和物的常识世界,我们可以挑出一个人来,设想他认为他就是整个宇宙……但如果其他的人和物并不存在,那么,"我自己"这个词就失去了它的意义,因为这是一个排他的、划界的词。我们不说"我自己是整个宇宙",而必须说"材料是整个宇宙"。在这里,"材料"是可以通过列举来定义的……以这种方式,这个学说并不需要一个关于**自我**的先天定义。(Russell 1948: 191)

罗素对这个所谓的全面的唯我论发起挑战,就是要阐述这样一个理论:这个理论既不在通常的意义上前后不一致地使用"我"、"我自己"、"我的"等词——这种用法是以我自己与其他所有生物之间的对比为前提的——也不在无法理解的唯我论的意义上使用这些词。也就是说,不以无法指出任何一种可理解的区别或对比的方式使用这些词。要接受这个策略,把它作为对全面唯我论的有说服力的反驳,就需要承诺两个进一步的假定:(1)在日常用法中,"我"、"我自己"等词所起的作用永远是"挑出一个人来",因此它们就是罗素所说的"排他的、划界的词"。(2)如果可以表明唯我论是无法用日常语言表达的,那么,根据该事实,它就已经被驳倒了。作为一位哲学家,维特根斯坦一生写了各种各样的著作,他对唯我论的可能性进行了连续不断的一系列探讨,这些探讨表现出对唯我论的同情(按照写作的大致顺序,最著名的段落出现在 Wittgenstein 1961:72—91;Wittgenstein 1922:Ⅴ,6—5.641 and Ⅵ,4—6.522;Wittgenstein 1975:88—96;Wittgenstein 1979:17—27;Wittgenstein 1958:57—72;Wittgenstein 1968:各处;Wittgenstein 1953:§§256—317 and 398—429)。在所有这些研究中,他坚定不移地反对上述罗素的两个假定。例如,他对(1)的反感就是一个标志:

"当我说'我感到疼痛'时,我并没有指一个人,这个人感到疼痛;因为在某种意义上我完全不知道谁感到疼痛。"而这个说法可以被证明是合理的。首先,关键之点在于:我完全没有说如此这般的一个人感到疼痛,而是相反,我说"我感到……"我在说这句话的时候,没有提某个人的名字——正如我因疼痛而呻吟时,没有提某个人的名字一样。(Wittgenstein 1953:§404)

罗素的假定(2),即一个论点的不可表达性使这个论点变成没有价值的,与维特根斯坦的断言"确实有一些东西是无法用语言表达的。它们自己显现出来"完全矛盾(Wittgenstein 1922:Ⅵ,522)。而据知,"唯我论的真理"实际上就是这样的东西。

维特根斯坦证明(1)和(2)都是错误的,他有一段典型的、具有启发性的话,出现在他去世后出版的著作《哲学评论》(*Philosophical Remarks*,1975)中,他讲述了一个关于唯我论暴君的寓言。

我们来想象一个东方专制国家，它的统治者是一个唯我论者，他强迫自己的臣民接受他自己喜欢的唯我论的说话方式。我们假设，这个统治者相信，他就是整个宇宙。因此，他不需要用任何词语或语言工具将自己分辨出来，或者将自己与世界上的其他东西区分开来。于是，他从他的语言中完全排除了任何可能被认为起这种作用的语词。当他感到牙疼的时候，他就说"有牙疼"；当他思考 p 的时候，他就说"p 被思考"，等等。另一方面，哲学上不太走运的臣民们注定要接受一种完全不同的说话方式。当其中某个人感到疼痛（或思考 p）的时候，其他人就会说"某某人正在从事的行为如同有牙疼（或 p 被思考）时君主所做的那样"。与处于这个语言中心的暴君不同，这些臣民需要使用第一人称代词：比方说，当其中一个人用锤子打到自己的拇指，他就会喊叫说："我的行为就像有疼痛时君主的行为一样。"维特根斯坦写道，"显然，这种说话方式与我们的方式是相同的"，因为它包含了与我们的语言有同样表达力的语言：用一种语言可以说的东西，也可以用另一种语言来说。维特根斯坦对这些考虑的重要之点做了如下详细说明：

> 我们语言中最使人误解的表达技术之一就是使用"我"这个词，特别是将它用于表达直接经验的时候……有启发性的做法是将这种说话方式替换成另一种说话方式，这另一种说话方式仍然可以表达直接的经验，但不使用人称代词；因为这时我们就能看到，先前的表达对事实来说并不是必需的。（Wittgenstein 1975: 88；比较 Wittgenstein 1979: 22："唯我论者想要的并不是自我专有的一种说法，而是自我从中消失的说法。"）

于是，维特根斯坦声称，唯我论的表达具有一种特权地位——当然，这只是对作为这种表达的中心的人来说的：

> 这种语言是特别合适的。我如何来表达这一点呢？也就是说，我怎么能够用语词正确地表达它的特殊优点呢？这是无法做

到的。因为如果我用以我为中心的语言来表达，那么，这种语言用自己的词语所进行的描述的特殊地位，就没有什么可值得注意的了；而用另一种语言来描述，我的语言也就没有任何特权地位了。（Wittgenstein 1975：89）

【553】 维特根斯坦得出的结论是：有一种形式的唯我论，就是由东方暴君的例子所表明的唯我论，它是内在融贯的，实质上是恰当的，哲学上是有吸引力的，但它既不需要使用第一人称代词，也不需要涉及任何诸如自我或经验主体之类的实体。虽然这种形式的全面的、形而上学的唯我论无法用词语表达出来，但对它的接受仍然是可以表达出来的：它可以显示自己，例如，它可以在我以某种方式接受一个语言中将自己表现出来。这种语言的形式将是公认唯我论的，但这个语言本身正如我们日常的谈话方式那样，缺少明确陈述唯我论真理的一切手段：维特根斯坦在《逻辑哲学论》中断言："唯我论者所意味的东西是完全正确的，只是无法将它说出来。它使自身显现出来。"（Wittgenstein 1922：5.62）

大卫·贝尔

第四十四章

语言

语言成为这一时期主要关注的对象。而且，语言理论为哲学研究本身提供了不同的方法论，使得这两个主题常常缠绕在一起。我们可以区分出一些主要倾向：虽然在这一时期之初由逻辑学和其他形式学科提出的模式占主导地位，但至这一时期末，对心理学和社会学探讨的兴趣日益增长，对有关形式模式的价值的怀疑主义也越来越引起人们的兴趣。

一 逻辑原子主义

罗素在 1918 年的系列讲演中发明了这个词（Russell 1918 [1956：177]）。他证明，非逻辑的表达式要么是复杂的，要么是简单的。要理解复杂的表达式，人们就必须理解包含在复杂表达式分析中的简单表达式。由于对复杂表达式的分析，只能发生在对复杂表达式出现于其中的语句进行分析的语境中，所以这些句子的表面形式可能不足以指明由分析所揭示出的逻辑形式（在罗素看来，这种情况的重要例子来自于他的摹状词理论）。当所有复杂的非逻辑的词项都被消除了，分析也就结束了，只留下简单的词项。要理解这些简单的词项，我们就必须在认识上熟悉它们所代表的事项，字面上说就是它们的意义。所以，要理解（S_1）"这个是蓝色的"，人们就必须熟悉由"这个"所确定的感觉材料，熟悉普遍的蓝色。像（S_1）这样的无法进一步分析的句子，对应着罗素所说的原子事实。它所对应的事实如果是真的，这个事实就是最简单的事实，就在于它具有某一性质的一个个例。其次的最简单原子事实包含了两个个例之间的关系，如此等等。一个分子句子就是包含了另一个句子的句子，例如句子"这个是蓝色的和那个是红色的"，它包含了（S₁）和（S₂）"那个是红色的"。这个句子的真并不需要除原子事实之外的其他事实的存在，因为当且仅当（S₁）和（S₂）都为真，它才是真的。然而，罗素证明，有一些不同于原子事实的事实，包括否定的事实（当他在哈佛大学提出这一主张时曾引起了轰动）和一般的事实，因为没有任何原子命题的集合会蕴含一个一般命题。

【555】

承认了除原子事实之外的事实的存在，罗素的理论的单纯性就降低了，而其经验主义的成分也不为有些人喜欢。维特根斯坦（Wittgenstein 1922）探讨了这些有关的情况，并且证明，人们可以对两者不予考虑。他的出发点是对图像表象的可能性的说明。他知道，在巴黎的法庭上，可以用模型玩偶和模型汽车来再现交通事故。这是如何可能的？首先，在这些玩具和有关的汽车、人之间一定有一种相互关系，例如，使这个玩偶代表伤者，玩具汽车代表汽车（Wittgenstein 1922：2.131）。其次，再现的成分即"图像"具有某种结构，这个事实是意义重大的；玩偶和玩具汽车之间的空间关系展现了实际的人与汽车的空间关系（1922：2.15）。维特根斯坦将这些玩具能够构成这种关系的可能性称之为这个图像的"表象形式"（1922：2.15）。在这个例子中，正是这些玩具的三维性质使得它们能够构成有关的人和汽车所具有的相同的空间关系。因此，这种表象形式就是这个图像与它所描绘的东西共同具有的。一旦这些玩具与有关的事物相互关联，那么，由于其表象形式，这个图像就毫无其他妨碍地描绘了一个事态的存在。然而，由于它的表象形式是与它所表象的东西共有的，所以，这个图像无法表象它自己的形式；它自己的形式是某种显示出来而非说出来的东西（1922：2.171）。由于一个图像只是表象了一种可能性，它就无法决定其自身的真；要确定其自身的真，就必须将它与实在相比较（1922：2.223）。

维特根斯坦将对自然语言的这些要求普遍化，同时赋予逻辑以核心作用，他之所以能这样做，是因为他主张，每一个表象都必定与实在一样有一个"逻辑形式"，这个形式也是它所表象的"实在的形式"（1922：2.18）。正因为"aRb"这种形式的基本句子有一种关系的逻辑形式，这种逻辑形式也是关系事实的形式，所以这个理论才可以应用于这个句子；这个句子可以拥有这个形式，是因为它也是一个事实（1922：3.14）。它的名称"a"和"b"代表了简单对象，正是它们代表了简单对象这个事实，连同它们处于相互确定关系中这个事实，使得这个句子能够表象一种关系的可能性。正是因为"aRb"中的"a"与"b"有某种关系，所以这个句子才表达为"aRb"（1922：3.1432）。因而维特根斯坦断言，所有其他的句子都是基本句子的真值函项，或与基本句子等同。"（∀x）（Fx）"形式的句子（例如"每个人都吸烟"）需要用基本句子的资格来说明。这些句子不是真值函项；但函项"Fx"指明了句子的集合（"Fa"、"Fb"、"Fc"……）的逻辑积（Fa & Fb & Fc……）是一个真值函项，这个真值函项的真保证了"（∀x）（Fx）"的真。于是，对于普遍事实的需要就被一笔勾销了；同时，由于区分了事实和事态，并认为假定的否定的原子事实只是原子事态的非存在（1922：2.06），对罗素的那个引起轰动的对不可还原的否定事实的需要也被取消了。

【556】

　　维特根斯坦断言基本句子描绘了原子事实，即描绘了可能的原子事态的存在或不存在，要支持他的这个主张，却需要诉诸形而上学。一个原子事态是简单对象的结合，这些简单对象就像链条上的链环一样连在一起（1922：2.03）；要表象这种事态的存在，基本句子中的名称必须与对象相互关联。但这些对象为什么一定是简单的？如果原子事实是互相独立的，那么它们可能是什么样的东西？（1922：2.061）而且，一个简单对象的例子又会是什么呢？难堪的是，虽然维特根斯坦确信它们一定存在，但却无法给出一个简单的例子！而且，虽然关于一切非基本句子都是基本句子的真值函项的说法在本体论上是简单的，但很难包括维特根斯坦的这样一个结论，即全体真命题与自然科学的范围是一样的（4.11）；因为按那种说法，伦理学和哲学本身已经被排除在这个全体之外了。因此，正如罗素的理论是与形而上学纠缠在一起的，维特根斯坦的论述也是如此，尽管是以十分不同的方式。这就是为什么逻辑原子主义逐渐失宠的一个原因。但逻辑形式的观念和还原性分析的观念，连同千锤百炼的强大分析工具一起，却是 20 世纪哲学中永恒的成就。

二　逻辑实证主义

维也纳学派是由一群对科学有强烈兴趣的哲学家组成的，他们受到马赫实证主义的影响。他们从罗素和维特根斯坦的著作以及与维特根斯坦的会面中学到了许多新的分析技术。这两种影响会合在一起引出了他们许多更具特色的学说。这些学说最初由于艾耶尔在 1936 年出版的《语言、真理与逻辑》一书而在英语读者中普及开来。艾耶尔关于可证实性标准——即有意义的陈述或者是分析的或者是可证实的——讨论，虽然是有价值的，但并不是一个意义理论（Hempel 1950 [1952]）。因此，我们将主要试图阐述一种证实主义的意义理论——这个理论有时被称作"证实原则"（Hanfling 1981a：33）。

【557】在石里克的著作中我们可以看到阐述这种意义理论的一致尝试。石里克对爱因斯坦的成就有深刻印象，这一成就告诉我们如何证实"X 与 Y 是同时的"，并因而理解它（Schlick 1979：II, 266 [1981 b：91]）。石里克由此进行概括，他强调，要理解一个陈述，就必须理解它与其他陈述之间给定规则的联系，包括描写我们经验的那些联系（"记录句"）。由此来看，奎因批评石里克之类的实证主义者假定每个陈述都可以独立地得到证实（Quine 1951 [1961：41]），这个批评虽然很有影响，但并不切题。石里克明确否定证实是没有先决条件的，坚持认为大量的事实判断进入了实际的证实（Schlick 1979：II, 268 [Hanfling 1981b：93]）。对石里克的真正批评是，他的理论中有两种十分不同的成分，他没有令人信服地将它们联系起来。

第一个成分赋予实指定义以关键作用；他证明，对非逻辑词项一定可以直接或间接地进行实指定义。第二个成分则强调，陈述的真值条件不能超越逻辑上可能的经验，因而也就不能超越可证实性的要求。石里克试图将这两点联系起来，他强调，一个句子的意义应当是被构成性地给予的，使得我们对这个句子的真值条件的理解，最终与它的非逻辑词项的实指定义中所包含的经验联系起来（Schlick 1979：II，464）。石里克能够以这种方式援用实指定义，其理由之一就是他相信，它们并不需要具有不同于一个证实行为的先决条件。但这肯定是错误的（Hanfling 1981a：21）。而且，也没有什么理由设想我们能够只用可以实指定义的词项来定义种和属之类的理论词项。但如果并非所有的理论词项都是实指上可定义的，那么，关于意义是被构成性地给予的要求就不能保证与经验的联系。自相矛盾的是，石里克似乎逐渐趋向于为一种真值条件理论辩护，这种理论潜在地包含了超证实的真值条件。这是他努力解决的主要问题，他讨论了许多反对这个理论的通常看法，例如关于过去和未来的陈述是没有意义的意见。虽然他的讨论十分出色，无与伦比，但他没有解决这个问题。

尽管维也纳学派的另一位成员卡尔纳普极为推崇石里克，但他的观点的演进却大相殊异。他断言证实是以记录语句为根据的，乍看起来，他的这个断言只不过是证实以经验为根据的不同说法。但在他看来并非如此：后一个主张是一种实质的方式，谈到的是对象、事物、事态等等，而前一个主张则是形式的方式，只谈论语言形式。而且，只有采纳了后者，我们才不至于陷入混乱的讨论而导致无意义的结论（Carnap 1932a［1981a：157］）。尽管形式的方式受句法局限，但它仍可以用来定义意义理论中的关键术语。譬如，蕴含就可以完全从形式上加以定义（Carnap 1934a［1967：57］）；这样定义之后，我们就可以说，一个句子是可证实的，如果它蕴含了一个记录语句。而且，采纳了形式的方式并不会妨碍我们解释一个语词的"意义"。这个意义或者是通过翻译给出的，或者是根据定义给出的，每一种情况都可以在句法上得到阐述（Carnap 1932a［1981a：151］）。翻译是把一个词从一种语言转换到另一种语言的规则，例如，"cheval"＝"马"；而定义则是在同一语言中转换语词的规则，例如，"雌狐"＝雌性的狐狸。卡尔纳普补充道，这也包括了实指的定义，因为它们具有这样的形式："X 是时空中如此这般位置上的同样种类的一个 Y"。如果这是正确的，它就一举摧毁了石里克理论的核心支柱。而且，由于将可证实性定义为蕴含了一个记录语句，这就使卡尔纳普可以证明，一

【558】

个有意义的句子并不需要等同于一组记录语句。所以，他提出在有意义的句子与"经验"之间有一种更松散的联系（Carnap 1938 [Hanfling 1981b：118]），这就避免了奎因的责难（Quine 1951 [1961：41]）。

卡尔纳普在《语言的逻辑句法》（*Logische Syntax der Sprache*，1934b）一书中详尽地贯彻了这些思想。这里提出了一个新的重要看法：因为哲学问题是关于语言而不是关于世界的，所以它们就应当用严格构造出来的元语言来阐述（Carnap 1963：55）。如果一个假定的断言可以在这样一种语言内从句法上重新阐述，那么它就是有意义的，否则它就必须被抛弃。由于这一探讨方法涉及建构一种形式语言，所以，人们认为这一方法支持了关于表达一切真知识的"理想语言"的设想（Rorty 1967，导言）。然而，卡尔纳普赞同对各种语言采取宽容原则，因为他认为，各种冲突的方法往往包含不同的语言方案（Carnap 1963：54）；所以，"理想语言"一词所意味的唯一性是使人误解的。

虽然对某些人来说，卡尔纳普在《语言的逻辑句法》中提出的纲领是20世纪哲学中的一个决定性环节，但对更多的人来说，它似乎是建立在向形式方式转换这一主张之上的，而这一主张是靠不住的。在这一点上，人们可以看出分析哲学出现了两派，一派认真地对待形式模型，另一派则强烈倾向于认为这些形式模型是无关紧要的（Carnap 1963：68）。

三 各种形式理论

正像维特根斯坦所说，如果一种语言不能表现自身，那么，一个形式的语言理论就是不可能的。不过，实证主义者从来没有接受这个说法（Carnap 1963：29）。我们看到，卡尔纳普本人就论证说，我们可以通过指明一种语言的词汇、句子的构成规则和句子的转换规则，从而对这门语言做出描述。而且，他相信，意义理论的关键术语可以从句法上加以定义；对他来说，唯一可以辩护的真理理论就是融贯论，因为在《语言的逻辑句法》一书中，卡尔纳普已经拒绝了从语义上对术语的意义下定义的任何尝试。

采纳这个立场的一个理由是因为语义悖论的存在，特别是"说谎者悖论"的存在。我们似乎有理由认为，对一种语言中的任意句子而言，都存在着一个"T语句"：

S是真的，当且仅当p，

在这里，"p"可以替换为那个句子，"S"可以替换为这个句子的名称（Tarski 1936 [1952：16]）。例如，"雪是白的"是真的，当且仅当雪是白的。而且似乎所有的T语句都必定是真的。但对"这个句子是假的"T语句：

"这个句子是假的"是真的，当且仅当这个句子是假的

就是一个悖论，因为由此得出，如果这个句子是假的，它就是真的，反之亦然。因此，认为语义学应当蕴含一种语言的所有T语句（塔尔斯基称之为T约定）这个表面上合理的要求，就导致了悖论。

不过，塔尔斯基表明，我们可以避免这个悖论，即放弃构造悖谬的T语句时隐含的那个假定：一种给定语言L中的句子的真可以在L本身中定义。毋宁说，我们必须在一种比L更丰富的形式的元语言中对它下定义（Tarski 1936 [1952：21]）。塔尔斯基进而表明如何用"满足性"这个语义学概念来做到这一点，以致他不仅表明了如何避免悖论，而且表明了如何至少在一种形式语言中从语义学上定义"在L中是真的"。在包括正要出版一本语义学导论的卡尔纳普（Carnap 1942）在内的某些人看来，塔尔斯基的工作使得形式语义学在哲学上得到了尊重。但这种反应绝不是普遍的。许多人都怀疑它是否能用于自然语言，譬如，他们论证说，自然语言包含了不能包括在语义学定义中的谓词，因为它们本来就是模糊的。

应当补充的是，在语言学发展的这个时期，人们也越来越强调形

式分析。其中最有影响的是索绪尔（Saussure），他证明，语言学研究的恰当对象并不是单个的言语行为（la parole），而是由说同一种语言的人内在化了的记号系统（la langue），它使交流成为可能（Saussure 1916）。于是，语言学家的工作就是根据记号之间的关系来描述这个系统。索绪尔的思想带来了语言学的革命，但对我们这个时期的哲学产生的影响很小甚至没有什么影响，尽管它们成为第二次世界大战后许多结构主义和后结构主义讨论的出发点。

四 行为、记号和态度

正如逻辑一样，心理学也是语言观念的一个主要来源。罗素对新观念总是很留意，他对逻辑和心理学两方面都很倚重。他在《心的分析》（*An Analysis of Mind*, 1921）一书中证明，心理活动的各个方面都可以用行为来解释，或者可以还原为感觉或心象。在"逻辑原子主义哲学"一文中，他没有讨论对"S 理解了 Y 的意义"的分析，因为他认为语言是"透明的"（Russell 1959：145）。但在《心的分析》中，这却成了核心问题。他赞成对语言的指示性用法的行为主义说明，即将语言用于指出周围环境的一个特征。这种用法涉及恰当地使用一个词，对它做出恰当的反应，将它与具有恰当效果的其他词（例如法语中的词）联系起来，将它与它所"意指"的对象联系起来（Russell 1921：199）。然而，要对语言的叙述用法和想象用法做出说明，我们就必须把一个词的用法看作是在描述或回忆一个记忆影像，在描述或创造一个想象影像（Russell 1921：202）。由于罗素承认，在许多情况下，这个影像在理论上是不必要的，于是，这就令人费解了。不过，真正的问题在于他的心灵哲学的其他方面。在那里他承认，对记忆和信念的行为主义说明是不可能的。他诉诸想象，因而也就是试图讨论他自己认为的对行为主义不适宜的领域。不过，他的成就是要表明，行为主义理论如何能得到发展，尽管他对这里的困难直言不讳。

这种谨小慎微的态度在奥格登和理查兹的《意义之意义》中不

太明显。他们很少考虑关于意义问题的哲学文献，他们拥护心理学所做出的贡献，他们论证说，取得进展的恰当方式是要理解在我们对一个记号的解释中包含了什么内容。这里的核心之点是"我们对记号的心理反应，它是由我们在过去相似情形中的经验决定的，也是由我们当下的经验决定的"（Ogden and Richards 1923：244）。在原则上，这样一种因果说明的确足以解释我们为什么把烟解释为火的记号，因为对过去既有烟又有火的情形的经验，连同我们当下得到的烟的经验，可以使我们期待火的出现。但"烟"的意义能以这种方式来说明吗？对"烟"的过去用法的反应似乎远非一律的，这大概是因为这种用法并没有使烟的出现成为可能，实际上也没有使火或者"火"的出现成为可能。不过，这种反对意见并没有削弱行为主义方法的吸引力，而对语言所唤起以及用语言来唤起的各种各样反应的考察，使得人们承认，存在许多不同的语言用法，断言式用法只是其中一种。更令人感兴趣的探讨方法之一是莫里斯的方法，他引入了语言研究中三个广泛领域的区分（Morris 1938）：句法学、语义学和语用学。语用学被定义为研究"记号与解释者的关系"（Morris 1938：6），它包括（例如）语言的索引用法，即使用"我"和"你"这样的代词。【561】

奥格登和理查兹还引入了语言的符号用法和情感用法的重要区分。前者以**陈述**为代表，后者"是用语词来表达或唤起情感和态度"（Ogden and Richards 1923：149）。他们大胆地论证说，"善"的伦理用法是情感用法（Ogden and Richards 1923：125）；这个思想在艾耶尔对伦理句子的分析中得到了进一步的发展（Ayer 1936，ch. 6）。在意义的证实理论的语境中，这种方法的吸引力在于，它能使我们说明伦理句子的意义，即使它们是不可证实的。然而，斯蒂文森（Stevenson）提出了一种最有影响的伦理学情感理论。他在一篇重要文章中捍卫了一种别具一格的伦理学兴趣理论，因为根据他的观点，伦理句子的作用就是要创造出兴趣。他在论证意义上是一个词的因果属性或性情属性时断言，对"这是善的"这句话的大致分析就是"我**的确喜欢这个；我也这样做**"（Stevenson 1937［Ayer1959：275］）。这个分析是大致的，因为前者中的命令是隐含的，但在后者中是明显的。于是，斯蒂文森不仅说明了为什么"善"具有它所具有的力量，而且说明了为什么它终究是无法定义的。此类非认知主义的理论对随后几十年的伦理讨论产生了长期的影响（Warnock 1960：98）。

五　新的方向

（一）现象学

海德格尔的语言观与我们前面已经考察过的那些语言观截然不同，尽管如此，它并不是对它们的直接批判。相反，它批判的是这许多方法中共同具有的某些十分普遍的假设，这些假设的特点可以概括为"笛卡尔式的"，他认为这些假设是极其错误的（Dreyfus 1995：108）。起初，这个批判是由于海德格尔试图理解胡塞尔的现象学引起的。尽管海德格尔长期为胡塞尔所吸引，但他也感到困惑。胡塞尔的现象学研究意识经验的本质和心理行为的结构。由于它专注于经验中本质性的东西，所以它不需要进一步的辩护，而且它为其他哲学分支提供一个可靠的基础（Smith and Smith 1995：12）。在胡塞尔的早期意义理论中（Husserl, 1900—1901），表达式的意义是根据一种特殊的心理活动——意向到对象的活动——来解释的（Simmons 1995：110）。这里的意思并不是说意义是内心的东西。也不意味着可以将意义等同于所意向的事物；（D₁）"耶拿的胜利者"和（D₂）"滑铁卢的被征服者"这两个摹状词代表的是同一个人，但有不同的意义。意义是这些心理活动的抽象类。如果我想到某个东西是红的，那么我的心理活动就有了一个特征，胡塞尔称之为质料（matter），它是某个东西是绿的、蓝的等想法所不具有的。于是，"红的"的意义就是这个特征的抽象类（Simons 1995：113）。这样，胡塞尔的早期理论试图对意义做出说明，取得了某种成功，没有陷入心理主义。

不过，在胡塞尔的《纯粹现象学和现象学哲学的观念》（*Ideen zur einer reinen Phänomenolpgie und phänomenologischen Philosophie*，1913）中，出现了一些重要变化。这些变化的产生不是因为意义理论的内在变化，而是因为主要方法论上的变化（Simons 1995：124）。

第四十四章 语言

由于担心他的早期现象学可能包含经验主义的成分，于是胡塞尔就采用了一种方法论工具，即现象学还原，它将保证现象学不包含经验主义的成分。这种方法将我们关于自然界所相信或所假定的一切都用括号括起来不予考虑，从而使对意识的研究成为没有先决条件的。这时，一个活动的意向内容被称作noema，它被描述为"意向的对象"，于是，（D_1）和（D_2）就有了不同的对象。不过，他关于noema的性质及其与种类意义的关系还有许多相互冲突的观点（Smith and Smith 1995: 23）。而且，如果这个理论是没有先决条件的，我们如何能够说明真理和指称？而如果我们不能说明真理和指称，那么我们能够说明通常的思想吗？

海德格尔认为，要解决他对胡塞尔现象学的困惑，就需要一个新的经验概念。要提出这个概念，就必须理解人类（"Dasein"，"此在"）所拥有的那种存在。这就要求描述此在的"在世存在"方式的结构，这一结构揭示了经验的原始层次，这个层次没有胡塞尔在他的意识观念中作为基础的主—客结构。实际上，后一种经验只能根据前一种经验来理解（Dreyfus 1995: 62）。因而，在这个层次上，我们探讨的并不是笛卡尔的主体及其意识。对此在的在世存在结构的洞察，是通过考察此在的日常活动达到的，这揭示出，此在的在世的意义并不是空间性的。相反，它意味着熟悉各种事情并与各种事情打交道，如"我正在做这件事"一样。而且，此在所具有的这种基本经验，海德格尔称之为"审慎"（circumspection），它不涉及内部领域和外部领域之间的关系（Heidegeer 1927 [1962: 89]）。它也不是理论知识的产物；相反，理论知识倒依赖于它。更确切地说，它的性质是由描述此在与当下环境的相处来揭示的，以对工具和器皿的使用为范例。此在对锤子的基本理解不是根据它的大小、形状等，而是根据可以用它做的事情，对此只有通过使用它才能把握。这种用法就有了指向性特征：使用锤子是为了做某事、由于某事、为了某人。而且，这个工具的用法是在其他工具的一套用法的背景下出现的，每种用法各有自己的指向性特征。

记号也是工具，与其他工具不同，它们的功能是指示出一组相互依赖的实践的一个方面，它们的用法以这些实践为前提。例如，一个停止记号本身没有意义，而它"可用于车辆和交通规则的整个设备联系的世界之内"（Heidegeer 1927［1962：109］）。既然记号以共同的实践为前提，我们对记号的基本理解，即"审慎"，就不是理论上的，因而我们既不能像胡塞尔所打算的那样将它们括起来，也不能将我们关于记号如何才有意义的说明建立在记号与先天观念的关系上。海德格尔进而深入说明在世存在，然后转向语言问题本身。但根据他对记号的讨论来看，他的结论没有什么可奇怪的。语言并没有创造一套此在在最基础的层次上意识到的相互依赖的实践和工具。语词就是在共同的实践环境下使用的工具，这个环境是以使语词具有意义的方式早就构建和联系起来的（Aler 1972：55）。语言还是另一种实践，它的元素的意义来自它们在其他实践中的地位。从这个观点看，关于语言与世界的联系方式存在问题的看法，是难以理解的。同时，分析的实践却变得有问题了。如果此在是置身于整个实践中的，那么，恰当的方法论就是解释学的，而不是分析的。在这一点上，海德格尔和那些分析派人士之间出现了一条方法论的鸿沟。

（二）后期维特根斯坦

维特根斯坦在1922年发表了《逻辑哲学论》之后就放弃了哲学，有七年之久没有回到哲学上来。虽然他在我们这个时期余下的时间里写了大量的著作，但只有一部著作被发表（Wittgenstein 1929）。在这部著作中，虽然他仍然普遍坚持《逻辑哲学论》的观点，但他不再认为基本命题是互相依赖的，对这个变化的含意，他后来与石里克和其他同事做了详细的讨论（Waissman 1967）。而且，他表示要保留早期著作中的先天的方法论，他认为在描述基本命题的结构的时候有必要观察现象本身（Wittgenstein 1929：163）。这一观点显示出他的思想的主要变化之一，即将注意力集中到详细的事例和在具体语境中为了特殊目的而对表达式的使用上，即他所简称的"语言游戏"（Wittgenstein 1953：§7）。由此引出了这样的结论：表达式获得意义的方式并非只有一种，而是有各种各样的方式，这些方式并非共同具有一个本质特征，而是有一种家族相似。用另一个类比（显然可以与海德格尔的说法相提并论），他把语言的用法比作工具箱里的工具（Wittgenstein 1953：§11）。专注于语言的具体用法，就会使每个句子都必定有一个完全确定的意义这个假定变得可疑；而且也会导致这样的结论，即复杂性和简单性的概念本身就是相对的。但如果是这样的话，那么，逻辑原子主义者所实行的那种哲学分析就应当被抛弃了。

当这些思想在第二次世界大战后被发表，它们对哲学的发展，特别是对英国哲学的发展产生了重要影响。但要描述它们在我们这个时期所产生的影响却并不容易。许多聆听了维特根斯坦讲演的有才能的哲学家都留有深刻印象，他们所做的笔记也得到传播和讨论。但要追溯在我们这个时期的影响却很困难，因为未经他们允许而去评论或提到另一个人尚未发表的观点是很不容易的。魏斯曼曾试图对维特根斯坦的观点做出"权威性的"说明，但没有得到他的同意，而只是在我们这个时期之后这一说明才得以面世（Waissman 1965）。但不论怎样，人们不但逐渐意识到语言的不同用法，也越来越对逻辑原子主义和逻辑实证主义持保留态度，所以，维特根斯坦的思想还是有丰厚的土壤来扎根的。不过，正如第二次世界大战后情感理论对伦理思想的影响一样，逻辑原子主义和逻辑实证主义也深深地影响了一般的哲学思想。虽然许多哲学家不喜欢它们的形而上学，但他们却广泛运用它们遗留下来的方法论工具。几乎不带任何形而上学假定的语言哲学已经变得十分常见；但要强调的是，这种哲学不是我们所说那个时期所采取的研究进路。

大卫·霍尔德克罗夫特

第四十五章

作为形而上学之哲学的终结

本章的讨论旨在澄清海德格尔和后期维特根斯坦关于哲学终结的观念的看法。本章首先勾勒出他们著作中所讨论的这个哲学概念,接着考察哲学终结的观念先后在海德格尔著作和维特根斯坦著作中的发展情况。

一 作为形而上学的哲学

当海德格尔和维特根斯坦提出哲学终结的可能性时,他们所指的"哲学"就是对非经验研究的理解,人们通常简单地将这种研究的特征描述为"形而上学"(参见 Heidegger 1969 [1977:432], Wittgenstein 1968:§116)。不过,虽然这两位作家都致力于探讨作为形而上学之哲学的终结问题,但他们处理这个论题的方式却有着明显的区别。在海德格尔看来,对"哲学的终结"的讨论主要是从哲学的**终点**方面来进行的,尤其是根据这样一个观念,即哲学要**分解为经验科学**。相反,在维特根斯坦看来,讨论"哲学的终结"主要是从哲学的**目的**或目标方面来进行的,尤其是根据这样一个观念,即哲学达到了对经验科学基础的**完全澄清**。我想暂时不讨论这里的对比,以便首先强调一下他们观点中的一个重要会合点,这个会合点即在于他们关于何者才是对非经验研究的"形而上学的"理解的看法上。

在《哲学研究》中所谓的"哲学篇"的开头(1953:§§89—133),正由于对语言规则的确定性和精确性产生了怀疑,维特根斯坦才根据语言与这样一种理解的关系,阐明了他对语言进行反思的最终动机:

第四十五章 作为形而上学之哲学的终结

这些思考把我们引向这样一个问题：在什么意义上，逻辑是某种崇高的东西？

因为，逻辑似乎应当有一种特殊的深度——一种普遍的意义。逻辑似乎处于一切科学的基础之中。——因为逻辑研究所探讨的是一切事物的本质。它探索事物的底蕴，而不应关心实际发生的事情是这样还是那样。——它并非来源于对自然事实的兴趣，也不是来源于对掌握因果关系的需求，而是来源于想理解一切经验事物的基础或本质这样一种渴望。不过，我们并不需要为达到这个目的而去寻找新的事实；我们的研究的本质就在于，我们不是借助于这项研究而认识任何**新的**东西。我们想**理解**那些已经明显地摆在眼前的东西。因为这正是我们在某种意义上似乎还不理解的东西。（Wittgenstein 1968：§89）

【566】

对非经验研究的性质和目的的这种解释，就是把哲学指定为形而上学。在海德格尔的著作中，这种对"一切经验事物的本质"的研究通常被描述为"对实体之存在的研究"（对"什么是成之为"实体的研究），但这里的"存在"被解释为实体在场的"根据"或"基础"。因此，正如维特根斯坦所说，这里强调的是这样一种形而上学观念，即把形而上学看成是对每一经验事物之基础的非经验的研究。这种看法起源于古希腊思想，但做出最佳概括的似乎是康德：

一切纯粹的先验知识……其自身都有特殊的统一性；形而上学是这样一种哲学，它的任务是在这一系统的统一性中叙述那种知识。它的思辨部分特别适合这个名称，即我们所称之为的**自然的形而上学**，它借助于先天概念，就每一事物之实际所是（而不是其应当所是）进行考察，这个部分是以下列方式加以划分的。（Kant 1787 [1993]：A845 B873）

康德这里称之为"自然的形而上学"的这门哲学，就是海德格尔和维特根斯坦在谈及哲学和哲学终结时所争论的东西。这门哲学是对每一事物就其实际所是而进行的非经验的研究；这是对整个宇宙的研究（"首先和最重要的哲学问题是：对整个宇宙给出一个普遍的描述"——Moore，1953：1—2），是试图把握一切经验事物之本质（作为根据或基础）的研究：因而是达到"**超越存在**"的研究。简言之，它就是形而上学。

不难看出，对哲学的这种规定如何会导致这样一种研究观，即当它开启了实体的每一个领域接受经验的探讨时，它才达到自己最后的"完成"（海德格尔的观点）。也不难看出，对哲学的这种规定如何会在如下意义上把"完整性"作为哲学的目标，就是说，它所追求的对"就其实际所是的每一事物"的充分理解，只有当人们用一个单一的解释把握了科学所研究的全部实在的情况下，才能达到（维特根斯坦的观点）。然而，一旦考虑到这些，在哲学的终结问题上海德格尔和维特根斯坦的差别是否真的像我们起初所说的那样大，就变得不太清楚了。因为两人都把哲学设想为形而上学，都以实质上相同的方式设想形而上学。而且，如我们将看到的那样，无论把哲学的终结看成是顺其自然的过程（海德格尔），还是看成需要消除的（维特根斯坦），都没有"实证主义地"将哲学的终结看作形而上学，就是说，没有把它看成是作为唯一合法研究模式的经验科学的胜利或证明了经验科学的可靠性。相反，两人仍然看到了对于独特的非经验式思维的"真正需要"（Wittgenstein 1968：§§108—109）；这时，这种思维方式既不是形而上学的也不是科学的，但仍然有"自身的必然性"（Heidegger 1969 [1977a：436、449]）。在下面的论述中，我们将先后探讨海德格尔和维特根斯坦著作中的这些哲学观念，以及作为形而上学之哲学的终结。

二 海德格尔论形而上学和科学

受到海德格尔或维特根斯坦影响的著作，很可能会强调哲学研究与科学研究之间的区别。不过，由于人们熟悉了这个观点，所以很容易会掩盖这样一个事实，即把哲学看作形而上学的传统观点也承认哲

第四十五章　作为形而上学之哲学的终结

学的（先天的、逻辑的、形式的、概念的）研究与科学的（后天的、经验的、物质的、事实的）研究之间的区别。这里的关键区别并不是一些人把哲学研究与科学研究等同起来，另一些人不这样做；而是**在不这样做的那些人中**，有些人认为相对于实证科学而言，哲学的地位就在于它具有独特的、基础的作用，而另一些人则不认为哲学有这样的作用。根据后面这个对比，形而上学特别占有第一的位置，而海德格尔和维特根斯坦的工作（不仅仅是他们的工作）中独特的东西就是（试图）占有第二的位置。

吉尔伯特·赖尔（Gilbert Ryle）曾蹩脚地指责胡塞尔设想哲学可以或应当占有第一的位置（参见 Ryle 1971：181—182），但至少与赖尔同时代的一位英国哲学家奥斯汀也持有这个观点，值得注意的是这个观点是如何被说得头头是道的：

> 在人类探究的历史上，哲学具有原初太阳的地位，处在萌芽的、纷乱的状态：它不时地把自己的某个部分抛出来，取得科学的地位，成为一个冷却的、井然有序的星球，稳定地发展到遥远的最后状态。这一情况在数学诞生之前很久就发生了，也在物理学诞生之前很久就发生了：只是在上个世纪，我们才再一次见证了同样的过程，它缓慢地、同时也是几乎毫无觉察地发生在数理逻辑科学诞生之时……难道不可能在下个世纪看到一门真正的、全面的**语言科学**的……诞生吗？那样，我们就以唯一能摆脱哲学的方式，通过将它虚褒实贬，使我们从哲学的又一个部分中解脱出来（哲学中还会有许多部分留下来）。（Austin 1979：232）

【568】

在这里，奥斯汀生动地捕捉到一个思想：哲学在一种消解为科学的过程中达到其终结，这正是海德格尔所设想的终结，即一种"消解"，这种消解也是作为形而上学之哲学的"合法完成"（Heidegger 1969 [1977：434]）。奥斯汀与海德格尔在这一点上的明显区别是：奥斯汀似乎认为，在哲学的太阳耗尽之前还有很长的路要走；而海德格尔则相信，这个终结即将到来。他说："哲学在现在这个时代正在终结"（1969［1977］）。为了理解为什么海德格尔坚信作为形而上学的哲学正濒临死亡，对他的看法的某些细节进行考察是值得的。因为与奥斯汀不同，海德格尔不但明确探讨了哲学与科学的关系问题，而且也是自《存在与时间》以后他的一般思考的"出发点"（Heidegger 1969［1977：431］）。

我谈到赖尔曾批评胡塞尔"把哲学吹嘘"成"科学霸主"（Ryle 1971：181）。事实上，像赖尔那样认为胡塞尔将哲学和科学等同起来，那就完全错了。不过，胡塞尔确实肯定了把人类的探究分为三个部分，使哲学与奥斯汀所提出的那种科学发生了关系，而且对海德格尔观点的发展产生了决定性的影响。根据胡塞尔所说（至少是在1913年之后），经验科学是根据他所谓的"局部本体论"建立起来的，如海德格尔所说，这种本体论通过"仿佛向前跳跃到某个存在的领域"，为科学奠定了基础（Heidegger 1927［1962：30］）。这种在科学之前的先行包括了对具体的"论题"领域进行**经验研究之前**的"揭示"，因此，它开启了一种可能性，使一门科学能够考察"作为某类实体"的实体（1927［1962：30］）。根据这种观点，关于实体的每一门实证科学，即海德格尔所谓的"实体研究"，都假定了作为其根本可能性条件的"最广义的本体论"：即对"基本概念"的明确表达，这些"基本概念"在实体的整个范围内为经验的探究准备出某个确定的"领域"。这一探究是对实体的存在的探究：它探究是**其所是的东西**，例如，数学的、物理的、生物的、化学的、社会的、心理的等等实体。借用奥斯汀的想象，这个基本的思想就是，"在人类探究的历史上，哲学具有原初太阳的地位"，它为科学开辟了一个领域或主题，首先提供了科学的基本概念。而且，随着这个任务的全部完成，哲学工作就全部结束了。用奥斯汀的话说，我们于是就"摆脱了哲学"。

然而，我注意到，胡塞尔与奥斯汀不同，他提出了一个三重区分：在胡塞尔看来，从实证科学向局部本体论的回归，并没有达到根基上。在他看来，这里还有一个更深一步的阶段：即从"局部本体论"到他所谓的"先验现象学"的阶段。这后一阶段的研究会以揭

第四十五章 作为形而上学之哲学的终结

示一切局部本体论作为其关注点。这样，在胡塞尔看来，至少依据笛卡尔以来的哲学传统，这就表现为向这样一种探究的回归，这种探究将一个主体的在场完全呈现出来。也就是说，先验现象学被设想为"普遍科学"，它确定一切对象（一切实体的存在）之客观性的构成，在"绝对主体性"的结构中拥有其最终的根据（Husserll 1913[1931]，引自 Heidegger 1969 [1977: 440]）。

有意义的是，海德格尔的工作的特征恰恰是对传统向主体的回归提出质疑，对依据主体性的持久呈现来解释实体的存在提出质疑。然而，必须强调的是，他的确保留了胡塞尔所概述的某种回归。因为根据海德格尔所说，"最广义的本体论"（即局部的本体论）"需要进一步的线索"：

> 与实证科学的实体研究相对比，本体论的研究的确是更原始的。但它仍然是素朴的、晦涩的，如果在它对实体的存在进行研究的时候没有讨论一般存在的意义的话……因此，存在的问题旨在确定先天的条件，这些条件不仅是针对科学的可能性的……而且是针对那些先于实体科学并为其提供基础的本体论本身的可能性的。（Heidegger 1927 [1962: 31]）

自相矛盾的是，海德格尔试图发展的是"基础的"本体论，而不仅仅是"局部的"本体论（即研究"存在本身"，而不是研究"诸实体的存在"），他的这个尝试是由研究一个实体的存在来进行的，这个实体即我们这些研究者。不过，根据海德格尔所说，这并不只是对"主体"的另一种回归。对作为存在之存在的揭示，是在对我们这个实体的"生存论分析"中得到的，根据海德格尔所说，这是由于我们之作为已经如此"存在"的实体，只是就它具有"对存在的前本体论的（在最广泛意义上的）理解"而言的。至关重要的是，在海德格尔看来，非经验研究的终极的、彻底的终结（目的），就是将这一理解中**被理解的东西**（即存在本身的意义）从概念上加以澄清，即达到其概念。在他看来，对于我们这个实体来说，那个根本的、突出的问题是关于存在本身的问题,而不是关于一个实体的存在的问题(即使我们是这个实体)。而且,**形而上学**,即对实体的存在的研究,正是不断面向这个问题的,然而自古希腊时期以来,这个问题就始终没有得到明确的解决。

三 海德格尔与哲学终结时的思想任务

因此,海德格尔的基本观点是,形而上学是这样一种研究,它的目的是从存在方面对实体进行揭示,它以此为各领域实证科学的发展奠定基础。他进而断言,目前这个时代的形而上学正接近于完成。当奥斯汀预测到一门语言科学发展的可能性,并由此消解了"哲学的又一个部分"的时候,他自信地补充说,"还会有许多部分留下来"。奥斯汀没有指明这里还留下什么,但人们可以猜想,有些领域的主题涉及与主体性和价值的不可还原的关系,这些领域中的问题将保留在、也许将永远保留在实证科学的范围之外。但正是在这里,海德格尔看到科学的主张变得比以往任何时候都更加自信:"它完全可以将独立的心理学、社会学、人类学称作文化人类学,将逻辑的作用称作符号逻辑和语义学。"(Heidegger 1969[1977:434])甚至可以合理地猜想,对当今哲学中仍然探讨的每一个研究领域来说,都会有某个科学家(或某个**确实**希望把哲学研究与科学研究等同起来的"哲学家")相信,解决这些问题的恰当方法将贯穿于"科学理论"的发展中;而且相信,仍然按照旧的非经验方式继续进行研究的哲学家们就像恐龙一样,很快会消失不见。

对此,就作为形而上学的哲学而言,海德格尔或许会同意。不过,由于海德格尔借用了胡塞尔关于人类探究的三重分析,因而留下了一个悬而未决的问题:把作为形而上学的哲学消解为科学,是否就等于"完全实现了为哲学思维设定的一切可能性?"(1969[1977]:435)。当然,他认为并非如此。他提出,存在着"哲学思维必定会由此开始的……第一可能性,但哲学思维之**作为哲学**[即作为形而上学,**作为对实体之存在的研究**],它仍然无法明确地经验到和采纳这种可能性"(435)。在海德格尔看来,在研究实体的存在时,仍永远会有一种可行的研究可能性未被问及,这就是对作为存在的存在的研究,即对存在本身的研究。我们的生存对存在的开放,被海德格尔称作"存在的澄明"(the clearing of Being,这里的"of",既是所有格词也是属格词)。它是"未遮蔽的东西"或原始的"真理"(ale-theia),它使"所是的东西"显示自身。因而,"存在的澄明"将构成作为形而上学的哲学所依赖的、然而又无法在其内部自身显现的东西:"只有作为澄明的'真理'所许可的东西,而不是自身所是的东西,才被经验到和思想到。"(Heidegger 1969 [1977: 448])。也就是说,由于我们或多或少不断地"只转向在场的东西 [日常生活和科学] 和在场的东西之呈现 [作为形而上学的哲学]",所以,许可在场的东西及其呈现的这种澄明,"仍然不被注意","它仍然是**遮蔽着的**"(448)。问题在于,为了使实体本身显现出来,这个澄明本身就不可显现出来:如果"所是的东西"就是自身在场,那么,存在的澄明,即"未遮蔽的东西",必定是"自身遮蔽的"。或者说,"自身遮蔽,即 lethe(遮蔽),属于……在真理(aletheia)之核心中的……非遮蔽(a-letheia)"(448)。

【571】

那么,思维是如何担当起"思考没有实体的存在"的任务的呢?初看上去,这个任务好像要求完全离开作为形而上学的哲学。但这完全不是海德格尔的思想倾向。首先,海德格尔坚持认为,我们所需要的是对存在问题的"清楚重述"(Heidegger [1962: 21])。柏拉图和亚里士多德已经将这个问题十分醒目地提出来了。其次,对存在的理解不可能不在以把握实体存在为目的的研究中留下痕迹。因此,海德格尔为"思考存在本身"而做的尝试,不可能发展成一种与试图"思考实体的存在"**相脱离**的简单活动。相反,如果这个尝试不是完全自由浮动的、没有根基的,那么,它只能作为向某个东西的**回归**而出现,这个东西以某种方式总是在作为形而上学的哲学中被聆听到:即这个哲学的彻底的、然而被遮蔽的开启,它的"第一可能性"。因此,从他最早的著作到晚期著作,复活存在问题永远而同时地包含在他所谓的哲学"解构"之中(寻找出关于存在问题的积极成果):

"因此,思维的任务是使以前的思维服从于对所要思考的问题的决定。"(Heidegger 1969 [1977:449])这个任务,即带来存在之澄明的概念,是作为形而上学的哲学所"不能达到的",也是源自这门哲学的各门科学"很少"达到的(436)。不过,海德格尔认为,这正是在哲学的终结中"为思维所保留下的"无与伦比的任务(436)。

四 维特根斯坦对抗海德格尔?

这个任务可能被认为与后期维特根斯坦所提出的任何观点都根本不同。海德格尔似乎把基础本体论看作是人类首要的、最基本的研究层次,这一研究也因而提供了科学的最终基础。与此相反,维特根斯坦的"语法研究"则否定了为任何东西提供基础的一切主张。我认为,这种看法误解了海德格尔对胡塞尔的三重区分的运用,很可能也把维特根斯坦的观点简单化了。

首先,应当强调的是,海德格尔并没有把基础本体论说成具有根本意义上的基础性或优越性。诚然,他认为基础本体论旨在使"对存在的理解""达到概念",这种"对存在的理解"是局部本体论的先决条件,并使局部本体论成为可能,而且,他确实认为局部本体论为科学奠定了基础。不过,他并不认为基础本体论是以胡塞尔构想先验现象学那种方式,为局部本体论奠定了基础。基础本体论的"优先性"仅仅在于,它具有可以被首先完成的特点。而维特根斯坦也将这个特点赋予他所说的"哲学"这个主题,他在自己的著作中擅用了这个称号:"我们也可以把'哲学'这个名称赋予在一切新发现和新发明之前就可能的事物。"(Wittgenstein 1968:§126)在一切科学和技术之前可以有"哲学"。当然,作为形而上学的哲学是从基础方面构想这种在先性的。而维特根斯坦完全拒绝作为形而上学之哲学的奠基特征。海德格尔也是如此。基础本体论是卓越的,但不是基础的。海德格尔说,因此它"比哲学逊色……因为它的任务……不具有奠基的特征"(Heidegger 1969 [1977:436])。

然而,就他们之间的各种类似和相似而言,海德格尔思想中有一个方面是与维特根斯坦完全不同的,而这正是他(海德格尔)重述存在问题的基本目的。把某个东西或任何东西确定为加以思考的那个"首要之物"(Ursache)(Heidegger 1969 [1977: 442]),或确定为哲学的"那个基本问题"(Heidegger 1927 [1962: 24]),这一想法本身似乎就是一种独特的形而上学活动,而且这个活动为维特根斯坦的批判做好了准备。在维特根斯坦看来,哲学的难题不是在我们不能把握"存在"之类概念词的意义的时候产生出来的,而是在我们没有认识到我们的表达式的"意义"没有展现任何这种形式统一性的时候产生出来的(参见 Wittgenstein 1968: § 116, Hacker 1986: 153)。

如我们将看到,维特根斯坦对如下假定,即我们对事物的经验中一定存在着基本的形式统一,提出了挑战,因而也对我们一定能够证明"日常的生存……是与'整体'统一中的存在物打交道"(Heidegger 1967 [1977: 99])这一假定提出了挑战,正是这些挑战使维特根斯坦与以前的哲学发生了最根本的决裂。这一决裂宣布了一种全新的哲学终结,我们将看到,这一终结可以同样表达为这样的口号:"哲学决没有终结!"或者"如果你愿意,那就停下来!"

五 维特根斯坦与对完全清晰性的寻求

【573】

在一篇富有启发性的评论中,海德格尔把《存在与时间》中首创的基础本体论的作用说成是代表了"全部西方哲学发展"的"潜在目标"(Heidegger 1975 [1982: 106])。这种自我概念与维特根斯坦后期著作中试图"终结"的哲学概念非常直接地联系在一起。正是这样一种哲学概念,把自己看作"趋向一种特殊的状态",一种一旦达到了就会使哲学终结的状态:一种完成了的[状态]!所以,虽然海德格尔通常把"哲学的终结"描写为形而上学的完成(completion),但他也(即使有些不明显地)致力于把"哲学的终结"构想为基本(即使在没有终结之前是潜在的)目标的实现(accomplishment):即达到关于存在本身之意义的概念。

这种关于哲学的最后终结的看法,以及达到这个终结就最终揭示了哲学真正是什么这一说法所依据的意义，总之，即人们所说的对哲学的末日预言式的(apocalyptic)构想，就是在《哲学研究》的"哲学篇"中维特根斯坦所进行的批判的核心。如我们将看到的那样，在他对这一构想的批评中，他的目的是让我们放弃从事末日预言式哲学的冲动，因而教导我们如何使哲学归于结束。

出于很快将变得更为明确的理由，维特根斯坦坚持认为，他的工作中最重要的事情就是"已经发现了一种新的方法"（引自 Hacker 1986：147），他把这比做从炼金术中发展出化学时所出现的那种变化。这个新的方法论发现引起了"哲学演变中的一个'奇想'"（引自 Hacker 1986：146），它非常极端，以至于我们不再明白这个新的主题是否仍然应当沿用旧的名称："如果……我们把我们的研究叫做'哲学'，一方面，这个称呼似乎是恰当的，但另一方面，它又确实使人们误解。（人们可能会说，我们现在正在讨论的主题是过去常常被称作'哲学'那个主题的后继者之一）。"（Wittgenstein 1969：28—29）

当然，把人们愿意简称为"哲学"的那个传统当作写作题材，而且在某种意义上超出这个传统，这对于维特根斯坦来说一点也不奇怪。但至少可以证明的是，以前各种"新的"思维模式（亚里士多德、笛卡尔、休谟、康德、黑格尔、弗雷格、海德格尔等的思维模式）都以如下形式为特征，即"在谈论末世时能言善辩，一个胜于一个，每个新来者都比前人更明了"（Derrida 1993：146）。也就是说，哲学史上的每一个新阶段都会提出新的主张，声称发现了一种方法，能达到使哲学走向终结的那种完满性。

【574】 正是在这一方面，维特根斯坦推行的方法构成了哲学史上一个新的"奇想"，将他的著作与先前的西方思想区分开来。因为维特根斯坦的后期方法的特点恰恰在于它放弃了会使哲学达到末世终结的完满性目的。因此，如果维特根斯坦的工作构成了作为形而上学的哲学的终结，那是因为它拒绝了哲学毕竟可以达到末世终结的假定：

> 可以说，哲学中的不安来自于对它的错误观察，即好像将哲学分为（无限多的）纵线条，而非（有限的）横线条。我们观

念中的这一颠倒造成了**最大的**困难。于是，我们仿佛要抓住这些无限的线条，并抱怨无法一条一条地抓住它们。如果人们把一条线条理解为一条无限的纵线条，那当然没法抓住它。而如果人们这里指的是横线条，那就完全可以抓住它。——但在这种情况中，我们永远不能结束我们的工作！当然不能，因为它没有终点。（Wittgenstein 1981：§447）

根据我的理解，维特根斯坦后期哲学的核心主张是，末世预言式的哲学概念得以存在，是由于误解了什么是达到概念的清晰性。或许自相矛盾的是，这种误解正是来自我们在日常语言交流中"消除误解"的方式，即"通过使我们的表达更加精确"来消除误解的方式（Wittgenstein 1968：§91）。根据维特根斯坦的观点，末世预言式哲学的特点可以表现为一种冲动，即要使如下步骤的逻辑得到升华或理想化："我们突然想到"（§88），当一切可能的含糊之处都被消除了，一个表达式的那个意义就会**完全清楚**了。一个思想、一个观念、一个概念的精确同一性，就被完全把握住了。它所意指的那个现象的"**推论的可理解性**"或**逻各斯**，将因此得到**完全的**限定。对于达到这种意义上的"完全清晰性"的欲望，因而就具有了这样一种欲望形式，即要求实现完全的概念精确性，或要求提供"对每一个表达式的一个单一的、完全解决了的形式"（Wittgenstein 1968：§91）。我想指出的是，把概念的清晰性看成是精确性，这种看法正是维特根斯坦后期哲学攻击的基本目标。也就是说，在后期维特根斯坦看来，正是由于我们依附于这个看法，才使得我们处于黑暗之中：哲学的传统目的是"促使我们了解"世界的本质（§89），而同时它也"促使我们误解了"语言的实际结构、功用和本质（§109，§92）。

六 维特根斯坦关于末世预言的图书管理员之喻

这个说法可以作为一个例证，用来理解维特根斯坦在《蓝皮书》（*Blue Book*）中提出的一个类比与他在《哲学研究》中关于哲学的一

【575】
个评论之间的联系，这个评论众所周知是很费解的。《蓝皮书》的类比讲的是某人在图书馆里对图书进行分类。这个类比是在该书将论题从思想和经验的对象转到个人的经验上之后不久出现的。随着论题的转换，维特根斯坦指出，他之所以把后一个论题暂时搁置，是因为它所具有的特征倾向于瓦解我们关于前者的思考。在此人们可以设想的这种瓦解就是，我们也许会突然倾向于把在前一个论题中无疑认为是客观的"对象"加以主观化。因此这个瓦解就会是这样一种瓦解，以致"对我们所说的一切……似乎都可以进行彻底的改造"（Wittgenstein 1969：44）。维特根斯坦把这种情况看作是哲学上的典型情况，"人们有时描述这种情况说，在所有哲学问题都得到解决之前，没有任何哲学问题能得到解决；这里的意思是说，只要哲学问题没有全部得到解决，每一个新的难题都会使先前取得的成果变得可疑"（44）。他提出了如下类比，为一种零打碎敲的研究方法的可能性进行辩护：

> 设想一下我们要整理图书馆里的图书。当我们开始的时候，图书乱七八糟地堆在地板上。现在可以有许多方式来整理它们，并把它们放到各自的位置上。一种方法是一本一本地捡起图书，并把每一本都放到书架上它们各自的位置上。另一方面，我们也可以从地板上拿起好几本书，把它们排成一列放到书架上，其目的只是为了表明这些书应当按照这个顺序放在一起。在整理这个图书馆的过程中，这整个图书的排列必定会改变它们的位置。但如果由此就说，这对于达到把全部图书放在书架上这个最终结果没有做出任何进步，那就错了。在此情况下，实际上很明显，把应放在一起的图书放到一起，这是一个确定的成就，尽管对整个图书的排列还必须做出变动。（Wittgenstein 1969：44）

与此相反，这位从事末世预言的图书管理员则会认为，我们无法肯定我们取得了任何成就，除非每一本书都放在它的恰当位置上。根据这种观点，人们实际无法满足于只把某本书或一排书都放到书架上，因为进一步的工作总是会使这些书的位置变得有问题。所以，这位预言末世的图书管理员会发现自己不断地因她先前一切工作的可疑状态而苦恼。在她看来，一种"真正的发现"就是找到**那个**支配图书馆秩序的原则，仿佛它就是图书馆的本质。因此，她将渴望有一种方法，可以立刻对所有图书做出**整体**的把握。这个方法也许就是**那种**分类方法，因为它会回答那个分类问题。

对这个类比的描述使我们达到了维特根斯坦在《哲学研究》中关于哲学的评论的核心之处。因为末世预言哲学有一个与此相同的目的，即它同样要发现方法，而且它很可能就是**那样一种**哲学方法，因为它会回答那样一个根本问题，即如何对所有的**哲学问题以及哲学本身的问题做出整体的把握**。这样一种发现会"给哲学带来安宁，从而使它不再会被那些使哲学本身成为问题的问题所折磨"（Wittgenstein 1968：§133）。【576】

因此，我们可以认为，《蓝皮书》中的讨论完全延续着维特根斯坦在所谓的"哲学篇"中所做的令人费解的最后评论。这个评论具有特殊的意义，因为也正是在这个评论中，维特根斯坦似乎宣布了他将使末世预言哲学归于终结的"真正发现"。我们来看一下这个思想的变化。维特根斯坦已经表明，他的研究将集中在语言的本质上（§92），但在预料我们现在所谓的对这个任务的末世预言的理解的时候，他警告说，他所寻求的我们关于语言用法的知识秩序并不具有"这个秩序"的地位（§132）。在第133节他坚持并发展了这个观点：

> 我们并不打算以闻所未闻的方式改进或完善关于词的用法的规则系统。
>
> 因为我们所追求的清晰当然是一种**完全的**清晰。而这只不过意味着：哲学问题应当完全消失。
>
> 真正的发现是那种能使我们中断哲学研究的发现，如果我想这么做的话。——这种发现给哲学带来安宁，从而使它不再会被那些使**哲学本身**成为问题的问题所折磨。——不过，现在却是用事例来演示方法；而这些事例的系列可能被中断。——许多问题

都被解决（困难都被消除），而不仅仅是单独一个问题。

并非只有一种哲学方法，而是的确有许多种方法，正如有许多种医疗法一样。

这个评论的难点在于，它对维特根斯坦关于末世预言哲学的观点所说的话，与它对维特根斯坦自己的非末世预言的另外观点所说的话是同样的，而且是同时那样说的。例如，"真正的发现"就是维特根斯坦自称已经做出的发现。他说的是：如果你要谈论着眼于这个的真正发现（如末世预言哲学家常常谈论的那样），那么，这个就是你呼喊的某种东西。不过，这个"真正的发现"恰恰是这样一个发现，它允许我们停止寻求全面解决关于"真正的发现"的谈论带给那些末世预言哲学家们的那个哲学问题。这里我们可以理解，为什么维特根斯坦倾向于强调他的新工作的独具特色就是对方法的发现。因为他向我们提供的是一种研究哲学的方式，它避免了末世预言哲学没完没了的折磨。一个方法是由事例来演示的，"而这些事例的系列可以被打断。如果你愿意，那就停下来！"（参见 McManus 1995：360）

当然，维特根斯坦的"事例"是作为一种方法的应用事例，这种方法消除了"过去常被称作'哲学'的那个主题"中的问题。但如果是这样，他为什么还断定，他所从事的哲学将不会终结？难道我们不能最终摆脱这些问题吗？由于篇幅所限，不能对此做充分讨论，但维特根斯坦在这里的基本观点似乎是，这种没完没了[的折磨]是不可避免的，因为只要我们开始进行概念性的思考，我们就倾向于从事形而上学的思考（参见 Glendinning 1998：ch.5）。因此，对我们每个人来说，对更多治疗方法的需求似乎往往会成为我们的常态（参见 Wittenstein 1981：§568）。加上哲学（Plus de philosophie）。（不）再有哲学。直至永远。

七 结 论

海德格尔和维特根斯坦的独特之处就在于他们对非经验研究的形

而上学观念提出的挑战。根据这种挑战,维特根斯坦说,把他自己的工作称作"哲学"可能会引起误解。不过,他也看到他的工作与形而上学有一些重要的类似,正是这些类似使得可以恰当地使用这个旧的称谓。由于不存在这种类似,海德格尔把作为形而上学的哲学终结之后出现的东西称作"思维"。但他认为这个活动正在着手处理哲学作为形而上学的"第一可能性"。所以,他也并没有真正地抛弃哲学。真正妨碍维特根斯坦或海德格尔把他们的工作毫无疑问地看作"哲学"的是,他们的工作并不具有"奠基的特征",而这个观念却是作为形而上学的哲学的核心。但我认为,这两位作家都没有设想,因此应将他们那种工作看成"与科学站在同样的立脚点上"(Rorty 1982:xlii)。他们之所以不会接受这个观点,并不是因为科学实际上比哲学高级或低级,而是因为在历史上,唯有哲学是这样的主题,它试图对维特根斯坦所说的"我们的真正需要"做出回答:需要对我们的已知之物进行澄清,对在某种意义上的已见之物形成概念,但由于某种原因,这个主题仍然对我们隐藏着(Wittgenstein 1968:§§89、108、129)。因此,作为形而上学的哲学的终结决不是哲学本身的终结。

西蒙·格伦迪宁

第十一篇

哲学与精密科学

第四十六章

一阶逻辑及其竞争者

一 导言

我们现在通常所讲授和使用的一阶逻辑在 20 世纪初并不存在。由各种各样的研究者在"数学基础"中对它所作的一系列研究致使它被当作"数理逻辑"的核心要素。这些研究寻求详尽地说明我们的有穷推理能力如何导致关于数学中所涉及的无穷数量的知识。在 19 世纪晚期,这个问题采取了一种尖锐的形式,康托尔阐明了数学若不接受实体的无穷集合的存在,特别是计算数或自然数的完全集合的存在,便不能被理解。康托尔也阐明了这样一个可数的无穷集合的存在推出了更大的无穷集合的存在,每一个这样的集合都有一个更大的无穷"基数"。在数理逻辑研究中所发展的方法被转移用来表述一阶逻辑之外的另一类逻辑,其中最为重要的是模态逻辑和直觉主义逻辑。本章讲述这些变化的历程。

二 一阶逻辑

一阶逻辑是由适合于一阶语言的逻辑公理和形式推理规则组成的一个集合。这样的语言包含一元谓词符号和多元关系符号,也可以有个体对象和函项的符号。对逻辑符号而言,它的特色是具有语句联结词 $\sim$,&,$\rightarrow$,$\vee$,$\leftrightarrow$ 和两个量词 $\forall$,$\exists$。这种语言之所以称为"一阶",是因为量词仅应用于以论域的个体对象为变程的变元。二阶或高阶语言具有以取自论域的对象集合或对象的 n 元组集合为变程的变元。

[582] 正整数的一阶语言包含以下符号：谓词符号 P_x（代表"x 是一个正整数"），二元关系符号 $x<y$（表示"小于"关系），个体常项 I（指示一）和二元函项符号 $x+y$（代表加函数）。这种语言也包含等词符号 = 作为一个附加的逻辑符号。并非所有的一阶语言都有等词符号。它不能在一阶语言中被定义，所以如果需要的话就必须用附加的公理来引进。

在这种语言中我们能做出以下这些陈述：

P_I　　　　　　　　　　（I 是一个正整数）
$\forall_x (P_x \rightarrow P_{(x+1)})$　　（一个正整数的后继是一个正整数）
$\sim \exists_x (x+I=I)$　　　（I 不是任何正整数的后继）
$\forall_x (x+I=y+I \rightarrow x=y)$（每一个正整数有唯一的前驱）

这些就是所谓"皮亚诺公理"的前四条公理。在一阶的表述中，第五条皮亚诺公理即数学归纳公理具有特殊的性质。它不是一阶语言的一个适当语句。它是另外的一个表示一阶语句无穷性的一个模式，在其中 Φ 被包含一个自由变元的公式所替换。这个模式是：

$$(\Phi_I \& \forall_x (\Phi_x \rightarrow \Phi_{(x+1)})) \rightarrow \forall_y \Phi_y$$

可以读成："凡是一个带一个自由变元的公式对 I 成立，并且如果它对一个正整数成立，则对其后继成立，这样它就对每一正整数也成立。"例子如下：

$((I+I=I+I) \& \forall_x ((I+x=x+I) \rightarrow (I+(x+I)$
$=(x+I)+I))) \rightarrow \forall_y (I+y=y+I)$，

这里 Φ 是"$(I+x=x+I)$"。

与一阶语言相对照，在二阶语言中，归纳公理不写成一个模式，而是写成这个语言的一个句子：

$$\forall A ((A_I \& \forall_x (A_x \rightarrow A_{(x+1)})) \rightarrow \forall_y A_y)$$

这里字母 A 是一个二阶变元，其变程是论域的所有子集合。所以，二阶变元 A 的变程是正整数的所有子集合的集合。它具有形成连续统的实数集合的基数。在一阶模式中能代替 Φ 的公式集合仅有正整数的较小基数。这意味着正整数的每一性质的归纳特征（由它所应用的整数集合所表示）不是由一阶模式充分表示的。

一阶逻辑具有一组"好的"元数学性质。这些性质包括完全性、紧致性和骆文海—斯柯伦（Löwenheim-Skolem）定理，即一阶语句的任何可数集合（具有某个无穷基数的一个模型）也具有可枚举无穷的模型。这些性质对于二阶理论和高阶理论不成立。另一方面，骆文海—斯柯伦定理的一个后承是：没有关于自然数的范畴的一阶理论；或对于其预期的解释具有无穷域的任何理论，都没有范畴的一阶理论（对范畴理论来说，所有的模型都是同构的，即"在结构上"相似的）。对于主要兴趣是为数学理论提供详尽的表述和分析的人们来说，这是一阶理论的一个明显缺陷。（见 Shapiro 1985）【583】

三 一阶逻辑的起源

在 1914 年，集合论和逻辑之间的差别，以及一阶逻辑和高阶逻辑之间的差别都没有被明确标示出来。由怀特海和罗素刚完成的《数学原理》（*Principia Mathematica*）可作为例证。书中的核心概念"命题函项"没有被明确定义。它常常相应于对象的性质和关系这种传统的逻辑观念。带单个变元的一个命题函项 ϕ_x 描绘了性质 φ 对之成立的对象（表示为 $\hat{x}(\phi_x)$）组成的集合。带两个变元的一个命题函项 $\psi_{(x,y)}$ 关联着二元关系 ψ 对之成立的对象的序偶（表示为 $\hat{x},\hat{y}\psi_{(x,y)}$）组成的集合。《数学原理》说明了更复杂的关系如何能够根据二元关系来建构。使用命题函项的概念，集合论的观念可加以定义，因而基数（自然数和由康托尔发现的无穷数）能加以定义。按照这种定义，一个数是彼此有一一关系的诸集合组成的集合。从直观上说，这意味着其数为 n 的集合的每一成员包含 n 个元素。怀特海和罗素能阐明以这种方式定义为"数"的集合具有皮亚诺公理所描述的性质。由于先前的作者已经阐明如何根据自然数理论来展开所有其他已知的数学理论，因而怀特海和罗素就致力于阐明如何只从逻辑概念出发来展开所有的数学理论。

《数学原理》的逻辑不是一阶的。有时它被描述为 ω 阶逻辑。这意味着在《数学原理》的语言中，变元可以被看成是以对象的无穷分层为变程。这包括基本的个体群，这些个体的性质，性质的关系，性质的关系之性质，等等。分层也可以被看成是按照集合进行的。在《数学原理》中，有穷数的集合是第四阶的。它是个体的集合的集合的集合。有时这语言被说成是一种"普遍语言"，这就是说，它力求包含关于任何可能对象的陈述。而早在1902年，罗素就已经发现所有的不是自身成员的集合所构成的集合即 $\hat{x}$ ($x \notin x$) 是矛盾的。罗素对这个问题的分析是：这是由于允许在命题函项 ($x \notin x$) 中，变元 x 取论域中所有对象为值。这使得罗素发展了他的"类型论"，按照这种理论，在不同的命题函项中变元的值域限于对象的特殊"类型"。粗略地说，各别的类型对应于早先所刻画的对象的不同阶。因此，($x \notin x$) 不是合式的，因为成员资格关系需要不同类型的变元。

在避免悖论时，另外一个发展数学基础理论的最有影响的方法是公理集合论，这是由厄恩斯特·策梅罗在1908年创立的。在策梅罗的表述中，关键的公理是分离公理（Aussonderung）："当命题函项 $E_{(x)}$ 对一个集合 M 的所有元素是确定的，M 就有一个子集合 M_E，此集合恰恰包含对 M 中 $E_{(x)}$ 为真的 M 的那些元素 x。"（Zermelo 1908 [1967: 202]）（译者注：E 原为德文字母）这条公理限制了一个集合被命题函项所决定的方式；它只能从已被公理所允许的一个集合中分离出来。策梅罗关于什么使一个命题函项成为"确定的"还是相当模糊的。他也不明确以什么作为他的公理系统的逻辑基础，他的公理没有用形式语言来表述。

把公理集合论处理成一阶理论应归功于托拉尔夫·斯柯伦（Thoralf Skolem，1887—1963）。他在1920年证明了骆文海（Löwenheim）定理的一个扩展说法：在某个无穷域可满足的一阶语句的每一集合在一个至多可枚举无穷的域中是可满足的。这个定理对他来说具有伟大的意义，他当时提出应当将策梅罗把分离公理限于一个"确定的"集合论性质解释成这样的意思：一个"确定的"性质是用一个在一阶语言中（含"∈"作为它的仅有的非逻辑符号）带一个自由变元的公式可表达的性质（Skolem 1923）。在提出这个建议时，他没有说明为什么这个解释应当通过一个语言的公式或者为什么这语言应当是一阶的。斯柯伦认为他对分离公理的表述采用的是很"自然的"方法。为维护这种方法，他说它是一个"完全明确的概念"，并且它对发展所有通常的集合论概念是充分的。在斯柯伦1930年的论文中，他建议：如果策梅罗的提议被理解为在集合论语言中允许二阶的表述（"命题函项的函项"），那么，所涉及的函项概念是不清楚的。

撇开这点不谈，斯柯伦认为任何公理化的一阶理论作为数学的可靠基础都是不适当的。他指出，给定骆文海—斯柯伦（Löwenheim-Skolem）定理，他的一阶公理化集合论必有一个可枚举无穷的模型，而不管这样的事实：在这个理论中可能证明康托尔关于不可枚举的集合存在的经典定理。斯柯伦解释说，这个结论只在表面上是悖谬的，来源于在这个理论中无力证明在集合之间一一对应的存在，而这些集合从这个理论外部来看是可枚举的。他认为，从这种情况所引出的一个重要结论就是他所说的所有集合论概念具有"相对性"。据此，他的意思是，即使公理模型的存在也不足以保证不可枚举集合的存在，除非"相对"于这理论本身。

一般说来，斯柯伦似乎更乐于把数论作为数学的可靠根基。但即使在这里他也不采取公理化的方法，因为这假定了由公理所适当说明的模型的存在。他宁可证明一阶皮亚诺公理不是范畴的（Skolem 1934）。也就是说，它们有许多非同构的（现在称为"非标准的"）模型。因此，一阶皮亚诺公理不能唯一刻画全部正整数的序列，也就是不能刻画它们所想要的解释。对斯柯伦来说，这意味着我们不能用这样的手段来刻画基本的数学概念。斯柯伦自己所喜欢的基础理论仅使用算术函项的一个基础集合和它们的组合，用以构造一组特殊的算术等式真理，例如 $2 + (3+5) = (2+3) +5$，连同实际上只包含自由变元而没有量词的一般模式。这样一种算术的展开，包含用归纳证明作为基本的推理规则，就是他所说的"递归的思想方式"。斯柯伦把这一点看成只是在认识论上达到数学基础的可靠道路，因为它并

【585】

不预设无穷的总体。现在，这被称为"原始递归算术"，它对展开完全的数论来说是不充分的。

与斯柯伦类似，希尔伯特寻求确认数学理论的认识可靠性，其依据是"有穷的"数论，其中并不加入关于无穷总体的假定。因而这种有穷数论将被用来对其他数学理论的语言提供元理论（"元数学"）。这种元理论足以阐明适合于数学理论的公理的形式演绎系统不允许一个公式及其否定都被推导出来（"一致性"）。这种"形式主义"推动希尔伯特和他的合作者更精确地阐述数学理论及其基础语言和演绎系统。1928 年，由希尔伯特和阿克曼（Ackermann）写的《数理逻辑原理》(*Grundzüge der theoretischen Logic*) 的出版是一阶逻辑发展中的一个里程碑。他们在书中明确区分了一阶逻辑和二阶逻辑。他们也给出了那些逻辑语言的第一个精确的递归定义（该书第三章第四节）。在这些语言中，他们取大写谓词字母，例如 $F_{(x)}$ 或 $G_{(x,y)}$，作为变元。一阶逻辑公式（即没有带非变元符号）在个体变元和谓词变元的任何解释产生一个真陈述之时是"普遍有效的"。希尔伯特和阿克曼第一次有点附带地表述了一阶逻辑的完全性问题："在以下意义上公理系统至少是完全的：对每一个体域为真的所有逻辑公式都能［从公理］推导出来。"（Herbert and Ackermann 1928：68）这是哥德尔在他 1929 年的博士论文中肯定地回答的问题。一个更为突出的讨论是对一阶逻辑公式的判定问题。按照普遍有效性，这个问题被描述如下："对一个任意给出的逻辑表达式（不包含任意个体符号），如何能决定对出现于其中的变元的任意指派而言，该表达式是否表示一个真断定。"（Herbert and Ackermann 1928：72—73）丘奇在 1936 年阐明了对一阶逻辑公式没有这样一个一般的判定程序。

希尔伯特和阿克曼在其书中最后一章对一阶系统的函项变元加上量词。他们说，如果人们要发展一种对数学发展而言是充分的逻辑，那么这种方法就是必要的。例如，他们指出，数最好被理解为"所选出的个体被组合在其下的那个概念的一个性质"（Herbert and Ackermann 1928：86）。然后他们阐明了数论的各种概念如何能由二阶公式来表达。他们也勾画了集合论的概念如何能在二阶语言中展开。但是，悖论，特别是罗素悖论，可以在这种无限制的二阶逻辑中展开。这使他们在书的结尾提出：用描述类型论（Stufenkalkül）作为适当的逻辑，在其中可发展数学而又能避免悖论。

四 模态逻辑

模态逻辑的现代发展主要起源于刘易斯的著作中。早在1912年，他注意到《数学原理》中的"实质蕴涵"及它的真值函项意义不反映"蕴涵"的通常意义。特别是，他发现"实质蕴涵的悖论"是不适当的，根据这种悖论，任何实际上假的命题实质蕴涵任何其他命题，而任何实际上真的命题被任何其他命题所实质蕴涵。因此，对命题联结词→的标准的真值函项的处理， 【587】

（朱力叶·凯撒是美国总统→华盛顿特区是美国首都）

是真的。与此对照，在这里把"→"读成"蕴涵"产生一个假陈述。刘易斯提议，"P 蕴涵 Q"应当理解为"P 并且 ~Q 是不可能的"这样的意思，用符号表示为 ~◇（P~Q）。他用"严格蕴涵"符号"PπQ"表示这种关系，通常读为"P 鱼钩 Q"。

刘易斯在他的《符号逻辑概观》（Survey of Symbolic Logic）中陈述了他的第一个严格蕴涵系统的一组公设。这个系统包含实质蕴涵的命题逻辑作为子系统，连同严格蕴涵的定理。后来（由波斯特）证明，在这个系统中，相匹配的定理不但对→而且对 π 成立，因此没有提供它们之间的区别之处。刘易斯和其他人的著作导致对公设集合进行修改。刘易斯对他的严格蕴涵系统的最完全的发展被陈述在《符号逻辑》（Symbolic Logic，1932，与 C. H. Langford 合著）中。在附录 II 中，他对严格蕴涵系统勾画了一组逐渐增强的公设集合，标记为 S_1—S_5。这意味着，例如 S_1 的定理是 S_2 的定理的真子集。在不同的意义上，S_1 是几个系统中最"严格的"，而 S_5 是最少"严格的"。这是因为对每一个用→陈述的定理，S_5 较为接近地有一个用 π 陈述的相匹配的定理。

今天对模态逻辑的这些系统（以及其他系统）的公设常用算子

◇（…是可能的）和□（…是必然的）来代替刘易斯的严格蕴涵。虽然在《符号逻辑》中讨论了量词与模态算子◇的组合，但是对涉及量化和模态算子的派生逻辑没有系统地展开。这是由鲁思·巴坎（Ruth Barcan）后来由马库斯（Marcus）在1946—1947年的系列文章中第一次作出的。这些发展了的系统建立在 S_2 和 S_4 的基础之上。它们包括众所周知的作为一条公理的"巴坎公式"◇（∃α）Aπ（∃α）◇A（这里α是任意变元，A是任意公式），其等价形式是：（∀α）□A→□（∀α）A。关于这个公式，曾有各种争论。所有争论的中心都围绕对从物模态的解释，看来这是量化模态逻辑的一个内在特征。

在一个模态算子出现在量化公式之前的地方，例如在□（∀α）A 中，人们有一个相似于在命题模态逻辑中的解释情形，除非命题域被扩大。这种模态陈述被说成是从言的，因为模态词似乎影响在算子辖域中的命题（或语句）。假如模态算子出现在量词和含有约束变元的公式之间，例如在（∀α）□A 中，模态词似乎影响形成量化域的个体，因此被说成是从物的。在（∀x）□（x 是人→x 终有一死）这个例子中也许看得比较清楚。这样的陈述似乎把必然的即本质的特性归于个体，开辟了哲学争论的广阔领域。

卢卡西维茨约在1920年开始独立发展模态命题逻辑。这起因于他关注古代关于用在今天为真的预言性陈述来表示未来事件的决定论问题。卢卡西维茨提出了三值逻辑，除真和假之外，还有可被看成"可能性"的第三值。对命题逻辑来说，他通过为他的命题逻辑的真值函项联结词所制定的三值的"值表"阐明了这一点，类似于大家熟悉的二值联结词的真值表定义。使用塔尔斯基（Tarski）提出的定义，一个可能性算子可以在三值命题逻辑中使用等价式◇p↔（～p→p）加以定义。在三值的解释中，当 p 为假时，这个等价式的右边只为假，在其他情况下，p 为真或者有"可能的"值。用这种方式定义的可能性概念不等价于刘易斯系统中的概念。在模态逻辑后来的研究中，卢卡西维茨用四值系统替换了三值系统（见 Łukasiewicz 1953）。

刘易斯、巴坎、马库斯和其他人的模态系统常被描述成"内涵的"逻辑，因为它们预定的解释涉及命题的意义而不是命题的"外延"，即它只是真的或假的。尽管刘易斯的学生使用卢卡西维茨方式的多值命题解释独立性和一致性的证明，但这些外延的解释不被看成是关于模态系统的合法解释。对模态系统真正解释的争论在1959年加剧了，那时，克里普克（Kripke）为量化模态逻辑提供了第一个可用的模态理论。他的方法是外延的，因为这理论是在集合论中详加解释的。代替了在一阶模态理论中的单个域和在域上的关系集合，使用了在那个域之上带有可变关系的域之多样复本。这些域之一就是现实世界，其他的域（有点富于想象地）被描述成可能世界，反映事物可能怎样。

五 直觉主义逻辑

直觉主义逻辑在布劳维尔的思想中有其来源。布劳维尔把数学看成是建基于人们想要把次序归于基本的经验。序列这个数学概念的来源是，人们有能力从对时间中对象的直觉抽象出"二一性"（two-oneness）。大致说来，布劳维尔这话的意思似乎是指人们的这样一种能力，即把经验的两个对象看成在时间中有一个序列关系，它们是二，但在它们的关系中连成一体。一旦这种情形对二出现，那么，它们可以同第三个连成一体，如此等等。

【589】

布劳维尔把"如此等等"看成是数学归纳法。这个原理是内在于我们对序列的理解中的，因而也是内在于我们对自然数的理解中的。布劳维尔拒斥弗雷格和罗素把数学归纳法定义为自然数的逻辑性质的企图。对布劳维尔来说，这是因为逻辑是在数学之后的某种东西。数学是在经验材料中构造次序的"自由"活动。另一方面，逻辑只处理语言。语言是一种不完善的机制，使得他人实现如我们具有的同样心灵构造。逻辑在这些语言交际中发现某些模式，但它是为这些模式进行辩护的数学构造活动，而不是相反。

这个观点意味着，布劳维尔不是把逻辑原理看成是先验的和免受批评的。特别是，他把排中律（要么一个命题是真的，要么它的否定是真的）看成就是在应用于无穷域时的悖论的根源。布劳维尔拒绝把排中律作为一般可应用的推理原则，这根据于他关于数学存在的观点。作为一个唯心主义者，对他来说，存在（being）和已知的存在是一回事。正如他表达的："真理仅在实在中，即在现在的和过去的意识经验中。"（Brouwer 1948［1975；488］）这就造成一种情况：一个数学对象是真的/实在的，仅当我们经验它即构造它。从这种观点看，除了以下两种可能性：我们已经经验到对象有给定的性质，或者我们已经经验到这对象没有给定的性质，还有第三种可能性：我们已经经验到这两者都不是。

由海丁在1930年发表的直觉主义命题逻辑中，否定符号¬对应于布劳维尔的"荒谬的"陈述这个概念。这是这样的一个陈述，我们有可能证明它导致矛盾。另一方面，断定一个陈述就是说该陈述能被证明。在这种逻辑中，经典的原理 $p\rightarrow \neg\neg p$ 成立。这是因为，如果我们能证明 p，那么我们就不能没有矛盾地证明 $\neg p$。另外，经典的定理 $\neg\neg p\rightarrow p$ 在直觉主义的命题演算中不成立。按照直觉主义对这个定理的观点，如果我已阐明 p 导致矛盾是荒谬的，那么，这并不意味着我已经构造出或知道 p。

海丁的命题演算包含 $(p\vee\neg p)\rightarrow(\neg\neg p\rightarrow p)$。直觉主义的观点是，排中律不是一个一般原理，它对许多域成立。经典逻辑应用于这些域，并且被这个公式所保证。布劳维尔认为，排中律在任何的有穷域成立。它也在任何一个这样的域中成立：其中，我们有一个构造性证明的一般原则，例如数学归纳法规定自然数。在无穷域中，没有一般的构造方法来证明陈述或解决问题，例如对经典的实数就不能用排中律，在这里直觉主义逻辑的特征开始生效了。

海丁在1930b中发展了一种直觉主义的量化演算，他指出"（∃x）不能从（∀x）加以定义，（∀x）也不能从（∃x）加以定义"（1930b：58）。这是因为以下两个经典的等价式在直觉主义逻辑中不成立：

$$(\exists_x)\,\varphi_x \leftrightarrow \neg\,(\forall_x)\,\neg\,\varphi_x$$
$$(\forall_x)\,\varphi_x \leftrightarrow \neg\,(\exists_x)\,\neg\,\varphi_x$$

在直觉主义者看来，$(\exists_x)\varphi_x$ 意味着我们能构造一个对象，使得 φ 对这个对象成立。$(\forall_x)\varphi_x$ 意味着存在一个一般的构造方法，以表明 φ 对每一个对象都成立。在此情况下，$\neg(\forall_x)\neg\varphi_x\to(\exists_x)\varphi_x$ 不成立，因为缺乏一种一般方法来说明 $\neg\varphi_x$ 并不意味着：我们对某个 x 有一个特殊构造以表明 φ 对之成立。可是，以上公式的逆在直觉主义逻辑中是成立的。同样，$\neg(\exists_x)\neg\varphi_x\to(\forall_x)\varphi_x$ 不成立，因为如果我们没有对 φ 的反例的特殊构造，那么这公式就不意味着我们有一种一般构造来说明 φ 对每个 x 成立。这公式的逆却再一次在直觉主义逻辑中成立，犹如在经典的谓词演算中成立一样。

人们可能期望，我们能在一个三值（即真，假，不定）域中解释海丁的命题演算。但事实上，哥德尔阐明了（Gödel 1932）海丁的命题演算没有包括有穷多值的一个解释。这并不令人惊讶，因为海丁并不想表达带独立真值的陈述逻辑。在直觉主义的语境中，拒斥 $p\vee\neg p$ 就是说存在着既不能证明又不能证否的陈述。这并不是关于陈述的真值的意见，而是关于我们的证明方法的意见。

确实，哥德尔在 1933 年给出了一个翻译系统，在其中，海丁的命题演算可理解为加到经典逻辑上的证明论。为此，他对语言增加了另一个谓词符号 B（即"可证的"），加上了公理和推理规则。这里，"可证的"意味着"以某种方式可证的"；如果它限于"在一个特殊的形式系统中是可证的"，那就与哥德尔第二不完全性定理发生冲突。哥德尔也给出了一个翻译模式，把直觉主义命题演算的公式翻译为关于可证性的一个公式。例如，一个公式 $\neg p$ 翻译为 $\sim Bp$。一个公式是在海丁的直觉主义演算中，当且仅当它的翻译是在哥德尔的可证性演算中。这种"可证性解释"后来推广到量化的直觉主义逻辑和直觉主义算术。有点奇怪的是，如果"B"被"□"所替换，那么哥德尔的可证性逻辑是刘易斯的模态系统 S_4。以此为基础，一个广泛的"可证性逻辑"得到了发展。

六　后记

在这个时期，研究者致力于以精确的方式表述数学证明的基础逻辑，这就产生这样一种情况：逻辑和形式化理论本身变成数学研究的对象。在整个20世纪30年代的进程中，塔尔斯基发展了一种对"演绎科学方法论"的数学处理。这就使得基本的逻辑概念（例如真，逻辑后承，可判定性）本身成为形式演绎理论的主题。在二战以后的时期，塔尔斯基、他的学生和其他人把这个框架发展为模型论。也是在30年代，丘奇、图灵（Turing）、波斯特、哥德尔和其他人把递归函数论转变为研究能行的数学演算和证明的一种工具。

对新逻辑的形式研究成了哲学探究和争论的工具。至1939年，奎因（W. V. Quine）提示，在形式化数学的和科学的理论中，考察量化的使用显示出那些理论的本体论要求，特别是承诺了与个体实体相反的共相。在马库斯处理量化模态逻辑后不到一年，奎因对它的融贯解释的可能性提出质疑（Quine 1947）。接着进行的争论是由形式研究所支持的关于本质特性的形而上学。直觉主义逻辑成为在数学中研究构造程序概念的一种工具。一个早先的例子是，克林尼（Kleene）建议使用递归函数作为在数论中直觉主义构造的类似物（Kleene 1945）。在二战后学术活动的复兴中，特别是在美国，由对数学基础的研究而出现的形式系统，赋予由罗素在这个时期开始所勾画的"哲学的逻辑分析方法"以全新的面貌（Russell 1914：V）。

迈克尔·斯坎伦

第四十七章

数理逻辑的黄金时代

　　现代符号逻辑，包括公理集合论，是19世纪由布尔、皮尔士和弗雷格的著作发展起来的。不过，正如我们今天所知道的，这个主题的轮廓在1928—1938年的10年间大部分已经确定。在这些年里，这个学科的范围得到拓展，不但是经由在语法和语义之间的澄清，而且是经由对不同逻辑系统的承认，这与把逻辑作为必定使所有的推理都实现的普遍系统的概念正相反。那时，逻辑研究的主要焦点集中于一阶逻辑（那时称为狭义函项演算）的研究，这其中，量词仅被允许施于一个基本结构的元素之上，而不是它的子集合之上。先前的发展使得有可能表述和解决元系统的问题，诸如公理理论的一致性和完全性，而后来由于分离出更易处理的逻辑框架，促进了对定理的推演。两种发展导致对模型论问题的研究，例如逻辑系统的紧致性以及算术和集合论的非同构模型的存在问题等。

　　此外，通过定义递归函数类和阐明丘奇论题（递归函数恰恰是直观上被刻画为能行可计算的函数），有关公理化手段和算法手段的可定义性和可判定性问题得到精确的数学阐述。因此，不可定义性和不可判定性定理的形式证明成为可能，而这对于希尔伯特的证明论，对于后来计算机科学的发展都具有深远的意义。对可定义性的考察也引起对可构成集合定义的考察，这是哥德尔的证明（选择公理和广义连续统假设相对于策梅罗—弗兰克尔集合论是一致的）中的主要概念工具。

一　可导出性、有效性和判定问题

　　从有关特殊数学域对象的真理的特定公理进行演绎，一直是自欧几里得时代以来数学方法的样本。可是在实际上，演绎一般是非形式地实现的，没有详尽列出所用的推理规则，或者没有明确提到基础的公理。在19世纪末，逻辑学家（像皮尔士、弗雷格、皮亚诺）和几何学家（像帕施和希尔伯特）在数论和几何中更多的是恢复欧几里得的理想。然而他们没有在语法的和语义的观点之间达到综合。一个陈述从公理的可导出性和它在那些公理的特殊解释中的有效性之间的根本区别和相互关系，直到进入20世纪很久，仍然是漆黑一团。

在语言和元语言之间的区别同样被忽略或被弄得模糊不清，直到悖论的出现，特别是勃特朗·罗素（Bertrand Russell 1903）和尤勒斯·理查德（Jules Richard 1905）的那些悖论，才促进对它们进行考察。罗素和怀特海（Whitehead）在《数学原理》（*Principia Mathematica*）中提出的类型论提供了一种解决那些悖论的方法，但是它被可化归性公理损害了，这是一个出于必要所引进的权宜之计的原理，实际上，它致使类型的分层是多余的。此外，尽管对类型层次做了分层，但是类型论是用单个的对象语言表述的，罗素和逻辑主义学派的其他人把这语言看成是无所不包的。从而元语言问题，例如数论公理是否一致，或者它们是否足以产生关于自然数的所有真陈述的证据，就不可能在该理论之内提出来——因此，从逻辑主义的观点来看，它们根本就不可能被提出来。（见van Heijenoort 1967和Goldfarb 1979）。公理的有用和可靠只能经验地建立，通过从它们没有矛盾地推导大量事实。

与此相对照，追随布尔的代数传统的逻辑学家和厄恩斯特·施罗德（Ernst Schröder）使用素朴集合论，不参照公理和推理规则，研究在特殊结构中陈述的可满足性。一个特别显著的成果是在"论关系项演算中的可能性"（Löwenheim 1915）中第一次发表（虽然证明有缺陷）的骆文海定理：如果在一个可枚举语言中的一个一阶陈述在一个结构S中是可满足的，那么，它在可枚举的结构D中是可满足的。

骆文海的证明中的缺陷由挪威逻辑学家托拉尔夫·斯柯伦所修正，斯柯伦还把骆文海的结果推广到可枚举的陈述集合。在他的两篇论文（Skolem 1920）的第一篇，他使用选择函数（现称斯柯伦函数）

[594]

把一个含有新函项符号的扩展语言中的纯全称量词同每一个含有存在量词的一阶公式联系起来（它的斯柯伦范式）。（例如，公式 $\forall w \exists x \forall y \exists z A (w, x, y, z)$ 有范式 $\forall w \exists y F (w, f(w), y, g(w, y))$.）因此，原来语言的一个公式在一个结构中是可满足的，当且仅当它的斯柯伦范式在扩展语言的相应结构中是可满足的。由此，斯柯伦进而证明骆文海定理中的可枚举结构 D 可看成是 S 的子结构。在第二篇文章中（Skolem 1923b），他阐明了骆文海原来的无子结构条件的定理也可不诉诸选择公理而建立起来，借助于把第一篇文章的结果用于集合论，他得到了斯柯伦悖论（对于在其中不可枚举集合的存在是可证的集合论公理而言，它必定在一个可枚举的结构中是可满足的）。

与一个陈述的可满足性问题（是否有任何一个结构使得它可满足）紧密联系的是它的有效性问题（是否在基础语言的所有结构中它是可满足的）。更一般的是，判定问题（Entscheidungsproblem）是一个这样的问题，即是否有一个能行的程序来判定给定的逻辑系统的任意陈述的情况：或者关于它的可满足性，它的有效性，或者它从公理的可推导性。

对联结词逻辑（命题演算）来说，埃米尔·波斯特和保罗·贝尔奈斯的博士论文（发表为 Post 1921 和 Bernays 1926）分别使用真值表的设置和合取范式，对所有的三个判定问题作出了肯定的回答。在 20 世纪 20 年代，各种前束的量化公式类的可满足性判定问题也得到肯定的回答（在 Ackermann 1954 and Dreben and Goldfarb 1979 中做了概述），对它们在直观上展示了能行的判定程序。此外，一个任意的一阶公式的可满足性被证明可化归为某种其他的前束公式类的可满足性。但是，由于对能行程序的直观概念缺乏精确的刻画，因而没有任何不可判定性的成果得以确立。

二 完全性、不完全性和一致性证明

《理论逻辑基础》（*Grundzüge der theoretischen Logik*）一书的出版

【595】（Hilbert and Ackermann 1928）宣告了数理逻辑中 10 年开创性进展的发端。在这本书中，希尔伯特和阿克曼关注一阶逻辑和有关的三个未解决的问题：可满足性的判定问题，有效性的判定问题，以及如下问题："是否……对每一个个体域都正确的所有逻辑公式都能（从系统的公理）推导出来"（p. 68）（语义完全性）。人们预料对后一个问题有肯定的回答；翌年，哥德尔在博士论文中得到了这个结果（稍加修改后于 1930 年发表，见 Gödel 1930）。这个证明中的大多数步骤已暗含在斯柯伦的文章中（Skolem 1923b），但是哥德尔第一次把语法和语义联系起来：斯柯伦曾得出结论说在一个可枚举结构中不可满足的一阶公式必是完全不可满足的，但是哥德尔阐明它在事实上必是形式可反驳的。此外，他证明了（可枚举的）紧致性定理（语句所构成的一个可枚举无穷集合是可满足的，当且仅当每一有穷子集是可满足的），后来这一结果由 A. I. 马尔采夫（Maltsev）和莱昂·亨金（Leon Henkin）推广到语句的任一集合。这一定理在今天被看成模型论的核心结果，但它长期被忽略了（见 Dawson 1993），它现在所熟悉的一些应用可用其他方法获得。特别是，斯柯伦在 1934 年确立：对适用于自然数的所有陈述的集合存在着非同构的模型，他所用的技巧预示了后来的超积概念。

哥德尔在博士论文的导言（Gödel 1929）中指出，紧致性定理可以改写为这样一句话：每个一致的一阶公理系统有一个模型，这样，它就证明了以下预期是正当的：一个理论的一致性可通过找到满足其公理的一个结构得到证明。然而同时，他批评了特别是由希尔伯特提出的观点：通过一个公理系统所引进的概念的存在是与系统的一致性同义的。他强调指出，这样的信念"显然预设"该理论的每一封闭公式 A 必定或是可证的、或是可反驳的，因为否则把 A 或 $\sim A$ 中的一个或另一个相连到公理上，就会得到两个一致但不相容的理论。

波斯特为把他的命题演算形式化，阐明了任何不可证公式加到公理上就会产生不一致。但是，哥德尔预见到这样的语法完全性对量化理论不总是成立，在他的划时代论文"论《数学原理》及其相关系统的形式不可判定的命题 I"（Gödel 1931）中，他证明：每当形式数论的公理和推理规则以原始递归的方式详尽列出并且满足或者可靠性的语义标准（每一可证公式在自然数中解释时是真的），或者 ω 一致性的语法标准（每当一个公式 $A(x)$ 的数字实例 $A(n)$ 是可证的，则 $\exists x \sim A(x)$ 不是可证的），那么，就有一个封闭的公式必定是不可判定的（既不是可证的又不是可反驳的）。5 年之后，ω 一致性的假设被证明可减弱为简单一致性（Rosser 1936）。【596】

哥德尔在证明第一不完全性定理时，把数论公式编码成自然数，这样一来，关于形式系统的陈述就能表达成关于数的陈述。然后，他证明一大批的数论关系——特别是所有那些现在称为原始递归的关系，包括"m 是编码数为 n 的公式的一个证明的编码数"这种关系——在数论中是形式可表示的，意思是：对每个这样的关系 R，存在语言中的一个公式 F，使得 $R(n_1, n_2, \cdots, n_k)$ 对自然数 n_1, $n_2, \cdots, n_k$ 成立，当且仅当 $F(n_1, n_2, \cdots, n_k)$ 是可证的，这里 n_1, $n_2, \cdots, n_k$ 是相应的数字符号。因此，使用对角线方法，他构造了一个不可判定的数论公式：如果译解为一个元数学的陈述，就肯定了它自身的不可证性。

一致性这个概念也能表达在形式数论中，这要借助一个公式 F，它译解了这样一个陈述："没有任何自然数是陈述 $0 = 1$ 的一个证明的编码数"；但是哥德尔勾画了一个证明：对数论（或任何比较强的理论，如集合论）而言，没有一个原始递归地可列举的公理模式能产生公式 F 作为定理，除非该公理事实上是不一致的（这是第二不完全性定理，第一次详细的证明见 Hilbert and Bernays 1939）。一致性证明完全不被排除，如不是几乎很弱的理论，在任何一个这样的证明中就必定要求某个在理论本身中不能形式化的原理。因此，希尔伯特证明论的主要目标即通过把较强理论的一致性化归为较弱理论的一致性来确立它们的一致性，是不能达到的。

对数论而言，基于证明结构（序列）的一个序数理论分析的一致性证明，是由格哈德·根岑（Gerhard Gentzen）在哥德尔论文发表后 5 年给出的（Gentzen 1936）；他将超穷归纳原理用到序数求幂函数的第一个固定点。另一个证明基于有穷类型泛函概念，是由哥德尔本人在 1938 年和 1941 年给出的。

三 不可定义性和不可判定性定理

真这个概念，或更为一般地说，一个在形式语言的一个结构中可满足的公式这个概念，既是哥德尔完全性定理的核心，也是前面所引斯柯伦和骆文海的论文的核心。但在这些著作中，都没有对基础的语义概念做出精确的定义：取而代之的是，它们的证明依赖于对可满足性意义的一个非形式的理解。在形式化语言中，对真这个概念的决定性分析最终是由塔尔斯基提出的，他（见 Tarski 1933）不但给出满足性的一个归纳的二阶定义，而且证明，在数论中，真这个概念与可证性不同，不能表达在任何一阶的形式系统中（塔尔斯基不可定义性定理），早先，哥德尔在关于第一不完全性定理的论文中已经独立地认识到了这一事实。

归纳定义的形式研究由理查德·狄德金（Richard Dedekind）肇始，他在其名著《什么是数以及它们应当是什么?》（*Was sind und was sollen die Zahlen?*）中（Dedekind 1888）证明了有关的基本定理，为根据原始递归的函数定义作出了辩护，并且给出了现今众所周知的关于自然数的加、乘和求幂的归纳定义（常常归功于皮亚诺）。后来，斯柯伦和希尔伯特在他们的基础研究中使用了这样的定义（Skolem 1923a, Helbert 1926），哥德尔在论不完全性定理的论文中，把（原始）递归函数类形式地定义为：它们从常函数和后继函数通过重复使用递归式和代入式而构建起来的。但希尔伯特在其 1926 年的论文中也给出了不是原始递归的一个能行可计算函数的例子（应归功于阿克曼，在 Ackermann 1928 中证明）。

为定义数论函数并从其值上作出区分它们，丘奇在 20 世纪 30 年代初发展了一种一般的形式系统（λ 演算）。起初并不清楚，甚至前趋函数也能在 λ 演算中定义，但丘奇的学生斯蒂芬·克林尼（Stephen Kleene）最终确立了它和其他广泛的能行可计算数论函数的 λ 可定义性（Kleene 1935）——这个证据促使丘奇在 1934 年提出，所有这样的函数实际上是 λ 可定义的（丘奇论题的原来形式）。然而，哥德尔仍不信服，甚至克林尼在其论文"λ 可定义性与递归性"（1936a）中确立了 λ 可定义性同哥德尔本人所引入的一般递归性概念（Gödel 1934：26—27，这个概念基于雅克·赫尔伯朗（Jacques Herbrand）的提示，涉及 $\phi(k_1, k_2, \cdots, k_l) = m$ 这种形式的等式从由函数代入所建立的项之间的某个等式系统的可导出性）的等价之后也是如此。用哥德尔的概念而不是用 λ 可定义性所表述的丘奇论题，第一次以印刷形式出现在"初等数论的一个不可判定问题"（Church 1935）一文中，这是丘奇在 1935 年 4 月 15 日提交给美国数学学会的一个讲话摘要。详情发表在下一年丘奇的"初等数论的一个不可判定问题"（1936a）中，这是随后两年接二连三发表的递归论方面的一系列奠基论文之一（在 Kleene 1981 中做了概述）。丘奇根据他的论题独立地证明了判定问题的不可判定性（Church 1936b），这与图灵差不多同时（turing 1937）。克林尼在"自然数的一般递归函数"（1936b）一文中，证明了一般递归函数通过应用最小数算子从原始递归函数产生（范式定理），在 1936a 中，他表述了递归论固定点定理的递归定理，这是一种特殊情形，所断定的是：如果部分递归函数——在自然数的一个（可能的真）子集上所定义的那些函数——在一个序列 ϕ_k 中被枚举，并且如果 f 是任何递归函数，则有一个整数 n 使得 $\phi_n = \phi_{f(n)}$。图灵在前述论文中，对根据抽象的有穷状态机器（图灵机）的可计算性给出了另一个特别容易理解的分析，该机器在一条无限制的带子上能读、写并对符号进行操作。图灵方法的自然性，连同它与 λ 可定义性、一般递归性和由波斯特、马尔可夫引进的其他概念的等价性，最终使丘奇论题被广泛接受。（见 Gandy 1988，此文对几个等价概念的显著影响作了广泛的分析）

【598】

四　选择公理和广义连续统假设

超穷基数和超穷序数的理论是由康托尔作为他对点集（傅立叶序列不收敛于这些集合）进行研究的一个副产品而发展起来的，这是19世纪数学最独创的并有争议的成果之一。无穷具有不同次序这个概念和悖论（如由素朴集合论引起的所有序数的"集合"）引起热烈的争论。康托尔的著作受到许多人的攻击，但是得到希尔伯特的支持，他在演讲"论无穷"（Helbert 1926）中说："没有人会把我们从康托尔为我们创造的伊甸园中赶出去。"（p. 376）早先，他在世纪之交的国际数学家大会演讲中（Helbert 1900），把来自康托尔理论的两个疑问列为向20世纪数学家挑战的难题中的第一个，这两个疑问是：是否实数的任何无穷汇集必定或等数于整数集合或所有实数的集合（康托尔的连续统假设）和所有实数的集合是否能被良序。由于实数等数于整数的所有子集合的集合，并由于康托尔已经证明每一集合有一个严格地小于它的幂集（它的所有子集合的集合）的基数，因而连续统假设可以重新表述成这样的一个断定：实数集合决没有居于整数及其幂集的基数之间的一个中间基数。通过推广，广义连续统假设是说：对一个无穷集合A，决没有一个集合B，其基数介于A和它的幂集的基数之间。

正好在希尔伯特演讲后的4年，策梅罗（Zermelo 1904）证明：实数，并且实际上是任何集合的良序性，是从选择公理推出来的（这个原理在分析的各种证明中被不自觉地引用，但是一旦引起数学家的注意，就产生了很多争论）。此后4年，策梅罗为回应连续统的争论，表述了他的集合论公理（Zermelo 1908）。这些公理后来遵照弗兰克尔（Fraenkel）的提议作了修改（Zermelo 1930），最终被采用，成为康托尔思想的标准形式化。连续统假设相对于其他公理的地位仍未解决，但要除去这样的看法：（如上表述的）广义连续统假设蕴含着选择公理（Lindenbaum and Tarski, 1926）。

选择公理和广义连续统假设与策梅罗—弗兰克尔集合论的其他公理的一致性，最后由哥德尔在1938年确立。哥德尔在证明中，选出可构成集合在语法上可定义的类L，这是通过与集合论通常的秩分层进行类比、用迭代限于可定义子集合的幂集运算这种办法产生的。类L具有可定义的良序性，因而满足选择公理。此外，可构成性这个概念是绝对的（在限于类L时是不变的），所以，在L中每个集合是可构成的。同样，策梅罗—弗兰克尔集合论的公理如果一般对集合成立则在 L 中成立，所以，从语义观点看，可构成集合形成在集合论任意给定的模型中的一个内模型。通过涉及基数的非绝对性的一个困难证明，哥德尔证明了广义连续统假设在 L 中也成立。

哥德尔的一致性证明（在专著 Gödel 1940 中发表）标志着在本章中所概述的逻辑研究黄金 10 年的顶峰。今天的导论性逻辑课程所包括的所有概念和结果在 1940 年几乎都加以表述过。主要的例外是由莱昂·亨金在博士论文中（1947）所引进的常项方法，从那时以来，这种方法已成为证明哥德尔完全性定理的标准方法，并推广到不可数的语言（Henkin 1949）。

约翰·道森

第四十八章

广义相对论

1919年11月6日,在伦敦皇家学会和皇家天文学会的一次座无虚席的联席会议上,向全世界宣布了广义相对论(GTR)首次得到经验的证实。前年5月,一支赴巴西和西非一海岛的英国联合探险队对日食观察的长期资料进行分析,证实他们确实发现了广义相对论所预言的光线在太阳引力场中的"弯曲"量。站在伊萨克·牛顿的画像下,皇家学会主席J. J. 汤普森宣布这是"自牛顿时代以来与万有引力论相关的最重要的成果……是人类思想的最高成就之一"(引自Pais 1982:305)。随之而来的是"相对论的喧闹"(Sommerfeld 1949:101),一场公开的争吵,由于这场争吵是关于一个没有明显军事或技术应用的纯科学理论的,所以它完全是史无前例的,迄今仍无与伦比。几乎一夜之间,那时在理论物理学家的小圈子(按现在的标准也是极小的圈子)之外不大为人所知的阿尔波特·爱因斯坦,变得世界闻名,成为反犹主义宠爱的目标。

这种情景令人惊讶,对它的一个似乎合理的解释表明了当时欧洲文化的枯竭状况,在四年世界大战、政治革命、千百万人死于流感病的浩劫之后,它渴望愉快的消遣。广义相对论以自己提出的主张之奇异,以及笼罩它的不可理解的气氛,确实提供了这种愉快的消遣。而即使在有科学素养的人中,不仅对这个理论的哲学含义,而且对它的物理内容也存在很大的争论和误解。在很大程度上,这是由于人们对这个理论的微分几何基础不熟悉。不过,爱因斯坦本人有些轻率的阐述也要为这里的某些异议负一部分责任。甚至恰恰这个理论的名称就表明它是一种哲学的抱负,而不是物理学的成就。因为爱因斯坦试图以早先狭义相对论(STR)(或按当时所说的"有限"相对论)取消对"绝对时间"的参照的方式,取消对"绝对空间"的参照,在此过程中,他将他的万有引力论提升为受马赫启发的对 STR 相对性原理的普遍化,令人误解地将它命名为"普遍相对性"理论,似乎只允许物理对象(严格意义上的"物质")之间的相对运动。而这一点并不是这个理论实际要求的,甚至是它不能容忍的。在为爱因斯坦辩护时,我们应当注意,早先他更喜欢"无变度理论"(Invariantentheorie)之名而不是"相对论"之名(此名为马克斯·普兰克所用),而在他自己至 1911 年发表的作品中,他使用"所谓的'相对论'"这一说法。在那以后,他大概认为要做出改变已经为时太晚了(见 Holton) 1986: 69, 110)。【601】

一 关于广义协变性的争论

在爱因斯坦对该理论的正规表述(1916 年 4 月)中,唯独有一段话因不经意的省略而引起了"80 年的争论"(Norton 1993)。在这段话中,爱因斯坦提出理由,说明为什么他的万有引力理论必须满足广义协变性的纯形式要求,即自然规律必须用在一切坐标系中有同样形式的方程式来表示:

> 在广义相对论中,空间和时间不能用这样一种方式来定义,使得空间坐标差可以用单位量杆来直接测量,或时间坐标差可以用标准钟来直接测量……这就要求:普遍的自然规律要用对一切坐标系都有效的方程式来表达,即它们对于任意代换是协变的(广义协变)。显然,满足这个公设的物理学将适合广义相对性的公设……广义协变性的这个要求从空间和时间中剥夺了物理客观性的最后残余(den letzten Rest physikalischer Gegenständlichkeit),它是自然的要求,这一点将从下面的反思中看到。我们对时空的一切证实(Konstatierungen)总是等于对时空重合的确定。比如说,如果事件仅仅在于质点的运动,那么,除了两个或更多这些点的会合,最终没有任何东西能被观察到。而且,我们的测量结

果无非是确定我们的测量杆的质点与别的质点的这种会合（对时间来说，就是观察到表针和表盘上的点的重合）——点—事件在同一地点、同一时间发生。引入一个参照系只有助于促进对全部这种重合进行描述的目的……因为我们的一切物理经验最终都可以还原为这样的重合，所以我们没有任何理由偏爱某个坐标系，而不是别的坐标系，也就是说，我们达到了广义协变性的要求。（Einstein 1916：117—118）

【602】 这个"广义协变性要求"是令人费解的，因为它似乎将假定一切运动相对性的相对性原理，与任意变换坐标的自由混在一起了。更不可思议的是，不知怎么的，这个要求"从空间和时间中剥夺了物理客观性的最后残余"，而同时却将物理经验的内容还原为"点重合"。毫不奇怪，这些极其混乱的说法被马赫实证主义者、新康德主义者、甚至逻辑经验主义者所利用，作为相反的哲学解释的证据（见 Ryckman 1992）。的确，爱因斯坦的部分推理可以根据上下文重现出来。他的万有引力理论必须满足广义协变性的要求，这是爱因斯坦所说的等效原理（the principle of equivalence）的直接含义，等效原理实际上假定，在据说的无引力时—空区，即 STR 的有效领域中的惯性效应（如科里奥利力和离心力等），在物理上难以同弱均匀引力场效应区分开来。在爱因斯坦看来，这意味着，他的万有引力理论必须是广义协变理论，因为根据等效原理，一物体的惯性系可以局部转变为非惯性系，在此非惯性系中，物体在有几分人为的引力场中自由坠落。整体的惯性参照系不可能存在。但这里的意思不能反过来：广义协变性并不必然表明运动的相对性原理。

早在 1917 年，哥尼斯堡的青年数学家埃里希·克雷奇曼（Erich Kretschmann）就评论说，广义协变性仅仅是从不同观点对同一对象做互相一致描述的形式要求，因此它本身与"广义相对性原理"，甚至与万有引力论无关。爱因斯坦在答复中承认，广义协变性的要求只具有"有意义的启发力量"，人们广泛认为这个回答是比他早先的主张根本倒退了。于是，爱因斯坦被认为犯了推理中"断言后件"的逻辑谬误：如果要达到广义相对性原理——"没有任何惯性坐标系"，即没有任何优越参照系——那么，就需要设想广义协变性；而广义协变性的设想是任何整体惯性坐标系都不可能存在于其中的普通非平面时—空的 GTR 中的事件所要求的；因此，广义相对性原理就成立了。这个荒谬推理的原因可以通过指明爱因斯坦热衷于贯彻马赫的惯性完全相对化的方案而得到说明。在他这样做时，据说，甚至他的亲密合作者中也有人说（Hoffmann 1972：127），他不经意地将数学技术与物理内容混在一起了，对这件事的厘清直到现在还在进行中。

不过，近来主要利用爱因斯坦与 P. 埃伦费斯特（P. Ehrenfest）、【603】洛伦兹（H. Lorentz）等人通信所进行的学术研究，对此提出了一个令人信服的说明，爱因斯坦 1916 年声称，广义协变性的物理意义是"从空间和时间中"剥夺了"物理客观性的最后残余"，实际上这是一个其前提在此被隐瞒了的证明结论（爱因斯坦本人称此证明为"空穴论证"——Lochbetrachtung；约翰·施塔赫尔最先揭示了这个空穴论证的隐藏关联；见 Stachel 1989，Noron 1989）。对爱因斯坦的这些评论只是对一个不同的、复杂得多的结论的不完整的参考，这个结论是：打算用作时—空连续统之表征的四维流形点，没有任何固有的物理个性（比方说，它们是从基础拓扑学推导出来的），因此也没有任何不依赖于依流形而定的引力场的存在的物理客观性。在这样一个场不存在的情况下，这些点不是时—空的点，即它们有数学的意义而没有物理的意义。一旦"空穴论证"的大部分隐藏关联被恢复了，那么就变得很清楚，在确定"点重合"中具有物理客观性的东西时，爱因斯坦只是在修辞上强调了如下事实：坐标没有（应当没有！）任何直接物理的、即时—空的意义。

在晚年，爱因斯坦几次打算阐明他关于广义协变性的观点（例见，Einstein 1952：155）。这些尝试是在爱因斯坦徒劳无益的统一场论方案的背景下发生的。在爱因斯坦看来，广义协变性的根本意义可以这样来表述：就固定的时—空背景而论，不可能存在运动这样的东西。于是，在这一宽泛的意义上，广义协变性的意义就包含了对"任意"转换坐标的自由的纯形式的要求，而能在自身中最终取消讨厌的惯性系概念的那个场论方案，则把这个形式要求作为一个应有之义。所以，对于任何理论，如果其中没有对时—空结构和时—空"内容"做出原则区别，那么，都应当给出广义协变的规定。爱因斯坦实际上无力在 GTR 的框架内完全消除惯性系概念（这是哥德尔用"旋转宇宙"解引力场方程而众所周知证明了的一个观点——见 Friedman 1983），这个情况不应损害鼓舞 CTR 发展的那个纲领性承诺：即立志从物理学理论中一劳永逸地清除优越参照系概念——"我在克服惯性系的过程中看到的最本质的东西，即对一切过程都发生作用，而又不受任何反作用的东西。原则上，这个概念不比亚里士多德物理学中的宇宙中心概念好"（爱因斯坦 1954 年 1 月 19 日给乔治·贾菲的信；引自 Stachel 1986：1858）。

二 马赫原理和相对论的宇宙论

在 1918 年的"广义相对论原理"（Prinzipiells zur allgemeinen Relativitätstheorie）一文中，爱因斯坦回答了人们对他所理解的广义协变论原理的批判，在这篇文章中，他为设定在 GTR 基础上的惯性相对性动力学实现的要求杜撰了一个词"马赫原理"："在融贯一致的相对论中，不可能有任何相对于'空间'的惯性，只能有一个相对于别的质量惯性的质量惯性。"（Einstein 1917：180）人们认识到，GTR（或任何其他理论）是否满足这个原理，只能根据尚不属于物理科学的宇宙论考虑来回答（Barbour 1999）。早在 1917 年，在试图避免为解决他的引力场方程对空间无穷边界条件的非马赫主义的要求时，爱因斯坦提出了闭合（球形）宇宙模型，它的指导假设是：宇宙是静态的。不过，对他的场方程的静态解决，如果不增加一个补充项，即所谓的"宇宙论常数"的话，则被证明是无法实现的。而荷兰天文学家德西特（de Sitter）几乎马上发现了对这样修正过了的爱因斯坦场方程的解法，这个解法提出了另一个根本不包含任何物质的明显静态的宇宙论模型，于是他断言，爱因斯坦的理论似乎仍然与惯性相对性的要求不一致。约 5 年后，俄罗斯数学物理学家 A. 弗里德曼（A. Friedmann）证明，原方程具有与膨胀和收缩的宇宙相符合的解法。这期间，斯里弗（Slipher）自 1910 年起，哈勃（Hubble）于 20 世纪 20 年代中期开始对远星红移的观察，约至 1930 年得出基本一致的意见：从地球上观察，宇宙似乎各个方向上都在直线膨胀，最远的对象离去得最快。爱丁顿继续了早先勒梅特（Lemaître）的工作，他证明宇宙实际上是不稳定的，随着这一证明，爱因斯坦的静态宇宙也就寿终正寝了。面对这个不可避免的结局，爱因斯坦于 1930 年承认了膨胀的宇宙，据报道，他说，宇宙论常数是"我一生最大的错误"。

三 物理学的"几何化"？

人们常说万有引力已经被 GTR "几何化"了；的确，在这个新理论胜利的最初年头，在量子力学于 20 世纪 20 年代中期出现之前，人们经常断言物理学已经"几何化"了。这些断言的确切意思是什么呢？在 GTR 范围内，在显而易见的意义上，万有引力被几何化了：（赝）黎曼时—空几何学不但测定长度和角度，而且测定光线传播的路径和速度，这一度量的表达式由引力场的"势"、时—空坐标函数等词项组成，而其他的词项从这些词项中产生，代表构成惯性和引力现象的"力"。以此认为这些力已经被几何化了，其意思只不过是说，对这些力可以用得自时—空度量描述的词项从数学上进行表达。更为根本的是，与牛顿引力的欧几里得空间中不同，与明科夫斯基的狭义相对论的电动力学时—空中不同，GTR 的度量是动力学的，不是整体固定的：在一既定时—空域中的度量测定是以局部的质量—能量密度为因果条件的，反过来，它又提供了对这些密度的一个量度。在外尔有几分挑衅性的阐述中，空间不再是物理过程在其中发生的舞台（Schauplatz）或竞技场，而是如引力场方程所体现的那样，是时—空和物质共同的因果相互关联结构的不可分割的成分（Weyl 1918）。

人们也许会说，这就是爱因斯坦理论的共用线。但严格遵守这条线，在应用上和在经验主义概念上，都证明是很难的。关于应用，一个完全动力学的度量概念不允许涉及诸如边界条件或初始条件那样的非动力学背景结构，但如果没有这些结构，要从观察的宇宙论，即 GTR 应用的首要领域中引出预测，几乎是不可能的（Smolin 1992：232）。关于经验主义概念：爱因斯坦在阐发其理论时，作为实践的权宜之计，追随赫尔姆霍茨假定了刚体和理想时钟的实际存在，作为时—空几何度量间隔 ds 的指示器，因而使这个概念成为他的理论中基本"可观察的东西"。诚然，他清楚地意识到，敏锐的思想家，特别是彭加勒，已经令人信服地证明，将物理对象和过程当作几何概念的相关物来使用，并不是完全无知的，而且，人们因而只能有所自由地将可测量的物理性质归因于以它们为基础的空间（或时—空）本身。但对于爱因斯坦来说，对 GTR 经验确证，目前完全依赖于根据"无限小刚性量杆"和频率完全恒定的"原子钟"对 ds 进行"规范"。这是一个假设，即使它在理论上不能令人满意，但也不失为一个暂时的、甚至必要的策略（Einstein 1921）。

【606】爱因斯坦关于 GTR 中测量问题的谨慎的暂时之见，后来被莱辛巴赫转变成一个方法论假定：经验的结果只能根据控制量杆和量钟行为的约定规定，从一物理理论中抽绎出来。不过，在 GTR 所允许的可变弯曲时—空的一般情况中，刚体（或完全规范过程）的概念正因黎曼约 60 年前提出的如下理由而成为可疑的：不存在与一刚体（或完美时钟）假定的不变长度（时段）相应的任何叠合（或持续）。因这个理由，最连贯一致的理论步骤，如外尔所指出，就是要放弃物理空间几何基础上的便携测量工具的假设（因此就是要放弃标准长度和完美时钟的假设），而代之以长度单位和持续单位可以在各个时—空点上单独选择的假定。1918 年，根据这个要求，外尔重新阐述了 GTR，发现了广义几何学，除了万有引力之外，广义几何学还将电磁学纳入时—空几何度量的范围内，从而将电磁学"几何化"了。这是"第一个统一场"理论，而统一的基础是纯形式的、纯几何的：两个分开的场涵盖在一个共同的几何学之下（Weyl 1918 [1923 firth edn]）。外尔的理论是不成熟的，随着量子力学的出现，

他取消了对它的支持。但这个理论仍以两种有讽刺意味的不同方式，产生了相当大的影响。首先，它似乎以如下思想启发了爱因斯坦：物理学的统一可以通过发展一门广泛的时—空几何学来达到，包括量子现象在内的各种物理力的一切表现都可以从这门几何学中引出来。另一方面，外尔的理论引入了规范（或标度）的任意性概念，引入了与之相联系的对自然规律局部规范恒定性的要求。这些观念已经成为自然界中已知四种基本力中的三种力（不含引力）的规范量子场理论的几何统一性的当代纲领的核心（Ryckman 2004）。

四 持续不断的革命

革命的明白无误的显著特征是它超越它自己的先驱者；广义相对论和阿尔贝特·爱因斯坦的情况也是如此。广义相对论的概念资源有非常丰富的、出人意料的物理含义和哲学含义，甚至爱因斯坦也要用多年去消化他所发现的在哲学上不可接受的结论（例如对他的场方程、膨胀宇宙的非马赫主义的解答）。有些结论非常不合他的口味，以致他根本不赞成。其中主要的有奇点（singularities）的存在与很久之后所说的"黑洞"的存在。早在 1916 年，天体物理学家卡尔·史瓦西（Karl Schwarzschild）就根据一星球内的时—空几何爱因斯坦场方程给出了一个精确的计算，由此得出如下预测：每个星球都有一个依其质量而定的临界周缘，因为由时—空弯曲造成的引力红移，从星球表面发出的任何光线都不会逃出这个周缘。人们早就知道牛顿引力论做出了光线不能逃离质量足够大的天体的类似预测。但对于爱因斯坦来说，鉴于他对经典场定律之至上性的根深蒂固的信念，所谓的"史瓦西奇点"是不能容忍的，因为在奇点那里，场量原则上可以呈现无穷值，所以，任何奇点都代表着假定的自然律的崩溃。如果 GTR 预示了奇点的存在，那么，"它自身中就带有它自己毁灭的种子"（伯格曼谈爱因斯坦——见 Bergmann 1980：156）：现在情况仍然如此，20 世纪 60 年代末著名的霍金—彭罗斯定理进一步证实了这一点，该定理证明了对爱因斯坦场方程的一类广泛解中的奇点的存在

【607】

(Earman 1995)。

在另一个意义重大的方面，爱因斯坦起初是不情愿的皈依者，后来成为热烈的革命者，接受了通过数学思辨进行物理研究的新颖方法，这个方法只是在外尔、爱丁顿、卡卢察（Kaluza）及其他几个同代人已经采用了之后，受到广义相对论的推动。而一旦他采纳了这个方法，就执著地坚持这个方法，用来指导航船，毫不动摇地向着汉斯·莱辛巴赫早在1928年就伤心地称为统一场理论的这个"海妖魔法"的方向驶去。当然，在此追求中，爱因斯坦最终没有成功，这个追求试图从根据时—空连续统规定的连续函数的理论基础中引出量子现象。但他的有启发性的观点，即对于背景时—空而言，位置或运动是无意义的概念，仍然指导着量子引力理论家；而通过数学思辨建构物理理论，通过几何学寻求统一，在20世纪70年代又出现了新的一代拥护者，并继续存在到现在。

托马斯·里克曼

第四十九章

科学的解释

一 引言

伟大的法国科学哲学家、历史学家埃米尔·梅耶松（Emile Meyerson，1859—1933）在他为1929年《大不列颠百科全书》写的条目"解释"（Explanation）中以如下的话开始：

> "解释一个现象"是什么意思？强调这个问题的重要性是没有必要的。显然，科学的全部结构将必定依赖于对这个问题的回答。（Meyerson 1929：984）

梅耶松的结论并不夸张：任何既定科学的结构——甚至科学本身的结构——都是围绕它特有的理想解释而发展起来的。物理学的解释在形式上和实质上都不同于生物学的解释；两者又都与地质学家和社会学家提供的解释不同；更普遍地说，科学中的解释又与比方说法律和宗教中给出的解释大不相同。

二 梅耶松论两种解释方式

从他的不朽著作《同一性与实在》（*Identité et Realité*）1908年第一版（共三版）出版至他1933年去世，埃米尔·梅耶松不仅仅是法国占主导地位的科学哲学家，而且是整个西方世界最重要的科学哲学家之一。在《同一性与实在》的开篇一章中，梅耶松谈到了两个截然相反的解释方式:"规律的方式"和"原因的方式"。每个方式各有古代哲学的根源。规律的解释可以有几分公正地追溯到赫拉克利特的格言:万物皆变,只有变化的规律本身除外。原因的解释,按梅耶松所说,可以经过原子论一直追溯到巴门尼德关于存在的不变的自身同一性概念。在他那个时代,梅耶松将自己与拥护原因解释的哲学派系联系在一起;他将大多数人认定为自己的对立面,尤其是孔德、马赫及其实证主义中的追随者,他认为他的同代人皮埃尔·杜恒和维也纳学派成员也属于其列。

十分粗略地说,这两种解释形式的特点可描述如下:规律解释表明现象是以可靠的方式联系着的。梅耶松引用巴克莱的观点作为范例:

> 因为自然规律一旦被确定下来,哲学家仍有待于证明,每个事物必然与这些规律相一致地发生;即证明每一个现象必然由这些原理所引起。(Berkeley 1901:§37)

丹纳则更简单明了地说:"一块石头趋于坠落,因为一切东西都趋于坠落"(Taine 1897:403—404)。因而,一个恰当的规律解释是通过表明某个目标现象是一公认规则的结果,或最好表明它是一牢固确立的自然规律的结果,而提出来的。我们时代的大部分法国哲学家——除了杜恒还有彭加勒之外——都不是墨守法规者(légalistes)(规律解释的支持者)。正是在盎格鲁撒克逊人中,包括罗素、布里奇曼、卡尔纳普和维也纳学派其他成员,如我们下面将看到的那样,规律解释被发展到最完善的程度。

梅耶松将现代的原因解释与莱布尼茨的充足理由律联系起来,尤其最突出地与其动力学表述"全部结果可以再现整个原因或诸如此类的东西"(Leibnize 1860:439)联系起来。梅耶松为此提供了根据,他指出,"我们务必要使莱布尼茨的这条原理回到众所周知的经验哲学家的公式 causa aequat effectum(原因等于结果)上去"(Meyerson 1908〔1930〕:29)。于是,"因果性原理无非是用于时间中对象之存在的同一性原理"（Meyerson 1908［1930］：43）。虽然这里说得很含糊，但如果在实践中加以兑现，这个原理还是足够清楚的："根据因果原理"，在一恰当的解释中，"原始性质加上条件变化，应当等于转变了的性质"（Meyerson 1908［1930］：41）。换言之，一恰当的因果解释必然引出一个对象或多个对象，并描述这些对象如何经变化而保持相关的同一性方面。此类解释的典型事例包括在原子、离子或分子层次上表示物质和能量守恒的化学方程式。因为梅耶松是一位训练有素的化学家，所以他对典型解释的选择一点也不奇怪。

梅耶松对科学的目的的分析，为他对两种解释方式的区分提供了根据。他说，科学有两个各自独立而不同的目的。第一个目的是功利目的，即科学有助于使我们的生活更舒适、更美好，或在某些情况下使生活变得完全可能。科学通过预言来做到这一点："预见对于行动是必不可少的"，而"行动对于动物界的任何有机体都是绝对必要的"（Meyerson 1962：22）。因而，当狗追兔子时，它能够预见——预料——其猎物的奔跑路线。根据规律解释的支持者所说，人文科学无非是满足这一必要性的精致工具。梅耶松满意地引用彭加勒的话："科学"，如彭加勒十分恰当所说的那样，"是成功的行动规则"（Meyerson 1908［1930］：20；Poincaré 1902a：265）。规律解释的支持者证明科学的目的只是预言，以此为他们的选择辩护。

【610】

与此不同，原因解释是以人类对于理解的深切需要为基础的：梅耶松再一次引用彭加勒的话，彭加勒说："在我看来，知识是目的，行动是手段，亚里士多德早就说过：'所有人在本性上都是受求知欲望驱使的'。"（Meyerson 1908［1930］：42；Poincaré 1902a：266）梅耶松再次提到莱布尼茨的原因解释原理，他评论说"只要我们确立了这个原理，现象就变成合理的，适合于我们的理性：我们理解它，我们能够解释它。对知识、对理解的这种渴望，是我们每个人都感到的"（Meyerson 1908［1930］：42）。

科学推理，甚至科学的合理性，原则上都与普通常识、人的推理和合理性并无不同。在通常推理中，当我们将一现象与一对象、与其性质、与其行为联系起来时，就使这个现象成为可理解的、"合理的"。按梅耶松所说，科学无非是将"常识"扩展到新的领域：科学在发挥这一作用时，它创造、发明、发现各种新的对象，这些对象可以充当超出普通经验之外的现象的原因。例如，将"沸腾"和一个对象的"沸点"的普通概念，与一个新实体汽油的一滴油迹的消失联系在一起（Meyerson 1908 ［1930］：45）。

三 其他认识论者

莱昂·布兰斯维克不是与梅耶松同样水平的科学哲学家：虽然布兰斯维克的思想以科学史（以及西方哲学史）为根据，但他对科学的关注是手段而不是目的。布兰斯维克的目标是要理解理性是怎样促进人类经验的，而且在这样做时，理性是如何随时间流逝而愈加意识到自身的。因为同梅耶松一样，布兰斯维克认为，科学史记录了运用中的人类理性的力量与行为的一些最美好的事例，对科学史的分析会有助于达到他理解理性及其作用的目的。也同梅耶松一样，布兰斯维克认为心灵本身对我们最终所知的世界作出了意义重大的贡献："实证科学从心灵走向物质，而不是从物质走向心灵。"（Brunschvicg 1931：144）然而他的唯心主义并不是纯粹无杂的；知识终归是心灵和物质在本质上辩证的相互作用中共同合作的产物。最重要的是，布兰斯维克把科学看成是一个动态的过程，一个无限制的创造活动，它不仅展现了心灵的思辨自由，而且确保人的实践自由。

布兰斯维克关于科学理论化和科学解释的思想并不那么引人注目。一个假设或解释恰在它是可理解的情况下才是真的。随着时间的流逝，科学推理与物质之间的辩证法"使思想越来越接近于实在"（Brunschvicg 1905：12）。显然，不仅布兰斯维克思想中的某些特定学说，而且他的思想精神，在两次大战之间的时期都有影响。最后，从1909年至1939年，他在巴黎大学任普通哲学教授30年。特别受他影响的一位科学哲学家是加斯东·巴舍拉尔。

巴舍拉尔（Gaston Bachelard，1884—1962）是一个大器完成的人：他在工作经历的开始时是一个邮递员；后来于1913年，他获得了教学资格证书，讲授中学科学课 14 年。后来，他于 1927 年获得博士学位，1930 年成为第戎大学的哲学教授。他作为科学教师的经历直接影响到他的科学哲学。当他从事教学的时候，教育部对科学方面讲授什么，如何讲授，有极严格的控制。这些约束特别推进了一种无本体论的实证主义："人们得到指示不要说'原子'这个词。人们总是思考这个词；但人们不能谈论它。有些作家……提出了一个原子论学说简史，但总是以完全实证主义的解说为依据的。"（Bachelard 1933：93）对巴舍拉尔来说，这是完全错误的："实际情况是，如梅耶松所证明的那样，科学通常都假定了一个实在"（Bachelard 1969：13；Jones 1991：24）。而除了通常对认知者的关注，以及对科学史的根据的一致意见以外，这就是巴舍拉尔哲学与他的老同事梅耶松的哲学相一致的少数观点之一。

从布兰斯维克那里，巴舍拉尔得到了科学推理的任务没有止境的思想。他特别耐人寻味地传达了这个概念："科学家在傍晚时带着心中的一份工作计划离开实验室，他表达了这样一个每日都要重复的信念，来结束这个工作日：'明天，我将知道'。"（Bachelard 1973：177；Jones 1991：59）巴拉舍尔的博士论文的题目是《论近似的知识》（*Essai sur la connaissance approchée*, 1969）；这个题目包含着（至少在法文中）知识是近似的这样的知识概念，知识"只是作为一个极限而被接近的"，甚至也许是"在构建中"的。而且，这个思想的根源也是在布兰斯维克那里发现的：知识是由心灵与世界之间的相互作用而产生的一个产物、一个综合。虽然巴舍拉尔本人没有用"辩证的"这个词来指这种相互作用，但布兰斯维克则不会这样犹豫不决，我们也不会：知识是被两种强制性的、尽管矛盾的驱动力："理性主义"和"实在论"产生出来的。在实践中，这两种形而上学十分简单明了地表现出来："如果科学活动是实验性的，那么，推理就将是必不可少的；如果科学活动是理性的，那么，实验就将是必不可少的。"（Bachelard 1973：7；Jones 1991：48）显然，这里涉及的是在产生知识的过程中心灵与物质之间的相互作用。但相互作用性不是等同：最终，至少在后爱因斯坦科学中，与以实验为基础的实在的物

【612】

理相比，数学的合理性将证明是最有意义的：

> 以某种形状、形式或函数表现的数学实在论，或迟或早将要出现，并将思想体现出来，使它成为心理学上永恒不变的……在此如同在任何别的地方一样，揭示出主观与客观的二元论。（Bachelard 1973：8；jones 1991：49；黑体是原来的）

这段话表明了将巴舍拉尔与梅耶松区分开来的两个重要方面。首先，巴舍拉尔认为，爱因斯坦的相对论代表了与早先理论的非常重大的分歧——主要因为它将数学思维的本体创造力提高到一个前所未有的水平——以致它要求科学哲学中有一个"中断"（=断裂），一个古典与现代的断裂。相反，梅耶松则论证说，相对论实际上代表了古典力学的胜利。两位思想家进行了卷帙浩繁的论战：梅耶松的书是《相对论的演绎》（*La Déduction relativiste*，1925），巴舍拉尔的书是《相对论的归纳价值》（*La Valeur inductive de la relativeité*，1929）。在各自的书名中，梅耶松的"演绎"与巴舍拉尔的"归纳"形成鲜明的对立：巴舍拉尔追随爱因斯坦，认为一切将演绎逻辑用于科学解释的尝试都是无益的。而梅耶松则认为正相反。

将两个人区分开来的第二个问题是直接随第一个而来的。根据梅耶松所说，科学推理——尤其是科学的解释——与普通日常事务中的推理在种类上并无不同。理性活动在过去、现在和将来永远是同样的。巴舍拉尔断然否认这一点。因为后相对论科学思维以全新的方式将世界数学化，而重新数学化了的世界又回过头来影响思维器官，重新塑造它；这样一来，新的解释的实现造成了心理上的"永恒"变化，造成了思维方式本身的认识论断裂（Bachelard 1973：59）。由此得出，一般的科学思维，及特殊的科学解释，与它过去曾经的情况是不同的；最特别的是，它已不是、也不可能再是演绎的。

【613】　甚至由这里的简短讨论也显然可见，这些法国思想家在整个20世纪都有巨大影响。如库恩本人所承认，梅耶松的历史研究方法加上他关于科学理论和科学解释必然包含本体论的结论，被他原封不动地

接受下来。布兰斯维克和巴舍拉尔也采取了历史的研究方法，在梅耶松的以思想者为中心的唯心主义上增加了建构科学知识的无限制"设计"的概念。这后一个观点现在，即60年以后，是20世纪末科学研究的主要论题之一。显然，这些法国因果论者具有远远超出他们自己时代的影响。不过，法国并不是独自享有原因解释的支持者的国家。

四 诺曼·坎贝尔

诺曼·坎贝尔（Norman Campbell，1880—1949）是英国物理学家，他在对自己的实践进行深刻反思之后，发展和提出了一种有影响的科学哲学。同梅耶松一样，他认为科学中的解释与普通生活中的解释相近；而且，同样与梅耶松相似，他认为解释必然涉及原因：即对象、对象的性质和相互作用。最后，针对实证主义者，而且肯定特别针对马赫，他写道："如果有任何人认为科学的任务是以发现规律来完成的，那么，我无法理解他如何能对科学有任何兴趣。"（Campbell 1921：89）

当然，规律是科学理论的组成部分。但坎贝尔认为它们不是重要的部分；其实，发现规律的人几乎无一例外地"声称自己不是科学天才"（Campbell 1921：92）。另一方面，每一重要的解释理论"都是与这样某个人联系在一起的，他的科学工作除了该理论之外仍引人注意"，这不是因为有别的重要发现，就是因为他们的"工作极其出类拔萃"（Campbell 1921：92）。解释通过将不熟悉的东西还原为"熟悉的东西"而有效（Campbell 1921：77）。当我们将不熟悉系统中的对象、性质或相互作用与熟悉系统中的对象、性质或相互作用做类比，还原就发生了：

> 由一个理论提供的解释……永远根据于类比，类比所依照的系统永远是其规律已知的一个系统。（Campbell 1921：96）

而且,熟悉的系统"永远是构成"科学所研究的"外部世界组成部分的系统之一"(Campbell 1921:96)。因此,类比不可避免地要断言在外部世界中什么东西存在。

【614】　坎贝尔的典型例子与气体有关。气体的变化规律——波义耳定律和盖—吕萨克定律是他的例证——是众所周知的。但是使这些定律成为可理解的,对之提供解释的,是气体动力学理论:"一气体由许许多多极小的被称作原子的微粒组成,它们向各个方向飞散,互相碰撞,与容器壁碰撞……等等。"(Campbell 1921:81)两个定律所描述的现象——譬如,压力现象——是根据分子的运动和相互作用来解释的。但这个解释之所以成功的理由,仅仅在于分子的运动与通常世界中的运动相似这一事实:

> 固体运动的变化是每个人都熟悉的;每个人都大致知道这样的固体互相碰撞或与固体墙碰撞时会有什么情况发生……运动恰恰是世界中我们最熟悉的事情……因此,通过依样描述气体的温度或体积发生改变时气体所经历的我们不熟悉的变化,与伴随固体的运动和相互反应的我们极为熟悉的变化之间的关系,我们就使前者更易于理解;我们就是在解释它们。(Campbell 1921:84)

坎贝尔是我们所提到的1915年至1945年间最后一位原因解释的倡导者。现在我们转而考察这场争论的另一方,考察这样一些人的观点——这些人论证说,科学的解释是通过对规律的运用而提出来的,这些哲学家被称作实证主义者。

五　实证主义

实证主义开始时是一场改革运动,是从哲学上拯救难以捉摸的科学的一次尝试(Gale 1984:491)。有两个人的名字与实证主义的起源特别有关,他们是法国数学家和社会科学家奥古斯特·孔德,德国物理学家厄恩斯特·马赫。如同一切改革运动所必定包含的那样,实证主义既包含对已察觉到的弊病的抨击，也包含宣布正确前进道路的宣言。实证主义的抨击集中在当时科学的形而上学倾向上。像原子论那样的解释性假设，在马赫看来尤其是能量假设、绝对时空假设等，都被当成是思辨过度，是对永远隐藏着的实在结构的无法证实的假定。根据实证主义的观点，因果解释带来的问题是，这些解释往往是错误的，一旦新的理论被提出来，旧的假设就必须连同相信这些假设的科学家的承诺一起被抛弃。一个主要的适例是化学中的拉瓦锡革命，在革命中，实体"燃素"不复存在，只是被实体"氧气"所取代。按实证主义者所说，科学完全没有必要与这样的虚幻的东西牵涉在一起。【615】

科学应当做的事情是坚持其"实证的"（实证科学由此而得名）贡献：提供确切证实的规律，这些规律即使经过拉瓦锡那样激烈的革命也保持恒定不变。而且，按实证主义者所说，规律满足了科学最重要的目标，即满足了科学对未来事件的过程提供预见、预言的功利主义承诺。虽然取消原因的解释会使人类追求理智满足的欲望——按梅耶松、巴舍拉尔等人所说，这是科学的目标——达不到，但规律的解释及其带来的预见却是一个稳妥而明显可以满足的目标。

为规律解释和预见的可靠性提供基础的是彻底的经验主义，是从科学中排除一切不能以某种方式与明显感觉到的东西相联系的见解、概念和词语的承诺。因而，根据休谟的观点，为了使一个词毕竟有些意义，它必须与某个可观察的东西联系起来。例如，"气体的压力"可以与感到的气球的弹性相联系，或许也可以与气压计上看到的读数相联系。而既然"一个原子"提供不出这种经验上可观察到的伴随现象，那么，"一个原子"这个术语就根本没有意义；因此这个概念及其词语表达就应当从科学中抛弃。最终追求的目标是用有意义的术语、即与经验观察有直接联系的术语，重新对一切科学理论做系统阐述。与此同时清除一切无意义的术语，即所有那些像"原子"、"能量"、"绝对时空"之类的术语，这些术语涉及隐藏的、要不然就是经验观察不到的东西。

两位法国思想家为实证主义传统补充了重要的元素。他们是物理学家亨利·彭加勒和比埃尔·杜恒。在这两人看来,唯一可接受的理论是严格的数学理论;如彭加勒所指出,这是因为理论的唯一目的"是对我们借经验所知的物理规律做出协调,但若没有数学之助,我们甚至无法陈述这些规律"(Poincaré 1989:1)。梅耶松评论说,杜恒"以同样的方式断言,数学理论不是解释,而是一个数学命题的系统;它对规律进行分类"(Meyerson 1962:52)。杜恒是真正天才的物理学史家;他非常清楚地知道,"我们将现代物理学归功于几位天才,这些天才是出于对自然现象提出解释的愿望而构建他们的理论的"(Duhem 1906:46)。然而,如梅耶松所说,杜恒"自己的想法与这种思维方式正相反"(Meyerson 1908 [1930]:53)。虽然杜恒是彻底以他所讨论的主题的历史为根据的,但他对此全然不顾,勇敢坚定地拒斥形而上学,对后来的实证主义者起到了鼓舞作用。

彭加勒的贡献更直接。虽然他和杜恒都严格承诺坚持物理学中的数学化理论,正如他们之前马赫所做的那样,但若认真考察,这个承诺代表了对他们自己同样严格的经验主义信念的尖锐挑战。虽然"气体压力"和"气体体积"的概念可以通过经验观察来兑现,但对于比方说气体的压力与给定的气体容器的容积相乘,在压力与容积各自变化时乘积不变的波义耳定律,我们能如何理解其中包含的数学运算呢?也就是说,对于定律 $p_1 \times v_1 = p_2 \times v_2$ 中的"×"和"=",如何理解呢?至少乍看起来,乘号和等号并不表示任何真正经验上的东西。

彭加勒对这个难题做了非常合乎情理的回答。他提出,数学运算与物理学家的行为有关;即物理学家通过约定俗成最终同意将乘法和相等用作运用波义耳定律情况下的程序。因此,假如一个人观察一位物理学家运用波义耳定律,他就会观察到这位物理学家测量气体的压力,接着测量气体的体积,然后将测量的结果相乘。物理学家"将测量结果相乘"恰恰同他们"测量容积"一样是经验上可观察的。这种约定主义的分析被推广到一切数学运算;如我们将看到的那样,它甚至适用于一切形式操作,包括形式逻辑的操作。

彭加勒的解决办法变成了实证主义观点永久的组成部分。不过,大约在同时，在英国，与实证主义的发展有同等意义的发展正在出现。这里我当然是指罗素和怀特海的符号逻辑的发展（Whitehead and Russell，1910—1913）。

六　用逻辑补充实证主义

从哲学上关注将逻辑方法用于科学思维是一项古老而光荣的事业。正是亚里士多德本人确定了演绎逻辑结构是任何自称为"科学的"学科的必要条件。笛卡尔和莱布尼茨在现代科学的初期阶段重申了这个要求。但这些方案没有一个完全成功。这里所缺少的是一个足够丰富的、强大的、精确的逻辑工具。由日常语言的句法和语义中产生的演绎三段论恰恰不能胜任把握科学语言丰富性的工作。怀特海和罗素的符号逻辑的公理系统、量词逻辑和同一性谓词，使得第一次【617】可以得到这样一种语言，它似乎为允许实证主义者十分渴望的经验主义的重新阐述提供了可能。于是，实证主义者就变成了"逻辑的"实证主义者（或在某些阵营中，出于各种明显的理由，成为"逻辑的"经验主义者）。

鲁道夫·卡尔纳普在他1928年的《世界的逻辑构造》中提出了对逻辑实证主义的第一个成熟的说明。卡尔纳普忠实于马赫的经验主义，把"可还原性"（Zurückführbarkeit, or reduceibility），即一个概念用别的概念来再阐述所经过的过程，作为他的中心概念来使用。一个概念 x 被说成是**能还原**为一组概念 y，如果与 x 有关的所有句子都可以不失其真地用与属于 y 的概念有关的句子再阐述。这种再阐述是根据一个"构成定义"（constitutional definition）来进行的，"构成定义"的一方面最终——也许通过更多的再阐述——与一个"基础"，即一组基础对象联系着。对于卡尔纳普来说，在仍然接近和忠实于马赫感觉主义的这一发展阶段上，基础对象是内心对象：即某种经验。在再阐述的过程中，概念的数目，概念的种类的数目，被大大还原了，因而最后的产物，即基础的概念，既是最简单的，也是数目上最少的。

卡尔纳普的基础概念通过将其转换为关于内心经验的陈述而获得意义。虽然这个过程确实满足了大多数经验主义的意义标准（包括卡尔纳普所使用的、他所谓的"维特根斯坦的可证实性原理"的那个标准），但却不能使卡尔纳普的维也纳学派同事满意，尤其是彻底的物理主义者奥托·纽拉特。经过某种争论之后，纽拉特使卡尔纳普确信，基础概念应当用物理主义的术语来定义，即参照对确定的时—空场所中发生的事件的量化描述来定义。纽拉特偏爱这种物理主义的语言，因为它顾及了观察者们对相关事件的发生或不发生的一致意见（Neurath 1932）。而且，因为该语言将物理学事件符号化了，所以它能用于把握可能还原为物理学的其他一切科学。因而，比方说，化学或生物学理论就可以根据物理主义的基础概念来阐述。如果充分贯彻物理主义的基础，那么，它就会一劳永逸地实现一切拥护规律解释的经验主义者长期追求的目标，即从科学中清除由原因解释者所假设的过分形而上学的东西。卡尔纳普在"通过语言的逻辑分析消除形而上学"（Überwindung der Metaphysik durch logische Analyse der Sprache）（Carnap 1932）一文中适时地宣布了这一点已经大功告成。

【618】　　诺贝尔奖获得者美国物理学家 W. 布里奇曼又给了物理主义的经验主义以最后一点鼓励。布里奇曼认为，爱因斯坦发现相对论的辉煌成就不是通过揭示事实，或通过表明关于自然的某种新东西而达到的。毋宁说，爱因斯坦的发现显著强调了可靠的概念分析的价值：按布里奇曼所说，在对当时流行的时间概念以及测量时间所用的操作进行分析之后，爱因斯坦看出通常理解的时间概念是有严重缺陷的（Bridgman 1936）。

　　譬如，爱因斯坦看到，没有任何可能的办法测量两个空间上分离的事件是否同时发生。因此，"发生的同时性"是不能根据测量操作而赋予其意义的时间概念。但因为这个概念正是牛顿理论的根本概念，所以爱因斯坦的分析表明牛顿的理论是有根本缺陷的，需要被取代。根据这个事例，布里奇曼强烈主张从物理学中清除不能根据真正的物理学家所进行的操作、实际测量来定义的一切概念。

　　这里的经验主义倾向，更不用说它的实证主义改革精神，不会不受到注意。虽然不是所有的逻辑实证主义者都接受布里奇曼的修正，但很多人都接受了。而且，心理学家（如斯金纳）和语言学家（如布卢姆菲尔德）都呼吁操作主义的改革。由于布里奇曼的贡献，逻辑实证主义最终可以提出它关于科学理论的看法的经典阐述。它看上去如下：

一个理论是用符号语言阐述的公理化演绎系统，它有如下要素：

1. 这个理论是用带有等式的一阶数理逻辑 L 阐述的。
2. L 的非逻辑项或常项被分为三个被称作词汇（vocabularies）的不相交的类：
   a. 由逻辑和数学常项组成的**逻辑词汇**。
   b. 包含观察词项的**观察词汇** V_o。
   c. 包含理论词项的**理论词汇** V_T。
3. V_o 中的词项被解释为指称可直接观察的物理对象，或指称可直接观察的物理对象的属性。
4. 有一组理论假定 T，它们仅有的非逻辑项都来自 V_T。
5. 根据对应规则 C（corrspondence rules C）——即，对于 V_T 中的每一词项"F"，都必定有它的一个具有"$(\forall x)(F_x \equiv O_x)$"形式的定义，这里的"$O_x$"是只包含来自 V_o 的符号，也可以包含逻辑词汇的 L 的一个表达式——V_T 中的词项被赋予以 V_o 词项表述的显定义（explicit definition）。

（但必须记住，实证主义对理论的看法的各个方面，从其 1928 年发表的第一刻起，就几乎不断在变化；大多数变化与第 2 条和第 5 条有关，尤其在其内容涉及条件句逻辑之处）

【619】

这种探讨方法用于金属理论的例子可以看似如下：

观察词汇，V_o：
导电，是延展的；膨胀，是加热了的
理论词汇，V_t：

是一金属

根据第 5 条，于是，依对应规则引入谓词"是一金属"，在此例中：

(∀x)［x 是一金属 ≡（x 是延展的，并且，x 导电）］

即，金属是延展的、导电的东西。自然规律大抵就是理论假定（有些情况下是理论的公理或定理）。下式可以被当作自然规律的一个似乎合理的例子：

(∀x)［（x 是一金属，并且，x 是加热了的）→ x 膨胀］

即金属加热时膨胀。

七 预言、解释和覆盖律模型

如前面提到，规律解释者通常将预言作为科学的目标。逻辑实证主义者大都同意这个观点，但有非常有趣的变化。逻辑实证主义对解释的说明是深藏在刚才所说它对理论和规律的看法中的，其特征之一是解释和预言的对称。根据这个看法，解释和预言有完全同样的逻辑形式，但时间标志是相反的。因此，解释是对过去的"预言"（有时称为"倒推"），预言是对将来的"解释"！既适用于解释、又适用于预言的单独的逻辑形式，是这个学说的核心；为此，让我们考察解释的逻辑形式。

在下面的陈述中，L 代表一合适的规律；C 代表初始（事实的）条件。一个解释的形式是：

$$\frac{L_1, \cdots, L_n, C_1, \cdots, C_n}{E} \quad \begin{array}{l}（解释项）\\（被解释项）\end{array}$$

于是，规律与初始条件一起——"解释项"——在逻辑上充分蕴含被解释项，即需要被解释的现象。规律被用于"覆盖"需要解释的【620】一切事例，解释的"覆盖律模型"即以此而得名。下面是一个简单的例子：

现象/疑问："为什么铜币（p）被加热时膨胀？"
解释项：
规律：$(\forall x)[(x$ 是一金属，并且，x 被加热$) \to x$ 膨胀$]$
条件：p 是一金属，并且，p 被加热
被解释项：
p 膨胀

显然，这样的解释起着演绎证明的作用。在证明一预言的正当性时，可以得到完全同样的形式，只是初始疑问和动词时态不同：

疑问：如果我给这枚铜币加热，会出现什么情况？
预言：假设这枚铜币是金属，那么，如果它被加热，就会膨胀。

应当注意，这里给出的说明，是任何特定的逻辑实证主义思想家都没这样提出过的，尤其在逻辑符号的表达上。不过，鉴于这些思想家中许多人在这一模型 25 年历史的各不同时期所做的陈述、评论和论证，他们也很难提出与这里所述有实质不同的说明。

八 结论

在第二次世界大战期间简短的中断之后，科学哲学家重新致力于科学解释问题。英语社会的人大都把自己算作**墨守法规者**之列，尤其在美国，特别把自己当作逻辑的—经验的—实证主义者。但来自**原因论者**（causalistes）的反对并未完全消失。至 20 世纪 60 年代，解释的

法规主义模型受到既来自内部也来自外部的严厉抨击。例如，阿尔（Harré）和赫西（Hesse）延续了梅耶松—坎贝尔的传统，强调类比和模型（伴有因果本体论）的作用。实际上，赫西的《科学中的模型与类比》(*Models and Analogies in Science*, 1966) 一书中的对话描绘了一位反对因果论者的墨守法规主义者的特征，后者被称作"杜恒主义者"，前者很自然被称作"坎贝尔主义者"。库恩明确参照梅耶松，用历史的方法反对实证主义者的逻辑观点及其毁灭性的结果。

最后，也许令人惊讶的是，整个20世纪关于科学解释的哲学论战的议程，实际上在法国是经过1908年彭加勒和杜恒（墨守法规主义者）与梅耶松（因果论者）之间的争论确定下来的。就实际情况来说，随后92年的哲学论战很多都是这场争论的注解。

乔治·盖尔

第五十章

概率论思维的兴起

一 19世纪科学中的概率

直至19世纪下半叶后很久,人们仍认为偏差就是对理想值的背离。这在阿道夫·奎特勒(Adolphe Quetelet)的"社会物理学"中是很明显的,在那里,理想的东西是由"平均人"(average man)的概念表示的。在天文观察中,即这一思想方式背后的模型中,据认为存在着观察的真实值,实际值由于微小反常原因的存在而偏离真实值。在数学误差论中,人们可以证明,许多微小的、互无关联的误差形成围绕真实值的常见的钟形正态曲线。但如果这些观察包含一个系统的误差,它就可以被识别出来,其结果则被排除。关于社会的各种数据都被收入公共的国家档案中("统计学"statistics一词即由此而来),显示出年复一年令人惊异的统计稳定性。这种稳定性,如在刑事档案中那样,被说成是全部大量自由个体行为的近乎于决定论的结果(要研究这些发展,请参见 Krüger et al 1987)。

大约在1860年,物理学家詹姆斯·克拉克·麦克斯韦从理论上确定了气体分子速度的正态高斯分布律。这个发现后来导致了路德维希·玻尔兹曼和乔赛亚·威拉德·西伯斯(Josiah Willard Cibbs)著作中的统计力学。这里没有任何真实的未知值,只有不可还原为外部误差效应的真正偏差。经典物理学的世界观认为,物质的一切运动都遵循牛顿力学的决定论规律。因此,整个19世纪下半叶以及进入20世纪后很久,人们都论证说,在统计物理学的根据中存在内在矛盾。尤其是,经典力学是**时间可逆的**(time reversible),是时间对称的,而统计物理学中的过程表现出向能量平衡、向最大熵状态的单向逼近。众所周知的麦克斯韦"妖"是一个通俗的例证,它证明了对热力学第二定律的新的统计解释:向热平衡的逼近完全是**概率**的,而不是严格必然的。

【622】　麦克斯韦在关于意志自由的讲演(1873)中,露骨地暗示了原子世界可能不服从力学规律的激进思想。玻尔兹曼把科学理论看成是有用的模型,因此他不大受作为形而上学学说的力学的约束,而且早在19世纪70年代初,他就把物理系统的状态看成是根据概率分布来完整**描述**的。不过,这样的观点是一些例外。普遍的概率论概念和方法过去往往只用于得到实践结果,而不大关心它们的哲学含义。明确提出概率论思想的领域是达尔文的进化论,因而达尔文的进化论受到玻尔兹曼的热情欢迎。一个种群的生物特征随时间而变化是统计现象,在此现象中,一个个体的随机命运通常影响很小。

二　古典概率与统计概率

对概率的**古典解释**是以如下思想为基础的:有限数目 n 个"同样可能的"选项,各自得到数值为 $1/n$ 的概率。在靠运气取胜的游戏中,这是非常自然而然的概念,也正是古典概率演算的起源。若已知诸均匀简单选项的概率,那么,这个演算的任务就是计算更复杂结果的概率,诸如两个骰子掷10次,至少得到一次双6点的概率等。

人们发现,要普遍地陈述均匀元素选项的原理是非常困难的。均匀性反而像是与情境描述有关的性质。而且,几乎没有理由认为赌具之类的东西是绝对均匀的:作为宏观对象,它们不是完美无缺的,完全的均匀也许只能在微观物理世界中找到,在那里,一既定种类的粒子恰与该种类的另一粒子相似(实际上,这是古典概率在今天的科学运用)。来自社会的实际数据表明,从未发现完全的均匀性。男女孩的出生率不同,实际所用的骰子投出六点的频率不同,等等。(一位叫沃尔夫(Wolff)的人于19世纪90年代大约投了20000次骰子,发现有很大的差异,据推测是由于骰子的质地不均匀所致)

第五十章 概率论思维的兴起

于是,一个关于新的概率概念,即**统计概率**(statistical probability)概念的思想慢慢浮现出来。作为一个概念,统计概率不像古典概率那么直接,因为它是一个理论概念,是恒定条件下的重复次数趋于无穷时观察到的相对频率的理想极限。在符号记法中,设 $n(A)$ 代表在 n 次重复中事件 A 发生的次数。那么,相对频率是 $n(A)/n$,即 0 和 1 之间的一个数。与概率相加的方式相同,相对频率也是**相加的**:如果两个事件 A 和 B 不能同时发生,那么,不是 A 就是 B 发生的概率是两事件各自概率之和。例如,一个人不可能在一次掷骰中得到 5 点和 6 点,那么,得到 5 点或 6 点的概率就是得到 5 点或 6 点的各自概率之和。相对频率有同样的加法性质。不过,概率被认为是恒定的,即使它的精确值仍然未知,而相对频率则随着重复的增加而变化。【623】

自从约 1700 年贝努利(Bernoulli)时起,旨在跨越概率值与观察到的相对频率值之间鸿沟的**大数律**证明就已经被提出来了。贝努利的答案说,如果重复的次数足够多的话,观察到概率与相对频率之差大于任何小的规定数的概率,可以想要多小就达到多小。因而,不严格地说,在长长一系列重复中,人们将极有可能发现相对频率非常接近于理论概率值。

这里所说时期的统计概率或**频率论概率**的主要代表人物是理查德·冯·米泽斯(Richard von Mises)和汉斯·莱辛巴赫。冯·米泽斯是一位应用数学家和接近于维也纳学派和科学统一运动的逻辑实证主义者。科学理论应当引出经验上可证实的结论,可是在处理大量微粒的统计物理学系统中,个别微粒遵循力学决定论运动规律的假设,却缺乏这样的经验意义。大约在 1920 年,冯·米泽斯不以任何决定论力学为根据,系统阐述了统计物理学的纯概率主义构想。因此,与其说这个构想是一种形而上学观,不如说是由科学方法论产生的一种非决定论。同时,冯·米泽斯发展了一种处理统计概率的数学方法,还撰写了对它的哲学说明(1928),作为维也纳学派的丛书《科学的世界观著作集》(*Schriften zur wissenschaftlichen Weltauffassung*)的第三卷发表。

冯·米泽斯的观点代表了一种**有限相对频率解释**，在这里，概率被确定为不断增加的一系列重复的理论极限，其确切值是不知的。作为经验论者，他需要说明概率陈述的经验的有限意义是什么。冯·米泽斯将概率陈述与科学中别的理论理想化，如将质量当作一个精确实数那样的理想化相比较。他将整个概率论看成是自然科学的一个分支，处理的是"大量的现象"（mass phenomena）。哲学家汉斯·莱辛巴赫则更明确地说到了具有证实和操作内容的逻辑经验主义标准对理论概念的限制。他提出，观察到的相对频率是对概率的得体的估计（统计估计和统计检验理论就是在那时活跃发展起来的）。

【624】　莱辛巴赫在概率基础领域中的主要著作是1935年的《概率论》（*Wahrscheinlichkeitslehre*）。他以1915年的博士论文开始其哲学生涯，这篇论文对前数十年有关概率的大部分现存哲学文献做了评论。那个时期最有影响的贡献也许是约翰内斯·冯·克里斯（Johannes von Kries）的著作（1886）。那时有重要概率论思想的其他哲学家有"第一位非决定论者"古斯塔夫·特奥多尔·费希纳（见 Heidelberger 1987），英语世界的有 C. S. 皮尔士。但对于概率论的发展，在具有实质影响的基础的、哲学的工作方面，他们仍然是很次要的思想家。大约在19、20世纪之交，占统治地位的观念仍然是：概率与关于一个决定论世界的真实过程的知识有关，或更确切地说，与缺少这样的知识有关。这是拉普拉斯（Laplas）对机械钟表式宇宙中的概率的陈旧解释。彭加勒（Poincaré 1912）等有影响的思想家的著作，包含这种认识的概率概念和**客观的**概率概念的混合物，前者与知识有关，后者与客观可确定的统计频率有关，或与能够对概率论定律的形式和现象做出解释的某种理论说明有关。

三　现代数学概率的主要特征

20世纪初，概率论问题与成果逐渐开始出现在纯数学中。第一个值得注意的此类成果是博雷尔（Borel）的强大数律。贝努利的大数律只叙述了相对频率与概率的接近，而博雷尔的强大数律是关于无穷系列的实际极限的强无穷主义的结果。运用由他自己和亨利·勒贝格（Henri Lebesgue）发展起来的现代测度论（measure theory），他表明，在无限重复的空间中，那些不显示同样相对频率极限的系列具有"测度零点"（measure zero）。测度是相对数和相对比例（例如长度、面积、体积）的理论普遍化。例如，有理数有测度零点，因为它们可以被诸区间的可数无穷集合所覆盖，这些区间的总长度可以做得任意小。强大数律被用于算术序列问题，诸如十进制展开式等，但它的真正性质最初并不是每个人都清楚的。据认为要获得如何能侥幸发现序列中"由数学规律所确定的"位次的概率论结论是自相矛盾的。博雷尔本人认为，概率论只能将一种概率转换为另一种概率，而且在他的答案背后有一个隐藏的概率论假设。

仿照大卫·希尔伯特将基础几何公理化的先例（1899），安德烈·柯尔莫哥洛夫（Andrei Kolmogorov 1933）对概率做了抽象的数学阐述。它以两个数学理论为基础：第一，概率论所谈论的事件被表述为集合，事件的组合被表述为对这些集合的运算。于是，用"事件 A 或事件 B 发生"表示的组合事件，被表述为代表 A 的集合与代表 B 的集合的集合论的并。对数学理论的集合论概念化已经成为老生常谈，以致柯尔莫哥洛夫的公理化的这个至关重要的特征在大多数论述中都未被注意，尽管在他自己的著作中并非如此。第二个数学理论是测度论。常言道，概率是"规范化的、可数相加的测度"。通俗地说，这句话的意思是，概率是 0 和 1 之间的数，且概率是相加的，而且这个相加扩展到可数无穷。在有穷的情况下，往往由概率论者提出旨在回答"什么是概率？"问题的测度论描述，将集合论词汇添加到古典理论上，而且仅此而已。尤其是这样一个回答没有说明概率的应用问题。【625】

因此，测度论的运用并没有避免概率的解释问题，它只是将这个问题隐藏在数学的细节背后了。测度论概率非常小心地将机会或随机概念嵌入"随机变量"的概念之中。这些随机变量是依一切可能结果的空间而变的数值函数。这里的思想是，机会决定这些函数的自变数，而对于概率数学而言，需要考虑的只是这些函数的数学形式。柯尔莫哥洛夫认为他对随机变量的描述是他的论述中的本质新颖之处。实际上，根据集合论和测度论来使概率形式化的尝试早已有之。在更技术性的层面上，柯尔莫哥洛夫的著作的两个主要新颖之处，以及测度论概率为何变成如此强大工具的理由，乃在于对**条件概率**和**随机过程**的处理。这两者都与统计物理学问题的数学处理有深刻联系，而且它们实际上都是由柯尔莫哥洛夫的那些问题引起的。

在柯尔莫哥洛夫做出决定性贡献之后，概率论者很少注意基本的哲学问题，以致从这些问题的观点看，我们可以认为柯尔莫哥洛夫的公理化是一个时代的**结束**，而不是开始。在他的著作中，柯尔莫哥洛夫说，在解释的问题上他遵循冯·米泽斯的频率论观点。很久以后，他写道，解释的问题在那本书中不突出，因为他无法对该理论的应用问题做出回答。但我们也可以猜想，他不愿意做出哲学承诺，是要提防 20 世纪 30 年代官方的苏维埃—马克思主义哲学，这种哲学是不能容忍对自然中的机会做任何形而上学承诺的 19 世纪德国机械唯物主义的残余。在更普遍的层面上，柯尔莫哥洛夫认为，这个新的无穷主义的概率数学与数学其他领域中的无穷主义概念有同样意义。按希尔伯特所说，数学中的无穷只是用来对有穷做结论的有力工具。不过，这个观念已经被众所周知的哥德尔不完全性定理严重摧毁了。

四 量子现象的作用

量子力学的非决定论渗透在当代关于概率和机会的观念中。已有人提出（见 van Brakel 1985），在 1925 年量子力学出现，1927 年海森伯测不准关系的发现，1928 年对基本量子力学的机会现象即放射性做出解释之前，自 1900 年普朗克的发现以来为人们所知的量子现象，对于科学中接受概率论方法没有起到任何作用。确实值得注意的是，我们可以非常精确地确定，在向现代数学概率论发展的过程中，取得最长足进展的时期是 1925 年至 1933 年，与 1925 年以来量子力学的发展相平行。在杰出的科学主义哲学家中，前量子力学的非决定论者很少：有冯·米泽斯、赫尔曼·外尔和埃尔温·薛定谔，前两人不相信作为自然描述的基本材料的、完全与点相似的实数。最后提到的这位则有点自相矛盾：从玻尔兹曼到埃克斯纳（Exner 1919）的统计物理学的维也纳传统，使他成为一个直言不讳的非决定论者。海森伯的矩阵力学和薛定谔自己的波动力学是量子力学的两个基本阐述，它们的同时发现又使薛定谔在这些思想的戏剧性发展过程中重新成为**决定论者**。

有证据表明，自然界最终的随机性，如放射性现象所表现的那样，甚至在量子力学以前就被认识到了，或至少被考虑到了（见 von Plato 1994）。但现代概率论的数学形式违反了自然现象的离散化这个量子物理学的基本信条。实际上，测度论概率的本质新颖之处在于它对可选项连续空间中条件概率的处理，在于对连续时间中随机过程的处理。但在更有哲学意味的层面上，量子力学的非决定论有助于使对概率论的兴趣合法化，不是把它作为应用科学的一部分，而是作为对自然的科学描述的某些基本特征的理论表述。

【627】

五　概率与知识

在一心一意追求一种观念的过程中，意大利概率论者布鲁诺·德·菲内蒂（Bruno de Finetti）阐发了在 20 世纪哲学上最强有力的概率研究方法。他受该世纪初意大利式的实用主义哲学的影响，受布里奇曼的操作主义及其在爱因斯坦相对论原理中的表现的影响。德·菲内蒂的研究方法最初不大被注意，但自 20 世纪 50 年代以来，它在概率论及其应用的许多方面，在基础哲学工作中，已经变得极为重要了。从 20 世纪 20 年代末起，德·菲内蒂的**主观概率**的基本思想是：概率陈述与知觉资料报告相似：一旦做出概率陈述，它们根据定义就是正确的，而概率就是一个人对他不能确定的事件发生所主观感到的**信念度**(degree of belief)。这个研究路径将关于机会与决定论对立的一切形而上学思辨都作为无意义的掩盖起来。有时德·菲内蒂甚至将主观概率看成是一个理论建构，即一个人在不确定情况下的潜在性情，在赌博之类的情况下可以对它进行操作测量。与这一解释相应，德·菲内蒂（1931）可以用下述定理为概率的形式性质辩护：根据一个人选定的赌率计算出的概率数服从于概率律，当且仅当下赌注方式不会导致必输。这个荷兰赌（Dutch book）论证也由弗兰克·拉姆齐于 1926 年做了概述，发表在他死后出版的《数学的基础及其他逻辑论文》（*The Foundations of Mathematics and other Logical Essays*，1931）中。德·菲内蒂的另一发现是**可交换性**（exchangeability）概念：他不满意在实验安排背后的恒定而不知的统计概率的客观主义概念。通过可交换性，即带有直接直观内容的对称条件，他能够证明，关于"客观不知的概率"的谈论可以还原为有主观意义的概率估计，因而借助数学的成果从事明显的认识还原主义的活动（de Finetti 1937）。

德·菲内蒂的重要性是双重的：譬如，他是概率实证主义思维方式的代表，他使这种思维方式接近于极端的唯心主义。他还是这样一位思想家，他的思想最适合博弈论和决策论等的概率应用，这些领域是在 20 世纪五六十年代发展成熟起来的。而且，从科学推理本质上具有概率论特征这一信念出发，已经发展出"贝叶斯的"科学哲学与方法论的整个领域。哈罗德·杰弗里斯（Harold Jeffreys）以其《概率论》（*Theory of Probability*，1939）一书成为科学推理本质上具有概率论特征这一思想的早期先驱者（在 Howson and Urbach（1989）中可以看到对此的全面讨论）。

【628】　　最后，要清楚地记住，概率主义思维不仅是，甚至首先不是对一种哲学观念的效仿，而是由概率论者和在工作中运用概率和统计方法的人天天都在从事的一门艺术。从这种观点出发的最佳读物是费勒（Feller）的经典之作《概率论及其应用引论》（*An Introductio to Probability Theory and Its Applications*，1968）。

扬·冯·普拉托

第十二篇

心灵及其在自然中的位置

第五十一章

活力论与突现

尽管活力论可以追溯到古希腊（亚里士多德的《论灵魂》是一部活力论著作），但现代活力论却是作为拒斥笛卡尔关于动植物乃至有生命的人体都是各种机器的机械论观点而产生的。像乔治·厄恩斯特·斯塔尔（Georg Ernest Stahl）那样的早期现代活力论者强调，将生物与非生物区分开来的是，前者包含负责给身体以生命的不可还原的成分。不论怎样，至19世纪开始时，许多研究者都效仿安东尼·洛朗·拉瓦锡的榜样，将新的化学理论用于生理学。而活力论者与机械论者之间的争论则集中在是否能对新陈代谢、呼吸、发酵之类的生命行为做出化学说明上（Asimov 1964）。许多活力论者证明，对这些生命行为的说明需要发现基本的生命力，而机械论者则证明，不存在任何基本的生命力，而且有机过程与无机过程只是在复杂性上不同（见Bechtel and Richardson 1993 and 1998）。至19世纪结束时，机械论在新陈代谢、呼吸、发酵的战线上似乎正在赢得胜利。不过，活力论已经开始了强有力的复苏。在19世纪的后20年，生物学家开始研究有机体发育调节过程的基础机制。汉斯·杜里舒（Hans Driesch，1867—1941）是这个实验胚胎学新领域的创立者之一，他的工作对于激励一个对活力论有强烈兴趣、一直延续到20世纪30年代的新时期起了主要作用。

一　汉斯·杜里舒

在早期著作中，杜里舒是机械论者，最后他终于相信，可以把他对有机体调节过程的实验发现整理起来驳斥机械论。他说，通常与机器和无机物质不同，一个有机体往往针对机能的损伤和破坏独自对自身进行修补和恢复。他论证说，他关于有机体调节的某些实验发现，试图对它们作机械论的解释显然是荒谬，在此意义上，这些实验发现原则上不能做机械论的解释。

他提到的这些经验发现是他做海胆卵实验的结果。他发现，当一个海胆卵最初分裂为两个细胞，如果将这两个细胞分开，每个细胞都将经过各个分裂阶段正常发育起来，最终形成一个海胆，尽管它要比正常海胆的个头小。他还发现，如果一个四细胞海胆胚胎的四个胚节（分裂细胞）中的一个与其他三个胚节分开，它将同它从中分离出来的那个三细胞簇一样，发育成一个完整的有机体（小于正常大小）。在海胆胚胎中，当胚胎由约 800 个细胞构成，即所谓的囊胚阶段时，细胞分裂停止。然后，一个新的发育期开始，在此发育期，各个器官由以生长起来的胚层形成。杜里舒发现，在这个阶段，如果以某种方式将囊胚切割成两半，每一半仍然会各自发育成一个海胆。根据这些实验结果，他断言，每个胚节都有同样的发育潜力，因而每个胚节都可以实现任何其他胚节的功能。因此他将整个有机体称作"一个和谐的等能系统"（an harmonious equipotential system）。他注意到，一个胚节实现何种潜能取决于两个机械论因素：胚节的空间位置和整个系统的大小。但他指出，这些机械因素对于说明发育过程是不够的。他声称，机械作用不是和谐的等能系统，这一事实证明了生物学不受物理学和化学约束的自主性。反之，他强调，对这些结果的最佳解释是：存在着一种生命成分，它通过有选择地"中止"胚胎元素的各种潜能和"解除中止"这种潜能，支配发育过程。借用亚里士多德的术语，他称这个成分是隐德来希（entelechy），尽管他对"隐德来希"的用法与亚里士多德不同。他声称，隐德来希是有机体的非空间成分，它控制有机过程，没有它，有机体的生命就将停止，并最终分解为化学化合物。

由于杜里舒的活力论出自旨在用实验结果来捍卫它的杰出科学家之手，所以它得到极大的尊重，尤其是哲学界的尊重。杜里舒最终离开了胚胎学领域，在莱比锡大学得到哲学教授的职位，在那里他信奉他的"有机体哲学";1907年,他在阿伯丁大学发表了关于"有机体科学与有机体哲学"的吉福德讲演(Driesch 1908)。至1914年,他的观点是国际上热烈讨论的话题,此后20年,他的观点仍然有巨大影响,例如,对J. S. 霍尔丹(J. S. Haldane)的《机械论、生命、人格》(*Mechanism, Life and Personality*, 1923)C. E. M. 乔德(C. E. M. Joad)的《生命的未来》(*The Future of Life*, 1928)都有启发。的确,当曾经聆听过杜里舒1907年吉福德讲演的霍尔丹发表他自己的吉福德讲演时,他拥护杜里舒的有机体哲学。在美国,阿瑟·洛夫乔伊(Arthur O. Lovejoy)批评美国的柏格森主义者误解了杜里舒的著作。而在20世纪30年代,瑞士的生物学哲学家和精神分析学家阿道夫·迈耶(Adolf Meyer)捍卫杜里舒的活力论称号(Rousseau 1992:57—58)。

【633】

当然,杜里舒不是没有批评者。C. D. 布罗德(C. D. Broad,1887—1971)称杜里舒的活力论为"实体活力论"(Substantial Vitalism),他在1923年的塔那讲演(Broad 1925)中评论说:"在我看来,杜里舒的论证至少不是决定性的,甚至是与生物机械论相反的……而即使认为杜里舒已经决定性地反驳了生物机械论,我仍无法看到他的论证有一点点能证明实体活力论的倾向。"(1925:58)1926年,J. C. 斯马茨(J. S. Smuts)拒绝杜里舒的隐德来希假设,其根据是,"这种非机械的动因对机械的肉体的作用仍然是完全不能解释的"(Smuts 1926:172)。同年,俄国哲学家米哈依尔·巴克廷(Mikhail Bahktin)对杜里舒的著作做了真正精彩的批判,他详细说明了为什么杜里舒的论点不能驳倒机械论:虽然杜里舒正确地指出胚节的空间位置和整个系统的大小不足以说明发育过程,但他推断不可能有任何纯化学的解释,则是不合逻辑的。实际上,20世纪30年代初,就已经有了对杜里舒实验结果的化学解释。以约翰·朗斯特罗姆(John Runnstrom)为首的实验胚胎学斯德哥尔摩学派在海胆卵中发现了化学历程,它在海胆卵的上极和下极达到峰值。两极的化学历程之间的平衡可以用来说明胚节调节发育的原因。当海胆卵的两极互相分开,调节过程就完全中断了(M. I. Wolsky and A. A. Wolsky 1992:157—158)。

因此,至杜里舒1941年去世时止,他的实体活力论(用布罗德的术语）在科学或哲学方面已经没有任何影响了。1951年，当厄恩斯特·内格尔（Ernest Nagel）评论说："杜里舒提倡的实体类型的活力论……现在几乎完全是生物学哲学中的一个死问题"，他的话只不过说了那时众所公认的看法。

二 亨利·柏格森

与杜里舒一样，对20世纪初活力论的复兴负有重大责任的另一个人，是法国哲学家亨利·柏格森（Henry Bergson，1859—1941）。他出生于查尔斯·达尔文的《物种的起源》发表的同一年，他在1907年发表的《创造进化论》（*L'Evolution créatrice*）中猜测，在进化过程中有一种生命冲动（élan vital）在起作用。直到约1882年，柏格森一直接受赫伯特·斯宾塞（Herbert Spencer）信奉的机械论。他说他对机械论变心，是由于认识到，物理学不能把握在意识中被经验到的那种他称之为"绵延"（durée）的时间（Burwick and Douglass 1922，p.3）。而且很明显，他最终拒绝赫伯特·斯宾塞把我们看成是有意识的自动机的观点，还因为它伴随副现象论；他反对副现象论，取而代之的是强调生命冲动的根本因果影响和意识的根本因果影响。

[634]

在《创造进化论》中，柏格森既拒绝作为有预定目标的过程的传统进化概念，也拒绝仅仅作为淘汰不适者的机械进化概念。虽然他承认适应性变化的重要作用，但他拒绝这样的机械论观点，即由于对元素的认识和对基本原因的认识，使我们能够对作为这些元素和原因之和、作为它们之结果的生命形式做出预言（1907［1911：35］）；因此，虽然"分析无疑将把有机创造过程分解为数量不断增加的物理—化学现象，当然，化学家和物理学家也将不得不只处理这些现象"，但仍"不能由此得出，化学和物理学将最终给我们提供生命的钥匙"（1907［1911］：36），而这钥匙就是生命冲动。

柏格森只在《创造进化论》的一个脚注中提到一次杜里舒，谈到他的"令人钦佩的研究"（1907［1911］：48）。不过，在紧随这个脚注的下文中，柏格森拒绝各个生命有机体都有自己的生命力的观点，因而隐含地拒绝了杜里舒关于各生命有机体都有自己的隐德来希的观点。柏格森断言："个体本身并不足以独立于他物，并不足以与他物割裂开来，以使我们允许它有自己的'生命力'。"（1907[1911]：48）毋宁说，有一个单独的生命冲动，它以许许多多、各种各样的方式通过整个生命世界表现出来，并推动进化过程。

柏格森断言，生命冲动努力克服生命体形成过程中惰性物质的反抗；实际上，他有时将生命冲动说成是"对惰性物质发生作用的倾向"（1907[1911]：107）。但生命冲动并不像终极目的论者可能断言的那样，努力达到一个预先确定的目的；恰恰相反，它创造性地探索在物质范围内起作用的可能性。它的有些创造是适应的，于是继续存在下去，它的有些创造是不适应的，因而消亡了。柏格森宣称："生命的冲动就在于对创造的需要。它不能绝对地创造，因为它面临着物质，也就是说，面临着与它自己相反的运动。但它利用这个物质，这就是必然性本身，而且它力求将尽可能多的不确定性和自由带入物质。"（1907[1911]：274）关于生命冲动与物质的相互作用，【635】他说："它所发动的运动有时被偏离了，有时被分裂了，而且总是受到阻碍；这个有机的世界的进化就是这种冲突的展开。"（1907[1911]：277）此外，他将意识的进化与生命冲动在对抗物质时的斗争联系起来，他说："直到人为止的全部生命史，已经成为意识努力提升物质的历史，已经成为附靠于意识的物质近乎完全压倒意识的历史。"（1907[1911]：288）因而，生命冲动的创造性冲动在自我意识的人类那里得到了最高表现。

《创造进化论》的影响是巨大的。伯维克（Burwick）和道格拉斯（Douglass）（1992：3）报告说："1909年至1911年期间，仅在英国报业发表的关于柏格森的论文就超过了200篇。"他们进而指出："在美国……反应甚至更加热烈。在那里，柏格森的名气和影响超过了威廉·詹姆斯。"（1992：3）詹姆斯本人是柏格森的著名赞赏者：在《创造进化论》发表后不久，詹姆斯就给柏格森写信说："啊，亲爱的柏格森，你是一位魔法师，你的书是一个奇迹，一部真正令人惊叹的作品……如果你的下一本书表明比这本书有巨大的进步，就像这本书比前两本书有巨大进步一样，那么，你的名字必将载入哲学的伟大开创者的名字之列。"（引自 Burwick and Douglass 1992）柏格森观点的影响超出了哲学，达到宗教和文学，柏格森本人于 1927 年被授予诺贝尔文学奖。

不过，柏格森的著作在生物学中没有很大影响，而且随着分析哲学的兴起，他在哲学界的名气急剧衰落。他由于身患肺炎仍然排队等候进行犹太人登记，于 1941 年（与杜里舒去世同年）81 岁时在巴黎去世，这时，在科学家和哲学家中，普遍认为他关于生命和进化的观点是充满诗意的神秘主义，不把它当作对实在的描述认真对待。

三 C. 劳埃德·摩尔根

在《本能与经验》（*Instinct and Experience*，1912）一书中，英国生物学家 C. 劳埃德·摩尔根（C. Lloyd Morgan，1852—1936）说：

> 尽管深怀敬意，但由于柏格森先生的诗人天赋——由于他的生命学说更近似于诗歌而非科学——所以，他对达尔文宏大的、真正科学的概括所进行的畅快淋漓的批判，只有助于表明，将涉及本源形而上学的问题与科学解释问题混在一起，会在多大程度上使生物学的意见变得不明，会在多大程度上严重阻碍生物学的进步。（引自 Passmore 1957：270）

【636】 在这部著作中，以及后来在 1923 年的吉福德讲演（以《突现进化论》（*Emergent Evolution*）为名发表）中，劳埃德·摩尔根宣布了自己对进化的"科学解释"。他明确拒绝任何种类的实体二元论，他不但回避了笛卡尔的心灵和隐德来希概念，而且反过来断言，通过由适应所推动的进化过程，当物质开始以某种方式构型，真正新颖的性质就产生了，而且，这些新颖性质又以它们出现之前无法预料的方式影响事件的未来进程。摩尔根的《突现进化论》（1923）是英国突现

论传统的主要著作之一，英国突现论是从 J. S. 密尔的《逻辑体系》（*A System of Lojic*，1843）一书开始的，包括乔治·亨利·刘易斯（George Henry Lewes）的《生命与心灵问题》（*Problems of Life and Mind*，1875），塞缪尔·亚历山大（Samuel Alexander）的二卷本《空间、时间、神》（*Space，Time，and Deity*，1920），C. D. 布罗德（C. D. Broad）的《心灵及其在自然中的位置》（*The Mind and Its Place in Nature*，1925）等著作。

在《逻辑体系》一书中，密尔引入了"原因的共同活动的两种方式，即机械的方式与化学的方式"的区分（p. xviii）。根据密尔所说，机械的方式是，两个或更多的动因联合起来产生一个结果，当且仅当共同活动的诸动因所产生的结果是单独活动的各动因所产生的结果之和。他将"在几个原因的共同结果等于它们各自结果之和的一切情况下所表现出来的那个原理，称之为'原因的合成'（Composition of Causes）"（1843：243）。原因的共同活动的"化学"方式只不过是不以机械方式进行的共同的原因作用：两个或更多的原因联合方式是化学的方式（这样称呼是因为这种方式是以化学过程展示的），如果共同活动的诸动因所产生的结果不是单独活动的各动因所产生的结果之和的话。例如，将甲烷与氧结合起来，产生了二氧化碳和水，这个产物在任何意义上都不是独自活动的甲烷和氧所产生的结果之和。密尔将两个或更多原因以机械方式结合所产生的结果称作同质作用结果（homopathic effects），将两个或更多原因以化学方式结合所产生的结果称作异质作用结果（heteropathic effects），将支配这些相互作用的规律分别称作同质作用规律和异质作用规律。根据密尔的观点，正是物质达到不同层级复杂性时对"原因的合成"的破坏，说明了为什么会有各门特殊科学。虽然一门特殊科学可以包含同质作用规律，但是将这门科学的特殊种类的对象及其特殊性质，与高低不同层级复杂性的实体的性质联系起来的那些规律，却是异质作用规律。根据这个观点，物理学不是最根本的科学；它只是最广泛的科学，是与一切或大部分物质所具有的性质有关、与物质依这些性质而发生作用的方式有关的科学。

乔治·亨利·刘易斯采用"突现"（emergence）一词和一些同源词来描述诸特殊科学因而出现的等级系统。刘易斯称密尔的异质运动结果为"突现物"（emergents），称密尔的同质运动结果为"合成物"（resultants）。因此，化学现象是机械物理现象的突现物，生命现象是化学现象的突现物，精神现象是生命现象的突现物。劳埃德·摩尔根采用了刘易斯的术语，在《突现进化论》的第一章（标题为"突现物与合成物"），他将自己的突现进化论的宇宙论与机械论的宇宙论作了比较，他说：

> ［对进化的］机械的或机械论的（如果你更喜欢这个词的话）解释的本质特征是，它只以能用代数求合法来计算的合成结果为根据。它忽视了另外必须承认是突现的东西……对于这样一种机械的解释——这样一个机械论的教条——突现进化论起而反对。突现进化论主张的要点是，这样一种解释是不恰当的。合成物是存在的，而突现也是存在的。不论怎样，根据自然主义的论述，人们有证据地、天生虔诚地、忠实地承认在各个上升阶段上的突现。我们不能只根据合成物对突现做机械的解释，这恰恰是我们旨在反复强调而极力主张的一点。

根据摩尔根所说，在物质复杂性上升阶段各种突现层级的复杂性，都受它们自己的规律的支配。这些规律所支配的整体，以支配低层级复杂性物质的规律预料不到的方式，影响低层级复杂性"事件的进行"。因此，低层级复杂性事件的过程在某种程度上依赖于高层级整体的新的突现性质。于是，我们在摩尔根那里发现了一个下行的因果关系：即基本的因果关系是从高层级影响低层级的。

四 C. D. 布罗德

在《心灵及其在自然中的位置》一书中，布罗德将实体活力论与突现活力论区分开来。杜里舒的观点是实体活力论，亚历山大和摩

第五十一章 活力论与突现

尔根则拥护突现活力论（1925：58）。布罗德告诉我们，突现活力论和生物机械论都否认在一切生物中存在，而在一切非生物中不存在的特殊成分（隐德来希）。他还说，两者都试图"完全根据结构差异"（1925：59）来说明生命行为和非生命行为的差异。但它们对"将诸成分的性质与这些成分所构成的复杂整体的特有行为联系起来的规律"的看法不同（1925：59）。根据生物机械论的观点，"整体的特有行为至少在理论上可以从诸成分孤立地或在其他简单种类整体中如何起作用的充分知识中推演出来"（1925：59）。相反，根据突现活力论的观点，我们无法做出任何这样的推演。布罗德认为，虽然实体活力论之在逻辑上可能是可能的，但"对于支持实体活力论的东西人们似乎什么也没说，却说了许多反对它的话"（1925：91）。不过，他坚持认为，突现活力论避免了杜里舒对生物机械论的一切批判，而且生命有机体的目的论特征倾向于对突现活力论有利，而不是对生物机械论有利。【638】

布罗德将"纯机械论"的理想与突现论的实在观做了有益的比较：

> 根据纯机械理论，一切看上去不同种类的物质都是由同样的材料构成的。它们只是在它们的构成微粒的数目、排列和运动方面不同。它们看上去不同种类的行为最终并无不同。因为它们都能根据一个单一的简单构成原理，从一对一对微粒的相互影响中推演出来；这些相互影响都服从于一个单一的规律，该规律与这些微粒恰好发现自己所处的结构和环境完全无关。我们所描述的这个理想可以称作"纯机械论"。（1925：45—46）

反之，根据突现论的观点："外部世界没有多少统一性，各种科学之间也没有密切的联系，我们不得不安心于此。外部世界和研究外部世界的各种科学将至多构成一个等级系统"（1925：77）。因为如果突现论是正确的，那么，我们就会不得不承认各种层级的聚集体。而这里有两类根本不同的规律，可分别称之为"同序内"（intra-ordinal）规律和"跨序"（trans-ordinal）规律。跨序规律是将相邻层级的聚集体的性质联系起来的规律。如果层级 B 的每个聚集体都由层级 A 的聚集体组成，如果它具有 A 的任何聚集体都不具有的某些性质，这些性质也不能根据在低层级上表现出来的任何合成规律，从 A 的性质和 B 复合体的结构中推演出来，那么，A 和 B 是相邻的，并在上升层级中。同序内规律是将同一层级的聚集体的性质联系起来的规律。跨序规律陈述了如下不可还原的事实：由邻近的低层级诸聚集体以这样那样的比例和安排构成的一个聚集体，具有这样那样的特点和不可还原的性质。（1925：77—78）

布罗德认为，次生性质（如颜色和气味等）的突现是先天的，因此将它们与原始的物理性质联系起来的规律是"跨序的"；不过他还认为，至于是否任何化学性质和生物学性质是突现的，乃是一个经验的问题。

五　其他地区的发展

虽然突现论兴起于英国，但它并不局限于那里。在美国有一个大规模的突现论运动，其中包括威廉·詹姆斯、亚瑟·洛夫乔伊、罗伊·伍德·塞拉斯（他们声称意识是从脑过程中突现出来的）。1926年，第六届国际哲学大会专设了一个突现论讨论组，汉斯·杜里舒、洛夫乔伊、W. M. 惠勒分别发表了"突现进化论"、"'突现'的意义及其'方式'"、"突现进化论与社会"的讲演。同时，在苏联，机械论者与以 A. M. 德波林（Deborin）为首的德波林学派的突现论者发生了激烈的争论。德波林学派谈到自然中新形式的突现，并断言，机械论者"忽视了物质发展的确定层级或阶段的特殊特点"（Kamenka 1972：164）。

六　结语

虽然化学过程的产物确实在任何意义上都不是单独活动的或其他化合物中的化学力所产生的结果之和，但20世纪20年代发展起来的物理化学，仍然于20世纪30年代初提出了对化学键的还原主义的解释。这导致突现化学被完全抛弃。除其他任何因素外，分子生物学的进展，诸如1944年关于基因由DNA构成的发现，1953年DNA结构的克里克—沃森模型，也同样导致了生物学中生命突现论的终结。当今，只有意识是否是不可还原的突现现象的问题，仍然是一个争论的题目。

布莱恩·麦克劳克林

【640】

第五十二章

行为主义与心理学

一 行为主义与自然主义

行为主义是一个特有的美国现象。作为心理学的一个学派，它是由约翰·B. 华生（John B. Watson，1878—1958）于1913年创建的，20世纪20、30、40年代发展成各种新行为主义。哲学家们一开始就卷入其中，预测这个运动，致力于界定或重新界定它的原则。行为主义表现了美国思想中的自然主义倾向，它是针对流行的哲学唯心主义而出现的，并受到自然科学自身发展的鼓舞。

美国哲学中的自然主义有若干种版本，也有若干种行为主义（Williams 1931；O'Neil 1995）。大多数行为主义者尊敬达尔文的机能主义；所有行为主义者都发誓放弃内省，把行为中习得的变化当作心理学的原始题材和说明领域。大多数行为主义者都承认科学家是以他们自己的意识经验为出发点的，但否认这种经验能成为科学的对象或心理学证据的来源。他们在行为描述、说明方式、对心灵主义概念的态度方面存在差异。华生是一位想把一切心灵主义都从心理学中清除出去的严格的唯物主义者。爱德华·蔡斯·托尔曼（Edward Chace Tolman，1886—1959）认为心灵是有机体的生物机能。他允许在行为描述中使用"目的"之类的心灵主义术语，假定了包括环境"表征"在内的中介过程，同时要求这样的过程只能像行为中所表现的那样来研究。克拉克·L. 赫尔（Clark L. Hull，1884—1952）阐发了一种假设——演绎的行为主义，与托尔曼假设中介变量的机能主义相似，但不具有他的认知主义结构。B. F. 斯金纳（B. F. Skinner，1904—

1990）抛弃了中介变量，根据操作性制约定理，阐述了自己对整个有机体行为的说明。

20世纪初美国哲学中的自然主义表明了对自然科学，尤其是生物学和心理学的尊重。约翰·杜威（John Dewey 1896，1911）、乔治·桑塔雅那（George Santayana 1905，1920）和 F. J. E. 伍德布里奇（Woodbridge 1909，1913）表示了这种态度。它鼓舞了特别关注心理学的 E. B. 霍尔特（Holt）和拉尔夫·巴顿·培里（Ralph Barton Perry）的新实在论（Holt et al. 1912），鼓舞了罗伊·伍德·塞拉斯的进化论自然主义和批判实在论（1916，1922）。这种自然主义从达尔文主义的、机能主义的观点出发，将心灵看作自然的一部分，将行为当作内心机能活动的产物，在这方面，它与华生的自然主义不同。它助长了托尔曼式的行为主义。它不是唯物主义的或物理还原主义的。只是后来，在奎因和逻辑经验主义看来，行为主义实质上是物理主义的。

二 心理学行为主义的诞生

在世纪交替之后，行为作为心理学的主题和证据形式、作为对心灵的客观表达，日益引起人们的兴趣。哲学家和心理学家对作为认识心灵的方法的内省，越来越表示怀疑。他们认为，传统的内省必须依赖不可靠的类比推断，从它的第一人称结果推及其他人和其他动物。哲学家中，培里（1909）和 E. A. 辛格（Singer 1911）将行为提升为一种据称不依赖于内省和类比的察觉人类内心机能活动的方法。某种程度上受到对动物行为的生物学研究（如 Jennings 1906）的鼓舞，心理学家们（譬如，Warren 1914）呼吁更加注意人类心理学中的"客观"因素。虽然比较心理学家桑代克（Thorndike 1898）、沃什伯恩（Washburn 1908）和耶基斯（Yerkes 1907）到处推荐行为证据，尽管耶基斯有相反的主张（1917，p. 155），但这并没有使他们成为行为主义者，因为他们用这样的证据构成的理论是关于心理学传统主题的，意识或心灵被认为是内省的对象。

另一些心理学家论证说，恰恰应将心理学的主题从意识转变到行为上来。那时，在牛津威廉·麦克杜格尔（William McDougall 1905，1912），密执安的瓦尔特·皮尔斯伯里（Walter Pillsbury 1911），提议将心理学定义为"行为"（conduct or behaviour）科学。不过，他们并没有禁止用于发现行为的内心原因的内省方法（McDougall 1905：2；Pillsbury 1911：5），而且麦克杜格尔是一位公开承认的二元论者（1911：ch.26）。行为主义并不是由于把行为变成心理学的原始证据或主题而产生出来的。它是由于严厉驳斥内省方法，提议改变心理学的理论词汇而产生出来的。

行为主义作为一个自我意识运动，是华生以两篇论文（1913a and b）和两本书（1914，1919）发起的。他提议改变心理学的主题、证据和理论词汇。按他所说，心理学的主题应当是被描述为肌肉运动和腺体分泌的行为；心理学的证据应当是这同样的行为，连同对刺激环境的物理描述；关于反射弧和巴甫洛夫条件学习的理论词汇被用于说明刺激—反应关系。动物被认为是复杂的机器，它们当前的行为倾向是依它们的天生结构和先前的刺激呈现时间的变化而变的。本能几乎不被考虑，对它也许只能通过拉马克的获得性状遗传来解释（1914：174）。一个复杂动物的所作所为首先依它的反应形成史或条件形成史，即它的可观察到的一对对刺激—反应史的变化而变的。虽然华生认为从刺激到反应的事件链最终可以从纯物理—化学的方面来说明，但他仍提出把行为主义作为目前能导致对动物的行为进行预言和控制的科学。行为主义在对整个有机体的反应的研究方面与生理学不同，但华生允许对未观察到的生理状态（腺体的状态或肌肉的状态）的假设。不过，一切重要的东西原则上都可以在有机体的体表找到；"这里没有任何由中心发起的过程"（1913a：423）。

行为主义原理同样适用于人和其他动物。如果一个人一定要说明以前被称作人的"思想"的过程，那就应当把这些过程看成是喉部默读（而且，原则上可以在喉咙的表面察觉到）。情绪被等同于腺体分泌物和性器官肿胀。知觉乃是感觉辨别力的问题，就像通过不同的行为反应，包括人的语言反应所表现出来的那样。如海德布雷德

（Heidbreder）所说，华生要将"动物心理学的方法和观点"推广到"人类心理学"（1933：236）。这种心理学决不是任何动物心理学，而是曾在芝加哥大学当过华生老师的雅克·洛布（Jacques Loeb）提出的机械论式的动物心理学（华生在芝加哥大学获得哲学博士学位，此前在南卡罗来纳州格林威尔的富尔曼大学学习哲学和心理学）。洛布（1900）认为自己是一个生物学家，是根据内省对人与动物的认知进行类比的"比较心理学"的反对者。甚至1908年华生到约翰·霍普金斯大学时就已经在那里的动物生物学家H.S.詹宁斯（H. S. Jennings 1906），也允许将意识的种系发生范围下推到变形虫和草履虫。而华生的比较心理学和普通人类心理学具有洛布的风格——机械论的、唯物主义的、决定论的——因此也很可能是客观的、科学的。华生于1920年离开霍普金斯大学，进入广告业，获得很大成功。当他于1930年后离开心理学时，行为主义正蒸蒸日上：年轻的斯金纳（1976：299）和W. V. O.奎因（1985：110）早已为华生的方方面面所吸引。

【643】

三 哲学的、批判的反响

华生的论文马上引起了心理学家和哲学家的反响。在《心理学评论》和《哲学、心理学与科学方法》（即使在1921年刊名缩写后仍发表心理学论文和成果）杂志上进行了旷日持久的讨论。铁钦纳（1914）论证说，华生的新运动实际上不是新的。它对内省的批判可以在孔德和莫兹利（Maudsley）那里看到。它的实证学说应当被看成是对动物行为的生物学研究的继续，即铁钦纳所欢迎的某种东西，包括将它推广到人类，但他认为这不能、也不应取代心灵主义心理学。安吉尔（Angell 1913）更倾向于这个新运动，尽管他拒绝放弃内省。

在哲学家中，杜威（1914）、霍尔特（1915）和德拉古纳（De Laguna 1916，1918）赞扬新运动。热心的霍尔特几乎准备废除内省方法。杜威认为最好把心灵当作有目的地使有机体适应环境来进行研究。德拉古纳发展了这种机能主义观点，但她不愿意排除内省。不过，他们都同意将行为看成是心灵的表达，没有任何人准备抛弃对行为的心灵主义描述。霍尔特和杜威证明，行为活动统一起来表达目的。一个动物四处走动，然后发现了食物就吃，这个行为表达了这个动物正在寻找食物的事实。霍尔特论证说，行为的这种"客观指涉"（objective reference）极常被忽视。这种指涉可以是对不存在的东西的，可以是对只在过去存在的东西的，或是对将来将要存在的东西的（Holt 1915 ［1915：172—173］）。

培里发展了行为的目的概念和客观指涉概念（1918，1921a and b）。培里赞许地将行为主义看成是回到亚里士多德的观点："心灵和肉体是像活动和器官一样联系在一起的。"（1921a：85）根据采纳心身平行论的普通内省主义者的观点，心灵完全是"伴随"（supervenes）生理事件的；而对行为主义者来说，心灵"介入于"刺激和反应之间（1921a, p.87）。行为主义弥合了心身之间的差距。

培里不排除内省，他声称行为主义者也不排除内省（引自 De Laguna 1916）。他认为，行为证据扩充了心理学的资料，而且行为主义会带来更完善的心理学解释。让我们考察一下他对心理性情是"本能"还是弗洛伊德的"情结"的讨论。他认为此类性情是非意识的，并考察了对它们的三种解释。（1）它们可以是精神的而不是生理的，是一种他发现对于无意识状态无意义的可能性；（2）它们可以是生理的、非精神的；或者，（3）"由于接受对心灵的行为主义式的看法，一个人可以认为这些性情既是肉体的，也是精神的：它们之所以是肉体的，是因为它们存在于某种生理结构中；它们之所以是精神的，是因为这些结构所行使的特种机能或从事的特种活动"（1921a：94）。培里用同样的性情概念分析目的性活动，他发现，这种活动由特定的周围环境下追求一个活动过程的"趋势"或"决定性倾向"所组成，它带来了为达到希望达到目的所需要的"辅助反应"。这种趋向于目的活动的性情，有条件地与信念之类的认知状态联系在一起，这些信念是对有机体的周围环境的"推测"（suppositions），是根据有机体的行为性情而被认为是有机体所具有的（1921b）。

伯特朗·罗素采用他在《心的分析》(Analysis of Mind, 1921) 中关于行为是心灵的表达的观点,这部著作试图通过詹姆斯的中立一元论和霍尔特、培里的新实在论解决心身问题,因此是一部不排除内省的著作。他在《哲学》(Philosophy, 1927) 中始终赞赏地谈论华生的行为主义,尽管他还是将内省当作认识本体中立的物理"资料"和心理"资料"的手段保留下来。伍德布里奇(1921,1925)论证说,行为天生就是目的性的,因此对它必须与目的联系起来理解。他的观点与早先的机能主义和培里的新近著作同声相应。对行为主义进行批评的心理学批评家援引了这些论述及别的哲学讨论(见 Roback 1923:ch3.3—7)。这些批评家指责华生在否定理论假设时对心灵论者使用了双重标准,而同时却诉诸未看见的心理状态。他们论证说,行为主义描述暗中依赖于心理学家自己的内省知识,他们预言,华生关于学习的说明将表明实际上是不恰当的,并对华生关于肌肉痉挛和腺体分泌的说法不用霍尔特的"客观指涉"概念是否能有效地描述行为表示怀疑。

四 新行为主义与哲学:托尔曼、赫尔、斯金纳

通过著名的新行为主义者托尔曼、赫尔和斯金纳的研究和理论创建,行为主义成为科学心理学的主要学派。这三个人都不单是刺激—反应的反射论者;他们都认为行为是超出先前和当下刺激之外的变项的函数。他们都对方法进行反思,而且都从事哲学。托尔曼和赫尔受美国新实在论和实用主义的机能主义的强烈影响。赫尔从哲学和科学的经典作家那里,尤其是从休谟的联想主义和牛顿的《自然哲学的数学原理》的演绎说明中,得到理论和方法上的启发。斯金纳通过罗素的《哲学》一书达到行为主义,他的哲学观的进一步形成受到马赫(1912 [1919])、彭加勒(1902)和 P. W. 布里奇曼(1927)的操作主义的影响。正当新行为主义走向成熟之时,逻辑经验主义宣称,一切心理学陈述都可以转变成适用于人体物理状态的物理陈述(Carnap 1932,肯定了与美国行为主义在认识论上的一致;Carnap

1935；Hempel 1935）。新行为主义者注意到维也纳学派及其柏林同盟者的科学哲学，但这种科学哲学并不是他们的观点的构成部分，或对他们的观点没有影响（见 Smith 1986）。

托尔曼在哈佛研究心理学，得到霍尔特和培里的指导。他到伯克利后皈依了行为主义，在那里，他度过了他的职业生涯，进行了对老鼠迷宫学习的实验室研究，撰写了理论和方法论论文（收在 Tolman 1951a），及一部主要著作（1932）。他公开承认他在形而上学和认识论上采取非形而上学的、实用主义的立场（1932：ch. 25），不否认个人所能得到的"原始感觉"（raw feels）或感受性的存在。早先，他描述华生之类行为主义的特点，把它说成是以肌肉收缩和腺体分泌的"分子"行为为指向的"肌肉痉挛主义"（muscle twitchism）。托尔曼（1932：ch. 1）论证说，甚至分子行为主义也必须依赖于对动物作为整个有机体与其环境发生相互作用时的所作所为的"克分子"描述（这是华生用别的说法所承认的，1919：13）。托尔曼相信对行为的有效分类需要考虑动物的目的或目标，因此他主张一种（归功于霍尔特和培里的）"目的行为主义"（purposive behaviourism）。

他把行为的内在目的论看成是生物学和心理学的事实。他研究迷宫中的老鼠，包括用短路径代替原来的长路径时老鼠碰壁的情况，这导致他认为老鼠具有"认知假设"、"预期"和"表征"（1926，1927［1951a：60，65］）。这些表征的对象可以是不存在的，因此它们表现出意向性（见 Amundson 1983）。作为对格式塔心理学的反应，托尔曼最终认为他的动物有"记号—格式塔预期"（sign-Gestalt expectations），它由一个记号—对象组成，这个记号—对象被觉察为与被标记的对象或事态处于手段—目的关系中。受布里奇曼的《现代物理学逻辑》（Logic of Modern Physics，1927）一书的启发，他阐发了"中介变量"概念，"中介变量"是操作上规定的动物的诸内部状态（在 Tolman 1938［1951a］中列出了这些状态的一览表，像要求、欲望、感觉辨别、运动技能、假设、偏好等），它们与刺激、遗传性、成熟度、生理冲动、以前的训练结合在一起，产生一种反应。在托尔曼看来，这样的中介变量可以得到实在论的说明，它们不能还原为纯物理语言或（实证论的）观察语言。对中介变量的规定与机能主义【646】的目的语言所描述的（如他认为应描述的那样）动物的环境和行为的可观察特征有关。当麦克阔达尔和米尔（MacCordale and Meehl, 1948）提议把"中介变量"仅仅看成是经验的相互关系，提议在假定内部存在物或内部过程时运用"假设性构造"，托尔曼（1951b）解释说，他的中介变量是心理学所特有的有机体假设过程和状态，没有必要将生理学的解释列为假设性构造（尽管他刚刚又表示容忍神经生理学的假设，Tolman 1949）。

虽然托尔曼将自己列为行为主义者受到质疑（Harrell and Harrison 1938），但他的这个归类仍然被广泛接受了（Williams 1931; Woodworth 1948; O'Neil 1995）。在20世纪20年代，很多人都认为行为主义通过用行为证据代替内省证据，使对内心活动的研究变得客观了。赫尔和斯金纳坚持用比托尔曼更严格的词汇描述这些证据，尽管没有回到华生的肌肉痉挛主义那里去。与托尔曼不同，赫尔是公开承认的唯物主义者，他采用了可以在"物理的或机械论的"观点内对有机体进行完全描述的工作假设（1930，1937［1984：140、319］）。在意识现象方面他不是取消主义者，但他的行为科学观排除了内省方法。他允许"目标反应"之类的心灵主义语言进入他的体系，但与托尔曼不同，他要求对这种语言用不包含任何心灵主义术语（而且不包含任何意向概念）的纯刺激—反应语言来严格限定。

赫尔于1918年在威斯康星大学获得博士学位，1929年到耶鲁大学之前一直在那里任教。他起先对催眠和智力测验感兴趣，于是转向行为主义，同时于20世纪20年代中期在研讨班上讲授行为主义（以Watson 1924和Roback 1923为教材）。在耶鲁大学，他写了一系列重要论文（收在Hull 1984中）和两部主要著作（1943，1952）。他在机能主义的和达尔文主义的框架内设想有机体；他将牛顿物理学作为他的具有定义、公设和定理的理论结构模型。他以高度形式化的学习理论或"习惯强度"（habit strength）理论而著称。他认为自己是"克分子"（molar）行为主义者，他论证说，尽管缺少神经生理学的知识，行为理论也可以发展，他允许行为科学有自己的观察词汇和理论词汇。同时，他将"内驱力"（比如饥饿）或"需要降低"（need reduction）之类的中介变量用来指仍然未知的神经状态。赫尔熟悉卡尔纳普的《哲学与逻辑句法》（*Philosophy and Logic Syntax*，1935），他的理论工具也运用了维也纳学派提出的理论分析与观察分析，但他并没有对这些理论工具做出说明。后来的解释者们从这一点上回顾他的观点的特征（比如，Bergmann and Spence 1941；Feigl 1951；Koch 1954；Spence 1944），因而忽略了他的唯物主义实在论（见 Amoundson and Smith 1984）。

【647】　同托尔曼和赫尔一样，斯金纳想要建立一门行为科学，连同对这门科学的说明（或这门科学的"哲学"）。在1928年到哈佛研究心理学前后，他吸取了马赫的实证主义，采纳了马赫反形而上学的归纳主义，秉承了马赫对生物调节的关注以及对假定的理论实体的怀疑。他一度想使这种马赫主义倾向与布里奇曼的操作主义联姻。而后，他开始把心理学中的操作主义看成是与逻辑实证主义结盟的，从而把它看成过于形式化的和过于物理主义的（1938，1945）。斯金纳拒斥心灵，拒斥任何不能转换成中立行为描述的心灵主义说法。但他认为行为主义心理学不应还原为生理学，认为行为主义心理学的描述不应用物理语言来重述，而且他对科学的统一缺乏热情。他回避唯物主义，因为唯物主义导致一种偏见，即反对行为层面的分析，着重于有机体的具体物理状态（1938：chs. 12—13）。他是试图发现行为变化规律的克分子行为主义者。他拒绝任何种类的中介变量（因此人们称他的行为主义是"空的"或"空洞的"有机体的行为主义），而是在刺激、反应、强化刺激、（食物、水等的）剥夺时间之类的经验确定因素中寻找经验的相互关系。他重视桑代克式的条件作用，即当强化刺激（得到食物或另一刺激）随有机体"发出"的特定反应类型（诸如按下一个杠杆，或啄起一块标板）而定时，行为改变就发生了。他的最著名成果是将学习的速度和持久性与强化程序联系起来了（Ferster and Skinner 1957）。

20世纪30年代中期斯金纳是在哈佛的研究员协会度过的，然后在明尼苏达大学和印第安纳大学获得职位，而后于1947年回到哈佛。

他将他的行为主义分析推广到知觉和语言，在这方面，他的工作被知觉心理学家和语言学家所接替了。他活着看到了行为主义革命被新的认知研究方法所取代，这种研究方法受到知觉、记忆和注意方面的研究工作的启发，受到通信理论及计算机科学、语言学、人工智能的兴起的影响。

五 行为主义与美国自然主义

20世纪前30年的美国哲学的主要运动实用主义、新实在论和批判实在论，都是自然主义的（Perry 1912；Sellars 1916）。它们预见到科学的认知实践向一切研究领域的扩展。这些哲学不是物理主义的或唯物主义的。它们把生物学和心理学算入科学之内，将浸透了目的论的、借内省所知的生物现象和心理现象，包括在自然现象的范围中。这是没有唯物主义的自然主义；它批评华生的行为主义心胸狭隘地否认自然的明显事实（Pepper 1923；Woodbridge 1925）。它将心灵纳入自然，而不是将它从自然中排除出去（Dewey 1925：chs.6—8）。托尔曼信奉这种自然主义，而赫尔和斯金纳只同意它的基本生物学取向。他们的新行为主义塑造了后来数十年美国的行为主义观念，托尔曼则被看成是新的认知研究方法的先驱。【648】

20世纪40年代之后，美国的哲学自然主义的特点发生了变化。某些逻辑经验主义者的和奎因的物理主义变得突出起来。他们用物理主义的术语对行为主义做哲学的解释。早先美国自然主义的生物学倾向和新行为主义的机能主义因而被掩盖了。这些发展影响着对20世纪上半叶行为主义的哲学背景的回顾说明，尽管这些说明本身属于该世纪中期之后的哲学史。

加里·哈特菲尔德

第五十三章

格式塔心理学

格式塔心理学是与现象学,尤其与格式塔理论的开创者同时代的胡塞尔的现象学有关的运动。格式塔心理学和现象学都来自于布伦塔诺的哲学,后者强调对意识的描述而不是对它的分析。不过,格式塔心理学家是科学家而不是哲学家,他们要把心理学放在可靠的实验基础上,寻求对意识的生理学解释。他们的工作超出了对意识的研究,将记忆、问题解决、创造力、团体动力学、儿童发展、动物行为都包括进来,尽管他们在这些方面的理论都得自他们原来关于知觉的理论说明。而且,这个运动的变动不定的历史环境使格式塔心理学比以往任何时候都更远离哲学了。格式塔心理学家是德国第二代心理学家,他们反对哲学家,以便争取在德国大学体制中的自主权。与现象学一样,格式塔心理学是在这样一个国家出现的,它那时经历了第一次世界大战、魏玛时期、希特勒与纳粹主义兴起的变迁,早已深受现代性困扰的阿什(Ash 1995)对格式塔心理学的发展做了最为出色的概括说明。主要的格式塔理论家加入了德国知识分子流亡美国的行列。在那里,格式塔运动得到了一种与德国文化十分不同的文化塑造,受到与行为主义冲突的影响。

一 背景

心理学诞生于哲学与生理学联姻的 19 世纪末。心理学创始人的目标是对哲学问题提供科学的回答。他们利用了由生理学家发展起来的实验技术,系统阐述了他们的科学最初关注的生理学的意识理论。哲学主要关心的是认识论,因此心理学受认知研究,首先是感觉和知觉研究，但也包括思维和记忆研究的支配。早先德国的认知心理学与【650】美国的认知心理学不同。在美国，心理学从一开始就受到进化论的影响，美国心理学家从实用主义的、机能的视角看待心灵，研究意识的适应效能。德国心理学家更关心心理本体论问题，而不是心理机能问题。不过，在德国，实验心理学家仍然处在哲学主流之外。当后康德唯心主义一度统治德国哲学的时候，心理学家的理论说明深受由生理学中引进的经验主义和实证主义取向的影响。特别有影响力的人物是赫尔曼·冯·赫尔姆霍茨（Hermann von Helmholtz，1821—1894）和厄恩斯特·马赫（Ernst Mach，1838—1916），他们在感觉和知觉生理学与心理学中确实做了重要工作。

如格式塔心理学家所发现的那样，心理学在由笛卡尔所确立、由休谟所集中体现的、由后牛顿自然科学的分析精神所强化的表象框架内研究意识。心理学家认为，正如物质对象是原子元素的复杂结合一样，意识的对象也理所当然是感觉元素的复杂结合。因此，心理学家的任务就是用实验控制的内省将意识的复合体分析为其组成部分，发现联想是如何将它们组合为有意义的经验对象的。然后他们试图将心灵的对象和过程与作为基础的生理事件和机能一致起来。

不过，有些思想家反对这种居统治地位的原子—表象的框架。在美国，威廉·詹姆斯（William James，1842—1910）在《心理学原理》（*Principles of Psychology*，1890）中描述性地——现象学地——看待经验。他拒斥意识是由无意识的心理"机械车间"中的"心灵材料"碎片组合而成的主张。而是提出了对意识的进化论的看法，把意识看成是一个塑造经验、为生存而斗争的持续不断的流，这一看法开启了美国心理学对作为进化适应工具的心灵的关注。况且，苏格兰实在论在美国已经存在很久了，当格式塔心理学在德国发端之时，在美国，也出现了由詹姆斯的追随者和传记作家拉尔夫·巴顿·培里（1876—1957）领导的新实在论。新实在论认为，由内省来审问的任何私人意识领域都是不存在的，这一观点将美国心理学推向了行为主义。

不过，在德国，弗朗茨·布伦塔诺（1838—1917）领导了对原子主义意识观的反叛，他把心理现象看成是内在地指向有意义对象的活动，而不是看成由联想将其组装成有意义对象的无意义的感觉。布伦塔诺哲学导致了胡塞尔现象学的出现，间接导致了格式塔心理学。【651】布伦塔诺的学生、心理学家卡尔·斯通普夫（Carl Stumpf，1848—1946）曾教导或训练过格式塔心理学的所有创始人，他鼓励他们按实际情况描述意识，而不是按经验主义原子论认为应该的那样描述意识。

二 格式塔心理学

主要的格式塔心理学家是马克斯·韦特海默（Max Wertheimer 1880—1943）、沃尔夫冈·科勒（Wolfgang Köhler，1887—1967）和库尔特·考夫卡（Kurt Koffka，1887—1941）。韦特海默是这个运动的创始人和有鼓舞力的领袖。科勒领导着名声显赫的柏林心理学研究所，是该团体首要的理论家和研究者，他不但受过哲学和心理学的训练，还受过物理学的训练。考夫卡第一个将韦特海默的思想写出来，并通过书和论文将格式塔心理学的思想要旨传遍全世界。在他们的众多学生和同事中，最重要的是库尔特·莱温（Kurt Lewin，1890—1947），他策划了格式塔理论的实际应用。

格式塔心理学是由对象知觉的问题引起的。至19世纪末，越来越明显的是，经验主义联想理论在说明有意义的、有组织的知觉对象如何由无意义的感觉原子创造出来时，遇到了巨大的困难。与韦特海默一同从事研究的克里斯蒂安·冯·埃伦费尔斯（Christian von Ehrenfels，1859—1932）开始详细阐述一种对立的观点，**将格式塔**（Gestalt）一词引入心理学。埃伦费尔斯说，一个旋律不只是一串音符。一个旋律可以变成不同的音调，使得没有任何音符——据认为组成旋律的感觉元素——是同样的，而我们对它的知觉却无改变。埃伦费尔斯提出，除了感觉元素之外，构成意识对象的还有形式元素——**格式塔性质**（Gestaltqualitäten）。当埃伦费尔斯于1890年提出这个假设时，他没有明确说明格式塔性质的本体论地位。它们是如埃伦费尔斯自己的老师亚历克修斯·迈农（Alexius Meinong，1853—1920）所提出的，由心灵强加在感觉原子上的吗？或者说，如哲学实在论者和现象论者所认为的那样，它们是存在于世界中、由意识挑选出来的另外的某种东西，即客观结构（而不是元素）吗？格式塔心理学强烈追求后一种可能性。

三 格式塔心理学对现存心理学的拒斥

格式塔心理学家驳斥意识的原子论，把格式塔心理学作为反对心理学旧制度（ancien régime）的解放性革命提出来。如科勒对美国心理学协会所说的那样：

> 我们为我们的发现而鼓舞，甚至更为这发现进一步揭示事实的前景而鼓舞。而且，它不仅仅是我们事业中启发我们的振奋人心的新事物，而且我们还感到一阵极大的轻松——就好像我们正在逃出牢笼。这牢笼就是我们还是学生时大学里所讲授的那种心理学。那时，我们被如下论点所震惊：一切心理事实（不仅仅是知觉事实）都是由毫无关联的惰性原子构成的，而且，几乎将这些原子结合起来、从而导致行动的唯一因素，就是仅仅在邻近性影响下形成的联想。这幅图画是完全没有道理的，它意味着表面上多姿多彩、生气勃勃的人类生活实际上是可怕的烦恼，这些使我们不安。这种情况不适用于我们的新图画，而且我们感到，进一步的发现必定会摧毁旧图画所留下的东西。（Köhler 1959 [1978: 253—254]）

【652】

格式塔理论家认为，旧图画依据于两个有缺陷的、未经检验的假设。第一个假设是由韦特海默确认出来的"捆束假设"（dundel hypothesis），这个假设认为，同化学的化合物一样，意识的对象是由固定不变的原子元素构成的。捆束假设是强加在经验上的理论前提，而不是我们所发现那样对意识的自然而然的描述。韦特海默写道：

> 我站在窗前，看到一栋房子、一些树和天空。

在理论上我可以说，这里有 327 个明度和色差。我看到了"327 个"明度和色差吗？没有。我看到了天空、房子和树。我不可能达到"327 个"本身。而即使这种可笑的计算是可能的，比方说指的是房子有 120 个明度和色差，树有 90 个明度和色差，天空有 117 个明度和色差——我至少应当看到全部明度和色差的这种安排和分配，而不是看到比方说 127、100、100 个明度和色差，或 150、177 个明度和色差。(1923 [1928：71])

旧图画强加给经验的第二个有缺陷的前提是由科勒确认出来的"恒常性假设"(the constancy hypothesis) (1913 [1971])。恒常性假设认为，意识中的每一个感觉元素都对应于由一个感官所记录下来的特殊的物理刺激。

捆束假设和恒常性假设不是稻草人，这一点得到了笛卡尔《论人》(*Treatise on Man*) 中下图的证明。当笛卡尔将经验（观念）世界与物理对象世界分开，关于意识的原子主义就开始了。知觉变成了物理刺激点对点地向意识屏幕上的投射，就像在照相机暗箱中那样。在图 1 中，我们看到箭上的物理刺激点 A、B、C 是如何刺激各视网膜上的点 1、3、5 的，这些刺激点是如何被特定的神经 2、4、6 带到松果体，投射为意识中知觉的点 a、b、c。

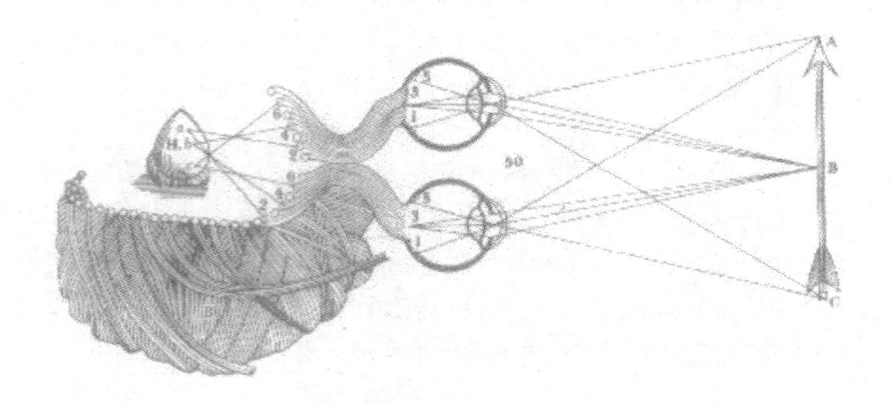

图 1

这个图还显示出心理学家探讨意识时在哲学中没有的生理学的方面。与哲学家不同，心理学家想要将意识经验与引起意识经验的生理过程联系起来。虽然笛卡尔对感觉和知觉的处理与19世纪的理论相比是粗糙的，但他关于刺激元素点对点地向知觉元素投射的框架却保持不变。虽然格式塔理论家与胡塞尔这样的哲学家有共同的现象学取向，但作为心理学家，他们努力用神经科学中的整体论取代原子论。【653】

四　格式塔理论

作为一个研究纲领，格式塔心理学开始于1910年在科勒和考夫卡帮助下由韦特海默领导的对"似动现象"（apparent motion）的研究。似动现象是通过电影为人们所熟悉的，电影是一连串快速呈现的静止画面，这些静止画面被经验成连续流畅运动的对象。在韦特海默《关于运动视觉的实验研究》（1912 [1961]）一书提到的实验中，被试看到在白色背景两个不同固定位置上的两个黑色竖线条连续闪断出现。韦特海默改变第一个刺激停止出现和第二个刺激开始出现之间的间隔。当两个线条出现的间隔是30毫秒时，被试看到两个线条同时出现；当间隔是60毫秒时，被试报告，看到一个线条从一点移向另一点。

为给这个经验起一个免于先入之见的名字，韦特海默称之为Φ现象。"似动现象"这个词反映了韦特海默做实验时占统治地位的解释。在捆束性假设和恒常性假设的支配下，心理学家把似动现象说成是一个幻觉，一个认知错误，那时被试看到在两个地方的两个同样的对象，然后错误地推断一个单个对象从一个点移向另一个点。这样一种解释认为，意识中没有给出任何运动的经验——运动只是"似乎的"，通过这样的解释，运动的经验就被消除了。反之，韦特海默及其追随者坚持认为，运动的经验是实在的、真正在意识中给出的，尽管与捆束性假设和恒常性假设相反，它与任何物理刺激都不对应。【654】

这一格式塔观念可以用幻觉轮廓知觉的例子来证明。在图2中，一个人清楚地知觉到严格说来并不存在于那里的一个三角形。而且，观察者通常看到由这个幻觉三角形包围着、颜色比外面空间明亮的一个区域。于是,他们经验到一个没有任何相应物理刺激的轮廓,一个明暗差。

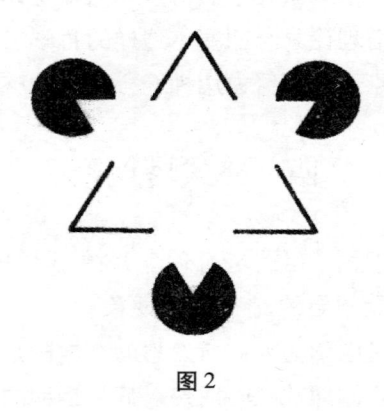

图 2

幻觉轮廓还表明对 Φ 现象的格式塔研究能如何用于对象知觉问题。在图 2 中,如同在对旋律形式的知觉中和在 Φ 现象中一样,我们知觉到一个没有任何局部物理刺激与之对应的形式——一个格式塔。对象——韦特海默的房子、树、天空——都是作为有意义的整体,而不是作为原子感觉的集合在意识中立即给出的。韦特海默(1923 [1978:78])写道,"当一些刺激呈现给我们,我们通常并未经验到'许多'各种各样的单个事物","而是经验中给出了彼此分开而又互相联系的大的整体……这样的安排和分配是否依据确定的原理呢?"韦特海默认为是依据确定原理的,并拟定了现在教科书中仍然引用的一套"组织原理"。例如,根据相似律,我们倾向于把图 3 看成是交替的矩形纵列和圆形纵列,而不是看成矩形和圆形交替的五个横列。

【655】 后来,科勒详细阐述了一个包罗万象的组织律,即简洁律(the Law of Prägonz),表明经验倾向于假定最简单的形状是可能的(霍克伯格 Hochberg 1974 提供了对格式塔知觉理论的简明而精确的概括)。

重要的是理解这样一点,即根据格式塔心理学,格式塔不是心灵

第五十三章 格式塔心理学

强加在经验上的,而是在经验中发现的。格式塔是客观的,不是主观的(Ash 1995)。尤其如科勒所说的那样,格式塔是存在于自然、大脑和经验中具有物理实在的、自然的自组织,这些自组织都是相互同构的。在物理学中,我们发现,动态力自发地将物质微粒组织成简单优美的形式。科勒说,脑同样是一个自组织力场的动力场,它反映物理的格式塔,并产生经验对象的格式塔。"在某种意义上,格式塔心理学此后已经成为场物理学对心理学和脑生理学的本质部分的一种应用"(Köhler 1967 [1971:115])。

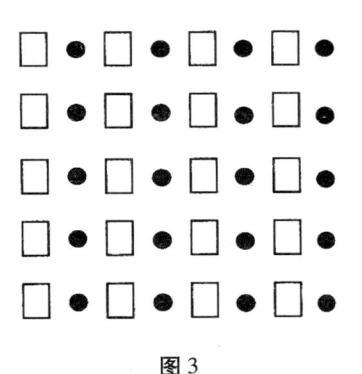

图3

原子论与格式塔自组织理论之间的冲突扩展到对包括动物行为在内的行为的研究。在世纪之交研究动物行为的主要研究者是爱德华·李·桑代克(Edward Lee Thorndike,1874—1949),他将意识原子论由内翻到外,变成了行为原子论。他研究猫为逃出"迷箱"而学习摆弄一个操纵杆。通过观察猫明显的试错行为,桑代克断定,动物并未形成观念联想,而是形成了箱中的刺激与逃出箱子所需要的反应之间的联想。不久以后,科勒研究了猩猩的智力,得出了不同的结论。他的猩猩在问题突然得到简单解决时表现出了顿悟,就好像格式塔自发地出现在意识中一样。因为桑代克迷箱的构造使动物不知道它们的运作,这才使动物不得不根据它的处境进行试错,而不是因为它被局限于形成刺激—反应联想。如同旧原子论的意识图画将它的预先假定强加在心理学家对知觉的理解上,桑代克将随机的、原子式的刺激—

【656】

反应学习强加在他的被试身上。科勒追求一种与意识现象学几无二致的行为现象学。后来，韦特海默将作为行为自组织的格式塔顿悟概念用于人类思维，库尔特·莱温（Kurt Lewin）将格式塔的动力场概念用于社会行为。

19世纪末，有教养的德国人对宇宙的原子论看法感到忧虑。在他们看来，原子论与一对孪生罪恶相联系：一个是机器，它是由可分开的零件构成的东西，另一个是混沌（Chaos），它是原子的无形的虚空。对实在的整体——格式塔——的信念，提供了秩序和意义内在于自然界的第三种方式。不过，格式塔一词也与德国思想中有拒斥现代科学倾向的保守的、种族主义的品性联系在一起。例如，休斯顿·斯图尔特·钱伯林（Houston Stewart Chamberlin, 1855—1927）说，生命是格式塔，而且除了四分五裂的犹太人之外，每一个种族都是一个格式塔，最高级的种族格式塔是条顿人。虽然冯·埃伦费尔斯不是反犹主义者，但他发表了相似的意见，用格式塔（善）来对抗混沌（恶），并在德国音乐中发现得救的希望。因此，当韦特海曼，一位犹太人，将格式塔一词用于科学的、民主的、城市运动的时候，这是一个大胆的举动。他不是就现代的困境而责备科学，而是希望用好的、讲求实际的科学来证明，经验的世界不是一个谎言，而是一个与有结构的、组织起来的、有意义的物理实在相对应的（Ash 1995；Harrington 1996）。

五 对格式塔心理学的接受及其命运

至20世纪30年代中期，格式塔心理学在全世界都众所周知，这一事实短暂地保护科勒免受纳粹的迫害。不过，德国人对格式塔理论仍然提出了意义重大的批评。最重要的批评来自莱比锡的**整体**（Ganzheit，大致即"整体论的"）心理学学派。他们发现格式塔心理学关于格式塔是具有物理客观性的理论，在心理学上是不充分的。他们的格言是"没有格式塔者就没有格式塔"，坚持格式塔是心灵强加的而不是心灵发现的观点。因为那时胡塞尔等哲学家正试图将他们认为的一批异己科学从他们中驱逐出去，所以格式塔心理学最初对哲学没有什么影响。格式塔心理学确实引起了法兰克福学派的短暂兴趣，后来该学派为使心理学支持他们的马克思主义的社会批判而转向了心理分析。此外，在胡塞尔发出拒斥"心理主义"一通喧嚷之后，后来现象学传统中的哲学家，最著名的是梅洛—庞蒂和萨特，对格式塔观念变得友好得多了。

从1927年起，主要的格式塔心理学家离开德国去了美国。在那【657】里，他们面对的是格式塔概念对之没有任何文化共鸣的社会里的行为主义。虽然美国心理学家尊重格式塔心理学的实验发现，甚至把科勒选为美国心理学会的主席，但他们仍感到格式塔理论是陌生的、令人困惑的。此外，格式塔理论家不打算抛弃他们的德国方式，因而发现没有什么机会培养研究生（Sokal 1984）。库尔特·莱温是一个例外，他按美国的方式改造自己的个性，确保自己能够培养哲学博士生，并承担研究团体动力学之类的美国论题。第二次世界大战后，美国的理论开始统治德国心理学，将仅存的格式塔心理学家边缘化了。

心理学中格式塔心理学的遗产是很难估量的。他们的证明和组织原理在心理学教科书中仍可以找到。他们的最大贡献在于重新阐述对知觉的研究，以便"在关节点上切开自然"。他们不反对将经验分析成部分，而是反对将它分析成任意的部分。也许因为格式塔的影响，心理学家们仍唯恐将预先的理论假设强加在他们的资料上，而科勒关于大脑是一个自组织系统的观点，正在联结主义心理学和神经科学中卷土重来，但没有得到承认。尽管如此，格式塔对整体性和统一性的关注似乎仍然是一个来自尘封的过去的微弱声音。

托马斯·利希

第五十四章

维特根斯坦的心灵概念

一 导言

我们考察维特根斯坦至1945年为止的心灵哲学，就是试图概括实际涉及维特根斯坦哲学从《1914—1916年笔记》（*Notebooks, 1914—1916*）到《哲学研究》（*Philosophical Investigations*）第一部分结尾的全部发展。他在这一时期撰写的大量著作引出一些重要的解释性问题，其中之一是，我们应当把这些著作看成是一个合理统一的哲学观的或多或少的连贯发展，还是把它们看成包含一个或更多重要的中断或完全的断裂。这是维特根斯坦的解释者们根本无法取得一致意见的问题。在本节简要介绍维特根斯坦思想的导言中，无疑会公正对待这一争论。因此，我将使自己只限于尝试阐发一个清楚的解释线索，在此，我同意把维特根斯坦的后期哲学看成是对他早期著作的发展而不是抛弃的人的意见。

从一开始，维特根斯坦就把哲学的特点描述为"对语言的批判"（1921［1922］《逻辑哲学论》（TLP）4.0031），将哲学问题与"我们不了解我们的语言的逻辑"联系起来（TLP：4.003）。因此，我们应当料想他的心灵观点是以他对语言及语言如何起作用的看法为根据的。与此相似，我们应当料想，他的心灵观点的任何发展都可以最终追溯到他的如下两个观点的发展。一个是关于语言的，一个是关于如何完成达到对语言的清楚理解这个任务的。同样，我们设想我们能够追溯维特根斯坦的心灵哲学从早期著作到后期著作的连贯发展，这一设想使我们必须断言：在维特根斯坦的早期哲学和晚期语言哲学之间存在着重要的、基本的连续性。要这样来说明维特根斯坦的心灵哲学，一个自然而然的起点就是阐明我所认为的这后一连续性在于何处。

《逻辑哲学论》用图像与命题的比较给我们对语言现象的知觉带来某种秩序。这个秩序包括我们将如下区分用于构成我们语言的命题：内容（命题可以被分析成的简单的或非连接的部分——名称），结构（将这些简单部分组成一个复杂的或明白的命题所做的确定安排），形式（对于使一命题的内容成为表达思想的确定结构所做的可能安排的限制）。这个秩序的一个后果是，我们开始根据名称在一命题系统中的位置将它们看成是代表了特定的对象，这一命题系统描述了该对象可能作为其成分的一切可能事态。因为唯有根据一个表达式的形式——在命题中出现的可能性——这个表达式才有了它所具有的内容。【659】

对语言的这一看法使维特根斯坦可以摆脱这样的观念，即一个记号开始有意义，乃根据记号和对象之间某种直接的联系，这种联系是心灵，譬如说，通过指示动作造成的。而取而代之的是这样的观念，即一个记号的意义是由它在语言或命题系统中的地位决定的，完全不依赖于伴随其表达而发生的任何心理事件。这个看法以修正了的形式，在维特根斯坦的整个哲学发展中都是根本性的；这个看法在他全面尝试提出一种语言观的过程中是一个主要因素，在这种语言观看来，意义完全属于公共领域，并在说话者之间得到充分交流。对于这种反心理主义的语言观，根本的一点是，心理陈述不应带有任何私人意义。

刚一开始维特根斯坦就认为，我们要避免这一点，只有避免根据与物理的东西的错误类比来思考心理的东西：心理的东西与物理的东西的区分不能认为是两种对象（公共的对象和私人的对象）之间的区分。维特根斯坦的哲学观念是把哲学当作一种"语言批判"，其特点是，他认为，这种类比的无效，私人对象观念的空洞，是语言本身所揭示出来的东西。因此，当我们仔细考察语言，我们看到，心理语言在逻辑或语法上是与物理语言不同的。现在我想做的就是要说明，这一观念在《逻辑哲学论》中是如何表达的，在他的后期哲学中，与他的语言逻辑概念的演变以及他为澄清这一概念所做的探索相适应，这一观念是如何发展的。

二 早期观点

《逻辑哲学论》中对心理学问题的讨论有两次：第一次与对"A 相信 p"形式的句子的分析有关（TLP：5.541—5.542），第二次与唯我论有多少真理性的问题有关（TLP：5.6—5.641）。我从第一个分析开始。

在《逻辑哲学论》中，维特根斯坦的思想受许多植根于原始语言观念中的先入之见的支配。这些先入之见成为他的如下主张的基础：对我们日常语言的命题可以用这样的方式来分析，即表明它们全都是由绝对简单的名称构成的、逻辑上独立的基本命题的真值函项。他以如下论述引出对心理语言的讨论，他说，"看起来好像一个命题能够以不同方式出现在另一命题中"，因为在"A 相信 p"中，"看起来好像命题 p 与对象 A 有某种关系"（TLP：5.541）。这个命题的表面形式诱使我们根据与通常的关系命题的类比来对待它，尽管此例中的关系不是对象之间的关系，而是一个主体和一个命题之间的关系。由于看不到心理陈述与属于物理语言的陈述之间逻辑形式上的差异，使我们假设了一个自我：即具有心理归属的主体，进行思维或拥有观念的主体。

维特根斯坦对此的回答不是试图说明思维主体的观念是有问题的，而是试图指出，心理命题的运作方式表明，它们根本不是关系命题，因为我们不是通过将一个事实与一个对象互相联系来确定这些陈述的真。心理命题不属于与基本命题和通过真值运算由基本命题构造出来的命题同样的命题系统；它们是完全不同种类的命题：

5.542 不过，显然，"A 相信 p"，"A 有思想 p"，"A 说 p"，都具有"'p'说 p"的形式：而这并不涉及一个事实与一个对象的相互关系，而毋宁说涉及的是由这些事实的对象的相互关系而得到的事实的相互关系。

于是，维特根斯坦将我们的注意力引向信念之归属取决于我们对某人的词语含义的识别方式上。我们可以看到这件事与事实陈述命题有多么大的差异，如果我们想到，一个事实（一个命题记号）表示另一个事实（一个可能事态）所凭借的对象相互关系取决于后者与前者有一个共同的形式的话。也就是说，一个命题所表示的可能事态，取决于将该命题的元素以表示可能事态的方式结合起来的可能性范围，而这些元素所代表的对象可以算在这些可能事态中。这件事情不是某种能以一个事实存在的方式，即通过检查此时此地实际出现或发生的情况来决定的事情，而是取决于对一命题的诸元素所具有的在更进一层的命题中结合起来的可能性的把握。因而，"'p'说p"没有以命题p本身陈述一个事实的方式陈述一个事实，而是试图将只能用整个符号体系表明的东西用词语来表达。同样，"A相信p"并未陈述一个事实（一个可以通过检查而确立的内部事态），而是表达了这样的事情，它取决于A发出的声音或相反的断言与它们作为其组成部分的符号系统之间的关系，即取决于A的言语周围的东西，而不取决于A的言语之内的东西。

【661】

认真注意这些心理命题运作的方式就会看出，它们的使用是以识别呈现给我们的东西的意义或意谓为根据的，即以随时间展示给我们的某种东西为根据的。将另一东西认作心理归属的主体并不像辨认一个对象那样，而是近似于知觉一个对前后出现的事情有影响的图形。在维特根斯坦看来，这就等于说："不存在主体……之类的东西"（TLP：5.5421）：语言将命题记号转变为思想，在语言的思想表达背后什么也没有——没有任何东西超出于语言的用法之外。这样，维特根斯坦对语言的批判揭示或厘清了心理学领域与事实领域的区别，从而使我们摆脱了心理主义的主体概念，摆脱了把心理学当作事实领域的心理主义概念。

对心理学问题的第二个讨论采取了对唯我论的一系列评论的方

式。在我们刚才一直考察的那些评论中,我们可以看到维特根斯坦关注第三人称的心理归属逻辑;而现在关于唯我论的评论则从语言的第一人称用法的角度探讨心理学问题。维特根斯坦说这些评论的目的是要表明"唯我论者意指的东西是完全正确的;只是它不可说,而是使自己显示出来"(TLP:5.62)。首先让我们看一下唯我论者意指的东西不可说这一断言。唯我论者所说的是,"世界是我的世界"(TLP:5.62)。维特根斯坦指出,这个陈述必然不能表达唯我论者所意指的东西,因为通过提到一个表面上的事实陈述中的主体,唯我论者实质上预先假定这个主体是世界的一部分,是某种可以用事实陈述语言谈论或描述的东西。于是,唯我论者的陈述就使他把这个主体实体化了,或把这个主体当作众对象中的一个对象。而这意味着,他试图给这个对象以在世界是我的世界断言中表示的那种特殊地位,就显然变得荒谬了。维特根斯坦以这种方式,通过不同的途径,引导我们达到他早先表达的同样的认识,即"不存在任何进行思维或拥有观念的主体那样的东西"(TLP:5.631)。像把"A 相信 p"当作关系陈述的哲学家们一样,唯我论者错误地假定,我们可以用谈论由结合为事实而构成世界的那些对象同样的方式,谈论世界为之而存在的那个主体或在思想中表象世界的那个主体。

那么,[维特根斯坦所说的这个]断言:唯我论者所意指的东西是完全正确的,"而是使自己显示出来"又是怎么回事呢?唯我论者所意指的东西显然与他自己的第一人称视角的独特地位有关。唯我论者意指的东西"使自己显示出来",这个思想表明维特根斯坦相信,唯我论者试图将他自己的第一人称视角的独特地位用词语表示出来,他的这一尝试应看成是徒劳地想要明确表达早已由语言本身以某种方式表明的东西,而且这种东西可以通过维特根斯坦的语言批判观念所推荐的那种批判反思而得到阐明。因此,如果我们要了解唯我论者(而非他的言语)意指的是什么,我们就不能将他所说的当成事实陈述,而应认为他试图阐明,或使我们注意在他试图清楚表达之前就已在语言中显示出的,而且我们在理解语言时一定已经把握了的东西。维特根斯坦对唯我论者关于语言试图所说的话提出了自己的如下说明:

5.6 我的语言的界限意味着我的世界的界限。

5.61 ……

我们不能思想我们不能思想的东西；因此我们也不能说我们不能思想的东西。

5.62 这个评论为我们判定唯我论有多少真理的问题提供了钥匙。

因为唯我论者**意指**的东西是完全正确的；只是它不可**说**，而是使自己显示出来。

世界是**我的**世界：这一点在语言的（唯独我所理解的那个语言的）界限意味着**我的**世界的界限这个事实中显示出来。

解释者们普遍同意的少数观点之一是，"我的语言"和"唯独我所理解的那个语言"这两个表述，不是指我自己的私人语言，而是指我对日常公共语言的理解，至《逻辑哲学论》的5.6为止，维特根斯坦一直在讨论这种语言。就这种公共语言是我所理解的、我用它来表达我的思想、信念等等的语言而言，它是**我的**语言。于是我们可以认为，世界与主体都进入了语言，只是以完全不同的方式。世界被反映在语言中，或在语言中通过因语言而得到的对世界的可能描述而确定下来。主体不是语言中所反映的那个世界的一部分，而是一个说话者在用语言描述他所发现的那样的世界时显露出来的。维特根斯坦认为唯我论者试图明确表达的第一人称的独特地位，是我在用语言表达我对世界的思想和知觉时表现或显示出来的。

从对第一人称独特地位的显示方式的这一说明中马上可以得出，没有任何具有绝对独特地位的第一人称视角。第一人称的独特地位是一切说这种语言的人都有的，是在体现整个语言特征的第一人称和第三人称用法的普遍不对称中显示出来的。因此，对唯我论的这些反思使我们认识到，不存在任何私人主体，不存在任何私人世界。存在着的世界是在我们的公共语言中确定的，是一切使用这种语言的人所谈论的世界。主体及其经验不是这个世界的组成部分，而完全是通过主体运用公共语言表达对他所发现的那样的世界的思想，或对它进行描述时显示出来的。在此意义上，思想着的主体，世界为之而存在的主体，不是世界的组成部分，而是主体运用——第一人称用法——语言的过程中表现出来的，正是这一事实促使维特根斯坦断言，哲学具有促进我们理解主体性性质的必不可少的东西。因为正是由于更清楚地看到我们语言的这个方面——即第一人称用法与第三人称用法的不对称——我们才理解什么是心理的东西特有的，因何不能把心理的东西当作物理自然界的组成部分。

三　后期的发展

在《逻辑哲学论》中，维特根斯坦对这些有关主体性的观点的表达方式，具有抽象的、纲要式的特点。实际上，他既没打算说明我们的心理描述语言的细节，也没打算对第一人称/第三人称不对称的性质做任何深入的探讨。他这里的思想似乎像胚芽，他后来对我们的心理语言游戏的研究就是从这些胚芽生长出来的。意义重大的转折点出现在紧随而来的后《逻辑哲学论》时期，在这个时期维特根斯坦开始认识到，他早先以弗雷格和罗素的标记法为根据的对我们的语言逻辑的看法是不恰当的，他的分析概念是错误的。至《哲学评论》（*Philosophical Remarks*，1975）时，维特根斯坦已经放弃了我们的语言可以根据弗雷格和罗素的逻辑所提供的约束范畴（名称、谓词、关系表达、真值函项）集合来描述或分析的思想，而且终于看到，重言式概念与如下更基本的思想无关，即逻辑命题是在我们的语言命题之间存在的形式联系中已经确定的推理规则的连接。在维特根斯坦的后期哲学中，这个与逻辑有关的基本思想，在排除了它与重言式的联系后，几乎没有改变。他关于哲学是语言批判的思想也没有改变。但由于放弃了对事实陈述语言的本质的原始图画，维特根斯坦这时认为，各种表达之间的一切逻辑区分，我们的不同语言领域之间的一切逻辑区分，只是在说话者对它们的实际使用或运用中充分揭示出来的。虽然这里仍同样关注说明语言的本质，但有一个不同于如下想法

第五十四章 维特根斯坦的心灵概念

的根本转变,即可以通过把语言考虑成说话者对语言的具体运用进行抽象时的符号使用来把握语言的本质。维特根斯坦逐渐开始认识到,理解语言的本质——以及构成语言本质的语言游戏之间的区别——是这样一件事,它依赖于我们对他所谓的"时空语言现象"(1984:§108)的复杂细节,即体现我们日常实际生活中语言用法特点的不同应用类型,得出清晰的看法。

这一转变的一个结果是,维特根斯坦认清了我们日常语言的异常复杂性、精密性和模糊性,从而认清了阐明或澄清其本质的种种困难。他的研究应尝试把握我们语言的复杂性和不确定性,既不窜改也不歪曲。维特根斯坦认为,他正尝试做到的事就是对现存的最复杂现象之一作出概括,这是一场恰当应付这一复杂性和它所显示的差异性的斗争。于是,《逻辑哲学论》提纲挈领的思想现在被小心谨慎的明确表述所取代,不但论述了心理语言和物理语言的基本语法差异,而且论述了将一种心理学概念与另一种心理学概念区分开来的语法差异——用法差异。维特根斯坦关于语言的本质的看法和他把握这个本质的探讨方式发生了深刻变化,然而作为这一变化的基础的,仍然是对《逻辑哲学论》的反心理主义和如下相关思想的坚定而不间断的承诺:第一,在心理语言逻辑与我们用来描述物理世界的语言逻辑之间有绝对的区分;第二,正是心理语言的独特逻辑(用法、应用),揭示了主体性的本质,揭示了主体与我们所面对的自然界之间区分的性质。

维特根斯坦后期对我们心理语言的独特逻辑或语法的研究,因而牢牢地集中在我们运用词语的方式所显出的区别上,即集中在我们使用词语时的环境的多样性、我们教儿童词语的方式、我们确证用词语所做断言的方式、与这些断言有关的不一致的作用和可能的确定性程度等所显出的区别上。从《哲学评论》起,我们看到的是这样的情况,当维特根斯坦变得越来越考虑我们心理语言的区别、细微差异和不确定性时,他对我们实际如何运用词语的关注将他引到对我们的心理语言——以及它所描述的现象——的越来越精细的构想上。不过,在此发展中,我们仍可以清楚地看出牛津运动研究(the Tractarian in-

【665】

vestigation）中的两个基本成分：即关注第三人称心理描述的语法，关注在第一人称和第三人称语言运用的比较中显出的不对称性。维特根斯坦的注意力转向时空语言现象所呈现的广阔场面，这一转换意味着，现在对这些论题的阐发不但与思想和信念的表达有关，而且与我们的感觉、情绪、意向、影像等有关。虽然他在我们面前展示的这幅心理图画不可避免地变得越来越复杂，但仍有我们在《逻辑哲学论》中看到的同样的、作为基础的统一目的：即要表明，有关寓于身体中的自我的观念，有关私人的意识领域的观念，都只是我们受到与物理语言的虚假类比的误导才产生出来的；这些观念与我们的心理概念实际起作用的方式无关。

于是，维特根斯坦用体现其后期方法特点的独特的语法研究表明，一方面，心理学领域内的私人对象观念是由心理概念和物理概念之间的错误类比感而引起的；另一方面，我们误以为体现各种对象区分特点的那种区分，早已在心理语言的第三人称用法和第一人称用法的独特语法中充分显示出来了。如在《逻辑哲学论》中一样，维特根斯坦首先关心的恰恰是诊断和抵制根据与物理状态或过程的类比而构想出来的作为内在状态或过程领域的心理东西的观念。第三人称心理学陈述具有全然不同的用法，这种用法以复杂而难以确定的方式，很容易受在时空中展开的行为和语境类型的影响。在第三人称运用中，心理概念并不涉及内在状态，而是如《逻辑哲学论》中那样，与我们所见所闻的东西的意义有关。这样，心理概念的用法就暗暗地与围绕我们的心理归属或为构成心理归属背景的东西联系起来。维特根斯坦其次关心的是要表明，第一人称的独特地位不是诉诸我有某个独一无二的东西而能把握的，它是在语言的运用中，即在第一人称和第三人称用法的不对称中显示出来的，这种不对称是我们的心理概念用法的确定特征。

玛丽·麦金

第十三篇

哲学与社会科学

第五十五章

社会科学方法论

【669】

当社会科学于20世纪初开始盛行，新康德主义的人文科学（Geisteswissenschaften）与自然科学（Naturwissenschaften）二元论的效用问题再一次引起争论。以前赞成这个区分的哲学家把它看成是将人文科学从自然科学的侵犯下拯救出来，尤其是从实证主义拒绝给不能引出预见和控制的研究以"科学"地位的观点下拯救出来的唯一办法。这种二元论要求二元之间的严格分离，以本体论区分或认识论区分为标志，前者涉及研究对象的独具特征，如研究对象的特殊性而非普遍性等；后者是指理智与经验观察之间的区分。1915年后，当争论从以历史或文本解释为模式的人文科学概念转向对社会科学本身、尤其是社会学及其社会行为理论的争论，争论的参加者发生了变化。即使那些坚持弱二元论看法的哲学家，也出于不同的目的而发生了变化。这时，人们从**方法论**方面阐述各种区分，争论的问题变成了如何理解社会科学本身范围内特有的解释和说明任务。

一旦从方法论方面而不是从本体论或先验论方面进行阐述，科学之间的分界似乎不再是不可逾越的鸿沟。这时争论的问题没有变成是否存在各种合法的方法论的问题，而是变成能将这些方法论合并为某种方法论的统一体，还是让它们成为互无关联的研究方法的异质多元体的问题。社会科学的讨论一旦将经济学、社会学、历史学那样形形色色充分发展了的学科包括进来，那么，与弄清如何能将这样的学科和它们各自领域内不同的研究方法，如马克斯·韦伯（Max Weber）对社会学所要求的那样，放在"一个屋檐下"的任务相比，将人文科学同自然科学区分开来的任务就变得不那么重要了。

一 马克斯·韦伯

由于在历史社会学研究方面的影响，马克斯·韦伯成为最先以这种令人惊异的当代方式提出社会科学方法论问题的人之一。韦伯不是用非此即彼的方式考虑社会科学的地位，而是试图在把社会学构想成社会行动科学的过程中，将经验科学和解释科学两者的特征结合起来。与其他科学相反，社会行动科学要把原先对立的各类科学的方法论原则和目标结合起来：因为社会行动呈现混杂状态，所以对社会行动的恰当的科学说明必须在解释和说明**两**方面都是充分的（Weber 1922b［1978：4—8］）。因此，虽然基本理论可以发现和说明行为的规则性，但这些基本规则还应当是与行动者的目的和规范的自我理解相一致的意向活动的产物而成为易于理解的。对可理解性或解释的充分性的这个要求，由于研究者作为社会行动者的反诸自身状况而变得更加复杂了，因为社会行动者的研究具有特定文化处境下的评价意义。

可以认为，这种评价意义造成了对这项事业的合理性的怀疑主义，因为它使这项事业的合理性取决于"给定的"文化价值，或取决于"神明和魔鬼"（Weber 1922a［1949：129—156］）。韦伯用对最终价值判定的合理性的怀疑主义来回答这个问题。他证明，社会科学的规范前提根本上是实践的，这些前提将社会科学家与他们的文化处境联系起来，就如同有知识的社会行动者设定自己的处境的方式几乎一样，他由此预见到随后数十年争论的方向。社会科学哲学的问题因而不仅仅是将社会科学的各种各样异质的方法和目的之间的对立置于恰当的位置，而且要在成果丰富的研究实践中说明它们之间可能的相互关系，这种研究实践是为它自己特殊的历史和社会背景所反身设定和指导的。

二 实证主义

在试图击败人文科学解释的二元论的过程中，实证主义似乎首先与韦伯的实践多元论发生了矛盾。实证主义寻求将科学研究各领域的研究统一起来的那些经验主义方法的普遍必然的条件。不过,像纽拉特的著作的发展所表明的那样,即使实证主义也无法将这个论点保持下去(N. Cartwright, J. Cart, L. Fleck, and T. Uebel 1995)。纽拉特是维也纳学派中最关心社会科学、最关心科学统一之作为以合理社会为趋向的社会运动的实践含义的哲学家,他一贯据理反对自然科学与人文科学的区分(Neurath 1910 [1981: 23—46])。虽然"元理论",或者"普遍科学",为所有科学排序,但它不会按照孔德式的等级结构来排序,从最基本的学科(物理学)引出最不确定的学科(社会科学)。反之,它在共同的方法论原则的基础上,通过对个别科学的研究,归纳发展出方法和理论上的联系(Neurath 1910)。这种形式的科学统一需要一门"科学理论的理论",它的规范规定不可能独立于实际的诸科学本身而发展起来,但可以统一在科学的元理论或"科学的科学"中;对于方法论统一的科学的这个基本构想,在当今某些自然化的认识论中仍然非正式地延续着。

【671】

即使假定复杂的承诺和社会利益激发了纽拉特对科学统一问题的看法(包括非还原的自然主义,把科学的统一看成是一个实践方案,把马克思看成是社会研究的典范),但他自己在关于基本语句的争论中对实证主义认识论的越来越激烈的批判,似乎不利于他自己围绕基本抽象的方法论原则而统一起来的普遍科学的方案(Neurath 1932 [1983: 48—51])。这个众所周知的科学形象,就像一艘必须在海上用一块一块木板重新建造的船,拒绝将一级的科学与二级的方法论统一明确分开所必不可少的认识论基础。如关于基本语句和划界问题的争论所要表明的那样,科学的统一正像纽拉特所拒斥的科学二元论依赖于康德认识论的先验证明一样,依赖于基础主义的经验论(为科学与非科学的划界提供基础)。如果没有关于基本层次上类规律规则的基本语句或还原的自然主义,很难理解单独一组方法论规定怎么能从实际诸科学本身的实践和结果中产生出来。而从"纽拉特之船"引出的实用主义则暗示出某种与韦伯的方法多元论相似的东西,由此诸科学之间的相互联系就根据各种各样的实践目的和社会方案建立起来了。实际上,使纽拉特首先为社会科学留下余地的反还原主义,也使他(如韦伯那样)将科学概念的抽象特点与日常历史现实的复杂性区分开来(Nearath 1944)。于是,这个没有普遍方法论规范的方案所留下的乃是实践的而非理论的统一性:即社会改革的方案。因此,科学首先作为推理实践和社会实践而统一起来,几乎与杜威或米德之类的实用主义者一样,试图从实践上将科学统一为具有民主社会特点的研究形式。如杜威所指出,这个实践与政治的科学方案不是将科学用于"人类事务",而不如说是将科学作为合作实践研究的方面,运用"在人类事务中"(Dewey 1927)。

三 历史编纂学、现象学和解释学

作为对实证主义的自然主义和科学统一论点的最初反应,唯心主义的历史编纂学、现象学和解释学以显著而不大精致的形式出现了。通过反对关于经验主义方法论和经验主义解释的流行说明,柯林伍德据理反驳了科学统一的论点,在历史与行为主义科学、法理学之间做了鲜明的唯心主义的区分。法理学只说明外部关系和行为规则,而历史学则试图(如狄尔泰也认为的那样)把握"事件的内部方面",从而阐发它们之间的内在关系(Collingwood 1946)。历史研究不但探讨特殊的、独一无二的、不可重复的事件,而且运用这样一些解释,这些解释需要再现行为者的经历,再现他或她生活于其中的整个的实际环境,而不要求在偶然事件中构建普遍概括。如在解释学中那样,柯林伍德将历史的可理解性看成是对解释的循环结构的展示:当历史学家"知道发生了什么事情的时候,他已经知道为什么这件事情发生"(Collingwood 1944)。虽然这是因为柯林伍德认为意向的可理解性揭示了一切思想同样的基本规范性,但现象学和解释学仍试图取消这种关于合理性或信念的规范假设。实际上正是人文科学提供了对经验科学的特殊成就的意义进行定位并做出判断的更广阔视角。对人文科学和自然科学之区分的这种反自然主义的看法,是由埃特蒙德·胡塞尔(Edmund Husserl)、阿尔弗雷德·舒茨(Alfred Schütz)和马丁·海德格尔（Martin Heidegger）以各种不同的方式提出来的。

当胡塞尔逐渐放弃他早先对构成性意识的关注，赞成将意义和概念置于其中的社会"生活世界"，他的现象学就变得更加与社会相关了。他在后期著作中证明，虽然科学在其目标上是普遍的，但它们是欧洲文化特定的历史规划，这一规划现正处于危机之中。这个危机是由于不了解"伽利略的"科学概念的地位而引起的，这些概念并没有得到认识的确定性或形而上学一致性的辩护。它们乃是来自社会生活世界的理想化，是从社会生活世界中抽象出来的，是在研究者"背后"起作用的、而研究者不可能完全明了的预先假定的背景理解（Husserl 1936［1970：23ff］）。舒茨追随胡塞尔，将对生活世界这个预先假定的现象学分析的焦点也推广到社会科学，他认为社会科学是以各种社会制度的类型化为基础的，譬如市场将个人类型化为许许多多的优先选择那样。社会科学预先假定了它们所要分析的那些相关的类型化或体系，如韦伯的理想类型等（Schütz 1932［1967：167ff.］）。与此相似，海德格尔也正是根据对世界的某一类取向来分析自然科学的，在此世界取向中，事物被看成是完全"现成在手"（present to hand）的，因而与任何以遭遇"上手"（ready to hand）事物的世界为活动取向的人类意义无关（Heidegger 1927［1962：114］）。所有这些现象学分析都旨在表明科学抽象的预先假定；由此他们推断这些科学的合法性是有限的，推断它们没有能力反诸自身来澄清自己的预先假定和承诺。这个反思任务需要在日常生活世界中起作用的那种意义概念和意向性概念。

【673】

胡塞尔仍然从理论方面而非实践方面理解这个生活世界。海德格尔对人类"在世存在"的分析拒绝了这一研究路径，而且这样做时，为解释学或对人文科学的解释性研究提供了根据，克利福德·格尔茨（Clifford Geertz）等文化人类学家的"厚描述"（thick descriptions）成为这种解释性研究的范例。自然科学是以它们自己的研究实践所规定的设想为起点的，而人文科学却是以解释为起点的，因而是从解释的"解释学循环"范围内开始的。这样一种科学的要害是没有通过理想化而避开解释学循环，而是"以正确的方式进入这一循环"

(Heidegger 1927 [1962: 195])。这一循环意味着解释成为内在的说明，成为解释的解释。不过，海德格尔并没有采纳这种代表19世纪末的早期历史研究方法和解释学研究方法的文本解释模式，而毋宁说他试图根据主体间实践及其整体的、实际的"参照语境"来解释意义。

舒茨没有将注意力集中在实践背景造成解释学循环的方式上，而是根据主体间性的生活经验来分析"真正的理解"（Schütz 1932 [1970: 113]）。对对话和相互作用中可理解的日常实践进行的这种严密的描述分析，影响了后来由哈罗德·加芬克尔（Harold Garfinkel）最明确阐述的民族学方法论研究。在这里，即使与海德格尔的解释学方法相比，我们也看到了一种根据解释者立场的、意义深远的方法论转变。解释者不仅仅说明实践或提供对解释的解释。更确切地说，他或她还对意义在其中构成的那些活动有特殊的视角：即相互作用和对话的参加者视角。不论怎样，这个解释者不仅仅是又一个参加者；他或她还是一个"反思的参加者"，他（她）对主体间性的结构和他们共同具有的意义的结构进行分析，这结构同时又是解释的根据和结果。于是，舒茨的现象学研究方法超出了仅仅对实证主义的预先假定的批判，为社会科学发展出一套独特的方法，这方法就像在对话情况下与他人实际打交道那样，是一种反思性参与。这套新方法导致舒茨接受了方法和理论上的多元主义。他明确承认社会科学中视角和研究方法的多样性，其中包括基本理论和法理普遍化方面的第三人称视角（Schütz 1932 [1970: 229ff]）。各个研究方法的有效性不是从经验上确立的，而是在哲学上从生活世界先验现象学的反思视角确立的。

四 批判理论与实用主义

另一可选的研究方法通常是不仅分析各种研究方法的相互联系，分析作为复杂的实践整体的社会世界各方面的相互联系，而且还把哲学和经验主义社会科学看成是在理解社会世界的事业中相互合作的，而研究者作为参加者卷入在这个社会世界之中。经验主义社会科学能够与哲学的、规范的分析合作，并为之作出贡献，这个思想是20世纪30年代法兰克福学派批判理论的纲领，马克斯·霍克海默（Max Horkheimer）称之为"跨学科的唯物主义"（interdisciplinary materialism）。作为既是经验主义的，又是规范的，又是实践的社会科学的纲领，这样一种唯物主义本来就是多元主义的：它不但必须努力将各种最佳的社会理论结合起来，而且必须努力将"千变万化的研究方法"结合起来（Horkheimer 1931 [1993：13]）。鉴于它的理论工作和经验工作试图对整个现代社会进行分析，因此，没有任何一个独特的方法、手段或理论能全方位、各方面地把握它。而且，批判的社会科学的反诸自身的特点和实践特点也显示出多元主义。一位批判的社会科学家不仅仅是舒茨的反思参加者，而且也是一位为了解放、为了实现"使人类摆脱一切奴役他们的环境"的目标，而从事实践变革计划的社会活动家（Horkheimer 1937 [1982：188]）。在这里，方法论的多元主义反映了对理论整体论的肯定，反映了对批判研究本身的规范取向的实践自反性的肯定。哲学提供了对合理性的有力构想，以此为解决往往对立的解释视角的潜在冲突奠定了基础。

批判理论的多元主义形式显示了与美国实用主义对于社会科学【675】的看法的明显相似性，后者把社会科学看成是在从事促进民主社会的改革计划。当霍克海默与其他批判理论家对实用主义的实践取向观念鄙夷不屑（他们认为它只有"现金价值"取向是成功的）的同时，却又试图将社会变革的实践事业中的规范部分与经验部分结合起来，这显示出他们与实用主义者有共同的方法论承诺和政治承诺（Habermas 1968 [1971]）。尤其是，实用主义者阐明了反身性社会科学的更加特殊的实践基础和社会基础：语言的主体间性和民主协商中科学的作用。这两种研究理想都赋予公共理性的观念以交往的形式，将科学看成是民主的，将民主制度看成是一种探索形式。通过将方法论上的争论转变为在日常交往和问题解决中起作用的特殊的反诸自身的能力和交往能力，实用主义将社会科学定位在当代实践的背景之下。在这方面有两位实用主义者是出类拔萃的。

乔治·赫伯特·米德（George Herbert Mead）对什么是人类交往

特有的东西进行了分析,在此他不但参照了主体间共有的经验,而且参照了为视角获得和角色获得的相互性创造空间的"表意符号"(significant symbols);所有人类思想都是"内在社会化的",科学是一个"逻辑的共同体"(Mead 1934：379)。人类在语言互动中运用的交往能力与社会科学家在研究思想和行动的社会规范时所改进的能力是同样的。这些同样的能力是参加合作实践和民主制度所必需的。约翰·杜威详细说明了为什么民主制度力图将那些实践制度化,还说明了为什么合作的、多元主义的方法论是社会研究唯一可能的实践模式。由此来看,社会科学承担了政治角色:当社会科学对正在进行的合作的基础进行研究时,就为判定各种各样的实际解决办法,为解决社会冲突,提供了必要的证据。因此,社会科学家并不提供解决问题的办法,但他能对我们的实践做规范的反思,并参加到对各种各样民主改革和实验的公众检验中去(Dewey 1935)。与其说社会科学为独立达到的或既定的目标提供了工具知识,不如说它们提供了与合作的现行基础,与民主的自身调节和公共问题解决有关的反思知识。

【676】　　实用主义和批判理论都认为,以公众反省为方向的实践取向是这种社会研究实践不可缺少的组成部分,尤其就它们的成功依赖于使合作关系接受民主的检验和修正而言更是如此。两者都关心一种特殊的反省活动:它们使包括社会研究组织在内的合作实践的政治社会组织成为研究的对象。批判理论在社会研究所范围内的有组织的跨学科合作研究的环境下,就是这样做的;实用主义则从民主的社会组织方面更广泛地构想这个问题,在民主的社会组织中,不同社会视角和角色的多数性使这样的研究更有望取得丰富成果。实际上,杜威注意到,社会研究(与物理研究相反)的特点是对"不同程序方法的功效"进行争论,这使得不大可能出现各种替选假设中将只有一种被接受或抛弃的情况。确切地说,"替选者的多数性是使研究更广泛(充分)、更灵活、更能认识所发现的一切事实的有效手段"(Dewey 1938 [1986：500])。这种多元主义表明,我们不应当从"理论的立场"看待社会研究,以致一个理论必须被接受,别的理论必须被完全抛弃(Dewey 1938 [1986：500])。如在批判理论那里一样,在杜威看来,

第五十五章 社会科学方法论

"完全的公开性"和"不受约束的交往"是反省的、民主的社会研究的严格条件（Dewey 1927［1988：339］）。

这些反思表明了一个共同的意图，即将二级的反思和批判的社会研究与现行的具有民主性质的变革和公众领域联系起来。某种社会研究不是简单地检验特定政策的实践价值或实际后果（Dewey 1938［1986：493］），而是检查实践本身对于据认为它们要解决的问题负责的程度。在某一点上，一级的"问题—解决"因缺少真正的共同目标而失败。如库恩（Kuhn）对常规科学与革命科学的区分一样，二级的批判反思考虑的是合作本身的构架是否需要改变。这样的批判不但倾向于阐明对问题加以解决的那个新的合作关系，而且针对现行的制度。因此，批判的社会理论将对自己的组织和目标进行研究的方法贡献给了民主制度：由哲学促动的社会研究所起的作用，就是要成为"发展批判方法的批判方法"（Dewey 1938［1986：437］）。这种二级反思是多元主义社会研究的组成部分，在此，通过反思，各种不同学科和参加者的合作关系就得到了确定。

不过，几乎与纽拉特把科学的统一理解为一项改革方案一样，杜威似乎也经常假定，仅仅由于我们的社会存在，我们就已经对这些研究的目的取得了一致，因而我们所要做的只是通过道德反思来具体阐明这些目的，通过研究达到早已给定的"一致目的"，或达到"后果控制中的共同利益"（Dewey 1927［1988：314］）的恰当手段，使这些目的变得有效。可是，将技术方面的反思与道德方面的反思这样区分开来，并没有为我们提供任何根据，以使我们恰恰在需要进行二级反思的情况下思考二级反思：当继续的合作本身成问题的时候，我们在影响我们实践的那些利益和目的方面取得共识。因此，哈贝马斯（Habermas）发现，皮尔士（Peirce）对研究中的共识（consensus）作用的高瞻远瞩的说明，与其说指出了社会生活的构成特征，不如说指出了这种共识作为社会生活的调节理想的批判作用更恰当（Habermas 1968［1971：139］）。这里，关于社会科学方法多元主义的争论，不但为社会科学中的验证提出了一个实践标准，而且为所有的社会改革和批判提出了一个实践标准。对各种对立的解释、批判和说明的判

【677】

定，最终是实践性的和程序性的。这里的问题不是要发展出一个合理的普遍理论，而是要表明那样一种人人都会同意的自由平等对话的社会交往条件。这样的实践标准进而表明，社会科学的道德特征和认识特征不可能被区分开，其实社会科学本来就是规范科学或"道德科学"。

五 结论

这一时期关于社会科学方法论的争论，以巨大的分歧开始，以主要对立的哲学探讨之间的惊人趋同而告终。它们之所以趋同，是因为当争论转移到方法论上，转移到社会科学家的实践状况和目标上时，就使指导以前争论双方的本体论和认识论的划界问题变得几乎无关紧要了。一方面，对基本语句观念的反驳愈演愈烈，使得作为科学之基础的纯观察被抛弃了。实证主义本身无法在方法论方面为科学与非科学提供清楚明确的划界。由于没有遇到任何反对意见，明智的实证主义的拥护者们不必再接受二元论了。另一方面，试图在自然科学和人文科学之间建立明确区分的唯心主义的（本体论的）尝试和新康德主义的（认识论的）尝试都被放弃了，以追求一种在社会科学的解释和说明之间寻找可能相互关系的方法论途径。以前，解释被用于对预先假定的先验分析的领域中，现在，解释被经验性地用于分析语言的相互作用，实际上以日常的实际对话能力和参与社会实践的能力为根据。在两种情况下，放弃经验主义的和康德主义的划界问题，不仅导致了方法论的多元主义，而且导致越来越强调社会科学的实践特征。

【678】　　如果多元主义被广泛接受，那么，社会科学的实践特征就变成最重要的了。社会科学家不但是实践的反思参加者和社会交往的反思参加者，而且还从事各种规划，这些规划的有效性将服从于一致同意或共识之类的实践验证形式。纽拉特的非还原的科学统一方案，试图通过对实践和社会组织的合理改革使社会生活变得更美好；批判理论试图在活动家中发起反思，使得他们能改变他们的实践，使共识成为

社会生活的基础;而实用主义则把研究的作用看成是能够使复杂的现代社会民主化的合作实践。拒绝对人文科学与自然科学做任何严格的方法论区分,不会产生在韦伯、纽拉特、批判理论和实用主义之前曾产生的影响。它们共同的多元主义允许有多少实践方案和目标,就有多少不同的方法论途径和理论进路。社会科学家和参加者双方的任务就是将这些各种各样的方法和目标从实践上和政治上调和起来。这种实践的可能性不仅要求一门规范的、与政治相关的社会科学,它还为多元主义社会科学中对说明和解释的实践验证奠定了基础。

詹姆斯·博曼

[679] 第五十六章

社会人类学的兴起

一 引言：人类学科学？

社会人类学不但研究社会系统之间的相互作用、它们的成员和大的环境，而且研究社会系统的结构和机制。社会人类学拥有一系列理论路径，包括而不限于进化论、传播论、功能主义。早期社会人类学家的进化论研究方法与当今生物学家信奉的进化论不同。当代生物学家拒绝进化是进步的观点，而19世纪的进化论者相信，人类社会是从"原始的"形式进化为他们自己"先进的"欧洲文明所表现的形式。与进化论者不同，传播论者把新的社会形式看成是在特定的社会和环境背景情况下，不是自发地、就是作为对内部或外部压力的反应而产生的。一旦一个新形式确立了，它就可以传播到别的人群。传播主义的研究纲领强调找出一个观念的原始根源，并追踪它的传播。功能主义避免了其他两种研究方法的历史的（或伪历史的）特点，而将注意力集中在各种社会制度发挥的功能上，或集中在一个大的社会系统各组成部分之间的相互功能关系上。

本章所理解的社会人类学是人类学的四个主要领域之一，包括经常所说的"文化人类学"。其他的三个领域是：体质人类学，研究现代人如何最终具有现在的体质形式，他们的生物学特点如何决定他们与他们环境的其他部分的关系；考古学，通过考察人类物质文化的遗迹来研究人类；语言人类学，通过研究语言史和语言结构来研究人类发展和人类多样性。在本章中，我讨论对1870年至1945年社会人类学家的工作有影响的那些哲学论题。在这一时期，人们广泛甚至压倒

一切关心的事情是试图将社会人类学确立为一门科学。文字出现以前【680】
的社会似乎为能促进发现人类行为规律的自然实验建立了一个理想的
实验室。人类学家在研究中遇到的物理环境、文化环境和社会环境的
多样性，为研究人类的哪些性质属于他们的根本本性，哪些性质是非
本质的，提供了机会。而且，人类学家可以判断哪些社会安排运行不
佳，哪些社会安排运行良好。社会人类学家相信，他们的工作有益于
纯粹科学，在实践上也有重要应用；社会人类学的开端充满了社会改
革的幻想。不过，社会人类学实际应用中的黑暗一面也出现了。因为社
会人类学家的大部分现场考察是在主要西方国家的殖民地进行的，尽管
他们得到殖民地政府的支持，但仍被指责阐述了有助于压迫和控制土著
人的理论。

虽然社会人类学家试图发现社会规律，但他们不是最先这样做的
人。例如，爱德华·伊文思·普里查德（Edward Evans Pritchard
1964：21）爵士把 C. de 孟德斯鸠当作"社会人类学世系的开创者"，
因为在《法的精神》（*The Spirit of Law*, 1748）一书中，孟德斯鸠分
析了诸社会制度的相互功能关系，认为它们是与法相适合的（Malefi-
jt 1974：80）。社会行为的规律问题与社会控制的可能性问题密切相
关，因而也与何者构成了良好的社会安排，在何种程度上能够并应当
将一个人塑造得符合社会需要的哲学问题密切相关。

二 现代社会人类学的开端：摩尔根和泰勒

由进化论者写的两部有影响的著作《人类家庭的血亲和姻亲制
度》（*Systems of Consanguinity and Affinity in the Human Family*）（Mor-
gan 1870）和《原始文化》（*Primitive Culture*）（Tylor 1871），是一个
标志，可以作为讨论社会人类学的兴起问题的一个有用的起点。摩尔
根关于亲属和社会组织制度的著作，不但以取自寄给世界各地的传教
士和外交代表的调查表中的资料为根据，而且以他毕生对易洛魁人的
研究为根据。他关于亲属关系的比较著作援用了共同原因原理，以说
明远隔的人群中亲属术语体系的结构相似性的演化。摩尔根对社会组

织的分析给卡尔·马克思以深刻印象，以致他催促弗里德里希·恩格斯使摩尔根的著作让更广泛的读者知道（Engels 1884）。泰勒（Tylor）担任了英国大学的第一个人类学职务，他收集了许多社会的资料。他采用比较的方法，试图了解社会制度的发展（Tylor 1889）。

[681] 他的著作鼓舞了詹姆斯·弗雷泽（James Frazer），即《金枝》(*Golden Bough*, 1890) 这部有广泛读者、极有影响的著作的作者，使他从古典文学研究转向人类学研究。摩尔根和泰勒都假定人类的精神统一性，把文化进化看成是贯穿社会发展诸阶段（蒙昧状态、野蛮状态、文明状态）的一个进步。依一个人群发现自己所处的环境而定，它的成员可以在其中任何阶段上经历或长或短的时间。虽然向下一阶段的进步是规范的，但环境可以加速或延缓其进化。在某些情况下，一个族群甚至可能在进展到下一阶段之前就不复存在了。人类学家在其世界范围的研究中，可以看到各种各样的阶段，从而发现正在进行中的进步演化的规律。

虽然摩尔根与他的易洛魁信息提供者密切生活、工作在一起，泰勒参加了赴墨西哥的简短的人种学探险，但同弗雷泽一样，他们的研究与其说是依靠现场考察，不如说依靠图书馆研究。不过，随后一代社会人类学家把现场考察变成了受专业尊重必不可少的东西。毫不奇怪，最有影响的两位社会人类学家，弗朗兹·博厄斯（Franz Boas）和布罗尼斯拉夫·马林诺夫斯基（Bronislaw Malinowski）都受过物理学的训练。这些先驱者都承诺科学人类学的可能性，都清楚地了解直接观察、假设、构型和检验的重要性。

三 文化相对主义和对进步进化论的拒斥

由于对美国西北部土著人的现场考察，博厄斯逐渐放弃了进化论的观点和随之而来的种族主义。他还批评过于简单地运用比较的方法，这种用法假定，相似的结果永远是由相似的原因产生的，他强烈要求人类学家更加注意个别文化在其自己特定的物质的、社会的环境背景下的历史发展（1940）。因为他专注于收集一个文化在其历史背景中的细节资料,所以在他试图确定人类行为的普遍规律时,被指责为素朴的归纳主义者。博厄斯从来没有放弃发现普遍规律的希望。不过,至他的职业生涯结束时,他越来越把注意力转向记录有关以传统方式生存受到威胁的那些社会的信息。

博厄斯对人类学的主要贡献之一是他认识到并证明,土著人的语言、艺术品、宗教信仰、实践和价值不仅仅是向更文明生活方式发展道路上的诸阶段。各人群的文化应当在它自己的环境背景下来理解和评价,这个观点以**文化相对主义**而著称。博厄斯对许多不同的、巧妙构建满意社会制度的方式的重视,促成了非常重要的人类学研究,包括本杰明·李·沃夫(Benjamin Lee Whorf 1956)和爱德华·萨皮尔(Edward Sapir 1921)的创新性的语言学研究。现在,文化相对主义被看成是人类学智慧的标志。虽然有些人类学家根据博厄斯的著名学生玛格利特·米德(Margaret Mead 1928)和鲁斯·贝内迪克特(Ruth Benedict 1934)的著作认为,**伦理相对主义否认伦理学的任何超文化的标准**,它是文化相对主义的一个后果,但这样一种观点不可能在博厄斯的著作中得到支持(Salmon 1997)。

【682】

四 英国社会人类学与功能主义的兴起

在博厄斯漫长职业生涯的较晚时期,与英国社会人类学关系十分密切的功能主义研究方法开始统治这个领域。马林诺夫斯基和拉德克利夫—布朗(Radcliffe-Brown)特别值得注意。马林诺夫斯基在克拉科夫大学获得科学哲学博士学位,后来去了伦敦经济学院,他显然受到厄恩斯特·马赫(Ernst Mach 1886)的现象主义和对科学规律的功能主义解释的影响。马林诺夫斯基在澳大利亚各地区进行的广泛细致的现场研究成为他的人类学著作的基础,这些著作十分畅销,不但被研究者,而且被普通公众不断阅读(1929,1944,1954)。马林诺夫斯基把文化制度看成是社会满足其各个成员各种各样生物的、心理的和社会的需要的方式。虽然所有人都需要食物、居所、再生产的工具等,但满足这些需要的方式却取决于一既定社会特有的环境的和历史的因素。马林诺夫斯基认为，不论怎样，一个人要理解任何文化形式，他不必知道它是如何发生的，而必须根据人类生存所必需的一系列复杂的、基本的和派生的需要，来把握它所发挥的功能。

马林诺夫斯基在他对文化的适应性说明中，将注意力集中在个人的生物需要和心理需要上，这为理解和说明作为完整单位的社会造成了理论困难。某种程度上因为这个问题，阿尔弗雷德·拉德克利夫—布朗与马林诺夫斯基的个人主义和功能主义分道扬镳，并提出了一个替代的整体论的**结构功能主义**理论，直接处理社会整合问题（1952）。在他的功能解释和他对社会事实优于个人事实的承诺两方面，拉德克利夫—布朗都是埃米尔·涂尔干的真正信徒（1895）。拉德克利夫—布朗与对待生物系统类似地对待社会系统，并试图根据对整体的功能活动的贡献来理解一个社会系统的各项特征和各个子系统。例如，社会系统的一个子系统，亲属关系命名系统，由于在承担的责任、对各种帮助的期待、婚姻配偶的适配性方面，将亲属分为相关的范畴，因而有助于维护社会系统。拉德克利夫—布朗希望通过考察各种社会系统中的亲属命名，指出结构的相似性，一个人最终能够阐述譬如将命名系统的特定类型与社会系统的其他特征联系起来的功能规律。这样的规律缺少传统因果律所必需的时间顺序，而在这方面，它们与马赫和伯特朗·罗素（Russell 1914）认为是真正科学的那类规律是相似的。同博厄斯一样，拉德克利夫—布朗最终承认他在发现人类学重大规律方面没有取得进展。他的一些出色的学生，像迈耶·福蒂斯（Meyer Fortes 1953）继续强调人类学的科学性，继续将这个观点与对规律的探索联系起来。尽管其他人，包括伊文思·普里查德，对此持有异议。他们与博厄斯的学生一道主张：人类学是一门历史学科，而不是科学学科。关于人类学是"科学"还是"历史"问题上的分歧，继续造成当代人类学家的对立。

五　社会人类学与殖民主义

社会人类学与殖民地政府之间的复杂关系在库克里克的著作

（Kuklick 1991）中做了探讨。她论证说，虽然人类学研究依靠殖民地官员和有心支持政府政策的私人机构的支持，但人类学家不仅仅是用于压迫土著人的工具。大多数殖民主义列强都把自己看成是仁慈的统治者，他们试图保持促进贸易必不可少的和平关系，而这对他们所统治的人民是有益的。况且，英国人奉行"间接统治"的政策，通过取得土著政治机构的支持来统治殖民地。要以这种方式进行统治，他们既需要了解土著机构是怎样运行的，又需要了解如何保持其稳定。在政府高层，负责殖民地事务的那些人转而征求人类学家的建议。不过，信奉不同理论的人类学家在提供何种建议的问题上意见不一。进化论者、传播论者、功能主义者为获得允许他们从事现场研究和回应政府咨询的资金而进行竞争。功能主义者在获得资金方面最为成功，但他们的建议并不总得到采纳。虽然马林诺夫斯基的论证可以说服基金机构，但并不一定能消除负责执行政府计划的现场官员对进化论的支持。功能主义之所以繁荣起来，某种程度上是因为英国殖民地政府的支持；而殖民主义的命运是否取决于人类学家提出的建议，则不那么清楚。

梅里李·H. 萨蒙

第五十七章

西方马克思主义与意识形态批判

1917年10月的俄国革命及随后共产国际的建立，鼓励了从哲学上重塑马克思主义。至关重要的是，这涉及抛弃在第二国际流行的对历史唯物主义的自然主义的解释。例如，安东尼奥·葛兰西（Antonio Gramsci）欢呼十月革命是"反对**资本**的革命"，即反对考茨基和普列汉诺夫详细阐述的如下设想：历史是由按照"不可抗拒的"必然性运行的自然规律所主宰的进化过程。这里的思想是：布尔什维克党人试图在一个经济落后的国家进行社会主义革命，他们强调阶级斗争中先进政党的必不可少的作用，这些都需要这样一种马克思主义，根据这种马克思主义，变革的推动力不是生产力的发展，而是作为革命主体的阶级的构成。

一 乔治·卢卡奇

形形色色的理论家——例如，卡尔·科尔施（Karl Korsch）和葛兰西本人——都参加了这个设计出来的哲学革命。但它的关键著作无疑是乔治·卢卡奇（Georg Lukács）的《历史与阶级意识》（*History and Class Consciousness*，1923）。卢卡奇给马克思主义带来了一种由新康德主义塑造出来的早已形成的微妙的哲学敏感性。作为席梅尔（Simmel）和韦伯（Weber）的学生，他从他们那里主要得到的是对现代社会的一种极端破碎感。将工具理性用于发现达到任意选定目标的最有效手段，由此不论会产生何种形式上的一致性，资本主义都无法将自己的不同方面整合为一个自身平衡的整体。单个行为者面对一个他们共同创造的社会世界，但对于它的全部运作，他们不是无法理解，就是无法控制。卢卡奇发展了马克思在《资本论》第一卷中对商品拜物教的分析。他证明，资本主义的结构是"物化"（reification）的结构，在此结构中，社会关系被转化成物，被当作不能为受意识指挥的人类活动所改变的自然现象。

在此背景下，马克思主义的意义恰恰在于它提供了对资本主义社会总体的理解。卢卡奇甚至论证说，把社会制度与社会实践当作一个完整总体的不同方面来看待，对于马克思主义的方法来说是确凿无疑的："**总体性范畴的首要性是科学中革命原则的承担者。**"（1923[1971：27]）这个断言至少显示出脱离第二国际中占统治地位的各种马克思主义的意义深远的重点转移。并非卢卡奇忽视经济过程。正相反，他证明，正是商品化过程——在资本主义制度下，不但将货物和服务，而且将社会生活的一切方面都转化成在市场上买卖的商品——构成物化结构的基础。【686】

自然而然出现的问题是，若按卢卡奇所主张的那样，经验是彻底物化的、破碎的，那么如何能达到他声称马克思主义所提供的那种对社会整体性的理解。答案是由该书最独特的论题之一，即它提出的对阶级意识的说明提供的。卢卡奇有一个人们所谓的意识形态透视理论。马克思阐发的意识形态概念指的是，信念是由社会方面引起的。但对我们的信念的这种因果影响可能起作用的方式是各种各样的。也许最明显的是，各种各样的社会制度不是直接塑造信念本身，就是直接塑造信念由以形成的过程。因此，马克思主义者经常把教育制度、教会和大众媒体描绘成既直接反复灌输某些信念，又抑制顺从这些信念的人的批判能力的发展。

虽然卢卡奇没有明确拒绝这个关于信念的社会起因的观点，但他自己强调的是在别的方面。他提出，一个行为者的信念在很大程度上是由他或她在社会结构中所处的地位引起的。尤其是，一个人在其生产关系中的地位，由这地位所产生的阶级身份和阶级利益，构成了他或她观察世界的视角。由此，人们可以将这种意识恰当地归因于特定的阶级定位。

通过将意识与社会的**整体**联系起来，对人们在特定情境下应当具有的思想和感受进行推断就成为可能，如果他们**能够**对这情境作出评价，**能够**对他们在影响当下行为、影响整个社会结构的过程中由这情境引起的利益进行评价的话。也就是说，可以对适合于他们的客观情境的思想和感受进行推断……于是，阶级意识就在于这种合适而合理的反应"被归因于"（zugerechnet）他们在生产过程中特定的典型地位这个事实。(1923 [1971, p. 51])

卢卡奇强调，这种被归因的阶级意识不一定与该特定阶级的单个成员的实际信念相一致。不过，它仍然充分有效地，尤其在重要的历史危急时刻，为分析资本主义社会中无产阶级和资产阶级这两个主要阶级的实际意识提供了根据。资产阶级依赖于对工人阶级的剥削，这限制了它达到理解整个资本主义社会的能力。虽然它的主要理论家可以得出深刻的局部洞见，但他们不能把握总体。因为既然这个总体依赖于从无产阶级那里榨取剩余价值，那么，假如资产阶级果真承认这个现实的话，它就无法保持它在意识形态上对其他阶级的统治地位，甚至不能保持它自己进行统治的道德权利感。

同样，在经济危机期间，资产阶级不得不尴尬地面对这样的事实：资本主义是一个历史上过渡的社会制度，它内在地容易为繁荣和萧条的破坏性循环所动摇：

> 而这同样是资产阶级无法充分理解的事情。因为很容易看到，这种情况的背景是如下事实："资本主义生产的真正障碍是**资本本身**"[马克思]。而假如这个洞见真的被意识到，那么它实际会引起资本家阶级的自身否定。

> 就这样，资本主义生产的客观局限变成了资产阶级的阶级意识的局限……资产阶级必定不知道它自己的制度的客观经济局限，这一事实表现为它的阶级意识中的一种内在的、辩证的矛盾。(1923 [1971: 63—64])

第五十七章　西方马克思主义与意识形态批判

在《历史与阶级意识》的主要论文"物化与无产阶级的意识"(*Reification and the Consciousness of the Proletariaat*)中,卢卡奇进一步考察了这个"资产阶级的悲剧的辩证法"(1923［1971：65］)。他分析了他所谓的"资产阶级思想的二律背反",他证明,从笛卡尔到狄尔泰和李凯尔特的西方哲学已经无力阐发对社会整体的合理构想,它不是否认达到这样一个构想的可能性,就是提出令人困惑不解的说法(黑格尔的绝对是后者的主要例子)。这一失败与资产阶级的地位相符合:它能使特定的制度或实践合理化,却不能提供任何全面一致的秩序。

相反,正是无产阶级能够阐发否认资产阶级思想的全面理解。资本主义经济所依赖的对剩余价值的榨取,是由于劳动力转变为劳动力市场上买卖的商品而发生的。工人因而代表了遍及资本主义社会的商品化和物化的最极端形式,即将人归结为物。正因如此,从工人的立场出发,可以达到对这个社会的本质的真正洞见:

> 他的当下存在将他作为一个纯粹的、赤裸裸的对象融入生产过程中。一旦这种当下性被证明原来是多重中介的结果,一旦可以明白看到它有多少先决条件,那么,商品制度的拜物教形式就开始瓦解了:在商品中,工人认识到自己及他自己与资本的关系。就他能够将自己提高到超过对象角色而言,他的意识是对**商品的自我意识**;换言之,他的意识是对建立在商品生产和交换基础上的资本主义社会的自我认识、自我揭示。(1923［1971：168］)

【688】

卢卡奇并没有证明每一个工人都实际获得了对社会总体的理解。毋宁说,他证明,与无产阶级在资本主义生产关系中所处地位相适应的阶级意识包括这样一种理解。因为对工人的剥削是资产阶级社会的基础,所以,要阐明工人的利益就需要认清这个事实,此外,还要认清资本主义的历史暂时性的特点,认清历史过程本身的动态的、内在矛盾的本性。因而,根据与无产阶级及其利益的政治认同而详细阐述的马克思主义,代表了由该阶级在资本主义社会内的定位所蕴含的那种理解的概念表达。既然只是从工人阶级的视角看,这个社会才可以被充分理解,因此,"经典形式的历史唯物主义……意味着对资本主义社会的自我认识"(1923 [1971:229])。

在对马克思主义的这一重述的背后,是对辩证法的左派黑格尔式的解读。根据这一解读,"思想只能把握它自身已经创造的东西"。无产阶级是"同一的历史主—客体",它能够理解资本主义是因为资本主义是它的劳动创造的(1923 [1971:121—122])。在此基础上,卢卡奇可以猛烈批驳第二国际马克思主义的决定论,他坚持认为,社会主义不是从非个人的经济机制的自动运行中产生出来的,而是通过作为自我意识的革命主体的工人阶级的政治构成中产生出来的。尽管对于20世纪20年代服从于苏维埃对外政策过程中的第三国际来说,《历史与阶级意识》显得太不正统,但它对魏玛时期德国的理论争论有很大影响;它有助于为处于学院而非工人运动中的西方马克思主义传统的发展提供起点。

二 卡尔·曼海姆

信念反映了由特殊的社会定位所带来的对世界的看法,这一思想在把观念当成实质上与阐述这些观念的历史环境无关似乎越来越难以置信的理智氛围下,是很容易找到听众的。不过,由于卢卡奇赋予无产阶级认识论上的特权地位,症结点就出现了。一方面,将主体性当成以某种方式自我构成和自我辩解,受到譬如海德格尔在《存在与时间》中越来越强烈的质疑。另一方面,即使同情马克思主义的知识分子也发现,在左派受到法西斯主义沉重打击的时代,工人阶级是"同一的历史主—客体"这个思想是难以置信的。

而如果没有任何地位能够对总体的性质提出具有特权的真知灼见,那么信念的社会因果关系一定意味着某种相对主义,根据这种相对主义,对立阶级的世界观是冲突的,在它们之间没有任何进行裁决的合理手段,情况是这样吗?这个问题构成了卡尔·曼海姆(Karl

Mannheim）试图发展一门知识社会学（Wissensoziologie）时的主要论题之一。这门社会学的基础是卢卡奇的意识形态透视理论："社会结构中的地位带有……处于该地位的人将以某种方式思维的可能性。它表现为与某些意义相适应的存在（Sinnangerichtessein）。"（1929［1936：264］）在一些专门研究中，譬如在1925年关于德国浪漫保守主义的授课资格论文中，曼海姆试图阐发一种能在特殊"思维风格"和社会阶层之间建立联系的"社会学归因"方法（1984［1986：36ff］）。

然而，尽管他的思想受卢卡奇式的马克思主义的明显影响，曼海姆仍力图超出《历史与阶级意识》的局限。他区分了局部的意识形态构想和整体的意识形态构想。前者是在争论或冲突的一方试图揭露对方的观点力图掩盖的利益时出现的。后者指"一个时代的或一个具体的历史—社会群体的意识形态，譬如一个阶级的意识形态，如果我们关心的是这个时代或这个群体的总体精神结构的特点和构成的话"。马克思主义阐述了对意识形态的总体构想，这是值得赞许的。但是："没有任何东西能阻止反对马克思主义的人利用这个构想，并将它用于马克思主义本身。"（1929［1936：49—50、67］）于是，对对立的信念体系的社会基础的意识形态批判和反批判，即对各方的"虚假意识"的揭露，就将社会政治冲突，譬如摧毁了魏玛共和国的社会政治冲突，转变为"科学思想的危机"。因为"各式各样的群体都试图用最现代的彻底揭露的理智方法来摧毁对手对他们自己的思想的信心，在这种情况下，当对所有的立场都逐渐进行了分析，这些群体也就摧毁了人对普遍的人类思想的信心"（1929［1936：34、37］）。

曼海姆认为，知识社会学可以提供摆脱这一危机的出路。它之【690】所以能做到这一点，是因为它明确了意识形态的总体构想的主要含义之一，即思想不需要历史与社会的决定而在本质上存在所依据的绝对的知识构想是站不住脚的。思想是由情境决定的，它反映了它的特殊的社会背景。因此，曼海姆将以绝对的知识构想为前提，并相应认为情境决定的任何证据都意味着客观知识是无法达到的相对主义，与他所谓的关联主义(relationism)区分开来:"将个别的观念与一既定的历史—社会主体的总体结构相联系,这不应与否认任何标准的有效性和否认世界秩序的存在的有效性的哲学相对主义混淆起来。"(1929[1936:254])

"关联主义"构成了知识社会学的认识论基础。曼海姆不是像卢卡奇那样证明无产阶级的阶级地位允许无产阶级客观地理解社会的总体性,而是认为,由对立的派别利益所造成的理论歪曲趋向于互相抵消:"使一个观点受到限制的那种狭隘性和局限性,由于与其他相反观点的冲突而趋于纠正,这种情况似乎是历史过程本身所固有的。"知识社会学向争论的各方表明,他们的观点起源于他们在社会中的地位,而这个地位限制了他们理解问题的能力,从而使"对于冲突观点的广泛的动态调解 [dynamische Vermittlung] 成为可能"(1929[1936:72,144])。

尽管曼海姆否认任何阶级对整体有独具特权的洞见,但他仍然证明,这个将对立的视角暂时综合起来的功能,在社会中有确定的位置。要求起这种作用的"实验性见解"只能由"社会秩序中处境不太稳固的相对无阶级的阶层",即他(在阿尔弗雷德·韦伯之后)所说的"自由浮动的知识分子"(freischwebende Intelligentz)阐发出来(1929[1936:137—138])。曼海姆认为,在西方日益官僚化的大众社会中阶级意识的衰落,使得很容易假定由知识分子来承担那种调解功能。

三 法兰克福学派

曼海姆提出了"本质上属于人类观点的这个理想",根据这个理想,"由于将各种各样的观点并列起来,各个视角本身都可以被承认,因而可以达到新层次的客观性",这样,他就对当代社会中的调解的可能性提出了比较乐观的看法。(1929[1936:266])。法兰克福学派像他一样,采纳了卢卡奇的分析框架的诸元素,同时拒绝了无产阶级是同一的历史主—客体的观念,但与曼海姆不同,他们绝对没有从当代社会的和政治的发展中得到任何慰藉。因此，一方面，他们从卢卡奇对物化的批判开始，将自由资本主义的社会经验描绘成由于生活的一切方面都渗透并服从于商品关系，因而被有条不紊打成碎片。另一方面，他们否认达到卢卡奇用物化的日常经验与之对照的那种总体理解的可能性。

因而，马克斯·霍克海默（Max Horkheime）在其著名的"传统的与批判的理论"（Traditional and Critical Theory, 1937）一文中论证说，"传统理论"（他指的是学院哲学和社会科学的各种学派）由于其理智上的四分五裂而注定成为无能的，它反而反映了作为资本主义经济统治的主要后果之一的无情加剧的专业化过程。与此相反，"批判理论"试图以马克思和卢卡奇所推荐的方式，历史地、动态地理解这个世界。而霍克海默则将这种理解与工人阶级脱钩，他论证说，"在这个社会中，即使无产阶级的处境也不是获得正确知识的保证"（1972，p. 213）。恰恰是卢卡奇所分析过的物化过程阻碍着他归诸于无产阶级的革命阶级意识的发展。

这一判断以比曼海姆的知识社会学更尖锐的方式提出了意识形态批判能够进行下去所依据的认识论基础问题。法兰克福学派拒绝曼海姆的解决办法。例如，西奥多·阿多诺（Theodor Adorno）写道："那些自称自由浮动的知识分子，恰恰是以应当被改变的、他们完全妄加批判的存在为基本根基的。在他们看来，这个制度的最佳功用就是做合乎理性的事，它延缓了重大的灾难，而不问这个制度总体上是否实际并不是最不合理的。"（1955［1967：48］）可是，根据何种标准能判定"这个制度"是不合理的呢？当霍克海默和阿多诺在《启蒙的辩证法》（Dialectic of Enlightenment, 1944）中将理性本身与社会统治过程牵扯到一起，这个问题就变得激烈起来了；在而后的西方马克思主义的历史中，它仍然是一个主要的困难来源。

亚历克斯·卡利尼克斯

第十四篇

伦理学、宗教与艺术

第五十八章

从直觉主义到情感主义

本书所回顾的这一时期的道德哲学,在英国占统治地位的是伦理直觉主义,它是作为对摩尔的《伦理学原理》的一种反应而产生出来的。到了20世纪30年代中期,伦理直觉主义在英国和美国都开始遇到各种形式的情感主义的挑战。杜威置身于这场争论之外,仍然广泛从事伦理学方面的写作。

一 直觉主义

直觉主义学派包括牛津大学的普里查德、罗斯、约瑟夫和卡里特（E. F. Carritt）,剑桥大学的布罗德和尤因（A. C. Ewing）。尽管普里查德发表的东西最少,但仍可以认为是这一学派的领袖。布罗德称普里查德"是一位才华横溢的人,我一向认为他是牛津大学的摩尔"（1971：14）。

伦理直觉主义者认为,正当与善（rightness and goodness）是不同的性质,是人民、行动、情感、动机、意向与后果等都可以具有的性质。直觉主义者感兴趣的是这两种性质的本质和它们之间的关系,感兴趣的是它们的内在形式与外在形式之间的区别,感兴趣的是哪些东西实际具有这些特性。譬如,罗斯证明,没有工具性的善这类东西,即没有作为手段的价值（1930：133；1939：257）；但他又坚持认为,存在内在价值这类东西,而且它与内在的正当是不同的。另外,没有任何东西能够既是内在善的又是内在正当的（Prichard 1912：5—6）。

直觉主义者认为正当与善是两种不同的性质,他们持这一观点是有意反对摩尔（1903）试图把正当规定为促进最大善的东西，同时也是有意反对摩尔（1912）的一个弱观点，即认为，虽然我们这里处理的是不同的性质，但使一个行动成为正当的行动的唯一办法，就是使这一行动促进最大的善。直觉主义者拒绝采纳这一思路的同时，也认为自己拒绝了一切形式的功利主义。同尤因（1929）一样，罗斯（1930：ch.2）也证明，还有其他许多办法能使行动成为正当的。他将仁爱的普遍义务与感恩的义务、缘于允诺行为的义务等特殊义务做了比较，认为后者与促进有价值的后果无关，并提出，特殊的义务要比普遍的义务更重要。

不过，在其他方面，直觉主义者发现他们与摩尔的观点有许多一致之处。他们接受了摩尔的有机统一体学说，他们一致认为，我们都有将价值最大化的普遍义务，他们没有看到将善或正当与任何自然的性质等同起来的任何可能性（尽管他们承认，可评价的东西是附随在自然的东西上的，而且道德的性质是后果性的，也就是说，是因为它们的承担者的自然性质而得来的），他们承认，没有任何行动是内在善的，他们关于内在价值承担者的论述非常类似于《伦理学原理》结尾处所见到的论述。在阅读直觉主义者的著作时，人们清楚地看到，摩尔的伦理学说为其后50年的讨论设定了议题。的确，在许多方面，将摩尔归类为直觉主义者没有什么错。这取决于人们如何看待直觉主义。爱德华兹（Paul Edwards）将直觉主义当作这样一种主张，即：善与正当是不可分析的非自然性质（1955：ch.4）。根据这一看法，1903年的摩尔是半个直觉主义者，而1912年的摩尔则是完完全全的直觉主义者。厄姆森（J. O. Urmson 1975）将20世纪的直觉主义视为多元论的一种形式；但人们必须将价值问题上的多元论和义务问题上的多元论小心区分开来。虽然摩尔是一位价值多元论者，但他认为我们实际上只有一种义务，那就是将价值最大化。拉什达尔（Rashdall 1907：xiv）将直觉主义界定为这样一种观点，即：在不参照后果的情况下将行动判定为正当的或不正当的；而罗斯则称这种观点是"彻头彻尾的直觉主义"（1939：79），并说这种观点显然是错误的。

不过，对于直觉主义者共同的东西，决不只是正当与善是可以列举的不同性质的观点，以及我前文引述的摩尔的学说。直觉主义者在广泛的问题上都有惊人的一致。他们首先都同意罗斯提出的"当下义务"（prima facie duties）的概念（1930：ch. 2）。在如何最恰当地表述这个学说的问题上，直觉主义者内部有一些争论，布罗德（1930：282）所用的"相应的"（pro tanto）义务一词或许是比"当下的"（prima facie）义务一词更恰当的选择。（普里查德建议用"要求"[claims]一词；卡里特提议用"责任"[responsibilites]一词）但大家在基本思想上是一致的。尤因甚至称这是"20世纪道德哲学中最重要的发现之一"（1959：126）。罗斯认为，我们起初注意到某些特征对我们在眼前情况下应当如何行动有影响，由此我们通过所谓的直觉归纳过程推断，这些特征无论发生在任何地方，都会产生同样的影响；在此处被认为有利于行动的特征，也被普遍地认为是有利于行动的。此类特征具有广泛的多样性。罗斯将任何具有此类特征之一的行动称作"当下的正当"（prima facie right）或"当下的义务"（prima facie duty）。此外，要想把我们各种各样的当下义务还原为不足三四个基本类型的一组义务，那是不可能的。有些相关的特征涉及我们行动的后果，但也有相当多的特征与此无关，而这就是为什么后果论是错误的。这些"当下的义务"联合起来确定我们"真正的义务"，即确定在当前情况下我们实际应当做什么。我们应当采取的行动是为当下义务的平衡所支持的行动，不过，至于哪个行动是这样的行动，却是某种我们永远无法确定的事情。我们可以确定，一个特征使具有这个特征的任何行动成为"当下义务"，但我们无法确定"真正的义务"是什么。虽然这个理论受到多方面的挑战，但在我看来它依然是对道德理论的永久贡献，一个有价值的贡献，无论人们怎样看待整个直觉主义。

【697】

直觉主义者也同意正当性这一概念，将其视为行动与情境之间的一种适宜性（fittingness）（Ross 1939：52ff.；Ewing 1947：132），这个适宜性概念是从布罗德的"对某些伦理概念的分析"（Analysis of some Ethical Concepts, 1928）一文中引来的，当然最初是来自直觉主义之父理查德·普赖斯（Selby-Bigge 1897：154—155，para. 670）。直觉主义者都接受了广义上的"休谟的"动机概念，将动机视为信念与欲望相结合的产物，他们都承认在不存在恰当欲望的情况下，判断（对义务的确认）可能对判断者完全没有促动作用（Prichard 1928：225；Ross 1939：226—228；Broad 1930：107，274；另参见 Prichard 1912：11，但其观点不同，认为在不存在欲望的情况下，责任感依然可以对人起促动作用）。直觉主义者还同意，行动本身并不是善的，只是就其动机或后果而言才能被称为善的（Ross 1930：43；Broad 1928：78—79；Joseph 1931：28；另参见 Ewing 1947：143—144）。因此，内在价值的唯一潜在承担者是动机与其他心灵状态、具有这些心灵状态的人，以及这个世界的某些特征之类的东西。这其中没有一样东西可以被称为内在正当的；唯有行动才可能是正当的或不正当的。所以，内在善的东西决不是内在正当的东西。在密尔及其功利主义的后继者那里，可以看到这一结论的蛛丝马迹，但对它的论证似乎来自普里查德（1912：6—7）。这个论证说，我们只能有义务做我们可以选择做或选择不做的事，但我们无法选择自己的动机，因此，没有任何包含动机的东西可以成为义务。

最后，在道德判断与他们所谓的"感情"（affect，即赞同、爱好、态度、兴趣等情绪或其他感觉）之间的关系问题上，直觉主义者们的意见也是一致的。他们认为，即使没有感情就不可能有道德判断，这个事实也不应影响我们对进行道德判断时我们的判断所要达到的那个事态的说明。罗斯写道：

【698】
      在我们称一个对象为善的时候，我们**表达的**是我们对这个对象的态度，但我们**意指的**是有关这个对象本身的某种东西，而非我们对这个对象的态度。在我们称一个对象为善的时候，我们是在赞扬这个对象，但是，我们赞扬这个对象并不是说我们正在赞扬它，而是说这个对象有某种特性。（1939：255；亦见 Ross 1930：90—91；Broad 1930：109；Ewing 1929：194，and 1947：24）

当我们回过头来考察直觉主义者对情感主义者的抨击所采取的全然不屑一顾的态度时，这最后一个问题就变得很重要了。

尽管直觉主义者在许多方面是一致的，但他们依然有许多内在的不一致之处，他们的著作中有许多相互抵牾的论点。经常引起争议的突出论题有三个。第一个论题涉及这样的问题：我们做的善事比我们所能做到的要少，这种情况究竟是否能成为我们的义务。罗斯与普里查德认为，这样的事情不仅是可能的而且的确经常发生。约瑟夫与尤因则持相反的意见。约瑟夫问道："我们为什么应做此事呢？这样做并没有任何价值……这样做并不能使任何东西成为有价值的。在此情况下，义务难道不是非理性的吗？"（1931：26；Ewing 1959：105、188）。当然，沿着这条思路，约瑟夫与尤因对后果论的正当概念的防御力就被削弱了。

第二个争论的话题关系到义务的基础。尤因、布罗德和罗斯先后在1929年与1930年确定了标准，认为义务的基础在于所处情境的性质，正当性是做出的行动与"要求"此行动的情境之间的一种适宜性。然而，普里查德却在1932年论证说，义务的基础在于行为者关于情境的信念，而非在于情境的客观性质。罗斯在1939年毫无保留地采纳了这一观点（尽管前后不完全一致）。不过，卡里特和尤因在1947年全面反对了普里查德的"主观主义"的观点，而布罗德则恪守他自己原先的客观看法。

第三个争论的话题是善与正当的确切关系问题。罗斯始终坚持认为，善与正当这两种性质是完全不同的。不过，布罗德（1930：283）确实考虑过并赞同这样的可能性：将善的对象规定为欲望的恰当对象，即一个可以正当欲求的对象。尤因（1947：148—149）则不加辩解地提出了"善"的定义，将"善"界定为"应当成为赞成态度之对象的东西"，这里所说的赞成态度包括选择、欲求、爱好、追求、同意与赞赏。这些用正当来界定"善"的尝试，有助于将不可还原的规范性质的数量减半，并对价值似乎可以内在地给出理由这一事实提供说明。但这些尝试遭到罗斯（1939：278—279）的反对，他论证说，因为赞赏包含思维的善，所以赞赏的适当对象这个概念并没有为我们提供善的东西向正当的东西的还原。这个论证对尤因后来的观点似乎是无效的，因为尤因后来的观点认为，赞赏只是适合于有价值对象的赞成态度之一；我们无法证明其他的赞成态度也以同样的循环方式包含善这个概念。

【699】

二 情感主义的挑战

20世纪30年代，针对直觉主义出现了一种特殊形式的挑战——或确切地说，是往往有助于同一件事的两种形式的挑战。第一种形式的挑战实际上布罗德在1934年的一篇文章"'善'是一个单纯非自然性质的名称吗？"（*Is "Goodness" a Name of a Simple Non-Natural Quality?*）中做了讨论。在文中他认为，这个挑战是邓肯—琼斯（Austin Duncan-Jones）提出的。这个挑战相当于提出这样的问题：直觉主义者关于存在着正当和善两种道德性质的基本假设是否是正确的。"这是善的"（this is good）这个语句与"这是方形的"（this is square）这个语句在句法形式上无疑是一样的。但是，一个语句可以是陈述语气句，而又与通常那类陈述语气句完全不同，它可以仅仅表达说话者的一种情绪，或号召听者以某种方式行动。譬如，当你告诉我预料之中的坏消息并未成为事实时，如果我说"那就放心了"，那么，我这时确实是在表示"放心"，而不是在做通常与陈述语气有关的那类事情。假如道德表述果真像这样的话，那么，如同假定"四方形的"和"老的"是性质的名称那样假定"善的"和"正当的"是性质的名称，实际上是不必要的，而且很可能是错误的。因此，这第一个挑战就相当于问：仅仅根据道德断言的形式，我们有何理由假定直觉主义者正致力于探讨的那些性质是存在的，并被他们所探讨。

与此相关的第二种形式的挑战源自一种怀疑，即怀疑直觉主义者是否成功地把握住了道德思想与道德判断的实践本性。直觉主义者把道德探讨当作一种尝试，旨在确定哪些对象具有正当与善的特殊性质。但是，他们也承认，如果一个人没有任何相关的欲望，他也能完全清楚地认出那些假定性质的存在，并完全不为所动。但这似乎恰恰破坏了道德研究的本性，这种道德研究的本性似乎是与如何行事有关的；由于我们把道德研究看成是为发现关于世界的某些特殊事实所做的尝试，于是，我们便将道德研究转变为理论性的，而它实际上是内在实践性的。

第二种挑战针对的是直觉主义者提出的动机概念。用我们自己的术语，它就等于说，将关于道德判断的认知主义说明与"休谟的"动机概念结合起来是不可能的。第二种挑战支持了第一种挑战，因为如果我们能够对道德思想和道德判断提出其他的、非认知的说明（对于"这个行动是错误的"，"那个可能的结果是最好的"这样的思想，这个说明将恢复其实践的性质），那么，其结果就是，我们放弃了直觉主义者所假定的那些道德性质，从而恢复了道德思想的实践意义。对于道德语言可以有另一种替代的说明，即把道德语言看成是表达说话者的感受（更一般而言的赞成态度），并使听者产生相似感情的一个体系。

【700】

除了以上考虑之外，还有其他一些考虑在起作用。艾耶尔在《语言、真理与逻辑》中的那种情感主义是受实证主义的意义理论推动的。罗素（Russell）意识到，对于什么东西具有内在价值的问题，要找到任何可以辩护的答案都是完全不可能的（1936：238），罗素在《宗教与科学》（*Religion and Science*, 1936）中的观点更多受到这一意识的推动，尽管他也诉诸直觉主义者那种想法，即道德判断不可能起动机作用（240）。不过，最值得注意的是，似乎没有什么人受自然主义形而上学的很大影响。占主导地位的思想似乎并不是认为非自然的道德性质在形而上学上是不可能的，而是认为这些性质是形而上学上难以处理的，而且因为它们幸好是多余的，完全抛弃它们就使人摆脱了某些人为的哲学问题。

在着手论述各种情感主义形式所表现出的某些细节之前，回顾一下直觉主义对上述各种论点做出的反应是值得的。这一反应在很多方面是非常令人失望的。罗斯（1939：35）探讨了艾耶尔的观点。在他看来，他所必须做的一切就是驳倒实证主义的意义理论，因为它是艾耶尔的观点的基础。布罗德的"'善'是一个单纯非自然性质的名称吗？"一文第一次从直觉主义的角度论及了新表达主义（new expressionism），他后来将其称之为感叹理论（the interjectional theory），但只是概括了表达主义的性质，详细阐述了那些有利于表达主义的令人印象深刻的论点，并没有提出任何批评意见。后来，他的确对表达主义做出了回答，但只是以布罗德典型的讽刺方式。在讨论理查德·普赖斯的观点时，布罗德写道：

> 众所周知，有一种理论认为，此类语句实际上根本不表达判断。有人认为，此类语句只表达说话者感到的某些情绪、某些欲望或某些命令……普赖斯没有考虑这一极端的观点。假如要他考虑的话，他很可能会认为这一观点过于荒诞不经，不值得认真对待。实际上它是这样一种理论，即只有在经过漫长而精心的"条件规定"过程之后，才能够接受它，可是这一"条件规定"过程在18世纪是不存在的。（1945：190）

尤因则更加慎重而彬彬有礼，在其《伦理学》（*Ethics*）1964年版第7章的注释里，他承认自己一直错误地以为"伦理……判断的独特功能就在于指定任何事物的性质……现在我不应承认'善'这个客观的非自然的性质或'责任'这个客观的非自然的关系是属于实在的……如果……道德判断不描述实在的东西，那它们又做什么呢？如今在我看来……道德判断一定首先与它们所表达的某种实践态度有关"（181—182）。不过，尤因仍然从直觉主义方面热衷于伦理学的客观真理，认为道德判断"不仅仅表达这种态度，而且断言这种态度客观上被证明是合理的或客观上是必需的"。正是由于这一复杂的内心变化，使他写出了《重新思考》（*Second Thoughts*）一书。

在我看来，罗斯与布罗德之所以感到他们没有必要认真对待情感主义，是因为他们认为他们已经注意到了在他们看来各种情感主义所犯的一个错误：即情感主义假定，正因为凡是有道德判断的地方就必然会有感情，所以这就成为某种理由，以此可以否定这些判断所真正主张的真理的存在。诚如罗斯在1939年（引文同上）写道："我们称某物为善时所表达的东西,乃是我们对待此物的态度;但我们所意指的东西,则是与此物本身有关,而非与我们对此物的态度有关的某种东西。"(255)同布罗德一样,罗斯认为情感主义就是由于忽视这一区分而引出的,他本人、布罗德和尤因至1930年为止全都做出了这一区分,而且他认为只要指出这一点也就足够了。不过,更一般而言,我猜想直觉主义者以为,情感主义者所做的事情就是与当时哲学中发生的"语言学转向"相一致,(荒谬地)想仅仅用语言哲学来解决元伦理学的问题。

三 情感主义

情感主义的最精致形式是由史蒂文森在《伦理学与语言》(*Ethics and Language*, 1944)中创立的,尽管这种情感主义在他此前于20世纪30年代发表的各种论文中已经显现出来。史蒂文森首先对信念与态度做了区分。他没有对这一区分做出说明,我们可以认为它是事实与价值的区分在心理学上的反映;他所凭借的毋宁说是一种直觉的主张,即认为如下假定是完全合乎情理的:两个人可能有同样的信念但有不同的态度,反之亦然。不过我们从他举出的例子中得知,他所说的"态度"不但包括我们更自然地认为是态度的东西,而且还包括欲望(7)、感情(60)、希望(60)、情绪(59)。不论怎样,史蒂文森确实区分出严格意义上的态度,将其称之为"以刺激与反应为标记的……诸性情品质的复杂结合……而刺激与反应则关系到妨碍还是支持任何被称之为态度的'对象'的东西"(60)。

依据信念与态度的这一对比,史蒂文森能够就伦理话语或评价话语的意义提出自己独特的主张。这些话语用来表达说话者的态度,用来在听者身上唤起相似的态度。这些话语所具有的这样做的能力(可以认为是这些话语的"情感意义"),构成了一个原因。实际上在史蒂文森看来,任何术语的意义都要从因果关系上来理解,(评价的或描述的)意义类型之间的差异显现为结果方面的差异。他后来写道:"一个词或一个短语的情感意义是一种在语言史的发展过程中形

【702】

成的、(与感叹相似地)直接表达说话者的某种情感、情绪或态度的强大而顽固的倾向；这种情感意义还是一种在说话者对之谈话的听众身上(与命令相似地)唤起相应的情感、情绪或态度的倾向。"(1963：21—22)

于是，对道德思想与道德判断的实践本性就易于说明了。我们所说的"实践本性"是指道德思想与道德判断是关于所要做的事情的；不论我们是否想到什么样的行动对于我们或他人是正当的，情况都是如此。我们可以看到，情况之所以如此，是因为无法想象某人会说，这个行动过程的确是错误的，但他们并不认为这与是否采取这个行动的问题有任何关系。同样，当我们告诉某人他们打算做的事情是错误的，我们并未通知他们某些他们可能并不关心的事实，而是试图阻止他们去做那件事。对于上述情形，关于伦理术语意义的情感理论都可以很好地做出说明。如果我说"那可能是错误的"，我此时所用的语言往往会在我的听众身上引起我所表示的态度——反对、不喜欢、厌恶等。这种语言具有史蒂文森所说的"动态用法"。同样，当我对自己说"那可能是错误的"，我此时并不是在表达某一非自然的事实，而是表达了对我现在要以哪种方式行事的态度。于是，关于伦理术语意义的情感理论就很好地表达了我们的意思：道德思想与道德判断是实践性的——而这据说恰恰是直觉主义无法做到的事情。如史蒂文森所说："一个伦理判断的独具特征可以通过识别情感的意义和态度上的差异而得到保持，而非通过某种非自然的性质来保持——而且这个特征具有极大的可理解性。"(1963：9)

不过，史蒂文森充分意识到，许多评价性话语不但具有"情感意义"，还具有他所谓的"描述意义"。如果我说你吃第二块蛋糕是错误的，那么，这里既进行了描述又进行了评价。同样正确的是，即使我只说"你那样做是错误的"，我也是在宣称自己不赞成你的行动，其方式近似于我描述自己的不赞成。史蒂文森非常希望避免将情感语言完全理解为对说话者的态度的描述。直觉主义者成功地驳斥了将"这件事是错误的"说成是在意义上等同于理解为自我描述的"我反对这件事"。而史蒂文森则希望能允许描述出现在以情感为主的话语中。因此，他就"这件事是善的"这个话语为我们提供了两种"分析模式"。根据第一种模式，"这件事是善的"与"我赞成这件事、我也要这样做"是同义的。在此模式中，出现的描述是自我描述。然而，根据第二种模式，"'这件事是善的'意指的是'这件事具有 X、Y、Z 等性质或关系……'此外，'善'还包含表示赞美的情感意义，使得它可以表达说话者的赞同，并有助于唤起听者的赞同"（1944：207）。这里的描述不是关于说话者的，而是关于态度的对象的。史蒂文森认为，可对"同一个"话语提供两种分析模式，按他所说，这是因为伦理术语是含糊的，"只要一个术语是含糊的，那么，其严格的描述意义与其暗指的意思之间就没有截然的区分"（206）。第一种模式将说话者的赞成理解为描述意义的一部分，而第二种模式则更多地将说话者的赞成理解为一种暗示；反过来，对象的相关特征只是在第一种模式中暗示出来的，而根据第二种模式，对象的相关特征据说是话语的描述意义的一部分。

　　史蒂文森的情感主义并不是现有的情感主义的唯一形式，因为，意义的情感理论只是赋予评价术语和评价话语以独特语义作用的一种方式。如卡尔纳普所认为的那样（1935：24），可以将伦理话语完全等同于命令，而不涉及词语在几十年使用中所获得的因果倾向。还可以认为，伦理话语的目的是要做出断言，而此类断言没有一个是真的。这种"错误论"（error theory）是麦凯（J. L. Mackie）最先提出来的。根据这个理论，我们认为我们的伦理话语有某种含义，我们正确地知道这些话语意味着什么（譬如，它们是断言，而不是命令），但我们错误地认为事物可能就是我们断言的那个样子（1946；另参见 Robinson 1948，鲁滨逊把这一观点作为情感主义的一种形式提出来）。据帕菲特（Derek Parfit）所说，艾耶尔在第一次听到这个理论时便感慨道："这正是我早该说出的东西！"

　　情感主义的最基本表述也许就是声称不存在任何伦理学命题。不存在任何可以相信、断定、否认或反驳的"勇敢是善的"命题（根据史蒂文森提出的第一种分析模式，这个"命题"就变成了"我赞成勇敢；我也要这样做"，其中只有前半句表述是命题）。引人注意的是，很可能于 1930 年在剑桥大学所做的伦理学讲演（但只是在 1965 年才发表）中，维特根斯坦为不存在伦理学命题的主张作了辩护。维特根斯坦断言，道德话语可能具有最大的重要性，但却毫无意义。它们之所以毫无意义，是因为不可能有道德事实。表达命题的判断描述事实，而"从来没有任何事实陈述能成为或蕴含一种绝对价值的判断"（6）。他的这一断言需要根据他的《逻辑哲学论》的最后几节来理解。

四 杜威

截至 1914 年，杜威已经发表了几部伦理学著作。但在第一次世界大战之后，这方面的著作只有《人性与行为》（*Human Nature and Conduct*, 1922）、《确定性的寻求》（*The Quest for Certainty*, 1929）中重要的第 10 章，以及《伦理学》（*Ethics*, 1932）与《评价理论》（*The Theory of Valuation*, 1939）的修订本。杜威最为知名之处，也许在于他坚持把科学方法应用于实践问题。这样做本身在理论上没有什么重要意义。它可能会引起、也确实引起了一些批评，人们说杜威是一位相当朴素的后果论者，说他把研究的目的当作给定的东西，只是相当琐碎而持之不懈地精心研究达到目的的合适手段。如我们考察一下杜威的观点的背景就会发现的那样，上述两项批评很可能是误解。

首先，杜威将自己的理论观点视为两种主要价值理论的替代者，这两种理论他称之为经验主义和理性主义。经验主义认为，价值是由欲望产生的。某种东西因为需要而成为有价值的。欲望以此方式决定目的，并仍由理性来确定达到这些目的的适当手段。理性主义认为：理性可以对欲望所确定的目的进行批评，实际上，理性可以为欲望强加上"正确的"目的。针对经验主义的观点，杜威反驳说：当我们对有价值的东西发生兴趣时，我们感兴趣的并不是我们（或他人）恰恰欲求的东西，而是**被欲求的东西**或**可欲求的东西**。针对理性主义的观点，杜威反驳说：理性只能提出非常含混不定的目的，它无法影响欲望。理性主义从经验主义那里借用了欲望这一概念，照此来看，欲望便是一种不为理性唤起的自然的冲动。因此，为了摆脱这些令人厌烦的旧理论，必须要对欲望有一个新的看法，这个看法强调的是欲望与有关事物如何存在的构想相关联的方式。持有这一看法，我们就可以理解理性如何能唤起和纠正欲望。

如果欲望和理性都不能确定适当的目的，那么，我们应当采用什么样的标准呢？在回答这一问题时，杜威诉诸"自我实现"的概念，（后来）诉诸"成长"的概念。一个实践中的问题是，我们对个人成长的寻求会遇到危险，对这个问题的解决办法取决于我们能否找到确保个人成长的最佳手段。这个观点听起来像是工具主义的和后果论的，但事实上可能哪个也不是，尽管不断使用结果和后果之类的词。最初，杜威试图用构成性手段与"考虑中的目的"（ends in view）之间的关系，来取代手段—目的关系的通常概念。一个"考虑中的目的"并不就是我们正在寻求最有效手段来达到的那个确定目的，我们为提高"考虑中的目的"所做的尝试，不一定借助于对那个目的做出更明确的构想。相反，杜威似乎暗示说，我们把成长看成是在一定程度上由我们为达到那个"考虑中的目的"而采取的手段构成的，如果我们确实采取了正确手段的话。我们依据那个"考虑中的目的"而行动，如果成功的话，我们的那种行动，就是我们实现该目的的组成部分。这既不是工具主义的构想，恐怕也不是后果论的构想。

当然，我们想更多地认识成长的本性；如果我们想要以这样的方式行动来促进成长，那我们就必须对什么是成长有所了解；而这种了解到底来自何处还不清楚。杜威所谓的"操作性思维"（operational thinking，即他所理解的对手段—目的的慎思），并不能确定合适的目的。杜威有时提出，要从形而上学上证明目的的正当性，但人们仍然猜测：他对成长的构想是在解释性的心理学概念（对深藏于行为者心理中的特点和性情的培养，对心理健康的追求）与规范的概念之间摇摆不定的，这里的规范概念是指这样的概念，我们只有根据这个概念成长，我们才能成为我们应当成为的人（Stratton 1903）。

乔纳森·丹西

【706】

第五十九章

宗教哲学

对 1914 年到 1945 年这一时期的宗教哲学，我们根据五个主要因素进行考察，这五个因素分别构成了本章各节讨论的素材。其一，就环境而言，在一个逐渐世俗化和充满文化危机的时代，作为学院机构里相互联系的分支学科，宗教哲学与哲学神学被认为处于相对边缘的地位。其二，主流的宗教哲学与哲学神学的研究实践，一方面处在哲学唯心主义日益衰落的影响之下，另一方面是对实证主义挑战做出的反应。其三，当辩证神学与交心神学（the theology of encounter）从欧洲转移到英国和北美，二者在神学和宗教哲学（以及对宗教的社会科学研究）的范围内，间接传达了对充满社会危机的"时代精神"（Zeitgeist）的反映，这一反映更富于创新意义，它汲取了现象学和存在主义的思想。其四，罗马天主教宗教哲学主要是在仍然作为反对哲学现代性之堡垒的经院哲学的框架内进行的，但它也取得了新的进展，成为与第二届梵蒂冈会议（1962—1965）相联系的革新运动的前兆。其五，最后，在 1910 年到 1945 年这一时期即将结束时，除了其他的选择之外，英美宗教哲学在战后也得到了发展，这一发展与分析哲学和语言哲学主要关注的问题有密切联系。

一　宗教哲学的边缘性

19 世纪的德国神学与哲学，在后启蒙运动的西方宗教思想中长期占据核心地位，其影响显而易见，遍及欧美。然而，在德国各大学里，神学及其附属的各分支学科在学术上是孤立的，这一现象可以追溯到 19 世纪初洪堡（Wilhelm von Humboldt）在新建的柏林大学神学院对神学（及宗教哲学）与人文学科所做的划分。这一制度安排是【707】响应康德对思辨知识的批判而制订下来的，它使一种理智和文化的边缘化变得正式了，后来狄尔泰认可了这种边缘化，他将神学从形形色色的"人文科学"（Geistewissenschaften）中排除出去了（参见Dilthey 1883）。让神学独立发展的政策，是我们理解 1910 年至 1945 年这一时期背景的重要环节。在此期间，牢固的宗教传统与 19 世纪的思想遗产进行斗争，尤其同历史主义和启蒙运动对一切以神学为根据的本体论和认识论的批判进行斗争。再远一点说，神学和宗教哲学还面临着将进化论的蕴意与实证主义的世界观合为一体的社会学和心理学等科学学科的兴起。

从 1910 年到 1945 年间，宗教哲学的直接的历史环境是以"危机"重重为特征的。不过，第一次世界大战，1917 年的俄国十月革命，战败后德国的魏玛共和国，欧美的大萧条，法西斯主义的兴起，第三帝国与大屠杀，第二次世界大战，1945 年核武器的首次使用等事件，对这一时期的神学主流与宗教哲学的直接影响微乎其微。第一次世界大战无疑确证了英国哲学中乐观的哲学唯心主义的衰落，而英美哲学没有借鉴这方面的经验，也没有直接面对世纪末维也纳特有的虚无主义和魏玛共和国对文化的探索，而且也脱离了由于接受克尔凯郭尔和尼采的思想而带来的各种发展。

一般说来，在第一次世界大战之后和大萧条时期，理智与文化生活的世俗化加快了，虽然对宗教的哲学反思依然在得到西方教派传统支持的学术机构中（尤其是在大学的神学院系中）继续进行着，但是这种保护状态往往使这种反思更加孤立，割断了与持续不断的文明危机的联系。于是，比方说，就连胡塞尔在 1936 年的讲演（Hsserl 1936）中勾画出的"人文科学危机"，对于神学和宗教哲学主流话语这个相对受到庇护的领域，也基本上是外在的。只是从这些理智的边缘出发并通过这些边缘，在时机成熟周边压倒了核心的情况下，这一危机才间接地传播进来。因此，在对两次大战之间这个时期的理解中，某些因素的发展及其随后被接受的历史（Rezeptionsgeschichte），具有至关重要的意义，这些因素不但包括毫不妥协的实证主义，而且

【708】包括新的、往往未被完全理解的欧洲大陆思想由欧洲向英美传统的入侵。实际上，现代哲学主流中与意义、语言和物质世界地位有关的核心问题所包含的全部蕴意，以及对浅易的神正论有颠覆作用的世界事件所包含的全部蕴意，只是到了1945年之后的时期，才被宗教哲学充分理解。

二 绝对唯心主义的衰落与实证主义的挑战

塞尔（Alan Sell 1988）与佩林（David Pailin 1986）把"宗教哲学"狭义地规定为包含了世俗哲学与哲学神学之间关系的哲学分支学科。另外，达尔弗斯（Ingolf Dalferth）根据分析哲学的发展来描述20世纪的宗教哲学史，与此有关不断反复讨论的问题是："谈论上帝到底意味着什么？"（参见 Dalferth 1981）于是，他对逻辑原子主义（涉及摩尔、罗素、维特根斯坦、拉姆齐等人）、逻辑经验主义（尤其是艾耶尔），以及第二次世界大战以后的语言分析和日常语言哲学等相继发展阶段进行了综述。上述两种研究路径都强调论证传统的完整性和连续性，而不是探讨哲学与宗教这两种不同文化在各种环境下的相互联系，而这种联系却是我们这里所主要关心的。

1910年到1945年这一时期之初，英格兰和苏格兰的经验主义哲学、功利主义哲学、常识哲学和宗教哲学，不断受到德国思潮的严重挑战，尤其是绝对唯心主义的挑战。在19世纪末的英国，英国圣公会的"世界之光"派（Anglican Lux Mundi School）依据基督学的中庸之道来调解德国内在论和进化论思想的影响。这种非辩证的综合方式是建立在一种温和的唯心主义的基础上的，这种综合方式试图创造一种宗教知识来面对广泛的理智发展和社会发展，尤其是与达尔文主义相联系的一切发展。这一倾向在1912年发表的神学论文集《基础》（*Foundations*）（Streeter 1912）中继续存在，此文集的撰稿人（除其他人之外）包括唯心主义者坦普尔和人格主义者莫伯利（W. H. Moberly）。坦南特（F. R. Tennant）的《哲学神学》（*Philosophical Theology*, 1928）是这一时期英国最受尊重的综合性宗教哲学著作，该书分为两卷，分别探讨了"灵魂及其官能"、"世界、灵魂与上帝"两个问题。这部严谨的著作是以沃德的心理学和先前英国和欧洲的各种哲学讨论为基础的。在该书的第一卷，坦南特根据一种非形而上学的经验哲学心理学展开论证，然后进而考察了以"纯粹自我"或"永恒灵魂"为最高概念的意识和感觉。坦南特的哲学概括为《哲学神学》第二卷奠定了基础。在这一卷中，他讨论了康德、卡尔·毕尔生、爱丁顿爵士的思想和牛顿力学。坦南特试图重建一座桥梁，沟通当代哲学与那时以"道成肉身"说为中心的英国圣公会的自由神学。不过，这样一来，他的这一努力似乎进入了一个与弗洛伊德、马堡新康德主义者、马克思主义者，乃至爱因斯坦等其他同时代人不同的领域。

【709】

主流宗教哲学中更出色的例证首先是与吉福德讲座（从 1888 年起开设）关于"广义的自然神学"的各种讲演联系在一起的。举例说，从 1910 年到 1945 年这一时期，参与此系列讲演的学者包括普林格尔—帕特森（Alan Seth Pringle-Pattison 1912—1913）、塞缪尔·亚历山大（Samuel Alexander, 1916—1918）、英格（W. R. Inge, 1917—1918）、韦布（Clement C. J. Webb, 1918—1920）、许格尔（Friedrich von Hügel, 1924—1926）、吉尔松（Etienne Gilson, 1931—1932）、坦普尔（William Temple, 1932—1934）、布拉班特（F. H. Brabant 1936）、巴特（Karl Barth, 1937—1938）、尼布尔（Reinhold Niebuhr 1939）等人。在思想倾向上更为激进的是希伯特系列讲座（从 1878 年起开设），它为西方宗教思想与其他宗教传统的互动，提供了一个讲坛。1936 年，艾耶尔的《语言、真理与逻辑》一书出版，它将维也纳学派的实证主义还原论带入英国哲学。他将证实原理应用于一切话语，为给残余的唯心主义以最后一击，为颠覆一切神学与伦理学表达方式的意义，提供了迟到的反传统信仰的手段。在 1945 年以后的时期，对于逻辑经验主义的有保留的反对，成为宗教分析哲学中的一个关键因素。

三　辩证神学与存在主义

第一次世界大战所产生的心理影响和文化影响是巨大的；英国和

法国已经精疲力竭,这是为胜利所付出的代价。在英国(和北美)几乎没有人谈论这场战争的理智含义和宗教含义:这里的经验是无法言表的。英国宗教哲学既没有法国达达主义和超现实主义那种不受约束的放纵,也没有成为早期辩证神学所利用的德国表现主义的粗犷力量,因此它大部分保持了战前的固有状态;它无法正视战争的巨大罪恶,因而大都自发地回到传统的工作上去了。经过十年的沉寂之后,有关人士的自传体著作,譬如格雷夫斯(Robert Graves)、沙逊(Siegfried Sassoon)、布里顿(Vera Brittain)等人的自传体著作,开始对精神创伤有了自觉的意识。英国的学院神学与宗教哲学没有打消人们的这样一个印象,即它们没有能力解决使严肃的思想者苦恼的那些问题。不过,自相矛盾的是,两次大战之间的欧洲神学与哲学仍然被来自欧洲德语界的思想统治着,希特勒 1933 年上台后造成的犹太人移民,促进了这一过程的发展。

这一时期的另一特征是许多个人与团体的活动,虽然他们在制度上往往被边缘化了,但当时发生的事件对他们都有直接的意义。这些人包括直言不讳的宗教思想家,诸如犹太人罗森茨韦克(Franz Rosenzweig)和布伯(Martin Buber)(参见 Buber 1923,Guttman 1964),瑞士裔德国改革派神学家巴特(还有布伦纳[Emile Brunner],以及与"辩证神学"有联系的更广泛团体),路德派哲学家兼神学家蒂利希(Paul Tillich),圣经研究者布尔特曼、法国犹太人(但有天主教倾向)维尔(Simone Weil),罗马天主教神学家普尔茨瓦拉(Erich Przywara)、拉赫纳(Karl Rahner)和巴尔撒泽(Hans Urs von Balthasar),天启论的马克思主义修正论者布洛赫(Ernst Bloch),哲学家海德格尔与维特根斯坦。他们中许多人都在各自从事的领域中奋斗,以便为思想和行动、本体论和认识论重新奠定基础而斗争,以便通过与环境相关联的"演绎",从他们认为有超验状态的源头出发继续前进。对于理解这一时期至关重要的是德国南部新康德主义所起的作用,这一学派促进了对第一次世界大战所带来的虚无主义影响作出反应。在对宗教进行跨传统的社会科学研究方面,莱乌(G. van der Leeuw)对现象学的运用具有极其重要的意义(参见 Van der Leeuw 1933)。不过，从总体上看，这些思想家对主流宗教哲学、神学和宗教思想的影响，在1945年以后的时期才充分显示出来，这主要是文本翻译的滞后造成的。

就英国和英语世界的神学而言，剑桥大学的神学家雷文（Charles Raven）与霍斯金斯爵士（Sir Edwin Hoskyns）等人以不同方式对战争的影响做出了反应，他们两人都是前线的随军牧师。雷文对于进化论和自然界的生存斗争极其敏感，与此同时，他反对那种似乎直接或不恰当地依据战争所进行的神学反思。雷文敌视巴特和其他辩证神学家的神学，因为他们在利用那些极端的形象和无情的悖论时，将某种有战争暴力的东西带进了神学。值得注意的是，无论是在英国还是在北美，都没有与厄恩斯特·荣格尔所著的《钢铁风暴》（*In Stahlgewittern*）中的存在主义的战争神秘主义——作为内心经历的冲突（Kampf als innere Erlebnis）——相对应的东西。相比之下，霍斯金斯爵士（1933）将巴特的《致罗马人的信》（*Römerbrief*）第二版（1922）译成了英文，并在巴特的辩证神学或"危机"神学中发现了一种有针对性的挑战，矛头直指英国的一种肤浅的、受唯心主义影响的"道成肉身"说。

【711】

巴特的《致罗马人的信》第二版（1922）是20世纪最重要的神学文本之一。在第一次世界大战之前，作为学生的巴特沉浸在当时主要的神学与哲学思潮中。战事爆发时，他作为一名瑞士裔德国人回到自己的家乡，在瑞士阿尔高州萨芬维尔市的一处教堂任牧师。虽然巴特对战争有敏锐的意识，但作为非作战人员和社会主义者，他的思想经历了一场转变，从信奉马堡的自由主义新教教义转变为从生存意义上热烈拥护圣保罗神学。在《致罗马人的信》第二版里，他很极端地将如下不同思想囊括于其中：韦斯（Johannes Weiss）和施韦策（Albert Schweitzer）对耶稣基督的生死所做出的彻底末世论的说明，关于人们重新发现的"青年路德"自相矛盾的身份危机，克尔凯郭尔关于人与生命之间"无限的本质差异"的概念。这样一来的结果是形成了一部关于生命变化潜力的著作文本，这一生命变化潜力将自由新教教义的内在视界颠倒了过来。于是，这就使读者面临着两者择一的辩证抉择，一种生存决定：神在言说；人在听从。这种"危机神学"提供了与作为"完全他者"的超然上帝辩证地重新发生联系的可能性，这个上帝是在克尔凯郭尔所描述的关于耶稣基督、神和人的"绝对悖论"（absolute Paradox）中自相矛盾地呈现出来的。巴特的这一文本引起了巨大的反响，为一个发生于新教神学之内而又大大超出新教神学范围的思想运动，提供了主要灵感。巴特毫不妥协的态度，使许多英美人士离他而去。在后者看来，比较随和的布伦纳提出的中庸观点，无论在神学方面还是在宗教哲学方面都更加接近于传统的自由思想。在其巨著《教会教义学》（Church Dogmatics, 1932—1967 [1936—1969]）里，巴特本人又从辩证法回到本体论，重新阐述了基督学范围内的哲学问题。

后来战后英美宗教哲学的发展与分析哲学和语言哲学主要关注的问题密切相关。不过，我们不应因全心关注于此而不提及移居国外的哲学家和神学家蒂利希的主要影响，神学家、伦理学家尼布尔（Reinhold Niebuhr）在政治上所起的重要作用，怀特海（Whitehead 1926, 1929）的形而上学对"过程"思想所产生的启示作用，美国哲学家哈茨霍恩（Charles Hartshorne）的早期著作。从1910年到1945年间，所有这些人都活跃在美国。在英国，麦金农（Donald MacKinnon）是哲学家泰勒和神学家霍斯金斯的学生，他的思想介于巴特的辩证神学和类比传统这两极之间（Mackinnon 1940）。麦金农在他那代人中是独一无二的，作为哲学家和神学家，他所关注的问题，预示了后来英美宗教分析哲学在20世纪最后数十年里借助大陆哲学而得到的复兴。与此相似，法勒（Austin Farrer）于1943年发表的著作《有限与无限》（Finite and Infinite）是英国同样论述类比学说的一部力作。

四 天主教宗教哲学

从1910年到1945年这一整个时期，在具有新教神学文化的国家（德国除外）奉行的宗教哲学，与天主教精神占统治地位的国家奉行的宗教哲学相比，对改革的反应更为迅速，更少抵制。1907 年教皇庇护十世颁布《哀告诏书》（*Lamentabili*），正式谴责了现代主义教徒。此后，罗马天主教神学与哲学被局限在托马斯主义上，直至第二次世界大战之后很久都是如此。教皇当局将康德、黑格尔及其后继者所代表的德国内在论看成是现代主义的异教核心。天主教托马斯主义（以及后来由马斯科尔［Eric L. Mascall］提出的英国圣公会的托马斯主义变种）为抵御现代性的侵蚀提供了一个认识论和本体论的壁垒。即使如此，在 1941 年至 1945 年期间，譬如著名的天主教现代派思想家布隆代尔的影响仍处处被感受到，尽管他最重要的著作《论行动》早在 1839 年就已经出版了。不过，直到拉赫纳在马雷夏尔（Joseph Maréchal）的《形而上学的起点》（*Le Point de départ de la métaphysique*，1923—1949）一书和海德格尔（拉赫纳在弗赖堡大学时曾受教于海德格尔）的影响下写了博士论文《世界中的精神》（*Geist im Welt*，1939）之后，托马斯主义的认识论才与康德的先验批判发生了直接对抗。随后，在继续推进哲学现代化的进程（后来这一进程受到教皇约翰—保罗二世推行的保守现象学神学的反对）中，拉赫纳的先验托马斯主义在天主教的宗教哲学领域里一直占有重要地位。

五 复兴的迹象

本章对 1910 年到 1945 年间的"宗教哲学"做了广泛的论述，但尤其因为灾难性的战争、革命与极权主义政治造成了传统的混乱，所以要对它做出概括并不容易。用社会学的话说，这一时期的哲学家和神学家是站在"时代之间"的（这里援用了辩证神学杂志《时代之间》［*Zwischen den Zeiten*］的标题）：他们一方面继承了 19 世纪哲学的自信，另一方面又面对着马克斯·韦伯所说的现代性的"铁笼"。[713] 于是，狭义上理解的宗教哲学在继续解决自己的传统问题的同时，也出现了一些重要的创新，显示出日益增长的多元主义。在魏玛文化的"第一后现代性阶段"，出现了对能够与虚无主义相对抗的知识的种种追求，这些追求实质上是边缘性的精英活动，尽管它最终被纳入到主流之中；而只是到了20世纪最后数十年的"第二后现代性"阶段，东山再起的虚无主义才又一次使1910年至1945年期间的革新思想家的思想汇入到大众文化的主流之中，这一大众文化是由全球化了的资本主义统一起来的，然而它同时又为其不确定性和四分五裂所困扰。

理查德·罗伯茨

第六十章

作为哲学的文学

在 1914 年至 1945 年期间，作家与哲学家关注的论题有些是长期不变的，有些是当时迫在眉睫的，但概括起来，无疑会包括如下方面：相对主义；感知的主体性；时间性的悖论；自我的不稳定性；活力论与理性的局限；直觉作为认识之基础的有效性；心身关系；概念语言在表达或再现方面的不适当性；意义问题；艺术与生活的关系。在这一时期丰富的文学创作中，有三部作品出类拔萃，堪为典范。因为它们不仅仅是反映这些论题，而且是重新对它们进行了积极的反思。这三部作品是：普鲁斯特（Marcel Proust）的《追忆逝水年华》（*A la recherché du temps perdu*, 1913—1927），托马斯·曼（Thomas Mann）的《魔山》（*Der Zauberberg*, 1924），萨特（Jean-Paul Sartre）的《恶心》（*La Nausée*, 1938）。普鲁斯特对不连续性和偶然性的强调，将据认为的他与柏格森的密切关系复杂化了；尼采留下的思想仍然在发生影响，而托马斯·曼在其整个生涯中，都在与尼采的思想进行对话；萨特在战前创作的这部小说是现象学的、启发性的虚构，它使他未来的理论基础变得清晰可见了。

一 普鲁斯特：《追忆逝水年华》

普鲁斯特的"追忆逝水年华"也就是在追求真理——这种追求必然要描述我们所犯下的种种错误。的确，在他所描述的主人公马塞尔（Marcel）的经历中，在书中叙事者（年迈时的马塞尔）往往充满醒悟的表述中，错误频出，不论是感知上的错误，自我认识上的错误，回忆上的错误，还是马塞尔评判他人时的错误。感知产生不出稳定的世界感；纵横驰骋的想象或期望，在捉摸不定的现实中找不到与之相应的或使之满足的东西。马塞尔急切地寻找真理的外在源泉，他不得不承认，他不可能认识自己之外的世界的任何东西。他者那些变动不居的形象，不论是在情欲的幻想中，还是在嫉妒引起的"知的欲念"（libido sciendi）中，都是由欲望创造和投射出来的，都阻碍着知识的寻求。我们不可能共享我们个人的见解，也无法超出个人的见解而达到一致的"真理"。欲望的怪异无常又反过来确证了自我的不连续性，而自我分析在寻求"内在"真理时，是徒劳无益的，这恰恰使马塞尔开始怀疑自我的存在。在描述内省所遇到的空虚时，他对禁锢着我们自己的那个主体性的来源本身发生了疑问。想要获得稳定身份的欲望，由于习惯和实际所关注的事情的干扰造成的记忆迟钝而进一步受挫，它所保留下来的只是对个人往事的嘲弄；而更严重"消失了的"年华乃是"现在"。马塞尔在等待母亲晚安道别时的亲吻，这时他认识到，在热切的期盼和将随着期盼的满足而来的痛苦之间，满足的瞬间本身已经失去。

对哲学问题的这种简要罗列还可以继续下去。但马塞尔的悲观主义并不是事情的全部。对于他自称不可能认识的那些人，他喜欢他们令人发笑的性格和弱点；他纵情陶醉于对自然界的感受；他愈益坚信，艺术（即使不是爱情）可以使我们理解另一个人的看法和经验。所有这些都从某种程度上表明他的悲观主义是不真实的。实际上，这部小说的主要讽刺之一就在于：马塞尔最终的积极发现来自于他所谴责的错误和局限，这些发现本身是在它们起先不依赖于任何意志行为、几乎未被预料到的情况下显示出来的。身体，连同其变化不定的知觉，通过蕴含着先前遗忘的记忆，而成为启蒙的载体：琐碎的感觉（譬如小玛德琳莱娜点心的味道，后来脚踩在高低不平石子路上的感觉，或对餐巾质地的感觉）的偶然重复，不仅勾起了过去的往事，而且使现在充满了强烈的幸福和理智的欢乐。在《追忆逝水年华》这部小说的最后一卷，当主人公马塞尔在多年隐居之后参加盖尔芒特家下午聚会的路上，这些对超时间东西的自相矛盾的瞬间直觉，向他显现出隐喻的统一力量，类似于隐喻在把显然不同的术语等同起来时将现在和过去重叠在时间之外的某一瞬间——在此瞬间,自我的不连续性被超越了。不过,这一解决方法,连同其蕴含的静态意味,刚一被断定就受到了质疑,而且在实践中已经被有关语言的解释、表意、尤其是转换能力更具动态的看法所取代。

另外,具有讽刺意味的是,转换似乎可能与马塞尔所追求的稳妥性不一致,转换也可以来自错误。马塞尔得到一些艺术家的呵护,他们给他以前进的指导,而他从其中一位艺术家那里得知,图画中的变形(作家将其转变为隐喻)可以出自更真实的景象或创造更真实的景象。画家埃尔斯蒂尔赞赏独一无二的视觉幻象,这些幻象构成了他第一眼所见的东西。马塞尔认为,埃尔斯蒂尔因而使这个世界摆脱了据说构成我们之知识基础的约定俗成的范畴和名称。埃尔斯蒂尔将画作的静态转变成一种活动性的重新描述,取消了海洋、陆地和天空之间的界限,打乱了平面与透视的秩序。在马塞尔看来,虽然不经意的记忆消除了时间,但埃尔斯蒂尔的绘画恢复了时间,延缓了辨认和识别的过程,将运动和不确定性带入了视觉活动。在马塞尔看来,当他回到巴尔贝克时,一度无法接近的、静止不动的永恒大海,已经转化为可以渗透到人类意识与活动之中的要素。他自己那些充满了隐喻的重新描述,即使在激情澎湃的记忆的启发下,实际上也未揭示出两个词的同一性,而是揭示出后来的第二组词之间的流动关系。这些重新描述并非标志着自我的稳定性,而是标志着自我通过时间的成长,使自我认识和自我创造成为可能;这些重新描述更新了对世界的时间和意识的时间的体验与反思,更新了认识、想象与感受的相互依赖,更新了语言、表象与行动的相互依赖。主体与客体之间的种种障碍消失了,这些障碍若继续存在甚至会遭到强烈的反对。

【716】

在这部小说的最后一卷,对已逝年华的恢复充满了矛盾。偶尔不经意的记忆揭示了超时间的本质,由于发现隐喻是这种本质的表达而带来的喜悦,当马塞尔终于在盖尔芒特家的招待会上遇到同去的客人时,就烟消云散了。时间将这些客人变成对他们自己年轻时的拙劣模仿,但却是老态龙钟,奇形怪状。死亡,也许即将到来的死亡,威胁着马塞尔新发现的作家天职。但他知道,时间既应当是他未来作品的媒介，也应当是他未来作品的主题。他告诉我们，他打算写的那本书，那本关于自己生平的书，不是我们刚才读到的这本书（但我们会发现两者有奇异的相似性）：那本书将记下我们感知中的错误，让各种面孔留出空白，将我们所希望的面容投射在上面，这样，它就会对现实做出更精确的转述。《追忆似水年华》的结尾不是留恋于超验的真理或自我先在的本质，而是对偶然的、不稳定的、暂时的、不确定的东西的赞美，是对不断的自我创造的暂时承诺。

二　托马斯·曼：《魔山》

普鲁斯特并不认为他以爱因斯坦的方式将时间相对化了（他认为自己的代数知识不足以做到这一点）。不过，托马斯·曼在1920年曾读过关于爱因斯坦狭义相对论的一个说明，他在把时间的相对性作为《魔山》的主题，以及在后来的写作过程中，他都谈了与爱因斯坦相似的深刻看法。这部小说故事发生的环境也无疑将这一主题凸显出来。那是一座位于阿尔卑斯山中的疗养院，远离了"平地"上的人实际全心关注的那些事。在那里，年轻的主人公汉斯·卡斯托尔普（Hans Castorp）患有轻度的肺结核病，他是德国北部资产阶级造就的一位可爱而平常的人物，在这所疗养院住了七年（由三个星期延长至七年）。在此期间，他发现时间不是由我们所熟悉的坐标构成的：经验的节律，甚至连季节的混淆，一开始就使人感到不安的诧异。不过，这仅仅是诸多相对性之一。在这座高山疗养院里居住着来自世界各地的"客人"，他们都有自己截然独特的习惯和个性。而在他们中间，疾病建立了它自己的价值（"好的"患者是以生病为天职的患者），建立了它自己的等级制度、仪式与戒律，建立了它自己的狂热性欲。主人公卡斯托尔普对难以捉摸、若即若离、"懒懒散散的"肖夏夫人的热情，令人着迷地将肉体的爱与对腐朽堕落的迷恋联系在一起；这一热情也扩展和压缩着时间。

这一热情也为卡斯托尔普的生活指出了方向——在那个生活中，卡斯托尔普对意义的无意识的寻求迄今所遇到的只是"空洞的沉默"。这一热情激发出一种模糊不清的对知识的渴望,对思考物质、形式、生命与意识之起源等问题的渴望。卡斯托尔普的好奇心也意味着一种自我发现的冲动。不过,卡斯托尔普自己认定的人文主义老师塞塔姆布里尼(Settembrini),强烈反对这种病态的依附性。在1924年的写作过程中,托马斯·曼用"魔山"一词来描绘颓废的浪漫主义美学,这种美学一度诱惑着他,可是在撰写《魔山》的漫长12年里,他越来越看到这种美学是对理性的威胁,而且是与一种可疑的意识形态联系在一起的。因此,这位意大利作家塞塔姆布里尼可能就是托马斯·曼的代言人。他言之凿凿地长篇大论,为启蒙的价值辩护:为理性、自由与宽容辩护,为国际民主、自由的个人主义、进步与和平辩护。他是一位资产阶级的思想自由的一元论改革家,也挺身反对寂静主义。然而对他来说,所谓的行动仅仅限于写作。

叙说者经常采用充满深情的反语,这就将说教的危险消除了。我们也因而发现,哲学或意识形态的种种观点,经常被相反的东西所占据,被思想家的人格或历史的情境相对化了。我们推断,真理(依尼采的方式说)可能就是一个视角的问题。塞塔姆布里尼对理性的信奉充满了激情;作为意大利爱国者,他仇恨奥地利,这对他的和平主义的国际主义思想产生了影响。更生动的自相矛盾体现在纳夫塔(Naphta)身上,他是犹太耶稣会的怀疑论者和二元论者,专制主义的共产主义者和反动的革命者,是黑格尔和马克思著作的读者,也是一位提倡禁欲主义但却骄奢淫逸的人。他与塞塔姆布里尼为控制卡斯托尔普的心灵而彼此争斗。教学法似乎是权力意志的一种形式。语言学的定义崩溃了:像"民主"或"个人主义"等词获得了相反的意识形态所规定的意义。

在这两个极端主义分子之间或身上所存在的种种矛盾,已经无法从理智上得到和解。在人类整体性的梦想中解决这些矛盾的任务,留给了处于困惑中的卡斯托尔普,他的困惑是可以理解的,而他自身的启蒙,与其说是一个脑力活动的问题,不如说是一个看法的问题。卡斯托尔普在一场凶险的暴风雪中迷了路,在有条不紊、安详静谧的梦境中,他克服了自己久而有之的死亡感。在梦中,必死的命运,即使【718】

在它最令人恐惧的时候,也被认为是生活的组成部分,不允许它主宰人的思想。确切地说,人自己就是这些对立事物的主宰者。

卡斯托尔普的洞见显然是积极的,但其效果并不持久。具有讽刺意味的是,随着一位老牌殖民主义者,同时也是一位生命力的极端表现者来到高山疗养院,平衡被打破了。皮佩尔科尔恩(Mynheer Peeperkorn)是一位身材魁梧、思想空虚得令人迷惑不解的人,他对于生命流露出一种酒神似的完全如醉如痴的欲望,这种欲望是语言和论证无法企及的,它自相矛盾地摧毁了他自己的生命力:他自杀了,因为他宁愿死去也不愿对生活无能。此外,纳夫塔在与塞塔姆布里尼的决斗中死去,他的死并没有进一步证实活力论,而是进一步证实了虚无论(在两人决斗时,塞塔姆布里尼这位曾经的人文主义者朝天放枪,而纳夫塔却射杀了自己)。

这场发生在文明与恐怖、资产阶级文化与无政府状态、启蒙与浪漫主义、生与死之间的决斗,不仅仅是一个局部的争论,这一点很快就变得清楚了。战争爆发这一"晴天霹雳"使高山疗养院那些越来越烦躁的客人奔离四散。这时我们意识到,欧洲文化与德国传统的毁灭或幸存与转变,已经处在岌岌可危之中。在小说结尾处,卡斯托尔普跟跟跄跄地穿过战场上弹片横飞的泥泞地,无意识地唱着舒伯特的歌曲《菩提树》(*Der Lindenbaum*),这首歌表现了一个他忧虑而酷爱的世界,一个与死亡相和谐的迷人的世界。

三 萨特:《恶心》

如我们已知,卡斯托尔普的好奇心源自他那个时代未能满足他对意义的追求。在萨特的小说《恶心》中,孤独的主人公洛根丁(Roquentin)发现,日益增长的无意义感造成了更强烈的生存恐惧。洛根丁的日记记载着能使心灵理解世界的种种区别和范畴——感知的、功能的、语言的、社会的、时间的、因果的、科学的等区别和范畴——的崩溃。与笛卡尔有意进行系统怀疑的方案不同,洛根丁的经验直觉是被动进行的,尽管这种直觉最终也能揭示不可还原的真理;

而且，洛根丁的**我思**（cogito）不止是（或够不上是）一个理智过程的问题：它是关于一个难以具体化的意识的问题。洛根丁发现，无生命的东西不论多么微不足道，但都在抗拒他的设计和控制：他再也不能随意用一块卵石来玩打水漂了。这些东西不再受期望它们发挥的那些功能的限制：迄今为止他在家中使用的东西：烟斗、叉子、门把手，他都以新的方式来抓住它们，或不可思议被它们所抓住。（视觉在已经概念化的知觉中把握一定距离上的东西；触觉并非如此）从知觉到统觉的正常的瞬间转移——辨认和识别的能动过程，亦是认识的基础——对他不起作用了：当一位熟人与他握手问候时，洛根丁觉得握在自己手里的那只手就像一条肥虫。如他在凝视毛茸茸的电车坐椅时所发现的那样，那些令人不安的变形已经不受语言的牢固控制。在故事发展到高潮时，洛根丁坐在那座城市的公园里，为树根不确定的暗黑色所迷惑（存在的物体无法体现黑色的本质，黑色本质是第二次抽象的概念），他感到一阵"可怕的狂喜"；这是一个后来被理性化了的偶然启示；是对无差别的、不断扩散的存在的感觉，这存在出现在那里是没有理由的，没有原因的，不必要的：是荒谬的东西。【719】

洛根丁疯了吗？是世界变了还是他自己变了？洛根丁意识到，要回答自己的这些问题，他不但必须考察客观对象，还必须考察自己了解对象的方式，考察自己的意识活动或意识活动的"意向性"。换言之，洛根丁成了一位越来越忐忑不安的现象学家——他之所以忐忑不安，是因为他发现，体现本身是一件偶然之事。它损害了他（以及萨特）乐于认为是我们的世界意识的自主性和透明性的东西，损害了该意识赋予意义的能力。它还损害了意识反思其自身活动的能力。因此，意向性与反思方面的危机，开始加剧了洛根丁的生存危机。洛根丁受到对自己的身体意识的困扰，尤其当他的身体不再是实施一项计划的工具之际：身体不再是不被注意地运行着，而是开始关注自身，关注自己的分泌物，关注自己不自觉的运动，关注自己的物质性。当反思与身体发生冲突时，反思受到威胁，与反思一起，维系自我感的能力也受到威胁。在萨特看来，自我是次级的结构，是在试图赋予意识以它所缺乏的同一性时由反思创造出来的。在遭到生理感觉的侵扰时，洛根丁再也不能说"我"了。既然日记形式是出色的反思手段，是用来稳定和塑造自我的东西，因此它也会瓦解为惊慌失措的"意识流"，瓦解为不连贯的音节和不完整的句法：语言不再能起辨识、区分或表意的作用了。

当洛根丁最终发现自己孤独一人时，类似的危机出现了；他那位傲慢的情人安妮离他而去；他那位熟人，也就是那位因试图亲近两位少不更事的男孩而被公共图书馆逐出门外的自学者，拒绝了洛根丁的帮助。这两人都试图主宰偶然性。安妮这位女演员试图有意地将那些完美瞬间协调起来，以调和生活与艺术、现实与想象、时间与静态，但却失败了。在普鲁斯特小说中的主人公马塞尔看来，那些完美的瞬间都是偶然之事。至于那位自学者，他试图在朴素的人文主义和知识的秩序中寻求意义：他在图书馆里一直按照作者姓名从 A 到 Z 的字母顺序读书，已经读到了 L. Roquentin，可是他放弃了。这时，他更彻底地失去了自己的身份感：从第一人称坠入了第二人称。不论怎样，现已丧失的自己，不再是作为自我（Ego）的我自己。在这里，萨特预见到后来他对自我的界定，自我即自己（the self as ipse），即人格：通过卷入世界和他人交往，意识被反射回自身。但如果这些循环被打断了，意识就显示为一种非人格的或前人格的活动。现在，洛根丁的意识是透明的东西，空洞而无个性特征，它边缘化地、毫无反思地认识到自身，它散落在各处的街墙和灯柱之间，融化在夜雾之中。胡塞尔说：一切意识都是对某物的意识，而在这里，萨特将他对胡塞尔这一名言的解释戏剧化了。萨特还对叙事的界限提出了挑战。

当洛根丁躲进咖啡馆，听着一支爵士乐小曲，他自己与日记形式都暂时得救了。作为贯穿他整个经历的主旋律，这支小曲代表了与杂乱和偶然性相对抗的形式的纯粹性、严格性和必要性：它就是它自己的本质。现在，洛根丁意识到，小曲的犹太作曲家和黑人歌手的现存的身体，使这一小曲得以"存在"，小曲将偶然的东西与必然会合在了一起。写一部小说会对他起到类似的作用吗？我们永远不知。洛根丁仅仅留下一部日记，它像任何日记一样，既不是生活的真实抄本，也不是生活向艺术的纯粹置换；同存在物一样，它既非粗糙的质料，也非纯粹的形式，它栖居在这个非此非彼的世界里。

四 结语

就主题而论，上述三部小说都对语言和写作的表达和表意能力提出疑问。实际上，这三部小说都更新了这种能力。在《追忆逝水年华》里，变幻莫测的时态，独一无二的复杂句法，主人公马塞尔年轻和年迈时的叙述交相混合，都有助于化解时间和记忆的结构；与此同时，接二连三的隐喻，将感觉、情感、想象和反省之间的相互作用戏剧化了。托马斯·曼的故事，是由一位性格明显、对传统知识博而不精的叙事者讲出来的；不过，他从主题上，并通过汉斯·卡斯托尔普不确定的进步，颠覆了教育小说（Bildungsroman）的陈规俗套，对传统提出了质疑。托马斯·曼利用这一主题，强化了发展与停滞之间的冲突。萨特从对日记形式的鉴赏家式的发掘和违反，衡量出了标准时间与生活时间的不相称，并在揭示我们试图把握和表述我们的意识行为所依据的惯例的不恰当性的同时，记录下了我们的意识行为的不稳定性。所有这三部小说都使叙事的形式焕然一新；所有这三部小说犹如哲学本身一样，都是没有确定结论的。

莱安农·戈德索普

[721]

第六十一章

两次世界大战之间的美学：
艺术与解放

　　第一次世界大战之后，特别是在20世纪20年代，艺术呈现出一幕惊人的创新和实验的景象：在视觉艺术领域，涌现出达达主义、超现实主义、构成主义、未来主义、新客观主义等，而同时，至少像毕加索（Picasso）这位先前激进的艺术家似乎正倒退回新古典主义；在文学领域，多斯·帕索斯（John Dos Passos）在写作实验中采用了拼贴艺术和新闻片之类的视觉技巧，乔伊斯（James Joyce）在写作实验中采用了意识流方法；在音乐领域，维也纳流派（勋伯格、贝尔格、韦伯恩）倡导的无调原则与斯特拉文斯基（又一位先前激进、后来返古的艺术家）的新古典主义发生冲突，巴尔托克（Bartok）转向民间音乐以寻求灵感，美国爵士乐的影响模糊了流行艺术与高雅艺术之间的界限；在建筑领域，神秘主义与工业主义为成为包豪斯建筑学派的灵魂而斗争，而弗兰克·劳埃德·赖特（Frank Lloyd Wright）则重塑自我，将他早先采用木、砖、石为建筑原料的自然主义风格转化为采用玻璃和水泥的炫目的新几何风格。艺术的这种蓬勃发展，很多是受德国和俄国的政治剧变激励的，是受科学剧变的启发的。这一科学剧变是以这样一些方式表现出来的，它包括爱因斯坦的相对论、量子物理学，尤其是弗洛伊德对人类心理中的潜意识和无所不在的性欲的发现。

　　一方面，艺术的这一发展似乎很多都被学院派美学忽略了。虽然战前的美学家力图通过淡化美的地位、强调难与丑的审美可能性等方式，为现代艺术留有余地，但是两次大战之间的许多主要美学家，似乎很少谈论艺术实验。譬如，马塞尔·杜尚（Marcel Duchamp）在

830

第六十一章 两次世界大战之间的美学：艺术与解放

20世纪10年代发明的概念艺术似乎没有给美学家留下很多印象，直到亚瑟·丹托（Arthur Danto）的著名论文"艺术界"（The Artworld）于1964年发表以后，才引起广泛的注意，尽管此后美学中大量关注的艺术的定义问题，据认为正是由杜尚等人的作品引起讨论的。但在另一方面，两次大战之间的美学继续了它以前的发展，正是这一发展的连续性，使这一时期的作家对于他们的时代做出了反应，因为如我们在本书第二十六章和第二十七章所看到的那样，从罗斯金（以及作为其后盾的康德与席勒）那个时代，到第一次世界大战爆发，美学家们将艺术视为美的，要不然就将其视为人类自由的表现；而到了20世纪二三十年代，美学家们仍然在不断论证说，艺术的创造与接受所具有的终极价值，在于它们有使人类实现自我解放，摆脱无知和习俗的压抑，甚至摆脱直接的政治、经济统治束缚的潜在能力。这一观点在一些马克思主义者那里是显而易见的，在一些主要的学院美学家，诸如美国的杜威和英国的柯林伍德的著作中是很明显的，甚至在厄恩斯特·卡西尔和苏珊娜·兰格（Suzanne Langer）等不大显眼的政治思想家的著作中也是很明显的。对此规则也有例外，但这仅限于海德格尔那样的极端保守的思想家，或仅限于要将哲学与一切有争议的价值隔离开来的逻辑实证主义者那样的哲学家。【722】

一 马克思主义美学

在这一期间，马克思主义对艺术的各种态度形成了一个系列。在这个系列的一端是列宁等政治领袖所特有的看法，即将艺术视为唤起和维持革命热情的工具。居于中间的是卢卡奇等人的观点，他们将艺术（尤其是文学）视为描述和分析资本主义的矛盾和代价的领域。布莱希特（Brecht）与本杰明（Benjamin）等艺术家和作家的观点居于另一端，他们指望用艺术来表现据说马克思主义所要医治的现代社会中的异化，但他们没有将艺术视为诊断和医治社会疾病的直接起作用的工具。

与后来许多分析哲学家一样，尽管出于十分不同的理由，列宁仍然拒绝承认艺术或美学是人类经验和活动的一个独特领域，而是将艺术归入"理智工作"（intellectual work）这个一般范畴之下，为革命而从事艺术，就像从事其他任何形式的工作一样。因为艺术完全是作为无产阶级政治教育的组成部分而发挥作用的，所以，这就要求艺术家的创作方式是艺术所针对的观众容易理解的、完全约定俗成的——即使那些方式本来是由资产阶级发明并为资产阶级服务的。但是，化名为"利昂·托洛茨基"（Leon Trotsky）的列夫·布朗施坦（Lev Bronstein）则走了一条更加独立的道路。虽然他也认为艺术可以成为建造新社会的"榔头"，但又认为传统艺术也需要成为反映现存社会的"镜子"，以便使革命者能够学会如何使用榔头。托洛茨基还清楚地看到，社会主义革命的终极目的就在于，将自由带来的利益给予那些劳动者，以前他们的劳动只是把这些利益提供给生产资料的所有者。他提醒他的同事，艺术不仅应当有益于革命，还应当享有作为革命的终极目的的自由。

托洛茨基甚至为传统的艺术形式申辩，将其视为社会的一面镜子，他的这个看法为匈牙利的共产主义者乔治·卢卡奇重新提起，尽管卢卡奇因为 20 世纪二三十年代在斯大林统治下的莫斯科长期避难、处境危险，没有强调个人的自我表现。卢卡奇的第一部著作《灵魂与形式》（The Soul and the Forms, 1910），是后来他很快就与之一刀两断的新康德主义式的著作。他的第二部著作《小说理论》（The Theory of the Novel, 1916）是更具黑格尔哲学色彩的著作，它分析了文学形式的历史发展，探讨了歌德、司汤达和托尔斯泰的小说作品。在第一次世界大战期间，卢卡奇积极参与了党派政治，并服务于 1919 年短命的匈牙利苏维埃共和国。在随后的十年里，他从事政治方面的写作，其成果集中体现在《历史与阶级意识》一书中。在 20 世纪 30 年代的很长时间里，他不但致力于文学研究，为第二次世界大战结束后连续发表大量作品铺平了道路，而且参加了关于共产主义制度下艺术的恰当作用的争论。卢卡奇的一贯论点是：应当把每个社会理解为一个复杂而完全的整体，在这个整体中，生活的各个方面反映了这个社会基本的经济和政治现实；各种个人类型的心理学反映了

第六十一章 两次世界大战之间的美学：艺术与解放

这个社会作为一个整体的可能性；艺术（首先是文学，文学中首先是小说，尤其是19世纪古典形式的小说）是它对一个社会的复杂现实的再现，是对该社会特有的心理类型的再现。虽然卢卡奇没有提倡任何狭义的文体上的自然主义，但他拥护"现实主义"，即认为艺术是对它周围的社会的本质再现，认为它唯此才获得了价值，而不认为它具有任何作为个人自我表现的价值。因此卢卡奇更接近于列宁的路线，而不是托洛茨基的比较宽松的路线；他对于他所指出的"现代主义"文学，譬如卡夫卡或乔伊斯的文学，深表敌视。这一切很快见诸于卢卡奇在1938年对厄恩斯特·布洛赫所做的反驳中，这一反驳又受到布莱希特的抨击。卢卡奇在此写道：

> 不言而喻，没有抽象就不会有艺术——否则，艺术中的任何东西怎么会有再现价值呢？但是，如同任何运动一样，抽象运动必定有一方向……每一位重要的现实主义者都对自己经验中给出的素材进行塑造，他在这样做时，其中就会利用抽象技巧。但他的目标是要洞察主宰客观现实的那些规律，是要揭示深层的、隐藏的、间接的而非直接可察觉的、有助于构成社会的关系网络……在这类作家的作品中，我们从生活的全部本质决定性因素中看到了生活的整个外观，而非仅仅看到以抽象的、过分强烈的方式与整体性相隔离的主观知觉到的瞬间。【724】

> 相比之下，谈论脱离现实的抽象意味着什么呢？当生活的外观只是被直接经验到的，那它就是模糊的、破碎的、混乱和无法理解的。（"平衡中的现实主义"[Realism in the Balance]，载于《词》[Das Wort, 1938]；转引自 Tayloy 1977：38—39）

卢卡奇在美学理论和文学批评中的大量作品，都是为这一简单观点服务的。

在1933年以前德国变动不居的社会背景下，在希特勒上台后移居国外的讲德语的人中，作家们可能会称自己是马克思主义者，但却捍卫一种比这里所说的马克思主义更危险的艺术概念。剧作家布莱希特（1898—1956）与批评家本杰明（1892—1940）无疑是这方面的例证：尽管他们最大限度地远离了二三十年代那些自称为马克思主义者中的党派路线，但他们的文学实践和文学理论时至今日也仍然是最有影响的。

在魏玛德国以及而后 1933 年至 1948 年的逃亡期间，布莱希特是作为剧作家和歌剧作家而知名的，他的作品包括剧作《巴尔》（*Baal*）、《胆大妈妈和她的孩子们》（*Mother Courage*）、《四川良家妇女》（*The Good Woman of Szechwan*），（与威尔［Kurt Weill］合作的）歌剧《三便士歌剧》（*The Threepenny Opera*）和《马哈格尼市的兴衰》（*The Rise and Fall of the City of Mahagonny*）等。他的极大影响无疑是通过这些作品传播的，这些作品也永久地改变了它们的样式。尤其是，布莱希特旨在通过他所谓的"间离效果"（Verfremdungseffekten）来打破传统戏剧中自然主义和幻觉手法的陈规旧套，因此，他一开始就打破了舞台台口强加给演员与观众之间的障碍，并将各种打断和附加在传统剧情发展上的东西——告示牌、背景投影、歌声骤起、演员脱离角色向观众致辞——都包括在戏剧之中。不论怎样，作为一名马克思主义者，布莱希特仍然必须将自己的作品视为"现实主义"的一种形式，于是，他对现实主义做了重新构想，将它关注的东西从作品的形式和内容转向作品对观众所产生的效果。换言之，现实主义艺术没有必要在剧场里再造现实，而是要使观众认清或重新认清剧场之外的现实。如布莱希特在回答卢卡奇时所言，现实主义不是一个风格的问题，而是一个效果的问题：

> 现实主义的方法是：发现社会的因果复合体；揭穿关于事物的流行观点的真相，指出它们是当权者的观点；从这样一个阶级的立场进行写作，这个阶级为解决困扰人类社会的紧迫难题提供了最广泛的解决办法；强调发展的要素；使具体的东西成为可能，使从具体东西进行抽象成为可能。

第六十一章　两次世界大战之间的美学：艺术与解放

但是，把艺术家变成党的机器中的一颗螺丝钉，并不能取得艺术的革命效果：

> 而且，我们应当允许艺术家发挥自己的想象、原创性、幽默感和虚构能力。我们不应拘泥于过于细致的文学样式；我们不应将艺术家束缚在过于严格规定的叙事方式上。（Brecht："反驳卢卡奇"［Against Georg Lukács］，论文四，"通俗性与现实主义"［Popularity and Realism］，此文写于1938年，但一直没有发表，后来收入遗作《艺术与文学论集》［*Schriften zur Kunst und Literatur*, 1957］；转引自 Taylor：1977：62）

【725】

第二次世界大战结束之后，布莱希特对戏剧和其他文学形式的影响是不可避免的，而他的朋友本杰明对于当代文学理论的影响，特别是对近来所说的"文化研究"领域的影响，在当今更为强大。这种"文化研究"远远超出了常见的文学范围，达到了制造、广告与物质文化等各类领域，以寻找自己的主题。本杰明为卢卡奇所蔑视的那种现代主义进行辩护：本杰明在世时，因撰写关于波德莱尔、普鲁斯特、卡夫卡和其他许多典型的现代主义者的著作而闻名。在他生命的最后十年里，本杰明用大量时间致力于所谓的**拱廊街计划**（Passagenwerk），即要从反思19世纪中期巴黎那些设有拱廊的商业街道入手，描述现代生活的特点。不过，他对美学和文学理论的主要影响，是通过他在20世纪30年代发表的几篇论文表现出来的，其中最著名的是"机械复制时代的艺术品"（The Work of Art in the Age of its Mechanical Reproducibility）。此文首次发表于1936年，1968年收入本杰明的第一部有影响的英文论文集（Benjamin 1968：219—253）。在这篇文章中，本杰明众所周知地证明：传统艺术品的"辉光灵韵"，尤其是一尊雕塑或一幅绘画的辉光灵韵，不仅仅因为这件作品是独一无二的，而且因为它作为"膜拜"艺术（"cult" art）的功能（譬如作品在宗教实践活动中的用途），其本身成为主宰和控制的表现。与此相反，本杰明所谓的"展示"艺术（"exhibition" art），发端于19世纪为公开展览而创作的绘画，在20世纪的静物照相和电影等机械复制媒介中得到充分发展，这种艺术不打算用于膜拜，也没有"辉光灵韵"般的神秘性，而是允许观众在它面前扮演批评家或电影摄影师那样的积极角色。传统的艺术形式连同其"辉光灵韵"，因而被当作控制大众的一个工具，而现代或机械复制的艺术形式则被当作引导大众发展其批判能力的进步力量。在1934年的一次讲演中，本杰明明确承认，资本家所拥有的报纸等现代大众媒介，甚至可以成功地拉拢一些革命作家；但在他两年后发表的那篇更著名的、天真得令人吃惊的论文中，他似乎忘记了这个教训。在这篇论文中，取而代之的似乎是对大众及其革命倾向的一种深刻的、浪漫主义的看法。人们只能认为：假如本杰明仍能留在纳粹德国，并看到莱尼·里芬施塔尔（Leni Riefenstahl）等人的电影操纵摄影技术，他也许就不会写出那样一篇论文了。也许这篇论文说明了，为什么正是本杰明的文艺批评而非他的理论著作能够对当代文学与文化理论产生巨大影响，也正是这一点给哲学美学家们留下了印象。

二 杜威

正当欧洲的马克思主义美学家们试图弄清艺术如何能有助于从混乱中创造一个新秩序之际，民主制国家的美学家们却在反思艺术在自由社会里所起的作用。从1910年詹姆斯逝世一直到第二次世界大战结束后至少十年左右的时期，美国的主要哲学家是杜威。杜威在其漫长的学术生涯中致力于发展自然主义的探索理论和行为理论，而且直到大大超过了正常的退休年龄，他才写了一部系统的美学著作：《作为经验的艺术》（*Art as Experience*），它原是杜威于1930年至1931年在哈佛大学詹姆斯讲座上所作的讲演，后于1934年出版成书，这时杜威已经七十五岁。不过，此书马上就为人们广泛阅读。

如杜威的许多著作一样，《作为经验的艺术》开篇伊始就抨击了二元论。在这里，杜威眼里的二元论是指那种把审美经验与其他形式的经验分割开来的古典做法，这种二元论观点集中反映在贝尔的

《艺术》(参见本书第二十七章)一书中。在杜威看来,"从事美术哲学的人所承担的首要任务……就是要恢复那些作为艺术品的精致而强化了的经验形式,与人们普遍承认经验所由之构成的日常事件、行为和苦难之间的连续性(Dewey:1934:3)。杜威的论点的明显主旨是:艺术经验可以成为一般经验的范式,它是人生所要获得和享有的品性。至少就杜威这部著作的名称而言,没有得到充分表达的另一个相似的论点是:艺术创作活动是一般活动的范式,它也渗透在人类生活中。不过,如下事实也许可以证明这部著作的名称是有道理的:人生的终极目标是杜威所谓的"完满的"经验,在此经验中,我们实现了与自然界其他部分发生相互作用时的稳定性和坚定性,我们知道自己做到了这一点,我们欣赏自己如此行事这个事实,而且活动与实践就是实现这一目的的手段。

构成杜威学说基础的是两个关键观念:其一,生存是一个有机体与其环境之间相互作用的永恒过程,在此过程中,有机体寻求与环境进行能量交换的平衡,这个平衡是可以达到的,但绝不是永恒的;其二,经验是对这种争取平衡的努力及其实现的意识和享受。有意识的生物意识到对平衡的这种寻求,并在经验的"完满",即在对暂时平衡的经验中,得到快乐。经验本身,或杜威所说的"一个经验",是对生存之流中一个平衡瞬间的独特体认,正是通过艺术,我们才最清楚地捕获到经验的这种独特瞬间。"因为经验是满足于一个有机体在大千世界里的种种斗争和成就的,所以,它是萌芽中的艺术"(Dewey 1934:19)。

杜威在其基本的经验理论的范围内确定了自己对艺术所做说明的框架。他证明,艺术在情感表达方面发挥着特殊的作用,这样就使他与美学理论的主流结合在一起了。这里的关联是借如下假设实现的:对人类而言,试图向他人表达自己的经验,是他们与其环境所进行的相互作用的正常组成部分。不过,不能把一件艺术品仅仅理解为一声高雅的感叹或呼喊;确切地说,杜威设想,艺术是通过使情感客观化,通过将情感的内容、对象和环境表现出来而起作用的。基于这一主张,杜威将自己的观点与贝尔等人的观点区别开来;当杜威说

【727】

"如此'客观化了'的情感是审美的［情感］"时，他又补充说："审美情感因此是某种独特的东西，然而它并不像某些理论家在断言它存在时所认为的那样是与其他自然的情感经验截然割裂的"（Dewey 1934：78），这里他暗指的应当是贝尔等人。

杜威的基本经验理论关注的似乎是艺术消费者，而他关于艺术是情感的表达或客观化的理论，似乎强调的是艺术创作者的作用。不过，杜威一般把经验描绘成一个有机体与其环境之间、因而也是一个人与其他人之间的不断交流。与此相一致，杜威的美学理论比许多理论更明确强调了艺术创作者与消费者的地位，以及他们在艺术经验中的相互作用。杜威指出，"艺术"这个词"意指着一个做或制作的过程……黏土造型，切凿大理石，涂抹颜料，建造房屋，演唱歌曲"等；而"'审美'一词指的是……鉴赏、感知与欣赏的经验。它指谓的是艺术消费者的观点而非艺术创作者的观点"。不过，他接着说，"我们不能过分强调审美的与艺术的这两者之间的区别，以致将两者割裂开来"（Dewey 1934：47）。显然，艺术家还必须扮演艺术消费者的角色，要与作品拉开一定距离以判定作品对他人产生的潜在影响，要借这一视角来改进自己在作品中要表现的原始意向，改进作品的客观化，使其达到完善的程度。或许不太明显的是，艺术消费者的经验不但含有接受性也含有主动性。领悟一件艺术品的经验也是一个"流"，在此经验之流中，鉴赏者接受外界的刺激，形成对外界刺激的意义和即将到来的经验的猜测，并根据对对象的进一步观察来完善这些猜测等，直到取得某种令人满意的平衡。鉴赏一件艺术品或许不需要创作一件艺术品所需要的各种想象虚构与手工或工艺技巧，但是，它仍然是一个进步的过程，不但有观众的感官的积极参与，还有观众的理智和想象的积极参与，需要观众与其环境的相互作用，这种相互作用同艺术家与其环境之间的相互作用并非完全不同。也许自罗斯金以来，还没有人像杜威那样明确而着重地提出这一观点。

杜威的庞大计划是要为不断发展的民主国家公民提供一种适合于他们的哲学，他的艺术理论是如何符合他的上述计划的呢？就此可以指出两点。其一，杜威最终把民主制奉为个人自由可以从中得到蓬勃发展的一种制度，在这里，个人自由之所以最终也得到尊重，那是因为个人自由是达到那种以艺术为范例的完满经验的条件。其二，杜威强调指出，艺术有助于人民之间的交流，这种交流对于民主制成功地发挥作用是必不可少的。因此杜威的艺术学说的要点可以归结为如下的话：

> 表现打破了将人们彼此隔离开来的壁垒。由于艺术是最普遍的语言形式，由于艺术（即使文学除外）是由公共世界的共同特质构成的，因此它是最普遍、最自由的交流形式……艺术将人类与自然结合在一起，这是一个众所周知的事实。艺术还使人意识到他们彼此之间在本源和命运上的一致性。（Dewey 1934：270—271）

像其前辈中的许多人一样，杜威也是属于康德、席勒与罗斯金这一传统的。

三 柯林伍德

在两次世界大战之间，英国出版的最令人难忘的美学著作是柯林伍德的《艺术原理》（*The Principles of Art*, 1938）。事实上，柯林伍德前后三次讨论过美学。在其最具黑格尔哲学色彩的著作《知识的图式》（*Speculum Mentis*, 1924）中，柯林伍德将艺术描述为一种认识形式，只不过是从艺术到宗教、科学、历史和哲学这一系列认识等级中最初级的形式。在《艺术哲学纲要》（*Outline of a Philosophy of Art*, 1925）一书中，柯林伍德强调指出，艺术是想象活动的一种形式，而不是单纯物理对象的制造。在《艺术原理》一书中，柯林伍德运用第二部著作中提出的线索，超越了第一部著作中的观点，他证明：借助艺术想象活动，艺术家和观众都能达到自我认识，特别是情感的自我认识，这种认识是用任何其他方式都不能得到的。

柯林伍德在《艺术原理》中的论证是以第一卷中关于艺术与工【729】

艺的著名区分开始的。工艺是生产性的活动，其特征在于手段与目的、计划与实施、原料与成品、内容与形式之间的截然区分。工艺是一种有等级的组织结构，其中一类工匠的成品可以是另一类工匠的原料，如同煤矿工向铁匠提供煤炭，铁匠向农人提供马掌。与此相反，柯林伍德所说的真正艺术，不允许有这些区分：一件艺术品并不服务于它自身之外的某个目的，计划与实施一定总是相互缠绕在一起的，原料与成品之间的区分在这里通常是不适用的（字词和情感不是诗或歌曲的原料），艺术之间也没有明显的等级划分——歌剧的歌词作者不是向另一个人即作曲家提供成品的工匠，而是两人"相互合作，创作出他们各自都有所贡献的艺术品"（Collingwood 1938：25）。这一系列对比不但使艺术和工艺概念成为柯林伍德观点中最强有力的部分，而且也使之成为柯林伍德观点中最不合乎道理的部分。

将真正的艺术与单纯的工艺相混淆的理论就是柯林伍德所说的"艺术技巧理论"。他反驳这种理论说："我们必须去除艺术家的工作就在于制造特殊种类的人工制品，即制造所谓的'艺术作品'或艺术对象的概念，根据这一概念，这些作品或对象是有形体的、可感知的东西（涂上油彩的画布，雕刻出来的石头，等等）。这个概念恰恰就是艺术技巧论本身。"确切地说，艺术家创造了两种不同的东西：

> 首先，它是一个"内在的"或"内心的"东西，即（我们通常所说的）"存在于艺术家脑袋里"，并且只能存在于那里的某种东西：我们通常把这种东西称之为一个经验。其次，它是一个有形体的或者可以感知的东西（一幅画、一尊雕塑等）……就这两种东西而言，上述第一种东西显然不是可以称之为艺术品的东西，如果一件作品指的是在织工织布意义上制造出某种东西的话。不过，鉴于此物是艺术家本人首先创作出来的，因此我将证明，我们有资格将其称为真正的"艺术品"。至于第二种东西，即有形体的、可感知的东西，我将表明它只是伴随第一种东西的。（Collingwood 1938：36—37）

第六十一章 两次世界大战之间的美学：艺术与解放

虽然这个结论可以从柯林伍德关于艺术与工艺的严格区分这一前提推出来，但是，这一区分与任何通常的用法（柯林伍德总是表示忠于这一用法）都大不相同，以致人们会认为它只能使人对那个理论前提本身产生怀疑。

柯林伍德主张，在艺术那里，手段与目的之间可能有严格的区别；这一主张引出了柯林伍德艺术观中全然更具吸引力的部分，即他的这样一个论点：不应将艺术与"娱乐"或"魔术"混淆在一起。娱乐与魔术把唤起情感当作自己的目的；柯林伍德特别把为了宗教和政治宣传的目的而利用艺术包括在魔术的范畴之下，他从心里对利用艺术来达到宗教和政治宣传的目的感到厌恶，这显然成为他坚持如下断言的基础：艺术不可能有它自身之外的目的。这样说或许有夸大之嫌，因为在事实上，他认为艺术确实有描述性目的，尽管这一目的不同于娱乐和魔术的目的，它只能靠艺术来实现（这是《艺术原理》的观点超过《知识的图式》之处）。而且，这一目的确实与情感有些关系：不过，与其说是与唤起情感有关，倒不如说是与情感的澄清和理解有关。艺术的首要任务就是为了理解情感而表现情感："对于真正意义上的表现，它的独特标志就是明晰性或可理解性。"（Collingwood 1938：122）柯林伍德借此机会不指名地放弃了托尔斯泰的艺术"感染"论（参见本书第二十七章）。他说，即使真诚的"年轻人从自己身心的痛苦中得知战争是什么样的，结结巴巴地用韵文表达自己的愤怒，将它们发表出来以期感染他人，以使他们取消战争"，但是，这样的韵文"……与诗歌毫无关系"；"一位优秀女演员的标志，并不是她实际哭泣的能力，而是她向自己和观众表明为何而哭泣的能力"（Collingwood 1938：122—123）。即使当托尔斯泰的艺术感染论是被真诚的、为明显善良的目的而动情的人所运用，这个理论也应当被抛弃，那么，如果能用这个理论来认可法西斯主义者或共产主义者的宣传，其危害性就更不待言了，因为他们会打着他们所设想的更大利益的旗号，来毁灭他人的自由。

柯林伍德的理论认为，我们是通过艺术来理解情感的，这个理论使我们能更好地理解他关于艺术作品是内在于艺术家心中的观点：这

【730】

里的作品是指活动而非产品，艺术作品肯定是从艺术家心中开始的，因为，艺术家自己尚不清楚的东西，也无法使别人清楚；反倒艺术家自己确实弄清楚了的东西，他也可以使别人清楚。虽然使别人明白情感的特点并不是艺术品创作仅仅作为手段所要达到的全部目的，但它是属于自我理解也作为其组成部分的那个目的的。《艺术原理》的第三部分进一步阐明了这个论点。柯林伍德在此证明，艺术创作是为了表现真理而进行的语言创作，在创作这种语言的尝试过程中，艺术家必须对照他能用来与观众、与观众的反应进行交流的媒介，不断检验自己的意向是否成功。据认为杜威是实用主义者，柯林伍德是唯心主义者，但后者能很容易地以前者的方式证明：比方说，观看的经验和绘画的经验是无法严格分开的，反倒是画家经常从观看他所画的东西中学会如何观看，因此归根结底，"创作一定是以某种方式与审美活动联系的"（Collingwood 1938：204—205）。同样，柯林伍德还强调指出，理解的过程不是艺术家为观众所做的事情，而是艺术家与观众一起做的事情：

[731]

> 在艺术家感到自己与观众一致的情况下……他就会认为自己的任务不是要表达自己的私人情感，不顾其他人是否能够感受这些情感，而是要表达他与观众共有的那些情感。他不会认为自己是一位神秘教义的解释者，引导观众尽可能长远地跟随自己，穿越自己头脑中那黑暗而艰难的路径……相反地，他将成为一个谦恭的人，强迫自己承担起理解自己的世界的任务，从而使观众能够理解自己。（Collingwood 1938：312）

在柯林伍德看来，达到这种理解力对于自由的可能性是必不可少的：

> 艺术不是奢侈品，拙劣的艺术是我们无法容忍的东西……当意识堕落了，真理的源泉就受到了污染。理智无法建造任何坚实的东西。道德理想成了空中楼阁。政治经济制度只不过是一触即破的蛛网。甚至连通常健全的精神和健康的身体也得不到保障。

而意识的堕落与拙劣的艺术是同样的。（Collingwood 1938：284—285）

对于一个充满危机的时代，《艺术原理》的地位犹如罗斯金的《威尼斯之石》(*The Stones of Venice*)一样。

四 卡西尔与兰格的新康德主义美学

在第一次世界大战之前，新康德主义者主宰着德国的学院哲学，虽然新康德主义马堡学派的创始人之一赫尔曼·柯亨分别写了对康德的三大批判的评论，在他自己的哲学三部曲体系中，也有一部美学著作，但在新康德主义者的研究主题中美学并不突出。不过在柯亨的学生卡西尔的著作中，尤其是在《人论》(*Essay on Man*, 1944) 一书中，美学占有更显著的位置。这部书是卡西尔为英美读者所撰，其中概括了他自己的哲学观点。

作为马堡新康德主义传统的追随者，卡西尔认为，人类用语言和数学等各种各样的符号系统，从神话、自然科学和艺术等许多角度出发来组织他们的经验；不过，卡西尔与后来的黑格尔主义者不同，他不把理解和解释的各种符号形式或样式安排在任何等级体系中。但他确实认为，在日常语言和自然科学之类的符号形式与对语言和其他媒介的艺术运用之间，的确存在一种根本的差异：语言和科学依赖抽象来辨别和组织我们对经验之流中普遍的、可重复的东西的认识，而艺术则旨在把握具有个性的特殊经验的形式。例如，一位风景画家"并不是在描绘或摹写某一个经验对象——一处山峦起伏的风景"（假如他是为一部地质学或地形学的科学著作提供插图，他则可能会描绘或摹写那样一个经验对象），相反，"他提供给我们的是那处风景的独特而暂时的地貌"（Cassirer 1944：144）。不过，在做了这个一般陈述之后，卡西尔进而证明：艺术有一个特殊任务，那就是明确设定人类激情和情感的形态和特征：他断言，"我们的激情不再是隐秘的、无法理解的力量，它们好像已经变成透明的了"（Cassirer

【732】

1944：147)。这样一来,卡西尔既不是从鲍桑葵或柯林伍德的黑格尔主义出发,也不是从桑塔亚那的自然主义出发,而是从新康德主义出发,仍然得出了自19、20世纪之交以来美学理论主流中许多人得出的同样结论:撇开媒介与风格不论,艺术的特殊功能就在于以我们别的认知形式无法胜任的方式把握和表明人类经验的主观方面。

卡西尔还是一位政治思想家,与杜威和柯林伍德一样,他也认为审美经验通过把那些可能控制我们的激情转化为我们可以控制的"造型力量",能够从根本上促进人类自由。虽然柯林伍德似乎认为,由艺术所达到的自我理解,也许首先是用来抵御通过外来宣传而进行操纵的,但卡西尔(在此他确实更具有康德主义者的色彩)认为,通过艺术而使情感发生实质转变,这一转变的首要作用是抵御由于我们自己的情感泛滥而导致的自我堕落。显然,他们两人不仅仅把艺术和审美经验视为人类认知的独特形式之一,而且还将其视为人类行为道德的独一无二的支柱。

美国人苏珊娜·兰格(1895—1985)并不是柯林伍德乃至卡西尔那样的政治思想家,她的著作主要受卡西尔的影响,但即使如此,她的著作也并非完全不把审美经验与自我解放联系起来。兰格的主要美学著作,特别是1953年出版的《情感与形式》(*Feeling and Form*),超出了这里所要考察的范围;不过,她关于艺术的思想萌芽已经出现在她于1942年出版的《哲学新解》(*Philosophy in a New Key*)一书中。兰格不但借助于卡西尔的学说,还借助于罗素、维特根斯坦、卡尔纳普等当代语言哲学家的学说,因而她认为,人类思想在本质上是符号式的而非表象式的,人类思想利用各种各样的手段构建我们的经验,而不是单纯地复制它在经验中发现的那些结构。不过,与上述那些人不同的是,兰格论证说,不应把人类符号运用的一切形式都变成与自然语言模式或科学与数学等人工语言模式一样;尤其是,她遵照不仅可以追溯到卡西尔,而且可以追溯到卡西尔之前很久鲍姆加登的传统,认为艺术的目的通常不是用"推理的"符号系统来分析经验,倒不如说是用非推理的符号来把握经验本身的性质。她主要以音乐为例,说明我们不应简单地将一种艺术形式与自然语言或人工语言等同

【733】

起来。她论证说：

> 据认为音乐与语言都具有语义功能，但如果我们使这两者之间的类比超出普通的纯语义功能的范围，这种类比就被打破了。在逻辑上，音乐不具有语言的特性——词语是可以分开的，它们各有固定的含义，句法规则可以用来引出复杂的含义，但不会给语言的构成要素造成任何损失……然而，音乐可以成为一种表现符号，可以凭借全球通用的形式来表现情感经验，这些形式如同绘画中明暗对比法的构成要素一样是不可分割的。（Langer 1942：232）

于是，与同时代的大多数哲学家一样，兰格认为艺术具有把握和表明人类情感本性的特殊功能。但她又说，艺术所采用的符号系统往往具有独特的逻辑属性（读了上述引文那样的段落，使人很难猜想兰格的著作对后来纳尔逊·古德曼［Nelson Goodman］的《艺术语言》［*Languages of Art*, 1968］那样的著作会有重大影响）。

兰格详尽地证明，我们正是借助这些符号系统来行使我们的自由的，自由是赋予我们生命以价值的东西，而且，滥用和误用这些符号系统是对自由本身的一个威胁。因此，虽然她没有证明艺术与审美经验可以直接促进人类自由的发展，但她似乎确实假定，艺术家自我表现的自由，显然是抨击人类普遍自由的人所关注的一个明显目标，因而它至少是一个社会的自由状况的晴雨表。无论怎样，在从第一次世界大战到第二次世界大战这一时期，美学家们似乎从来没有远离对人类自由问题的思考。

五　例外情况

诚然，并非两次世界大战之间所有讨论过美学的哲学家都把艺术创作和艺术经验纳入一个更大的人类自由理论之中。而对于艺术的道德和政治意义缺乏兴趣，往往成为一种无哲学观点的组成部分，这种

剑桥哲学史(1870—1945)

【734】无哲学观点将传统道德理论与政治理论本身中的许多内容排除在哲学的恰当范围之外；有时，对作为人类自由的一种形式的审美经验漠不关心，甚至与敌视自由传统本身的政治哲学联系在一起。逻辑实证主义者否认美学的可能性就属于第一种情况，而纳粹的拥护者海德格尔则肯定无疑地属于第二种情况。

维也纳逻辑实证主义的创始人没有直接研究美学；但艾耶尔在其广为阅读的著作《语言、真理与逻辑》中，确实简要地讨论了美学的可能性问题。艾耶尔是在更广泛地讨论伦理学问题时谈及美学的，他证明：明显的一般价值陈述可以分为两类，即可证实的事实陈述与纯粹劝告性的情感表达（参见本书第五十八章）。然后，艾耶尔进而对美学术语和美学陈述做了同样分析："美学术语的用法与伦理学术语的用法是完全一样的。对'美的'和'讨厌的'等美学词语的运用，与对伦理学词语的运用一样，不是要构成事实陈述，而只是要表达某些情感并唤起某种反应。"（Ayer 1946：113）因此，艾耶尔认为，不可能有作为一种批评哲学的美学，因为批评陈述根本不是认知陈述。这一观点与柯林伍德和卡西尔等坚持黑格尔主义与新康德主义传统的作家的观点是相反的，他们认为，艺术本身就是认知的一种形式，尽管是一种独特的形式。

在柯林伍德发表《艺术原理》一书的1938年，维特根斯坦正在剑桥大学讲授美学（Wittgenstein 1966）。虽然维特根斯坦的早期著作启发了逻辑实证主义者，但他的观点通常要比后者的观点更精致，在美学方面也同样如此。一方面，维特根斯坦在拒绝任何美学科学的可能性时，比艾耶尔更加极端。之所以如此，是因为维特根斯坦头脑中的美学是19世纪德国的科学美学，是费希纳和赫尔姆霍茨所尝试的那种东西，这两人都试图通过心理实验来发现某些普遍使人愉快的形式。维特根斯坦对此嘲笑说："你会认为美学是一门告诉我们什么是美的科学——这实在荒诞不经，几乎难以言表。我猜想它应当把什么咖啡味道好也包括在内。"（Wittgenstein 1966：11）不过，维特根斯坦与艾耶尔不同，艾耶尔只是把不能当作事实陈述的各种规范话语划归为情感表达，而维特根斯坦则更关注于抨击美学话语中抽象词和普遍陈述的意义性，他反之证明：如果批评话语用特定的词使我们的注意力集中在眼前实际对象的有趣特征上，那么，这个话语就达到目的了：

> 值得注意的是，在做审美判断的时候，诸如"美的"、"优雅的"等美学形容词，在现实生活中几乎根本不起任何作用。美学形容词是用于音乐批评的吗？你说："请看这个变调"，"此处这个乐段不连贯"。在诗歌评论中，你或者会说："他对比喻的使用不准确"。你用的这些词更接近于"恰当的"和"正确的"（如这些词在日常说话中所使用的那样），而非"美丽的"和"可爱的"。（Wittgenstein 1966：3）

【735】

维特根斯坦进而把美学术语的特殊性与他在此所说的"生活式样"（ways of living，后来它在维特根斯坦以"生活方式"冠名的哲学中成为一个核心概念）的特殊性联系在一起。这些生活式样应当被理解为在其中进行特殊语言游戏的语境，如果一定要对它们做出描述的话，也必须用它们使之有效的特殊术语来描述。所以，这里没有任何将"科学的"美学，乃至将艺术社会学或艺术心理学予以普遍化的余地。

在维特根斯坦的哲学中，包括他对美学的评论中，政治几乎不起任何作用。这个说法同样可以适用于胡塞尔确立的现象学传统中论述美学的第一位重要作家。胡塞尔本人没有谈论过美学，但波兰现象学家罗曼·英加登（Roman Ingarden，1893—1970）几乎一生都致力于这个主题。他的主要美学著作是《文学艺术品》（*The Literary Work of Art*，1931）。遗憾的是，英加登卷入了一场有关唯心主义的毫无结果的争论，这场争论大约在1909年以后主宰着现象学流派的论点，而英加登的主要论点是：艺术品既不适于归入外界对象的范畴，也不适于归入主观状态的范畴，毋宁说，艺术品展示了两者各自的特征。他的这个论点在大多数西方读者看来似乎是显而易见的。同样的说法也可以用在战后德国的"接受美学"上，英加登对这一学派似乎有主要影响。

马丁·海德格尔是现象学传统中更令人感兴趣但也更为麻烦的人物。海德格尔在《存在与时间》一书中没有讨论艺术，但他在1931年和1934年做过关于美学的讲演。1935年至1936年，他将这些讲演整理成文，即著名的"艺术作品的本源"（The Origin of the Work of Art），尽管它直到1950年才被发表。

海德格尔抨击传统美学，认为它是他所憎恶的西方思想中主观主义传统的一个范例。按照他的说法，传统美学既没有充分认识到"事物的物性"（thingliness of the thing），也没有认识到在艺术经验中"我们服从于事物的无蔽的在场（Anwesen）"，以此作为我们服从于存在本身之在场的一种方式（Heidegger 1950［Hofstader and Kuhns 1964：656］）。在康德、席勒直至海德格尔的经常反对者卡西尔这一传统中的哲学家，都把审美经验奉为自由人类的活动范式，而海德格尔却把审美经验说成是"服从"的范式，这显示出他的人性概念的根本消极性。不过，这篇论文还包含着比那更多的政治含义：它在很大程度上避不明说地赞美了德国人的灵魂为摆脱古希腊理性主义因素的统治而进行的尝试：希腊神庙的形式反映出希腊人的灵魂为摆脱大地的束缚而进行的斗争。他称赞凡·高所画的农鞋，说它揭示了无怨无悔的"农妇"的"可靠性"，农妇穿着这双鞋劳作，因而使农妇"得以置身于大地无声的召唤之中"。海德格尔至少曾一度想成为纳粹官方的哲学代言人，虽然他未能如愿，但他的哲学仍然反映出政治的消极主义和对自由的贬低，而这些正是纳粹的胜利实际所依赖的。

保罗·盖耶

第十五篇

法律与政治

第六十二章

汉斯·凯尔森与规范的法律实证主义

汉斯·凯尔森（Hans Kelsen）对法哲学的基本贡献是以他在政治理论方面及宪法和国际公法问题上的开创性工作相伴随的。在此过程中，他还尝试进行人类学方面的思考，尝试对古典哲学家，尤其是对柏拉图的重要研究，以及更多令人感兴趣的事情。不过，凯尔森的名望是在法哲学中建立的。早在1934年，博学的罗斯科·庞德就写道，凯尔森"无疑是这个时代首要的法学家"（Pound 1933—1934：532），直到现在，法学界的许多人仍然赞成庞德的评价。

凯尔森的理论发展可以分为三个阶段：早期的"批判推定主义"阶段（1911—1921）；然后是漫长的"古典的"或"新康德主义的"阶段（1921—1960），包括20世纪20年代围绕凯尔森而形成的法学理论的维也纳学派；最后是晚期的"怀疑主义"阶段（1960—1973）。早期阶段可以从凯尔森的第一部主要论著《国家法理论中的主要问题》（*Hauptprobleme der Staatsrechtslehre*，1911）中最明显看到。凯尔森在早期阶段——但不仅仅在这一阶段——的主要目的之一是建立作为"规范"学科的法学，他所理解的规范学科是这样的学科，它处理规范的材料，它的陈述用规范的语言来表达。为达到这个目的，他试图"构造"基本的法律概念，因为如他所证明，正确理解这些概念就是把它们理解成特殊规范的——因而不把它们理解成能用事实词语来表达的。

凯尔森的古典的或新康德主义的阶段通常以纯粹法学理论而知名。它延续了40年，有两个主要发展宣告了它的到来。首先，凯尔森完全超越了他早期阶段的工作，从20世纪20年代起，他就试图阐明新康德主义论证的基本原理，这不仅是为了完成《国家法理论中的主要问题》和其他早期著作中的某些构造,而且更根本地是要把它当成解决规范性问题的手段(对此我下面还要说到)。其次,不迟于1923年,凯尔森全部采纳了阿道夫·尤利乌斯·默克尔(Adolf Julius Merkl)的等级结构学说(Stufenbaulehre)(见 Kelsen 1923—1924:377—408),该学说对"运动着的、永恒再生的自创过程中的"法律特点提供了动态描述(Kelsen 1934:§43 [1992:91]);默克尔1917年的《根据应用的法律》(Das Recht im Lichte seiner Anwendung)一书是等级结构学说的早期阐述;最完整的阐述是他1931年的"法律等级结构理论绪论"一文)。除凯尔森外,默克尔是法学理论维也纳学派中绝对最有影响的人物。凯尔森接受了默克尔的等级结构学说,这也是凯尔森对法律制度的特点问题有浓厚兴趣的一个起源。最后,凯尔森晚期的怀疑主义阶段出现在1959—1962年间,标志着他放弃了他在古典阶段所熟悉的康德学说。这时他反倒为一种唯意志论的或法律的"意志"理论辩护,这个理论正是他在前两个阶段猛烈批判的那类理论。

一 规范性论题

凯尔森理论中最受关注的方面是他的法律实证主义的规范维度。凯尔森改写了传统争论的术语,因而我们从这里开始谈起是恰当的,以免忽略了他自己的论证的力量。当康德在《法律论》(Rechtslehre)的一段著名的话中提出了经典的哲学问题:"什么是法律?"(Kant 1797:§B [1991:55,英译本,有改动])时,他遵循的是延续了两千年的法哲学传统。对这个问题的主要回答,用理性的术语表达,或者用意志术语表达,都是我们所熟悉的———方面是自然法理论,另一方面是法律实证主义或法律唯意志主义。实际上,法哲学传统往往被认为是由这两类法律理论的变种构成的(例见 Alexy 1992 [2002])。

许多学者进一步假定,自然法理论和传统的、以事实为依据的法律实证主义一起,穷尽了关于"法的性质"问题的可能性:非**此即**

第六十二章 汉斯·凯尔森与规范的法律实证主义

彼,没有第三种可能性(例见 Maihofer 1962 中的文章)。冒充第三种可能性者,即自称与两种传统理论类型不同的理论,原来只是两种理论类型之一的伪装的翻版。代表非此即彼观点的论证是直截了当的:因为自然法理论是以**道德论题**,即法律与道德在某个结合点上有概念的必然联系这一思想为特点的,又因为法律实证主义是以与道德论题相矛盾的**分离论题**为特点的,所以它们的理论穷尽了各种可能性。

这就是凯尔森的出发点。但凯尔森决不赞成自然法理论与传统的、以事实为依据的法律实证主义一起穷尽了各种可能性这一思想,而是对它发起挑战。只要对立的理论类型是以单个一对论题(分离论题和道德论题)为特点的,似乎它们确实会一起穷尽各种可能性。但凯尔森坚持认为,另一对论题,即事实性论题和规范性论题,在"法的性质"问题上与分离论题和道德论题这对传统论题一样,也处处发挥着根本作用。【741】

历史地看,事实性和规范性这第二对论题,是凯尔森从巴登或海德堡的新康德主义者那里得来的,这些新康德主义者以"方法论二元论"的名义坚持"是"(Sein)和"应该"(Sollen)之间严格固定的区分(Kelsen 1911:7—11 及各处,又见 Paulson 1996〔1998:27—32〕)。不过,从凯尔森对传统理论的法哲学重建的观点看,**事实性论题**认为,法律最终可以根据一连串事实来解释,而这个观点恰恰是**规范性论题**、即事实性论题的反论题所否认的。凯尔森用这两对论题证明,这两类传统理论类型最终不会一起穷尽各种可能性,他将自己的理论设定在这个框架内,作为代表"中间道路"的新的理论类型(Kelsen 1960:§34(g)〔1967:211〕,一般见 Paulson 1992;Raz 1981〔1998〕)。他的理论将分离论题和规范性论题合在一起,在这方面它是新颖的,他的理论从各传统理论中取出可辩护的东西(从法律实证主义中取出分离论题,从自然法理论中取出规范性论题;关于后者,见 Kelsen 1911:7;Raz 1974〔1998:67〕;Ross 1961〔1998:159—161〕),而同时放弃不能辩护的东西(从法律实证主义中去掉事实性论题,从自然法理论中去掉道德论题,在这方面它可以算得上是传统理论之间的中间道路)。

853

在为一种分离论题辩护时，凯尔森的言论就像一位法律实证主义者，在后来的阐述中，这种分离论题与英国的对应论题相似（见 Hart, 1957—1958［1983］）。不过，为了答复该领域中的许多欧洲前辈和同事，他采取了将自己的立场与大陆传统的法律实证主义截然分开的策略。传统法律实证主义的支持者为事实性论题辩护，而凯尔森却为规范性论题辩护，要求完全不依赖于事实对法律——尤其是法律义务——做出解释。由此而得出的理论——纯粹法学理论——引起了各种不同的解释。凯尔森自信为一个新康德主义者。许多具有康德意义的学说主题在凯尔森的文本中都明显可见，其中有——概括如下——法律先验性问题，法学的构成功能问题，作为理智范畴的边缘归罪问题。此外，如何理解凯尔森的基本规范也是不可避免的问题。

二 纯粹法学理论

【742】康德在《纯粹理性批判》中写道，他将"一切不是关注对象，而是关注我们对对象的、就其应当先天可能而言的认识方式的认识，称作是**先验的**"（Kant 1787: B25［1998: 133 and 133 note a］）。对"先验的"这一独特理解标示出认识（Erkenntnis 或 cognition）的可能性的条件。凯尔森受试图把康德的先验哲学要素用于常设学科的其他颓废的新康德主义者的引导，关注法律认识（Rechtserkenntnis 或 legal cognition）的可能性条件。在"法学与法律"（Rechtswissenschaft und Recht）一文中，他提到他的年轻同事弗里茨·桑德尔（Fritz Sander）提出的对法律先验性问题的阐述（Kelsen 1922b: 128），而后，在《自然法理论和法律实证主义的哲学基础》（*Philosophical Foundations of Natural Law Theory and Legal Positivism*）一书中，他自己提出了法律先验性的问题："作为认识对象的、作为认知法学对象的成文法如何可能？"（Kelsen 1928［1945: 437，英译本，有改动］）。实际上，凯尔森是在寻找支持认知法学构成功能的论证。

认知法学的这种构成功能在凯尔森理论发展的整个古典阶段都是引人注目的。认知法学承担着从法律的"混乱材料"中，从它的

"法令、规则、法律判决、行政法规,等等"中创造"统一的法律体系"的任务(Kelsen 1922b:1981—1982)。正像自然科学"创造"自己的对象,即作为先天综合判断体系的自然,认知法学也同样"创造"自己的对象,即作为实质上统一的法律规范体系的法律。(1922b:181)。由认知法学制定的东西表现了假设制定的或"重构"的法律规范的结构(例见 Kelsen 1925:§10(e),pp.54—55,又见 Kelsen 1934 [1992: Appendix Ⅰ, at Suppl. Note 5, 132—134])。法律规范的独特结构的关键在于认知法学的理智范畴。

凯尔森证明,作为认知法学范畴的归罪可以直接比作自然科学的因果性范畴(见 Kelsen 1934:§11(b)[1922:23—24])。凯尔森特别把这个范畴理解为,它使物质事实(比方说,违法行为的要素)归因于一个主体,以此确定该主体的法律责任成为可能。当凯尔森写道,法律的"应该""为理解经验的法律资料"指定了"一个有关的先天范畴"时(§11(b)[24—25]),他想到的是归罪范畴。"根据康德哲学",这个范畴是"认识和理论上先验的,而不是形而上学上超验的"(§11(b)[25])。

基本规范这个概念也是根据康德学说而深刻得知的一个概念。"在阐述基本规范时,纯粹法学理论不打算为法学开创一个新方法。"毋宁说,它的"目的只是在所有法学家在把他们的研究对象概念化,因而……把成文法理解为一个有效体系,即规范,而非仅仅理解为事实上的偶然动机的时候,提高他们(大多是不自觉地)正在做的事情的意识水平"(§29[p.58])。不过,对基本规范的更严格的描述,是以从各种新康德主义信念的框架内,对凯尔森的理论的重构为前提的。尽管凯尔森本人在他的著作中有几处提到了马堡新康德主义的首领赫尔曼·柯亨,但文本的证据表明,凯尔森在此也主要受惠于巴登或海德堡的新康德主义者。

凯尔森的方案最终是不可行的。与康德自己的计划不同,凯尔森的方案有一个对各种新康德主义都是致命的缺陷。在康德的理论中,知性范畴设定的认识条件是不能满足的,这就将认识完全摧毁了;这里没有任何可资替换的认识根据。可是,新康德主义者为在各种常设

【743】

学科中的应用而提出的各类准康德式的范畴，却没有类似的力量；对所说的资料的替换解释总是近在手边的。尽管如此，凯尔森成功地独自改造了法哲学争论的术语——这本身就是一个有根本意义的成就。

　　凯尔森为法律规范性问题提供了一个新的视角，引进了有用的分析工具，其中有作为法律规范的命题对应者的法律语句或命题（Rechtssatz）（见 Kelsen，1941—1942 [1957：268—269]，Kelsen 1960 [1967]：§16 [pp. 71—75]，参见 von Wright 1963：104—105），因而他的纯粹法学理论是前瞻性的。但他迷恋于这样的思想，用有所改变的康德的说法，就是将法律研究设定在可靠的科学道路上——在纯粹理论中从始至终都是明白无误的——这就又回到了 19 世纪法律推定主义那里去了（见本书第二十三章"法律理论"）。从这个观点看，纯粹理论是过时的。它之所以在一个越来越敌视 19 世纪推定主义的环境中幸存下来，一般来说是出于对凯尔森的天才的赞赏，尤其是出于对他的规范性问题研究的魅力的赞赏。

斯坦利·L. 保尔森

第六十三章

自由民主国家：捍卫与发展

协约国把1918年击败德国描绘成自由民主制度对专制主义的胜利，一个以国际联盟的建立和魏玛共和国的创建为标志的胜利。可是，俄国革命、法西斯主义的兴起和20世纪30年代的经济萧条，几乎马上就使自由民主主义者处于守势。批评家们论证说，大众民主与私人部门和公共部门两者中官僚政治的蔓延，已经使自主个人的自由伦理学变成了不合时代的东西。公司经理取代了经济中的企业家，媒体和政党机器对舆论的操纵取代了政治中不偏不倚的个人之间的合理争论。个人的身份和意愿是由功能群体、种族群体、文化群体的成员地位所决定的，而不是由天生的偏好和能力、对理性的运用或努力所决定的。新的社会经济条件需要政治组织和工业组织的新形式，这些新形式将果断、内行的领导与有效的行政管理结合起来，因而以据信自由主义者无法企及的方式，将民众的支持和能量用到集体利益上来。人们认为，经济危机证实了对自由民主制度的弊病的这个诊断。

因此，对自由民主制度的挑战是三重的，包括对市场的当代意义、代议民主制及它们的基础价值的抨击。在自由主义者进行各种各样的辩护以反对这些批评时，他们中间的分歧往往与他们同他们的反对者之间的分歧一样尖锐（并经常反映着后者）。同战前的争论一样，分歧集中在国家的作用和性质、国家干预社会生活的合法性和效力、民主制和民主制运行中的领导所起的作用问题上。进步自由主义者仍然试图在经济学的个人主义和集体主义之间，政治学的民主制和专门知识之间，伦理学和认识论的以宗教和科学人道主义为一方，以普适论和进步的实用历史主义为另一方之间，寻找中间道路（Kloppenberg 1986）。他们虽然承认他们的批评者的某些异议是有道理的，但又争辩说，可以用适合大众社团时代新环境的方式，将自由主义的精神保持下来并重新思考。不过，其他自由主义者则进行了反击，坚决为自由放任的个人权利辩护，他们许多人完全是含糊其辞，偶尔前后矛盾地将这两种策略的要素结合在一起，而同时，一个规模适当的小团体则采取了有几分忧虑，而且往往是精英主义的态度，自由主义因而变成了少数幸运者的信条。最后，许多自由主义者怀着不同程度的热情，不是转而效忠法西斯主义，就是效忠共产主义。哪种观点占统治地位，与个别思想家的偏好一样，是政治和社会环境的反映。因此，我们将首先考察在英国和美国已确立的自由民主制度，在那里，流行的是更具有社会民主色彩的自由主义，然后我们转而考察德国、奥地利、意大利等国家，在那里，自由民主制受到威胁，自由主义为一方，与社会主义和民主制为另一方之间的尖锐分歧，似乎是恰如其分的。

一 走向社会民主制度：英国和美国

在世纪之交，英国的新自由主义者如 L. T. 霍布豪斯、法国的社会连带主义者如莱昂·布儒瓦（Leon Bourgeois）、美国的进步人士如约翰·杜威等人，已经将国家管理和福利的自由主义基础大部分设计出来了（Bellamy 1992；Kloppenberg 1986）。虽然战争使这些思想家中的某些人让自己远离可能受到任何新黑格尔主义国家崇拜的谴责，强调自己与各种非自由主义的集体主义的区别（Hobhouse 1918），但他们仍引人注目地坚持自己的观点。

杜威 1935 年的短论《自由主义与社会活动》（*Liberalism and Social Action*）对他们的情况所做的如下概括，可以很容易地从比如霍布豪斯 1911 年的《自由主义》（*Liberalism*）一书中看到。杜威论证说：

> 因为将个人的自由的、自发的表达能力解放出来的是自由主义信条的实质部分，所以，真诚的自由主义必定渴望获得作为达

到其目的之条件的手段。对物质和机械力量的严密控制是大部分个人能够从对他们的文化可能性的严密控制和因而引起的对文化可能性的压制中解脱出来的唯一办法……对经济力的有组织的社会控制不在自由主义的历史路径之内，这一看法表明，自由主义仍然受到它在自由放任阶段的残余以及它与社会和个人的对立的阻碍。现在压制自由主义的热情、使它的努力成为泡影的是这样的看法：作为目的的自由和个体性的发展，排除了把运用有组织的社会努力当作手段。早期的自由主义认为个人的孤立竞争的经济活动是达到作为目的的社会福利的手段。我们应当把这个看法颠倒过来，并看到，社会化的经济才是作为目的的个人自由发展的手段。(Dewey 1935 [1987：63])

同战前的新自由主义者一样，杜威的论证（以及有类似思想的同时代人的论证）详尽阐述了一个以 T. H. 格林（Green）的观点为源泉的推理线索，但使它与一个有组织的劳动、大规模工业生产、官僚主义管理的世界相适应（Ryan 1995：89—97）。他们的问题的关键是用有关个人自由的更加整体的、更加实证的观点，来反对自由个人主义的利己主义和原子论的批判（Bellamy 1992：ch. 1, 2000：ch. 2）。根据这个分析，一个人的自由不仅起因于缺少由人身侵犯等特定的个人行为所引起的故意强加的强制性束缚，而且它还要求消除社会经济的束缚，这些束缚是许许多多的、而且在其他方面无关痛痒的个人决定的累积结果。虽然这些后果不是这些个人本身预先打算的，但它们是某种社会制度的完全可预见的结果。因此，我们在道德上有责任采取杜威所谓的"明智行动"去避免这些结果。

在某个层面上，这个论证将福利，特别是失业保险，妥当地置于同警察机关和正规法律制度同等的地位上。两者都涉及排除人对自由强加的限制。这个策略允许它的支持者强调新、老自由主义的连续性。不论怎样，自由具有社会维度这个论点切入得更加深刻。不仅不利的情况是社会力量造成的，而且，人们迄今归之于自己努力的大部分利益也是社会力量造成的。引用霍布豪斯的一个著名例子："伦敦一处地皮的价值，实质上取决于伦敦，而不取决于地主。"（Hobhouse 1911［1964：100］）从这个假定的事实可以得出两个重要的推论。第一，个人自由所依赖的自主选择的机会甚至能力，现在被描绘成社会的产物。因此，作为集体的代表者，国家不但有责任确保同等地保护人们免于犯罪、失业和贫穷这类由社会造成的不幸，而且有责任确保人们享受对实行自由所必不可少的学校教育和图书馆之类的社会福利。由于拒绝利用这些社会资源而忽略打开这些必要的门，就如用强制行动有意关闭这些门一样妨碍一个人的自由。第二，为公共教育和公共福利所缴纳的累进税与其说是对个人的努力征税，不如说是收回了社会为那个人的成功所做的捐赠。

自由国家的干预与社会主义的计划和再分配是不同的，因为前者的目的只在于确保个人自由的条件。它并不打算取代或剥夺个人尽力而为的尝试。构成这个论点基础的是一种进步目的论。根据这种目的论，每个人的自我发展据认为最终都与他人的自由相容，并有助于他人的自由。不过，新自由主义者在推动实现这一目标时国家的作用问题上发生了分歧。激进分子论证说，如果要避免集体主义的某些独裁主义方面，恰恰必须改变国家的性质。温和主义者则主张，只要改变国家政策的目标就足够了（Freeden 1986）。

激进的进步自由主义者提倡一种工业民主制度。他们认为，所有制形式和阶级斗争不是工人和穷人受压迫的根源，所以国家对工业的控制本身并不能消除压迫。问题在于允许忽略某些利益的流行的经济管理方式。经济领域中的自决以政治中的自决几乎一样的方式促进和维护自由。政治讨论与达成一致意见的需要，使大家都意识到他们的相互依赖性，并保证每个人都促进他们各自的自由所依赖的共同利益。这个制度据称本质上是开放的，它允许个人创新，同时对日益发展的需要进行调节，并改变他人的选择（例见 Dewey 1927；Hetherington and Muirhead 1918）。

这个方案与法西斯主义的社团主义和共产主义的"工人委员会"有某些相似，即使那些东西只是有名无实。不过，进步自由主义者仍热衷于强调他们与那些论点是大相径庭的。例如，杜威证明，法西斯主义和共产主义关于"**被计划的社会**"概念与"**不断进行计划的社会**"的"民主自由的"理想之间,存在着"巨大的差异":

> 前者需要由上面强加的固定不变的蓝图,因此涉及依靠物理的和心理的力量来保证与这些蓝图的一致性。后者意味着通过最广泛合作互让的方式使聪明才智得到释放。如果不能无拘无束地发挥才智,而又试图对社会组织和社会联系进行计划,那恰恰是与"社会计划"的观念矛盾的。因为后者是活动的操作方法,不是一套预先决定了的终极"真理"。(Dewey 1939[1988:321])

这种"民主自由主义"不但与某些工联主义作家的理论有许多共同之处,而且与G. D. 科尔、(G. D. Cole)哈罗德·拉斯基(Harold Laski)的基尔特社会主义有许多共同之处(Ryan 1995:179、309—310)。他们也都受到在国家集体主义和市场个人主义之间找出中间道路的欲望的驱动(Hirst 1989)。伯特朗·罗素赞赏地评论道,他们的观念对于"所有仍关心曾经激励自由主义的那些理想,即有关将自由和个人的主动性与组织结合起来的问题的人",都具有强大的魅力(Russell 1916)。同他们一样,杜威把民主制在全社会的扩展,看成是医治国家和个人对大量影响人民生活的私人和公共机构明显管制不力的一个途径(Dewey 1927[1984:295—297])。虽然大多数新的、进步自由主义者同情这样的想法,这些想法在英国影响了惠特利协议会(Whitley Councile)的建立,但他们仍不情愿完全接受它们。他们担心这件事是无法实行的,因为计划活动需要专门知识,而且给了生产者太多的权力。只有国家有能力为普遍的利益而行动(Freeden 1986:66—77;Hobson 1934:89—92)。几乎与战前一样,更温和的新自由主义者力图对政策发生影响,而不大改变政治制度的特点。

【748】

J. M. 凯恩斯和威廉·贝弗里奇(William Beveridge)常常被当成是这种温和自由主义观点的标志性人物,他们带来的稳健发展计划的主要成果有：美国的罗斯福新政，英国自由党的"黄皮书"和贝弗里奇报告（Freeden 1986：154—173，366—372）。两位思想家确实都强调他们赞成自由主义反对社会主义，特别是凯恩斯，在两次世界大战之间，尤其通过自由主义暑期学院（the Liberal Summer Schools），他在英国自由党内发挥了某种理智上的影响（例见 Keynes 1925；Beveridge 1945）。但他们同自由主义的关系仍然是爱恨交加，当理论向实践发展时，这种关系就将进步观点中的某些问题凸显了出来。

在巴黎和会上，凯恩斯是英国财政部代表，在《凡尔赛和约的经济后果》（*The Economic Consequences of Peace*，1919）一书中，他对战后余波中自由资本主义面临的困境做了有预见性的分析。他确定战争的一个主要原因在于"对市场的竞争"，他将这种竞争的根源追溯到传统的自由主义经济政策不恰当地用刺激增长来处理失业问题。不过，他的补救办法与其说是走向新自由主义，不如说是扩大旧自由主义。凯恩斯认为"当今的主要政治问题"是在由"新的工薪阶级组织"和"新工业革命的到来"所引起的"变化了的条件下，建立一个经济上有效的、经济上公正的社会"（Keynes 1927 ［1981：639］）。不过，他主要关心的是效率，而不是社会公正。实际上，他认为，通过有效率的经济来消除失业，是所有工人都有权要求的。而且，他赞成策略上国家干预的论点是古典的而不是新自由主义的。例如，他的著名论文"自由放任之终结"（The End of Laissez-Faire）对完全自由市场不是提出道德上的反驳，而是提出技术上的反驳，这些反驳重复着斯密、边沁、J. S. 密尔所熟悉的公共利益的论点。他强调，国家的功能"不是去做个人已经在做的那些事情，把它们做得好一点或差一点；而是去做现在根本没有做的那些事情"（Keynes 1926 ［1972：291］）。

传统的经济自由主义者的错误出在他们对经济世界的"毫无救药的过时看法"上，因为"许许多多小资本家各以自己的判断作为命运的赌注，而最高明的资本家幸存下来，这样一幅图画与事实越来越无关系"（Keynes 1927 ［1981：641］）。鉴于社会选择研究者熟知的理由，个人几乎没有任何动机去实行凯恩斯认为的对于确保获得充分、可行的就业所需要的最合适生产量而必不可少的措施——货币和信贷控制、鼓励储蓄和投资。正相反，许多人都有恰当的、自私的理由恰恰使这些办法力求解决的问题更加严重。虽然他认为产量是"由古典方案之外的力量决定的"，但"对于如下问题的古典分析，即个人私利将以何种方式决定特别要生产何种产品，生产要素将按何种比例结合生产这种产品，最终产品的价值将如何在这些生产要素中分配"，他都"没有提出异议"（Keynes 1936［1973：378—379］）。因此，对经济的"明智管制"与"国家社会主义"还是有些差距的，它既不需要指导生产，也不涉及生产资料所有制（Keynes 1936［1973：378］）。

不过，这种管制是专家们的事，而不是民主制度的事。凯恩斯不是杜威的民主"社会计划"的拥护者。恰恰相反，他对新获得选举权的民众有传统自由主义的关注，担心"在盲目无知地争取正义的过程中，工党会摧毁至少是重要的、作为任何社会进步完全必要条件的东西——效率"（Keynes 1927［1981：639］）。进步论者信条中没有任何东西能比凯恩斯的如下猜想更深入的了："某种程度的社会正义往往成了社会进步的必要条件。"（Keynes 1927［1981：639］）毫不奇怪，他的自由观仍然是狭隘消极的，它的目的主要是为了维护社会的活力。新自由主义者也讨厌当代独裁主义的国家制度，强调个人自由和个人选择的必要。但他们对自由的理解包含着凯恩斯的分析所没有的对社会问题的关注。凯恩斯决没有同他们一起期望一种将使个体性与团结一致统一起来的伦理自由主义，他担心"对诉诸私利的反对也许已经走得太远了"（Keynes 1936［1973：380］）。

如果凯恩斯因忽视进步自由主义者的社会事业而背离了他们，那么，贝弗里奇却与众不同地置身于两次世界大战之间那代人全心投入的关于经济计划的争论之外。相反，他明确地将自己的报告与劳合·乔治（Lloyd George）战前的社会保险政策联系起来。他为自己的建议的自由主义特点辩护，反映了根据扩大的自由观来证明社会正义正当性的独特的新自由主义策略，这种自由"不仅仅是摆脱独断的政府权力。它意味着摆脱经济上受贫困、腐败和其他社会罪恶的奴役；

【750】意味着摆脱任何形式的独断权力"（Beveridge 1945：10）。类似的常见论证使他将他的观点与社会主义者的观点区分了开来。使自由而不是平等成为更大的国家干预的基础，意味着他的政策不是要同等地促进某些局部利益的问题，而是旨在为所有公民提供"与他们的能力相一致的服务和收入的机会"（Beveridge 1945：38）。

贝弗里奇主张通过允许个人以最适合他们自己才能的方式作出贡献的自由来避免社会主义计划的独裁主义。不过，他确实坚决认为，为了共同的利益与他人合作，这个责任是对社会权利的要求所必需的。而且，他与凯恩斯同样相信，这样的制度有利于效率。自由与社会责任和效率的这种联系引起了对自由的实证说明的许多传统上的忧虑，这种实证的说明是说，如果个人追求的是社会上有用的、道德上赞成的那一类目标，那么，他们才被认为是真正自由的。战前，新自由主义的这一方面已在关于优生学的争论中显露出来。激进的自由主义者坚持对社会目标进行民主的协商和确定，就是要反对这类危险。当然，凯恩斯和贝弗里奇设想，在国家举行定期选举、对个人的公民自由拥有某些规范的立宪保护的意义上，国家是民主的。但如果这种自由机制不能被当作是理所当然的，那么，自由主义者毫不奇怪会更加怀疑国家行为促进而不是妨碍自由的可能性。

二 受到威胁的自由主义：欧洲大陆

虽然英国和美国的少数顽固分子对进步的、以自由为中心的措施表示不满，说它"在好心好意努力减轻某个人的小麻烦的过程中……每天一点点地剥夺我们四千万人中其他人的自由决定权或自由"（Ernest Benn，引自 Freeden 1986：267），但这种抱怨并不多见。相反，在较晚近的欧洲大陆自由民主制度中，自由主义者发现自己被群众性的社会主义政党赶下了台，面临着日益增长的共产主义和法西斯主义的威胁。在此，民主制对自由主义似乎是一种危险，而自由的最确凿理由在于市场。实际上，对社会自由主义的最有力的批评来自于政治经济学家和社会理论家，像奥地利的路德维希·冯·米塞斯和

F. A. 哈耶克（F. A. Hayek），意大利的路易吉·伊诺第（Luigi Einaudi）和威尔弗雷多·帕累托，德国的马克斯·韦伯等人。

这些思想家宣称，共同利益或普遍意志的概念是没有意义的。个人追求多种利益，有十分不同的评价观点和道德准则。不存在任何社会目标或公共目的，只有社会个别成员的各个不同的理想和兴趣。市场的特性——实际上恰恰是它的功能——就在于它约束人们自发选择的能力并追求多数利益。任何通过中央计划来约束这个能力的尝试，都会证明它在经济上不如市场有效，而且造成了集权主义的强制。 【751】

特别由奥地利人阐发的这个论点是高度原创性的。他们的论据实质上与认识有关。它的基本要素是在20世纪20年代关于社会主义核算之争（the socialist calculation debate）的背景下首先由冯·米塞斯阐发出来的（Hayek 1935；Lavoie 1985）。他证明，合理的经济计划要求对资源的有效配置，而且这种有效配置又依赖于提供有关资本货物相对匮乏信息的价格知识。在任何规模、任何复杂的市场中，这些价格都是由买卖双方的无数交往所决定的，并处于不断的变动中。他认为，社会主义的计划者不可能解开同时发生的无数方程式，以确定生产资源的相对价值。这样的信息只能由建立在生产资料私有财产基础上的市场来提供。

事实上，现在经济学家们相信，有关的方程式原则上是可以解开的。不过，米塞斯的著作还包含了一个更深刻的论题，即暗示货币价格起到了只能在以私有财产为基础的市场交换制环境下产生出来的必要的"人类心灵助手"的作用。根据这个观点，计划者所需要的必要知识不会存在于自由市场经济之外。哈耶克和后来的奥地利理论家注意到米塞斯这方面的工作，但赋予它不同的认识论根据（Hayek 1935）。哈耶克指出，计划者面临的困难不是计算上的，而是实践上的。它与一个中央机构如何能搜集对于准确定价必不可少的大量信息问题有关，这类信息中许多都是具体的、关联性的，像在一既定地区可资利用的机器和劳动力的量等，这个量是难以用统计方式表示的，在任何情况下都是不断变化的。况且，这种知识许多都是不言而喻的，体现在无法阐明的、往往不能被相关个人充分意识到的实践、性情和直觉中。中央计划不仅不能运用这种知识，而且还很可能因试图把它明确说出来而破坏了这种知识。市场的功绩就在于，它能够以可理解的、无歪曲的方式，通过价格信号，收集和传达这种分散的、局部的、很大程度上转瞬即逝的知识。与此相反，计划经济割断了对市场效率必不可少的服务与收益之间的联系，代之以一系列必然弯曲了的刺激，这些刺激与其说与人们需要的、或在企业家可以发明新产品的领域中人们可能想望的东西有关，不如说与官僚主义者的异想天开有关。

不论怎样，社会主义国家或社会民主国家的计划不仅是无效率的，而且是专制的（Mises 1932；Hayek 1944）。因为它包含用个人的自由选择取代计划者的选择。实际上，如果生产者和消费者的创新和不断变化的偏好受到故意的压制，那么，计划只能取得侥幸的成功。用社会正义来为这种干预辩护，并不能改变这些干预的专断性，因为意见的多样性意味着不可能有任何确定的标准。主要的候选标准，不论是需要的标准还是放弃的标准，它们不但自相冲突，而且每个标准都可以用各种各样的方式来解释，以致当把这标准用于特定情形时，就造成了对立的结果。不论出于多么良好的打算，诉诸集体福利永远反映的是支持诉诸集体福利的人的部分意见，因而不可避免地导致将他们的看法强加于他人。而且，再分配税制和公共社会服务都再次造成了扭曲的计划刺激，引起了类似的对人们自己的选择的强制性干预。

民主制既不能提高计划和福利的合法性，也不能提高其效率。它只是增加了所推行的那些错误政策的风险。帕累托尤其用很大精力探讨政治精英们是如何用对社会正义和共同利益的虚幻诉求来拉拢选民的（Pareto, 1902—1903, 1916, 1921；Bellamy 1992：ch. 3）。事实上，这些政策的唯一受益者是政治家本人和他们周围各种各样的特殊利益集团。为了给这个膨胀的国家部门提供资金而需要进行的征税，实际上是对他人的成就征收租金。民主制是不受约束的，它用政治刺激代替经济刺激，鼓励各集团组织起来并影响政府机构以达到自己的目的，这些目的最终给自由和繁荣造成毁灭性的影响。

这些思想家将社会主义政党的选举成功归因于返祖的群居本能，归因于对完全与现代社会不合拍的有组织社群的渴望（Pareto, 1902—1903）。虽然新自由主义者承认现代社会的趋向是大政府、法人企业和群众组织，但这些新古典自由主义者仍抓住如下概念不放：企业家地位和个人的开创精神仍然是至关重要的，对那些发展应当也可以进行抵制（Mises 1927）。他们提倡一种最小立宪体制来提高公民权，尤其是个人可以自由地互订契约的财产权。这一学说的主要阐述者哈耶克走得很远，以致他把一切对固定的、已知的、基本的法律的背离，都斥之为与法治（the Rule of Law）不合的任意行为，它们扰乱和歪曲了从许多个人的相互交往中出现的自发秩序（Hayek 1944）。他认为这些判断标准使计划和再分配税收成为不合法，因为两者都需要制订针对特定人群的特殊规则。按他所述，政府被限于制止违反法治，而自己不破坏法治，民主则起纯粹的防护作用，即允许和平地取消专制政府或无能政府。作为流亡英国并赞赏英国自由主义传统的人，哈耶克把新自由主义看成只是通向奴役之路上的一个步骤，与社会主义或法西斯主义几乎没有区别——照此来看，它们本身彼此相同。

【753】

并非所有大陆自由主义理论家的观点都是这么悲观主义的或经济主义的。例如，在意大利与路易吉·伊诺第关于自由主义的性质的争论中，贝内代托·克罗齐论证说，他的同胞把市场机制与使市场机制的自由放任解释充满活力的自由主义伦理学混淆了（Einaudi 1928；Croce 1928；Bellamy 1992：ch. 3）。自由主义伦理学赞成自由市场，只是就自由市场提供了保护人的创造性和自主权这个自由主义价值的最佳手段而言的。他认为，将霍布豪斯的那种"自由社会主义"可能性先天地排除出去，完全是教条主义。不过，克罗齐也同样强烈反对像圭多·德·鲁杰罗（Guido de Ruggiero）那样的意大利同事，这些人提倡一种将自由与正义的调和包括在内的社会自由主义（De Ruggiero 1925 and 1946；Bellamy 2000：ch. 3；Calogero 1940—1944）。克罗齐再次论证说，这是将迎合工人阶级要求的实践需要与推动此类政策的自由主义理想混淆了（Croce 1943）。民主制同样是偶然的手段，只在它促进自由主义的目的方面具有价值。克罗齐追随年轻的帕累托和加埃塔诺·莫斯卡（Gaetano Mosca），把民主的平等原则当作对个体重要性的社会主义否定而拒绝，同时他把民主程序看成是潜在有利于确保理想和精英的循环。克罗齐最终把自由主义设想为一门"元政治的"哲学，与他把历史看成是自发的个人思想和行为的产物、而不是一系列具体政策的历史主义观点等同起来（Croce 1928）。

在德国，韦伯类似地认为，这些奥地利人及其他人所诉诸的古典自由主义在现代社会是不现实的（Beetham 1985；Bellamy 1992：ch. 4）。韦伯声称，对哈耶克的那种**法治**概念所蕴含的法律形式主义的自由主义信仰，在当今的复杂社会中是不可能的，如同社会主义计划者提倡的**官僚程序主义**是不可能的一样（Weber 1918a and b, 1919）。正如在开创和指导商业活动的经济领域中企业家仍然是重要的一样，在政治领域中，领导者也是至关重要的。多元主义使一致的集体选择成为不可能，它意味着涵盖一切活动领域的普遍规范不可能被制定出来。即使一个与计划型国家相反的调节型国家，也需要做出专门特殊的指令以适应不同用途、社区、地点的特殊情况。与此同时，事情总有可能出现要求断然行事的异常情况。由于大部分居民被关入现代性的"铁笼"中，只有非凡的领导者能够做出必要的生存决定，使得一个组织及其成员获得目的感。他再次把竞争选举设想成旨在造成这样的个人的选举市场。他认为这样的机制说明了为什么自由民主的协约国打败了独裁主义德国的更有效的军事机器，这个机器由于缺乏领导和过分依赖于形式规则和程序而没有流行起来（Weber 1918a）。不过，韦伯仍然极其清楚地意识到，即使对自由民主制的这样一种现实主义的观点，也只能证明它在现代性趋向于破坏而不是促进的文化自由主义环境下是有益的。虽然奥地利经济学家约瑟夫·熊彼特（Joseph Schumpeter 1943；Bellamy 2000：ch. 5）后来将韦伯的模型发展成对战后自由民主政治的有影响的特征描述，但直接的社会政治现实表现出与理想的很大不同。在韦伯的家乡德国产生的领导者几乎缺乏他所希望的一切素质，并将自由主义和民主都抛入比以往任何时候都更深刻的危机之中。

三　结论

　　即使从理智方面说，社会主义者和法西斯主义者宣告自由主义死亡为时尚早，但这宣告却证明把自由主义的地位描述成一个政治力量是再准确不过了。两次世界大战之间那些年，经历了欧洲各地自由主义政党的即使不是死亡也是戏剧般的衰落，以及欧洲大陆所有自由民主政权的暂短失势。至1945年，大多数自由主义知识分子和政治家，连同他们的大批选举追随者一起，不是投奔了社会民主党，就是投奔了保守党。无论怎样，他们的论点左右了20世纪剩下的年代西方民主制内部的意识形态争论。如果至20世纪70年代中期，温和自由主义经济政策和福利政策居统治地位的话，那么，对20世纪八九十年代**新右派**的挑战就主要是受哈耶克那样的经济自由主义者的思想鼓舞的。同时，当代对这两种意见之间"第三条道路"的寻求，往往涉及对50年前各种替选意见的探讨，其中杜威和霍布豪斯再一次成为时髦人物。

理查德·贝拉米

第六十四章

自由民主国家：批评者

> 危机恰恰在于如下事实：旧的正在死亡，新的未能出生；在此间断中，形形色色的病态征兆出现了。安东尼奥·葛兰西（1975 [1971：276]）

在第一次世界大战的灾难过去之后，左、右两方面的批评家都就文明的危机向自由民主政治学发起了挑战。第一次世界大战送走了欧洲旧制度的最后遗迹；没有人设想新梅特涅—正统主义的复辟。可是，能够解决危机的具有现代性的"新制度"会是什么呢？答案部分上依一个人的国家观而定。这里的焦点将集中在中、南欧的背景下，在那里，1919—1920年发起了共产主义革命，后来却被法西斯主义的反动所取代。在法国，虽然政治结果不同，但理智环境是相似的。只有在英国和美国，资产阶级制度似乎基本没有受到挑战。

虽然即使自由民主党人也知道，"拯救资产阶级的欧洲就意味着改造资产阶级的欧洲"（Maier 1975：594），但它的批评者仍试图用大胆的革命一举将它清除掉。在他们看来，世纪末的恐惧，即一个隐隐出现的大众社会将变成一个量化的、唯物主义的噩梦，已经被证实了，这使得有必要转而进行彻底的解决。要求用新制度来恢复旧价值的彻底的保守主义开始盛行起来了，尤其在德国，在那里，世纪末的恐惧已经变得极为严重，同时，受到1917年布尔什维克的胜利鼓舞的马克思主义者，试图对新的西方文明基础的性质和先决条件做出理论阐述。这两个极端都把"美国式"的原始权力看成是社会组织的一个原则，虽然偶尔有人赞赏这个原则（如葛兰西），但大多数人都把它看成是异己的侵犯而厌恶它。同样，他们把欧洲的民主制形式看成或者是独特的（英国）、或者是脆弱的（法国、意大利），或者是强加的（德国）。在右派看来，因为自由民主制有所谓的无领导性、机械性和不能果断处理危机的倾向，所以它只会进一步助长混乱。左派希望新的全球生产方式能为客观经验和主观经验的辩证综合（乔治·卢卡奇），或新的"规约社会"（葛兰西）提供基础。然而，他们的"西方马克思主义的"解放希望被在德国（1919）、匈牙利（1919）和意大利（1920）遭受的挫折粉碎了，这使得已经剧烈两极化了的第三国际政治斗争爆发出来，它最终使葛兰西转而反对斯大林，使卢卡奇对斯大林感到失望。由于世界范围的萧条，希特勒的崛起，佛朗哥在西班牙的胜利，苏维埃的清洗，希特勒—斯大林盟约的订立，为西方马克思主义的黑色转折创造了条件，这一转折是西奥多·阿多诺和马克斯·霍克海默在战争期间写的《启蒙的辩证法》造成的。【756】

尽管在政策和原则上有明显不同，但左派和右派对当前的历史危机所做的分析中，甚至更重要的是在他们所依据的理智来源上，仍有很多趋同点。无论在德语世界还是在意大利，自由民主制的批评者都是利用康德、黑格尔、马克思，尤其是尼采的范畴和概念策略，尽管在德语世界，这个哲学传统由于费迪南德·滕尼斯（Ferdinand Tönnies）、乔治·席梅尔，尤其是马克斯·韦伯的社会学理论而得到丰富，而那时在意大利，他们都不为人所知。这种对宏大理论的共同信赖意味着，虽然危机感促进了政治化的哲学，但很少有人转向政治理论本身。这里所考察的思想家中，只有两个人——葛兰西（Gramsci）和卡尔·施密特（Karl Schmit）——可以被认为是政治理论家，而且即使他们涉猎的知识范围也是非常广泛的。

一 金蒂莱与葛兰西论述下的意大利

20世纪初意大利政治知识分子面临的重大问题是意大利复兴运动（Risorgimento）的遗产问题：意大利的政治统一既没有使民众直接参加到一个有群众基础的政治运动中来，也没有通过对他们精神和情感的道德吸引使他们间接地参加到这样的运动中来。如19世纪70年代加埃塔诺·德·桑克蒂斯（Gaetano De Sanctis）众所周知地哀叹道："没有理智和道德的赎罪，政治统一是徒劳的。"（Prezzolini 1909：1）在葛兰西看来，政治上的失败是最关紧要的，在乔瓦尼·金蒂莱看来，道德上的失败是最关紧要的；但他们一致断定，战后意大利危机的根源就在于此。

虽然直到1915年金蒂莱才写了政治学方面的著作，但此后他阐发了这样的论点，意大利的道德危机只能通过"伦理国家"的新构想来解决，他把"伦理国家"设想为马志尼"自由主义"的现实化，是与1870年后在意大利制度化了的实证主义的、"唯物主义的"自由主义的决裂（Gentile 1927：295）。在金蒂莱看来，真正的自由主义是从国家的观点，而不是从原子化的个人的观点来设想自由。而国家则是一个精神的、伦理的统一体，与其说像一个狭隘的司法工具或经济管理工具，不如说像一个世俗的教会。在此他追随黑格尔。但又与黑格尔不同，金蒂莱并不把国家看成是客观**精神**（这是他所拒绝的一个范畴）的一部分，而宁可把国家看成是一个主体借以创造和不断再创造政治世界的"行动"。"每个人都从事政治活动，都是一个政治家，都在心中拥有国家；他就是国家……因此，国家不在人际间（inter homines），而在人内心中（interiore hommine）"（Gentile 1973：129）。黑格尔的国家是联系家庭和市民社会来阐述的，最终从属于绝对精神，与此不同，金蒂莱的伦理国家是无限的。在他看来，国家的力量越强大，自由的潜在实现就越充分。

金蒂莱是非常热心于抽象逻辑的人，在抽象逻辑中，一旦接受了前提，就会不可改变地引出结论。他追随法西斯主义就是出于这种逻辑。他在1923年给墨索里尼的一封信中宣称："作为有深刻而牢固信仰的自由主义者……我相信，今天在意大利的……自由主义……不是由或多或少公开反对你的自由主义者代表的，而恰恰是由你所代表的。"（Calandra 1987：8）与经常与之合作的意大利另一位著名唯心主义者贝内代托·克罗齐不同，金蒂莱并非把法西斯主义作为意大利自由国家的权宜之计，或出于把它作为手段的任何其他缘故而被它吸引。恰恰相反,他认为他的伦理国家是历史上可能发生的,他极想看到它的实现,并确信法西斯主义就是它的化身。

克罗齐非常尊重经验的历史,以致在他大量借用黑格尔的辩证法时,也不容许他陷入任何黑格尔式的泛逻辑主义中去。与克罗齐不同,金蒂莱拒绝黑格尔的辩证法,而采纳他的泛逻辑主义。不过,他认为,黑格尔用关于精神(Geist or Spirit)之发展的本体论证明来保证他的认识论,以此固执地坚守先验唯心主义,所以他未能认识到人类自由的本性。金蒂莱坚持"绝对内在性"(absolute immenence)的观点,根据这种观点,主观思想承担了康德设定于先验主体、黑格尔设定于精神中的那些功能。在这个意义上,思想是没有先决条件的"纯行动",思想之外没有任何实在。因此,真理存在于历史行为者的思想中,哲学与历史最终必定是一致的。然而,由于将历史只建立在行为者的创造活动的基础上,金蒂莱就没有任何根据来理解个人之间的协作活动,因而也没有任何根据来理解社会的主体间性,这个问题他实际上是通过将他所期待的意大利伦理国家完全等同于墨索里尼而解决的。

1916—1917年时的青年葛兰西被金蒂莱的纯行动哲学强烈吸引,就好像他为其他的唯意志论观点,如亨利·柏格森、乔治斯·索雷尔和干涉主义者墨索里尼等的观点所吸引一样。虽然他早先也熟悉的马克思主义使他认识到客观条件是对行动的限制,是行动在历史上形成所处的环境,但他拒绝旨在达到社会行动规律的马克思主义的实证主义。在葛兰西看来,理论是人们在理解和行动过程中所使用的一个说明,在这个意义上,它与实践是天生统一的,具有金蒂莱所说的那种内在性。他论证说:"客观的永远意味着'对人而言客观的',可以认为它与'历史上主观的'完全一致;换言之,客观的意味着'普遍主观的'。"(Gramsci 1975[1971:445])

【758】

1917年布尔什维克的胜利使葛兰西感到惊叹,他把它的特点描述为作为"反对资本的革命"的"马克思主义思想的实践",而不是"历史唯物主义准则"的结果(Gramsci 1975[1971:445])。战争期间意大利"残缺不全的胜利"重新打开了革命之门后,他通过领导都灵的工厂委员会运动,试图将列宁的创造推广到意大利。这个运动失败了，它所主张的在工厂实行直接民主制的准工联主义理想，很快在他看来是幼稚的，但它确立了他不依赖于任何教条的马克思主义或列宁主义的独立性。

葛兰西把他的政治行动主义理解为创造"有效的雅各宾力量"的努力，这个力量在意大利复兴运动中被忽略了，而在"别的国家却唤醒了民族大众的集体意志并将它组织起来"（Gramsci 1975 [1971：131]）。现代意大利的政治变化（尤其是法西斯主义的出现）总是呈现自上而下的"被动革命"的形式，这意味着，城乡之间、南北之间的分裂不但没有被正视，反而甚至被加剧了。现时的"权威危机"会继续存在下去，直到以雅各宾领导的"民族大众"运动为基础的"有机的"解决办法被创造出来为止。这种解决办法将统治权交给那样一些人的手中，这些人在生产方式中占主要地位的那个阶级或诸阶级中建立了对积极同意的"支配权"。

如果这种现时的危机在意大利特别严重，那么，有理由相信，欧洲通常会发现，这种新的、"有机的"政治形式是很难发展出来的。与美国不同，在美国，"不存在大量在生产领域中不起实质作用的、或换言之纯粹寄生的阶级"，而欧洲"恰恰是以这样的阶级的存在为特征的"（Gramsci 1975 [1971：281]）。况且，这些阶级在欧洲的议会中发挥着实质作用，因而有力地阻止了哪怕是非寄生的资产阶级提出对当前危机的有机的解决办法。这就是为什么即使像皮耶罗·戈贝蒂（Piero Gobetti）那样有远见的自由主义者，也已经开始看到，代表工业无产阶级的政党是欧洲未来的关键。然而，因为这些政党现在普遍陷于困境，所以，唯一的希望是实行"阵地战"（war of position）的长期战略，通过这一战略，"民族大众的"文化力量可以为将来的有机政治创造可能性。

【759】

二　施密特与海德格尔论述下的德国

德国由 1871 年新形成的民族国家向第一次世界大战前夜欧洲主要强国的转变突然中断了，它在第一次世界大战中遭受失败，随之而来的是战后政治经济的动荡，1919年成立的魏玛共和国也是考虑欠妥、命运不佳，所有这些都有助于理解德国的危机是一切欧洲国家中最深重的危机。对议会民主、市场和"保守革命"名义下的价值体系多元主义的攻击，因而在德国的知识官僚中广泛蔓延开来。

　　对这一反动的举例说明，没有哪一个人能比卡尔·施密特做得更出色。马克斯·韦伯关于现代性是工具理性的"铁笼"的分析使施密特震惊，他企图通过对新教与技术进步的相互关联的兴起进行历史分析，来理解当时的欧洲危机，这个分析虽然受到韦伯的启发，但许多都是他自己的（关于施密特与韦伯之间的联系，请参见 McCormick 1997：32—42 and Mommsen 1959［1984：382—389］）。他论证说，自从16世纪的宗教战争起，欧洲就试图通过"力争得到一个中立的领域"来避免冲突。于是，欧洲就从神学冲突暂时转变为17世纪的形而上学，然后又转变为18世纪的道德主义，19世纪的经济学，20世纪的技术学。然而，历史是辩证的："欧洲人总是从一个冲突领域迈入一个中立领域，而刚达到的中立领域总是立刻变成另一个角斗场，于是，又必须再次寻找一个新的中立领域。"（Schmitt 1963［1993：137—138］）

　　19世纪的中立领域，恕我冒昧，韦伯先生，包括"审美浪漫倾向与经济技术倾向的表面上混合而实际不可能的结合体"（Schmitt 1963［1993：133］）。当人们对后一倾向不再着迷，对前一倾向又重新着迷，因而，现代性特有的融合特征，不论表现为"新苏维埃人"，还是表现为"万宝路牛仔"，都是工具理性的胜利，也是浪漫主义神话的胜利（Marlboro man）。这样一来，虽然资本主义和共产主义共有的经济—技术思维对定性方面的考虑令人震惊地冷漠——一件"丝绸衬衫"和一罐"毒气"都仅仅被当作产品（Schmitt 1925［1966：14—15］）——但这些制度仍然与定性的、尽管是非理性的生活方式保持联系。

　　然而，试图保持自由普救主义和自由民主制的中立领域的努力，在现代大众社会的新条件下，在政治上变成站不住脚的。自由主义假定国家与市民社会的分离，以致前者可以对对立的社会利益做出合理

【760】的裁定。它假定议会能恰当地考虑并达成对政治问题的合理解决。它假定法治可以起到不偏不倚运用普遍约束、即已经颁布的规则的作用。这些假定在一个复杂的系统中是不现实的,这个复杂系统必然打破国家与市民社会之间的分裂,给国家背上社会管制和经济管制的沉重负担,使议会被利益冲突的浪潮所淹没,并将法律制度转变成在同样合理的对资源的对立要求中进行调和的机构。当代危机的根源正在于此。要克服这个危机,现代政治学必须为行政领导规定一个积极有为的角色,取消议会,根据有效妥协的"决策论"模式,重新构想法律制度。最根本的是,我们必须放弃中立领域的概念,恢复真正的政治领域概念,这个概念建立在"朋友"与"敌人"的牢固区分之上。

作为魏玛时期杰出的保守派法学家和1933年开始追随纳粹主义的人,施密特力图培育一种有关精英激进干预的政治学,以便充分、合理地实现现代性的定性要素(qualitative moment),维护特殊民族(他以此各不相同地指欧洲、中欧和德国)的权利,反对他的左派敌人的普救主义,克服现代自由民主国家的麻痹症。他对现代性危机的回答是,重新授权由国家来决定敌友问题,由国家有效地处理他称之为"例外"的突发事件。在完善制度化的现代政治中,"元首就是对例外做出决定的那个人"(Schmitt 1934 [1985:5])。

与施密特和德国其他保守的革命家不同,马丁·海德格尔没有详尽阐述一门政治哲学,他所关注的问题与大多数政治哲学家关心的人类问题(自由、幸福、正义)很不相同。在他看来,哲学的基本态度应当永远是发问的态度,把这样一些论题收集起来作为政治理论或伦理学所必不可少的论题,就没有抓住这个活动的本质之点。而且,哲学的根本问题,即"存在"(Being)问题,只有当一个人与人文主义形而上学决裂的时候,才能得到恰当的追究,这种形而上学在从柏拉图的永恒理念到尼采的权力意志的西方传统中是占统治地位的。当前危机的最深刻根源就在于这个传统在追究存在问题上的失败。

因此,海德格尔把自己的哲学看成是摆脱由于任性地、而不是根据现象自身揭示真理所凭借的前苏格拉底的"真理"(aletheia)来寻求真理所造成的虚无主义危机的出路。在此意义上，他的哲学永远涉及政治。而且，他对虚无主义危机的理解是从他对第一次世界大战的感受——作为对欧洲无意义地自身毁灭的感受——中产生出来的，是从对随之而来争夺世界霸权的斗争的感受中产生出来的。他希望可以从广泛文化的方面，而不是从狭隘军事的方面来解决这个斗争，对于这个希望，哲学是至关重要的。【761】

海德格尔强烈地感觉到哲学的历史作用，以致他允许用哲学为他1933年追随纳粹主义辩护，而不顾这种追随与他作为发问的哲学概念明显矛盾。同他之前的金蒂莱一样，海德格尔屈服于这样的幻想：哲学对现实政治世界所要求的东西，现实政治世界已经奇迹般地创造出来了。至少有几个月的时间里，他甚至相信，用他的朋友卡尔·雅斯贝斯的话说，他可以"将领袖引导到"（den Führer führen）资本主义唯物主义和共产主义唯物主义的精神替代者上去（Dallmayr 1993：25）。尽管这一信心在1934年之后减弱了，但直到第二次世界大战结束，海德格尔仍然是纳粹党的一员，甚至在战后，他仍然相信纳粹主义的"内在真理"。

如此孤注一掷的赌博在某种程度上是实践判断的失败，但它也反映了海德格尔对危机事态的感受。尽管技术及其与虚无主义的联系这个题目通常被认为与后期海德格尔有关，但他在20世纪20年代初的弗赖堡讲演中已经意识到这个题目的深远意义。至20世纪30年代，受厄恩斯特·荣格尔（Ernst Jünger）把现时代看成是决定世界历史霸权的"总动员"的煽动性分析的影响，海德格尔看到，"欧洲在自取灭亡的时候总是灾难性地视而不见，它今天正处于巨大的钳形夹击之下，一面是俄罗斯，另一面是美国，从形而上学的观点看，它们……都是同样的；是同样令人忧郁的技术疯狂"（Heidegger 1953 [1961：31]）。

在海德格尔看来，技术的本质不是技术性的，而是在世的存在方式。技术社会迫使存在物（entities）以与人类目的一致的方式显现出来；自然"被构架"（enframed）成供人类使用的长期储备（Heidegger 1954 [1977：298、301]）。因此，技术是西方哲学的逻辑产物,它的唯一解毒剂就是向用"真理"(aletheia)来表述的存在敞开。海德格尔认为,这种敞开可以通过"揭示世界"的艺术品(Kunstwerk),也可以通过思想作品(Demkwerk)或国家作品(Staatwerk)来达到(Wolin 1990: 100)。

三 流亡中的西方马克思主义

如果对世界危机的看法使海德格尔将赌注押在了纳粹主义上,那么,它也使乔治·卢卡奇同样在布尔什维主义上孤注一掷。卢卡奇成长于布达佩斯的一个富裕的犹太人家庭,受克尔凯郭尔的影响,他早先写了一些热情洋溢的短论。这些短论涉及的根本问题与艺术品的无能为力有关,艺术品必须被用来"形成"(form)、表达艺术家的"灵魂"(Lukács 1910 [1974])。于是,在精神生活已经变得贫困的世界里,艺术品悲惨地无法恢复价值。战争期间,卢卡奇将这个结论向社会历史方向上推广,在无论如何完全无法回归古希腊有机的、"整体文明"的背景下,描述了现代世界的"抽象系统化"(Lukács 1920 [1971: 29、70])。

不过,尽管有这样的暗示,当1918年12月卢卡奇突然改信马克思主义并加入共产党,仍使布达佩斯知识界的每一个人都大吃一惊。同时,他对现代性的分析转移到社会学领域:这时,他将马克思定位于商品拜物教中、韦伯定位于合理化中的对生活质量维度的压抑,定位在两个所谓"物化"的混合物中(卢卡奇受益于韦伯,这是他从1913年至1915年加入韦伯的海德堡小圈子的反映)。这个冷静抽象的成就在历史上无论如何将被"无产阶级"所超越,他选派无产阶级扮演历史的"同一的主—客体",即在其中"历史的矛盾已经被意识到"的那个主—客体(Lukács 1923 [1971: 147、178])。

在1923年的主要著作《历史与阶级意识》(*Geschichte und Klassenbewusstsein*)中,卢卡奇试图用辩证的研究方法,而不是任何一套封闭的公认真理,来重新界定马克思主义的"正统"。为确立这个方法,他阐明了对从康德经黑格尔的"资产阶级思想"的无情批判,他证明，这种资产阶级思想必然以现象与"物自体"、客体与主体、事实与价值、形式与内容的"二律背反"为终结，这些二律背反是资产阶级思想除非以纯形式的方式所无法超越的。对这一哲学危机、同时也是现代性危机的真正解决，必然意味着对资产阶级生活的辩证超越，这是一个只有恰当制定的马克思主义理论能够把握的运动。

这个非常严密阐述的解决办法，只要读者接受对无产阶级特征的描述，就可以理解。而恰恰伴随文本表面之下潜藏的如下问题，麻烦出现了：我们如何能知道哲学指定给无产阶级的历史作用与它在世界上的实际意识和实践相一致呢？面对这个问题所做的努力使卢卡奇贸然倒向斯大林主义。起初，他试图用"被归因的"（imputed）阶级意识概念从理论上规避这个问题（Lukács 1923 [1971：325]）。至1924年，即他发表论列宁的著作和列宁逝世那一年，他明确接受了列宁关于先进政党的解决办法，尽管这并没有使他免受当年7月第三国际第五次大会上苏维埃领导人对他的严厉批评。从这次大会直到斯大林时代的最后年月，卢卡奇大都在苏联过流亡生活，他对政治问题的公开回答总是一成不变的简单教条：党是永远正确的。

卢卡奇将无产阶级的历史作用问题遗留给了以西奥多·阿多诺和马克斯·霍克海默为首的最终以法兰克福学派知名的一群德国理论家，尽管这些理论家的许多最佳岁月是在美国流亡中度过的。他们把卢卡奇的《历史与阶级意识》作为一篇杰作接受下来，认为它的"正统"观点对于他们以西方为定向的、与当前相适合的马克思主义"批判理论"方案是一个范式，但他们越来越为理论的无产阶级与历史的无产阶级之间的讨厌差距而烦恼。而且，正当他们通过研究当代政治和家庭结构来加倍努力解决这个差距时，由现代文化生活引起的异化和神秘化问题似乎也加倍严重起来。与20世纪30年代灾难性的政治发展相伴随，他们在30年代初仍怀有的解放希望消退了，然后在战争期间又骤然跌落到《启蒙的辩证法》（*Dialectic of Enlightenment*）所描述的最低点。

在这部著作中，阿多诺和霍克海默将批判理论的范式从资本主义内部的阶级冲突有效地转换到资产阶级对自然的统治，这个情节他们追溯到荷马史诗的世界。在对《奥德赛》(*Odyssey*)的屏息阅读中，他们力图说明启蒙的方案是与神话的恐惧和本能的放弃密切相关的，就好像奥德修斯把自己绑在船的桅杆上，以逃避女海妖歌声的诱惑。他们证明，原始的神话是不真实的，但它并不试图统治自然；启蒙追求真理，是以统治自然的"他者"为代价的。这两个过程实际上是缠绕在一起的："就好像神话已经实现了启蒙，于是，启蒙的每一步都变成更深地淹没在神话中"（Adorno and Horkheimer 1944［1972：11—12］）。

不可避免的结论是，理性本身为现代性的历史危机负责。启蒙"将无法测量的东西删除了。不仅质融化在思想中，而且使人实际一致起来"（12）。法西斯主义和反犹太主义是启蒙的产儿。然而，这里所说的理性是韦伯非常着迷的那种工具理性，这种理性消除了辩证的否定，用公式取代了概念，表达了强者的要求，却堵住了反对者的嘴。他们英雄般地宣布他们的"预期理由——社会自由与启蒙思想是不可分割的"，并对"将把社会自由从盲目的统治下解放出来的积极的启蒙概念"（xvi）提出了展望。然而，与金蒂莱、葛兰西、施密特、海德格尔、卢卡奇不同，他们对如何把他们的希望附着在一个历史的行动者上，已无任何意识。因而，当他们摆脱了前者的幻想，却又在未来面前显得软弱无力。

瓦尔特·亚当森

附 录

传记与文献

阿多诺（Adorno, Theodor, 1903—1969）。阿多诺生于法兰克福，从小就有超乎其年龄的理智才能和音乐才能。他在21岁时就写了关于埃德蒙德·胡塞尔的博士论文，后来加入维也纳的阿诺德·斯哥恩伯格小组（Arnold Schoenberg circle）从事研究。1927年他回到法兰克福，开始了与马克斯·霍克海默（Marx Horkheimer）的研究所的终身合作，并于1931年开始在法兰克福大学执教。在纳粹掌权之后，他最初生活在伦敦，后来于1938年在纽约与霍克海默会合。在整个20世纪三十四十年代，他在社会学心理学及音乐与文化社会学方面做了重要的研究工作。他与霍克海默合写了《启蒙的辩证法》（*Dialectic of Enlightenment*, 1947）一书。在1949年回到法兰克福后，他又写了他自己的主要著作《否定的辩证法》（*Negative Dialectic*, 1966）和《美学理论》（*Aesthetic Theory*, 1970）。关于他的重要研究著作包括巴克—莫斯（Buck-Moss, S. 1977）的《否定的辩证法的起源：西奥多·阿多诺，瓦尔特·本杰明与法兰克福研究所》（*The Origin of Negative Dialectic: Theodor W. Adorno Walter Benjamin and Frankfurt Institute*）（New York: Free Press）；杰伊（Jay, M. 1984）的《阿多诺》（*Adorno*）（Cambridge, MA: Harvard University Press）；罗丝（Rose, G. 1978）的《忧郁的科学：阿多诺思想导论》（*The Melancholy Science: An Introduction to the Thought of W. Adorno*）（New York: Columbia Press）。

阿吉图库威茨（Adukiewcz, Kazimierz, 1890—1963）。阿吉图库威茨在利沃夫大学师从特瓦尔多夫斯基（Twardowski），1913年获博士学位，1920年获大学任教资格。1921年至1926年在利沃夫大学任副教授，1926年至1928年在华沙大学任教授，1928年至1939年在利沃夫大学任教授，1945年至1952年在波兹南大学任教授。最后，1952年至1963年，再次在华沙大学任教授。他的主要著作（有英文版）是《实用逻辑》(*Pragmatic Logic*)（Warsaw：Polish Scientific Publishers and Dordrecht：Reidel 1974）和《科学世界观及其他论文》(*The Scientific World-Perspective and Other Essays*，1931—1936，ed. J. Giedymin)（Dordrecht：Reidel）。

二手文献：Coniglione, F., Poli, R., and Woleński, J. (eds.) (1993),《波兰科学哲学：利沃夫——华沙学派》(*Polish Scientific Philosophy: The Lvov-Warsaw School*)（Amsterdam：Rodopi）；Sinisi, V. and Woleński, J. (1995),《卡兹密尔兹·阿吉图库威茨的遗产》(*Heritage of Kazimierz Adukiewcz*)（Amsterdam：Rodopi）；Skolimowski, H. (1967),《波兰分析哲学》(*Polish Analytical Phiosophy*)（London：Routledge）；Woleński, J. (1989),《利沃夫—华沙学派的逻辑与哲学》(*Logic and Philosophy in the Lvov-Warsaw School*)（Dordrecht：Kluwer and Boston：Lancaster）。

亚历山大（Alexander, Samuel, 1859—1938）。现在，亚历山大主要因其支持生物学中的"突变论"观点而为人们所知。他生于悉尼，但就学于牛津，而后在曼彻斯特度过其学术生涯。亚历山大最著名的著作是以他的吉福德讲演为基础的《空间、时间与神》(*Space Time and Deity*)（London：Macmillan 1920）。在这部系统的形而上学著作中，他采取了一种实在论的观点，将自己的观点建立在"运动"——时—空单位——的基础上。因此，就有各种不同层次的复合体，包括物质、生命、心灵、（也许还有）神，每一层次的复合体都是从前一个层次的复合体中"突现"出来的，这里"突现"的意思是：该复合体具有一些不同的新性质，这些新性质不能还原为低层次复合体的性质。

奥斯汀（Austin, John, 1790—1859）。1790 年 3 月 3 日生于萨 【766】
福克郡伊普斯威奇附近的克雷丁密尔（Creeting Mill）。奥斯汀曾从事
法律，任林肯律师学院的衡平法律文件起草员，此后于 1826 年被任
命为新成立的伦敦大学的法学教授。为了准备他的讲演，他用两年时
间在波恩研究汇编法和德国法学。虽然 J. S. 密尔和其他边沁学派的
人曾出席过他早期的讲演，但奥斯汀认为自己的努力没有获得成功，
并于 1832 年辞去了教席。他于 1859 年 12 月 23 日在威布里奇（Weybridge）去世。要不是由于他的杰出的妻子萨拉·奥斯汀的努力，他
的著作根本不会被发表。他的主要著作是：《法理学范围》(*The Province of Jurisprudence Determined*, 1932)；《法学讲演录》(*Lectures on Jurisprudence*, 2 vols. 1863)。

二手文献：Moles, R. N. (1987),《法学理论的定义与规则》
(*The Definition and Rule in Legal Theory*)(Oxford: Blackwell); Rumble,
W. E. (1985),《约翰·奥斯汀的思想》(*The Thought of John Austin*)
(London: Athlone Press)。

艾耶尔（Ayer, Sir Alfred Jules, 1910—1989）。艾耶尔是逻辑实
证主义运动中最有影响的英国成员。1933 年，他成为牛津大学耶稣
学院的讲师；在二战服役期满后，他被任命为伦敦大学的格罗特哲学
教授（1946—1959），而后又被任命为牛津大学的威克汉姆逻辑学教
授（1959—1978）。维也纳逻辑经验主义者的著作对他的早期著作有
很大影响，他的第一部著作《语言、真理与逻辑》(*Language Truth
and Logic*)(London: Gollanez 1936) 是用英语对逻辑经验主义立场的
经典阐述。在他随后的《经验知识的基础》(*The Foundations of Empirical Knowledge*)(London: Macmillan 1940) 等著作中，他进一步改进
了他自己对知识的说明。虽然他在后来的著作中脱离了他早先著作中
的还原主义的经验主义，但他仍然承诺这样一种哲学，即将逻辑推理
的严密性与经验主义的研究方法结合起来。1973 年，他发表了《哲
学的核心问题》(*The Central Questions of Philosophy*)(London: Weiden-

feld and Nicholson 1973）一书。

二手文献：Foster, J.（1985）.《艾耶尔》(*A. J. Ayer*, London：Routledge）。

巴舍拉尔（Bachelard, Gaston, 1884—1962）。巴舍拉尔起初在邮政电报局工作，从第一次世界大战结束直到1930年，一直在中学讲授科学，1927年获得博士学位。在第戎大学当了10年哲学教授之后，他于1940年去了巴黎大学，任科学史和科学哲学教授，直至1954年退休。将他的哲学说成是构成的理性主义似乎是有道理的，因为他认为，理性通过实验和数学将经验世界理性化，由此能动地建构起科学知识。科学（艺术也一样）是一种设计（project）。他的主要著作是：《相对论的归纳价值》(*Valeur inductive de la relativité*)（Paris：Vrin, 1929）;《新的科学精神》(*Le Nouvel Esprit scientifique*)（Paris：Presses Universitaires de France, 1973）。

二手文献：McAllester, M.（ed.）(1989),《加斯东·巴舍拉尔的哲学与诗》(*The Philosophy and Poetics of Gaston Bachelard*)（Washington, D.C：University Press America）；Tiles, M.（1985）,《巴舍拉尔：科学与客观性》(*Bachelard：Science and Objectivity*)（Cambridge：Cambridge University Press）。

巴枯宁（Bakunin, Mikhail Aleksandrovich, 1814—1876）。生于特维尔省的一个上等人家庭。1828年至1834年，在圣彼得堡的炮兵学校学习；1836年至1840年，在莫斯科学习哲学，在那里，他成为斯坦科维奇黑格尔主义团体（Stankevich Hegelian Cicle）的成员。1840年，他到了柏林，在那里他参加了黑格尔左派。1843年到苏黎世，1845年到巴黎，1847年到布鲁塞尔。在1848年波希米亚和德国的革命期间，他是活跃分子；他参加了1849年的德累斯顿暴动，虽然在萨克森和奥地利被判死刑，但最终于1851年被引渡回俄国。

1857 年,他从狱中被放出,并流放西伯利亚,尔后他逃出西伯利亚,并于 1861 年艰难到达伦敦。1864 年,他到了意大利,并加入了第一国际。1867 年,到达瑞士,与马克思进行了派系斗争,结果于 1872 【767】年被开除出第一国际。

他的主要著作是:"德国的反动"("Die Reaction in Deutschland", *Deutsch Jahrbücher für Wissenschaft und Kunst*, 1984, trans. And ed. 1965 J. P. Scanlon, and M. -B. Zeldina, "The Reaction in Germany", *Russian Philosophy*, 3vols., Chicago: Quadrangle Books, vol. 1, 384—406);《国家主义与无政府》(*Gosudarstivennost' 1 anarkhiia*, Geneva, 1873, trans. 1900 M. S. Shats, *Statism and Anarchy*, Cambridge: Cambridge University Press)。

二手文献:Carr, E. H. (1975),《米海尔·巴枯宁》(*Michael Bakunin*, London: Macmillan);Kelly, A. (1982),《米海尔·巴枯宁:乌托邦主义心理学与政治学研究》(*Michael Bakunin. A Study in Psychology and Politics of Utopianism*, Oxford: Clarendon Press)。

巴特(Barth, Karl, 1886—1968)。巴特是 20 世纪最重要的神学家。他是讲德语的瑞士人,在瑞士和德国受过训练。1922 年,他被招任为哥廷根大学的新教神学教授;1925 年,他到了明斯特,尔后于 1930 年到波恩;1930 年,他因拒绝宣誓效忠希特勒而被解职。他回到瑞士,在巴塞尔任神学教授,直至 1961 年。他的第一部主要著作是他对《圣经》中《致罗马人书》(*Zurich* 1922)的讨论,在这一讨论中,他肯定了上帝的绝对的"他性"(otherness)。这部著作开创了"危机神学",但也引出了如下问题:我们因而如何能理解上帝呢?巴特对这个问题的回答是:除了"上帝的道"之外,没有任何别的途径,他在他的不朽之作《教会教义》(*Church Dogmatics*, Munich, 1932—1967)中,提出了这一观点。他将其余生都贡献给了这部著作。

二手文献：Ford, D. (1981),《巴特与上帝的故事》(*Barth and God's Story*, Frankfurt: Verlag Peter Lang; Sykes, S. ed. 1989),《卡尔·巴特：百年纪念文集》(*Karl Barth: Centenary Essays*, Cambridge: Cambridge University Press)。

贝尔迪亚耶夫（Berdiaev, Nikolai Aleksanderovich, 1874—1948）。贝尔迪亚耶夫生于基辅附近的一个贵族家庭，在法国教养方式下成长起来。他成了一个激进的学生，这使得他于1898年被基辅大学开除。1900年，他被流放到沃洛格达省。在那里他写了《社会哲学中的主观主义与个人主义》(*Subjektivizmi individualizm v obshchestvennoi filosofii*, St Petersburgh: Popova 1901) 一书，批判了试图调和马克思主义与先验唯心主义的米哈伊洛夫斯基。1908年，他到了莫斯科，成为"白银时代"的精神追求过程中的佼佼者，他为《路标》(*Vekhi*, 1909) 撰稿。他受到包括德国唯心主义、叔本华、尼采、索洛维约夫、罗查诺夫、陀思妥耶夫斯基、托尔斯泰在内的多方面的影响。他接受了一种受雅各布·伯麦（Jakob Boehme）的神秘主义影响的宗教人格主义，他在《创造性之意义》(*Smysl tvorchestva*, Moscow: Lema and Saklavov 1916) 一书中对此作了阐述。虽然他只不过是莫斯科大学的一位教授，但仍于1922年被驱逐出俄国。他于1924年定居巴黎，在那里他成为俄国流亡哲学家中最知名的人物。他在后来许多著作（e.g. *Sonysl isotorii*, Berlin: Obolisk 1923; *O rabstve I Svobode cheloveka*, Paris: YMCA Press 1939) 中，继续阐发将基督教存在主义与人格社会主义混为一体的思想，他洞察敏锐地撰写了有关俄国共产主义的著作。F. Nucho 的《贝尔迪亚耶夫的哲学》(*Berdyaev's Philosophy*, London: Gollancz 1966) 是关于他的著作的最出色的专论。N. Lossky 的《俄国哲学史》(*History of Russian Philosophy*, New York: International University Press 1951) 的第16章，对他的思想做了很好的概述。

柏格森（Bergson, Henri, 1859—1941）。柏格森于1878年入巴黎高等师范学校，1881年获得中学教师资格证书，1889年获得博士学位。在公立中学任教若干年后，1900 年被指定为法兰西学院教授。他于 1901 年成为道德与政治科学院院士，1902 年获得荣誉勋位，1909 年获得牛津大学荣誉博士学位，并于 1914 年成为法兰西科学院院士。自 1916 年起，他担负高层外交使命，被法国政府派往西班牙和美国，在美国，他受到极大的欢迎。他于 1928 年获得诺贝尔文学奖。他生前出版的著作有：《亚里士多德的场所概念》(*Quid Aristoteles de loco senserit*, doctoral thesis 1889)；《论意识的直接材料》(*Essai sur les données immédiates de la conscience*, Paris：Alcan 1889)；《物质与记忆》(*Matière et Mémoire*：*essai sur la relation du corps à l'esprit*, Paris：Presses Universitaires de France 1896)；《笑：论喜剧的意义》(*Le Rire*：*essai sur la signification du comique*, Paris：Presses Universitaires de France 1900)；《创造进化论》(*L'Evolution créatrice*, Paris：Press Universitaires de France 1907)；《精神能量》(*L'Energie spirituelle*, Paris：Alcan 1919)；《时间与同时性》(*Durée et simultanéité*：*propos de la théorie d'Einstein*, Paris：Alcan 1922)；《道德与宗教的两个来源》(*Les Deux Sources de la morale et de la religion*, Paris：Alcan 1932)；《创造性的心灵》(*La Pensée et le Mouvant*：*essays et conférences*, Paris：Alcan 1938)。其他的著作后来被收集并以《文集》(*Mélanges*)为名发表 (Presses Universitaires de France 1972)。柏格森在公立中学的讲义现在也已经出版了，尽管他在遗嘱中是禁止这样做的，名为《讲义I》、《讲义II》、《讲义III》(1990—1994)。

【768】

在大量的二手文献中，可以提到如下一些：Deleuze, G. (1966)，《柏格森主义》(*Le Bergsonisme*, Paris：Press Universitaires de France)；Gouhier, H. (1964)，《柏格森与福音书的基督》(*Bergson et le Christ des Evangiles*, Paris：Fayard)；Hude, H. (1989—1990)，《柏格森》(*Bergson*, Paris：Editions Universitaires)；Lacey, A. R. (1989)，《柏格森，哲学家们的论证》(*Bergson, The Arguments of the Philosophers*, London：Routledge)；Moore, F. C. T. (1996)，《柏格森：反思》(*Bergson*：*Thinking Backwards*, Modern European Philosophy, Cambridge：Cambridge University Press）；Russell, B. A. W. (1914)，《柏格森的哲学》(*The Philosophy of Bergson*, Cambridge：Bowes and Bowes)；Soulez, P. (1997)，《柏格森》(*Bergson*, Paris：Flammarion)；Worms, F. (1992)，《柏格森引论：灵魂与肉体》(*Introduction à Bergson：l'âme et le corps*, Paris：Hatier)。

布隆代尔（Blondel, Maurice, 1861—1949）。生于第戎，在当地公立中学受教育，于1881年进巴黎高等师范学校，在那里他师从埃米尔·布特鲁（Emile Boutroux）和拉普鲁恩（Léon Ollé Laprune）。1893年，布隆代尔向巴黎大学提交了他的论著《论活动》（*L'Action*）。他在公立中学和里尔大学执教不长时间后，被任命为普罗旺斯地区爱克斯（Aix-en-Provence）的教授，从1894年起直到1927年退休，他一直在那里执教。布隆代尔的作品对一些天主教现代主义者有影响；不过，他的著作既批判了右派的新托马斯主义，又批判了左派的现代主义。他的《关于护教学的信》(*Letter on Apologetics*, 1986, trans. 1964 A. Dru and I. Trethowan, London：Harvill Press) 被送到罗马的圣职部（Holy Office），但他并未受到谴责。布隆代尔还影响了超越论的托马斯主义者比埃尔·鲁斯洛（Pierre Rousselot）和约瑟夫·马雷夏尔（Joseph Maréchal）。后来在20世纪三四十年代，布隆代尔的著作又对新神学家和法国存在主义者加布里埃尔·马塞尔和莫里斯·梅洛—庞蒂发生了影响。布隆代尔的其他著作包括他的三部曲：《论思想》(*La pensée*, 2 vols., Paris：Alcan 1934)、《论存在与存在者》(*L'Etre et les êtres*, Paris：Alcan 1935)、《活动》(*Action*, 2 vols, Paris：Alcan 1893)。后一部著作勿与《论活动》(*L'Action*, Paris：Alcan 1893) 相混淆。他的著作还有《哲学与基督教精神》(*La philosophie et l'espirit Chrétien*, 2 vols, Paris；Alcan, 1944—1946)，《基督教的哲学要求》(*Exigences philosophiques du christianisme*, 1950)。

有助于理解布隆代尔哲学的指导性著作包括：Henri Bouillard,《布隆代尔与基督教》(*Blondel and Christianity*, Washington, DC：Corpus Books 1969); Gabriel Daly,《超越与永恒：天主教现代主义与整体主义研究》(*Transcendence and Immanence*: *A Study in Catholic Modernism and Integralism*, Oxford: Oxford University Press 1980, chs. 2 and 4); Alexander Dru and Illtyd Trethowan (eds.),《莫里斯·布隆代尔：关于护教学与历史和教理的信》(*Maurice Blondel*: *The Letter on Apologetics and History and Dogma*, London: Harvill Press 1964, 其中包括一篇重要的 124 页的"导论"); Henri Duméry,《活动哲学》(*La Philosophie de l'action*, Paris: Aubier 1948); Jean Lacroix,《莫里斯·布隆代尔：其人及其哲学导论》(*Maurice Blondel*: *An Introduction to the Man and His Philosophy*, New York: Sheed and Ward 1968); James M. Somerville,《全部的承诺，布隆代尔的〈活动〉》(*Total Commitment*. *Blondel's L'Action*, Washington, DC: Corpus Books 1968); Claude Tresmontant,《莫里斯·布隆代尔的形而上学导论》(*Intrduction à la métaphysigue de Maurice Blondel*, Paris: Editions du Seuil 1963)。

玻尔兹曼（Boltzmann, Ludwig, 1844—1906）。玻尔兹曼是奥地利物理学家、哲学家；生于维也纳，在林茨和维也纳受教育，在格拉茨、慕尼黑和维也纳讲授物理学和认识论。他认识到麦克斯韦的电磁理论和原子理论的重要性；他对原子理论作出了重大的贡献：他证明了能量均分公理（在一个分子中，每一自由度都有助于同样的能量）；而且，他将熵的概念与热力学概率的概念联系起来，以此确认了熵的概念的统计特征（见 *Vorlesungen über Gastheorie*, Leipzig: J. Barth 1896）。在哲学中（见 *Populäre Schriften*, Braunschweig Wiesbaden: Vieweg 1979），他为唯物主义辩护，为以达尔文主义的方式将生物学和心理学还原为物理学而辩护。

二手文献：Blackmore, J. (ed.)(1995),《路德维希·玻尔兹曼：他的晚年生活与哲学，1900—1906》, 2 卷（*Ludwig Boltzmann*: *His Later Life and Philosophy*, *1900—1906*, 2 vols. Boston Studies in the Philosophy of Science 168, 174, Dordrecht: Kluwer）。

鲍桑葵（Bosanquet, Bernard, 1848—1923）。作为牛津大学巴里奥尔学院的学生（1866—1870），鲍桑葵受到T.H.格林的唯心主义的很大影响，也受到格林这位积极公民的榜样的很大影响。1871年，他（击败了F.H.布拉德雷）当选为牛津大学学院的研究员，讲授哲学和希腊史。由于他在其父去世后在经济上独立起来，因而于1881年移居伦敦，并有时间进行写作、从事社会工作和成人教育。除了发表大量的哲学著作外，他在慈善组织协会中也表现突出，这个协会的目的是将私人的慈善行为置于系统的、科学的基础上。1903年至1908年，他是圣安德鲁大学的道德哲学教授。1911年和1912年，他在吉福德讲座作讲演。1894年至1898年，他是亚里士多德学会的会长。他的主要著作是：《知识与实在：布拉德雷先生的〈逻辑原理〉批判》(Knowledge and Reality: A Criticism of Mr. F. H. Bradley's 'Principle of Logic', London: Kegan Paul 1885)；《逻辑，或知识形态学》(Logic, or the Morphology of Knowledge, Oxford: Clarendon Press 1888)；《短论与演说》(Essays and Addresses, London: Swan Sonnenschein 1889)；《美学史》(A History of Aesthetic, London: George Allen and Unwin 1892)；《基督教徒的文明化及其他研究》(The Civilization of Christendom and Other Studies, London: Swan Snnenschein 1893)；《逻辑的要素》(The Essentials of Logic, London and New York: Macmillian 1895)；《英国读者的柏拉图〈理想国〉指南》(A Companion to Plato's Republic for English Readers, London: Rivingtons 1895)；《道德自我的心理学》(Psychology of the Moral Self, London: Macmillian 1899)；《关于国家的哲学理论》(The Philosophical Theory of the State, London: Macmillian 1899)；《个体性与价值原理》(The Principle of Individuality and Value, London: Macmillian 1912)；《个人的价值与命运》(The Value and Destiny of the Individual, London: Macmillian 1913)；《美学三讲》(Three Lectures on Aesthetic, London: Macmillian 1915)；《作为爱国主义研究之社会与国际理想》(Social and International Ideals, Being Studies in Patriotism, London 1917)；《伦理学建言》(Some Suggestions in Ethics, London: Macmillian 1918)；《蕴意与线性推断》(Implication and Linear

Inference, London: Macmillian 1920);《宗教是什么》(*What Religion Is*, London: Macmillian 1920);《当代哲学中的两极相遇》(*Meeting of Extremes in Contemporary Philosophy*, London: Macmillian 1921);《科学与哲学及其他论文》(*Science and Philosophy and Other Essays*, ed. J. H. Muirhead and R. C. Bosanquet, London: Allen and Unwin 1927);《论文选》(*Selected Essays*, ed. W. Sweet, Bristol: 1999);《论〈社会问题诸方面〉及论社会政策》(*Essays on 'Aspects of the Social Problem' and Essays on Social Policy*, ed. W. Sweet, Bristol: Thoemmes Press 1999)。

二手文献：Bosanquet, H. (1924)《伯纳德·鲍桑葵：生平简述》(*Bernard Bosanquet: A Short Account of his Life*, London: Mcmillian); Gaus, G. F. (1949), "格林，鲍桑葵及融惯性哲学"("Green, Bosanquet and the Philosophy of Coherence" in C. L. Ten (ed), *The Routledge History of Philosophy*, vol. Ⅶ: *The Nineteenth Century*), London: Rouledge, 408—436; Houang, F. (1954),《英国的新黑格尔主义：伯纳德·鲍桑葵的哲学》(*Le Néo-hégélianisme en Angletrre: la philosopie de Bernard Bosanquet*, Paris, Vrin); Milne, A. J. M. (1962),《英国唯心主义的社会哲学》(*The Social Philosophy of English Idealism*, London: George Allen and Unwin); Muirhead, J. H. (1935),《伯纳德·鲍桑葵与他的朋友：证明其哲学观点之来源与发展的书信》(*Bernard Bosanquet and His Friends: Letters Illustrating the Source and the Development of His Philosophical Opinions*, London: Allen and Unwin); Otter, S. den (1996),《英国的唯心主义与社会阐释：维多利亚女王时代后期思想研究》(*British Idealism and Social Explanation: A Study in Late Victorian Thought*, Oxford: Clarendon Press); Randall, J. H., Jr (1996), "唯心主义社会哲学与伯纳德·鲍桑葵", ('Idealist Social Philosophy and Bernard Bosanquet', *Philosophy and Phenomenological Research*, 24: 473—502); Sweet, W. (1997),《唯心主义与权利：伯纳德·鲍桑葵政治思想中的人权社会本体论》(*Idealism and Rights:*

The Social Ontology of Human Rights in the Political Thought of Bernard Bosanquet, Lanham, MD: University Press of America); Sweet, W. (1998), "伯纳德·鲍桑葵", ('Bernard Bosanquet' in E. N. Zetla (ed), *The Stanford Encyclopaedia of Philosophy*, Stanford, CA: CSLI); Vincent, A. and Plant, R. (1984), 《哲学、政治与公民：英国唯心主义者的生活与思想》(*Philosopy，Politics and Citizenship: The Life and Thought of the British Idealists*, Oxford: Blackwell)。

[770]　　布拉德雷（Bradley, Francis Herbert, 1846—1924）。1846年1月30日生于伦敦，是一位著名的福音派教会主教之子，是莎士比亚评论家A. C. 布拉德雷之兄。在牛津大学学院接受教育，1870年，即他获得学位一年后，他成为牛津大学莫顿学院的研究员。翌年，他得了严重的肾病，后来一直过着病弱的退休生活，独自一人或只与少数朋友交往。他从未作过讲演，也没有任何学生（后来的唯心主义哲学家柯林伍德说，虽然他在牛津与布拉德雷作为近邻生活了16年，但他确知，他从未看见过他）。疾病并没有妨碍布拉德雷进行十分广泛的游历，他为了身体健康经常到国外过冬，使他一直活到1924年的9月8日。1924年，他被授予功绩勋章。他的主要著作是《伦理学研究》(*Ethical Studies*, Oxford: Clarendon Press 1876) 和《现象与实在》(*Appearance and Reality*, London: Swan Sonnenschein 1906)。

　　二手文献：Manser, A. and Stock, G. (eds)(1984)，《布拉德雷的哲学》(*The Philosophy of F. H. Bradley*, Oxford: Clarendon Press); Nicholson, P. P. (1990)《英国唯心主义者的政治哲学》(*The Political Philosophy of the British Idealists*, Cambridge: Cambridge University Press)。

　　布伦塔诺（Brentano Franz, 1838—1917）。布伦塔诺出生在马林堡（德国）的一个著名的意裔德国人家庭里。他在柏林师从于阿道夫·特伦德伦堡，在维尔茨堡学习时还获得了牧师职位。他在拒绝教皇无谬误的信条后，于1873年辞去了牧师职位。一年后，他成为维也纳大学的哲学教授,在那里从教 20 年,他教过的学生包括胡塞尔、安东·马蒂、克里斯蒂安·冯·埃伦费尔斯、卡齐米日·特瓦尔多夫斯基、卡尔·斯通普夫、亚历克修斯·迈农、西格蒙德·弗洛伊德。他于 1896 年移居佛罗伦萨,1915 年移居苏黎世。他的著作许多是他去世后发表的,涉及哲学的全部领域,这些著作包括:《论亚里士多德的存在者的多种意义》(*Vor der mannigfachen Bedeutung des Seineden nach Aristotle*, Freiburg: Herder, 1862);《从经验的观点看的心理学》(*Psychologie vom empirischen Standpunkt*, Leipzig: Duncker and Humboldt, 1874);《论感性意识与理性意识》(*Vom sinnlichem und noetischen Bewusstsein*, Leipzig: Meiner, 1933);《真理与明证》(*Wahrheit und Evidenz*, Leipzig: Meiner, 1930);《范畴》(*Kategorienlehre*, Leipzig: Meiner, 1933);《对空间、时间与连续性的哲学探讨》(*Philosophuische Untersuchungen zu Raum, Zeit, und Kontinuum*, Hamburg: Meiner, 1976);《描述心理学》(*Deskriptive Psychologie*, Hamburg: Meiner, 1982)。

二手文献:McAlister, L. L. (ed.)(1976),《布伦塔诺的哲学》(*The Philosophy of Brentano*, London: Duckworth);Smith, B. (1986)"奥地利经济学与奥地利哲学"('Austrian Economics and Austrian Philosophy' in W. Grassl and B. Smith (eds.), *Austrian Economics; Historical and Philosophical Background*, London Helm)。

布里奇曼(Bridgman, Percy W., 1882—1962)。1908 年,布里奇曼在哈佛大学获得哲学博士学位,同年成为教师中的一员。1926 年,他成为数学与自然哲学的霍利斯(Hollis)教授。他的经验研究的成果是在极高压材料方面,他因这一成果于 1946 年获得诺贝尔奖。不过,布里奇曼的最重大影响,是他作为一位物理哲学家,由他的《现代物理学逻辑》(*The Logic of Modern Physics*, New York: Macmillan, 1927)、《物理学理论的性质》(*The Nature of Physical Theory*, Princeton, NJ: Princeton University Press, 1936)、《一位物理学家的反思》(*Reflections of a Physicist*, New York: Philosophical Library, 1955)

等著作造成的。布里奇曼始终是一位操作主义者，他强有力地捍卫如下原则：如果物理概念是不能观察的，尤其是不能通过实验操作来观察，那么对这些物理概念进行解释就是毫无意义的。整整一代物理学家，以及几代心理学家，都是在布里奇曼的哲学传统下成长起来的。

二手文献：Walter, M. L. (1990)，《科学与文化危机》(Science and Cultural Crisis, Stanford, CA：Stanford University Press)。

布罗德（Broad, C. D., 1887—1971）。查尔斯·布罗德在剑桥大学接受教育，在那里他攻读自然哲学第一部分，道德科学第二部分。1911 年，他被选为三一学院的奖学金获得者，从 1911 年至 1914 年，他是圣安德鲁大学的讲师，然后成为布里斯托尔大学的教授，直至 1923 年回到剑桥大学三一学院任研究员。他于 1933 年被选为剑桥大学奈特布里奇道德哲学教授，他保持这个职位直至 1953 年退休。他的主要著作（不只是道德哲学方面的）是：《科学思想》(Scientific Thought, London：Kegan Paul, 1923)；《心灵及其在自然中的位置》(The Mind and its Place in Nature, London：Kegan Paul, 1925)；"对某些伦理概念的分析"('Analysis of some Ethical Concepts', Journal of Philosophical Studies, 3, 1928)；《五种伦理理论》(Five Types of Ethical Theory, London：Kegan Paul, 1930)；"'善'是一个简单非自然性质的名称吗？"(Is "Goodness" a Name of a Simple Non-Natural Quality?, Proceedings of the Aristotelian Society, 45, 1945)。

二手文献：Schilpp, P. A. (ed.)(1959)，《布罗德的哲学》(The Philosophy of C. D. Broad, New York：Tudor)。

布劳维尔（Brouwer, Luitzgen Egbertus Jan, 1881—1966）。逻辑和数学哲学中的"直觉主义"运动的创始人。布劳维尔在阿姆斯特丹大学度过了其职业生涯，1912 年至 1955 年，他是那里的教授。布劳维尔拒绝这样的观点：存在着一个能够或无法被数学家发现的不依赖于心灵的数学实在。相反，他认为，数学真理依赖于构造证明的可能性，这一看法使他拒绝了数学中的非构建证明方法。虽然他拒绝逻辑是数学之基础的逻辑主义论点，但他对数学推理的探讨可以普遍化为对逻辑的探讨，在这里，他的探讨由于拒绝了排中律，从而形成了与古典逻辑相背离的"直觉主义逻辑"。他的主要著作是"逻辑原理的不可靠性"（Deonbetrouwaarheid der logische principes, *Tijdsschrift voor wijsbegeerte* I：152—158; trans. 1975 by A. Heyting, The Unreliability of the Logical Principles in A. Heyting（ed.），L. E. Brouwer, *Collected Works*, vol. I, Amsterdam：North-Holland, 107—111）;"意识、哲学与数学"（Consciousness, Philosophy and Mathematics, *Proceedings of the 10th International Congress of Philosophy*, Amsterdam, 1948, 1235—1249. Repr. 1975 in A. Heyting（ed.），L. E. Brower, *Collected Works*, vol. I, Amsterdam：North-Holland, 480—494）。

二手文献：Dummett, M. A. E.（1973），"直觉主义逻辑的哲学基础"（The Philosophical Basis of Intuitionistic Logic in H. E. Rose and J. C. Shepherdson（eds.），*Logic Colloqium* 1973, 5—40. Repr. 1978 in *Truth and Other Enigmas*, London：Duckworth, 215—247; Dummett, M. A. E.（1977），《直觉主义原理》（*Elements of Intuitionism*, Oxfod：Claredon Press）。

布兰斯维克（Brunschvicg, Léon, 1869—1944）。布兰斯维克于1891年在巴黎高等师范学校获得了文学硕士和理学硕士，1897年以《判断的模态》（*La Modalité du jugement*）一文获得巴黎大学博士学位。他先在几所中学任教，而后于1909年回到巴黎大学，在那里他任各种各样的教授职务，直至1940年纳粹占领巴黎。他是《形而上学与道德评论》（*Revue de métaphysique et de morale*）和法国哲学学会的创始人。布兰斯维克的基本主张是将认识论的唯心主义与形而上学的唯心主义结合起来，他主要以康德哲学为根据，但采用的是历史的方法。在他那个时代，他是一般法国哲学的主要代言人。他的主要著作是：《判断的模态》(*La Modalité du jugement*, Paris：Alcan, 1897)；《人类经验与物理因果性》(*L'Expérience humaine et la causalité physique*, Paris：Alcan, 1922)；《西方哲学中的意识进步》(*Le Progrès de la conscience dans la philosophie occidentale*, Paris：Alcan, 1927)。

二手文献：Boirel, R. (1964), 《布兰斯维克》(*Brunschvicg*, Paris：Presses Universitaires de France)。

坎贝尔（Campbell, Norman R., 1880—1949）。剑桥大学三一学院的研究员。他于1904年至1910年在汤姆森（J. J. Thomson）手下工作，后来成为利兹大学物理学荣誉研究员。第一次世界大战后，他成为通用电气公司的研究员，直至1944年退休。由于他有丰富的物理学经验，于是，他将实际的实践知识带入他的哲学思考中——因此他强调类比和测量。坎贝尔的思想的深刻性可以从如下事实恰当地表现出来：他的受到高度评价的《物理学：原理》(*Physics：The Elements*, Cambridge：Cambridge University Press, 1920) 一书，后来以《科学的基础》(*Foundations of Science*, New York：Dover, 1957) 为名重印。不过，他的最著名的著作很可能仍然是他那部简明易懂的著作《什么是科学?》(*What is Science*? Cambridge：Cambridge University Press, 1921)。

二手文献：Nagel, E. (1961), 《科学的结构》(*The Structure of Science*, New York：Harcourt Brace)。

康托尔（Cantor, Georg, 1845—1918）。康托尔是集合论和现代无穷数理论的创立者。他于1869年在哈雷大学谋到一个教书的职位，而后在那里度过了一生。他在研究集合的大小的同时，阐发了他的集合理论。1874年，他提出了著名的"对角线论证"，据此他可以证明，实数集的大小（基数）大于自然数的大小。"康托尔定理"是这一结果的普遍化，它说明，一个集合S的幂集的基数永远大于S本身的基数。由此就建立起了无穷基数的等级系统（"康托尔的伊甸园"）。康托尔假定，在自然数的数目与实数的数目之间没有无穷基数（康托尔的"连续统假设"）。康托尔还同他的无穷基数理论一起，提出了超穷序数理论，并证明，这些理论都有独特的算法。他的主要著作是："论点的无穷线性展开"（'Über unendliche lineare Punctmannigfaltigkeiten, 5', *Mathematischen Annalen* 1883）；"对超穷数理论之创立所作的贡献"（Beiträge zur Begründung der transfiniten mengenlehre, *Mathematischen Annalen* 1883. Trans. *Contributions to the Founding of the Theory of Transfinite Number*, New York：Dover, 1955）

二手文献：Dauben, J. W. (1979)，《乔治·康托尔：他的数学及无穷哲学》(*George Cantor：His Mathematics and Philosophy of the Infinite*, Cambridge, MA：Harvard University Press; Hallett, M. (1984))；《康托尔的集合论与范围界限》(*Cantorian Set Theory and Limitation of Size*, Oxford：Claredon Press)。

卡尔纳普（Carnap, Rudolph, 1891—1970）。卡尔纳普是维也纳学派的主要人物之一，他移居美国后，在美国有决定性的影响。他在耶拿受教于弗雷格，并在那里写了关于物理学哲学的博士论文。1926年，他开始在维也纳大学任教，加入了维也纳学派；1931年，他移居布拉格，在当地的德意志大学任教。1935年，他移居芝加哥，在美国开始了新的职业生涯。1956年，他移居加利福尼亚大学洛杉矶分校，在那里结束了他的职业生涯。卡尔纳普的第一部主要著作是《世界的逻辑构造》(*Der logische Aufbau der Welt*, Bellin：Weltkreis Verlag, 1928. Trans. 1967 *The Logical Structure of the World*, Berkeley, CA：University of California Press)。在这部著作中，他试图表明世界的结构如何能在经验的基础上构成。20世纪30年代，为了澄清科学知识的结构，他转向研究语言的逻辑构造，并对逻辑的作用提出了一种实用主义的、约定主义的看法。与这一论述相一致，他认为最好将一切哲学问题都看成是关于语言的问题。他后来在美国写的著作中，转到语义问题上，转到对逻辑概率的说明；他还捍卫他根据实用主义对分析和综合的区分，以此反对奎因的批评，后者认为这一区分本身就是错误的。卡尔纳普的其他主要著作是：《哲学中的假问题》(Scheinproblems in der Philosophic, Berlin: Weltkreis, 1928)；"通过语言的逻辑分析消除形而上学"(Uberwindung der Metaphysik durch logische Analyse der Sprache, Erkenntnis 2, 1932: 219—241. Trans. 1959 The Limitation of Metaphysics through the Logical Analysis of Language, in A. J. Ayer, ed., Logical Positivism, Glencoe, IL: Free Press)；《语言的逻辑句法》(Logische Syntax der Sprache, Vienna: Verlag Julius Springer, 1934. Trans. 1937 The Logical Syntax of Language, London: Kegan Paul)；《概率的逻辑基础》(Logical Foundations of Probability, Chicago: University of Chicago Press, 1950)；"经验主义、语义学与本体论"(Empiricism, Semantics and Ontology, Revue international de philosophie 4, 1950: 20—41)。

【773】　二手文献：Coffa, J. A. (1991)，《从康德到卡尔纳普的语义学传统：至维也纳阶段》(The Semantic Tradition from Kant to Carnap: To the Vienna Station, Cambridge: Cambridge University Press)；Friedman, M. (1987)，"对卡尔纳普的《世界的逻辑构造》的再思考"(Carnap's Aufbau Reconsidered, Noûs 21: 521—545)，以及 (1992)，"《世界的逻辑构造》中的认识论"(Epistemology in the Aufbau, Synthèse 93: 15—57)。

卡西尔（Cassirer, Ernst, 1874—1945)。卡西尔将新康德主义的哲学传统延续到20世纪上半叶，他说明了对康德的范畴概念可以进行怎样的修改和扩展，以将其用作"符号的形式"。他在马堡与赫尔曼·柯亨一起从事研究，从1906年起在柏林大学任教，直至1919年接受了汉堡大学的教授职位。卡西尔于1933年离开德国，在牛津和瑞典工作了不长时间后，于1941年在耶鲁定居。卡西尔的主要著作是：《符号形式的哲学》(Philosophie der Symbolischen Formen, Berlin:

B. Cassirer and Darmstadt：Wisssenschaftliche Buchgesellschaft，1923—1929），在这部著作中，他提供了对符号表象的统一说明，这些表象包括神话、宗教、语言、艺术和科学。卡西尔提出了关于这些符号形式的黑格尔式的现象学。他证明，这些符号形式是符号与符号所标志的东西之间各种各样关系的例证。卡西尔还写了一系列关于哲学史的著作，包括对文艺复兴和启蒙运动的重要研究。其他的重要著作包括《论人》（*An Essay on Man*，New Haven，CT：Yale University Press，1944）；《启蒙的哲学》（*Die Philosophie der Aufklärung*，Tübingen：Mohr，1932. Trans. 1961 *The Philosophy of the Enlightenment*，Princeton，NJ：Princeton University Press）。

二手文献：Krois，J. H.（1987），《卡西尔：符号形式与历史》（*Cassirer：Symbolic Forms and History*，New Haven，CT：Yale University Press）。

丘奇（Church，Alonzo，1903—1995）。丘奇作为 λ 演算的创造者以及他的"丘奇论题"（1934）而广为人知。λ 演算是一种数学形式，用于对计算机科学中极为重要的函数进行定义；"丘奇论题"则规定，一切能行的可计算的函数都是 λ 可定义的。1936 年，丘奇证明，皮亚诺算数的有效命题不能构成一个递归集合。作为符号逻辑协会的创立者之一，丘奇从 1936 年至 1979 年担任该协会《符号逻辑杂志》的编者。从 1929 年至 1967 年，他是普林斯顿大学的教员，从 1967 年至 1991 年是加利福尼亚大学洛杉矶分校的教员。他的主要著作是："基本数论中一个无法解决的问题"（An Unsolvable Problem of Elementary Number Theory，American Journal of Mathematics 58，345—363）；"关于判定问题的评论"（A Note on the Entscheidungsproblem，*Journal of Symbolic Logic* I（1936）：40—41 and 101—102）；"符号逻辑文献"（A Bibliography of Symbolic Logic，*Journal of Symbolic Logic* I（1936）：121—216（additions and corrections 3：178—192））；《兰姆达换位的演算》（*The Calculi of Lambda Conversion*，Princeton，NJ：

Princeton University Press, 1941)。

二手文献：Anderson, C. A. (1998), "阿郎索·丘奇对哲学与内涵逻辑的贡献" (Alonzo Church's Contrbutions to Philosophy and Intensional Logic, *The Bulletin of Symbolic* 4: 129—171); Barendregt, H. (1997), "兰姆达演算在逻辑和计算机科学中的影响" (The Impact of the Lambda Calculus in Logic and Computer Science, *The Bulletin of Symbolic* 3: 181—215); Enderton, H. B. (1998), "阿郎索·丘奇与评论" (Alonzo Church and the Reviews, *The Bulletin of Symbolic Logic* 4: 181—203); Sieg, W. (1988), "递归步骤的一步：丘奇对能行可计算性的分析" (Step by Recursive Step: Church's Analysis of Effective Calculability, *The Bulletin of Symbolic Logic* 3: 154—180)。

赫维斯特克 (Chwistek, Leon, 1884—1944)。赫维斯特克就学于克拉科夫大学，1906 年获得哲学博士学位，1928 年获得任教资格。从 1930 年至 1939 年在利沃夫大学任教授。他的主要著作是：《逻辑学纲要及精确科学的方法论纲要》(*Outline of Logic and of the Methodology of the Exact Sciences*, London: Kegan Paul, 1948)。

二手文献：Jordan, Z. (1945),《两次世界大战之间波兰数理逻辑的发展与逻辑实证主义的发展》(*The Development of Mathematical Logic and of Logical positivism in Poland Between Two Wars*, Oxford: Oxford University Press)。

克利福德 (Clifford, William Kingdon, 1845—1879)。英国数学家和哲学家。生于埃克塞特，并在那里受教育。15 岁时，在伦敦国王学院受教育。1863 年，进入剑桥三一学院，在那里，他的数学天赋得到公认，作为大学本科生，他已经开始发表数学论文。在剑桥，他是上层俱乐部即高级教士中的一员，是高教会英国天主教教义的热烈支持者。达尔文和斯宾塞对他有主要影响，通过对这两个人的研

【774】

究，他成为一位不可知论者；由于他那些十分有力而通俗的讲演和论著，他成为维多利亚女王时代主要的不信教者之一。

1868年，克利福德被选为三一学院的研究员，他在那里一直待到1871年被任命为伦敦大学学院的应用数学教授。1874年，他被选入皇家学会，成为一位重要的成员和著名的形而上学学会各种讨论的撰稿人。在他一生的最后四年，他受到越来越严重的结核病的折磨；他于1879年3月3日在马德拉去世。克利福德的一些数学论文现在仍然是该领域中的经典之作。他在关于认识论和形而上学的许多论文中提出的哲学观点，被称作唯心主义的一元论。他捍卫自由，拒绝对物质和心灵的纯机械论的说明，拒绝纯粹的现象论。自然中的一切东西都拥有具备精神特点或心灵特点的初步感觉或精神素材。因此，物理的东西和精神的东西是理解同一个世界的两种方式。

主要著作：克利福德关于哲学和伦理学的全部重要文章都于他死后在 F. 波洛克（F. Pollock）和 L. 斯蒂芬编辑的两卷本《演讲与短论》(*Lectures and Essays*, London：Macmillan, 1879)中发表。第一卷包括波洛克写的克利福德的生平。克利福德的数学论文集（London：Macmillan, 1882）由 R. 塔克（R. Tucker）编辑，附有 H. J. 史密斯写的一篇导论。克利福德的残篇《精确科学的常识》(*Common Sense of Exact Sciences*, London：Kegan Paul, 1885)是由卡尔·毕尔生编辑的，并撰写了其中的一部分；这部著作已经重新发行，附有伯特朗·罗素写的一篇序言和詹姆斯·纽曼写的一篇新的导论（New York, 1955）。

二手文献：关于克利福德对信念伦理学争论所作的贡献，请见 McCarthy, Gerald D.（1986），《信念伦理学争论》(*The Ethics of Belief Debate*, Atlanta：Scholars Press）；Livingston, James C.（1974），《信念伦理学：论维多利亚女王时代的宗教良心》(*The Ethics of Belief：An Essay on the Victorian Religious Conscience*, Tallahassee, FL：Scholars Press）。

柯亨（Cohen, Hermann, 1842—1918）。德国哲学家，新康德主义马堡学派的创建者之一。他于1842年出生在科斯维希。他早先大学时的兴趣主要集中在希腊哲学家身上，但后来转向康德。虽然作为F. A. 特伦德伦堡的学生，他为特伦德伦堡辩护，反对库诺·费舍，但他在关于《纯粹理性批判》的评论性著作《康德的经验理论》（*Kants Theorie der Erfahrung*, Berlin：Dämmler, 1871）中，对特伦德伦堡的观点做了修改。他还写了对康德的第二、第三《批判》的评论（Berlin：Dämmler, 1877, 1889）。他于1873年去了马堡，与朗格成为朋友。朗格死后，他接替了朗格的哲学教授职位。1880年，保罗·纳托尔普与他走到一起，开始建立起一种关系，这种关系带来了丰硕的成果。1912年，柯亨退休，移居柏林，在那里他研究宗教问题。他死于1918年。

二手文献：Poma, A.（1988），《赫尔曼·柯亨的批判哲学》（*Filosofia Critica di Hermann Cohen*, Milan：Ugo Mursia editore. Trans. 1997 J. Denton, *The critical Philosophy of Hermann Cohen*, Albany, NY：State University of New York）。

柯林伍德（Collingwood, Robin George, 1889—1943）。柯林伍德曾是一位训练有素的研究罗马时期英国史的历史学家，因此他成为当时英国最出色的历史哲学家。他不仅在他的《历史的观念》（*Idea of History*, Oxford：Oxford University Press, 1946）一书中将第一人称的历史知识同实证主义的科学研究概念区分开来，他还试图在《论形而上学》（*An Essay on Metaphysics*, Oxford：Clarendon Press, 1940）一书中提出他的反归纳主义观点的形而上学根据。关于柯林伍德的历史哲学，可参看范·德·杜森（W. J. van der Dussen）的《作为科学的历史》（*History as a Science*, Oxford：Oxford University Press, 1981）和刘易斯·明克（Lewis Mink）的《心灵、历史与辩证法》（*Mind, History and Dialectic*, Bloomington, In：Indiana Univexrsity Press, 1969）。

克罗齐（Croce，Benedetto，1866—1952）。克罗齐是 20 世纪意大利的主要哲学家，他赋予黑格尔哲学传统以独特的新形式，尤其在艺术哲学和历史哲学方面。他就学于罗马，作为一位个体学者开始其写作；他最初关于美学、逻辑学、实践哲学和历史哲学的重要著作被认为是一门由四部分组成的"精神哲学"（1902，1907，1909，1917）。他在这些领域中的观点在随后数十年中都有发展，比如他为艺术的价值辩护，认为艺术的价值在于它是赋予我们的情感以内容的独特方式，他证明"一切历史都是当代史"（因为历史与纯粹的编年史不同，它涉及说明），他反对对伦理价值的功利主义还原。克罗齐还写了许多历史研究著作，尤其是与巴洛克时期和那不勒斯王国有关的著作。【775】

他的主要著作是：《作为表现科学和一般语言学的美学》(*Estetica come scienza dell'espressione e linguistica generale*，Milan，Palermo and Naples：Sandron，1902；trans. 1909 D. Ainslie，*Aesthetic*，London：Macmillan）；《作为纯粹概念科学的逻辑学》(*Logica come scienza del concetto puro*，Bari：Laterza，1909；trans. 1917 D. Ainslie，*Logic*，London：Macmillan）；《实践哲学、经济学与伦理学》(*Filosofia della practica, economia ed etica*，Bari：Laterza，1909；trans. 1917 D. Ainslie，*Philosophy of the Practical*，London：Macmillan）；《历史编纂学的理论和历史》(*Theoria e storia della storiografia*，Bari：Laterza，1917；trans. 1921 D. Ainslie，*Theory and History of Historiography*，London：Harrp）。

二手文献：Orsini，G. N. G.（1961），《贝内代托·克罗齐：艺术哲学与文学批评》(*Benedetto Croce, Philosophy of Art and Literary Critic*，Carbondale IL：Southern Illinois University Press）；Roberts，D. D.（1987），《贝内代托·克罗齐与历史主义的运用》(*Benzdetto Croce and the Uses of Historicism*，Berkeley，CA：University of California Press）。

德·菲内蒂（De Finetti, Bruno, 1906—1985）。意大利数学家和概率论思想家。他在以 20 世纪早期意大利实用主义哲学为根据的思想基础上发展出一种独特的实证主义概率哲学，他还受到布里奇曼的操作主义的影响。概率被解释为信念度，它不是由外部事实所决定的。信念度在主体不确定情景下的行为中表现出来。概率陈述在诸如赌博之类的情景中获得运算数字的意义，但只要一切事件都符合严格的经验证实标准。他的主要著作是："论概率的主观意义"（Sul significato so ggettivo dell probavilità, *Fundatmenta Mathematicae* 17 (1931) 298—329）；"预见：其逻辑规律、主观源泉"（'La prévision: ses lois logiques, ses sources subjectives', *Annales de l' Institut Henri Poincaré* 7 (1937), 1—6; trans. 1964 'Foresight: Its Logical Laws, Its Subjective Sources' in H. Kyburg and H. Smokler (eds.), *Studies in Subjective Probability*, New York: Wiley）。

二手文献：von Plato, J. (1994), 《创建现代概率》(*Creative Modern Probability*, Cambridge: Cambridge University Press)。

杜威（Dewey, John, 1859—1952）。杜威不但是有影响的大众知识分子，而且是 20 世纪上半叶美国最重要的哲学家。他的哲学文集涉及的范围庞大而广泛，在他的《逻辑学：探索理论》(*Logic: The Theory of Inquiry*, New York: Henry Holt, 1938) 等著作中得到系统的表述。在非还原的自然主义和对民主的广泛理解的推动下，杜威在《自由主义和社会行动》(*Liberalism and Social Action*, Carbondale: Southern Illinois University Press, 1935) 和《公众及其问题》(*The Public and Its Problems*, New York: Henry Holt, 1927) 中，将复杂社会中科学的政治重要性看成是如何使科学成为社会探索和问题解决的民主形式问题。近来关于杜威的文献很多，包括罗伯特·韦斯布鲁克（Robert Westbrook）的综合性著作《约翰·杜威与美国民主》(*John Dewey an American Democracy*, Ithaca: Cornell University Press, 1991)，阿兰·瑞安的《约翰·杜威与美国自由主义的高潮》(*John Dewey and the High Tide of American Liberalism*, New York: Norton, 1995)。

狄尔泰（Dilthey, Wilhelm, 1833—1911）。狄尔泰致力于提出一种"历史理性批判"，这种批判对人文科学所起的作用犹如康德的《纯粹理性批判》对自然科学所起的作用。1882 年，他被任命为柏林大学黑格尔讲座教授。在他的第一部著作，1883 年出版的《精神科学导论》(*Einleitung in die Geisteswissenschaften*, Leipzig) 中，狄尔泰证明，形而上学与自然科学都不能提供适合于人文科学的方法。为了发展这样一种方法，他首先证明，需要对心理学作重新认识，不是把它认作一门自然科学，而是认作对生活经验的描述，旨在提供对人类生活的"理解"。他后来逐渐认为，此类描述心理学需要通过着眼于经验中不明显意义层面的"解释学"方法来充实，这种解释学方法使他回到了黑格尔的设想上，即把"客观精神"设想为他自己对历史理性的反省批判的基本框架。他的其他主要著作是："关于描述分析心理学的观念"（Ideen über eine beschriebende und zergliedernde Psychologie, 1894, trans. 1977 R. Zaner and K. Heiges, Ideas Concerning a Descriptive and Analytic Psychology, in R. A. Makkreel (ed.), *Descriptive Psychology and Historical Understanding*, The Hague: Nijhoff)；"解释学的兴起"（Enstehung der Hermeneutik, 1900; trans, 1966 R. A. Makkreel and K. Rodi, The Rise of Hermeneutics in R. A. Makkreel (ed.), *Hermeneutics and the Study of History*, Princeton, NJ: Princeton University Press)。

【776】

二手文献：Makkreel, R. A. (1922)，《狄尔泰：人文研究的哲学家》(*Dilthey: Philosopher of the Human Studies*, 2nd Princeton, NJ: Princeton University Press)。

杜恒（Duhem, Pierre M., 1861—1916）。杜恒在巴黎研究物理学，在发表了一部关于热力学的主要著作后，他先后去了里尔（1887）、雷恩（1893）、波尔多（1895—1916）的科学院。他对科学理论的系统形式方面的兴趣,导致了他最重要的哲学工作,即在《物理学理论:它的对象和结构》(*La Théorie physique: son objet et sa structure*, Paris: Chevalier and Rivière, 1906)中对科学理论做出反形而上学的说明。杜恒相信,一个主题的历史构成了其本性的一个实质部分,这使他写出了他的重要著作《静力学的起源》(*Les Origines de la statique*, Paris: A. Hermann, 1905—1906)和不朽的十卷本的天文学史著作《宇宙的体系》(*Le Système du monde*, Paris: A. Hermann, 1913—1959)。当今的"杜恒问题"是从杜恒的如下观点派生出来的:科学中没有判决性的实验,因为没有任何科学假设能单独得到检验。

二手文献:Ariew, R. and Banker, P. (eds.)(1990),《皮埃尔·杜恒:科学史家和科学哲学家》(*Pierre Duhem: Historian and Philosopher of Science*, special issue of Synthèse 85; Martin, R. N. D. (1991),《皮埃尔·杜恒》(*Pierre Duhem*, La Salle, IL: Open Court)。

涂尔干(Durkheim, Emile, 1858—1917)。涂尔干是社会学的创立者之一。虽然他以坚持"社会事实"的独特性著称,但他的社会学仍然渗透着社会哲学,这种社会哲学依赖于对社会现象的"正常的"和"病态的"评价区分。他于1887年在波尔多开始他的学术生涯;1902年,他到了巴黎大学,在那里任教至1917年去世。

在他的第一部著作《论劳动的社会分工》(*De la division du trvail sociall* (*The Division of Labour in Society*), Paries: Alcan, 1893, trans. 1933 G. Simpson, New York: Macmillan)中,涂尔干对现代社会与传统社会的结构做了比较。他证明,劳动分工的引入不仅仅是一个经济现象,而且随之带来了对社会结构和社会团结价值的深刻重组(see The Rules of Sociological Method, Paris: Alcan, 1895)。在病态情况下,这些价值受到威胁,导致了"混乱"和社会团结的崩溃。然后,涂尔干用这一分析来证明(在《论自杀》(*Le Suicide*, Paris: Alcan, 1897, trans. 1915 A. Spaulding and G. Simpson, Glencoe, IL,

Free Press）一书中），自杀在表面上看是独特的个人现象，而实际上是社会现象。因为自杀通常是混乱之类的社会病态的产物。在他的最后一部著作《宗教生活的基本形式》(Les Forms élémentaires de la vie religiense (The Elementary Forms of Religious Life), Paris: Alcan, 1912, trans. 1915 J. W. Swain, New York: Macmillian) 中，涂尔干大大推广了他对社会生活优先性的强调。他论证说，社会是使我们成之为人的一切的源泉。

二手文献：Lukes, Steven (1973)，《埃米尔·涂尔干：生平与著作》(Emile Durkheim: His Life and Work, New York: Harper and Row)。【777】

爱因斯坦（Einstein, Albert, 1879—1955）。爱因斯坦是20世纪最著名的科学家。他生于德国的乌尔姆，但于1901年获得瑞士国籍，在伯尔尼做专利检查员的工作，直至1909年。在苏黎世和布拉格得到学术职位之后，他于1914年到了柏林大学，在那里任研究教授。1919年，在他的广义相对论得到确证之后，他成为一位名人，并于1922年被授予诺贝尔奖。1933年，他离开德国，在普林斯顿工作，直至去世。

1905年，爱因斯坦发表了他的狭义相对论，将观察到的光速的恒定性与运动的一切静止状态都是等价的论点一致起来。在随后的十年中，他阐发了他的广义相对论，证明万有引力与时空几何是不可分的。同时，他从事量子理论基础的研究，在他最后几年，他试图发展出一种统一场论，这一理论要把电磁场和引力场结合到一门新物理学中。在这一时期，他批评了标准量子理论，因为它接受了统计的、非决定论的理论框架，而他认为这一框架与我们宏观现象的经验不相容。他的主要著作是："论动体的电动力学"（Zur Elektrodynamik bewegter Körper, *Annalen der Physik* 17 (1905)：891—921)；"广义相对论的基础"（Die Grundlagen der allgemeinen Relativitätstheorie, Annalen der Physik 14 (1916)：769—822)；"根据广义相对论对宇宙学的考察"（Kosmologische Betrachtungen zur allgemeinen Relativitöts theorie,

Sitzungsverichte der Preu? ischen Akademie der Wissenschaften. Math. - Phys. KL.（1917），trans. 1923 W. Perrett and G. B. Jeffrey in H. A. Lorentz，A. Einstein，H. Minkowski，and H. Weyl，*The Principle of Relativity*（repr. New York：Dover，1952），175—188）；"几何学与经验"（'Geometrie und Erfahrung'，*Sitzungsberichte der Preuβischen Akademie der Wissenschaften. Math. - Phys. KL.*（1917），separately issued 1923 by W. Perrett and G. B. Jeffrey in expanded form and trans. as 'Geometry and Experience' in *Sidelights on Relativity*，New York：E. P. Dutton，27—56）。

二手文献：Earman，J.，Glymour，C.，and Stachel，J.（eds.）（1977），《时空理论的基础》(*Foundations of Space-Time Theories*，Minneapolis：University of Minnesota Press；Paris，A.（1982）），《"奥妙精深之为大师"：阿尔伯特·爱因斯坦的生平与科学》(*Subtle is the Lord，The Life and Science of Albert Einstein*，New York：Oxford University Press）。

恩格斯（Engels，Friedrich，1820—1895），生于巴门一个信奉新教的磨坊主家庭里；在曼彻斯特为"欧门—恩格斯"家族商行工作，获得了写作《英国工人阶级状况》(*The Condition of the Working Class in England*，1845)(*Die Lage der arbeitende Klasse in England*，Leipzig：no publisher. Tran. in K. Marx and F. Engels，*Collected Works*（1975—1998），London：Lawrence and Wishart）一书的材料。从1844年起，他是马克思的亲密朋友和合作者；在1848年革命即将失败的困难时期，他参加了在爱北斐特和普法尔茨的武装斗争；1850年至1869年在曼彻斯特的"欧门—恩格斯"商行工作，为马克思一家提供不可缺少的家庭费用；马克思死后，他编辑了三卷本《资本论》的第二、第三卷。在他生命的最后25年，他在伦敦的家变成了英国和国际工人运动的主要中心之一。

二手文献：Arthur, C. J. (ed.) (1996),《今日恩格斯：有争议的评价》(*Engels Today: A Contenary Appreciation*, London: Macmillan); Canven, T. (1989),《弗里德里希·恩格斯：生平与思想》(*Friedrich Engels: His Life and Thought*, Basingstoke: Macmillan)。

尤因（Ewing, A. C. 1899—1973）。艾尔弗莱德·尤因生于1899年。他就学于牛津大学学院，后来在密执根大学和斯旺西大学学院任教，然后于1931年到剑桥大学，任道德科学讲师。1954年被选为高级讲师，1966年退休。他主要从事唯心主义和道德哲学方面的著述。他的主要著作是：《康德关于因果性的论述》(*Kant's Treatment of Causality*, London: Kegan Paul, 1924);《惩罚的道德》(*The Morality of Punishment*, London: Kegan Paul, 1929);《唯心主义：批判性概述》(*Idealism: A Critical Survey*, London: Methuen, 1934);《善的定义》(*The Definition of Good*, London: Routledge 1947);《道德哲学再思考》(*Second Thoughts in Moral Philosophy*, London: Routledge, 1959)。

费舍（Fischer, Kuno, 1824—1907）。费舍是德国哲学家和历史学家，1824年生于西里西亚。他就学于莱比锡和哈雷。1850年他成为海德堡大学的无薪俸教师，但三年后因为他的泛神论观点被解雇。1856年他在耶拿大学重新从事教学，后来于1872年去了海德堡大学，在那里直至1903年退休。人们之所以记住他，是因为他与特伦德伦堡就康德的空间概念进行了论战，因为他写了多卷本的《新哲学史》(*Geschichte der neuern Philosopyie*, 1852—1893, Heidelberg: Carl Winters Universitätsbuchhandlung)，这本书因作者合宜的理解和清晰的论述而十分流行。他的其他主要著作是《康德的生平及其学说的基础》(*Kants Leben und Grundlagen seine Lehre*, Heidelberg: Carl Winters Universitätsbuchhandlung, 1860)。他死于1907年。

二手文献：Köhnke, K. C. (1986),《新康德主义的形成与发展》(*Entstehung und Aufstieg des Neu-Kantianismus*, Frankfurt: Suhrkamp, trans. 1991 R. J. Hollingdale as *The Rise of Neo-Kantianism*, Cambridge: Cambridge University Press)。

弗雷格（Frege, Gottlob, 1848—1925）。哥特洛布·弗雷格生于维斯马，曾在耶拿和哥廷根的大学里学习数学。1879 年，他发表了《概念文字》一书，书中引入了量词、与词汇的任何数目的关系、真值函项连接词、谓词演算的公理化形式等，因而开创了现代逻辑。他的职业生涯一直是做耶拿大学的数学家，在那里，他致力于贯彻他的"逻辑主义"纲领，根据这个纲领，能够证明算术和分析可以还原为纯逻辑。在这个过程中，他根据函项与对象、含义与指称这一对区分，阐明了形式语言与自然语言的意义理论。1902 年，他从罗素那里得知他的逻辑主义有致命缺陷。他在痛苦的心境中，在得不到人们承认的情况下，于 1925 年去世。从那以后，他的天才逐渐得到人们的承认，他的思想对 20 世纪哲学的发展产生了影响，促进了它的形成。他的主要著作是：《概念文字》*Begriffsschrift, eine der arithmetischen nachgebildete formelsprache des reinen Denkens* (*Conceptual Notation: A Formula-Language of Pure Thought, Modelled on the Language of Arithmetic*)(Halle: L. Nebert, 1879, trans. 1972 T. W. Bynum, *Conceptual Notation and Other Articles*, Oxford University Press);《算数的基础》*Die Grundlagen der Arithmetik, eine logisch-mathematische Untersuchung über den Begriff der Zahl* (*The Foundations of Arithmetic. A Logico-Mathematical Investigation of the Concept of Number*) . (Breslau: W. Koebner, trans. with German text 1953 J. L. Austin, *The Foundations of Arithmetic*, Oxford: Blackwell); "论含义与意义"（*Über Sinn und Bedeutung, Zeitschrift für Philosophische Kritik* 100 (1892): 25—50, trans. 1984 M. Black, On Sense and Meaning, in G. Frege (ed. B. McGuinness) *Collected Papers on Mathematics, Logic, and Philosophy* (Oxford: Blackwell), 157—177;《算术的基本法则》(*Grundgesetze der Arithmetik* (volume I)(Jena: H. Pohle, 1893, partial trans. M. Furth 1964, *The Basic Laws of Arithmetic: Exposition of the System*, Berkeley, CA: University of California Press); *Grundgesetze der Arithmetik*（vol. Ⅱ）（Jean：H. Pohle，1903，partial trans. M. Furth 1964，*The Basic Laws of Arithmetic：Exposition of the System*，Berkeley：University of California Press）；"思想：逻辑的研究"（'Der Gedanke. Eine Logische Untersuchung'）（Thoughts. A Logical Investigation），*Berträge zur Philosophie des deutschen Idealismus* Ⅰ（1918）：58—77（trans. 1984 P. Geach and R. Stoothoff，'Thoughts' in G. Frege（ed. B. McGuinness），*Collected Papers on Mathematics*，*Logic*，*and Philosophy* Oxford：Blackwell，351—372）。

二手文献：Dummett，M. A. E.（1973），《弗雷格，语言哲学》（*Frege*，*Philosophy of Language*，London：Duckworth），also（1981），《弗雷格哲学解说》（*The Interpretation of Freg's Phiosophy*），London：Duckworth，and（1991）《弗雷格：数学哲学》（*Frege：Philosophy of Mathmatics*，London：Duckworth）；Kneale，W. C. and Kneale，M.（1962），《逻辑学的发展》（*The Development of Logic*，Oxford：Oxford University Press）；Resnik，M.（1980），《弗雷格与数学哲学》（*Frege and the Philosophy of Mathematics*，Ithaca：Cornell University Press）；Wright，C.（ed）（1983），《弗雷格：传统与影响》（*Frege：Tradition and Influence*，Oxford：Blackwell）。

[779]　　弗洛伊德（Freud，Sigmund，1856—1939）。弗洛伊德出生在摩拉维亚，犹太人血统。他在维也纳完成了医学训练，专业是神经病学，后来是精神病理学，在巴黎师从于沙尔科（J. M. Charcot）。他一直在维也纳工作，直至1939年9月盖世太保迫使他逃亡伦敦，并在那里去世。维也纳的精神分析学会是弗洛伊德于1908年创立的，它揭开了精神分析运动的序幕。《梦的解析》（*Die Traumdeutung*，Frankfurt on Main：Fischer Verlag，1900）是弗洛伊德的第一部完全关于精神分析的出版物。他后来的重要著作包括《日常生活的精神病理学》（*Zur Psychopathologie des Alltagslebens*，1904），《性欲理论三篇》

(*Drei Abhandlungen zur Sexualtheorie*, 1905)，《超越唯乐原则》(*Jenseits des Lustprinzips*, 1920)，《自我与本我》(*Das Ich und das Es*, 1923)。

二手文献：Jones，E.（1953—1957），《弗洛伊德：生平与著作》(*Sigmund Freud：Life and Works*, 3 vols., London：Hogarth Press); Gay，P.（1988），《弗洛伊德：为我们的时代而生的人》(*Freud：A Life for Our Time*, London：Dent); Hook，S.（ed)(1964)，《精神分析，科学方法与哲学》(*Psychoanalysis, Scientific Method and Philosophy*, New York University Press); Lear，J.（1990），《爱及其在自然中的地位：精神分析的哲学重构》(*Love and its Place in Nature：A Philosophical Reconstruction of Psychoanalysis*, London：Faber); Ricoeur，P.（1965），《论诠释：论弗洛伊德》(*De l'interprétation：essai sur Freud*, Paris：Editions du Seuil, trans. 1970 D. Savage, *Freud and Philosophy：An Essay in Interpretation*, New Haven：Yale University Press); Wollheim，R.（1974），《弗洛伊德：批判论文集》(*Freud：A Collection of Critical Essays*, New York：Anchor Doubleday, and (1991) Freud, 2nd edn, London：Fontana Collins); Wollheim，R. and Hopkins，J.（eds.)(1982)，《关于弗洛伊德的哲学论文》(*Philosophical Essays on Freud*, Cambridge：Cambridge University Press)。

金蒂莱（Gentile, Giovanni, 1875—1944）。金蒂莱生于西西里的维特拉那堡，在比萨学习哲学，然后开始在那不勒斯任教，1903 年与克罗齐合办《批判》杂志。这一合作持续了 20 年，但他们在哲学上（金蒂莱的现实主义的唯心主义比克罗齐的唯心主义更激进）和政治上（在第一次世界大战中，金蒂莱是干涉主义者，克罗齐是中立主义者）的意见越来越不一致。1922 年，金蒂莱加入墨索里尼内阁，任教育部长，他试图用以"金蒂莱改革"（1923）而闻名的改革来重建教育体系。直至 1944 年被共产党游击队处死那天为止，都是忠实的法西斯分子。他的主要著作是：《作为纯粹行动的精神的一般理论》(*Teoria generale dello spirito come atto puro*, Bari: Laterza, 1915, trans. H. W. Carr, *The Theory of Mind as Pure Act*, London: Macmillan); 《法哲学基础》(*Fondamenti della filosofia del diritto*, Pisa: Mariotti, 1916)。

关于金蒂莱的重要研究著作包括 G. Calandra (1987), 《乔万尼·金蒂莱与法西斯主义》(*Gentile e fascismo*, Rome and Bari: Laterza); S. Romano (1984), 《乔万尼·金蒂莱: 官方哲学》(*Giovanni Gentile: La filosofia al potere*, Milan: Bompiani); D. Veneruso (1984), 《金蒂莱与意大利文化传统的精髓: 法西斯内部的争论》(*Gentile il primato della tradizione culturale italiana: Il dibattito all'interno del fascismo*, Rome: Edizioni Studiuin)。

吉尔克 (Gierke, Otto von, 1841—1921)。吉尔克于 1841 年 1 月 11 日出生在斯德丁 (在普鲁士), 在柏林受教育, 在柏林大学、布雷斯劳大学、海德堡大学取得教授职位。他曾在俾斯麦 1866 年对奥和 1870—1871 年对法的战争中服役。1921 年 10 月 10 日, 吉尔克在柏林去世。他在法哲学方面有影响的主要著作包括:《德意志的团体法人法》(*Das deutsche Genossenschaftsrecht*, 4 vols., Brlin: Weidmann, 1868—1913); "国家法的基础概念与新国家法理论" (Die Grundbegriffe des Staatsrechts und die neueren Staatsrechtstheorien, *Zeitschrift für die gesamte Staatsrechtswissenschaft*, 30 (1874)); 《约翰内斯·阿尔德胡修斯与符合自然法的国家理论的发展》(*Johannes Althusius und die Entwicklung der naturrechtlichen Staatstheorien*, Berlin: Marcus, 1880); "拉邦德的国家法与德意志法学" (Labands Staatsrecht und die deutsch Rechtswissenschaft, *Schmollers Jahrbuch für Gesetzgebung, Verwaltung und Volkswirtschaft im Deutschen Reiche*, 7 (1883)); 《自然法与德意志法》(*Naturrecht und Deutsches Recht*, Frankfurt: Rütter und Loening 1883); 《联合理论与德意志司法》(*Die Genossenschaftstheorie und die deutsche Rechtsprechung*, Berlin: Weidmann, 1887); 《人类联合的本

质》(*Das Wesen der menschlichen Verbände*, Berlin: Gustar Schade 1902);《历史法学派与德意志法学家》(*Die historische Rechtsschule und die Germanisten*, Berlin, 1903);"法律与道德"(Recht und Sittlichkeit, *Logos*, 6 (1916—1917))。

二手文献:Mogi, S. (1932),《奥托·冯·吉尔克:他的政治学说与法学》(*Otto von Gierke: His Political Teaching and Jurisprudence*, London: P. S. King)。

【780】　哥德尔 (GöDel, Kurt, 1906—1978)。哥德尔是20世纪受人尊敬的最伟大的逻辑学家。他出生在莫拉维亚的布尔诺,在维也纳大学接受教育,他在维也纳大学写的博士论文(1930)中确定了一阶逻辑的语义完全性。翌年,在他那篇划时代的关于不完全性的文章中,他指明,没有任何无矛盾的、递归的数论公理化能够证明自然数中的一切陈述都是真的,尤其没有任何这样的理论能证明它自己的一致性。因此,希尔伯特的证明论纲领是不能完全实现的。1938年,哥德尔证明了选择公理的一致性和康托尔的连续统假设相对于策梅罗—弗伦克尔集合论的一致性。1949年,他提出了对爱因斯坦的引力方程的解法,该方程允许时间倒流到过去。1940年,哥德尔移民美国,在那里,他接受了新泽西州普林斯顿高级研究所的任职。他的主要著作是:"逻辑函项公理的完全性" (Die Vollständigkeit der Axiome der logischen Funktionenkalküls, Monatshefte für Mathematik und Physik 37 (1930):349—360);"论《数学原理》及其相关系统的形式不可判定命题" ('Über formal unentscheidbare Sätze der Principia Mathematica und verwandter Systeme I', Monashefte zür Mathematik und Physik 38 (1931):173—198);《选择公理的一致性与普遍连续统假设同集合论公理的一致性》(*The Consistency of the Axiom of Choice and of the Generalized Continuum Hypothesis with the Axioms of Set Theory*, Princeton, NJ: Princeton University Press, 1940);"对爱因斯坦的引力场方程的新型宇宙论解法之一例"(An example of a new type of cosmological solutions of Einstein's field equations of gravitation, *Reviews of Modern Physics* 21 (1949): 447—450);《著作集》(*Collected Works*, New York and Oxford: Oxford University Press)。

二手文献：Dawson, J. W., Jr. (1997),《逻辑困境：卡尔·哥德尔的生平和著作》(*Logical Dilemmas: The Life and Work of Karl Gödel*, Wellesley, MA: A. K. Petens, Ltd); Shanker, S. G. (ed.)(1988),《聚焦哥德尔定理》(*Gödel's Theorem in Focus*, London: Groom Helm)。

葛兰西（Gramsci, Antonio, 1891—1937）。葛兰西出生于撒丁岛的阿莱斯镇，在都灵学习语言学，1913 年成为社会主义者，但在第一次世界大战中支持干涉主义。战后，他在都灵领导了工厂委员会运动，运动失败后，他帮助创立了意大利共产党（1921）。20 世纪 20 年代初，他任该党驻第三国际的代表，被选为众议员，而后成为党的领导人，直至 1926 年 10 月被捕。由于被判处 20 年监禁，于是他就开始过一种学者生活，但他未能完成他的最重要著作《狱中札记》(*Prison Notebooks*)就去世了。该书于 1947 年问世。

研究葛兰西的重要著作包括：R. Bellamy and D. Schecter (1993),《葛兰西与意大利国家》(*Gramsci and the Italian State*, Manchester: Manchester University Press); Femia, J. (1981),《葛兰西的政治思想：领导权、意识与革命过程》(*Gramsci's Political Thought: Hegemony, Consciousness and the Revolutionary Process*, Oxford: Oxford University Press); W. L. Adamson (1980),《领导权与革命：安东尼奥·葛兰西的政治与文化理论》(*Hegemony and Revolution: Antonio Gramsci's Political and Cultural Theory*, Berkeley and Los Angeles: University of California Press)。

格林（Green, Thomas Hill, 1836—1882）。格林生于约克郡的伯金，其父是福音派教会牧师瓦伦丁·格林，其母是安娜·巴巴拉·沃恩·格林，他是四个孩子中最小的一个。他在拉格比和牛津大学巴里奥尔学院受教育，1860年成为牛津大学的研究员，1866年被任命为很可能是第一位无神职的导师。他的人品大受称赞，他在牛津大学名声显赫，是他那代人中最给人以启发的教师。1878年，他被选为怀特教授，几年后，他过早地去世了。在政治上，格林是一位激进主义者，他积极参加大学的改革和禁酒运动，他是牛津市政务会委员。1870年他与夏洛特·西蒙兹结婚。他的主要著作是："第一卷基本导论"（General Introduction to Vol. I）和"《人性论》道德卷导论"（Introduction to Moral Part of the Treaties），载于休谟《人性论》(Treaties of Human Nature, ed. T. H. Greenand T. H. Grose, London: 1874)；《伦理学绪论》(Prolegomena to Ethics, Oxford: Clarendon Press, 1883)；《关于政治义务原理的讲演》(Lectures on the Principles of Political Obligation, 1886)。

二手文献：Greeengarten, I. M. (1981)，《托马斯·希尔·格林与自由民主思想的发展》(Thomas Hill Green and the Development of Liberal-Democratic Thought, Toronto: Toronto University Press)；Nettleship, R. L. (1888)，《托马斯·希尔·格林著作集》(Works of Thomas Hill Green, London: Longmans, Green)；《英国唯心主义者的政治哲学》(The Political Philosophy of the British Idealists, Cambridge: Cambridge University Press)；Richter, M. (1964)，《良知政治学：格林及其时代》(The Politics of Conscience: T. H. Green and His Age, London: Weidenfeld and Nicholson and Cambridge, MA: Harvard University Press)；《格林的道德哲学》(The Moral Philosophy of T. H. Green. Oxford: Clarendon Press)；Vincent, A. (1986)，《格林的哲学》(The Philosophy of T. H. Green, Aldershot: Gower)。

黑格斯特伦（Hägerström, Axel Anders, 1868—1939）。黑格斯特伦于1868年9月6日出生在瑞典斯莫兰省延雪平附近的维尔达。他在年轻时就显出很有发展前途，在学校时他在古代语言和数学方面取得了突出成绩。由于深受笃信宗教的父母的影响,以及一段时间里受当时福音派信仰复兴运动的影响,黑格斯特伦怀着学习神学的目的进入了乌普萨拉大学。不过,他很快转向了哲学,于1893年获得博士学位。他因此被任命为乌普萨拉大学的无薪俸教师。1911年,他在乌普萨拉大学获得了教授职位,一直任职到1933年退休。黑格斯特伦于1939年7月7日在乌普萨拉去世。他的主要著作是:《康德的伦理学与其认识论基本思想的关系》(*Kants Ethik im Verhältnis zu seinem erkenntnistheoretischen Grundgedanken*, Uppsala: Alqvist and Wiksell, 1902);《科学原理,Ⅰ.论实在性》(*Das Prinzip der Wissenschaft*, Ⅰ. *Realität*, Uppsala: Alqvist and Wirksell, 1908);《论法律概念的问题》(*Till frågan om den gällande rättens begrepp*, Uppsala: Alavist and Wilksell, 1917);《从一般的罗马法律观点来看的罗马的义务概念》(*Der römische Obligationsbegriff im Lichte der allgemeinen römischen Rechtsanschauung*, vol. Ⅰ, Uppsala: Alqvist and Wiksell, 1927), vol. Ⅱ (1941)。黑格斯特伦的一些论文,以及他的论著的一些节选,从瑞典文和德文译成英文,收集在两卷本著作《法律与道德的性质研究》(*Inquiries into the Nature of Law and Morals*, trans. C. D. Broad, Uppsala: Alqvist and Wiksell, 1953)中;《哲学与宗教》(*Philosophy and Religion*, trans. R. T. Sandin, London: George Allen and Unwin, 1964)。

二手文献:Passmore, J. (1961),"黑格斯特伦的法律哲学"(Hägerström's Philosophy of Law, *Philosophy* 36: 143—160)。

哈特曼(Hartmann, Eduard von, 1842—1906)。生于柏林,曾当过几年炮兵军官,尔后于1867年定居柏林,致力于发展他的哲学体系。他的主要著作《无意识的哲学》(*Philosophie des Unbewußten*, Berlin: C. Duncker, 1869)取得了惊人的成功,出了几种版本,其影响一直延续到19、20世纪之交。哈特曼后来的大量著作包括更深入的形而上学研究(《范畴学说》*Kategorienlehre*, Leipzig: Haacks, 1896),哲学史研究(*Geschichte der Metaphysik*, Leipzig: Haacks,

1899—1900），以及关于伦理学和美学方面的著作（*Phänomenologie des sittlichen Betwuβtseins*, Berlin: C. Duncker, 1879; *Philosophie des Schönen*, Leipzig: W. Friedrich, 1887）。

二手文献：Darnoi, D.（1967），《无意识与爱德华·冯·哈特曼：历史批判专论》（*The Unconscious and Edward von Hartmann: A Historico-Critical Monograph*, The Hague: Nijhoff）; Windelband, W.（1892），《哲学史》（*Geschichte der Philosophie*, Freiburg, §44、46）。

海德格尔（Heidegger, Martin, 1889—1976）。海德格尔出生在德国西南部的梅斯基尔希镇，一般认为他是20世纪西方的主要哲学家，尽管他的声誉由于他死后揭露出他深信纳粹主义而受到损害。他出身天主教徒，1919年与天主教信仰决裂，作为胡塞尔现象学的学生，他写了他的名作《存在与时间》（*Sein und Zeit*, Tübingen: Niemeger, 1927, trans. J. Macquarrie and E. Robinson, *Being and Time*, Oxford: Blackwell, 1962），这本书对后来的存在主义产生了极大的影响。纳粹上台后，他任弗赖堡大学校长两年。他晚期的"反人文主义的"哲学论著，如《关于技术的追问》（*The Question Concerning Technology*, 1953）等，同样为解释学（H. G. 伽达默尔）和后结构主义（德里达）开辟了道路。

研究海德格尔的重要著作包括：Dallmayr, F.（1993），《另外的海德格尔》（*The Other Heidegger*, Ithaca, NY: Cornell University Press）; Safranski, R.（1994），《来自德国的大师：海德格尔与他的时代》（*Ein Meister aus Deutschland: Heidegger und Seine Zeit*, Munich: Carl Hanser Verlag, trans. 1998 E. Osers, *Martin Heidegger: Between Good and Evil*, Cambridge, MA: Harvard University Press）; Wolin, R.（1990），《存在政治学：马丁·海德格尔的政治思想》（*The Politics of Being: The Political Thought of Martin Heidegger*, New York: Columbia University Press）; Zimmerman, M.（1990），《海德格尔与现代性的遭遇：技术、政治与艺术》（*Heidegger's Confrontation with Modernity*:

Technology, Politics, and Art, Bloomington, IN: Indiana University Press)。

赫尔姆霍茨（Helmholtz, Hermann von, 1821—1894）。赫尔姆霍茨于1821年出生在波茨坦。他的父亲是一个极有热情的人，尤其对艺术和哲学很狂热。当他是一个儿童时，就生活在热烈争论的氛围中。由于他接受的训练是要成为一位医生，所以他在大学努力学习科学课程。虽然他的职务是军医，但却被免职。先是在哥尼斯堡大学，然后在波恩大学得到生理学方面的职位。他于1849年结婚。他的研究兴趣涵盖了包括动觉在内的所有感觉。他于1849年回到柏林，开始研究电磁学，以赫兹作为他的助手。他回到柏林是他稳步成为德国科学界最有力、最有影响的人物的标志，尽管他个人明显不自信。他的晚年生活受到周期性的严重情绪消沉的困扰，只能靠音乐和在山坡上散步来缓解。他于1894年在柏林去世。

主要著作是R.卡尔编的（1971）《赫尔姆霍茨选集》(*Selected Writings of Helmholtz*, Middleton, CT: Wesleyan University Press)。

二手文献：Cahan, D. (ed.)(1993),《赫尔姆霍茨与19世纪科学的创立》(*Hermann von Helmholtz and the Foundation of XIX Century Science*, Berkeley, CA: University of California Press)。

赫兹（Hertz, Heinrich Rudolph, 1857—1894）。赫兹生于1857年，出生于一个显赫的新教家庭。他受过非常严格的学校教育，不但表现出显著的语言天赋，而且表现出热衷于实践的才能。虽然他受到的高等教育使他倾向于专业工程师的职业，但到了1877年，他决定准备从事科学研究。在慕尼黑大学，他把数学技巧与实验技术结合起来，这是他全部职业生涯的一个特点。1880年，当赫尔姆霍茨这位伟人越来越转向研究电磁学和气体物理学时，赫兹成为他的研究助理。按照德国通常的职业模式，赫兹到基尔大学成为数理物理系的一名无薪俸教师，阅读了大量的哲学书籍，但他不久就去了卡尔斯鲁厄，接受了一个普通物理学方面的职位，从 1885 年干到 1889 年。在那里，他可以回到实验室的工作台前了。这时，他开始从事关于"电波"的研究，这项研究使他获得了国际声誉。不久他又开始从事物理学基础的研究。从大约 1888 年起，他的下颌做了一连串痛苦的手术，在最后一次手术时受感染，于 1894 年死于败血症。他的主要著作是：《力学原理》(*Die Prinzipien der Mechanik*, Leipzig: Barth, 1894, trans. 1899 D. E. Jones and J. T. Walley, *The Principles of Mechanics*, London: Macmillan)；《赫兹：论文与演说集》(Mulligan, J. (ed.), *Heinrich Rudolf Hertz: A Collection of Articles and Addresses*, New York: Garland, 1994)。

二手文献：Buchwald, J. Z. (1994), 《科学成果的创造：赫兹与电波》(*The Creation of Scientific Effects: Heinrich Hertz and Electric Waves*, Chicago, IL: University of Chicago Press)。

希尔伯特（Hilbert, David, 1862—1943），生于柯尼斯堡，并在当地获得博士学位，并开始了其教授生涯。他是当时最杰出的数学家之一（只有亨利·彭加勒能与之相提并论）。他的广泛的数学成就涵盖了不变量理论、代数数论、积分方程、几何与逻辑的公理系统、数理物理学。1895 年，希尔伯特应邀去哥廷根，在那里继续发扬了一个世纪前由卡尔·弗雷德里希·高斯确立的数学传统。1900 年，在他向国际数学大会发表的演说中，提出了对未来这个世纪挑战的 23 个问题，1917 年，他发起了对"证明论"的研究，他希望这一理论的发展能巩固数学的基础。他的主要著作是：《几何基础》(*Grundlagen der Geometrie*, Leipzig: Teubner, 1899)；"数学问题"(Mathematische Problem, *Nachrichten von der Königlichen Gesellschaft der Wissenschaften zur Göttingen*, 1900: 253—296)；《理论逻辑基础》(*Grundzüge der theoretischen Logik*, Berlin, 1928, with W. Ackermann)；《数学基础》(*Grundlagen der Mathematik*, Berlin: Springer Verlag, 1934, with P. Bernays)；《论文集》(*Gesammelte Abhandlungen*, Berlin: Springer Ver-

【783】

lag, 1935)。

二手文献：Bernays, P. (1967), "大卫·希尔伯特 (1862—1943)" (Hilbert David (1862—1943) in P. Edwards (ed.). *The Encyclopedia of Philosophy*, vol. Ⅲ, 496—504, New York: Macmillan and Free Press); Browder, F. E. (ed.)(1976), "由希尔伯特问题引起的数学发展" (Mathematical Developments Arising from Hilbert Problems, *Proceedings of Symposia in Pure Mathematics*, XXVIII, Providence: American Mathematical Society); Reid, C. (1970),《希尔伯特》(*Hilbert*, New York: Springer Verlag); "递归步骤的一步：丘奇对能行可计算性的分析" (Step by Recursive Step: Church's Analysis of Effective Calculability, *The Bulletin of Symbolic Logic* 2: 338—348)。

霍布豪斯 (Hobhouse, Leonard Trelawny, 1864—1929), 1883 年至 1887 年是牛津大学科铂斯克里斯蒂学院的本科生，然后成为莫顿学院的奖学金获得者，1890 年回到科铂斯克里斯蒂学院，成为导师，后来成为研究员。他讲授哲学，也研究心理学、社会学和工人运动。从 1897 年至 1902 年，他是大自由党报纸《曼彻斯特卫报》的工作人员。然后他去了伦敦，继续做新闻工作，但也增进了对社会学的兴趣。1907 年，他 (与 E. A. 韦斯特马克一起) 被任命为伦敦经济与政治学学院的马丁·怀特社会学教授，这是英国社会学中最重要的教授职位。他的主要著作是：《知识论》(*The Theory of Knowledge*, London: Methuen, 1986);《进化中的心灵》(*Mind in Evolution*, London: Macmillan, 1901);《民主制与反动》(*Democracy and Reaction*, London: Fisher Unwin, 1904);《进化中的道德》(*Morals in Evolution*, London: Chapman and Hall, 1906);《自由主义》(*Liberalism*, London: Williams and Norgate, 1911);《社会进化与政治理论》(*Social Evolution and Political Theory*, New York: Columbia University Press 1911);《发展与目的》(*Development and Purpose*, London: Macmillan, 1913);《形而上学的国家理论》(*The Metaphysical Theory of the State*, London:

George Allen and Unwin, 1918); 《合理的善》(*The Rational Good*, London: George Allen and Unwin, 1921);《社会正义原理》(*The Elements of Social Justice*, London: George Allen and Unwin, 1922);《社会发展》(*Social Development*, London: George Allen and Unwin, 1924)。

二手文献: Clark, P. (1978), 《自由主义者与社会民主主义者》(*Liberals and Social Democrats*, Cambridge: Cambridge University Press); Collini, S. (1979), 《自由主义与社会学: 霍布豪斯与1880—1914年英国的政治论争》(*Liberalism and Sociology*: L. T. Hobhouse and Political Argument in England, 1880—1914, Cambridge: Cambridge University Press); Freeden, M. (1978), 《新自由主义: 一种社会改革的意识形态》(*New Liberalism*: An Ideology of Social Reform, Oxford: Clarendon Press); Hobson, J. A. and Ginsberg, M. (1931), 《霍布豪斯: 生平与著作》(*L. T. Hobhouse*: His Life and Work, London: George Allen and Unwin)。

霍姆斯(Holmes, Oliver Wendell, 1841—1935)。霍姆斯于1841年3月8日出生在波士顿,在哈佛学院学习,南北战争时是志愿兵。他于战后进入哈佛法学院。在他发表了《习惯法》一书一年后,被任命为哈佛法学院教员。因被任命为马萨诸塞州高等法院的大法官而离开哈佛法学院。他在此任上达20年,接着又在美国高等法院任大法官25年。他于1935年3月6日在华盛顿去世。霍姆斯主要一本成书的著作是《习惯法》(*The Common Law*, Boston, MA: Little Brown, 1881)。此外,还有如下一些重要文集:《霍姆斯法官思想形成期论文集》(*The Formative Essays of Justice Holmes*, ed. Frederic Rogers Kellogg, Westport, CT: Greenwood Press, 1984)(霍姆斯1870—1880年期间的论文);《法律论文集》(*Collected Legal Papers*, New York: Harcourt, Brace, and Co. 1902)1885—1918年期间的论文,包括著名论文"法律之路"("The Path of Law");《霍姆斯—波洛克书信集》(*Holmes-*

Pollock Letters, *The Correspondence of Mr. Justice Holmes and Sir Frederick Pollock* 1874—1932, ed. Mark DeWolfe Howe, 2vols., Cambridge, MA：Harvard University Press, 1941）；《霍姆斯—拉斯基书信集》【784】（*Holmes-Laski Letters, The Correspondence of Mr. Justice Holmes and Harole J. Laski* 1916—1935, ed, Mark DeWolfe Howe, 2vols., London：Oxford University Press, 1953）；《霍姆斯精要》(*The Essential Holmes*, ed. Richard A. Posner, Chicago, IL：University of Chicago Press, 1922）(选自霍姆斯的书信、讲话和司法意见)。

胡克（Hook, Sidney, 1902—1989）。美国自然主义者和实用主义者，他关于政治、道德、法律、教育的演讲和著作，使他获得了"大众哲学家"的地位。起初他是一位马克思主义者，后来成为民主社会主义的坚定拥护者。他的主要著作包括：《实用主义的形而上学》（*The Metaphysics of Pragmatism*, Chicago：Open Court, 1927），《从黑格尔到马克思》（*From Hegel to Marx*, Ann Arbor, MI：University of Michigan Press, 1936）和《实用主义与生活的悲剧感》(*Pragmatism and the Tragic Sense of Life*, New York：Basic Books, 1975）。

二手文献：Hooks, S.（1987），《步调不一：20世纪不平静的生活》(*Out of Step：An Unquiet Life in the 20th Century*, New York：Harper and Row)；Phelps, C.（1997），《青年胡克：马克思主义者和实用主义者》(*Young Sidney Hook：Marxist and Pragmatist*, Ithaca, NY：Cornell University Press)。

霍克海默（Horkheimer, Max, 1895—1973）。霍克海默是西欧马克思主义法兰克福学派（或批判理论）的创立者之一，是这一学派的主要哲学家和终身指导者。在1929年成为设在法兰克福的社会研究所的所长之后，霍克海默在他自30年代以来发表在该研究所的《社会研究杂志》中的方法论著作中，详细阐述了这一学派的社会研究纲领。除了在该研究所的工作以及他在该研究所对法西斯主义进行经验分析中所起的特殊作用以外，霍克海默的更具哲学意味的著作包括对启蒙理性的自相矛盾特点的分析，这些分析是在第二次世界大战的黑暗日子里在《启蒙的辩证法》(*Dialektik der Aufklärung*, Amsterdam: Quierdo, 1944, with T. W. Adorno) 一书中写下的。

论霍克海默和法兰克福学派的最全面的著作是 Held, D. (1980) 的《批判理论导论》(*Introduction to Critical Theory*, Berkeley, CA: University of California Press); Wiggershaus, R. (1994),《法兰克福学派史》(*The History of the Frankfurt School*, Cambridge, MA: Cambridge University Press)。

胡塞尔 (Husserl, Edmund, 1859—1938)。胡塞尔出生在普洛斯尼茨（在奥匈帝国境内，现属捷克共和国）的一个讲德语的犹太人家庭。他在莱比锡大学师从于 W. 冯特，在柏林大学听了魏尔斯特拉斯和克罗内克尔的授课，尔后他于 1881 年去了维也纳大学，师从于布伦塔诺。1887 年，他在哈雷大学成为无薪俸教师，在那里他遇到了 C. 斯通普夫和 G. 康托尔，并完成了他的任教资格论文，后来以《算术哲学》(*Philosophie der Arithmetik*, Halle: Pfeffer, 1891) 为名发表。1900 年发表了《逻辑研究》(*Logische Untersuchunge*, Halle: Niemayer) 第一卷，由于它批判一切形式的逻辑主义，因此特别有影响。此后，1901 年，胡塞尔成为哥廷根大学的教员。在此期间，他提出了他的"现象学的"研究方法，这个方法导致了现象学运动的发展。在这方面他最有影响的著作是《纯粹现象学和现象学哲学的观念》(*Ideen zu einer reinen Phänomenologie und phänomenologischen Philosophie* Ⅰ, 1913; Husserliana Ⅲ, The Hague: Nijhoff, 1950)。从 1916 年到 1928 年，他是弗赖堡大学教授，他在那里的学生包括 A. 赖纳赫、R. 英加登、E. 施泰因、M. 海德格尔、E. 列维纳斯和 G. 马塞尔。他退休后，仍著述不断，成果颇丰。他的后期著作包括："形式的与超越的逻辑学"(Formale und transzendentale Logik, 1929; *Husserliana* ⅩⅦ, The Hague: Nijhoff, 1974),《笛卡尔式的沉思》

(*Méditations cartésiennes*, Paris: Colin, 1931),《欧洲科学的危机与超越现象学》(*Die Krisis der europäischen Wissenschaften und die transzendentale Phänomenologie*, 1936; *Husserliana* Ⅵ, The Hague: Nijhoff, 1954),这后一部著作现在常被认为是最令人感兴趣的著作。

二手文献:Smith, B. and Smith, D. W. (eds.)(1995),《剑桥胡塞尔指南》(*The Cambridge Companion to Husserl*, Cambridge and New York: Cambridge University press)。

赫胥黎(Huxley, Thomas Henry, 1825—1895)。英国生物学家,[785]科学领域中有影响的教育家,维多利亚女王时代杰出的知识分子。赫胥黎出生在伦敦附近的伊林,他主要是自学成才的,他像一个青少年一样,学习历史、地质学、逻辑学和语言。15岁时,他给一位行医者当学徒,但很快就获得了伦敦查林十字医院医校的奖学金,在那里他多次获奖,并发表了他的第一篇研究论文。从1846年至1850年,他担任勘察澳大利亚水域的英国舰艇"响尾蛇"号上的助理医生。在这些航行中,赫胥黎研究了海洋生物样品,将他的研究成果寄回国内,在一些著名的杂志上发表。这确立了他作为一流生物学家的声誉。在他回国途中,1851年,被选为皇家学会的研究员,时年26岁。

赫胥黎曾获得在伦敦的政府矿业学校任业余讲师的职位,他一直留在那所学校,帮助将这所学校改造为大皇家科学学院。达尔文的《物种的起源》一书于1859年问世后,他是达尔文早期的坚定的捍卫者。他以达尔文的"斗犬"而知名。赫胥黎在古生物学、分类学、人种学方面进行了有价值的研究,同时,扩大了他对科学教育改革的影响,扩大了他作为通俗的、激动人心的演说家和小品文作家的影响,他所谈到的问题涉及哲学、政治、宗教等广泛的方面。尽管赫胥黎不是一位专业哲学家,他关于笛卡尔和休谟的论著仍然是有影响的。他杜撰了"不可知论者"一词来界定自己的立场,他被看成是不可知论运动的领袖。虽然他大力批判超自然主义和传统基督教的主张，但他多少接受了斯宾诺莎主义式的有神论。赫胥黎在伦理学方面的最后观点是在 1894 年出版的《进化与伦理学》(*Evolution and Ethics*, London: Macmillan) 中提出来的，他反对赫伯特·斯宾塞的进化论伦理学，将自然看成是与人类道德冲突的。他的主要著作是：《关于人在自然中地位的证据》(*Evidence as to Man's Place in Nature*, London: Williams and Norgate, 1863)；《休谟》(*Hume*, London: Macmillan, 1879)；《论文集》(*Collected Essays*, 9 vols., London: Macmillan, 1893—1894)；《科学回忆录》(*Scientific Memoirs*, ed. M. Foster and E. R. Lankester, 5 vols., London Macmillan, 1989—1902)。

二手文献：Bibby, C. (1960)，《科学家、人文主义者、教育家》(*Scientist, Humanist and Educator*, New York and London: Horizon Press)；Desmond, A. (1997)，《赫胥黎：从魔鬼的门徒到进化论的泰斗》(*Huxley: From Devil's Disciple to Evolution's High Priest*, Reading, MA: Addison Wesley; Huxley, L. (ed.) (1990)，《托马斯·亨利·赫胥黎的生平与书信》(*Life and Letters of Thomas Henry Huxley*, 2vols., London: Macmillan)。

詹姆斯（James, William, 1842—1910）。威廉·詹姆斯生于 1842 年，是哈佛大学的心理学和哲学教授。他的《心理学原理》是对科学心理学发展的重要推动。他由于其实用主义著作和关于宗教信念的论点而声名卓著。他死于 1910 年。他的主要出版物是：《心理学原理》(*Principles of Psychology*, New York: Henry Holt, 1890)；《信念意志与通俗哲学的其他论文》(*The Will to Believe and other Essays in Popular Philosophy*, New York and London: Longmans, Green, 1897)；《宗教经验种种》(*The Varieties of Religious Experience*, New York and London: Longmans, Green, 1902)；《实用主义：某些旧思维方式的新名称》(*Pragmatism: A New Name for some Old Ways of Thinking*, New York and London: Longmans Green, 1907)；《真理的意义》(*The Meaning of Truth*, New York and London: Longmans Green, 1909)；《多元

的宇宙》(*A Pluralistic Universe*, New York and London: Longmans Green, 1909);《彻底经验主义论文集》(*Essays in Radical Empiricism*, New York and London: Longmans Green, 1912)。

二手文献:Bird, G. (1986),《威廉·詹姆斯》(*William James*, London: Routledge); Ford, M. (1982),《威廉·詹姆斯的哲学:一个新的视角》(*William James's Philosophy: A New Perspective*, Amherst, MA: University of Massachusetts Press); Myers, G. E. (1986),《威廉·詹姆斯:生平与思想》(*William James: His Life and Thought*, New Heaven, CT: Yale University Press); Putnam, R. A. (ed.) (1997),《威廉·詹姆斯剑桥指南》(*The Cambridge Companion to William James*, Cambridge: Cambridge University Press)。

杰文斯(Jevons, William Stanley, 1835—1882)。杰文斯出生于利物浦,先是在曼彻斯特大学欧文斯学院,后来于 1876 年在伦敦大学学院教逻辑学与经济学。虽然他在 46 岁时溺水身亡,但在许多学科领域都留下了他的印记,尤其在经济学、统计学、哲学、逻辑学、气象学和物理学。他是最先提出逻辑主义观点并将其推广开来的人之一,这一推广多亏有了一个明确的符号系统,即德·摩根和乔治·布尔提出的命题逻辑。他的《科学原理》一书强调了对科学知识的可错主义和归纳主义的研究方法,它是在约翰·密尔之后、卡尔·毕尔生之前这一时期的一部主要著作。他的主要著作是:《纯粹逻辑》(*Pure Logic*, London: E. Standford, 1864);《政治经济理论》(*Theory of Political Economy*, London: Macmillan, 1871);《科学原理》(*Principles of Science*, London: Macmillan, 1874);《演绎逻辑研究》(*Studies in Deductive Logic*, London: Macmillan, 1880)。

【786】

二手文献:Schabas, M. (1990),《数统治的世界:威廉·斯坦利·杰文斯与数理经济学的兴起》(*A World Ruled by Number: William Stanley Jevons and the Rise of Mathematical Economics*, Princeton, NJ:

Princeton University Press)。

耶林（Jhering, Rudolf von, 1818—1892）。耶林于1818年8月22日出生在奥利希，曾在海德堡、哥廷根、慕尼黑、柏林等大学学习，在巴塞尔、罗斯托克、基尔、吉森、维也纳、哥廷根等大学任教授，1892年9月17日在哥廷根去世。耶林早熟而聪慧，一旦他开始摧毁自己的构成主义体系，他就挖苦他以前的盟友构成主义者。作为民事律师、法律史家和法律理论家，耶林算得上是19世纪德国法律科学的主导人物之一；在影响力上只有萨维尼能与之比肩。他的主要著作是：《罗马法的精神》(*Geist des römischen Rechts*, Leipzig: Breitkopf and Härtel, 1852—1865)（分三部分，其中第二部分分为两卷）；《为权利而斗争》(*Der Kampf um's Recht*, Vienna: G. J. Manz, 1872)；《法律的目的》(*Der Zweck des Rechts*, 2 vols., Leipzig: Breitkoptf and Härtel, 1877—1883)；《法理学的诙谐与严肃》(*Scherz und Ernst in der Jurisprudenz*, Leipzig: Breitkoptf and Härtel, 1884)。耶林与卡尔·弗雷德里希·冯·格贝尔的通信收在《耶林与格贝尔书信集》(*Der Briefwechsel zwischen Jhering und Gerber*, ed. Mario G. Losano, Ebalsbach: Gremer, 1984)中。

考茨基（Kautsky, Karl Johann, 1854—1938）。出生在布拉格一个戏剧家的家庭，在维也纳长大，一生大部分在德国。1893年至1917年，任德国社会民主党周刊《新时代》的编辑。是许多书籍和小册子的作者，各种马克思著作的编者，尤其是编辑了马克思的《剩余价值论》。因为反对第一次世界大战，被解除《新时代》周刊的编辑职务。1924年回到维也纳。1938年3月纳粹吞并奥地利，他被迫流亡阿姆斯特丹，在那里去世。

二手文献：Geary, D. (1987)，《卡尔·考茨基》(*Karl Kautsky*, Manchester: Manchester University Press)。

附录 传记与文献

凯尔森（Kelsen, Hans, 1881—1973）。凯尔森于 1881 年 10 月 11 日出生在布拉格，在维也纳受教育。在起草 1920 年奥地利联邦宪法中起了关键作用，尔后整个 20 年代都担任宪法法院的法官和维也纳大学的法律教授。1930 年初被宪法法院解职（因未能约束执政的基督教社会党），这促使他接受了科隆大学的教授职位。1933 年春他被纳粹分子解除了教授职务，于是他在日内瓦大学担任了教授，直至 1940 年离开欧洲去了美国。在美国东海岸度过了不安定的几年之后，接受了加利福尼亚大学伯克利分校的教授职务，在那里度过了 30 年。凯尔森于 1973 年 4 月 19 日在伯克利去世。他的主要法学著作是：《国家法学说的主要问题》(Hauptproblem der Staatsrechtslehre, Tubingen: J. C. B. Mohr, 1911)；《主权问题》(Das Problem der Souveränität, Tubingen: J. C. B. Mohr, 1920)；《社会学的与法学的国家概念》(Der soziologische und der juridtische Staatsbegriff, Tubingen: J. C. B. Mohr, 1922)；《国家学概论》(Allgemeine Staatslehre, Berlin: Sprioner, 1925)；《自然法学说的哲学基础与法律实证主义》(Die philosophischen Grundlagen der Naturrechtslehre und des Rechtspositivismus, Charlottenburgh: Rolf Heise, 1928)；《纯粹法学》(Reine Rechtslehre, Ist edn, Leipzig: Deuticke, 1934)；《法律和国家的一般理论》(General Theory of Law and State, Cambridge, MA: Harvard University Press, 1945)；《纯粹法学》(Reine Rechtslehre, 2nd edn, Vienna: Denticke, 1960)；《准则的一般理论》(Allgemeine Theorie der Normen, Vienna: Manz, 1979)。

[787] 二手文献被收集在 Paulson, S. L. and Paulson, B. L. (ed.) (1998), 《规范性与准则》(Normativity and Norms, Oxford: Clarendon Press) 一书中。

考夫卡（Koffka, Kurt, 1886—1941）。考夫卡于 1908 年在柏林大学卡尔·斯通普夫的指导下获得心理学哲学博士学位，在韦特海默的似动实验中担任第二被试，似动实验是格式塔运动的起点。纳粹上台前不久，考夫卡移民美国，在史密斯学院任教授。考夫卡之为人们注意，是因为他写了大量关于格式塔心理学的论文，因为他将格式塔心理学用于发展心理学。他的主要著作是一本从格式塔的视角撰写的普通心理学教材《格式塔心理学原理》(Principles of Gestalt Psychology, New York: Harcourt, Brac and World, 1935)。

科勒 (Köhler, Wolfgang, 1887—1967)。科勒于1909年在柏林大学卡尔·斯通普夫的指导下获得心理学哲学博士学位，并在韦特海默的似动实验中担任第一被试。在对纳粹分子做了徒劳的反抗之后，科勒移民美国，在达特茅斯和斯沃斯摩学院任教，并成为美国心理学会的会长(1953)。作为这一团体的主要理论家，科勒还在《类人猿的智力研究》(Intelligenzprüfen an Menschenaffen (The Mentality of Apes, New York: Liverright, 1927) 将格式塔心理学推广到对行为的研究上。他的几部著作中，最重要的是《格式塔心理学》(Gestalt Psychology, New York: Liveright, 1947)。

柯尔莫哥洛夫 (Kolmogorov, Andrei, 1903—1987)。俄罗斯数学家，是20世纪主要的概率论理论家。他的主要著作是《概率演算的基本概念》(Grungbegriffe der Wahrscheinlichkeitsrechnung, Berlin: Springer Verlag, 1933)。他发展了作为数学测量论一部分的概率公理化。在对概率的解释中，他遵循理查德·冯·米泽斯的频率论思想；但他在其著作中非常小心地不做哲学上的承诺，这很可能是因为概率论的思想与20世纪30年代苏维埃的哲学不相容。在逻辑学和数学基础方面，他追随荷兰的直觉主义者布劳维尔。1925年，他在直觉主义逻辑中发明了解释古典逻辑的方法。1932年，他发明了将直觉主义逻辑解释成问题演算的方法。

二手文献: von Plato, J. (1994)。《创造现代概率：历史地观察现代概率的数学、物理学和哲学》(Creating Modern Probability: Its Mathematics, Physics and Philosophy in Historical Perspective, Cambridge：Cambridge University Press)。

科塔尔宾斯基（Kotarbiński, Tadeusz, 1886—1981），生于华沙，在达姆斯塔特学习建筑学，在利沃夫大学师从特瓦尔多尔斯基学习古典语言与哲学。从 1918 年到 1957 年，一直在华沙大学任教。科塔尔宾斯基主要因他是"具相主义"（reism）的捍卫者和人类行为学之父而知名。他的著作包括："未来的存在问题"（Zagadnienie istnienia przysz ło ści, 1913），"理想对象的存在问题"（Sprawa istnienia przedmiotów idealnych, 1920），《知觉理论、形式逻辑与科学方法论原理》（Elementy teorii poznania , logiki formalnej I methodologii nauk, Lvov：Ossolineum, 1929），《论善的工作》（Traktat o Dobrej Robocie, Warsaw：PWN, 1955），"具体主义的发展阶段"（Fazy rozwoju konkretyzmu, Studia Filozoficzne 4, 11 (7)(1958), 3—13）。

二手文献：Woleński (ed.) 1990, Smith, B. (1994),《奥地利哲学》（Austrian Philosophy, Chicago：Open Court); Woleński, J. (1989),《利沃夫—华沙学派的逻辑学与哲学》（Logic and Philosophy in the Levov-Warsaw School, Dordrecht：Kluwer); Woleński, J. (ed.) (1990),《科塔尔宾斯基：逻辑学、语义学与本体论》（Kotarbiński：Logic, Semantics and Ontology, Dordrecht：Kluwer)。

朗格（Lange, Friedrich Albert, 1828—1875），德国哲学家和作家，于 1828 年出生在索林根附近。他的父亲是苏黎世大学的著名教授。朗格开始时在苏黎世大学学习，但 1851 年毕业时是在波恩大学。他在 1857 年开始写他的主要著作《唯物主义史》（Geschichte des Materialismus），但直至 1866 年才发表（Iserlohn and Leipzig：von Baedeker)。在此期间，他出版过报纸，在政治与社会问题上表现积极。他身患严重的癌症，仍致力于大规模修订《唯物主义史》第二版。1872 年移居马堡，于 1875 年去世。

【788】　二手文献：Stack, G. J. (1983)。《朗格与尼采》(*Lang and Nietzsche*, Berlin and New York: De Gruyter)。

拉斯克（Lask, Emil, 1975—1915），1875 年生于波兰，移居德国学习法律，尔后学习哲学。19 世纪 90 年代中期，他听了李凯尔特和韦伯两人的课程。他在弗赖堡李凯尔特的指导下攻读博士学位，而文德尔班是他的授课资格论文的名义指导老师（韦伯对他的影响也是显而易见的）。拉斯克在海德堡任教多年，但却离职参了军，1915 年战死。在海德堡的那些年，他是马克斯·韦伯团体中的一员，但他总是尊重他从文德尔班和李凯尔特那里学到的东西。李凯尔特给他的《论文集》(*Gesammelte Schriften*, Tübingen: J. C. B. Mohr, 1942) 写了序言。

二手文献：Wilk, K. (1950)，《拉斯克、拉德布鲁赫、达宾的法哲学》(*The Legal Philosophies of Lask, Radlruch, and Dabin*, Cambridge, MA: Harvard University Press)。

拉甫洛夫（Lavrov, Pätr Lavrovich, 1823—1900）。拉甫洛夫生为一个富裕地主的儿子，在圣彼得堡接受教育。他踏上了军旅之途，并取得成功，35 岁时就已成为上校。1860 年，他出版了《论实践哲学的问题》(*Ocherki voprosov prakticheskogo filosofii*, St Peterburg: Glazunov)，这部著作提出了人类学的一种形式，引起了尼古拉·车尔尼雪夫斯基充满同情的批评。由于与第一个"土地与自由"组织有联系，拉甫洛夫于 1866 年被流放。他的《历史信札》(*Istoricheskie pis'ma*, Geneva: 1891) 有很大影响，成为俄国民粹主义的明确表达。1870 年，拉甫洛夫逃往国外，加入了国际工人联合会，参加了巴黎公社。他与马克思、恩格斯成为朋友。从 1873 年到 1876 年，拉甫洛夫从苏黎世和伦敦发行了《前进》杂志，抨击民粹主义运动内部的"雅各宾主义"，为自己的农民社会主义辩护。当民粹主义的势头减弱，他开始致力于学问。他于 1900 年在巴黎去世。1965 年，俄国出版了他的两卷本选集《哲学与社会学》(*Filosofiia i sotsiologiia*)。

二手文献：Waliciki，A.（1980），《从启蒙运动到马克思主义的俄国思想史》(*A History of Russian Thought from Enlightment to Marxism*, trans. H. Andrews-Rusiecka, Oxford：Oxford University Press）的第 12 章对拉甫洛夫的生平和思想做了简短的论述。最好的一部俄国民粹主义史是文图里（F. Venturi）的《俄国民粹主义之根：19 世纪俄国民粹主义与社会主义运动史》(*Roots of Russian Populism: A History of the Populist and Socialist Movements in Nineteenth-century Russia*, trans. F. Haskell, New York：Knopf）。

莱斯涅夫斯基（Lesniewski, Stannislaw, 1886—1939），出生在莫斯科附近谢尔普霍夫的一个波兰人家庭里。他在慕尼黑大学和利沃夫大学学习哲学，分别师从于汉斯·科尔内留斯和特瓦尔多夫斯基。在利沃夫他还师从谢尔平斯基和普济纳学习数学。他的早期哲学著作批评了共相理论和怀特海—罗素的类型论，反之提出了一种受胡塞尔启发的语义范畴理论。第一次世界大战期间，莱斯涅夫斯基在莫斯科的一所波兰语法学校教数学。在那里，他为他关于部分论（mereology）的最初概述做了准备，这一概述后来以《普通集合论基础》(*Podstawy ogólnej teorii monogo´sci*, Moscow：Drakarnia Poplawskiego, 1916）为名发表。从 1919 年到 1939 年，他是华沙大学的数学教授。他的作品还包括："一切真理都只是永恒真的，还是无开端地真的？"（Czy prawda jest tylko wieczna, czy tezwieczna i odwieczna? 1913），"逻辑排中律原理批判"（'Krytyka logicznej zasady wylaczonego srodka', 1913）"论数学的基础"（'O podstawach matematyki', 1927）等。他的主要著作的译本收在《著作集》(*Collected Works*, Dordrecht：Kluwer）中。

二手文献：Srzednicki, J. T., Rickey, V. F., and Czelakowski, J.（eds.）(1984)，《莱斯涅夫斯基的体系：本体论与部分论》(*Lesniewski's*

Systems: *Ontology and Mereology*, The Hague: Nijhoff and Wroclaw: Ossolinenm); Woleński, J. (1989),《利沃夫—华沙学派的逻辑与哲学》(*Logic and Philosophy in the Lvov-Warsaw School*, Dordrecht: Kluwer)。

【789】　　刘易斯（Lewes, George Henry, 1817—1878）。刘易斯生于伦敦，是文学批评家和独立学者，他研究哲学、心理学、生理学、生物学方面的论题。他曾尝试演戏，但从 1840 年至 1850 年，他以作为文学批评家谋生，并发表了两部小说。1850 年，他与人合创了《领导者》(*Leader*) 周刊，任文学编辑。从 1854 年起，他与乔治·艾略特（玛丽安·埃文斯）同居。他的主要著作包括：《传记哲学史》(*Biographical History of Philosophy*, London: Parker and Son, 1857，最初发表于 1845 年至 1846 年）；五卷本的《生活与心灵问题》(*Problems of Life and Mind*, Boston: Osgood, 1874, 1877, 1879, 1880)。

　　二手文献：Tjoa, H. G. (1977),《乔治·亨利·刘易斯：一颗维多利亚时代的心灵》(*George Henry Lewes: A Victorian Mind*, Cambridge, MA: Harvard University Press); Rylance R. (2000),《维多利亚时代的心理学与英国文化》(*Victorian Psychology and British Culture*, Oxford: Oxford University Press)。

　　莱温（Lewin, Kurt, 1890—1947）。莱温在柏林大学卡尔·斯通普夫的指导下获哲学博士学位。在斯通普夫的继任者沃尔夫冈·科勒的指导下他开展了对格式塔观念的应用。1932 年他移民美国，在爱荷华州立大学、麻省理工学院和密执安大学任教。莱温提出了一种拓扑心理学（《拓扑心理学原理》, *Principles of Topological Psychology*, New York: McGraw Hill, 1936），将格式塔的场概念用于说明行为，从事对人格、儿童发展和群体动力学方面的研究。通过对自己的心理学重新定向，从对意识的研究转向对群体和个人行为的研究，莱温成为美国最有影响的格式塔心理学家。

二手文献：Marrow, A. J. (1969),《实践理论家：库尔特·莱温的生平和著作》(*The Practical Theorist: The Life and Works of Kurt Lewin*, New York: Basic Books)。

刘易斯（Lewis, Clarence Irving, 1883—1964）。现在刘易斯为人们所铭记，主要是因为他在逻辑学方面的工作。但就其本身而言，他也是一位重要的哲学家，他将美国的实用主义与康德哲学的因素、逻辑分析的纲领结合在一起。他在哈佛大学学习，在加利福尼亚大学（1911—1920）和哈佛大学（1920—1953）任教。刘易斯的第一部著作是《符号逻辑概论》(*A Survey of Symbolic Logic*, Berkeley, CA: University of California Press, 1918)，它提出了对场的清楚说明，尤其是它强调了代数学的传统。在他的第二部逻辑学著作《符号逻辑》(*Symbolic Logic*, New York: The Century Co., 1932) 中，刘易斯阐发了他对罗素的外延的"蕴涵"概念的批评，提出了自己的"严格蕴涵"体系和模态逻辑。在《心灵与世界秩序》(*Mind and World Order*, New York: C. Scribner's, 1929) 中，刘易斯提出了他的"先天的实用"概念，这个概念是在原来的分析纲领和康德认识论的背景下明确阐述出来的。在后期的著作中刘易斯逐渐转向了道德哲学。

二手文献：Kucklick, B. (1977),《美国哲学的兴起，马萨诸塞州，坎布里奇，1860—1930》(*The Rise of American Philosophy, Cambridge, Massachusetts, 1860—1930*, New Haven, CT: Yale University Press)。

洛采（Lotze, Rudolph Hermann, 1817—1881）。洛采是德国哲学发展中的重要人物，他促使黑格尔传统与新康德主义传统联系了起来。他在19世纪末的英国颇受称赞。他的学术生涯以哥廷根大学为基地，他于1844年成为哥廷根大学的教授。

洛采早期著作的一部分是生物哲学：他证明，虽然有机体提供了一个可以用目的论来说明的独特领域，但这并不意味着需要用独特的

"生命"力来说明生物现象。他的主要著作是围绕两个更深入的论题构成的：(1) 是与应该的区分。他将这个区分用于认识论，他证明，心理学研究不能提供认识论的确证；(2) "有效性"与形而上学实在论之间的区分。这一区分使洛采认为，一个先天真理的有效性不能带来对柏拉图主义形而上学的承诺。他的主要著作是：《医学心理学或灵魂生理学》(*Medzinische Psychologie*, *oder Physiologie der Seel*, Leipzig: Weidmann, 1852)；《小宇宙》(*Mikrokosmus*: *Ideen zur Naturgeschichte und Geschichte der Menschen*, 3vols., Leipzig; trans. 1885 E. Hamilton and E. Jones, *Microcosmus*: *An Essay Concerning Man and his Relation to the World*, 2vols., Edinburgh: T. &T. Clark)；《逻辑学》(*Logik*, 2vols., Leipzig: S. Hirzel, 1874, trans. 1884—1888 B. Bosanquet, Oxford: Clarendon Press)。

[790]

二手文献：Woodward, W. R. (1999)，《从机械论到价值，赫尔曼·洛采：医生、哲学家、心理学家，1817—1881》(*From Mechanism to Value. Hermann Lotze*: *Physician*, *Philosopher*, *Psychologist* 1817—1881, Cambridge: Cambridge University Press)。

卢卡奇（Lukács, Georg, 1885—1971）。卢卡奇生于布达佩斯，是一位匈牙利犹太大银行家的儿子。他在德国接受教育，先受克尔凯郭尔、马克斯·韦伯以及陀思妥耶夫斯基的小说的影响，尔后于1918年12月突然转向马克思主义。1919年，他在贝洛·库恩的政府里担任了几个月的教育委员，然后逃到维也纳、柏林和莫斯科。1941年，他被当作托洛茨基分子而被暂时拘捕。他忠于列宁和斯大林，直至后者去世。他于1945年回到匈牙利，后来成为纳吉短命政府（1956）的文化部长。他写了一部关于黑格尔的主要著作，驳斥文学现代主义，但他的最优秀的著作仍然是他的早期作品《灵魂与形式》(*Soul and Form*, 1910)，《小说理论》(*Theory of Novel*, 1920) 和《历史与阶级意识》(*History and Class Consciousness*, 1923)。

二手文献：Arato，A. and Breines，P. （1979），《青年卢卡奇与西方马克思主义的起源》（*The Young Lukács and the Origins of Western Marxism*，London：Pluto）；Gluck，M. （1985），《乔治·卢卡奇与1900—1918 的一代》（*George Lukács and his Generation 1900—1918*，Cambridge，MA：Harvard University Press）；Jay，M. （1973），《辩证的想象》（*The Dialectical Imagination*，London：Heinemann）；Kadarkay，A. （1991），《乔治·卢卡奇：生平、思想与政治》（*George Lukács：Life，Thought and Politics*，Oxford，Blackwell）；Löwy，M. （1979），《乔治·卢卡奇：从浪漫主义到布尔什维主义》（*George Lukács-From Romanticism to Bolshevism*，London：Verso）；Stedman Jones，G. （1972），"早期卢卡奇的马克思主义"（The Marxism of the Early Lukács，*New Left Review* 70：27—64）。

卢卡西维茨（Łukasiewicz，Jan，1879—1956）。卢卡西维茨生于利沃夫，在利沃夫大学师从特瓦尔多夫斯基学习法律和哲学。从1911 年至1915 年，他是利沃夫大学的教授；1915 年至1944 年，是华沙大学的哲学教授。从1946 年起，他是都柏林大学的逻辑教授。他的学生包括阿吉图库威茨和塔尔斯基。卢卡西维茨因其对亚里士多德的研究，因其发现了多值逻辑和所谓命题运算的波兰记号而闻名。他的著作包括："心理学与逻辑"（Logika a psychologia，1907），"归纳研究理论"（O prawdopodobieństwie wniosów indukcyjnych，1909），《亚里士多德的矛盾原理》（*O zasadzie sprzeczno ści u Arystotelesa*，Cracow：PAU，1910），《概率演算的逻辑基础》（*Die logischen Grundlagen der Wahrscheinlichkeitsrechnung*，Cracow：PAU，1913）；"论三值逻辑"（O logice trówarto ściowj 1920）；"论决定论"（O determini śmie，1922）；"命题理论的数字说明"（Interpretacja liczbowa teorii zdas，1923），"命题运算研究"（Untersuchungen ber den Aussagenkalkül，1930，with Alfred Tarski）；《从现代形式逻辑的观点看亚里士多德的三段论》（*Aristotle's Syllogistic from the Standpoint of Modern Forma Logic*，Oxford：Clarendon Press，1951）；他的许多文章被译成《选集》（*Selected*

Works, Amsterdam: North-Holland, 1970)。

二手文献: Woleńsiki, J. (1989),《利沃夫—华沙学派的逻辑与哲学》(*Logic and Philosophy in the Lvov-Warsaw School*, Dordrecht: Kluwer)。

马赫 (Mach, Ernst, 1838—1916)。马赫出生在摩拉维亚的契尔利兹—图拉。他的父亲是一位有绅士风度的农场主,对文学和科学有广泛兴趣。他的母亲有艺术气质。幼年时,马赫在家中由父亲进行教育,直至 14 岁。至 1855 年为止,马赫在维也纳大学学习数学、物理学和哲学。从 1860 年起,他是无薪俸教师,讲授一些很普及的课程,并研究能量传播。以后他转向研究生理学和知觉心理学,逐渐抛弃了感觉论形而上学的分子观。从 1864 年起,他在格拉茨,1867 年移居布拉格,同年结婚。1895 年,他在维也纳大学接受了哲学教授职位。他于 1897 年患中风。尽管如此,他仍努力工作直至整个余生。他于 1916 年在德国法特斯塔丁去世。他的主要著作是:《力学及其发展的批判历史概论》(*Die Mechanik in ihrer Entwicklung historisch-critisch dargestellt*, Prague, 1883, trans. 1893 T. McCormack, *The Science of Mechanics*, Chicago: Open Court);《通俗科学讲座》(*Populörwissenschftliche Vorlesungen*, Leipzig, 1894, trans T. J. McMormack, *Popular Scientific Lectures*, Chicago: Open Court);《感觉的分析》(*Die Ananlyse der Empfindungen*, Jena, 1906, trans. 1914 C. Williams, *Contributions to the Analysis of Sensations*, Chicago: Open Court)。

二手文献: Cohen, R. and Seeger, R. (eds.) (1970), "厄恩斯特·马赫:物理学家与哲学家" (Ernst Mach, Physicist and Philosopher, *Boston Studies in the Philosophy of Science* 6, Dordrecht: Reidel)。

麦克塔格特 (McTaggart, John McTaggart Ellis, 1866—1925)。麦克塔格特是最后一批"英国唯心主义者"之一,现在他被人们铭记,主要是因为他对时间的非实在性的论证。他在剑桥大学三一学院学习，在那里造就了他的学术生涯。他的第一部著作是对黑格尔哲学的批判研究。1908 年，他发表了对时间的非实在性的著名论证（"时间的非实在性"，The Unreality of Time，*Mind* 1908）。他将其余生致力于撰写《存在的本性》（*The Nature of Existence*，Cambridge：Cambridge University Press，1921，1927）。在这部书中，他证明，实体必须满足三个先天的条件，而满足这些条件的唯一的东西是对由自我组成的社会的爱的知觉。

二手文献：Geach，P. T.（1979）。《真理、爱与不道德》（*Truth, Love and Immorality*，London：Hutchinson）。

梅因（Maine，Henry Sumner，1822—1888）。梅因于 1822 年 8 月 15 日出生在苏格兰罗克斯巴勒郡的凯尔索。他被家人送到基督医院学校学习，从那里去了剑桥大学彭布鲁克学院，在古典文学方面成绩优异。他的学术生涯开始于在三一学院任导师，在那里他着手研究早期的法律和法律制度。作为 25 岁的青年，他已被任命为民法钦定讲座教授。1850 年他取得律师资格，1852 年成为律师学院的第一位罗马法讲师。从 1862 年至 1869 年，他在印度任总督政务会的法律委员，加尔各答大学副校长，因而他获得了在他的著作中所运用的关于印度的知识，获益极大。他回到英格兰，先是在牛津大学任教授，然后在剑桥任教授。梅因于 1888 年 2 月 3 日在戛纳去世。他的主要著作是：《古代法》（*Ancient Law*，London：J. Murray，1861）；《东方与西方的村社》（*Village Communities in East and West*，London：J. Murray，1871）；《早期制度史演讲集》（*Lectures on the Early History of Institutions*，London：J. Murray，1875）；《论早期法律与习惯》（*Dissertations on Early Law and Custom*，London：J. Murray，1883）；《大众政府》（*Popular Government*，London：J. Murray 1885）。

二手文献：Stein，P.（1980）；《法律进化：一个观念的历程》

(*Legal Evolution*: *The History of an Idea*, Cambridge: Cambridge University Press)。

马林诺夫斯基（Malinowski, B., 1884—1942）。马林诺夫斯基于 1908 年在克拉科夫大学获得哲学博士学位，于 1913 年在伦敦经济学院获得理学博士学位，尤其因他在特罗布里恩群岛进行的现场调查工作而闻名（《西太平洋的淘金者》，*Argonauts of the Western Pacific*，1922）。1927 年，他获得了伦敦大学人类学教授的职衔。作为一种功能主义形式的主要提倡者，他在英国和美国培养了许多学生，从 1933 年起直至去世，他都是美国耶鲁大学人类学访问教授。

二手文献：Firth, R. (ed.)(1957)，《人与文化：对普里米斯拉夫·马林诺夫斯基的著作的评价》(*Man and Culture*: *An Evaluation of the Work of Bromislaw Malinowski*, London: Routledge)。

曼海姆（Mannheim, Karl, 1893—1974）。曼海姆生于布达佩斯，父母为犹太人，曾在布达佩斯大学、柏林大学和弗赖堡大学学习。从 1915 年至 1918 年，他加入了卢卡奇在布达佩斯的团体。他在苏维埃共和国时的布达佩斯大学任教，由于阿德米拉尔·霍尔蒂统治下的反革命报复，他被迫于 1920 年逃往德国。从 1910 年至 1926 年，他是海德堡大学的个体学者。1926 年，他获得了在海德堡大学任无薪俸教师（大学教师）的资格。1930 年至 1933 年，他是法兰克福大学的社会学教授；1933 年至 1945 年，是伦敦经济学院的社会学讲师。1945 年至 1947 年期间，他是伦敦大学教育研究所教育社会学与教育哲学教授。他的主要著作是：《意识形态与乌托邦》(*Ideologie und Utopie*, Bonn: Friedrich Cohen, trans. 1936 L. Wirth and E. Shils, *Ideology and Utopia*, London: Routledge)；《保守主义》(*Konservatismus*, Frankfurt: Suhrkamp, 1984, trans. 1986 D. Kettle, V. Meja, and E. R. King: *Conservatism*, London: Routledge)。

【792】

二手文献：Kettler, D., Meja, V., and Stehr, N. (1984),《卡尔·曼海姆》(*Karl Mannheim*, London: Tavistock)。

马塞尔（Marcel, Gabriel, 1889—1973）。马塞尔于1889年12月7日出生在巴黎。1929年，在莫里亚克的催促下，他皈依了天主教。1910年取得任教学衔后，他在中学任教至1923年，然后他致力于从事剧本和小品文写作，这与他的哲学家职业是分不开的。他为坡隆出版公司编辑了"交叉火力"丛书。1934年，他遇到了费萨尔神父。1936年以后，他在巴黎的图尔农路21号举行过著名的"星期五"聚会，这些聚会将许多哲学家和学者聚集在一起。1944年以后，他的影响不断扩大。他在阿伯丁大学和哈佛大学作过演讲，他于1973年10月8日去世。至此，他已经获得了很多荣誉，其中包括他在1948年获得法兰西学院文学大奖，1973年被选为道德与政治科学院院士。他的主要著作是：《形而上学日记》(*Journal métaphysique*, Paris: Gallimard, 1927)；《存在与有》(*Etre et avoir*, Paris: Aubier, 1935)；《从拒绝到祈求》(*Du Refus à l'invocation*, Paris: Gallimard, 1940)；《旅途之人》(*Homo viator*, Paris: Aubier, 1945)；《罗伊斯的形而上学》(*La Métaphysique de Royce*, Paris: Aubier, 1945)。

二手文献：Fessard, G. (1938),《戏剧与神秘：加布里埃尔·马塞尔导论》(*Théâtre et mystère: introduction à Gabriel Marcel*, Paris: Tequi); Hersch, J., Levinas, E., Ricoeur, P., and Tilliette, X. (1976),《让·瓦尔与加布里埃尔·马塞尔》(*Jean Wahl et Gabriel Marcel*, Paris: Beauchesne); Lapointe, F. H. and C. (1977),《加布里埃尔·马塞尔及其批评者》(*Gabriel Marcel and His Critics*, International Bibliography, New York and London); Lubac, H. de, Rougier, M., and Sales, M. (1985),《加布里埃尔·马塞尔与加斯东·费萨尔：书信集》(*Gabriel Marcel et Gaston Fessard, Correspondence*, Paris: Beauchesne); Plourde, S. (1985),《加布里埃尔·马塞尔的哲学用语》(*Vocabulaire philosophique de Gabriel Marcel*, Paris: Cerf); Ricoeur,

P. (1948),《加布里埃尔·马塞尔与卡尔·雅斯贝斯：存在主义的两位大师》(*Gabriel Mascel et Karl Jaspers, deux maitres de l'existentialisme*, Paris：Temps pressent)；Sacquin, M. (ed.)(1988),《加布里埃尔·马塞尔讨论会》(*Colloque Gabriel Marcel*, Paris：Bibliothèque nationale)；Schilp, P. A. and Hahn, L. E. (ed.)(1984),《加布里埃尔·马塞尔的哲学》(*The Philosophy of Gabriel Marcel*, La Salle, IL：Liberary of living philosophers)。

马利坦（Maritain, Jacques, 1882—1973）。马利坦于1882年11月18日出生在巴黎。他是在自由主义新教的氛围下成长起来的。当他还是巴黎大学的学生时，就听从贝玑（Péguy）劝告，聆听了柏格森在法兰西学院讲授的课程。起初一段时期他是柏格森的信徒，尔后他同他的妻子拉伊萨一样，于1906年皈依了天主教。从1906年至1908年，他生活在德国，与汉斯·杜里舒一起研究生物学，并接触到托马斯·阿奎那的思想。1923年，他成为托马斯主义学会的创立者。1933年，他发起出版了坡隆出版公司的"金芦苇丛书"。从1933年至1944年，他在巴黎的天主教研究所、多伦多的中世纪研究教皇研究所、普林斯顿大学、哥伦比亚大学讲学。他还主持了纽约的法兰西高级研究所。他于1973年去世，这之前他曾有一段外交官的辉煌经历，同时不断有著述发表。他的主要著作是：《柏格森的哲学：批判性研究》(*La philosophie bergsonienne：etudes critiques*, Paris：Marcel Rivière, 1914)；《艺术与经院哲学》(*Art et scolastique*, Paris：Art Catholique, 1920)；《天使博士》(*Le Docteur angélique*, Paris：Desclée de Brouwer, 1930)；《论基督教哲学》(*De la philosophie chrétienne*, Milan：Rivista de Neo-scolastica, 1932)；《知识的等级：区别为了统一》(*Les degrees de savoir：distinguer pour unir*, Paris：Desclée de Brouwer, 1932)；《形而上学序言：关于存在和理性思辨的主要原理的七个讲演》(*Sept leçons sur l'Etre et les premiers principes de la raison speculative*, Paris：Téqui, 1934)；《完整的人道主义》(*L'Humanisme integral*, Paris：Aubier, 1936)；《四论肉体条件下的精神》(*Quartre*

【793】

essays sur l'esprit dans sa condition charnelle, Paris: Desclée de Brouwer. 1939);《圣托马斯与罪恶问题》(*Saint Thomas and the Problem of Evil*, Milwaukee: Marquette University Press, 1942);《从柏格森到托马斯·阿奎那》(*De Bergson à Thomas d'Aquin*, New York: Editions de le Maison Française, 1944)。

二手文献:Bars, H. (1959),《马利坦在当代》(*Maritain en notre temps*, Paris: Grasset), (1962)《雅克·马利坦的政治学》(*La Politique selon Jacques Maritain*, Paris: Editions ouvrières); Doering, B. E. (1983),《马利坦与法国天主教知识分子》(*J. Maritain and the French Catholic Intellectuals*, Notre Dame); Fecher, C. A. (1953),《马利坦的哲学》(*The Philosophy of J. Maritain*, Westminster: Newman Press); Maritain, R. (1949),《伟大的友谊》(*Les Grandes amities*, Paris: Desclée de Brouwer); Smith, B. W. (1976),《马利坦:反现代还是超现代?对他的批评者、他的思想和他的生活的历史的分析》(*J. Maritain: Anti-modern or Ultramodern? An Historical Analysis of His Critics, His Thought and His Life*, New York and Amsterdam)。

马蒂(Marty, Anton, 1847—1914)。马蒂生于瑞士的施维茨,在维尔茨堡大学师从于布伦塔诺。他是切尔诺维茨大学和布拉格大学的教授。他的著作包括:"论无主体的定理和语法与逻辑及心理学的关系"(Über subjektlose Sätze und das Verhältnis der Grammatik zu Logik und Psychologie, 1884, *Unter suchungen zur Grundlegung der allgemeinen Grammatik und Sprachphilosophie*, Halle: Max Niemayr, 1908);《论语言:"逻辑的","地方的"和其他格理论》(*Zur Sprache. Die 'logische', 'lokalistische', und andere Kasustheorien*, Halle: Max Niemayr, 1910);《空间与时间》*Raum und Zeit*(Halle: Max Niemayr, 1916)。

二手文献:Mulligan (ed.) 1990,《心灵、意义与形而上学:安东·马蒂的哲学与语言理论》(*Mind, Meaning and Metaphysics: The*

Philosophy and Theory of Language of Anton Marty, Dordrecht：Kluwer, 1990)。

马克思（Marx, Karl Heinrich, 1818—1883）。马克思出生于特利尔的一个世俗的犹太家庭，他先后在波恩大学和柏林大学学习法律和哲学。他从1842年至1848年任自由派的《莱茵报》主编，1843年移居巴黎，1845年到布鲁塞尔。从1847年至1850年，他是共产主义者同盟的领导人。1848年革命期间，他是《新莱茵报》的主编。革命失败后，他于1849年流亡伦敦，在经常不断的极度贫困中度过其余生。在这期间，他写出了他的巨著《资本论》（*Capital*）（他生前只在1867年出版了第一卷）。他是1864年至1872年的"国际工人协会"（第一国际）的创立者和领导者。

二手文献：Callinicos, A.（1985），《马克思主义与哲学》（*Marxism and Philosophy*, Oxford：Oxford University Press）；Cohen, G. A.（1978），《卡尔·马克思的历史理论：一种辩护》（*Karl Marx's Theory of History：A Defence*, Oxford：Oxford University Press）；Wood, A.（1981），《卡尔·马克思》（*Karl Marx*, London：Routledge）。

米德（Mead, George Herbert, 1863—1931）。在许多方面，米德都是社会心理学的创立者之一，他的研究工作集中在交流作用和作为社会行为者的自我的突现问题上。同杜威一样，他也是一位主要的大众知识分子，尤其在他参加进步运动的时候。他对思想的社会性和交流作用的说明，使他将他那种实用主义的目标指向了突现的社会科学，他认为这种社会科学对于更合理、更民主的社会形式的突现有直接的社会影响。他的主要著作全都是在他去世后发表的，其中最重要的是《心灵、自我与社会》（*Mind, Self and Society*, Chicago：Chicago University Press, 1934），它对语言符号和交流进行了讨论。他关于道德的论文和演讲强调了一种主体间的、对话式的康德主义伦理学，并为所有那些有关的对话准则提供了一个检验程序。H. 琼斯的《米德：当代对其思想的再考察》(*G. H. Mead: A Contemporary Reexamination of his Thought*, 1985) 和 G. A. 库克的《乔治·赫伯特·米德：一位社会实用主义者的成就》(*George Herbert Mead: The Making of a Social Pragmatist*, Urbana, IL: University of Illinois Press, 1993) 对米德的实用主义的各个方面进行了广泛探讨。[794]

迈农 (Meinong, Alexius, 1853—1920)。迈农出生于当时奥匈帝国加利西亚省的首府利沃夫。1870 年至 1874 年间，他在维也纳大学学习历史，随后两年，他师从于布伦塔诺学习哲学。从 1878 年至 1882 年，他在维也纳大学任教。1882 年，他被指派到格拉茨大学（奥地利），在那里建立了奥地利的第一个实验心理学的实验室，成立了所谓的格拉茨哲学学派。他的著作包括《价值论的心理–伦理研究》(*Psychologisch-ethische Untersuchungen zur Werttheorie*, Graz: Leuschner and Lubensky, 1894)；"论更高秩序的对象及其与内在感觉的关系"(Über Gegenstände höherer Orgnung und deren Verhältnis zur inneren Wahrnehmung, *Zeitschrift für Psychlogie der Sinnesorgane*, 21 (1899), 182—72, ÜÜöÜä)；《论假设》(*Über Annahmen*, Leipzig: Barth, 1902), "论对象理论"(Über Gegenstandstheorie, 1904), 《论可能性与或然性》(*Über Möglichkeit und Wahrscheinlichkeit*, Leipzig: Barth, 1915), "论情感性的在场"(Über emotionale Präsentationen, 1917)。

二手文献：Findlay, J. N. (1963), 《迈农的对象与价值理论》(*Meinong's Theory of Objects and Values*, Oxford: Clarendon Press); Grossmann, R. (1974), 《迈农》(*Meinong*, London: Routledge); Routley, R. (1980), 《探察迈农的丛林及超越》(*Exploring Meinong's Jungle and Beyond*, Canberra: Australian National University)。

梅洛—庞蒂 (Merleau-Ponty, Maurice, 1908—1961)。梅洛—庞蒂在巴黎高等师范学院受教育，1930 年获得中学哲学教师学衔。第二次世界大战期间，他是反抗组织的成员。从1948年至1949年任里昂大学教授；从1949年至1952年任巴黎大学儿童心理学和教育学教授。从1952年至1961年，他是法兰西学院的哲学教授。梅洛－庞蒂的主要哲学著作是《行为的结构》(La Structure du comportement, Paris: Presses Universitaires de France, 1942)，《知觉现象学》(Phénoménologie de la perception, Paris: Gallimard, 1945)和《辩证法的历险》(Les Aventures de la dialectique, Paris: Gallimard, 1955)。

二手文献：Matthews, E. (2002)，《梅洛—庞蒂的哲学》(The Philosophy of Merleau-Ponty, Chesham: Acumen)。

梅耶松（Meyerson, Emile, 1859—1933）。梅耶松出生在俄罗斯，在德国受训练和教育，师从于本生（Bunsen），在化学方面做高级研究工作。1882年移民到巴黎。在从事工业化学不长时间之后，他一生都从事编辑和行政管理工作。他从未在大学任职。不过，他的学识极其渊博，尤其是在科学史和科学哲学方面，众所周知，并得到普遍的尊重。这使得在他周围聚集了一批被保护者（例如包括科伊赫和梅茨格），也使他写出了一些历史—哲学方面的杰作，这些著作在形而上学上是反实证主义的，在认识论上是新康德主义的，它们包括：《同一与实在》(Identité et réalité, Paris: Alcan, 1908)，《论科学中的解释》(De l'Explication dans les sciences, Paris: Payot, 1921)，《相对主义的演绎》(La Deduction rélativiste, Paris: Payot, 1925)，《论思想的发展》(Du Cheminement de la pensée, Paris: Alcan, 1931)。

二手文献：Boas, G. (1930)，《对埃米尔·梅耶松哲学的批判分析》(A Critical Analysis of the Philosophy of Emile Meyerson, Baltimore, MD: Johns Hopkins University Press)。

米哈伊洛夫斯基（Mikhailovskii, Nikolai Konstantinovich, 1842—1904）。米哈伊洛夫斯基是俄罗斯民粹主义的主要理论家之一。他出生在卡卢加的贫穷的土地所有者家庭。在父母于 1855 年去世后，他受教育于圣彼得堡矿业学院。他成为一个学生活动分子，并于 1861 年被开除。1869 年，他接手了《祖国年鉴》杂志，他的所有主要著作都是在该杂志上发表的。受密尔、蒲鲁东和拉甫洛夫的影响，米哈伊洛夫斯基成为包括争取女权在内的激进运动的倡导者。他不知疲倦地批评科学主义，他着重说明，俄语的真理一词（pravda）是如何不仅仅指客观的表象，而且指道德的真理和正义。他抨击孔德和斯宾塞的实证主义，捍卫历史和社会学中的"主观"方法，赞成个人的至上价值。临近晚年，米哈伊洛夫斯基成为针对俄国马克思主义的批评家。与他同时代的许多人不同，他在俄罗斯度过了他的全部生涯，并设法逃避对他的严重迫害。【795】

米哈伊洛夫斯基的著作全集在俄国出版（1906—1915）。他的著作的节译本载于《俄罗斯哲学》第 II 卷（*Russian Philosophy*, vol. II, J. M. Edie, J. P. Scanlan, M.-B. Zeldin, 1965, Chicago, IL：Quadrangle Books），包括他的著名论文"什么是进步？"（'Chto takoe progress?' reprinted in *Sochneniya N. K. Mikhailovskovo*, vol. I, st Petersburg）。J. H. Billington（1958）的《米哈伊洛夫斯基与俄国民粹主义》（*Mikhailovskii and Russian Populism*, Oxford：Clarendon Press）是唯一一部用英语写的论米哈伊洛夫斯基的专著。在瓦利基（A. Walicki）的《从启蒙运动到马克思主义的俄国思想史》（*A History of Russian Thought from Enlightenment to Marxism*, trans. Hilda Andrews-Rusiecka, Oxford：Oxford University Press）中有精辟的短论。

摩尔（Moore, George Edward, 1873—1958）。摩尔是 20 世纪英国最重要的哲学家之一，他是唯心主义和心理主义的早期批评者，也是伦理价值不可还原性和常识信念的不可替代性的捍卫者。他就学于剑桥大学，1911 年在剑桥大学获得职位后，在那里度过了他的大部分学术生涯。

摩尔的早期著作，尤其是他的《伦理学原理》，着重对伦理学中的唯心主义和还原的经验主义（"自然主义"）进行了持续不断的批判。然后，他将他的注意力转向有关知觉和知识的问题。他提出了知觉的"感觉资料"理论，详尽地为"常识"辩护，以反对怀疑主义。在这些著作中，他密切关注从罗素的逻辑著作中得出的深刻见解，他是"哲学分析"的早期倡导者，这种"哲学分析"是将逻辑用于哲学的一种方法。在他的后期著作中，他将对逻辑的强调与对日常语言的认真关注结合了起来。他的主要著作是："驳唯心论"（The Refutation of Idealism, *Mind* 12, 1903）；《伦理学原理》（*Principia Ethica*, Cambridge：Cambridge University Press, 1903; revised ed. 1993）；"捍卫常识"（A Defence of Common Sense in J. H. Muirhead, *Cotemporary British Philosophy*, London：George Allen and Unwin）；"外部世界存在的证明"（Proof of an External World, *Proceedings of the British Academy* 25（1939），273—300）。他的非伦理学的主要著作收在他的《著作选》（*Selected Writing*, ed. T. Baldwin, London：Routledge, 1993）中。

二手文献：Baldwin, T.（1990），《G. E. 摩尔》（*G. E. Moore*, London：Routledge）。

摩尔根（Morgan, L. H., 1818—1881）。摩尔根在曼彻斯特、纽约从事法律，他看到有必要在变化不定的印第安文化消失之前把它记载下来。他的《易洛魁联盟》（*League of the Ho-dé-no-sau-nee, or Iroquois*, 1851）很早提供了对土著美洲人部落的科学说明。他的《人类家庭的血亲和姻亲制度》（*Systems of Consanguinity and Affinity of the Human Family*, Washington, DC：The Smithsonian Institution, 1870）启发了恩格斯《家庭、私有制和国家的起源》（1884）一书的写作。他的《古代社会》（*Ancient Society*, 1877）详尽阐述了泰勒关于人类社会从蒙昧状态、野蛮状态到文明状态的进化过程，提出了各阶段的鉴别特征。

二手文献：Fortes, M.（1969），《亲属关系与社会秩序》（*Kinship and the Social Order*, Chicago：Archae）。

附录 传记与文献

莫里斯（Morris, C. W., 1901—1979）。美国实用主义者，他促进了芝加哥大学实用主义与逻辑实证主义之间建设性的互动。他在创编《统一科学的百科全书》方面发挥了作用。他的主要著作有：《逻辑实证主义、实用主义与科学经验主义》(Logical Positivism, Pragmatism and Scientific Empiricism, Paris: Hermann, 1937) 和《记号、语言和行为》(Signs, Language and Behavior, New York: Prentice Hall, 1946)。

那托尔普（Natorp, Paul, 1854—1924）。德国哲学家，1854年生于杜塞尔多夫。他早先对数学和音乐感兴趣，1874年去斯特拉斯堡学习音乐，可是转而却学了哲学。他去马堡继续研究康德，可是他的任教资格论文却是关于笛卡尔的。他成为柯亨的密友，他的兴趣从教育学到柏拉图。他最重要的著作是《柏拉图的理念学说》(Platons Ideenlehre, 1903)。他死于1924年。

二手文献：Holzhey, H. (1986)，《柯亨与那托尔普》(Cohen und Natorp, Basle: Schwabe)；Köhnke, K. C. (1986)，《新康德主义的形成与发展》(Entstrhung und Aufstieg des Neu-Kantianismus, Frankfurt: Suhrkamp, trans. R. J. Hollingdale as The Rise of Neo-Kantianism, Cambridge: Cambridge University Press)。

纽拉特（Neurath, Otto, 1882—1945）。纽拉特是一位有素养的经济史学家和坚定的社会主义者，他参加了1918年的巴伐利亚革命，任经济部长。他是维也纳学派的创建者之一，是科学统一运动的领导成员。他的公开的政治活动包括强调在博物馆传播知识，发起编写《统一科学百科全书》的计划。在他的早期著作中，他为与政治相关的经验社会科学辩护。他的后期著作向方法多元论方面发展，把科学的统一看成是一个社会规划，而不是在方法论排斥基础上的抽象统一。他的主要著作是：《哲学论文 1913—1946》(Philosophical Papers 1913—1946, trans. and ed. 1983 R. Cohen and M. Neurath, Dordrecht:

Reidel, 1913—1946) 和《社会科学的基础》(*Foundations of the Social Sciences*, Chicago: University of Chicago University Press, 1944)。现在对纽拉特的研究改变了过去对他的实证主义的片面的解释,此类著作如卡特赖特(N. Cartwright)、卡特(J. Cat)、弗莱克(B. Fleck)和于贝尔(T. Uebel)写的《科学与政治之间的哲学》(*Philosophy between Science and Politics*, Cambridge: Cambridge University Press, 1996),于贝尔写的《从内部克服实证主义》(*Overcoming Logical Positivism From Within*, Amsterdam: Rodopi, 1992)。

纽曼(Newman, John Henry, 1801—1890)。纽曼生于伦敦,1817年入牛津大学三一学院学习。1822年成为奥里尔学院的研究员,1828年成为牛津圣玛丽教堂的牧师。作为牛津运动的领导者,纽曼对英国的教会有很深的影响。他后来开始怀疑英国国教的主张是新教与罗马天主教之间的中间道路。1845年,他被接受加入罗马天主教会。他关于宗教信仰的有影响的著作是《论同意原理》(*An Essay in Aid of a Grammar of Assent*, London: Burns, Oates)问世于1870年。1879年,纽曼被利奥十三世教皇任命为红衣主教。

他的其他有影响的著作有:《牛津大学布道集:主要关于宗教信仰理论》(*Sermons, Chiefly on the Theory of Religious Belief Preached before the University of Oxford*, London and Oxford: Rivington and Park),《生命之歌》(*Apologia Pro Vita Sua*, Oxford: Clarendon Press, 1864),《大学的观念》(*The Idea of a University*, London: Pickering, 1873)。

二手文献:Ian Kert,《约翰·亨利·纽曼:传记》(*John Henry Newman: A Biography*, Oxford: Clarendon Press, 1988); A. J. Boekraad,《个人对真理的征服》(*The Personal Conquest of Truth*, Louvain: Editions Nauwelaerts, 1955); M. Jaime Ferreira,《怀疑与宗教承诺:纽曼思想中意志的作用》(*Doubt and Religious Commitment: The Role of the Will in Newman's Thought*, Oxford: Clarendon Press, 1990); H. H. Price,《信仰》(*Belief*, London: George Allen and Unwin, 1969);

E. J. Sillem (ed.), 《约翰·亨利·纽曼的哲学笔记》(2 卷)(*The Philosophical Notebook of John Henry Newman*, 2 vols, Introduction Louvain: Nauwelaerts, 1969); Thomas Vargish, 《心灵的沉思》(*The Contemplation of Mind*, Oxford: Oxford University Press, 1970)。

尼采(Nietzsche, Friedrich, 1844—1900)。作为一位才华横溢的学者,尼采于 24 岁时就被任命为瑞士巴塞尔大学的古典语言学教授。起初他受叔本华哲学的强烈影响。他是理查德·瓦格纳的朋友和伟大的赞赏者,直至他们发生争执为止。他任教约 10 年,然后由于健康原因于 1879 年退休。他未结婚。他在哲学上最多产的时期是他从巴塞尔大学退休之后,1889 年最后精神崩溃之前。尔后他一直处于植物人状态,直至去世。他的主要著作是:《快乐的科学》(*Die fröhliche Wissenschaft*, Chemnitz: E. Schmeitzner, 1882, trans. 1974 W. Kaufmann *The Gay Science*, New York: Vintage);《查拉图斯特拉如是说》(*Also sprach Zarathustra*, Chemnitz: E. Schmeitzner, 1883—1885, trans. 1961 R. J. Hollingdale, Harmondsworth: Penguin);《善恶的彼岸》(*Jenseits Gut und Böse*, Leipzig: C. G. Naumann, 1986, trans. 1973 R. J. Hollingdale, *Beyond Good and Evil*, Harmondsworth: Penguin);《论道德的谱系》(*Zur Genealogie der Moral*, Leipzig: C. G. Naumann, trans. 1968 W. Kaufmann and R. J. Hollingdale, *On the Genealogy of Morals*, New York: Random House);《偶像的黄昏》(*Götzen-Dämmerung*, Leipzig: C. G. Naumann, 1889, trans. 1968 R. J. Hollingdale, *Twilight of the Idols*, Harmondsworth: Penguin)。

二手文献:Clark, M. (1990),《尼采论真理与哲学》(*Nietzsche on Truth and Philosophy*, Cambridge: Cambridge University Press); Danton, A. C. (1965), 《哲学家尼采》(*Nietzsche as Philosopher*, New York: Macmillan); Heidegger, M. (1961),《尼采》(*Nitzsche*, Pfullingen: Verlag Gunter Neske, trans 1979—1982 D. Krell and others, San Franciso, CA: Harper and Row); Jaspers, K. (1936),《尼采:理解

他的哲学研究导论》(*Nietzsche: Einführung in das Verständnis seines Philosophierens*, Berlin and Lipzig: de Gruyter, trans. 1965 C. F. Wallraff and F. J. Schmitz, Nietzsche: *An Introduction to the Understanding of His Philosophical Activity*, Tucson: University of Arizona Press); Kaufmann, W. (1974),《尼采：哲学家、心理学家、反基督者》(*Nietzsche: Philosopher, Psychologist, Antichrist*, Princeton, NJ: Princeton University Press); Magnus, B. (1978),《尼采的生存命令》(*Nietzsche's Existential Imperative*, Bloomington: Indiana University Press); Nehamas, A. (1985),《尼采：文学人生》(*Nietzsche: Life as Literature*, Cambridge, MA: Harvard University Press); Schacht, R. (1983),《尼采》(*Nietzsche*, London: Routledge); Sleinis, E. E. (1994),《尼采对价值的再评价》(*Nietzsche's Revaluation of Values*, Urbana and Chicago: University of Illinois Press); Tanner, M. (1994),《尼采》(*Nietzsche*, Oxford: Oxford University Press); Young, J. (1992),《尼采的艺术哲学》(*Nietzsche's Philosophy of Art*, Cambridge: Cambridge University Press)。

西田 (Nishida, Kitarō, 1870—1945)。西田是京都学派的创立者，是20世纪日本最有影响的哲学家。西田是第一位将西方思想与传统的东亚思想全面综合起来的哲学家。西田在东京大学获得特殊生学位，直到1911年发表了他的开拓性著作《善的研究》(*Zen no kenkyū*)，他才声名鹊起。1910年，他被任命到京都大学，成为许多出色的哲学学生的指导教师。他在《善的研究》中提出的"纯粹经验"理论（它赋予詹姆斯的这个概念以禅宗的佛性）和"场所逻辑"(basho) 最引人注意，后者是在如下重要著作中阐发出来的：《从行动到看》(*Hataraku mono kara miru mono e*, Tokyo: Iwarami shoten, 1927),《宇宙的自我意识系统》(*Ippansha no jikakuteki taikei*, Tokyo: Iwarami shoten, 1929),《哲学的基本问题》(*Tetsugaku no kompon mondai*, Tokyo: Sophia University Press, 1934)。

二手文献：Abe, Masao (1988),"西田的场所哲学" (Nishida's Philosophy of Place, *International Philosophical Quarterly* 28: 355—371); Nishitani Keiji (1991),《西田几多郎》(*Nishida Kitavo*, Barkeley CA: University of California Press)。

奥尔特加—加塞特 (Ortega y Gasset, Jos, 1883—1955)。奥尔特加—加塞特生于马德里。在马拉加的耶稣会学院和马德里大学学习后，他于1905年获政府资助，有机会赴德国加强自己的哲学训练。1910年，他成为马德里大学的形而上学教授。这是他从事25年的知识活动和政治活动的开始，这些活动最后取得了无与伦比的成就。他创建了他自己的思想体系，即理性生机论。他在一系列越来越严格而深刻的著作中，详细阐发了这个理论。在此期间，他的政治活动于1931年以"共和国服务团" (Agrupación al Servicio de la República) 的建立而达到顶峰，这个团体促成了西班牙君主制的垮台和共和国的诞生。1936年的西班牙内战改变了奥尔特加的命运：随后的9年，他在欧洲和南美过流亡生活，1945年返回西班牙后，仍受到隔离。不过，他在这些年致力于撰写他那些最雄心勃勃的著作。奥尔特加于1955年在马德里死于癌症。

他的主要著作是：《关于堂·吉诃德的沉思》(*Meditaciones del Quijote*, Madrid: Ediccions de la Residencia de Estudiantes, 1914, trans. 1961 *Meditations on Quixote*, New York: Norton);《现代主题》(*El tema de nuestro tiempo*, Madrid: Espasa Calpe. 1923, trans. 1931 and 1933 *The Modern Theme*, London: C. W. Daniel and New York: Norton);《群众的反叛》(*La rebellion de las masas*, Madrid: Revista de Occidente, 1929, trans. 1932 *The Revolt of the Masses*, London: George Allen and Unwin and New York, Norton)。

二手文献：Ferrater Mora, J. (1957),《奥尔特加—加塞特哲学概论》(*Ortega y Gasset: An Outline of His Philosophy*, Cambridge: Bowes and Bowes and New Haven, CT: Yale University Press); Morán,

G. (1998),《未开化土地上的主人：奥尔特加—加塞特与佛朗哥主义文化》(*El maestro en el erial: Ortega y Gasset y la cultura del franquismo*, Barcelona: Tusquets); Orringer, N. (1979),《奥尔特加与他的德国根源》(*Ortega y sus Fuentes germánicas*, Madrid: Gredos)。

奥斯特瓦尔德（Ostewald, Wilhelm, 1853—1932），德国化学家，生于里加，在爱沙尼亚受教育。他先在里加任教，尔后在莱比锡任教。他创立了物理化学。他因在催化剂和化学反应速度方面的工作而获得1909年诺贝尔奖。奥斯特瓦尔德为一种实在论辩护，根据这种实在论，科学家可以直接从观察事实中推出规律。他反对原子论（原子是不可观察的），赞成唯能论：宇宙是由各种形式的能组成的，虽然这些能不可还原地各不相同，但却可以互相转换。在原子论得到实验的确认之后，奥斯特瓦尔德接受了原子论。他的哲学观点是在《自然哲学概论》(*Grundriβ der Naturphilosophie*, Leipzig: Reclam, 1908)一书中阐发出来的。

毕尔生（Pearson, Karl, 1857—1936）。毕尔生于1857年出生在伦敦。他的父亲是律师。他在剑桥大学时数学成绩优异，但起初他从事的却是法律职业。后经人劝说他重新回到数学上来，并于1884年成为伦敦大学学院的应用数学教授。他早先对社会问题的兴趣使他在数理统计学方面做了开拓性的工作，而这又使他对人口管理问题发生了兴趣。1911年，他成为第一位优生学教授，同时担任格雷沙姆学院的几何学教授，他把这个职位当作发表通俗科学讲演的讲台。他结过两次婚。他所在的系成为世界统计学研究的中心，因此他的影响也很大。他是一个令人生畏的人，那些知道他的人赞赏他、害怕他、甚至恨他。他于1936年在考尔德哈勃去世。他的主要著作是《科学的语法》(*The Grammar of Science*, London: Walter Scott, 1892)。

培里（Perry, Ralph Barton, 1876—1957）。培里是美国"新实在论"运动的主要哲学家之一，后来阐发了一种有影响的自然主义的价值理论。他的整个学术生涯都以哈佛大学为基地。在"新实在论"的宣言《当前的哲学倾向》(*Present Philosophical Tendencies*, London: Longmans, Green, 1912)中,培里收集了美国青年哲学家的一系列论文。在这些论文中他们证明,唯心主义者以及其他许多哲学家特有的错误,就是将"观念"或某个别的表象置于心灵与世界之间,他们据理为一种关于知觉和知识的"直接实在论的"说明进行论证,以取代上述的错误。培里则将这一说明与一种中立一元论结合起来,这种中立一元论是詹姆斯的中立一元论的变体。后来,培里转向了伦理学,他在《一般价值理论》(*General Theory of Value*, New York: Longmans, Green, 1926)一书中证明,价值是附着在对任何人有利益的任何对象上的;道德价值要求各种价值的和谐。

二手文献:Kucklick, B. (1977),《美国哲学的兴起,马萨诸塞州,坎布里奇,1860—1930》(*The Rise of American Philosophy, Cambridge Massachusetts 1860—1930*, New Haven, CT: Yale University Press)。

【799】　皮尔士(Peirce, Charles Sanders, 1839—1914)。皮尔士生于1839年,就学于哈佛大学,并在那里任教,不久,于1879年成为约翰·霍布金斯大学的逻辑学讲师,并为美国海岸测量局工作。他是实用主义的创始人,他除了阐发出一个雄心勃勃的哲学体系外,还从事形式逻辑和符号学方面的工作。1885年后,他独自从事研究工作,偶尔在哈佛大学附近做些讲演。皮尔士死于1914年。他的主要著作是:"论新范畴表"(On a New List of Categories, *Proceedings of the American Academy of Art and Sciences* 7 (1867): 287—298);《思辨哲学杂志》丛刊(*The Journal of Speculative Philosophy series*, 1868—1869);"科学逻辑例证"(Illustrations of the Logic of Science, *Popular Science Monthly*, 1877—1878; 12 and 13);关于形而上学的《一元论者》丛刊(*Monist series*, 1891—1893);《推理与事物的逻辑》(*Reasoning and the Logic of Things*, ed. K. L. Katner, Cambridge, MA:

955

Harvard University Press, 1992, written in 1898); 在哈佛所做关于实用主义的讲演(1934, delivered in 1903)。《一元论者》上发表的关于实用主义的文章(*The Monist* 15; 481—499, 1905—1906)。

二手文献: Brent, J. (1993),《查尔斯·桑德斯·皮尔士: 生平》(*Charles Sanders Peirce: A Life*, Bloomington and Indianapolis Indiana University Press); Fisch, M. (1986),《马克斯·菲什论皮尔士、符号学和实用主义》(*Peirce, Semiotic and Pragmatism: Essays by Max Fish*, ed. K. L. Ketner and C. J. W. Kloesel, Bloomington and Indianapolis: Indiana University Press); Hookway, C. J. (1985),《皮尔士》(*Peirce*, London: Routledge); Ketner, K. L. (1995),《皮尔士与当代思想》(*Peirce and Contemporary Thought*, New York: Fordham University Press); Murphey, M. (1961),《皮尔士哲学的发展》(*The Development of Peirce's Philosophy*, Cambridge, MA: Harvard University Press)。

普列汉诺夫(Plekhanov, Georgi Valentinovich, 1856—1918)。普列汉诺夫受过矿业工程师的训练。起初积极参加民粹主义运动,他一生大部分时间流亡瑞士,1883年,在那里组成了俄罗斯的第一个马克思主义团体"劳动解放社"。他写了广泛涉及哲学、美学和俄罗斯历史的著作;1903年俄国社会民主党分裂为布尔什维克和孟什维克之后,他与列宁决裂。他支持第一次世界大战,反对1917年的10月革命。他的主要著作收在他的《哲学著作选》(5卷本)中(*Selected Philosophical Works*, 5 vols., Moscow: Progress, 1977)。

二手文献: Walicki, A. (1979),《从启蒙运动到马克思主义的俄罗斯思想史》(*A History of Russian Thought from the Enlightenment to Marxism*, Stanford: Stanford University Press) 和《马克思与向自由王国的飞跃》(*Marx and the Leap to the Kingdom of Freedom*, Stanford: Stanford University Press)。

彭加勒（Poincaré, Jules Henri, 1854—1912）。虽然彭加勒受过矿业工程师的训练，但他成功地自学了数学，这使他首先成为卡昂大学的教员（1879），两年后又成为巴黎大学的教员。他的科学哲学深刻地表明了他的正式的观点倾向：理论是围绕微分方程本身来形成的，这些方程则建立在由观察而来的归纳普遍化的基础上；各理论之间的差异可以因对这些方程的不同解释而产生出来；理论因其观察的基础不同而发生变化，而观察的基础源于物理学家所做的选择。科学的目标是预言而非说明。在彭加勒卷帙浩繁的出版物中，与哲学最相关的是《科学与假设》(*La Science et l'hypothèse*, Paris: Flammarion, 1902)，《科学的价值》(*La Valeur de la science*, Paris: Flammarion, 1905) 和《科学与方法》(*Science et méthode*, Paris: Flammarion, 1908)。

二手文献：Giedymin, J.（1982），《科学与约定》(*Science and Convention*, Oxford: Pergamon Press); Holton, G.（1974），《科学思想的主题起源：从开普勒到爱因斯坦》(*The Thematic Origins of Scientific Thought: Kepler to Einstein*, Cambridge, MA: Harvard University Press); Torrentti, R.（1984）《从黎曼到彭加勒的几何学哲学》(*Philosophy of Geometry from Riemann to Poincaré*, Dordrecht: Reidel)。

庞德（Pound, Roscoe, 1870—1964）。庞德于 1870 年 10 月 27 日出生在内布拉斯加州的林肯市。他最初的专业是植物学，在内布拉斯加大学获植物学博士学位。在哈佛大学学习法律之后，他获得律师资格。他从事律师工作不久，就在内布拉斯加高等法院担任特派员（助理法官）。从 1903 年开始，他在中西部的一些法学院任教，此后于 1910 年去了哈佛大学法学院，从 1916 年至 1936 年任该院院长。庞德于 1964 年 6 月 1 日在马萨诸塞州坎布里奇去世。他的主要著作是："社会学法学的必要"（The Need of Sociological Jurisprudence, *The Green Bag*, 19 (1907))；"机械的法学"（Mechanical Jurisprudence, *Columbia Law Review*, 8 (1908))；"契约的自由"（Liberty of Contract, *Yale Law Journal*, 18 (1908-9))；"社会学法学的范围和目的"（The Scope and Purpose of Sociological Jurisprudence, *Harvard Law Review*, 24—25（1910—1912））；"书本中的法律和行动中的法律"（Law in Books and Law in Action, *American Law Review*, 44（1910））；《法哲学导论》（*An Introduction to the Philosophy of Law*, New Haven, CT: Yale University Press, 1922）；《用法律进行社会控制》（*Social Control through Law*, New Haven, CT: Yale University Press, 1942）；《法学》（*Jurisprudence*, 5vols., 1959, St Paul, MN: West Publishing Co.）。

二手文献：Summers, R. S.（1982），《工具主义与美国法律理论》（*Instrumentalism and American Legal Theory*, Ithaca, NY and London: Cornell University Press）。

普里查德（Prichardm H. A., 1871—1947）。哈罗德·普里查德生于 1871 年。他就学于牛津大学，全部职业生涯都在牛津大学执教。他是赫特福德学院的研究员（1894—1898），然后任三一学院的研究员（1898—1924）。1928 年当选为怀特道德哲学教授，1937 年退休。他在世时发表的著作不多，但对两次世界大战之间道德哲学的发展有巨大影响。他的主要著作是："道德哲学是依据于一个错误上的吗？"（Does Moral Philosophy Rest on a Mistake? *Mind* 21（1912）21—37）；"责任与利益"（Duty and Interest, inaugural lecture, 1928, repr: in Prichard, *Moral Obligation*, Oxford: Clarendon Press, 1968）；"责任与对事实的无知"（Duty and Ignorance of Fact, *Proceedings of the British Academy*,（1932），67—92）。他的著作最近被收入《道德著作集》（*Moral Writtings*, ed. J. MacAdam, Oxford: Clarendon Press, 2003）。

拉德克利夫—布朗（Radcliffe-Brown, A. R., 1881—1955）。在剑桥大学三一学院受教育。他在安达曼群岛对组织严密而孤立的社会进行现场考察，由此提供的材料确证了他的结构功能主义理论。在长期的职业生涯中，他曾在南非、澳大利亚、北美、南美、埃及和中国的主要大学任教授。从 1937 年至 1946 年，他是牛津大学社会人类学教授，直至他的学生 E. E. 伊文斯—普里查德接任（1902—1973）。他的主要著作是：《原始社会的结构与功能》(*Structure and Function in Primitive Society*, Glencoe, IL: The Free Press, 1952)。

二手文献：KuKlick, H. (1991),《野蛮于内：英国人类学的社会史》(*The Savage Within: The Social History of British Anthropology*, Cambridge: Cambridge University Press)。

拉姆齐（Ramsey, Frank Plumpton, 1903—1930）。拉姆齐是 20 世纪 20 年代英国最有天赋的哲学家，尽管他英年早逝，却在哲学的许多领域都作出了重要贡献。他就学于剑桥大学，并以剑桥大学为中心度过了他简短的职业生涯。他最初的成果是在数理逻辑领域：他对怀特海和罗素的逻辑主义观点提出了一个简化的、大为改进了的形式。然后他又转向概率问题，阐发了一种测量欲望强度和信念强度的方法，他把（主观）概率当作测量的尺度。这项成果与有关真理、信念和知识的新观点联系在一起：他提出了真理的"收缩"概念，将这个概念与对信念内容的实用主义说明结合了起来，与对知识的可靠论的说明结合了起来。在另一些论文中，他勾勒了对科学理论、自然规律和因果关系的新的重要说明。他的主要论文收在《数学基础》(*The Foundations of Mathematics*, ed. R. B. Braithwaite, London: Kegan Paul, 1931)一书中。

二手文献：Sahlin, N.-E. (1990),《F. P. 拉姆齐的哲学》(*The Philosophy of F. E. Ramsey*, Cambridge: Cambridge University Press)。

【801】 赖纳赫（Reinach, Adolf, 1883—1917）。赖纳赫出生在美因茨（德国）。他于 1901 年入慕尼黑大学，除了有几次间断外，在那里直到 1909 年，师从西奥多·里普斯学习法律与哲学。1905 年，他有一段时间在哥廷根大学，在那里接触了胡塞尔。从 1909 年到 1912 年，

他回到哥廷根,他作为无薪酬教师与胡塞尔一起工作,并担任许多早期现象学家的指导教师。这些现象学家包括罗曼·英加登、伊迪丝·施泰因和迪特里希·冯·希尔德布兰德。他死于弗兰德斯的战斗中。他的著作包括:"论否定判断理论"('Zur Theorie des negativen Urteils' 1911; reprinted in Reinach. *Sämtlich Werke*: *Kritische Ausgabe mit Kammertar* vol. I, Munich, 1989),"市民法的先验基础"('Die apriorischen Grundlagen des bürgerlichen Rechtsä' in *Jahrbuch für Philosophie und phänomenologische Forschung*, I (1913), 685—847)。

二手文献: Mullingan, K. (ed.)(1987),《言语行为与事实。赖纳赫与实在论现象学的基础》(*Speech Act and Sachverhalt. Reinach and the Foundations of Realist Phenomenology*, Dorerecht/Lancaster: M. Nijhoff)。

莱辛巴赫(Reichenbach, Hans, 1891—1953)。莱辛巴赫对物理学哲学和一般科学哲学作出了重要贡献。他学习物理学,并于1920年在柏林参加了爱因斯坦关于相对论的研讨会。借爱因斯坦之助,他于1926年成为柏林大学的物理学教授。1933年,他离开德国去了土耳其。1938年,他移居美国,在加州大学洛杉矶分校任教,直到1953年去世。莱辛巴赫的主要著作《空间时间学说的哲学》(*Philosophie der Raum-Zeit-Lehre*, Berlin: de Gruyter, 1928)是关于空间和时间的。他针对康德和康德主义者论证说,空间和时间理论根本上是经验的。在他的另一部主要著作《或然性理论》(*Wahrscheinlichkeitslehre*, Leiden: Sijthoff, 1935)中,他阐发并捍卫了关于或然性的频率论的说明。这两部著作使他与维也纳学派成员的工作紧密联系了起来。但在《经验与预测》(*Experience and Prediction*, Chicago: University of Chicago Press, 1938)中,他根据可错论的实在论立场进行论证,反对关于科学主义知识的标准的"逻辑实证主义的"说明。

二手文献: Salmon, W. C. (1979),《莱辛巴赫: 逻辑经验主义者》(*Hans Reichenbach*：*Logical Empiricist*，Dordrecht：Reidel)。

李凯尔特（Rickert, Heinrich, 1863—1936）。德国哲学家，1863年生于但泽。他早年在柏林度过。他放弃了早先对唯物主义的兴趣，他对价值的重视在他的任教资格论文中已经明显可见。他的最重要的著作是《自然科学中概念构成之界限》(*Die Grenzen der naturwissens-chartlichen Begriffsbildung*，第一部分出版于1896年，第二部分出版于1901年，全书出版于1902年。英文节译本由盖伊·奥克斯根据1929年第5版译出，名为 *The Limits of Concept Formation in Natural Science*, Cambridge：Cambridge University Press，1986)。1896年，他在弗赖堡大学接任阿洛伊斯·里尔的教授职位，然后于1926年在海德堡大学接任文德尔班的教授职位。他于1934年退休，两年后去世。他对拉斯克和韦伯等人有很大影响。

二手文献：Oakes, G. (1988)，《韦伯与李凯尔特》(*Weber and Rickert*, Cambridge, MA：MIT press)。

里奇（Ritchie, David George, 1853—1903）。1875年于爱丁堡大学毕业后，里奇到牛津巴里奥尔学院继续学习，他的导师是格林（1875—1878）。从1878年起，他是牛津大学耶稣学院的研究员，从1881年起成为导师，直至1894年成为圣安德鲁斯大学的逻辑和形而上学教授。1898年至1899年，他是亚里士多德学会的主席。他的主要著作是：《达尔文主义与政治学》(*Darwinism and Politics*, London：Swan Sonnenschein, 1891)；《达尔文与黑格尔》(*Darwin and Hegel*, London：Swan Sonnenschein, 1893)；《自然权利》(*Natural Rights*, London：Swan Sonnenschein and New York：Macmillan, 1894)；《政治伦理与社会伦理研究》(*Studies in Political and Social Ethics*, London：Swan Sonnenschein and New York：Macmillan, 1902)；《哲学研究》(*Philosophical Studies*, ed. R. Latta, London and New York, 1905)；《杂文集》(*Miscellaneous Writings*, *Collected Works of D. G. Ritchie*, ed.

P. P. Nicholson, Bristol: Thoemmer Press, 1998)。

二手文献：Harris, F. P. (1944),《新唯心主义政治理论：其与英国传统的连续性》(The Neo-Idealist Political Theory: Its Community with the British Tradition, New York: King's Crown Press); Latta, R. (ed.)(1905), "回忆录" (Memoir, in *Philosophical Studies by David George Ritchie*, London and New York: Macmillan); Otter, S. den (1996),《英国唯心主义与社会说明：维多利亚时代晚期思想研究》(*British Idealism and Social Explanation: A Study in Late Victorian Thought*, Oxford: Clarendon Press)。

罗斯 (Ross, W. D., 1877—1971)。大卫·罗斯爵士生于1877年。他就学于爱丁堡大学，后在牛津大学莫顿学院任研究员，然后又到牛津大学奥里尔学院，在那里度过了研究员的职业生涯（1902—1909），尔后又任该院院长（1929—1947）。从1923年至1928年，他是怀特副教授，斯图尔特退休时，他因希望普里查德能当选怀特教授职务而没有参加竞选。1928年，他被封为爵士。在他的职业生涯接近结束时，他担任了一学期的牛津大学副校长，他还是英国学院的院长。除了从事道德哲学方面的工作外，他还是当时研究亚里士多德的最杰出的学者，是活跃的公职人员。他死于1971年。他的（道德哲学方面的）主要著作是：《正当与善》(*The Right and the Good*, Oxford: Clarendon Press, 1930);《伦理学基础》(*Foundations of Ethics*, Oxford: Clarendon Press, 1939)。

二手文献：McNaughton, D. (1996), "这是一些不相关联的责任吗？" (An Unconnected Heap of Duties? *Philosophical Quqrterly* 46: 433—447); Urmson, J. (1975), "捍卫直觉主义" (A Defence of Intuitionism, *Proceedings of the Aristotelian Society* 75: 111—119)。

罗伊斯 (Royce, Josiah, 1855—1916)。罗伊斯的父母是西部开

拓者，他是四个孩子中最小的一个。他出生在加利福尼亚格拉斯峡谷的一个采矿营里。他从加州大学伯克利分校毕业后，由当地实业家资助，得以在德国学习两年。然后罗伊斯返回美国，1878 年在约翰·霍布金斯大学获得哲学博士学位。在加州大学伯克利分校教了四年英语，在哈佛大学临时任教三年后，1885 年，罗伊斯被任命为哈佛大学哲学副教授。他后来的职业生涯一直在哈佛大学，他与威廉·詹姆斯一起是哲学系的顶梁柱。他是所谓的"美国哲学黄金时代"的核心人物。1880 年，罗伊斯与凯瑟琳·黑德结婚。他的主要著作是：《哲学的宗教方面》(The Religious Aspect of Philosophy, Boston: Houghton Mifflin, 1885)；《现代哲学精神》(The Spirit of Modern Philosophy, Boston: Houghton Mifflin, 1892)；《世界与个人，第一辑》(The World and the Individual, First Series, New York: Macmillan, 1899)；《世界与个人，第二辑》(The World and the Individual, Second Series, New York: Macmillan, 1901)；《忠诚哲学》(The Philosophy of Loyalty, New York: Macmillan, 1908)；《基督教的问题》(The Problem of Christianity, New York: Macmillan, 1913)。

二手文献：Clendinning, J. (1985), 《乔赛亚·罗伊斯的生平与思想》(The Life and Thought of Josiah Royce, Madison: University of Wisconsin Press)；Fuss, P. (1972), 《乔赛亚·罗伊斯的道德》(The Morality of Josiah Royce, Cambridge, MA: Harvard University Press)；Kuklick, B. (1972), 《乔赛亚·罗伊斯：思想传记》(Josiah Royce: An Intellectual Biography, Indianapolis: Bobbs-Merrill)；Muirhead, J. H. (1931), 《盎格鲁—撒克逊哲学中的柏拉图传统》(The Platonic Tradition in Anglo-Saxon Philosophy, New York: Macmillan)。

罗查诺夫（Rozanov, Vasilii Vasil'evich, 1856—1919）。罗查诺夫出生在维特鲁加一个贫穷的乡下人家庭里，他有一个苦难的童年。他的父亲在他 5 岁时去世，他的母亲 8 年后去世。他在莫斯科大学学习历史和哲学，后来在外省学校教历史。他与陀思妥耶夫斯基的前情妇阿波利纳里娅·苏斯洛娃结婚，这次婚姻是不幸的。在 1888 年两人分居时，苏斯洛娃拒绝离婚。1889 年罗查诺夫秘密地（重婚地）与瓦尔瓦拉·鲁德涅瓦结婚。他的第一部著作是《论理智》(*Oponimanii*)，出版于 1886 年，但不大为人所知。1891 年，他创作了一部关于陀思妥耶夫斯基的重要著作，在《俄罗斯先驱报》上连载。此后，他成了报刊撰稿人，发展出他特有的华丽的、印象派的文体，而且他发表了许多有影响的论文，通常发表在右翼报纸上。他的作品是讽刺性的、粗暴的、反传统的。他有时有反犹情绪。他的许多文集已经出版，包括关于基督教形而上学的两卷《黑脸》(*Tëmnyi*) 和《月光人》(*Liudi lunnogo sveta*, St Petersburg：Merkushev 1911)，《孤独》(*Uedinënnoe*, St Petersburg：Suvorin, 1912)，以及分两卷发表的《落叶》(*Opavshie list'ia*, St Petersburg：Surovin, 1913, 1915)。这些著作最近以罗查诺夫著作集两卷本重新发表（Moscow：Nauka, 1990）。罗查诺夫著作的主题是对生活的肯定，这为他的性形而上学提供了材料，也为他对教会的批判提供了材料，因为教会对死亡的关注和对肉体的否定，已经使基督教失去了快乐。他于 1919 年死于贫困。

罗素（Russell, Bertrand, 1872—1970）。伯特朗·阿瑟·威廉·罗素在剑桥大学三一学院学习数学。虽然他最初的作品致力于逻辑和数学哲学中的问题，但他后来的写作热情广泛，涉及许许多多的论题，除了哲学方面的著作外，还包括教育、性、道德、政治、经济、宗教、文学、历史等方面。因为从事和平主义活动，1916 年，他失去了三一学院哲学讲师的职位。1918 年，他受到监禁。随后他在芝加哥和加利福尼亚得到了学术职位，访问了中国和俄国，创立了进步学校，积极参加诸如"科学与世界事务会议"、"核裁军运动"和"国际战争犯罪法庭"等机构的活动。1950 年，他被授予功绩勋章和诺贝尔文学奖。他 98 岁去世，在生命的最后岁月，他致力于建立伯特朗·罗素和平基金，抗议美国的外交政策，尤其是对越南的政策。他的主要著作是：《数学原则》(*The Principles of Mathematics*, Cambridge：Cambridge University Press, 1903, repr. 1937, London：

George Allen and Unwin）；"论指谓"（On Denote, *Mind* 14（1905：479—493, reprinted 1956 in B. A. W. Russell（ed. R. C. Marsh）, *Logic and Knowledge*, London：George Allen and Unwin, 41—56））；与怀特海合著《数学原理》（*Principia of Mathematica*, 3vols., Cambridge：Cambridge University Press, 1910—1913）；"亲知的知识与摹状的知识"（Knowledge by Acquaintance and Knowledge by Description, *Proceedings of the Aristotelian Society* 11（1911）：108—128）；《知识理论》（*Theory of Knowledge*, 1913）,（死后发表于 1984 年, 载于《伯特朗·罗素论文集》第 VII 卷《知识论：1913 年手稿》（*The Collected Papers of Bertrand Russell, vol. VII, Theory of Knowledge：The* 1913 *Manuscript*, London：George Allen and Unwin）；"论亲知的性质"（On the Nature of Acquaintance, *Monist* 24（1914）：repr. 1956 in B. A. Russell（ed. R. C. Marsh）*Logic and Knowledge*, London：George Allen and Unwin, 127—174）；《我们对于作为哲学中科学方法领域的外部世界的知识》（*Our Knowledge of External World as a Field for Scientific Method in Philosophy*, London：George Allen and Unwin, 1914）；"逻辑原子主义哲学"（The Philosophy of Logical Atomism, *Monist* 28（1918）；repr. 1956 in B. A. W. Russell（ed. R. C. Marsh）*Logic and Knowledge*, London：George Allen and Unwin, 177—281）；《心的分析》（*The Analysis of Mind*, London：George Allen and Unwin, 1921）；《物的分析》（*The Analysis of Matter*, New York：Norton and London：George Allen and Unwin, 1940）；《意义与真理研究》（*An Enquiry into Meaning and Truth*, New York：Norton and London：George Allen and Unwin, 1940）；《人类知识：它的范围和限度》（*Human Knowledge. its Scope and Limits*, London：George Allen and Unwin, 1958）。

二手文献：Ayer, A. J.（1971）,《罗素与摩尔：分析的遗产》（*Russell and Moore：Analytical Heritage*, London：Macmillan）和（1972）,《罗素》（*Russell*, London：Fontana/Collins）；Clark, R. W.（1975）,《伯特朗·罗素的生平》（*The Life of Bertrand Russell*, London: Jonathan Cape and Weidenfeld and Nicolson); Evance, G. (1982),《指称种种》(Varieties of Reference, Oxford: Oxford University Press); Hylton, P. (1990),《罗素、唯心主义与分析哲学的出现》(Russell, Idealism, and the Emergence of Analytical Philosophy, Oxford: Clarendon Press); Kneale, W. C. and Kneale, M. (1962),《逻辑的发展》(The Development of Logic, Oxford: Oxford University Press); Orstertag, G. (ed.)(1998),《确定的描述,一个读本》(Definite Description. A Reader, Cambridge, MA: MIT Press); Pears, D. F. (1967),《伯特朗·罗素与英国哲学传统》(Bertrand Russell and the British Tradition in Philosophy, New York: Random House); Sainsbury, R. M. (1979),《罗素》(Russell, London: Routledge)。

桑塔亚那(Santayana, George, 1863—1952)。桑塔亚那将具有19世纪唯心主义特征的系统形而上学的愿望与20世纪对实在论和自然主义的肯定结合了起来。他出生在西班牙,但幼年时即到了美国。他就学于哈佛大学,在那里成为哲学教授。他1912年退休,在欧洲,主要在罗马,度过余生。在他的第一部著作《美的感觉》(The Sense of Beauty, New York: C. Scribner's, 1896)中,他批判了唯心主义的美学理论,为对审美鉴赏的自然主义说明做了论证。在5卷本的《理性的生活》(The Life of Reason, New York: C. Scribner's, 1905—1906)中,他对理性和价值在人类生活中的地位给予了自然主义的说明。他的晚期著作,如《存在的领域》(The Realms of Being, New York: C. Scribner's, 1927—1940)等,从"批判实在论的"认识论开始,然后根据一种本质与绝对真理理论,提出了一种雄心勃勃的本体论。

二手文献:Sprigge, T. L. S. (1995),《桑塔亚那》(Santayana, London: Routledge)。

萨特(Sartre, Jean-Paul, 1905—1980)。萨特受教育于巴黎高等

师范学校,在 1929 年的中学哲学教师学衔会考中获第一名。他的第一部小说是《恶心》(*La Nausé*, Paris: Gallimard, 1938)。萨特是哲学家、小说家、剧作家、政治评论家、活动家、传记作家,总之是一个"全能的知识分子",他的主要哲学著作是《存在与虚无》(*L'être et le néant*, Paris: Gallimard, 1943),《辩证理性批判》(*Critique de la raison dialectique*, Paris: Gallimard, 1958—1960), 和自传《词语》(*Les Mots*, Paris: Gallimard, 1964)。

二手文献:见《剑桥萨特指南》(*The Cambridge Companion to Sartre*, Cambridge: Cambridge University Press, 1992)。

舍勒(Scheler, Max 1874—1928)。舍勒于 1899 年在耶拿大学获逻辑和道德原理方面的博士学位,于 1900 年获先验方法和心理学方法方面的任教资格。从 1899 年至 1906 年,他任耶拿大学的无薪俸教师;从 1906 年至 1910 年,任慕尼黑大学的无薪俸教师;从 1919 年至 1928 年,任科隆大学的教授。1928 年 5 月他被任命为法兰克福大学哲学与社会学教授。舍勒的著作曾重新发行过《全集》本(*Gesammelte Werke*, Berne: Francke, 1954—)。

二手文献:文献目录 Frings, M. S. (ed.)(1974),《马克斯·舍勒(1874—1928)百年纪念文集》(*Max Scheler (1874—1928) Centennial Essays*, The Hugue: Nijhoff)。

席勒(Schiller, F. C. S., 1864—1937)。席勒生于 1864 年,就学于康奈尔大学,曾任牛津大学科珀斯克里斯蒂学院的研究员。他捍卫实用主义的人文主义,是在美国之外最杰出的实用主义者。他在南加州大学结束职业生涯,1937 年去世。他的主要著作是:《斯芬克斯之谜:进化论哲学研究》(*Riddles of Sphinx: A Study of the Philosophy of Evolution*, London: Swan Sonnenschein, 1891);《人文主义》(*Humanism*, London: Macmillan, 1903);《应用逻辑》(*Logic for Use*, London: G. Bell, 1929);《哲学家一定是意见不一的吗?》(*Must Philosophers Disagree*? London: Macmillan, 1934)。

二手文献: Abel, R. (1955),《席勒的实用主义的人文主义》(*The Pragmatic Humanism of F. C. S. Schiller*, New York: King's Crown Press); Thayer, H. S. (1968),《意义与活动: 批判的实用主义史》(*Meaning and Action: A Critical History of Pragmatism*, Indianapolis: Bobbs-Merrill)。

石里克 (Sclick, Friedrich Albert Moritz 1882—1936)。石里克是对逻辑经验主义作出重要贡献的人,是维也纳学派的召集人。他是作为物理学家开始其学术生涯的,但他的著作越来越哲学化了。1922年,他被任命为维也纳大学的自然哲学教授,1936年他在那里被刺杀。他最初的著作受到爱因斯坦的新时空理论的启发。于是,他在《普通认识论》(*Allgemeine Erkenntnislehre*, Berlin: Springer Verlag, 1918, trans. 1974 A. Blumberg and H. Feigl as *General Theory of Knowledge*) 中转向了自然科学认识论。在书中,他用"隐定义"的概念来改进约定主义的观点。在后来的著作中,石里克越来越转向预言、经验与知识的关系问题上。他赞成实证原则,用这一原则来谴责传统形而上学。他有力地证明了不可说的私人经验概念,把它作为证实的基础,并为以这些经验为根据的真理符合论辩护。他的其他主要著作是:《当代物理学中的空间与时间》(*Raum und Zeit in der gegenwärtigen Physik*, Berlin: Springer, 1917, trans. of 2nd edn 1974 A. Blumberg and H. Feigl, *General Theory of Knowledge*, La Salle, IL: Open Court);"哲学的转折点",('Die Wende der Philosophie', *Erkenntnis* I (1930): 4—11, trans. 1979 P. Heath, 'The Turning-Point in Philosophy' in M. Schlick, *Philosophical Papers*, vol. II, Dordrecht: Reidel, 154—160);"论知识的基础" ('Über das fundament der Erkenntnis', *Erkenntnis* 4 (1934): 79—99, trans. 1979 P. Heath 'On the Foundation of Knowledge' in M. Schlick, *Philosophical Papers*, vol. II, Dordrecht:

Reidel，370—387）。

二手文献：Oberdan，T. （1993），《记录语句、真理和约定》（*Protocols，Truth and Convention*，Amsterdam：Rodopi）。

施密特（Schmitt，Carl 1888—1985）。施密特生于邵尔兰山的普莱登堡，成长为天主教徒。年轻时加入了慕尼黑的印象派团体，他学习法律，第一次世界大战时任德国军队的法律顾问。战后，他先是在波恩大学任法律教授，尔后在柏林大学任法律教授。他还在政府中工作，尽管他私下里批评魏玛共和国的活动并于1933年加入了纳粹党。他写了一些政治与历史方面的研究著作，很有影响。政治著作有《政治神学》(*Politische Theology*，Munich：Duncker and Humboldt，1922，2nd edn 1934；trans 1985 G. Schwab as *Political Theology*，Cambridge，MA：MIT Press)。哲学著作有《政治浪漫主义》(*Politische Romantik*，Munich：Dunker and Humboldt，1919，and 2nd edn 1925；trans. 1986 G. Oates as *Political Romanticism*，Cambridge，MA：MIT Press)；《罗马天主教教义与政治形式》(*Römischer Kathlizmus und Politische Forme*，Munich：Theatiner，1925，trans. 1996 G. Ulmen as *Roman Catholicism and Political Form*，Westport，CT：Greenwood Press)；《政治之物的概念》(*Der Begriff der Politische*，Berlin：Duncker and Humboldt，1928，2nd edn 1932，trans. 1976 G. Schwab，*The Concept of the Political*，New Brunswick，NJ：Rutgers University Press)。

关于施密特的重要研究著作包括：J. Bendersky (1983)，《卡尔·施密特：帝国理论家》(*Carl Schmitt：Theorist for the Reich*，Princeton：Princeton University Press)；P. E. Gottfried (1990)，《卡尔·施密特：政治与理论》(*Carl Schmitt：Politics and Theory*，New York：Greenwood Press)；J. McCormick (1997)，《卡尔·施密特对自由主义的批判：反对作为技术的政治学》(*Carl Schmitt's Critique of Liberalism：Against Politics as Technology*，Cambridge：Cambridge University Press)。

舒茨（Schütz, Alfred, 1899—1959）。马克斯·韦伯对舒茨有很大影响，同前者的方法论著作一样，舒茨也对社会科学方法论的一体化进行了系统的现象学的探讨。他的主要著作《社会世界的意义结构》(*Der sinnhafte Aufbau der sozialen Welt*, Vienna: Springer Verlag 1932)，对社会行为者从他（她）自己的世俗视角所见的日常生活世界的结构提供了现象学的分析。在1938年移民美国之后，舒茨还写了各种各样的现象学研究著作，像对"陌生者"的分析，对民主制和"见多识广的公民"的科学专门知识的现象学分析等（*Social Reseach*, 3, 1952; repr. 1964 in *Collected Papers*, vol. II, 120—134. The Hague: Nijhoff)。

[806] 二手文献：Helmur Wagner 的《阿尔弗莱德·舒茨：思想传记》（Alfred Schütz: *An Intellectual Biography*, Chicago: Chicago University Press, 1983) 对舒茨的工作做了概括，而 Maurice Natanson 的《匿名：阿尔弗莱德·舒茨哲学研究》(*Anonymity: A Study in the Philosophy of Alfred Schütz*, Bloomington, IN: Indiana University Press, 1986) 考察了他的社会现象学。

塞拉斯（Sellars, Roy Wood, 1880—1973）。美国的批判实在论者和唯物主义者，他一生的大部分时间都在密执安大学度过。他在科学实在论已不时兴的一段时期，一直在为一种科学实在论辩护，最后将这一使命传给了他的儿子威尔弗里德·塞拉斯，后者凭自己的能力而成为非常有影响的哲学家。他的主要著作有：《批判的实在论》（*Critical Realism*, Chicago: Rand McNally, 1916），《进化论的自然主义》（*Evolutionary Naturalism*, Chicago: Open Court, 1922）和《物理实在论的哲学》（*The Philosophy of Physical Realism*, New York: Macmillan, 1932）。

二手文献：Delaney, C. F. (1969)，《心灵与自然：柯亨、伍德布里奇、塞拉斯自然主义哲学研究》(*Mind and Nature: A Study of the*

Naturalistic Philosophies of Cohen, *Woodbridge and Sellars*, Notre Dame, IN：University of Notre Dame Press）。

西奇威克（Sidgwick, Henry, 1838—1900），于 1838 年 5 月 31 日出生在约克郡的斯基普顿镇。他在剑桥大学受教育，在那里获得了古典文学的全部最高奖学金。1859 年，他当选为三一学院的研究员，后来一生都与剑桥大学有密切的联系，尽管他于 1869 年真诚地辞去了三一学院研究员的职务。1889 年他当选为道德哲学教授，积极推动大学改革，积极支持招收妇女进剑桥大学。他死于 1900 年 8 月 28 日。他的主要伦理学著作是《伦理学方法》(*The Methods of Ethics*, London：Macmillan, 7th edn 1907)，最初发表于 1874 年。

二手文献：Schneewind, J. B. （1977），《西奇威克的伦理学与维多利亚时代的道德哲学》(*Sidgwick's Ethics and Victorian Moral Philosophy*, Oxford：Clarendon Press)；Schultz, B. （1992），《论亨利·西奇威克》(*Essays on Henry Sidgwick*, Cambridge：Cambridge University Press）。

斯柯伦（Skolem, Thoralf, 1887—1963）。斯柯伦在几个数学领域都作出了贡献，尤其是在逻辑和数论方面。他的职业生涯几乎都是在奥斯陆大学度过的，他于 1926 年在奥斯陆大学获得了博士学位。他的名字与许多逻辑公理和概念联系在一起，包括骆文海—斯柯伦定理、斯柯伦悖论、斯柯伦函数、斯柯伦可满足性范式。斯柯伦接近完成了对一阶逻辑完全性的证明，他首次确定了皮亚诺算数的非同构模型的存在。他的主要著作是："关于集合论的公理化基础的若干评论"（Einige Bemerkungen zur axiomatischen Begründung der Mengenlehre, *Mathematikerkongressen I Helsingfors* 4—7 Juli 1922, *Den femte skandinaviska matematikerkongressne*, *Redogorelse*, Helsinki：Akademiska Bokhandlen, 217—232, trans. S, Bauer-Mengelberbg, 'Some Remarks on Axiomatized Set Theory', in van Heijenoort, *From Frege to Gödel*,

GöDel Cambridge, MA: Harvard University Press);"论根据一种有穷的公理系统来描述数字系列的全部特征的不可能性" ('Über die Unmöglichkeit einer vollständigen Charakterisierung der Zahlenreihe mittels eines endlichen Axiomensystems', *Norsk mathematisk forenings skrifter* 247 (1933): 730—782), reprinted in *Slected Works in Logic*, ed. Fenstad, Oslo: Universitetsforlaget, 1970)。

二手文献：van Heijenoort, J. (1967),《从弗雷格到哥德尔,数理逻辑原始资料 1879—1931》(*From Frege to Gödel, A Source Book in Mathematical Logic, 1879—1931*, Cambridge, MA: Harvard University Press)。

索洛维约夫（Soloviev, Vladimir Sergeevich, 1853—1900）。索洛维约夫的父亲是一位杰出的自由主义历史学家,他的母亲来自波兰贵族家庭,他的祖父是东正教教士,这个生活环境有助于说明他为什么信奉泛基督教主义和自由主义。索洛维约夫年轻时是唯物主义者,他在莫斯科大学学习科学；但至 1872 年,他又回归到基督教的信仰上。【807】在对题为《西方哲学的危机：反对实证主义者》(*Krizis zapadnoi filosofii: protiv pozitivistov*, 1874)（trans. 1996 B. Jakim *The Crisis of Western Philosophy: Against the Posotivists*)（West Stockbridge, MA: Lindisfarne Press）的硕士论文进行答辩后,他去英国和埃及旅行,在埃及他经历了神圣索菲娅的显灵。1878 年,他在圣彼得堡大学做关于耶稣基督的讲演。1880 年,他为博士论文答辩。于是,他做了大学教师,但时间不长,在他做公开讲演请求亚历山大三世免除刺杀其父亚历山大二世的刺客之死后,他就辞职了。此后,作为独立学者,他撰写了关于教会统一,关于道德、法律、政治的论题,关于爱的本性和末世学的著作。他是一位有才气的诗人。索洛维约夫过着居无定所的游历学者的生活。人们认为他有来世的品行,常常把他当作教士。他经常有一些幻见和神秘的经验。据说陀思妥耶夫斯基以索洛维约夫为原型塑造了阿辽沙·卡拉马佐夫这个人物。1966 年至 1970

年，12 卷俄文本的索洛维约夫著作集被重新出版。1988 年出了两卷选集本。英语资料包括《关于耶稣基督的讲演》(*Lectures on Godmanhood*, London：Dennis Dobson, 1948)，《爱的意义》(*The Meaning of Love*, West Stockbridge, MA：Lindisfarne Press, 1985)，《西方哲学的危机：反对实证主义者》(*Crisis of Western Philosophy：Against the Posotivists*, West Stockbridge, MA：Lindisfarne Press, 1966)，以及出色的《索洛维约夫选集》(*A Solovyov Anthology*, London：SCM Press, 1950)，其中包括一篇"反基督者简历"(A Short Story of Antichrist)。

E. N. Trubetskoi 的《索洛维约夫的世界观》(*Mirosozertsanie VI. S. Solov'ëva*, Moscow：Medium, 1995)最充分地论述了索洛维约夫的生平和思想。S. L. Frank 为《索洛维约夫选集》写的"序言"(Introduction, *A Solovyov Anthology*, ed. S. Rank, trans. N. Duddington, London：SCM Press, 1950, 9—31), N. O. Lossky 的《哲学史》(*A History of Philosophy*, New York：International Universities Press, 1951, 81—133), A. Walicki 的《从启蒙运动到马克思主义的俄罗斯思想史》和《俄罗斯自由主义的法哲学》(*A History of Russian Thought from the Enlightenment to Marxism*, trans. Hilda Andrews-Rusiecka, Oxford：Oxford University Press, 1980, ch. 12 and *Legal Philosophies of Russian Liberalism*, Oxford：Clarendon Press, 1987, ch. 3)提供了引人入胜的简论。

斯宾塞（Spencer, Herbert, 1820—1903）。斯宾塞于 1820 年 4 月 27 日出生在德比。离校后，他从事工程师工作，建设伦敦至伯明翰的铁路。他在建设铁路时发现了化石，这使他开始对他后来所说的"进化"发生了兴趣。1848 年，他移居伦敦，成为《经济学家》杂志的助理编辑。1860 年，他制定了他的《综合哲学体系》(*System of Synthetic Philosophy*)的大纲。此后，他的一生都主要在为完成这一宏大计划而奋斗。由于健康不佳和神经疾病的折磨妨碍了他的工作，他过着半隐居的生活。他用剧烈的活动来压制神经疾病，在活动间隙口述他的体系的各个部分。这个体系最终于 1896 年完成。他死于 1903 年 12 月 8 日,他一如既往地拒绝任何荣誉和学术任命。斯宾塞的主要伦理学著作是 1879 年的《伦理学资料》(*The Data of Ethics*)和《伦理学原理》(*The Principles of Ethics*, London: Williams and Norgate, 1897),后者是两卷本著作,其中第一卷是《伦理学资料》(1879)的重印。而他的主要成就是他的《综合哲学体系》(6 vols., London: Willams and Norgate, 1862—1896)。

二手文献:Peal, J. D. Y. (1971),《赫伯特·斯宾塞,一位社会学家的成长》(*Herbert Spencer, The Evolution of a Sociologist*, London: Heinemann)。

斯蒂芬(Stephen, Leslie, 1832—1904)。斯蒂芬于 1832 年 11 月 28 日生于伦敦。他在剑桥大学三一学院接受大学教育,在那里成为英国圣公会的牧师,1845 年成为研究员。这两个职务他都由于慎重的原因而辞去了。1864 年以后,他在伦敦当记者和作家谋生。他是《国家传记辞典》的编辑。作为步行和攀登爱好者,他在阿尔卑斯山进行过几次前人未进行过的登攀。斯蒂芬死于 1904 年 2 月 22 日。他的主要伦理学著作是《伦理学科学》(*The Science of Ethics*, London: Smith, Elder, 1882)。

二手文献:Annan, N. (1984),《莱斯利·斯蒂芬:不信神的维多利亚时代人》(*Leslie Stephen: The Godless Victorian*, London: Weidenfeld and Nicolson)。

斯蒂文森(Stevenson, C. L., 1908—1979)。斯蒂文森生于 1908 年,就学于耶鲁大学,专业是英国文学。他到剑桥大学继续深造英语,但为摩尔和维特根斯坦的哲学所吸引。他在剑桥大学获得哲学学士学位,尔后到哈佛大学攻读博士。他在哈佛大学从事了短时间教学后,于 1939 年到耶鲁大学,然后于 1946 年到了安·阿伯的密执根大学，在那里度过了他的职业余生。他的主要著作是《伦理学与语言》(Ethics and Language, New Haven, CT: Yale University Press, 1944)；《事实与价值》(Facts and Values, New Haven, CT: Yale University Press, 1963)。

二手文献：Goldman, A. and Kim, J. (eds.) (1978)，《价值与道德：纪念威廉·弗兰克纳、查尔士·斯蒂文森、理查德·勃朗特论文集》(Values and Morals: Essays in Honor of William Frankena, Charles Stevenson, and Richard Brandt, Dordrecht: Reidel)。

斯托特（Stout, George Frederick, 1860—1944）。斯托特生于南希尔兹，1879 年以后在剑桥大学学习。1884 年被任命为剑桥大学道德科学讲师，他在剑桥大学直到 1896 年。他的学生包括 G. E. 摩尔和伯特朗·罗素。1891 年至 1920 年间，他是《心灵》杂志的编辑。从 1896 年至 1899 年，他在阿伯丁大学任教。1903 年至 1936 年间，他是圣安德鲁斯大学教授。他一生的最后阶段是在悉尼度过的，他是那里的道德与政治哲学教授。他的著作包括《分析的心理学》(Analytic Psychology, London: Swan Sonnenschein, 1896)，《心理学手册》(A Manual of Psychology, London and New York: University Correspondence College Press, 1899)，《哲学与心理学研究》(Studies in Philosophy and Psychology, London: Macmillan, 1930)，《心与物》(Mind and Matter, Cambridge: Cambridge University Press, 1931)。

二手文献：Passmore, J. (1957)，《哲学百年》(A Hundred Years of Philosophy, London: Duckworth)；van der Schaar, M. (1991)，《斯托特的判断与命题理论》(G. E. Stout's Theory of judgement and proposition, Leiden, no publisher)。

斯通普夫（Stumpf, Carl, 1848—1936）。斯通普夫出生在维森特海德（德国）。在维尔茨堡大学师从布伦塔诺。从 1873 年起是维尔茨堡大学教授，后来于 1879 年至 1884 年间是布拉格大学的教授。从 1884 年至 1894 年，他是哈雷大学（他在这里的学生包括胡塞尔）和慕尼黑大学的教授。从 1894 年起，他是柏林大学的教授，在那里建立了著名的心理研究所，他的学生沃尔夫冈·科勒、库尔特·卡夫卡、马克斯·韦特海默在那里建立了所谓的格式塔心理学的柏林学派。他的著作包括：《论空间概念的心理学起源》(*Über den psychologischen Ursprung der Raumvorstellung*, Leipzig: Hirzel, 1873)；《声音心理学》(*Tonpsychologie*, Leipzig, 1883)；"论科学的分类"（Zur Einteilung der Wissenschaften, in *Abhandungen der Königlichen Preussischen Akademic der Wissenschaften*, Phil. -hist. Kl., 4, 1907)；《认识论》(*Erkenntnistheorie*, Leipzig: Barth 1939/40）。

二手文献：Smith, B. (ed.) (1988),《格式塔理论基础》(*Foundations of Gestalt Theory*, Munich: Philosophia)。

丹纳（Taine, Hippolyte-Adolphe, 1828—1893）。丹纳于 1828 年出生在乌策尔的一个乡下中产阶级家庭里。他的父亲是一个初级律师。他由于天资颖慧而到了巴黎，进入了高等师范学院，尽管他才华横溢，却因观点激进而没能通过学衔考试。他在乡下学校教了几年书，游历了意大利，特别游历了英格兰。他对革命派和保守派双方都进行直言不讳的批判，这使他不受第二帝国当局的喜爱。从 1852 年至 1863 年，他离开了教学工作，过上了私人教师和新闻写作的生活。1864 年，他成为美术学院的美学教授。但他与当局的冲突不断，他只是在 1878 年才被选为法兰西学院的院士。他的著作对皮埃尔·雅内等心理主义者有影响，而他对革命派的批判得到天主教传统主义者的赞赏。他于 1893 年在巴黎去世。他的主要著作是：《英国实证主义》(*Le Positivism Anglais*, Paris: Balliere, trans. 1896 J. Durand, *Lectures on Art*, New York: Holt)；《艺术哲学》(*Philosophie de l'Art*, 21st edn, Paris: Hachette, 1865)。 【809】

二手文献：Charlton, D. G. (1959),《第二帝国时期法国的实证主义思想：1852—1870》(*Positivist Thought in France during the Second Empire: 1852—1870*, Oxford: Clarendon Press)。

田边元（Tanabe, Hajime, 1885—1962）。田边元是京都学派的成员，受过西方逻辑学、认识论和科学哲学的训练。1919 年被任命到京都大学，1922 年至 1923 年，在德国师从于阿洛伊斯·里尔和埃德蒙德·胡塞尔。田边元批评西田的场所逻辑，构建了他自己的"种的逻辑"。当这一哲学被用于社会思想时，它就赋予文化认同和种族认同以特殊的优越性。后来，田边元为他的理论的这一政治含义感到懊悔，并于 1946 年写出一部新的哲学著作，即他的《忏悔哲学》(*Zangedō to shite no tetsugaku*, Tokyo: Iwanani Shoten, trans. 1988 Takauchi Yoshinori et al., *Philosophy as Metanoetics*, Berkeley, CA: University of California Press)。在这部著作中，他证明，哲学应当包含其自身的批判工具，以防止自己被绝对化。

塔尔斯基（Tarski, Alfred, 1901—1983）。塔尔斯基首先是一位逻辑学家，他提出了模态理论的基本框架。他为哲学所作的重要贡献在于他给真理所下的定义。他生于华沙，在华沙大学学习数学，1926 年被任命为华沙大学的讲师。1939 年，他访问了美国，并一直留在那里。1942 年至 1968 年，他是加州大学伯克利分校的教授。

他关于真理的定义（1933）和逻辑后承（1936）的观点，为当代模型论奠定了基础。虽然当时的哲学家认为他那些论文主要在技术方面有用，但他们现在承认，那些论文提出了一些批判性的论题。例如，真理是否能被定义？如果能够的话，逻辑真理的特殊性何在？他的主要著作是："形式化语言中的真理概念"（Pojecie prawdy w jezykach nauk dedukcyjnych, Prace Towarzystwa Naukowego Warszawskiego, 1933, wydial III, no. 34, trans. 1956 J. H. Woodger, 'The Concept of Truth in Formalized Languages', in A. Tarski, *Logic, Semantics, Metamathematics, Papers from* 1923—1938, Oxford: Clarendon

Press);"论逻辑后承概念"('*Über den Begrieff der logischen Folgerung*', 1936; trans. 1956 J. H. Woodger, 'On the Concept of Logical Consequence', in *Logic, Semantics, Metamathematics*);"真理的语义概念" (The Semantic Conception of Truth', *Philosophy and Phenomenological Research*, 4: 341—375, 1944)。

二手文献：Field, H. (1972), "塔尔斯基的真理理论"(Tarski's Theory of Truth, *Journal of Philosophy* 69, 347—375)。

图灵（Turing, Alan, 1912—1954）。图灵不但是一位杰出的密码分析家，在第二次世界大战期间领导了英国对德国"伊尼格玛"密码的成功破解，而且是递归论和计算机科学发展中的开创性人物。他关于一般计算机的抽象模型，以及他关于停机问题的不可解性的证明，对哥德尔和丘奇的不可判定性结果提供了一个新的、非常清晰的视角，使得丘奇论题被普遍接受。图灵还对最初的两部普通数字计算机的实际设计和建造作出了贡献。他的主要著作是："论可计算数，以及在判定问题上的应用"（On Computable Numbers, with an Application to the Entscheidungsproblem, *Proceedings of the London Mathematical Society* 42 (1937): 230—265; Correction 43: 544—546)。

二手文献：Herken, R. (1988),《通用图灵机》(*The Universal Turing Machine*, Oxford: Oxford University Press); Hodges, A. (1983),《阿兰·图灵：难解之谜》(*Allan Turing: The Enigma*, New York: Simon and Schuster)。

特瓦尔多夫斯基（Twardowski, Kazimierz, 1866—1938）。特瓦尔多夫斯基出生在维也纳的一个波兰人家庭里。1885年至1889年间，他在维也纳大学师从于弗兰茨·布伦塔诺。6年后，他获得了任教资格学衔，然后被任命为利沃夫大学的教授，在那里他一直待到1930年，并建立了波兰哲学学派，即所谓的利沃夫—华沙学派。他的学生，包括斯坦尼斯拉夫·莱斯涅夫斯基、扬·卢卡西维茨、塔德乌斯·科塔尔宾斯基和罗曼·英加登，在几乎所有波兰大学中都成为哲学教授。特瓦尔多夫斯基还创立了波兰第一个实验心理学的实验室（于 1907 年），促进了波兰科学心理学的发展。他的主要著作包括：《观念与知觉：笛卡尔的认识论研究》(*Idee und Perzeption: eine Erkenntnis-theoretische Untersuchung aus Descartes*, Dissertation, Vienna: W. Konogen, 1891)；《论表象的内容与对象：心理学研究》(*Zur Lehre vom Inhalt und Gegenstand der Vorstellungen: Eine Psychologische Untersuchung*, Vienna: Hölder, 1894)；"论所谓的相对真理"（O tak zwanych prawdach wzglednych, 1900）和"论行为与结果"（O czynnościach I wytworach, Lvov: Universytat Lwowski, 1912）。

二手文献：Woleński, J. (1989)，《利沃夫—华沙学派的逻辑与哲学》(*Logic and Philosophy in the Lvov-Warsaw School*, Dordrecht/Boston/Lancaster: Kluwer)；Smith, B. (1994)，《奥地利哲学》(*Austrian Philosophy*, Chicago: Open Court)。

泰勒（Tylor, E. B., 1832—1917）。泰勒将"文化"定义为"包括知识、信仰、艺术、道德、法律、习俗，以及由作为社会成员的人所获得的任何其他能力和习惯在内的复合的整体"（《原始文化》*Primitive Culture*, London: Murray, 1871, I）。他的这个定义有助于使他获得"现代人类学的创立者"的称号。他致力于把人类学建成一个学术性的学科，他担任了牛津大学博物馆的馆长，后来任牛津大学的人类学教授。他的另一部主要著作是《人类早期史和文明发展研究》(*Reseaches into the Early History of Mankind and the Development of Civilization*, London, 1865)。

乌纳穆诺（Unamuno (y Jugo), Miguel de, 1864—1936）。乌纳穆诺生于毕尔巴鄂，在那里及马德里大学就学。1891 年，他成为萨拉曼卡大学的希腊语教授。他曾任该大学的校长，第一次是在 1901

年至 1914 年间，后来是在 1934 年后。由于他批评普里莫·德·里维拉和弗朗哥的独裁统治，于 1924 年被流放到加纳利群岛。在他 1936 年去世前几个月，受到弗朗哥的粗暴侮辱。乌纳穆诺会 14 种语言，除了哲学著作外，还发表了小说、剧本、报刊文章、诗歌等。他的主要著作是：《堂吉诃德与桑乔的生活》(*Vida de Don Quijote y Sancho*, 1905 trans.: *Our Lord Don Quixote and Sancho with Related Essays*, Princeton, NJ: Princeton University Press, 1967)；《生活的悲剧感》(*Del sentimiento trágico de la vida en los hombres y en los pueblos*, Madrid: Renacimiento, 1913, trans. 1921 J. E. Crawford-Flitch, *The Tragic Sense of Life*, London)；《基督教的苦恼》(*La agonía del cristianismo*, Madrid: Compania Ibero Americana de Publicationes, 1925; trans. 1974 A. Kerrigan, *The Agony of Christianity and Essays of Faith*, Princeton, NJ: Princeton University Press)；《殉道者：圣曼努埃尔·布埃诺》(*San Manuel Bueno, mártir*, Madrid: Espasa Calpe, 1933, trans. 1956 A. Kerrigan, 'Saint Emmanuel the Good Martyr', in *Abel Sánchez and Other Histories*, Chicago: Regnery)。

二手文献：Nozick, M. (1971), 《米格尔·德·乌纳穆诺》(*Miguel de Unamuno*, New York: Twayne)。

瓦伊欣格（Vaihinger, Hans, 1852—1933）。汉斯·瓦伊欣格 1852 年出生在图宾根附近。他于 1876 年就开始撰写他的处女作《仿佛论哲学》(*Die Philosophie des Als-Ob*)，但直到 1911 年才出版 (Aalen: Scientia Verlag)。他于 1881 年和 1892 年发表了卷帙浩繁而且现在仍然有用的《〈纯粹理性批判〉评述》(*Kommentar zur Kants Kritik der reinen Vernunft*, Aalen: Scientia Verlag)，不过，它只涉及《纯粹理性批判》的前 75 页。瓦伊欣格对于 1897 年《康德研究》的创刊和 1904 年康德学会的创立发挥了重要作用。虽然他患有多种疾病，视力很差，但他仍不断地工作。他死于 1933 年。

冯·米泽斯（von Mises, Richard, 1883—1953）。冯·米泽斯是美籍德国人，应用数学家和实证主义哲学家。他的哲学生涯始于约1920年，那时他根据古典力学缺少微观层次上的经验内容，而否认它的普遍有效性。为了适应随之而来的科学世界观中的非决定论，他发展出一种统计的概率理论。他的主要著作是《概率、统计与真理》（*Wahrscheinlichkeit, Statistik und Wahrheit*, Vienna：Spinger, 1928, trans. 1957 as *Probability, Statistics and Truth*, New York：Dover）。【811】

二手文献：von Plato, J.（1994），《创造现代概率，它的历史视角下的数学、物理学与哲学》（*Creating Modern Probability. Its Mathematics, Physics and Philosophy in Historical Perspective*, Cambridge：Cambridge University Press）。

和辻哲郎（Watsuji, Tetsurō, 1889—1960）。1912年在东京大学毕业后，和辻哲郎发表了关于尼采、克尔凯郭尔和叔本华的著作，然后，于1927年至1928年在德国学习。和辻哲郎批评海德格尔忽视了哲学的文化、社会与地理的方面，他将注意力转向在东方与西方两者中文化与思想之间的相互作用问题上，有代表性的著作是《风土》（*Fudo*, Tokyo：Iwanami Shoten, 1935）和1952年出版的2卷本《日本伦理思想史》（*Nihon rinri shisōshi*, Tokyo：Iwanami Shoten）。1934年，他从京都大学离任来到东京大学，他将精力集中在阐发一种新的伦理学理论模式上，这一理论模式以3卷本的《伦理学》（*Rinrigaku*, Tokyo：Iwanami Shoten, 1937, 1942, 1949）发表。他据理证明，应把人类存在理解为继承来的社会价值与个人自律之间的一种"居间状态"。

二手文献：Dilworth, D. A.（1974），"和辻哲郎：文化现象学家和伦理学家"（Watsuji Tetsurō：Cultural Phenomenologist and Ethician, *Philosophy East and West* 24）。

韦伯（Weber, Max, 1864—1920）。韦伯是第一次世界大战之前德国主要的社会学家，他的著作形形色色，涉及经济、法律、方法论、宗教、道德等方面。他的最系统的著作是《经济与社会》(*Wirtschaft und Gesellschaft*, Tübingen: Mohr)，是1922年他去世后发表的。在这部著作中，他对现代社会的发展提供了一个宏观社会学的说明，把它看成是一个理性化的过程。他的方法论著作试图将阐释和说明的方法统一起来，试图阐发因果的恰当性与意义的恰当性，把它们作为衡量好的社会科学的一对标准。韦伯还是当时的一个主要政治人物。他为一种自由主义的民族主义辩护，这种民族主义不仅出现在他的政治论著中，而且出现在他把科学和政治当作现代社会中的职业或行业的理解中（*Gesammelte Aufsätze zur Wissenschaftslehre*, Tübingin: Mohr, 1922），他的其他主要著作包括《政治论文全集》(*Gesammelte Politische Schriften*, Münich: Drei' Masken Verlag, 1921)。

二手文献：在《论社会科学的逻辑》(*On the Logic of the Social Sciences*, 1967)中，哈贝马斯证明了韦伯的多元论在后来社会科学方法论讨论中的核心重要性。里吉斯·法克特和斯蒂芬·特纳在《马克斯·韦伯与有关理性和价值的争论》(*Max Weber and the Dispute over Reason and Value*, London: Routledge, 1984)一书中提供了一个背景，以说明韦伯关于社会科学中的理性观点和价值作用观点。

韦特海默（Wertheimer, Max, 1880—1943）。韦特海默是格式塔心理学派的创立者和精神领袖。格式塔心理学是从韦特海默所进行的以沃尔夫冈·科勒和库尔特·卡夫卡为被试的似动现象研究开始的。他在柏林大学师从于斯通普夫，但博士学位是在维尔茨堡师从奥斯瓦尔特·科尔佩取得的。他曾在德国各类大学任过教，但因纳粹上台于1933年离开德国，移民美国，在纽约的社会研究新学院得到一个职位。虽然他的思想丰富，但发表著作很少，他的主要著作是他死后出版的《创造性的思维》(*Productive Thinking*, New York: Harper and Row, 1945)，这是一部研究创造性和问题解决的著作。

怀特海（Whitehead, Alfred North, 1861—1947）。怀特海的职业生涯始于英国。1884 年，剑桥大学三一学院委任他讲授数学。1910 年，他到伦敦大学，任应用数学教授。1924 年（63 岁），他再次搬迁，这次是到美国，在哈佛大学任哲学教授。他于 1937 年退休。

【812】

怀特海的第一部著作（《论普遍代数》*A Treatise on Universal Algebra*, Cambridge：Cambridge University Press，1898）是属于抽象代数领域的；因为那时逻辑与代数有密切联系，所以毫不奇怪，罗素转而把怀特海当作他的逻辑主义著作《数学原理》(*Principia Mathematica*, Cambridge：Cambridge University Press，1910—1913) 的合作者。于是，怀特海转向科学哲学，在《自然的概念》(*The Concept of Nature*, Cambridge：Cambridge University Press，1920) 中将数理逻辑用于建构空间和时间。他后来的工作主要是撰写《过程与实在》(*Process and Reality*, Cambridge：Cambridge University Press，1929，corrected edn，New York：The Free Press，1978)。在书中，怀特海提出了一种特异的、准数学的系列过程的形而上学，现实的机缘就通过这些过程而统一为与各种范畴一致的明显对象。

二手文献：Lowe，V.（1966），《理解怀特海》(*Understanding Whitehead*, Bltimore, MD：Johns Hopkins University Press）。

文德尔班（Windelband, Wilhelm, 1848—1915）。文德尔班是德国哲学家和历史学家，1848 年生于波茨坦。他是库诺·费舍的重要学生，与狄尔泰一起，被认为是 19 世纪最重要的哲学史家。他在苏黎世大学、弗赖堡大学和斯特拉斯堡大学任教，最后于 1903 年接替了费舍在海德堡的哲学教授职位。他最著名的著作是他不仅按年代顺序而且根据问题撰写的哲学史（1892《哲学史》，*Geschichte der Philosophy*, Friesburg and successive editions) 和 1894 年在斯特拉斯堡做的雷克托讲演《历史与自然科学》(*Geschichte und Naturwissenschaft*, in Präludien, Tübingen：J. C. B. Mohr，1924）。他死于 1915 年。

二手文献：Köhnke, K. C. (1986),《新康德主义的形成与发展》(*Entstehung und Aufstieg des Neu-Kantianismus*, Frankfurt: Suhrkamp, trans. 1991 by R. J. Hollingdale as *The Rise of Neo-Kantianism*, Cambridge: Cambridge University Press)。

维特根斯坦（Wittgenstein, Ludwig Josef Johann, 1889—1951）。一般认为，维特根斯坦是20世纪最伟大的哲学家，他生于维也纳。从1911年至1914年，他在剑桥大学师从于罗素。在加入奥匈帝国军队作战后，他成为一名学校教师。1927年，他回到剑桥，于1939年成为哲学教授。他不善交际，第二次世界大战期间，他在医院工作。1945年他回到剑桥，1947年退休。此后他主要生活在爱尔兰，最后又回到剑桥，1951年在剑桥去世。维特根斯坦的第一部主要著作是《逻辑哲学论》(*Tractatus Logico-Philosophicus*, 1921)，是在第一次世界大战期间写的，那时他是一个士兵。这部著作探讨了感觉的限度，它着眼于逻辑，但据认为它也指出了伦理学的作用，伦理学是不能"说出"的，只能由人的生活过程来"表明"。他从20世纪30年代以后的著作被浓缩在《哲学研究》(*Philosophical Investigation*, 1953)中。在那里，他再一次探讨了语言的限度，他试图表明，哲学问题的特征在于它们是因为我们不能把握日常语言游戏的结构而产生的。他的主要著作是："逻辑哲学论"（Logisch-philosophische Abhundlung, *Annalen der Naturphilosophie* 1921, trans. 1922 C. K. Ogden as *Tractatus Logico-Philosophicus*, London: Routledge; rev. trans. 1961 D. F. Pears and B. F. McGuiness, London: Routledge)；《哲学研究》(*Philosophische Untersuchungen*, 1953, ed. G. E. M. Anscombe and R. Rhees, trans. G. E. M. Anscombe as *Philosophical Investigations*, Oxford: Blackwell)。

二手文献：Anscombe, G. E. M. (1971),《维特根斯坦的〈逻辑哲学论〉导论》(*An Itroduction to Wittgenstein's Tractatus*, London: Hutchinson); Pears, D. E. (1987),《虚假的牢狱》(*The False Prison*,

2 vols., Oxford: Oxford University Press)。

伍德布里奇（Woodbridge, F. J. E., 1867—1940）。属于亚里士多德和斯宾诺莎传统美国自然主义形而上学家，他的主要学术年华是在哥伦比亚大学度过的。他是《哲学杂志》(*The Journal of Philosophy*) 的创建人之一。他的著作包括《心灵王国》(*The Realm of Mind*, New York: Columbia University Press, 1926)，《自然与心灵》(*Nature and Mind*, New York: Columbia University Press, 1937)，《论自然》(*An Essay on Nature*, New York: Columbia University Press, 1940)。

二手文献：Delaney, C. F. (1969)，《心灵与自然：柯亨、伍德布里奇和塞拉斯的自然主义哲学研究》(*Mind and Nature: A Study of the Naturalistic Philosophy of Cohen, Woodbridge and Sellars*, Notre Dame, IN: Universtiy of Notre Dame Press)。

冯特（Wundt, Wilhelm, 1832—1920）。冯特在海德堡学习哲学（1852—1856），有一学期在柏林大学师从于约翰内斯·弥勒和埃米尔·杜波依斯—雷蒙德。从 1858 年至 1865 年，他是赫尔姆霍茨讲授实验生理学时的助手。他还讲授人类学课程和"作为自然科学的心理学课程"，他发表了《感官知觉理论文集》(*Beiträge zur Theorie der Sinneswahrnehmung*, Leipzig: C. F. Winter' sche Verlagshandlung, 1862) 和《人类与动物心理学讲演集》(*Vorlesungen über die Menschen-und Tier-seele*, Leipzig: Voss, 1863)。1872 年，他被任命为海德堡大学杰出教授。1874 年，他担任了苏黎世"归纳哲学"教授，并发表了《生理心理学原理》(*Grundzüge der physiologischen Psychologie*, Leipzig: Engelmann, 1874)。1875 年，他来到莱比锡大学，以心理学家和哲学家的身份授课。他于 1917 年 85 岁时退休。他在心理学和哲学领域发表了许多著作。

二手文献：Hatfield, G. (1997)，"冯特与作为科学的心理学：

学科的转变"（Wundt and Psychology as science：Disciplinary Transformations，*Perspectives on Science* 5：349—382）。

策梅罗（Zermelo，Ernst，1871—1953）。策梅罗之所以著名，是因为他确认了数学论证中选择公理的作用，他将这一公理用于证明每一集合都可以是良序的，他还对集合论进行了公理化处理（后来由亚伯拉罕·弗伦克尔做了修正）。策梅罗于1894年在柏林大学获得博士学位，后来在苏黎世大学和布莱斯高的弗赖堡大学任教。策梅罗将量词认做是无穷联结词，这使他对斯柯伦和哥德尔的著作进行批评。他的主要著作是"每一集合都能被良序地证明"（'Beweis, dass jede Menge wohlgeordnet werden kann', *Mathematische Annalen* 59（1904）：514—516）；"集合论基础研究 I"（'Untersuchungen über die Grundlagen der Mengenlehre I', *Mathematische Annalen* 65（1908）：261—281）。

二手文献：Moore, G.（1982），《策梅罗的选择公理：其来源、发展与影响》（*Zermelo's Axiom of Choice：Its Origins, Development and Influence*, New York/Heidelberg/Berlin：Springer Verlag）。

参考文献

CHAPTER 1 POSITIVIST THOUGHT IN THE NINETEENTH CENTURY

Austeda, F. (1967). 'Avenarius', trans. A. E. Blumberg. In P. Edwards (ed.), *The Encyclopedia of Philosophy*, New York: Macmillan.
Avenarius, R. (1888–90). *Kritik der reinen Erfahrung (Critique of Pure Experience)*, Leipzig: O.R. Reisland.
Blackmore, J. T. (1995). *Ludwig Boltzmann; his Later Life and Philosophy*, Dordrecht and London: Kluwer.
Cahan, D. (1993). *Herman von Helmholtz and the Foundations of Nineteenth Century Science*, Berkeley and London: University of California Press.
Charlton, D. G. (1959). *Positivist Thought in France during the Second Empire: 1852–1870*, Oxford: Clarendon Press.
Comte, A. (1830–42). *Cours de Philosophie Positive*, Paris: Baillière. Trans. (in part) 1853 H. Martineau, *The Positive Philosophy of Auguste Comte*, London: Chapman.
Comte, A. (1852). *Catéchisme Positiviste*, Paris. Trans. 1858 R. Congreve, *The Catechism of Positive Religion*, London: Chapman.
Haeckel, E. H. P. A. (1874). *Anthropogenie oder Entwicklungsgeschichte des Menschen*, Leipzig: W. Engelmann. Trans. 1905 J. McCabe, *The Evolution of Man*, London: Watts.
Haeckel, E. H. P. A. (1899). *Die Weltrathsel*, Bonn: Strauss. Trans. 1900 J. McCabe, *The Riddle of the Universe*, London: Watts.
Hegel, G. W. F. (1830). *Enzyklopädie der philosophischen Wissenschaften im Grundrisse*, II: *Naturphilosophie*, Heidelberg: Winter. Trans. 1970 A. V. Miller, *The Philosophy of Nature*, Oxford: Clarendon Press.
Hertz, H. R. (1894). *Die Prinzipien der Mechanik*. Trans. 1899 D. E. Jones and J. T. Whalley, *The Principles of Mechanics*, London: Macmillan.
Huxley, T. H. (1863). *Evidence as to Man's Place in Nature*, London: Williams and Norgate.
Lenin, V. I. (1920). *Materialism and Empirio-criticism*, London: Martin Lawrence.
Mach, E. (1883). *Die Mechanik in ihrer Entwicklung historisch-critisch dergestellt*, Prague. Trans. 1893 T. J. McCormack, *The Science of Mechanics*, Chicago: Open Court.
Mach, E. (1886 [1906]). *Die Analyse der Empfindungen*, 5th edn, Jena. Trans. 1914 C. M. Williams and J. Waterlow, *The Analysis of Sensations*, Chicago: Open Court.
Mach, E. (1894). *Populärwissenschaftliche Vorlesungen*, Leipzig: J. A. Borth. Trans. 1894 T. J. McCormack, *Popular Scientific Lectures*, Chicago: Open Court.
Mill, J. S. (1843). *A System of Logic, Ratiocinative and Inductive*, 5th edn 1862, London: John Parker.
Passmore, J. (1957). *A Hundred Years of Philosophy*, London: Duckworth.

Paulsen, F. (1893). 'Wesen und geschichtliche entwicklung der deutschen universitaten' in W. Lexis (ed.), *Die deutschen universitaten*, Berlin: A. Asher. Trans. 1895 E. D. Perry, *The German Universities: Their Character and Historical Development*.
Pearson, K. (1892). *The Grammar of Science*, London: Walter Scott.
Peirce, C. S. (1892). Review of 'The Grammar of Science', *Nation* 55: 15.
Spencer, H. (1862–96). *System of Synthetic Philosophy* vols. I–VI, London: Williams and Norgate.
Spencer, H. (1862). *First Principles*, vol I of Spencer (1862–96). Repr. 1996, London: Routledge and Thoemmes.
Taine, H. (1864). *Le Positivisme Anglais*, Paris: Baillière. Trans. 1870 T. D. Haye, *English Positivism*, London: Simpkin, Marshall and Co.
Taine, H. (1865). *Philosophie de l'Art* Paris: Baillière. Trans. 1865, Taine, *The Philosophy of Art*, London: Baillière.
Turner, R. S. (1980). 'Helmholtz', *Dictionary of Scientific Biography*, vol. V, New York: Scribners, pp. 241–53.
Whewell, W. (1847). *The Philosophy of the Inductive Sciences*, 2nd edn, London: J. W. Parker. Repr. 1967, ed. J. Herival, New York and London: Johnson Reprint Corporation.

CHAPTER 2 NEO-KANTIANISM: THE GERMAN IDEALISM MOVEMENT

Adair-Toteff, C. S. (1994). 'The Neo-Kantian *Raum* Controversy', *The British Journal of the History of Philosophy* 2, no. 2: 131–48.
Adair-Toteff, C. S. (1996). 'Hans Vaihinger's *Kant-Studien*', *Kant-Studien* 87: 390–5.
Arnoldt, E. (1870). *Kants Transzendental Idealität des Raumes und der Zeit (Kant's Transcendental Ideality of Space and Time)*, Königsberg: Albert Rosbach.
Beck, L. W. (1967). 'Neo-Kantianism', *Encyclopedia of Philosophy*, ed. P. Edwards, vol. V, 468–73.
Cohen, H. (1870). 'Zur Controverse zwischen Trendelenburg und Kuno Fischer' ('On the Controversy between Trendelenburg and Kuno Fischer'), *Zeitschrift für Völkerpsychologie und Sprachwissenschaft* 7: 249–96.
Cohen, H. (1871). *Kants Theorie der Erfahrung (Kant's Theory of Experience)*, Berlin: Dümmler, 2nd edn 1885, 3rd edn 1918.
Cohen, H. (1877). *Kants Begründung der Ethik (Kant's Foundations of Ethics)*, Berlin: Dümmler.
Cohen, H. (1889). *Kants Begründung der Aesthetik (Kant's Foundations of Aesthetics)*, Berlin: Dümmler.
Cohen, H. (1902). *Logik der reinen Erkenntnis (Logic of Pure Knowledge)*, Berlin: Bruno Cassirer.
Cohen, H. (1904). *Ethik des reinen Willens (Ethics of Pure Will)*, Berlin: Bruno Cassirer.
Cohen, H. (1912). *Ästhetik des reinen Gefühls (Aesthetic of Pure Feeling)*, Berlin: Bruno Cassirer.
Fischer, K. (1860a). *Kants Leben und die Grundlagen seiner Lehre (Kant's Life and the Foundations of his Teaching)*, Heidelberg: Carl Winter's Universitätsbuchhandlung.
Fischer, K. (1860b). *Geschichte der neuern Philosophie (History of Modern Philosophy)*, Heidelberg: Carl Winter's Universitätsbuchhandlung.
Fischer, K. (1865). *System der Logik und Metaphysik oder Wissenschaftslehre (System of Logic and Metaphysics or the Doctrine of Science)*, 2nd edn, Heidelberg: Verlagsbuchhandlung von Friedrich Bassermann.
Fischer, K. (1870). *Anti-Trendelenburg*, Jena: Hermann Dabis.
Grappengiesser, C. (1870). *Kants Lehre von Raum und Zeit (Kant's Doctrine of Space and Time)*, Jena: Friedrich Mauke.
Holzhey, H. (1986). *Cohen und Natorp*, Basle and Stuttgart: Schwabe and Co. Ag. Verlag.

Kant, Immanuel (1781, 1787). *Critique of Pure Reason*. Trans. 1998 P. Guyer and A. Wood. Cambridge: Cambridge University Press.

Köhnke, K. C. (1986). *Entstehung und Aufstieg des Neu-Kantianismus*, trans. 1991 R. J. Hollingdale as *The Rise of Neo-Kantianism*, Cambridge: Cambridge University Press.

Lange, F. A. (1865). *Die Arbeiterfrage (The Question of the Worker)*, Winterthur: Bleuer-Hausheer, 3rd edn 1875.

Lange, F. A. (1866 [1887]). *Geschichte des Materialismus*. Iserlohn und Leipzig: Verlag von J. Baedeker. Trans. 1925 E. C. Thomas, *History of Materialism*, Boston, MA: Osgood.

Lask, E. (1924). *Fichtes Idealismus und die Geschichte (Fichte's Idealism and History)*. In *Gesammelte Schriften*, vol. I, ed. Eugen Herrigel, Tübingen: Verlag von J. C. B. Mohr (Paul Siebeck).

Liebmann, O. (1865). *Kant und die Epigonen (Kant and the Epigones)*, Stuttgart: Carl Schoben. Repr. 1965, Erlangen: Fischer.

Natorp, P. (1902). *Platons Ideenlehre (Plato's Doctrine of Ideas)*. Leipzig: Felix Meiner.

Natorp, P. (1912). 'Kant und die Marburger Schule' ('Kant and the Marburg School'), *Kant-Studien* 17: 193–221.

Oakes, G. (1988). *Weber and Rickert*, Cambridge, MA: MIT Press.

Ollig, H.-L. (1979). *Der neu-Kantianismus (Neo-Kantianism)*, Stuttgart: J. B. Metzlersche Verlagsbuchhandlung.

Orth, E. W. and Holzhey, H. (1994). *Neu-Kantianismus (Neo-Kantianism)*, Würzburg: Könighausen and Neumann.

Rickert, H. (1902). *Die Grenzen der Wissenschaftlichen Begriffsbildung*, 1st edn 1902. Abridged and translated 1986 by Guy Oakes from the 5th edn (1929), *The Limits of Concept Formation in Natural Science*, Cambridge: Cambridge University Press.

Simmel, G. (1904). *Kant*, Leipzig: S. Hirzel.

Trendelenburg, F. A. (1840). *Logische Untersuchungen (Logical Investigations)*, Berlin: Gustav Bethge.

Trendelenburg, F. A. (1867). 'Über eine Lücke in Kants Beweis der ausschliessenden Subjectivität des Raumes und der Zeit *Ein kritisches und anti-kritisches Blatt*' ('On a Gap in Kant's Proof of the Exclusive Subjectivity of Space and Time. A Critical and Anti-critical Page'), *Historische Beitrag zur Philosophie* 3: 214–76.

Trendelenburg, F. A. (1869). *Kuno Fischer und sein Kant (Kuno Fischer and his Kant)*, Leipzig: S. Hirzel.

Troeltsch, E. (1922). *Der Historismus und seine Probleme: Das logische Problem der Geschichtsphilosophie (Historicism and its Problems: The Logical Problem of the Philosophy of History)*, Tübingen: J. C. B. Mohr.

Vaihinger, H. (1882–92). *Kommentar zur Kants Kritik der reinen Vernunft (Commentary on Kant's Critique of Pure Reason)*, 2 vols. Stuttgart. Repr. 1970 Aalen: Scientia Verlag.

Vaihinger, H. (1902a). *Die Deduktion der Kategorien (The Deduction of the Categories)*, Halle a.S.: Max Niemeyer.

Vaihinger, H. (1902b). *Nietzsche als Philosophe (Nietzsche as Philosopher)*, Halle a.S.: Max Niemeyer.

Vaihinger, H. (1911). *Die Philosophie des Als Ob. System der theoretischen, praktischen und religiosen Fiktionen der Menschheit auf Grund'eines idealistischen Positivismus. Mit einem Anhang über Kant und Nietzsche*, 3rd edn, Leipzig: F. Meiner, 1918. Trans. 1924 C. Ogden, *Philosophy of 'As If': A System of the Theoretical, Practical and Religious Fictions of Mankind*, London: Routledge.

Volkelt, J. (1879). *Immanuel Kant's Erkenntnistheorie (Immanuel Kant's Theory of Cognition)*, Leipzig: Verlag von Leopold Voss.

Willey, T. (1987). *Back to Kant*, Detroit: Wayne State University Press.

Windelband, W. (1884). *Präludien (Preludes)*, 2 vols. Tübingen: J. C. B. Mohr.

Zeller, E. (1862). 'Über Bedeutung und Aufgabe der Erkenntnistheorie' ('On the Significance and Task of the Theory of Knowledge'), Heidelberg (Antrittsrede). Reprinted in *Vorträge und Abhandlungen*, Leipzig: Fues, 1865–84.

CHAPTER 3 IDEALISM IN BRITAIN AND THE UNITED STATES

Allard, J. (1998). 'The Essential Puzzle of Inference', *Bradley Studies* 4: 61–81.
Bosanquet, B. (1883). 'Logic as the Science of Knowledge' in A. Seth and R. B. Haldane (eds.), *Essays in Philosophical Criticism*, London: Longmans. 2nd edn 1928, corrected impression 1928.
Bosanquet, B. (1888, 1911). *Logic, or the Morphology of Knowledge*, Oxford: Clarendon Press. 2nd edn 1911.
Bosanquet, B. (1892). *A History of Aesthetic*, London: Swan Sonnenschein.
Bosanquet, B. (1899). *The Philosophical Theory of the State*, London: Macmillan. 4th edn 1923, repr. 1965.
Bosanquet, B. (1912). *The Principle of Individuality and Value*, The Gifford Lectures for 1911, London: Macmillan.
Bosanquet, B. (1913). *The Value and Destiny of the Individual*, The Gifford Lectures for 1912. London: Macmillan.
Bosanquet, B. (1920). *Implication and Linear Inference*, London: Macmillan.
Bosanquet, B. (1927). *Science and Philosophy and Other Essays*, ed. J. H. Muirhead and R. C. Bosanquet, London: Macmillan.
Bradley, F. H. (1876). *Ethical Studies*, Oxford: Clarendon Press. 2nd edn 1927.
Bradley, F. H. (1883). *The Principles of Logic*, Oxford: Clarendon Press. 2nd edn 1922; 2nd edn corrected 1928.
Bradley, F. H. (1893). *Appearance and Reality*, London: Swan Sonnenschein. 2nd edn 1897. Repr. 1930, Oxford: Clarendon Press.
Bradley, F. H. (1914). *Essays on Truth and Reality*, Oxford: Clarendon Press.
Bradley, F. H. (1935). *Collected Essays*, Oxford: Clarendon Press. New edn 1969.
Bradley, J. (1979). 'Hegel in Britain: A Brief History of British Commentary and Attitudes', *Heythrop Journal* 20: 1–24; 163–82.
Caird, E. (1877). *A Critical Account of the Philosophy of Kant*, Glasgow: Maclehose.
Caird, E. (1889). *The Critical Philosophy of Kant*, Glasgow: Maclehose.
Caird, E. (1893). *The Evolution of Religion*, Glasgow: Maclehose.
Caird, J. (1880). *Philosophy of Religion*, Glasgow: Maclehose.
Candlish, S. (1989). 'The Truth about F. H. Bradley', *Mind* 98: 331–48.
Clendenning, J. (1985). *The Life and Thought of Josiah Royce*, Madison: University of Wisconsin Press.
Cunningham, G. W. (1933). *The Idealistic Argument in Recent British and American Philosophy*, New York: Century Company.
Den Otter, S. M. (1996). *British Idealism and Social Explanation: A Study in Late Victorian Theory*, Oxford: Clarendon Press.
Eliot, T. S. (1964). *Knowledge and Experience in the Philosophy of F. H. Bradley*, London: Faber and Faber.
Freeden, M. (1996). *Ideologies and Political Theory: A Conceptual Approach*, Oxford: Clarendon Press.
Fuss, P. (1965). *The Moral Philosophy of Josiah Royce*, Cambridge, MA: Harvard University Press.
Green, T. H. (1868). 'Popular Philosophy in Relation to Life', *North British Review*, 45, 133–62. Repr. in Green (1885–9), vol. III, 92–125.

Green, T. H. (1874). 'General Introduction to Vol. I' and 'Introduction to Moral Part of the Treatise' in D. Hume, *Treatise of Human Nature* (ed. T. H. Green and T. H. Grose), London. Repr. in Green (1885–9), vol. I, 1–371.

Green, T. H. (1880). 'Review of J. Caird: *Introduction to the Philosophy of Religion*', Academy 18: 28–30. Repr. in Green 1885–9, vol. III, 138–46.

Green, T. H. (1881). *Liberal Legislation and Freedom of Contract: A Lecture*, Oxford and London: Slatter and Rose; Simpkin, Marshall. Repr. 1986 in P. Harris and J. Morrow (eds.), *T. H. Green: Lectures on the Principles of Political Obligation and Other Writings*, Cambridge: Cambridge University Press, 194–212.

Green, T. H. (1883a). *Prolegomena to Ethics*, Oxford: Clarendon Press. 5th edn 1907, Oxford: Clarendon Press.

Green, T. H. (1883b [1888]). *Witness of God and Faith: Two Lay Sermons* (ed. A. Toynbee), London: Longmans, Green.

Green, T. H. (1885–9). *Works of Thomas Hill Green*, ed. R. Nettleship, 3 vols. London: Longmans, Green.

Green, T. H. (1886). *Lectures on the Principles of Political Obligation* in R. L. Nettleship (ed.), *The Works of Thomas Hill Green*, vol. II (1888), London: Longmans, Green. Repr. 1986 in P. Harris and J. Morrow (eds.), *Lectures on the Principles of Political Obligation and Other Writings*, Cambridge: Cambridge University Press.

Greengarten, I. M. (1981). *Thomas Hill Green and the Development of Liberal-Democratic Thought*, Toronto: University of Toronto Press.

Hylton, P. (1990). *Russell, idealism, and the Emergence of Analytic Philosophy*, Oxford: Clarendon Press.

Ingardia, R. (ed.) (1991). *Bradley: A Research Bibliography*, Bowling Green: Philosophy Documentation Center.

Kempe, A. B. (1889–90). 'On the Relation between the Logical Theory of Classes and the Geometrical Theory of Points', *Proceedings of the London Mathematical Society* 21: 147–82.

Kuklick, B. (1972). *Josiah Royce: An Intellectual Biography*, Indianapolis: Bobbs-Merrill.

McBriar, A. M. (1987). *An Edwardian Mixed Doubles: The Bosanquets and the Webbs*, Oxford: Clarendon Press.

MacNiven, D. (1987). *Bradley's Moral Psychology*, Lewiston, NY: Edwin Mellen Press.

Mander, W. J. (1994). *An Introduction to Bradley's Metaphysics*, Oxford: Clarendon Press.

Mansel, H. L. (1856). *A Lecture on the Philosophy of Kant*, London: John Henry and James Parker. Reprinted 1873 in H. L. Mansel (ed. H. W. Chandler), *Letters, Lectures and Reviews*, London: John Murray.

Manser, A. (1982). *Bradley's Logic*, Totowa, NJ: Barnes and Noble.

Manser, A. and Stock, G. (eds.) (1984). *The Philosophy of F. H. Bradley*, Oxford: Clarendon Press.

Marcel, G. (1945). *La Métaphysique de Royce*, Paris: Aubier, Editions Montaigne. Trans. 1956 V. Ringer and G. Ringer, *Royce's Metaphysics*, Chicago: H. Regnery.

Masson, D. (1865). *Recent British Philosophy*, London: Macmillan. 3rd edn 1877.

Milne, A. J. M. (1962). *The Social Philosophy of English Idealism*, London: George Allen and Unwin.

Muirhead, J. H. (1931). *The Platonic Tradition in Anglo-Saxon Philosophy*, London: George Allen and Unwin and New York: Macmillan.

Nettleship, R. L. (1888). 'Memoir' in T. H. Green (ed. R. L. Nettleship), *The Works of Thomas Hill Green*, vol. III, London: Longmans, Green, xi–clxi.

Nicholson, P. P. (1978). 'A Bibliography of the Writings of Bernard Bosanquet (1848–1923)', *Idealistic Studies*, 8: 261–80.

Nicholson, P. P. (1990). *The Political Philosophy of the British Idealists*, Cambridge: Cambridge University Press.

Richter, M. (1964). *The Politics of Conscience*, London: Weidenfeld and Nicolson.
Royce, J. (1885). *The Religious Aspect of Philosophy*, Boston: Houghton Mifflin.
Royce, J. (1892). *The Spirit of Modern Philosophy*, Boston: Houghton Mifflin.
Royce, J. (1899). *The World and the Individual, First Series*, New York: Macmillan.
Royce, J. (1901). *The World and the Individual, Second Series*, New York: Macmillan.
Royce, J. (1905). 'The Relation of the Principles of Logic to the Foundations of Geometry', *Transactions of the American Mathematical Society*, 24: 353–415. Reprinted in 1951 J. Royce (D. S. Robinson, ed.), *Royce's Logical Essays*, Dubuque: Wm C. Brown.
Royce, J. (1908). *The Philosophy of Loyalty*, New York: Macmillan.
Royce, J. (1913). *The Problem of Christianity*, New York: Macmillan. Reprinted 1968, Chicago: University of Chicago Press.
Royce, J. (1970). *The Letters of Josiah Royce* (ed. J. Clendenning), Chicago: University of Chicago Press.
Seth, A. (1887). *Hegelianism and Personality*, Edinburgh: Blackwood.
Sprigge, T. L. S. (1993). *James and Bradley: American Truth and British Reality*, Chicago and La Salle, IL: Open Court.
Stirling, J. H. (1865). *The Secret of Hegel*, London: Longmans, Green. Second edn 1898, Edinburgh: Oliver and Boyd.
Stock, G. (1985). 'Negation: Bradley and Wittgenstein', *Philosophy* 60: 465–76.
Stock, G. (ed.) (1998). *Appearance Versus Reality*, Oxford: Clarendon Press.
Sweet, W. (1997). *Idealism and Rights: The Social Ontology of Human Rights in the Political Thought of Bernard Bosanquet*, Lanham, MD: University Press of America.
Thomas, G. (1987). *The Moral Philosophy of T. H. Green*, Oxford: Clarendon Press.
Vincent, A. (ed.) (1986). *The Philosophy of T. H. Green*, Aldershot: Gower.
Wallace, W. (1874). *The Logic of Hegel translated from The Encyclopaedia of Philosophical Sciences with Prolegomena*, Oxford: Clarendon Press. Second edition (2 titles): 1892, *The Logic of Hegel translated from The Encyclopaedia of Philosophical Sciences*, Oxford: Clarendon Press; 1894, *Prolegomena to the Study of Hegel's Philosophy*, Oxford: Clarendon Press.
Walsh, W. H. (1986). 'Green's Criticism of Hume' in A. Vincent (ed.), *The Philosophy of T. H. Green*, Aldershot: Gower.
Wollheim, R. (1959). *F. H. Bradley*, Baltimore: Penguin Books. 2nd edn 1969.

CHAPTER 4 IDEALISM IN RUSSIA

Berdiaev, N. A. (1901). *Sub"ektivizm i individualizm v obshchestvennoi filosofii. Kriticheskii etiud o N. K. Mikhailovskom (Subjectivism and Individualism in Social Philosophy. A Critical Study of N. K. Mikhailovskii)*, St Petersburg: Popova.
Berdiaev, N. A. (1916). *Smysl tvorchestva. Opyt opravdaniia cheloveka,* Moscow: Leman and Sakharov. Trans. D. A. Lowrie 1955, *The Meaning of the Creative Act*, New York: Harper and Bros.
Berdiaev, N. A. (1923). *Smysl istorii. Opyt filosofii chelovechekoi sud'by*, Berlin: Obelisk. Trans. G. Reavey 1936, *The Meaning of History*, London: Geoffrey Bles.
Berdiaev, N. A. (1939). *O rabstve i svobode cheloveka. Opyt personalistickeskoi filosofii*, Paris: YMCA Press. Trans R. M. French 1943, *Slavery and Freedom*, London: Geoffrey Bles.
Billington, J. H. (1958). *Mikhailovskii and Russian Populism*, Oxford: Clarendon Press.
Fateev, V. A. (ed.) (1995). *V. V. Rozanov: Pro et Contra*, St Petersburg: Izdatel'stvo russkogo Khristianskogo gumanitarnogo instituta, 2 vols.
Frank, S. L. (1950). 'Introduction' to Soloviev 1950, 9–31.
Lavrov, P. I. (1965). *Filosofiia i sotsiologiia: izbrannye proizvedeniia (Philosophy and Sociology: Selected Writings)*. Moscow: Mysl', 2 vols.

Lavrov, P. L. (1860). *Ocherki voprosov prakticheskogo filosofii (Essays on Questions of Practical Philosophy)*, St Petersburg: Glazunov.
Lavrov, P. L. (1870 [1891]). *Istoricheskie pis'ma*, Geneva. Trans. 1967 J. P. Scanlan, *Historical Letters*, Berkeley, CA: University of California Press.
Lossky, N. O. (1951). *History of Russian Philosophy*. New York: International Universities Press.
Mikhailovksii, N. K. (1869). '*Chto takoe Progress*' ('*What is Progress?*'). Trans. 1965 in J. M. Edie, J. P. Scanlan and M.-B. Zeldin, *Russian Philosophy*, vol. II, Chicago, IL: Quadrangle Books, 170–98.
Mikhailovksii, N. K. (1906–14). *Polnoe sobranie sochinenii (Complete Works)*, St Peterburg: M. M. Stanisulevich, 4th edn. 10 vols.
Naucho, F. (1966). *Berdiaev's Philosophy: The Existential Paradox of Freedom and Necessity*, Garden City, NY: Doubleday.
Novgorodstev, P. N. (ed.) (1903). *Problemy idealizma (Problems of idealism)*, Moscow: Moskovskoe psikhologicheskoe obshchestvo.
Rozanov, V. V. (1886). *O ponimanii (On Understanding)*, Moscow: E. Lissiev and Iu. Roman.
Rozanov, V. V. (1891 [1894]). *Legenda o velikom inkvizitore F. M. Dostoevskogo*, Moscow: Nikolaev; trans. (of 1906 St Petersburg edn) S. Roberts 1972, *Dostoevsky and the Legend of the Grand Inquisitor*, Ithaca, NY: Cornell University Press.
Rozanov, V. V. (1990). *V. V. Rozanov*, Moscow: Nauka, 2 vols.
Soloviev, V. S. (1874). *Krizis zapadnoi filosofii: protiv pozitivistov*, Trans. 1996 B. Jakim, *The Crisis of Western Philosophy: Against the Positivists*, West Stockbridge, MA: Lindisfarne Press.
Soloviev, V. S. (1877–81). *Chteniia o bogochelovechestve*, Trans. 1948 P. Zouboff, *Lectures on Godmanhood*, London: Dennis Dobson.
Soloviev, V. S. (1892–4). *Smysl liubvi*, Trans. 1985 T. R. Beyer, *The Meaning of Love*, West Stockbridge, MA: Lindisfarne Press.
Soloviev, V. S. (1950). *A Solovyov Anthology*. Ed. S. Frank; trans. N. Duddington, London: SCM Press.
Soloviev, V. S. (1966–70). *Sobranie sochinenii (Collected Works)*, 12 vols., Brussels.
Soloviev, V. S. (1988). *Sochinenia (Works)*, 2 vols., Moscow: Mys'l.
Trubetskoi, E. N. (1913 [1995]). *Mirosozertsanie Vl. S. Solov'ëva (Soloviev's Worldview)*, Moscow: Medium.
Vekhi. Sbornik statei o russkoi intelligentsii (1909). Moscow: I. N. Kushnerev. Trans. M. S. Shatz and J. E. Zimmerman, *Signposts. A Collection of Essays on the Russian Intelligentsia*, Irvine, CA: Charles Schlacks Jr, 1986.
Venturi, F. (1960). *Roots of Russian Populism: A History of the Populist and Socialist Movements in Nineteenth-Century Russia*. Trans. F. Haskell. New York: Knopf.
Walicki, A. (1973). *Rosyjska filozogia I mysl spaleczna od oswiexenia do marksizmu*, Warsaw: Wiedza Powszechna. Trans. 1980 H. Andrews-Rusiecka, *A History of Russian Thought from the Enlightenment to Marxism*, Oxford: Clarendon Press.
Walicki, A. (1987). *Legal Philosophies of Russian Liberalism*, Oxford: Clarendon Press.

CHAPTER 5 BERGSON

Bergson, H. (1896). *Matière et mémoire: essai sur la relation du corps à l'esprit*, Paris: Alcan. Repr. 1985 Quadrige. Paris: Presses Universitaires de France. Trans. 1911 N. M. Paul and W. Scott Palmer, *Matter and Memory*, New York: Swan Sonnenschein.
Bergson, H. (1900). *Le Rire: essai sur la signification du comique*, Paris: Alcan. Repr. 1985 Quadrige. Paris: Presses Universitaires de France. Trans. 1911 C. Brereton and F. Rothwell, *Laughter: An Essay on the Meaning of the Comic*, London: Macmillan.

Bergson, H. (1903). 'Introduction à la métaphysique', *Revue de métaphysique et de morale* 29: 1–36. Reprinted 1987 in *La Pensée et le Mouvant: Essais et conférences*, Quadrige. Paris: Presses Universitaires de France. Trans. 1912 T. E. Hulme *Introduction to Metaphysics*, New York: Putnam.
Bergson, H. (1907). *L'Évolution créatrice*, Paris: Alcan. Reprinted 1986 Quadrige. Paris: Presses Universitaires de France. Trans. 1911 A. Mitchell, *Creative Evolution*, New York: Holt and London: Macmillan.
Bergson, H. (1911). *L'Intuition philosophique*, Paris: Alcan. Repr. 1987 in *La Pensée et le mouvant: Essais et conférences*. Quadrige. Paris: Presses Universitaires de France.
Bergson, H. (1919). *L'Énergie spirituelle*, Paris: Alcan. Repr. 1985 Quadrige. Paris: Presses Universitaires de France. Trans. 1920 H. Wildon-Carr *Mind-Energy: Lectures and Essays*, New York: Holt.
Bergson, H. (1922). *Durée et Simultanéité: à propos de la théorie d'Einstein*. Paris: Alcan. Repr. 1972 in A. Robinet (ed.), *Mélanges*. Paris: Presses Universitaires de France. Trans. 1956 H. Dingle, *Duration and Simultaneity*, Indianapolis, IN: Bobbs-Merrill.
Bergson, H. (1932). *Les Deux Sources de la morale et de la religion*, Paris: Alcan. Repr. 1988 Quadrige. Paris: Presses Universitaires de France. Trans. 1935 R. A. Audra and C. Brereton, *The Two Sources of Morality and Religion*, New York: Holt.
Bergson, H. (1934). *La Pensée et le mouvant: essais et conférences*, Paris: Alcan. Repr. 1987 Quadrige. Paris: Presses Universitaires de France. Trans. 1946 M. L. Andison, *The Creative Mind*, New York: Philosophical Library.
Deleuze, G. (1966). *Le Bergsonisme*, Paris: Presses Universitaires de France. Trans. (1988). H. T. Milison and B. Habberjan, *Bergsonism*, New York: Zone Books.
Du Bos, C. (1946–61). *Journal: 1921–1939*, Paris: Corréa/Editions du Vieux Colombier.
Gouhier, H. (1964). *Bergson et le Christ des Evangiles*, Paris: Fayard.
Hude, H. (1989–90). *Bergson*, Paris: Editions Universitaires.
James, W. (1890). *The Principles of Psychology*, New York: Holt. New edn 1981, F. Bowers (ed.), Cambridge, MA: Harvard University Press.
Lacey, A. R. (1989). *Bergson*, London: Routledge.
Maire, G. (1935). *Bergson mon maître*, Paris: Grasset.
Malcolm, N. (1958). *Ludwig Wittgenstein: A Memoir*, London: Oxford University Press.
McTaggart, J. M. E. (1908). 'The Unreality of Time', *Mind*, 17: 457–74.
Moore, F. C. T. (1996). *Bergson: Thinking Backwards*, Cambridge: Cambridge University Press.
Russell, B. (1914). *The Philosophy of Bergson*, Cambridge: Bowes and Bowes.
Russell, B. and Whitehead, A. (1910–13). *Principia Mathematica*. Cambridge: Cambridge University Press.
Soulez, P. (1997). *Bergson*, Paris: Flammarion.
Worms, F. (1992). *Introduction à Bergson: l'âme et le corps*, Paris: Hatier.

CHAPTER 6 PRAGMATISM

Abel, R. (1955). *The Pragmatic Humanism of F. C. S. Schiller*, New York: King's Crown Press.
Bird, G. (1986). *William James*, London: Routledge.
Brent, J. (1993). *Charles Sanders Peirce: A Life*, Bloomington and Indianapolis: Indiana University Press.
Clifford, W. K. (1877). 'The Ethics of Belief', *Contemporary Review* 29: 283–309.
Dewey, J. (1938). *Logic: The Theory of Inquiry*, New York: Holt.
Fisch, M. (1986). *Peirce, Semeiotic and Pragmatism: Essays by Max Fisch*. Edited by K. L. Ketner and C. J. W. Kloesel. Bloomington and Indianapolis: Indiana University Press.

Ford, M. (1982). *William James's Philosophy: A New Perspective*, Amherst, MA: University of Massachusetts Press.

Hookway, C. J. (1985). *Peirce*, London: Routledge.

James, W. (1890). *The Principles of Psychology*, New York: Holt. New edn 1981, F. Bowers (ed.), Cambridge, MA: Harvard University Press.

James, W. (1897). *The Will to Believe and other Essays in Popular Philosophy*, New York: Longmans, Green. New edn 1979, ed. F. Bowers, Cambridge, MA: Harvard University Press.

James, W. (1902). *The Varieties of Religious Experience: A Study of Human Behaviour*, New York and London: Longmans, Green. New edn 1985, ed. F. Bowers, Cambridge, MA: Harvard University Press.

James, W. (1907). *Pragmatism: A New Name for some Old Ways of Thinking*, New York and London: Longman, Green & Co. New edn 1975, ed. F. Bowers, Cambridge, MA: Harvard University Press.

James, W. (1909a). *A Pluralistic Universe*, New York and London: Longmans, Green. New edn 1977, ed. F. Bowers, Cambridge, MA: Harvard University Press.

James, W. (1909b). *The Meaning of Truth*, New York: Longmans, Green. New edn 1975, ed. F. Bowers, Cambridge, MA: Harvard University Press.

James, W. (1912). *Essays in Radical Empiricism*, New York: Longmans, Green. New edn 1976, ed. F. Bowers, Cambridge, MA: Harvard University Press.

Ketner, K. (ed.) (1995). *Peirce and Contemporary Thought*, New York: Fordham University Press.

Kuklick, B. (1977). *The Rise of American Philosophy: Cambridge Massachusetts 1860–1930*, New Haven, CT: Yale University Press.

Murphey, M. (1961). *The Development of Peirce's Philosophy*, Cambridge, MA: Harvard University Press. Reissued 1993, Indianapolis: Hackett Publishing Company.

Myers, G. E. (1986). *William James: His Life and Thought*, New Haven, CT: Yale University Press.

Ogden, C. K. and Richards, I. A. (1923). *The Meaning of Meaning*, London: Kegan Paul.

Papini, G. (1913). *Pragmatismo (Pragmatism)*, Milan: Libreria Editrice Milanese.

Peirce, C. S. (1867). 'On a New List of Categories', *Proceedings of the American Academy of Arts and Sciences*, 7: 287–98. Repr. 1984 in E. C. Moore (ed.), *Writings of Charles S. Peirce: A Chronological Edition*, vol. II, Bloomington and Indianapolis, IN: Indiana University Press, 49–59.

Peirce, C. S. (1868–9). The *Journal of Speculative Philosophy* series. *Journal of Speculative Philosophy*, 2: 103–14, 140–57, 193–208. Repr. 1984 in E. C. Moore et al. (eds.), *Writings of Charles S. Peirce: A Chronological Edition*, vol. II, Bloomington and Indianapolis, IN: Indiana University Press, 193–272.

Peirce, C. S. (1871). 'Fraser's *The Works of George Berkeley*', *North American Review*, 113: 449–72. Repr. 1984 in E. C. Moore (ed.), *Writings of Charles S. Peirce: A Chronological Edition*, vol. II, Bloomington and Indianapolis, IN: Indiana University Press, 462–87.

Peirce, C. S. (1877–8). 'Illustrations of the Logic of Science', *Popular Science Monthly*, 12: 1–15, 286–302, 604–15, 705–18; 13: 203–17, 470–82. Repr. 1986 in C. J. W. Kloesel et al. (eds.), *Writings of Charles S. Peirce: A Chronological Edition*, vol. III, Bloomington and Indianapolis: Indiana University Press, 242–374.

Peirce, C. S. (1891–3). The *Monist* series on metaphysics. *The Monist*, 1: 161–76; 2: 321–37; 2: 533–59; 3: 1–22; 3: 176–200. Repr. 1992 in N. Houser and C. Kloesel (eds.), *The Essential Peirce: Selected Philosophical Writings*, vol. I (1867–93), Bloomington and Indianapolis, IN: Indiana University Press, 285–371.

Peirce, C. S. (1905–6). *Monist* papers on pragmaticism. *The Monist*, 15: 161–81; 481–99. Repr. 1998 with additional manuscript material in Peirce Edition Project (ed.), *The Essential*

Peirce: *Selected Philosophical Writings*, vol. II (1893–1913), Bloomington and Indianapolis, IN: Indiana University Press, 331–433.

Peirce, C. S. (1908). 'A Neglected Argument for the Reality of God', *The Hibbert Journal*, 7: 90–112. Repr. 1998 in Peirce Edition Project (ed.), *The Essential Peirce: Selected Philosophical Writings*, vol. II (1893–1913), Bloomington and Indianapolis, IN: Indiana University Press, 434–50.

Peirce, C. S. (1934). 'Lectures on Pragmatism' in C. Hartshorne and P. Weiss (eds.), *Collected Papers of Charles Sanders Peirce*, vol. V, Cambridge, MA: Harvard University Press, 13–131. Repr. 1998 as 'Harvard Lectures on Pragmatism (1903)' in Peirce Edition Project (ed.), *The Essential Peirce: Selected Philosophical Writings*, vol. II (1893–1913), Bloomington and Indianapolis, IN: Indiana University Press, 133–241.

Peirce, C. S. (1958). 'Josiah Royce, The Religious Aspect of Philosophy', in A. Burks (ed.), *Collected Papers of Charles Sanders Peirce*, vol. VIII, Cambridge, MA: Harvard University Press, 39–53. Repr. 1993 as 'An American Plato: Review of Royce's *Religious Aspect of Philosophy*', in C. J. W. Kloesel et al. (eds.), *Writings of Charles S. Peirce: A Chronological Edition*, vol. IV, Bloomington and Indianapolis, IN: Indiana University Press, 221–34.

Peirce, C. S. (1992). *Reasoning and the Logic of Things*, ed. K. L. Ketner, Cambridge, MA: Harvard University Press.

Putnam, R. A. (ed.) (1997). *The Cambridge Companion to William James*, Cambridge: Cambridge University Press.

Royce, J. (1885). *The Religious Aspect of Philosophy*, Boston and New York: Houghton Mifflin Company.

Schiller, F. (1891). *Riddles of the Sphinx: A Study of the Philosophy of Evolution*, London: Swan Sonnenschein.

Schiller, F. (1903). *Humanism*, London: Macmillan.

Schiller, F. (1929). *Logic for Use*, London: G. Bell.

Schiller, F. (1934). *Must Philosophers Disagree?*, London: Macmillan.

Thayer, H. S. (1968). *Meaning and Action: A Critical History of Pragmatism*, Indianapolis: Bobbs-Merrill.

Vaihinger, H. (1911). *Die Philosophie des als-ob*, Berlin: Reuther and Reichard. Trans. 1924 C. K. Ogden, *The Philosophy of As-If*, London: Kegan Paul.

Vailati, G. (1911). *Scritti (Writings)*, ed. M. Calderoni, U. Ricci, and G. Vacca. Florence: Successori B. Seeber.

CHAPTER 7 PSYCHOLOGY: OLD AND NEW

Angell, J. R. (1907). 'The Province of Functional Psychology', *Psychological Review* 14: 61–91.

Bain, A. (1855). *The Senses and the Intellect*, London: Parker & Son.

Baldwin, J. M. (1889). *Handbook of Psychology*, vol. I, *Senses and Intellect*, New York: Henry Holt.

Baldwin, J. M. (1891). *Handbook of Psychology*, vol. II, *Feeling and Will*, London: Macmillan and New York: Henry Holt.

Beneke, F. E. (1833). *Lehrbuch der Psychologie*, Berlin: Ernst Siegfried Mittler.

Beneke, F. E. (1845). *Lehrbuch der Psychologie als Naturwissenschaft*, 2nd edn, Berlin: Bosen und Bromberg.

Bonnet, C. (1755). *Essai de psychologie*, London.

Boring, E. G. (1929). *A History of Experimental Psychology*, New York: Century. 2nd edn 1950. New York: Appleton-Century-Crofts.

Brentano, F. (1874). *Psychologie vom empirischen Standpunkt*, Leipzig: Duncker and Humboldt. Trans. 1973 A. C. Rancurello, D. B. Terrell, and L. L. McAlister, *Psychology from an Empirical Standpoint*, London: Routledge.

Carpenter, W. B. (1837). 'On the Voluntary and Instinctive Actions of Living Beings', *Edinburgh Medical and Surgical Journal*, 48: 22–44.

Carpenter, W. B. (1874). *Principles of Mental Physiology*, London: King and Co., 6th edn 1881: Kegan Paul.

Carpenter, W. B. (1881). *Principles of Mental Physiology*, 6th edn, London: Kegan Paul.

Cesca, G. (1885). 'Ueber die Existenz von unbewussten psychischen Zuständen', *Vierteljahrsschrift für wissenschaftliche Philosophie* 9: 288–301.

Comte, A. (1830–42). *Cours de philosophie positive*, 6 vols., Paris: Bachelier. Trans. 1855 H. Martineau, *The Positive Philosophy*, New York: Blanchard.

Danziger, K. (1979). 'The Positivist Repudiation of Wundt', *Journal of the History of the Behavioral Sciences* 15: 205–30.

Darwin, C. (1859). *On the Origin of Species*, London: J. Murray.

Darwin, C. (1872). *The Expression of the Emotions in Man and Animals*, London: J. Murray.

Delboeuf, J. (1883a). *Eléments de psychophysique générale & spéciale*, Paris: Baillière.

Delboeuf, J. (1883b). *Examen critique de la loi psychophysique: sa base et sa signification*, Paris: Baillière.

Dewey, J. (1896). 'The Reflex Arc Concept in Psychology', *Psychological Review* 3: 357–70.

Dunn, R. (1858). 'On Mental Physiology: or, the Correlations of Physiology and Psychology', *Journal of Mental Science* 4: 343–60.

Ebbinghaus, H. (1885). *Ueber das Gedachtnis: Untersuchungen zur experimentellen Psychologie*, Leipzig: Duncker & Humboldt. Trans. 1913 H. A. Ruger and C. E. Bussenius, *Memory: A Contribution to Experimental Psychology*, New York: Teachers College, Columbia University.

Evans, R. (1984). 'The Origins of American Academic Psychology' in J. Brozek (ed.), *Explorations in the History of Psychology in the United States*, Lewisburg: Bucknell University Press, 17–60.

Fechner, G. T. (1860). *Elemente der Psychophysik*, 2 vols., Leipzig: Breitkopf and Härtel. Vol. I trans. 1966 H. E. Adler, ed. D. Howes and E. Boring, *Elements of Psychophysics*, New York: Holt, Rinehart, and Winston.

Fechner, G. T. (1882). *Revision der Hauptpunkte der Psychophysik*, Leipzig: Breitkopf and Härtel.

Hatfield, G. (1990). *The Natural and the Normative: Theories of Spatial Perception from Kant to Helmholtz*, Cambridge, MA: MIT Press.

Hatfield, G. (1997). 'Wundt and Psychology as Science: Disciplinary Transformations', *Perspectives on Science* 5: 349–82.

Hearnshaw, L. S. (1964). *A Short History of British Psychology, 1840–1940*, London: Methuen and Co.

Heidbreder, E. (1933). *Seven Psychologies*, New York: Appleton-Century.

Helmholtz, H. (1867). *Handbuch der physiologischen Optik*, Leipzig: Voss. Trans. 1924–5 J. P. C. Southall, *Treatise on Physiological Optics*, 3 vols., Milwaukee: Optical Society of America.

Herbart, J. F. (1816). *Lehrbuch zur Psychologie*, Königsberg and Leipzig: Unzer. Trans. 1891 M. K. Smith, *A Text-Book in Psychology*, New York: Appleton.

Herbart, J. F. (1824–5). *Psychologie als Wissenschaft neu gegründet auf Erfahrung, Metaphysik und Mathematik*, Königsberg: Unzer.

Hering, E. (1861–4). *Beiträge zur Physiologie (Contributions to Physiology)*, Leipzig: Engelmann.

Hering, E. (1868). *Die Lehre vom binocularen Sehen (The Theory of Binocular Vision)*, Leipzig: Engelmann.

Hilgard, E. R. (1987). *Psychology in America: A Historical Survey*, San Diego: Harcourt Brace Jovanovich.

James, W. (1890). *The Principles of Psychology*, 2 vols., New York: Holt.
Krüger, J. G. (1756). *Versuch einer Experimental-Seelenlehre*, Halle: C. H. Hemmerde.
Külpe, O. (1893). *Grundriss der Psychologie, auf experimenteller Grundlage dargestellt*, Leipzig: Engelmann. Trans. 1895 E. B. Titchener, *Outlines of Psychology, Based upon the Results of Experimental Investigation*, New York: Macmillan.
Kusch, M. (1999). *Psychological Knowledge: A Social History and Philosophy*, London: Routledge.
Ladd, George Trumbull (1887). *Elements of Physiological Psychology*, New York: Charles Scribner's Sons.
Ladd, George Trumbull (1894). *Psychology, Descriptive and Explanatory*, New York: Charles Scribner's Sons.
Ladd, George Trumbull (1895). *Philosophy of Mind: An Essay in the Metaphysics of Psychology*, New York: Charles Scribner's Sons.
Lange, F. A. (1866). *Geschichte des Materialismus und Kritik seiner Bedeutung in der Gegenwart*, 2 vols., Iserlohn and Leipzig: J. Baedeker. Trans. 1925 E. C. Thomas, *The History of Materialism and Criticism of its Present Importance*, 3rd edn, 3 vols., London: Routledge.
Lewes, G. H. (1857). *Biographical History of Philosophy*, rev. edn, London: Parker & Son.
Lewes, G. H. (1874–5). *Problems of Life and Mind, First Series, Foundations of a Creed*, 2 vols., Boston: Osgood.
Lewes, G. H. (1877). *Problems of Life and Mind, Second Series, The Physical Basis of Mind*, Boston: Osgood.
Lewes, G. H. (1879). *Problems of Life and Mind, Third Series, The Study of Psychology*, Boston: Osgood.
Lewes, G. H. (1880). *Problems of Life and Mind, Third Series, Continued*, Boston: Osgood.
Lipps, T. (1903). *Leitfaden der Psychologie*, Leipzig: Engelmann.
Loeb, J. (1900). *Comparative Physiology of the Brain and Comparative Psychology*, New York: G. P. Putnam's Sons.
Lotze, H. (1852). *Medicinische Psychologie, oder Physiologie der Seele*, Leipzig: Weidmann.
Lotze, H. (1881). *Grundzüge der Psychologie*, 3rd edn, Leipzig: S. Hürzel. Trans. 1886 G. T. Ladd, *Outlines of Psychology: Dictated Portions of the Lectures of Hermann Lotze*, Boston: Ginn and Co.
McCosh, J. (1886). *Psychology: The Cognitive Powers*, New York: Charles Scribner's Sons.
Maudsley, H. (1867). *The Physiology and Pathology of the Mind*, London: Macmillan.
Maudsley, H. (1876). *The Physiology of Mind*, London: Macmillan.
Mercier, C. (1888). *The Nervous System and the Mind: A Treatise on the Dynamics of the Human Organism*, London: Macmillan.
Mill, J. (1869). *Analysis of the Phenomena of the Human Mind*, new edn, 2 vols., London: Longmans, Green, Reader and Dyer.
Mill, J. S. (1843). *A System of Logic, Ratiocinative and Inductive*, London: John Parker. Comprises vols. VII and VIII of J. S. Mill, *Collected Works*, ed. J. M. Robson, London: Routledge and Toronto: University of Toronto Press, 1991.
Mill, J. S. (1865). *An Examination of Sir William Hamilton's Philosophy*, London: Longmans, Green; 5th edn 1878, London: Longmans, Green.
Morgan, C. Lloyd (1891). *Animal Life and Intelligence*, Boston: Ginn.
Müller, G. E. (1878). *Zur Grundlegung der Psychophysik*, Berlin: Grieben.
Müller, G. E. (1904). *Die Gesichtspunkte und die Tatsachen der psychophysischen Methodik*, Wiesbaden: Bergmann.
Müller, G. E. and Pilzecker, A. (1900). *Experimentelle Beiträge zur Lehre vom Gedächtnis. Zeitschrift für Psychologie und Physiologie der Sinnesorgane*, Ergänzungsband 1, Leipzig: Barth.
Murchison, C. (ed.) (1926). *Psychologies of 1925: Powell Lectures in Psychological Theory*, Worcester, MA: Clark University Press.

Murchison, C. (ed.) (1930). *Psychologies of 1930*, Worcester, MA: Clark University Press.
O'Donnell, J. M. (1979). 'The Crisis in Experimentalism in the 1920s: E. G. Boring and His Uses of History', *American Psychologist* 34: 289–95.
Ribot, T. (1870). *La psychologie anglaise contemporaine: Ecole expérimentale*, Paris: Ladrange. Trans. 1874, *English Psychology*, New York: Appleton.
Ribot, T. (1879). *La psychologie allemande contemporaine: Ecole expérimentale*, Paris: Baillière. Trans. 1886 J. M. Baldwin, *German Psychology of To-Day: The Empirical School*, New York: Charles Scribner's Sons.
Romanes, G. J. (1883). *Mental Evolution in Animals, with a Posthumous Essay on Instinct by Charles Darwin*, London: Kegan Paul.
Romanes, G. J. (1888). *Mental Evolution in Man, Origin of Human Faculty*, London: Kegan Paul.
Scripture, E. W. (1897). *The New Psychology*, London: Charles Scribner's Sons.
Spencer, H. (1855). *The Principles of Psychology*, 2 vols. London: Williams and Norgate. 2nd edn 1870, 3rd edn 1881.
Stout, G. F. (1896). *Analytic Psychology*, London: Swan Sonnenschein.
Stout, G. F. (1899). *A Manual of Psychology*, London and New York: University Correspondence College Press.
Sully, J. (1884). *Outlines of Psychology with Special Reference to the Theory of Education*, London: Longmans, Green.
Sully, J. (1892). *The Human Mind: A Text-Book of Psychology*, London: Longmans, Green.
Taine, H. (1870). *De l'intelligence*, 2 vols., Paris: Hachette. Trans. 1871 T. D. Haye, *On Intelligence*, London: Reeve and Co. and New York: Holt and Williams.
Titchener, E. B. (1898). 'The Postulates of a Structural Psychology', *Philosophical Review* 7: 449–65.
Titchener, E. B. (1908). *Lectures on the Elementary Psychology of Feeling and Attention*, New York: Macmillan.
Titchener, E. B. (1909a). *Lectures on the Experimental Psychology of the Thought-Processes*, New York: Macmillan.
Titchener, E. B. (1909b). *A Text-Book of Psychology*, New York: Macmillan.
Turner, R. S. (1994). *In the Eye's Mind: Vision and the Helmholtz-Hering Controversy*, Princeton, NJ: Princeton University Press.
Upham, T. C. (1841). *Elements of Mental Philosophy, Embracing the Two Departments of the Intellect and the Sensibilities*, 2nd edn, 2 vols., New York: Harper and Brothers.
Waitz, T. (1878). *Grundlegung der Psychologie*, 2nd edn, Leipzig: Siegismund and Volkening.
Ward, J. (1886). 'Psychology', in *Encyclopaedia Britannica*, 9th edn, Philadelphia: Stoddart, vol. XX, 42–90.
Weber, E. H. (1834). *De pulsu, resorptione, auditu et tactu: annotationes anatomicae et physiologicae*, Leipzig: Köhler. Trans. 1996 H. E. Ross and D. J. Murray, *E. H. Weber on the Tactile Senses*, 2nd edn, Hove: Taylor and Francis.
Wundt, W. M. (1862). *Beiträge zur Theorie der Sinneswahrnehmung*, Leipzig: Winter.
Wundt, W. M. (1863). *Vorlesungen ueber Menschen- und Thierseele*, 2 vols., Leipzig: Voss.
Wundt, W. M. (1874). *Grundzüge der physiologischen Psychologie*, Leipzig: Engelmann. 2nd edn 1880; 3rd edn 1887.
Wundt, W. M. (1883). 'Schlusswort zum ersten Band', *Philosophische Studien* 1: 615–17.
Wundt, W. M. (1886). *Eléments de psychologie physiologique*, 2 vols., Paris: Alcan.
Wundt, W. M. (1894). 'Ueber psychische Causalität und das Prinzip des psychophysischen Parallelismus', *Philosophische Studien* 10: 1–124.
Wundt, W. M. (1900–20). *Völkerpsychologie. Eine Untersuchung der Entwicklungsgesetze von Sprache, Mythus und Sitte*, 10 vols., Leipzig: Engelmann, Kröner.

Wundt, W. M. (1901). *Grundriss der Psychologie*, 4th edn, Leipzig: Engelmann. Trans. 1902 C. H. Judd, *Outlines of Psychology*, 2nd edn, Leipzig: Engelmann.

Wundt, W. M. (1908). *Logik: III. Band, Logik der Geisteswissenschaften*, 3rd edn, Stuttgart: Ferdinand Enke.

Ziehen, T. (1891). *Leitfaden der physiologischen Psychologie*, Jena: G. Fischer. Trans. 1892 C. C. van Liew and O. W. Beyer, *Introduction to Physiological Psychology*, London: Swan Sonnenschein.

CHAPTER 8 THE UNCONSCIOUS MIND

Assoun, P.-L (1976). *Freud: la philosophie et les philosophes*, Paris: Presses Universitaires de France.

Assoun, P.-L. (1980). *Freud et Nietzsche*, Paris: Presses Universitaires de France.

Baldwin, J. (1891). *Handbook of Psychology: Feeling and Will*, London: Macmillan.

Bergson, H. (1896). *Matière et mémoire: essai sur la relation du corps à l'esprit*, Paris: Presses Universitaires de France. Trans. 1991 N. Margaret Paul and W. Scott Palmer, *Matter and Memory*, New York: Zone Books.

Bergson, H. (1934). *La pensée et le mouvant: essais et conférences*, 5th edn, Paris: Alcan. Trans. M. L. Andison 1946, *The Creative Mind*, Westport, CT: Greenwood Press.

Binet, A. (1891). *Les altérations de la personnalité*, Paris: Alcan. Trans. 1896 H. Baldwin, *Alterations of Personality*, London: Chapman and Hall.

Boring, E. G. (1929). *A History of Experimental Psychology*, New York: Century, 2nd edn 1950, Englewood Cliffs, NJ: Prentice-Hall.

Bradley, F. H. (1895). 'On the supposed uselessness of the soul', *Mind* n.s. 4, 176–9. Repr. 1935 in *Collected Essays*, vol. I, Oxford: Clarendon Press, 343–7.

Bradley, F. H. (1902a). 'On active attention', *Mind* n.s. 11, 1–30. Repr. 1935 in *Collected Essays*, vol. II, Oxford: Clarendon Press, 408–43.

Bradley, F. H. (1902b). 'On mental conflict and imputation', *Mind* n.s. 11, 289–315. Reprinted 1935 in *Collected Essays*, vol. II, Oxford: Clarendon Press, 444–75.

Bradley, F. H. (1893). *Appearance and Reality: A Metaphysical Essay*, 1st edn, London: Swan Sonnenschein and Co., 2nd edn 1897; repr. with new pagination, Oxford: Clarendon Press, 1930.

Brandell, G. (1979). *Freud: A Man of his Century*, trans. I. White, Sussex: Harvester.

Brentano, F. (1874). *Psychologie vom empirischen Standpunkt*, Leipzig: Duncker & Humboldt. Trans. 1973 A. Rancurello, D. Terrell, and L. L. McAlister, ed. O. Kraus, *Psychology from an Empirical Standpoint*, London: Routledge.

Butler, S. (1880). *Unconscious Memory: A Comparison Between the Theory of Dr. Ewald Hering and the 'Philosophy of the Unconscious' of Dr. Edward Von Hartmann; With Translations From these Authors and Preliminary Chapters Bearing on 'Life and Habit', 'Evolution, Old and New', and Mr. Charles Darwin's Edition of Dr. Krause's 'Erasmus Darwin'*, London: David Bogue.

Carpenter, W. B. (1874). *Principles of Mental Physiology*, London: King and Co., 6th edn 1881: Kegan Paul.

Carus, C. G. (1846). *Psyche: zur Entwicklungsgeschichte der Seele*, Pforzheim: Flammer and Hoffmann. Part I trans. 1970 R. Welch, *Psyche: On the Development of the Soul*, New York: Spring Publications.

Clifford, W. K. (1878). 'On the nature of things-in-themselves', *Mind* n.s. 3, 57–67.

Dallas, E. (1866). *The Gay Science*, London: Chapman and Hall.

Darnoi, D. (1967). *The Unconscious and Eduard von Hartmann: A Historico-Critical Monograph*, The Hague: Nijhoff.

Decker, H. (1977). *Freud in Germany: Revolution and Reaction in Science, 1893–1907*, New York: International Universities Press.

Deleuze, G. (1966). *Le Bergsonisme*, Paris: Presses Universitaires de France. Trans. 1988 H. Tomlinson and B. Habberjam, *Bergsonism*, New York: Zone Books.
Ellenberger, H. (1970). *The Discovery of the Unconscious: The History and Evolution of Dynamic Psychiatry*, New York: Basic Books.
Ellenberger, H. (1993). *Beyond the Unconscious: Essays of Henri Ellenberger in the History of Psychiatry*, Princeton, NJ: Princeton University Press.
Fechner, G. T. (1860). *Elemente der Psychophysik*, Leipzig: Breitkopf and Hartel. Vol. I trans. 1966 H. Adler, ed. D. Howes and E. Boring, *Elements of Psychophysics*, New York: Holt, Rinehart, and Winston.
Foucault, M. (1966). *Les mots et les choses: une archéologie des sciences humaines*, Paris: Gallimard. Trans. 1974, *The Order of Things: An Archaeology of the Human Sciences*, London: Tavistock.
Freud, S. (1900). *Die Traumdeutung*, vols. II–III of *Gesammelte Werke*, 18 vols., Frankfurt am Main: Fischer Verlag, 1960. Trans. *The Interpretation of Dreams*, vols. IV–V of *The Standard Edition of the Complete Psychological Works of Sigmund Freud*, 24 vols., under the general editorship of J. Strachey, in collaboration with A. Freud, assisted by A. Strachey and A. Tyson, London: Hogarth Press and Institute of Psycho-Analysis, 1953–74.
Freud, S. (1904). *Zur Psychopathologie des Alltagslebens*, *Gesammelte Werke*, vol. IV, *The Psychopathology of Everyday Life*, standard edition, vol. VI.
Freud, S. (1905). *Drei Abhandlungen zur Sexualtheorie*, *Gesammelte Werke*, vol. V, 29–145. *Three Essays on the Theory of Sexuality*, Standard Edition, vol. VII, 123–245.
Freud, S. (1912). 'Einige Bemerkungen über den Begriff des Unbewußten in der Psychoanalyse', *Gesammelte Werke*, vol. VIII, 430–9. Trans. 'A note on the unconscious in psycho-analysis', *Standard Edition*, vol. XII, 255–66.
Freud, S. (1915). 'Das Unbewußte', *Gesammelte Werke*, vol. X, 264–303. Trans. 'The Unconscious', *Standard Edition*, vol. XVI, 159–215.
Freud, S. (1920). *Jenseits des Lustprinzips*, *Gesammelte Werke*, vol. XIII, 3–69. *Beyond the Pleasure Principle*, Standard Edition, vol. XVIII, 1–64.
Freud, S. (1923). *Das Ich und das Es*, *Gesammelte Werke*, vol. XIII, 237–89. *The Ego and the Id*, Standard Edition, vol. XIX, 1–66.
Freud, S. (1933). *Neue Folge der Vorlesungen zur Einführung in die Psychoanalyse*, *Gesammelte Werke*, vol. XV. Trans. *New Introductory Lectures on Psycho-Analysis*, Standard Edition, vol. XXII, pp. 1–182.
Freud, S. (1940). *Abriß der Psychoanalyse*, *Gesammelte Werke*, vol. XVII, 63–138. Trans. *An Outline of Psycho-Analysis*, Standard Edition, vol. XXIII, 139–207.
Freud S. (1954). *The Origins of Psycho-Analysis: Letters to Wilhelm Fließ, Drafts and Notes 1887–1902*, ed. M. Bonaparte, A. Freud, and E. Kris, trans. E. Mosbacher and J. Strachey, London: Imago.
Galton, Sir F. (1883). *Inquiries into Human Faculty and its Development*, London: Macmillan.
Gardner, S. (1999). 'Schopenhauer, Will and Unconscious' in C. Janaway (ed.), *The Cambridge Companion to Schopenhauer*, Cambridge: Cambridge University Press.
Gay, P. (1988). *Freud: A Life for Our Time*, London: Dent.
Hamilton, Sir W. (1865–6). *Lectures on Metaphysics and Logic*, 4 vols., ed. H. L. Mansel and J. Veitch, Edinburgh: William Blackwood.
Hartmann, E. von (1869). *Philosophie des Unbewußten: Versuch einer Weltanschauung. Speculative Resultate nach inductiv-naturwissenschaftlicher Methode*, Berlin: C. Duncker. Trans. 1931 W. Coupland, *Philosophy of the Unconscious: Speculative Results According to the Inductive Method of Physical Science*, London: Kegan Paul.
Hartmann, E. von (1879). *Phänomenologie des sittlichen Bewußtseins: Prolegomena zu jeder künftiger Ethik*, Berlin: C. Duncker.

Hartmann, E. von (1887). *Philosophie des Schönen: zweiter systematischer Theil der Aesthetik*, Leipzig: W. Friedrich.
Hartmann, E. von (1896). *Kategorienlehre*, Leipzig: H. Haacke.
Hartmann, E. von (1899–1900). *Geschichte der Metaphysik*, 2 vols., Leipzig: H. Haacke.
Helmholtz, H. von (1855). *Ueber das Sehen des Menschen (Ein popular-wissenschaftlicher Vortrag)*, Leipzig: Voss.
Helmholtz, H. von (1856–67). *Handbuch der Physiologischen Optik*, 3 vols., 2nd edn, Hamburg: Voss, 1896. Trans. 1924–5 J. Southall, *Treatise on Physiological Optics*, 3 vols., New York: Optical Society of America.
Helmholtz, H. von (1894). 'Über den Ursprung der richtigen Deutung unserer Sinneseindrücke', *Zeitschrift für Psychologie der Sinnesorgane* 7, 81–96. Trans. 1986 R. M. Warren and R. P. Warren, 'The Origin of the Correct Interpretation of our Sensory Impressions' in *Helmholtz on Perception: Its Physiology and Development*, New York: John Wiley, 249–60.
Henry, A. (1988). 'La réception de Schopenhauer en France' in E. Luft (ed.), *Schopenhauer: New Essays in Honour of His 200th Birthday*, New York: Edwin Mellen Press, 188–215.
Henry, M. (1985). *Généalogie de la psychanalyse: le commencement perdu*, Paris: Presses Universitaires de France. Trans. 1993 D. Brick, *The Genealogy of Psychoanalysis*, Stanford, CA: Stanford University Press.
Herbart, J. F. (1816). *Lehrbuch zur Psychologie*, Königsberg and Leipzig: Unzer. Trans. 1891 M. K. Smith, *A Text-Book in Psychology*, New York: Appleton.
Herbart, J. F. (1824). *Psychologie als Wissenschaft, neu gegründet auf Erfahrung, Metaphysik und Mathematik. (Psychology as a Science, newly founded on Experience, Metaphysics and Mathematics)*, Königsberg: Unzer.
Hering, E. (1870). *Über das Gedächtnis als eine allgemeine Funktion der organisierte Materie*, Vienna: Karl Gerold. Trans. 1880 S. Butler, 'On Memory as a Universal Function of Organised Matter' in Butler 1880, 97–133.
Hook, S. (ed.) (1964). *Psychoanalysis, Scientific Method and Philosophy*, New York: New York University Press.
Horkheimer, M. (1972). 'Schopenhauer und die Gesellschaft' in *Sozialphilosophische Studien*, Frankfurt am Main: Athenäum Fischer, 68–77.
Huxley, T. H. (1874). 'On the Hypothesis that Animals are Automata', in *Collected Essays*, 9 vols., London: Macmillan 1898, vol. I, *Methods and Results*, 199–250.
James, W. (1890). *The Principles of Psychology*, 2 vols., New York: Henry Holt. New edn 1950, New York: Dover Publications.
James, W. (1902). *The Varieties of Religious Experience*, New York: Longmans, Green. Repr. 1982, Harmondsworth: Penguin.
Janet, P. (1889). *L'Automatisme psychologique: essai de psychologie expérimentale sur les formes inférieures de l'activité humaine*, Paris: Alcan.
Janet, P. (1907–8). 'Symposium on the subconscious', *Journal of Abnormal Psychology* 2, 58–67. Repr. in Münsterberg et al. 1911.
Jastrow, J. (1901). *Fact and Fable in Psychology*, London: Macmillan.
Jastrow, J. (1906). *The Subconscious*, London: Archibald Constable.
Jastrow, J. (1907–8). 'Symposium on the Subconscious', *Journal of Abnormal Psychology* 2, 37–43. Repr. in Münsterberg et al. 1911.
Jones, E. (1953–7). *Sigmund Freud: Life and Work*, 3 vols., London: Hogarth Press.
Lange, F. A. (1866). *Geschichte des Materialismus und Kritik seiner Bedeutung in der Gegenwart*, 2 vols., 2nd edn 1887, Leipzig: Iserlohn. Trans. 1925 E. C. Thomas, *The History of Materialism and Criticism of its Present Importance*, 3rd edn, London: Routledge.
Lehrer, R. (1995). *Nietzsche's Presence in Freud's Life and Thought: On the Origins of a Psychology of Dynamic Unconscious Mental Functioning*, Albany: State University of New York Press.

Leibniz, G. W. (1765). *Nouveaux essais sur l'entendement humain*, R. E. Raspe; in *Sämtliche Schriften und Briefe*, ed. A. Robinet and H. Schepers, Berlin: Akademie-Verlag, 1962, vol. VI, 43–527. Trans. 1981 P. Remnant and J. Bennett, *New Essays on Human Understanding*, Cambridge: Cambridge University Press.

Lewes, G. H. (1874–5). 'Psychological Principles' (from *Problems of Life and Mind*, vol. I) in G. H. Lewes and J. S. Mill, *Foundations for a Science of Mind*, London: Routledge/Thoemmes Press, 1993.

Lewes, G. H. (1875). *Problems of Life and Mind*, 2 vols., 2nd edn 1883, London: Kegan Paul.

Lipps, T. (1897). 'Der Begriff des Unbewußten in der Psychologie', *Dritter Internationaler Congress für Psychologie in München vom 4. bis 7. August 1896*, Munich: J. F. Lehmann. Repr. 1974 Nendeln/Liechtenstein: Kraus.

Littman, R. (1979). 'Social and intellectual origins of experimental psychology' in E. Hearst (ed.), *The First Century of Experimental Psychology*, Hillsdale, NJ: Lawrence Erlbaum.

Lotze, R. H. (1856–64). *Mikrokosmus: Ideen zur Naturgeschichte und Geschichte der Menschen*, 3 vols., Leipzig: Hirzel. Trans. 1885 E. Hamilton and E. C. Jones, *Microcosmos: An Essay Concerning Man and his Relation to the World*, 2 vols., Edinburgh: T. & T. Clark and New York: Scribner and Welford.

Lotze, H. (1881). *Grundzüge der Psychologie*, 3rd edn, Leipzig: S. Hürzel, 1884. Trans. 1886 G. Ladd, *Outlines of Psychology: Dictated Portions of the Lectures of Hermann Lotze*, Boston: Ginn and Co.

Mandelbaum, M. (1971). *History, Man & Reason: A Study in Nineteenth-Century Thought*, Baltimore: John Hopkins Press.

Maudsley, H. (1867). *The Physiology and Pathology of the Mind*, London: Macmillan.

Merleau-Ponty, M. (1945). *Phénoménologie de la perception*, Paris: Gallimard. Trans. 1962 C. Smith, *Phenomenology of Perception*, London: Routledge.

Mill, J. S. (1843). *A System of Logic, Ratiocinative and Inductive*, London: John Parker, Comprises vols. VII and VIII of J. S. Mill, *Collected Works*, ed. J. M. Robson, London: Routledge and Toronto: University of Toronto Press, 1991.

Mill, J. S. (1865). *An Examination of Sir William Hamilton's Philosophy*, 5th edn, 1878, London: Longmans, Green.

Münsterberg, H. (1907–8). 'Symposium on the Subconscious', *Journal of Abnormal Psychology* 2: 25–33. Reprinted in Münsterberg et al. 1911.

Münsterberg, H., Ribot, T., Janet, P., Jastrow, J., Hart, B., and Prince, M. (1911). *Subconscious Phenomena*, London: Rebman. Reprinted in part from *Journal of Abnormal Psychology* (1907–8), 2, 22–43 and 58–80 ('A Symposium on the Subconscious').

Murray, D. (1983). *A History of Western Psychology*, Englewood Cliffs, NJ: Prentice-Hall.

Myers, F. (1892). 'The subliminal consciousness', *Proceedings of the Society for Psychical Research* 7: 298–355.

Myers, F. (1903). *Human Personality and its Survival of Bodily Death*, 2 vols., London: Longmans, Green.

Nietzsche, F. W. (1887). *Zur Genealogie der Moral: Eine Streitschrift*, Leipzig: C. G. Naumannn. Trans. 1967 W. Kaufmann and R. J. Hollingdale, *On the Genealogy of Morals*, New York: Random House.

Prince, M. (1906). *The Dissociation of a Personality*, New York and London: Longmans, Green.

Prince, M. (1907–8). 'Symposium on the subconscious', *Journal of Abnormal Psychology* 2, 22–5 and 67–80. Reprinted in Münsterberg et al. 1911.

Prince, M. (1914). *The Unconscious: The Fundamentals of Human Personality Normal and Abnormal*, New York: Macmillan.

Reed, E. (1997). *From Soul to Mind: The Emergence of Psychology from Erasmus Darwin to William James*, New Haven: Yale University Press.

Ricœur, P. (1965). *De l'interprétation: essai sur Freud*, Paris: Editions du Seuil. Trans. 1970 D. Savage, *Freud and Philosophy: An Essay in Interpretation*, New Haven, CT: Yale University Press.

Ribot, T. (1881). *Maladies de la mémoire*, Paris: Baillière. Trans. J. Fitzgerald 1885, *The Diseases of Memory: An Essay in Positive Psychology*, 3rd edn, London: Kegan Paul.

Ribot, T. (1889). *Psychologie de l'attention*, Paris: Alcan. Trans. 1890, *The Psychology of Attention*, London: Longmans, Green.

Ribot, T. (1907–8). 'Symposium on the subconscious', *Journal of Abnormal Psychology* 2, 33–7. Reprinted in Münsterberg et al. 1911.

Ribot, T. (1914). *La vie inconsciente et les mouvements*, Paris: Alcan.

Robinson, D. (1981). *An Intellectual History of Psychology*, New York: Macmillan.

Sartre, J.-P. (1943). *L'être et le néant: essai d'ontologie phénoménologique*, Paris: Gallimard. Trans. 1956 H. Barnes, *Being and Nothingness*, New York: Philosophical Library and 1957 London: Methuen.

Scheler, M. (1923). *Wesen und Formen der Sympathie*, 2nd edn, Bonn: Cohen. Trans. 1954 P. Heath, *The Nature of Sympathy*, London: Routledge.

Schelling, F. W. J. von (1800). *System des transzendentalen Idealismus*, Tübingen. Trans. 1993 P. Heath, intro. M. Vater, *System of Transcendental idealism (1800)*, Charlottesville: University Press of Virginia.

Schopenhauer, A. (1836). *Ueber den Willen in der Natur, Eine Erörterung der Bestätigungen welche die Philosophie des Verfassers seit ihrem Auftreten, durch die empirischen Wissenschaften erhalten hat*, Frankfurt on Main: Siegmund Schmerber. Trans. 1992 E. F. J. Payne, ed. D. Cartwright, *On the Will in Nature: A Discussion of the Corroborations From the Empirical Sciences that the Author's Philosophy Has Received Since its First Appearance*, Oxford: Berg.

Schopenhauer, A. (1844). *Die Welt als Wille und Vorstellung*, 2nd edn, 2 vols., Leipzig: Brockhaus. Trans. 1966 E. F. J. Payne, *The World as Will and Representation*, New York: Dover Books.

Spencer, H. (1855). *The Principles of Psychology*, 2 vols., London: Williams and Norgate. 2nd edn 1870, 3rd edn 1881.

Stewart, D. (1792). *Elements of the Philosophy of the Human Mind, Part 1*. Reprinted 1859 with Part 2, ed. G. N. Wright, London: Tegg.

Sully, J. (1884). *Outlines of Psychology: With Special Reference to the Theory of Education*, London: Longmans, Green.

Taine, H. (1870). *De l'intelligence*, Paris: Hachette. Trans. 1871 T. D. Haye, *On Intelligence*, London: Reeve and Co.

Vaihinger, H. (1911). *Die Philosophie des Als Ob. System der theoretischen, praktischen und religiösen Fiktionen der Menschheit auf Grund eines idealistischen Positivismus. Mit einem Anhang über Kant und Nietzsche*, 3rd edn, Leipzig: F. Meiner, 1918. Trans. 1924 C. Ogden, *Philosophy of 'As If': A System of the Theoretical, Practical and Religious Fictions of Mankind*, London: Routledge.

Veitch, J. (1882). *Hamilton*, Edinburgh and London: William Blackwood and Sons.

Wallace, W. (1890). *Life of Schopenhauer*, London: Walter Scott.

Ward, J. (1893). '"Modern" Psychology: a Reflexion', *Mind* n.s. 2, 54–82.

Whyte, L. L. (1979). *The Unconscious Before Freud*, London: Friedman.

Windelband, W. (1892). *Geschichte der Philosophie*, Freiburg. Trans. 1893 J. Tuffs, *A History of Philosophy With Especial Reference to the Formation and Development of its Problems and Conceptions*, New York: Macmillan.

Wollheim, R. (1991). *Freud*, 2nd edn, London: FontanaCollins.

Wollheim, R. (ed.) (1974). *Freud: A Collection of Critical Essays*, New York: Anchor Doubleday. Reprinted 1977 as *Philosophers on Freud: New Evaluations*, New York: Aronson.

Wollheim, R., and Hopkins, J. (eds.) (1982). *Philosophical Essays on Freud*, Cambridge: Cambridge University Press.

Wundt, W. (1862). *Beiträge zur Theorie der Sinneswahrnehmung*, Leipzig: C. F. Winter'sche Verlagshandlung.

CHAPTER 9 LOGIC: REVIVAL AND REFORM

Behmann, H. (1922). 'Beiträge zur Algebra der Logik, insbesondere zum Entscheidungsproblem', *Mathematische Annalen* 88: 163–229.
Bentham, G. (1827). *Outline of a New System of Logic*, London: Hunt and Clarke.
Bolzano, B. (1837). *Wissenschaftslehre*, Seidel: Sulzbach. Trans. and ed. R. George, 1972 *Theory of Science*, Oxford: Blackwell; also trans. B. Terrel, ed. J. Berg, 1973 *Theory of Science*, Dordrecht: Reidel.
Boole, G. (1847). *The Mathematical Analysis of Logic*, London: G. Bell. Repr. 1948 Oxford: Blackwell.
Boole, G. (1854). *The Laws of Thought*, London: Walton and Maberley. Repr. 1951 New York: Dover.
Bosanquet, B. (1888). *Logic or the Morphology of Knowledge*, Oxford: Clarendon Press. 2nd edn 1911.
Bradley, F. H. (1883). *The Principles of Logic*, Oxford: Clarendon Press. 2nd edn 1922.
Carroll, L. (1887). (pseud. of Charles Dodgson). *The Game of Logic*, London: Macmillan.
Carroll, L. (1895). 'What the Tortoise said to Achilles', *Mind* n.s. 4: 278–80.
Carroll, L. (1896). *Symbolic Logic, a Fascinating Recreation for the Young*, London: Macmillan.
Carroll, L. (1977). *Symbolic Logic, Parts I and II*, ed. W. W. Bartley III, Hassocks: Harvester.
De Morgan, A. (1847). *Formal Logic*, London: Taylor and Walton. Repr. 1926, London: Open Court.
De Morgan, A. (1966). *On the Syllogism and other Logical Writings*, ed. P. Heath, New Haven: Yale University Press.
Drobisch, M. (1836). *Neue Darstellung der Logik*, Leipzig: Voss.
Erdmann, B. (1892). *Logik*, Halle.
Grassmann R. (1895). *Formelbuch der Formenlehre oder Mathematik*, Stettin.
Hillebrand, F. (1891). *Die neuen Theorien der kategorischen Schlüllee. Eine logische Untersuchung* (*The New Theory of Categorical Syllogisms. A Logical Investigation*), Vienna.
Huntington, E. V. (1904). 'Sets of Independent Postulates for the Algebra of Logic', *Transactions of the American Mathematical Society* 5: 288–309.
Jevons, W. S. (1864). *Pure Logic*, London: E. Stanford.
Joseph, H. W. B. (1906). *An Introduction to Logic*, Oxford: Clarendon.
Keynes, J. N. (1884). *Studies and Exercises in Formal Logic*, London: Macmillan. 4th edn 1928.
Lotze, R. H. (1874). *Logik*, 3 vols. Leipzig: S. Hirzel. Trans. 1884–8 B. Bosanquet, Oxford: Clarendon Press.
Łukasiewicz, J. (1970). *Selected Works*, ed. L. Borkowski, Amsterdam and Warsaw: North Holland and PWN.
MacColl, H. (1877–80). 'The Calculus of Equivalent Statements', *Proceedings of the London Mathematical Society* 9 (1877–8): 9–10, 177–86; 10 (1878–9): 16–28; 11 (1879–80): 113–21.
Mill, J. S. (1843). *System of Logic*, London: Longmans, Green.
Peirce, C. S. (1933). 'On an Improvement in Boole's Calculus of Logic' in C. Hartshorne, P. Weiss, and A. W. Burks (eds.), *Collected Papers of C. S. Peirce*, vol. III, Cambridge, MA: Harvard University Press.
Schröder, E. (1877). *Operationskreis des Logikkalküls*, Leipzig: Teubner.
Schröder, E. (1890–1905). *Vorlesungen zur Algebra der Logik*, 3 vols. Leipzig: Teubner. Repr. 1966, New York: Chelsea.

Sigwart, C. (1873–8). *Logik*, 2 vols., Tübingen.
Solly, T. (1839). *A Syllabus of Logic*, Cambridge: Cambridge University Press.
Venn, J. (1881). *Symbolic Logic*, London: Macmillan. Repr. 1979, New York: Chelsea.
Whately, R. (1826). *Elements of Logic*, London.
Whitehead, A. N. (1896). *Universal Algebra*, Cambridge: Cambridge University Press.
Whitehead, A. N., and Russell, B. A. W. (1910–13). *Principia Mathematica*, 3 vols., Cambridge: Cambridge University Press.

CHAPTER 10 FOUNDATIONS OF MATHEMATICS

Bernays, P. (1922). 'Die Bedeutung Hilberts für die Philosophie der Mathematik', *Die Naturwissenschaften* 2: 93–9. Trans. 1998 P. Mancosu 'Hilbert's Significance for the Philosophy of Mathematics', in Mancosu (ed.) 1998, 189–97.
Bernays, P. (1967). 'Hilbert, David (1862–1943)' in P. Edwards (ed.), 1967, *The Encyclopedia of Philosophy*, London: Macmillan, vol. III, 496–504.
Bolzano, B. (1851). *Dr. Bernard Bolzano's Paradoxien des Unendlichen, herausgegeben aus dem schriftlichen Nachlasse des Verfassers von Dr. Fr. Prihonsky*, Leipzig: Reclam. Trans. 1950 D. A. Steele, *Paradoxes of the Infinite*, London: Routledge.
Bonola, R. (1912). *Non–Euclidean Geometry: A Critical and Historical Study of its Development*, Chicago: Open Court. Repr. 1955, New York: Dover Publications Inc.
Boolos, G. (1998). *Logic, Logic and Logic*, Cambridge, MA: Harvard University Press.
Borel, E. et al. (1905). 'Cinq Lettres Sur la Théorie des Ensembles', *Bulletin de la Société Mathématique de France* 33: 261–73. Trans. 1982 G. Moore, 'Five Letters on Set Theory', in Moore 1982, 311–20 or Ewald (ed.) 1996, vol. II, 1077–86.
Borel, E. (1908). *Leçons Sur la Théorie des Fonctions [Lectures on the Theory of Functions]*, Paris: Gauthier-Villars.
Brouwer, L. E. J. (1908). 'De onbetrouwbaarheid der logische principes', *Tijdschrift voor wijsbegeerte* 2: 152–8. Trans. 1975 A. Heyting, 'The Unreliability of the Logical Principles', in L. E. J. Brouwer (ed. A. Heyting), *Collected Works. Volume 1.* Amsterdam, Oxford: North-Holland Publishing Co. (1975), 107–11.
Cantor, G. (1872). 'Über die Ausdehnung eines Satzes aus der Theorie der trigonometrischen Reihen' ('On the Expansion of a Proposition from the Theory of the Trigonometric Series'), *Mathematische Annalen* 5, 123–32. Repr. in Cantor 1932, 92–101.
Cantor, G. (1874). 'Uber eine Eigenschaft des Inbegriffs aller reellen algebraischen Zahlen' ('On a Property of the Set of All Real Algebraic Numbers'), *Journal für reine und angewandte Mathematik* 77, 258–62. Repr. in Cantor 1932, 115–18.
Cantor, G. (1878). 'Ein Beitrag zur Mannigfaltigkeitslehre' ('A Contribution to the Theory of Manifolds'), *Journal für reine und angewandte Mathematik* 84, 242–58. Repr. in Cantor 1932, 119–33.
Cantor, G. (1883a). 'Über unendliche lineare Punctmannigfaltigkeiten, 5' ('On infinite linear manifolds of points'), *Mathematische Annalen* 21: 545–91. Repr. in Cantor 1932, 165–209.
Cantor, G. (1883b). *Grundlagen einer allgemeinen Mannigfaltigkeitslehre. Ein mathematisch–philosophischer Versuch in der Lehre des Unendlichen*. Leipzig: Commisonsverlag von B. G. Teubner. Trans. 1996 W. Ewald, 'Foundations of a General Theory of Manifolds: a Mathematico-Philosophical Investigation into the Theory of the Infinite' in Ewald (ed.) 1996, vol. II, 878–920.
Cantor, G. (1932). *Gesammelte Abhandlungen mathematischen und philosophischen Inhalts (Collected Memoirs on Mathematical and Philosophical Subjects)*, ed. E. Zermelo, Berlin: Springer.

Cohen, P. J. (1963–4). 'The Independence of the Continuum Hypothesis', *Proceedings of the National Academy of Science*, USA, 50: 1, 143–8, 51: 105–10.

Dedekind, R. (1854). 'Über die Einführung neuer Funktionen in der Mathematik: Habilitationsvortrag, gehalten im Hause des Prof. Hoeck, in Gegenwart von Hoeck, Gauß, Weber, Waitz, 30 Juni 1854' in Dedekind 1932, item LX, 428–38. Trans. 1996 W. Ewald, 'On the Introduction of New Functions into Mathematics', in Ewald (ed.) 1996, vol. II, 754–62.

Dedekind, R. (1872). *Stetigkeit und irrationale Zahlen*, Braunschweig: Vieweg und Sohn. (Latest reprint, 1965.) Repr. in Dedekind 1932, 315–32. Trans. 1996 W. Ewald, 'Continuity and Irrational Numbers', in Ewald (ed.) 1996, vol. II, 765–79.

Dedekind, R. (1888). *Was sind und was sollen die Zahlen?*, Braunschweig: Vieweg und Sohn. (Latest reprint, 1969.) Repr. in Dedekind 1932, 335–91. Trans. 1996 W. Ewald (with the original German title) in Ewald (ed.) 1996, vol. II, 787–833.

Dedekind, R. (1932). *Gesammelte mathematische Werke, Band 3* [*Collected Mathematical Works*, vol. III], edited by R. Fricke, E. Noether, and Öystein Ore, Braunschweig: Friedrich Vieweg and Son.

Dummett, M. (1977). *Elements of Intuitionism*, Oxford: Clarendon Press.

Dummett, M. (1991). *Frege: Philosophy of Mathematics*, London: Duckworth.

Dummett, M. (1988 [1993]). *Ursprünge der analytischen Philosophie*, Frankfurt: Suhrkamp. English Version: *The Origins of Analytic Philosophy*, London: Duckworth; Cambridge, MA: Harvard University Press 1994.

Ewald, W. (ed.) (1996). *From Kant to Hilbert: A Source Book in the Foundations of Mathematics*, vols. I and II, Oxford: Clarendon Press.

Frege, G. (1879 [1967]). *Begriffsschrift, eine der arithmetischen nachgebildete Formelsprache des reinen Denkens*, Halle an die Saale: Verlag von Louis Nebert. Trans. 1967 S. Bauer-Mengelberg, '*Begriffsschrift*, a Formula Language, Modeled on that of Arithmetic, for Pure Thought', in van Heijenoort, 1–82.

Frege, G. (1884). *Die Grundlagen der Arithmetik*, Breslau: Wilhelm Koebner. Trans. 1950, 1953 J. L. Austin, *The Foundations of Arithmetic*, Oxford: Blackwell, 2nd edn, 1953.

Frege, G. (1892). 'Über Sinn und Bedeutung', *Zeitschrift für Philosophie und philosophische Kritik* 100: 25–50. Trans. 1966 M. Black 'On Sense and Reference [Meaning]', in Frege 1984, 157–77.

Frege, G. (1893). *Grundgesetze der Arithmetik, Band 1*, Jena: Hermann Pohle.

Frege, G. (1903). *Grundgesetze der Arithmetik, Band 2*. Jena: Hermann Pohle.

Frege, G. (1976). *Nachgelassene Schriften: Zweiter Band, Wissenschaftlicher Briefwechsel*, ed. H. Hermes, F. Kambartel, and F. Kaulbach, Hamburg: Felix Meiner. Partially translated as Frege 1980.

Frege, G. (1980). *Philosophical and Mathematical Correspondence*. Oxford: Basil Blackwell. Partial trans. by H. Kaal of Frege 1976.

Frege, G. (1984). *Collected Papers on Mathematics, Logic and Philosophy*, ed. B. McGuiness, Oxford: Blackwell.

Freudenthal, H. (1957). 'Zur Geschichte der Grundlagen der Geometrie: zugleich eine Besprechung der 8. Auflage von Hilberts *Grundlagen der Geometrie* [On the History of the Foundations of Geometry, at the same time a review of the 8th Edition of Hilbert's *Foundations of Geometry*]', *Nieuw Archief voor Wiskunde* 5: 105–42.

Gödel, K. (1931). 'Über formal unentscheidbare Sätze der *Principia Mathematica* und Verwandter Systeme, I', *Monatshefte für Mathematik und Physik* 38: 173. Repr. in Gödel 1986, 144–94. Trans. J. von Heijenoort 'On Formally Undecidable Propositions of *Principia Mathematica* and Related Systems I' in Gödel 1986, 145–95.

Gödel, K. (1944). 'Russell's Mathematical Logic' in P. Schillp (ed.), *The Philosophy of Bertrand Russell*, Evanston, IL: Open Court, 1944, 125–53. Reprinted in Gödel 1990, 119–41.
Gödel, K. (1990). *Collected Works*, vol. II, ed. S. Feferman, Oxford: Clarendon Press.
Goldfarb, W. (1988). 'Poincaré Against the Logicists' in W. Aspray and P. Kitcher (eds.), *History and Philosophy of Modern Mathematics*. Minnesota Studies in the Philosophy of Science, vol. 11, Minneapolis: University of Minnesota Press, 61–81.
Goldfarb, W. (1989). 'Russell's Reasons for Ramification' in C. W. Savage and C. A. Anderson (eds.), *Rereading Russell*. Minnesota Studies in the Philosophy of Science, vol. 12, Minneapolis: University of Minnesota Press, 24–40.
Gray, J. J. (1998). 'The Foundations of Geometry and the History of Geometry', *Mathematical Intelligencer* 20, 54–9.
Hallett, M. (1984). *Cantorian Set Theory and Limitation of Size*, Oxford: Clarendon Press.
Hawkins, T. (1970). *Lebesgue's Theory of Integration*, New York: Blaisdell.
Heck, R. ed. (1997). *Language, Thought and Logic: Essays in Honour of Michael Dummett*, New York: Oxford University Press.
Heijenoort, Jean van (ed.) (1967). *From Frege to Gödel: A Source Book in Mathematical Logic*, Cambridge, MA: Harvard University Press.
Helmholtz, H. von (1870). 'Über den Ursprung und die Bedeutung geometrischen Axiome' in Helmholtz 1903, vol. II, 1–31, 381–3. Trans. W. Ewald, 'On the Origin and Significance of Geometrical Axioms' in Ewald (ed.) 1996, vol. II, 662–85.
Helmholtz, H. von (1878). 'Über den Ursprung und die Bedeutung geometrischen Axiome (II)' in H. von Helmholtz, *Wissenschaftliche Abhandlungen von Hermann Helmholtz. Drei Bände*, 1882–95 Leipzig: J. A. Barth, vol. II, 640–62. Trans W. Ewald, 'On the Origin and Significance of Geometrical Axioms (II)' in Ewald (ed.) 1996, vol. II, 685–9.
Helmholtz, H. von. (1903). *Vorträge und Reden*, 5th edn, 2 vols., Braunschweig: Friedrich Vieweg und Sohn.
Hilbert, D. (1899). 'Grundlagen der Geometrie [Foundations of Geometry]' in *Festschrift zur Feier der Enthüllung des Gauss-Weber-Denkmals in Göttingen, 1899*. Leipzig: Teubner.
Hilbert, D. (1900a). 'Über den Zahlbegriff', *Jahresbericht der deutschen Mathematiker-Vereinigung* 8: 180–4. Trans. 1996 W. Ewald, 'On the Concept of Number' in Ewald (ed.) 1996, vol. II, 1089–95.
Hilbert, D. (1900b). 'Mathematische Probleme', *Nachrichten von der königlichen Gesellschaften der Wissenschaften zu Göttingen, mathematisch-physikalische Klasse* 1900: 253–96. Trans. 1902 M. W. Newson, 'Mathematical Problems', in *Bulletin of the American Mathematical Society* (2) 8: 437–79, and repr. in F. Browder (ed.), *Mathematical Developments Arising from Hilbert Problems. Proceedings of Symposia in Pure Mathematics, Volume 28, Parts 1 and 2*, 1976, Providence, RI: American Mathematical Society. Partial reprint in Ewald (ed.) 1996, vol. II, 1096–105.
Hilbert, D. (1918). 'Axiomatisches Denken', *Mathematische Annalen* 78: 405–15. Trans. 1996 W. Ewald, 'Axiomatic Thought' in Ewald (ed.) 1996, vol. II, 1105–15.
Klein, F. (1895). 'Über die Arithmetisierung der Mathematik', *Nachrichten der königlichen Gesellschaft der Wissenschaften zu Göttingen, gesellschäftliche Mitteilungen* 1895 (2), Part 2. Trans. 1996 W. Ewald, 'The Arithmetising of Mathematics' in Ewald (ed.) 1996, vol. II, 965–71.
Kronecker, L. (1887). 'Über den Zahlbegriff', in *Philosophische Aufsätze, Eduard Zeller zu seinem fünfzigjährigen Doctorjubiläum gewidmet*, Leipzig: Fues, 261–74, also *Journal für die reine und angewandte Mathematik* 101: 337–55. Trans. 1996 W. Ewald, 'On the Concept of Number' in Ewald (ed.) 1996, vol. II, 947–55.
Mancosu, P. (ed.) (1998). *From Brouwer to Hilbert: The Debate on the Foundations of Mathematics in the 1920s*. New York: Oxford University Press.

Minkowski, H. (1905). 'Peter Gustav Lejeune Dirichlet und seine Bedeutung für die heutige Mathematik [Peter Gustav Lejeune Dirichlet and his Significance for Modern Mathematics]', *Jahresbericht der deutschen Mathematiker-Vereinigung* 14: 149–63. Reprinted in H. Minkowski (ed. D. Hilbert), *Gesammelte Abhandlungen [Collected Papers]*, vols. I and II, Leipzig: B. G. Teubner, 1911, vol. II, 447–61.

Moore, G. H. (1982). *Zermelo's Axiom of Choice: Its Origins, Development and Influence*. New York, Heidelberg, Berlin: Springer Verlag.

Nagel, E. (1939). 'The Formation of Modern Conceptions of Formal Logic in the Development of Geometry', *Osiris* 7: 142–225.

Pasch, M. (1882). *Vorlesungen über neuere Geometrie [Lectures on Recent Geometry]*, Leipzig: Teubner.

Poincaré, H. (1891). 'Les Géometries non-Euclidiennes [Non-Euclidean Geometries]', *Revue générale des sciences pures et appliquées* 2: 769–74. Repr. with small alterations in Poincaré 1902, 51–70 (English trans., 35–50).

Poincaré, H. (1902). *La Science et l'hypothèse*, Paris: Ernest Flammarion. (Latest repr., 1968.) Trans. 1905 W. J. G., *Science and Hypothesis*, London: Walter Scott Publishing Co. Repr. New York: Dover, 1952.

Poincaré, H. (1909). 'Le logique de l'infini [The Logic of the Infinite]', *Revue de métaphysique et de morale* 17: 462–82. Repr. in Poincaré 1913, 7–31.

Poincaré, H. (1913). *Dernières Pensées*. Paris: Ernest Flammarion. Trans. J. Bolduc, *Mathematics and Science: Last Essays*, New York: Dover.

Quine, W. V. O. (1963). *Set Theory and Its Logic*, Cambridge, MA: Harvard University Press.

Ramsey, F. P. (1926). 'The Foundations of Mathematics', *Proceedings of the London Mathematical Society* 25 (second series): 338–84. Reprinted 1978 in F. Ramsey (ed. H. Mellor), *Foundations: Essays in Philosophy, Logic, Mathematics and Economics*, London: Routledge, 152–212.

Richard, J. (1905). 'Les principes de mathématiques et le problème des ensembles', *Revue générale des sciences pures et appliquées* 16: 541. Trans. 1967 J. van Heijenoort, 'The Principles of Mathematics and the Problem of Sets' in van Heijenoort (ed.), 1967, 142–4.

Russell, B. A. W. (1897). *An Essay on the Foundations of Geometry*, Cambridge: Cambridge University Press. Repr. 1937, New York: Dover Publications Inc.

Russell, B. A. W. (1900). *A Critical Exposition of the Philosophy of Leibniz*, London: George Allen and Unwin. 2nd edn, 1937.

Russell, B. A. W. (1903). *The Principles of Mathematics*, vol. I, Cambridge: Cambridge University Press. 2nd edn (with a new introduction), B. A. W. Russell 1937.

Russell, B. A. W. (1906). 'On Some Difficulties in the Theory of Transfinite Numbers and Order Types', *Proceedings of the London Mathematical Society* 4 (second series): 29–53. Repr. 1973 in B. Russell (ed. D. Lackey), *Essays in Analysis*. London: George Allen and Unwin, 135–64.

Russell, B. A. W. (1908). 'Mathematical Logic as Based on the Theory of Types', *American Journal of Mathematics* 30: 222–62. Repr. (among other places) in van Heijenoort (ed.) 1967, 150–82.

Russell, B. A. W. (1919). *Introduction to Mathematical Philosophy*, London: George Allen and Unwin.

Russell, B. A. W. (1937). *The Principles of Mathematics*. 2nd edn, London: George Allen and Unwin.

Stillwell, J. (1996). *Sources of Hyperbolic Geometry*, Providence, RI: American Mathematical Society.

Tarski, A. (1933). *Pojęcie prawdy w językach nauk dedukcyjnych*, Prace Towarzystwa Nawkowego Warsawrkiego, Wydzial III Nawk Matematyczno-Fizyczych 34. Trans. J. H. Woodger (ed.), 'The Concept of Truth in Formalized Languages' in A. Tarski, *Logic, Semantics,*

Metamathematics. Papers from 1923 to 1938, Oxford: Clarendon Press. 2nd edn 1983, ed. J. Corcoran, Indianapolis, IN: Hackett.

Torretti, R. (1978). *Philosophy of Geometry from Riemann to Poincaré*, Dordrecht: Reidel.

Weyl, H. (1910). 'Über die Definition der mathematischen Grundbegriffe [On the Definition of the Fundamental Mathematical Concepts]', *Mathematisch-naturwissenschaftliche Blätter* 7: 93–5, 109–13. Repr. 1968 H. Weyl (ed. K. Chandrasekharan) *Gesammelte Abhandlungen [Collected Papers]*, vols. I–VI, Berlin, Heidelberg, New York: Springer Verlag, vol. I, 298–304.

Weyl, H. (1917). *Das Kontinuum: kritische Untersuchungen über die Grundlagen der Analysis*, Leipzig: Veit. Trans. 1987 S. Pollard and T. Bole, *The Continuum: A Critical Examination of the Foundations of Analysis*, Kirksville, MT: The Thomas Jefferson University Press, 1987. Repr. 1994, New York: Dover Publications Inc.

Whitehead, A. N. and Russell, B. A. W. (1910–13). *Principia Mathematica*, Cambridge: Cambridge University Press. 2nd edn 1927, Cambridge: Cambridge University Press.

Wright, C. (1997). 'On the Philosophical Significance of Frege's Theorem' in Heck (ed.) 1997, 201–44.

Zermelo, E. (1908a). 'Neuer Beweis für die Möglichkeit einer Wohlordnung', *Mathematische Annalen* 65: 107–28. Trans. 1967 S. Bauer-Mengelberg, 'A New Proof of the Possibility of a Well-Ordering', in van Heijenoort (ed.) 1967, 183–98.

Zermelo, E. (1908b). 'Untersuchungen über die Grundlagen der Mengenlehre, I', *Mathematische Annalen* 65, 261–81. Trans. S. Bauer-Mengelberg, 'Investigations in the Foundations of Set Theory, I' in van Heijenoort (ed.) 1967, 199–215.

Zermelo, E. (1930). 'Über Grenzzahlen und Mengenbereiche: Neue Untersuchungen über die Grundlagen der Mengenlehre', *Fundamenta mathematicae*, 16, 29–47. Trans. 1996 M. Hallett, 'On Boundary Numbers and Domains of Sets: New Investigations in the Foundations of Set Theory', in Ewald (ed.) 1996, vol. II, 1208–33.

CHAPTER 11 THEORIES OF JUDGEMENT

Baumgartner, W. (1987). 'Die Begründung von Wahrheit durch Evidenz. Der Beitrag Brentanos' in *Gewissheit und Gewissen. Festschrift für Franz Wiedmann zum 60. Geburtstag*, Würzburg: Koenigshausen and Neumann, 93–116.

Bell, D. (1990). *Husserl*, London: Routledge.

Bergmann, J. (1879). *Allgemeine Logik*, I. *Reine Logik*, Berlin: Mittler.

Bolzano, B. (1837). *Wissenschaftslehre*, 4 vols., Sulzbach: Seidel. Trans. 1972 R. George, *Theory of Science*, Oxford: Blackwell.

Brentano, F. (1862). *Von der mannigfachen Bedeutung des Seienden nach Aristotle*, Freiburg i. B.: Herder. Trans. 1975 R. George, *On the Several Senses of Being in Aristotle*, Berkeley, CA: University of California Press.

Brentano, F. (1874). *Psychologie vom empirischen Standpunkt*, Leipzig: Duncker and Humblot: 2nd edn 1924. Trans. 1973 A. C. Rancurello, D. B. Terrell, and L. L. MacAlister, *Psychology from an Empirical Standpoint*, London: Routledge.

Brentano, F. (1928). *Vom sinnlichen und noetischen Bewusstsein*. Vol. III of *Psychologie vom empirischen Standpunkt*, Leipzig: Meiner. Trans. 1981 L. L. McAlister, *Sensory and Noetic Consciousness*, London: Routledge.

Brentano, F. (1930). *Wahrheit und Evidenz*, Leipzig: Meiner. Trans. R. M. Chisholm, I. Politzer, and K. R. Fischer, *The True and the Evident*, London: Routledge, 1966.

Brentano, F. (1933). *Kategorienlehre*, Leipzig: Meiner. Trans. 1981 R. Chisholm and N. Guterman, *The Theory of Categories*, The Hague: Nijhoff.

Brentano, F. (1956). *Die Lehre vom richtigen Urteil*, Berne: Francke.
Brentano, F. (1976). *Philosophische Untersuchungen zu Raum, Zeit, und Kontinuum*, Hamburg: Meiner. Trans. 1987 B. Smith, *Philosophical Investigations on Space, Time, and the Continuum*, London: Croom Helm.
Brentano, F. (1982). *Deskriptive Psychologie*, Hamburg: Meiner. Trans. 1995 B. Müller, *Descriptive Psychology*, London and New York: Routledge.
Cantor, G. (1895/97). 'Beiträge zur Begründung der transfiniten Mengenlehre', as reprinted in Cantor 1966. Trans. 1915 P. E. B. Jourdain, *Contributions to the Founding of the Theory of Transfinite Numbers*, New York: Dover.
Cantor, G. (1966). *Gesammelte Abhandlungen Mathematischen und Philosophischen Inhalts*, Hildensheim: Olms.
Dummett, M. (1988). *Ursprünge der analytischen Philosophie*, Frankfurt: Suhrkamp. English version: *The Origins of Analytic Philosophy*, London: Duckworth, 1993; Cambridge, MA: Harvard University Press, 1994.
Findlay, J. N. (1963). *Meinong's Theory of Objects and Values*, Oxford: Clarendon Press.
Frege, G. (1879). *Begriffsschrift*, Halle. Trans. S. Bauer-Mengelberg in J. van Heijenoort (ed.), *From Frege to Gödel. A Source Book in Mathematical Logic*, Cambridge, MA: Harvard University Press.
Grossmann, R. (1974). *Meinong*, London: Routledge.
Holenstein, E. (1975). *Roman Jakobson's Approach to Language: Phenomenological Structuralism*, Bloomington, IN: Indiana University Press.
Husserl, E. (1891). *Philosophie der Arithmetik*, Halle: C. E. M. Pfeffer.
Husserl, E. (1894). 'Intentionale Gegenstände' in *Husserliana 22*, The Hague: Nijhoff. 1979, 303–48.
Husserl, E. (1900/1). *Logische Untersuchungen*, Halle: Niemeyer. Trans. 1970 J. N. Findlay *Logical Investigations*, London: Routledge.
Husserl, E. (1913). *Ideen zu einer reinen Phänomenologie und phänomenologischen Philosophie*, in *Jahrbuch für Philosophie und phänomenologische Forschung*, vol. I, 1–323. Trans. 1982 F. Kersten, *Ideas Pertaining to a Pure Phenomenology and to a Phenomenological Philosophy*, The Hague: Nijhoff.
Husserl, E. (1929). 'Formale und transzendentale Logik' in *Jahrbuch für Philosophie und phänomenologische Forschung* 10: 1–298. Trans. 1969 D. Cairns, *Formal and Transcendental Logic*, The Hague: Nijhoff.
Husserl, E. (1931). *Meditationes cartesiennes*, Paris: Colin. Trans. 1973 D. Cairns, *Cartesian Meditations*, The Hague: Nijhoff.
Husserl, E. (1936). 'Die Krisis der europäischen Wissenschaften und die transzendentale Phänomenologie', *Philosopia* 1: 77–176. Trans. 1970 D. Carr as *The Crisis of European Sciences and Transcendental Philosophy*, Evanston: Northwestern University Press.
Kotarbiński, T. (1929). *Elementy teorii poznania, logiki formalnej i metodologii nauk*, Lvov: Ossolineum. Trans. 1966 O. Wojtasiewicz, *Gnosiology: The Scientific Approach to the Theory of Knowledge*, Oxford: Pergamon Press and Wrocław: Ossolineum.
Kotarbiński, T. (1955). *Traktat o dobrej robocie*, Warsaw: PWN. Trans. 1965 O. Wojtasiewicz, *Praxiology: An Introduction to the Science of Efficient Action*, Oxford: Pergamon Press; Warsaw: PWN.
Kotarbiński, T. (1958). 'Fazy rozwoju konkretyzmu' ('The Development Stages of Concretism'), *Studia Filozoficzne*, 4 (7), 3–13.
Leśniewski, S. (1913a). 'Czy prawda jest tylko wieczna, czy też wieczna i odwieczna?', *Nowe Tory*, 18, 493–528. Trans. 1992 S. J. Surma and J. Wójcik, 'Is All Truth Only True Eternally or Is it also true Without a Beginning' in Leśniewski 1992, 86–114.

Leśniewski, S. (1913b). 'Krytyka logicznej zasady wyłaczonego środka', Przegląd Filozoficzny, 16, 315–52. Trans. 1992 S. J. Surma and J. Wójcik, 'The Critique of the Logical Principle of the Excluded Middle' in Leśniewski 1992, 47–85.
Leśniewski, S. (1916). Podstawy ogólnej teorii mnogości, Moscow: Drukarnia Poplawskiego. Trans. 1992 D. I. Barnett, 'Foundations of the General Theory of Sets' in Leśniewski 1992, 129–73.
Leśniewski, S. (1927). 'O podstawach matematyki', Przegląd Filozoficzny, 30. Trans. 1992 D. I. Barnett 'On the Foundations of Mathematics', in Leśniewski 1992, 174–382.
Leśniewski, S. (1992). Collected Works, 2 vols., Dordrecht, London, Boston: Kluwer/PWN.
Lotze, H. (1874). Logik: Drei Bücher vom Denken, vom Untersuchen, und vom Erkennen, 2nd edn Leipzig: S. Hirzel. Trans. 1884 (2nd edn 1887) B. Bosanquet, Logic in Three Books: Ontology, Cosmology and Psychology, Oxford: Clarendon Press.
Łukasiewicz, J. (1907). 'Logika a psychologia' ('Logic and Psychology'), Przegląd Filozoficzny, 10, 489–92.
Łukasiewicz, J. (1909). 'O prawdopodobieństwie wniosków indukcyjnych' ('On Probability of Inductive Conclusions'), Przegląd Filozoficzny, 12, 209–10.
Łukasiewicz, J. (1910). O zasadzie sprzeczności u Arystotelesa (On the Principle of Contradiction in Aristotle), Cracow: PAU. New edn 1987, ed. J. Woleński, Warsaw: PWN.
Łukasiewicz, J. (1913). Die logische Grundlagen der Wahrscheinlichkeitsrechnung, Cracow. Trans. 1970 O. Wojtasiewicz, 'Logical Foundations of Probability Theory' in J. Łukasiewicz, Selected Works, Amsterdam: North-Holland Publishing Company, 1970: 16–63.
Łukasiewicz, J. (1920). 'O logice trójartościowej', Ruch filozoficzny, 5, 170–1. Trans. 1970 O. Wojtasiewicz, 'On Three-Valued logic' in J. Łukasiewicz, Selected Works, Amsterdam: North-Holland Publishing Company, 1970, 87–8.
Łukasiewicz, J. (1922). 'O determinizmie' in his (1961) Z zagadnień logiki i filozofi, Warsaw: PWN. Trans. 1967 Z. Jordan 'On Determinism' in S. McCall, Polish Logic 1920–1939, Oxford: Clarendon Press, 19–39.
Łukasiewicz, J. (1951). Aristotle's Syllogistic from the Standpoint of Modern Formal Logic, Oxford: Oxford University Press.
Łukasiewicz, J. and Tarski, A. (1930). 'Untersuchungen über den Aussagenkalkül' in Comptes rendus de la Société des Sciences et des Lettres de Varsovie, cl. Iii. 23, 1–21. Trans. 1956 J. H. Woodger, 'Investigations into the Sentential Calculus' in A. Tarski (1956), Logic, Semantics, Metamathematics, Oxford: Oxford University Press. New edn J. Corcoran (ed.), 1983, Indianapolis, IN: Hackett.
McAlister, L. L. (ed.) (1976). The Philosophy of Brentano, London: Duckworth.
Meinong, A. (1894). Psychologisch-ethische Untersuchungen zur Werttheorie (Psychological-ethical investigations in value theory), Graz: Leuscher and Lubensky.
Meinong, A. (1899). 'Über Gegenstände höherer Ordnung und deren Verhältnis zur inneren Wahrnehmung' ('Objects of higher order and their relation to inner perception') in Zeitschrift für Psychologie und Physiologie der Sinnesorgane, 21, 182–272.
Meinong, A. (1902). Über Annahmen, Leipzig: Barth. 2nd edn 1910. Trans. 1983 J. Heanue, On Assumptions, Berkeley, Los Angeles, London: University of California Press.
Meinong, A. (1904). 'Über Gegenstandstheorie' in A. Meinong (ed.), Untersuchungen zur Gegenstandstheorie und Psychologie, Leipzig: Barth. Trans. 1960 by R. Chisholm, 'The Theory of Objects' in R. Chisholm (ed.), Realism and the Background of Phenomenology, Glencoe, IL: Free Press, 76–117.
Meinong, A. (1915). Über Möglichkeit und Wahrscheinlichkeit (On Possibility and Probability), Leipzig: Barth.

Meinong, A. (1917). 'Über emotionale Präsentationen', *Sitzungsberichte der philosophisch-historischen Klasse der kaiserlichen Akademie der Wissenschaften in Wien*, 183/2. Trans. M.-L. Schubert-Kalsi, *On Emotional Presentations*, Evanston: Northwestern University Press, 1972.

Meinong, A. (1965). *Philosophenbriefe (Philosophical Correspondence)*, Graz: Akademische Druck- und Verlagsanstalt.

Morscher, E. (1986). 'Propositions and States of Affairs in Austrian Philosophy before Wittgenstein' in J. C. Nyiri (ed.), *From Bolzano to Wittgenstein: The Tradition of Austrian Philosophy*, Vienna: Hölder-Pichler-Tempsky, 75–85.

Mulligan, K. (ed.) (1987). *Speech Act and Sachverhalt. Reinach and the Foundations of Realist Phenomenology*, Dordrecht, Boston and Lancaster: Nijhoff.

Mulligan, K., Simons, P. M., and Smith, B. (1984). 'Truth-Makers', *Philosophy and Phenomenological Research* 44: 287–321.

Nuchelmans, G. (1973). *Theories of the Proposition. Ancient and Medieval Conceptions of the Bearers of Truth and Falsity*, Amsterdam and London: North-Holland.

Reinach, A. (1911). 'Zur Theorie des negativen Urteils' as repr. in A. Reinach, *Sämtliche Werke: Kritische Ausgabe mit Kommentar*, vol. I, 1989. Munich: Philosophia. Trans. 1982 B. Smith 'On the Theory of the Negative Judgment' in Barry Smith (ed.), *Parts and Moments: Studies in Logic and Formal Ontology*, Munich: Philosophia.

Reinach, A. (1913). 'Die apriorischen Grundlagen des bürgerlichen Rechts', *Jahrbuch für Philosophie und phänomenologische Forschung* 1: 685–847. Trans. John Crosby, 'The A Priori Foundations of the Civil Law' in *Aletheia* 3 (1983): 1–142.

Rojszczak, A. (1994). 'Wahrheit und Evidenz bei Franz Brentano' ('Brentano on Truth and Evidence'), *Brentano Studien* 5 187–218.

Rojszczak, A. (1998). 'Truth-Bearers from Twardowski to Tarski' in K. Kijania-Placek and J. Woleński (eds.), *The Lvov-Warsaw School and Contemporary Philosophy*, Dordrecht: Kluwer, 73–84.

Rojszczak, A. (1999). 'Why Should a Physical Object Take on the Role of Truth-Bearer?' in E. Köhler and J. Woleński (eds.), *Alfred Tarski and the Vienna Circle*, Dordrecht: Kluwer, 115–25.

Routley, R. (1980). *Exploring Meinong's Jungle and Beyond*, Canberra: Australian National University.

Smith, B. (1978). 'An Essay in Formal Ontology', *Grazer Philosophische Studien* 6: 39–62.

Smith, B. (ed.) (1982). *Parts and Moments. Studies in Logic and Formal Ontology*. Munich: Philosophia.

Smith, B. (ed.) (1988). *Foundations of Gestalt Theory*. Munich: Philosophia.

Smith, B. (1987). 'On the Cognition of States of Affairs' in K. Mulligan (ed.), *Speech Act and Sachverhalt: Reinach and the Foundations of Realist Phenomenology*, Dordrecht: Nijhoff: 189–225.

Smith, B. (1989a). 'On The Origins of Analytical Philosophy', *Grazer Philosophische Studien* 35: 153–73.

Smith, B. (1989b). 'Logic and Formal Ontology' in J. N. Mohanty and W. McKenna (eds.), *Husserl's Phenomenology: A Textbook*, Lanham, MD: University Press of America, 1989, 29–67.

Smith, B. (1990). 'Towards a History of Speech Act Theory' in A. Burckhardt (ed.), *Speech Acts, Meanings, and Intentions: Critical Approaches to the Philosophy of John R. Searle*, Berlin: de Gruyter, 29–61.

Smith, B. (1992). 'Sachverhalt' in J. Ritter and K. Gründer (eds.), *Historisches Wörterbuch der Philosophie*, Basle: Schwabe & Co, vol. VIII, 1102–13.

Smith, B. (1994). *Austrian Philosophy*, Chicago: Open Court.

Smith, B. (1999). 'Truthmaker Realism', *Australasian Journal of Philosophy*, 77, 274–91.
Smith, B. and Smith, D. W. (eds.) (1995). *The Cambridge Companion to Husserl*, Cambridge: Cambridge University Press.
Stumpf, C. (1873). *Über den psychologischen Ursprung der Raumvorstellung* (*The Psychological Origin of Our Presentation of Space*), Leipzig: Hirzel.
Stumpf, C. (1907). 'Zur Einteilung der Wissenschaften' ('The Classification of the Sciences') in *Abhandlungen der Königlichen Preussischen Akademie der Wissenschaften*, phil-hist. Kl., p. 4.
Stumpf, C. (ed.) (1939/40). *Erkenntnistheorie* (*The Theory of Knowledge*), Leipzig: Barth.
Twardowski, K. (1891). *Idee und Perzeption; eine erkenntnis-theoretische Untersuchung aus Descartes* (Idea and Perception; An Epistemological inquiry into Descartes), Diss. Vienna: W. Konogen.
Twardowski, K. (1894). *Zur Lehre vom Inhalt und Gegenstand der Vorstellungen: Eine psychologische Untersuchung*, Vienna: Hölder, Trans. R. Grossmann, *On the Content and Object of Presentations*, The Hague: Nijhoff, 1977.
Twardowski, K. (1900). 'O tak zwanych prawdach względnych' ('On So-Called Relative Truths') in *Księga Pamiątkowa Uniwersytetu Lwowskiego ku uczczeniu pięćsetnej rocznicy fundacji Jagiellońskiej Uniwersytetu krakowskiego*, Lvov: Nakładem Senatu Akademickiego Uniwersytetu lwowskiego. Trans. 1998 in J. Brandl and J. Woleński (eds.), *Kasimir Twardowski. Selected Writings*, Amsterdam: Rodopi.
Twardowski, K. (1912). 'O czynnościach i wytworach' in *Księga pamiątkowa Uniwersytetu lwowskiego ku uczczeniu 250-tej rocznicy założenia Uniwersytetu Lwowskiego przez króla Jana Kazimierza*, Lvov: Uniwersytet Lwowski, 1–33. Partly trans. 1979 O. Wojtasiewicz, 'Actions and Products' in J. Pelc (ed.), *Semiotics in Poland 1894–1969*, Dordrecht: Reidel and Warsaw: PWN, 13–27. Trans. 1998 in J. Brandl and J. Woleński (eds.), *Kasimir Twardowski. Selected Writings*, Amsterdam: Rodopi.
Twardowski, K. (1919–20). 'O jasnym i niejasnym stylu filozoficznym' in *Ruch Filozoficzny*, V. Partly trans. 1979 O. Wojtasiewicz, 'On Clear and Obscure Styles of Philosophical Writings' in J. Pelc (ed.), *Semiotics in Poland 1894–1969*, Dordrecht: Reidel and Warsaw: PWN, 1–2. Trans. 1998 in J. Brandl and J. Woleński (eds.), *Kasimir Twardowski. Selected Writings*, Amsterdam: Rodopi.
Willard, D. (1984). *Logic and the Objectivity of Knowledge*, Athens, OH: University of Ohio Press.
Woleński, J. (1989). *Logic and Philosophy in the Lvov-Warsaw School*, Dordrecht/Boston/Lancaster: Kluwer.
Woleński, J. (1998). 'Theories of Truth in Austrian Philosophy' in T. Czarnecki (ed.), *Rationalistic Epistemology (Reports on Philosophy*, No. 18), Cracow: Jagellonian University Press.
Woleński, J. and Simons, P. (1989). 'De Veritate: Austro-Polish Contributions to the Theory of Truth from Brentano to Tarski' in K. Szaniawski (ed.), *The Vienna Circle and the Lvov-Warsaw School*, Dordrecht/Boston/London: Kluwer.

CHAPTER 12 THE LOGICAL ANALYSIS OF LANGUAGE

Ayer, A. J. (1971). *Russell and Moore: The Analytical Heritage*, London: Macmillan.
Ayer, A. J. (1972). *Russell*, London: Fontana/Collins.
Bell, D. (1979). *Frege's Theory of Judgement*, Oxford: Oxford University Press.
Bell, D. (1996). 'The Formation of Concepts and the Structure of Thoughts', *Philosophy and Phenomenological Research* 61: 583–96.
Brentano, F. (1874). *Psychologie vom empirischen Standpunkt*, Leipzig: Duncker and Humboldt. Trans. 1973 A. Rancurello, D. Terrell, and L. L. McAlister, *Psychology from an Empirical Standpoint*, London: Routledge & Kegan Paul.

Clark, R. W. (1975). *The Life of Bertrand Russell*, London: Jonathan Cape and Weidenfeld and Nicolson.

Dummett, M. A. E. (1973). *Frege: Philosophy of Language*, London: Duckworth.

Dummett, M. A. E. (1981). *The Interpretation of Frege's Philosophy*, London: Duckworth.

Dummett, M. A. E. (1988 and 1994). *Ursprünge der analytischen Philosophie*, Frankfurt: Suhrkamp. English version: *Origins of Analytical Philosophy*, London: Duckworth, 1993; Cambridge, MA: Harvard University Press, 1994.

Dummett, M. A. E. (1991). *Frege: Philosophy of Mathematics*, London: Duckworth.

Evans, G. (1982). *The Varieties of Reference*, Oxford: Oxford University Press.

Frege, G. (1892). 'Über Sinn und Bedeutung', *Zeitschrift für Philosophie und philosophische Kritik* 100: 25–50. Trans. 1984 M. Black, 'On Sense and Meaning', in G. Frege (ed. B. McGuinness), *Collected Papers on Mathematics, Logic, and Philosophy*, Oxford: Blackwell, 157–77.

Frege, G. (1879). *Begriffsschrift, eine der arithmetischen nachgebildete Formelsprache des reinen Denkens*, Halle: L. Nebert. Trans. 1972 T. W. Bynum, *Conceptual Notation and Other Articles*, Oxford: Oxford University Press.

Frege, G. (1884). *Grundlagen der Arithmetik, eine logisch-mathematische Untersuchung über den Begriff der Zahl*, Breslau: W. Koebner. Trans. with German text 1953 J. L. Austin, *The Foundations of Arithmetic*, Oxford: Blackwell.

Frege, G. (1893). *Grundgesetze der Arithmetik* (vol. I), Jena: H. Pohle. Partial trans. M. Furth 1964, *The Basic Laws of Arithmetic: Exposition of the System*, Berkeley: University of California Press.

Frege, G. (1903). *Grundgesetze der Arithmetik* (vol. II), Jena: H. Pohle. Partial trans. M. Furth 1964, *The Basic Laws of Arithmetic: Exposition of the System*, Berkeley: University of California Press.

Frege, G. (1918). 'Der Gedanke. Eine Logische Untersuchung', *Beiträge zur Philosophie des deutschen Idealismus* 1: 58–77. Trans. 1984 P. Geach and R. Stoothoff, 'Thoughts', in G. Frege (ed. B. McGuinness), *Collected Papers on Mathematics, Logic, and Philosophy*, Oxford: Blackwell, 351–72.

Hylton, P. (1990). *Russell, Idealism and the Emergence of Analytic Philosophy*, Oxford: Oxford University Press.

Kant, I. (1787). *Kritik der reinen Vernunft*, 2nd edn, Riga: Hartknoch. Trans. 1933 N. Kemp Smith, *Immanuel Kant's Critique of Pure Reason*, London: Macmillan.

Kneale, W. C. and Kneale, M. (1962). *The Development of Logic*, Oxford: Oxford University Press.

Moore, G. E. (1899). 'The Nature of Judgement', *Mind* 8: 176–93.

Orstertag, G. (ed.) (1998). *Definite Descriptions. A Reader*, Cambridge, MA: MIT Press.

Passmore, J. A. (1957). *A Hundred Years of Philosophy*, London: Duckworth.

Pears, D. F. (1967). *Bertrand Russell and the British Tradition in Philosophy*, New York: Random House.

Prior, A. N. (1976). *The Doctrine of Propositions and Terms*, London: Duckworth.

Quine, W. V. O. (1974). *Methods of Logic*, 3rd edn, London: Routledge.

Resnik, M. (1980). *Frege and the Philosophy of Mathematics*, Ithaca: Cornell University Press.

Russell, B. A. W. (1903). *The Principles of Mathematics*, Cambridge: Cambridge University Press. 2nd edn (with a new introduction) 1937, London: George Allen and Unwin.

Russell, B. A. W. (1905). 'On Denoting', *Mind* ns 14: 479–93. Repr. 1956 in B. A. W. Russell, ed. R. C. Marsh, *Logic and Knowledge*, London: George Allen and Unwin, 41–56.

Russell, B. A. W. (1912). *The Problems of Philosophy*, London: Williams and Norgate, repr. 1959 Oxford: Oxford University Press, 25–32.

Russell, B. A. W. (1913). *Theory of Knowledge*. Posthumously published 1984 in B. A. W. Russell (ed. E. R. Eames), *The Collected Papers of Bertrand Russell*, vol. VII, *Theory of Knowledge: The 1913 Manuscript*, London: George Allen and Unwin.

Russell, B. A. W. (1914a). 'On the Nature of Acquaintance', *Monist* 24: 1–16; 161–87; 435–53. Repr. 1956 in B. A. W. Russell, ed. R. C. Marsh, *Logic and Knowledge*, London: George Allen and Unwin, 127–74.
Russell, B. A. W. (1914b). *Our Knowledge of the External World as a Field for Scientific Method in Philosophy*, London: George Allen and Unwin.
Russell, B. A. W. (1918). 'The Philosophy of Logical Atomism', *Monist* 28: 495–527. Repr. 1956 in B. Russell, ed. R. C. Marsh, *Logic and Knowledge*, London: George Allen and Unwin, 177–281.
Russell, B. A. W. (1921). *The Analysis of Mind*, London: George Allen and Unwin.
Russell, B. A. W. (1927). *The Analysis of Matter*, New York: Harcourt Brace and London: Kegan Paul.
Russell, B. A. W. (1940). *An Enquiry into Meaning and Truth*, New York: Norton and London: George Allen and Unwin.
Russell, B. A. W. (1948). *Human Knowledge, Its Scope and Limits*, London: George Allen and Unwin.
Sainsbury, R. M. (1979). *Russell*, London: Routledge.
Whitaker, C. W. A. (1996). *Aristotle's 'De Interpretatione': Contradiction and Dialectic*, Oxford: Oxford University Press.
Whitehead, A. N. and Russell, B. A. W. (1910–13). *Principia Mathematica*, 3 vols., Cambridge: Cambridge University Press.
Wittgenstein, L. (1921). *Logische-philosophische Abhandlung*. Trans. with German text, 1974 D. F. Pears and B. McGuinness, *Tractatus Logico-Philosophicus*, London: Routledge.
Wittgenstein, L. (1974). *Letters to Russell, Keynes and Moore*, ed. G. H. von Wright, Oxford: Blackwell.
Wright, C. (ed.)(1983). *Frege: Tradition and Influence*, Oxford: Blackwell.
Wundt, W. (1874). *Grundzüge der physiologischen Psychologie*, Leipzig: Engelmann. Partial trans. 1904 E. B. Titchener, *Principles of Physiological Psychology*, New York: Macmillan.

CHAPTER 13 THE ATOMISM DEBATE

Boltzmann, L. (1891). *Vorlesungen über Maxwells Theorie der Elektricität und des Lichts* (*Lectures on Maxwell's Theory of Electricity and Light*), Leipzig: J. Barth.
Boltzmann, L. (1896). *Vorlesungen über Gastheorie*, Leipzig: J. Barth. Trans. 1964 S. G. Brush, *Lectures on Gas Theory*, Oxford and London: Pergamon.
Boltzmann, L. (1979). *Populäre Schriften* (*Popular Essays*), Braunschweig/Wiesbaden: Vieweg.
Brush, S. J. (1966). *Kinetic Theory*, vol. II, Oxford and London: Pergamon.
Clark, P. (1976). 'Atomism versus Thermodynamics' in C. Howson (ed.), *Method and Appraisal in the Physical Sciences*, Cambridge: Cambridge University Press.
Duhem, P. (1906). *La Théorie Physique: son Objet, sa Structure*, Paris: Marcel Rivière. Trans. 1954 P. P. Wiener, *The Aim and Structure of Physical Theory*, Princeton, NJ: Princeton University Press.
Duhem, P. (1911). *Traité d'Energétique ou de Thermodynamique Générale* (*Treatise on Energetics or General Thermodynamics*), Paris: Gauthier-Villars.
Duhem, P. (1913). *Le Système du Monde* (*The World System*), Paris: Hermann.
Mach, E. (1872). *Die Geschichte und die Wurzel des Satzes von der Erhaltung der Arbeit*, Leipzig: G. Fischer. Trans. 1910 P. E. B. Jourdain, *The History and the Root of the Principle of the Conservation of Energy*, La Salle, IL: Open Court.
Mach, E. (1883). *Die Mechanik in ihrer Entwicklung historisch-kritisch dargestellt*, Leipzig: G. Fischer. Trans. 1960 T. J. Mc.Cormack, *The Science of Mechanics: A Critical and Historical Account of its Development*, La Salle, IL: Open Court.

Mach, E. (1886). *Die Analyse der Empfindungen*, Leipzig: G. Fischer. Trans. 1959 C. M. Williams and S. Waterlow, *The Analysis of Sensations*, New York: Dover.
Mach, E. (1905). *Erkenntnis und Irrtum. Skizzen zur Psychologie der Forschung*, Leipzig: J. Barth. Trans. 1976 T. J. Mc.Cormack and P. Foulkes, *Knowledge and Error – Sketches on the Psychology of Inquiry*, Dordrecht: Reidel.
Ostwald, W. (1908). *Grundriß der Naturphilosophie (Outline of Natural Philosophy)*, Leipzig: Reclam.
Ostwald, W. (1937). *L'Energie (Energy)*, Paris: Flammarion.
Sears, W. S. (1953). *Thermodynamics, the Kinetic Theory of Gases and Statistical Mechanics*, Reading, MA: Addison-Wesley.
Sears, W. S. and Salinger, G. L. (1975). *Thermodynamics, Kinetic Theory and Statistical Thermodynamics*, Reading, MA: Addison-Wesley.
Stachel, J. (ed.) (1989). *The Collected Papers of Albert Einstein*, vol. II, Princeton, NJ: Princeton University Press.
Zahar, E. (1989). *Einstein's Revolution. A Study in Heuristic*, La Salle, IL: Open Court.
Zahar, E. (1996). 'Poincaré's Structural Realism and his Logic of Discovery' in J. L. Greffe, G. Heinzmann, and K. Lorenz, *Henri Poincaré: Science and Philosophy*, Berlin: Akademie Verlag.
Zahar, E. (1997). *Leçons d'Epistémologie (Lessons in Epistemology)*, Paris: Cahiers du CREA.
Zermelo, E. (1966). 'On the Mechanical Explanation of Irreversible Processes' in S. G. Brush (ed.), *Kinetic Theory 2*, Oxford and London: Pergamon.

CHAPTER 14 THEORIES OF SPACE-TIME IN MODERN PHYSICS

Adler, R., Bazin, M., and Schiffer, M. (1965). *Introduction to General Relativity*, San Francisco: McGraw-Hill.
Barbour, J. B. (1982). 'Relational Concepts of Space and Time', *The British Journal for the Philosophy of Science* 33: 251–74.
Bergman, P. G. (1942). *Introduction to the Theory of Relativity*, Englewood Cliffs, NJ: Prentice-Hall.
Bohm, D. (1965). *The Special Theory of Relativity*, New York: W. A. Benjamin.
Boi, L. (1995). *Le problème mathématique de l espace. Une quête de l'intelligible*, Berlin: Springer.
Boi, L. (1999). 'Some Mathematical, Epistemological and Historical Reflections on the Relationship between Geometry and Reality, Spacetime Theory and the Geometrization of Theoretical Physics, from B. Riemann to H. Weyl and Beyond', *Preprint C.A.M.S.* (EHESS, Paris) no. 176: 1–41.
Cao, T. Yu (1997). *Conceptual Developments of 20th Century Field Theories*, Cambridge: Cambridge University Press.
Cartan, E. (1923). 'Sur les variétés à connexion affine et la théorie de la relativité généralisée', *Annales de l Ecole Normale Supérieure* 40: 325–412.
Clifford, W. K. (1876). 'On the Space-Theory of Matter', *Cambridge Philosophical Society Proceedings* 2: 157–8.
Cohen-Tannoudji, G. and Spiro, M. (1986). *La matière-espace-temps*, Paris: Fayard.
Coleman, R. A. and Kort, H. (1995). 'A New Semantics for the Epistemology of Geometry. I: Modeling Spacetime Structure', *Erkenntnis 2*, 42: 141–60. (Special Issue on 'Reflections on Spacetime: Foundations, Philosophy, History', ed. U. Majer and H.-J. Schmidt.)
Damour, Th. (1995). 'General Relativity and Experiment' in D. Iagolnitzer (ed.), *Proceedings of the XIth International Congress of Mathematical Physics*, Boston: International Press, 37–46.
Earman, J., Glymour, C., and Stachel, J. (eds.) (1977). *Foundations of Space-Time Theories*, Minneapolis: University of Minnesota Press.
Eddington, A. (1924). *The Mathematical Theory of Relativity*, Cambridge: Cambridge University Press.

Ehlers, J. (1973). 'The Nature and Structure of Spacetime' in J. Mehra (ed.), *The Physicist's Conception of Nature*, Dordrecht: Reidel, 71–91.
Einstein, A. (1905). 'Zur Elektrodynamik bewegter Körper', *Annalen der Physik* 17: 891–921.
Einstein, A. (1916). 'Die Grundlagen der allgemeinen Relativitätstheorie', *Annalen der Physik* 4, 49: 769–822.
Einstein, A. (1956). *The Meaning of Relativity*, Princeton, NJ: Princeton University Press.
Einstein, A. and Infeld, L. (1938). *The Evolution of Physics*, New York: Simon and Schuster.
Ellis, G. F. R. and Williams, R. M. (1988). *Flat and Curved Space-Times*, Oxford: Clarendon Press.
Feynman, R. (1967). *The Character of Physical Laws*, Cambridge, MA: The MIT Press.
Fock, V. (1959). *The Theory of Space, Time and Gravitation*, London: Pergamon Press.
Friedman, M. (1983). *Foundations of Space-Time Theories: Relativistic Physics and the Philosophy of Science*, Princeton, NJ: Princeton University Press.
Geroch, R. P. and Horowitz, G. T. (1979). 'Global structures of spacetimes' in S. W. Hawking and W. Israel (eds.), *General Relativity. An Einstein Centenary Survey*, Cambridge: Cambridge University Press, 212–93.
Graves, J. C. (1971). *The Conceptual Foundations of Contemporary Relativity Theory*, Cambridge, MA: The MIT Press.
Grünbaum, A. (1973). *Philosophical Problems of Space and Time*, 2nd, enlarged edn. Dordrecht: Reidel.
Hawking, S. W. and Ellis, G. F. R. (1973). *The Large Scale Structure of Space-Time*, Cambridge: Cambridge University Press.
Holton, G. (1960). 'On the Origins of the Special Theory of Relativity', *American Journal of Physics* 28: 627–36.
Kanitscheider, B. (1972). 'Die Rolle der Geometrie innerhalb physikalischer Theorien', *Zeitschrift für Philosophische Forschung* 26: 42–55.
Kobayashi, S. and Nomizu, K. (1962). *Foundations of Differential Geometry*, 2 vols. New York: Wiley.
Lichnerowicz, A. (1955). *Théories relativistes de la gravitation et de l'électromagnétisme*, Paris: Masson.
Lindsay, R. B. and Margenau, H. (1957). *Foundations of Physics*, New York: Dover.
Lorentz, H. A. (1905). *Versuch einer Theorie der electrischen und optischen Erscheinungen in bewegten Körpern*, Leiden: Brill.
Lorentz, H. A., Einstein, A., Minkowski, H., and Weyl, H. (1923). *The Principle of Relativity. A Collection of Original Memoirs on the Special and General Theory of Relativity*, London: Methuen.
Mach, E. (1883). *Die Mechanik in ihrer Entwicklung historisch-kritisch dargestellt*, Leipzig: Brockhaus. Trans. 1893 T. McCormack, *The Science of Mechanics*, Chicago: Open Court.
Mainzer, K. (1994). 'Philosophie und Geschichte von Raum und Zeit', in J. Ausdretsch and K. Mainzer (eds.), *Philosophie und Physik der Raum-Zeit*, Zurich: Bibliographische Institut, 11–51.
Malamet, D. (1997). 'Causal theories of time and the conventionality of simultaneity', *Noûs* 11: 293–300.
Minkowski, H. (1909). 'Raum und Zeit', *Physikalische Zeitschrift* 10: 104–11.
Misner, C. W., K. S. Thorne, and J. A. Wheeler (1973), *Gravitation*, San Francisco: Freeman.
Paty, M. (1993). *Einstein Philosophe*, Paris: Presses Universitaires de France.
Pauli, W. (1981). *Theory of Relativity*, New York: Dover. 1st German edn 1921.
Penrose, R. (1968). 'Structure of Space-Time', in C. M. DeWitt and J. A. Wheeler (eds.), *Battelle Rencontres. 1967 Lectures in Mathematics and Physics*, New York: Benjamin, 121–235.

Petitot, J. (1992). 'Actuality of Transcendental Aesthetics for Modern Physics', in L. Boi et al. (eds.), *A Century of Geometry: Epistemology, History and Mathematics*, Heidelberg: Springer Verlag, 239–63.
Poincaré, H. (1902). *La Science et l'Hypothèse*, Paris: Flammarion.
Poincaré, H. (1906). 'Sur la dynamique de l'électron', *Rend. Circ. Mat. Palermo* 21: 129–75.
Regge, T. (1961). 'General relativity without coordinates', *Rivista del Nuovo Cimento* 19: 558–71.
Reichenbach, H. (1958). *The Philosophy of Space and Time*, transl. M. Reichenbach and J. Freund, New York: Dover.
Ricci, G. and Levi-Civita, T. (1901). 'Méthodes de calcul différentiel absolu et leurs applications', *Mathematische Annalen* 54: 125–201.
Riemann, B. (1867). 'Über die Hypothesen, welche der Geometrie zu Grunde liegen', *Abhandlungen der Königlichen Gesellschaft der Wissenschaften zur Göttingen* 13: 133–52.
Rindler, W. (1960). *Special Relativity*, Edinburgh: Oliver & Boyd.
Schilpp, P. A. (ed.) (1949). *Albert Einstein: Philosopher-Scientist*, Evanston, IL: The Library of Living Philosophers.
Schrödinger, E. (1954). *Space-Time Structure*, Cambridge: Cambridge University Press.
Souriau, J.-M. (1964). *Géométrie et Relativité*, Paris: Hermann.
Spivak, M. (1979). *A Comprehensive Introduction to Differential Geometry*, Berkeley, CA: Publish or Perish.
Stachel, J. (1995). 'History of Relativity' in L. M. Brown, A. Pais, and Sir B. Pippard (eds.), *Twentieth Century Physics*, vol. I, Bristol: Institute of Physics Publ., 249–356.
Stamatescu, I.-O. (1994). 'Quantum Field Theory and the Structure of Space-Time' in I.-O. Stamatescu (ed.), *Philosophy, Mathematics and Modern Physics*, Heidelberg: Springer Verlag, 67–91.
Synge, J. L. (1955). *Relativity: The Special Theory*, Amsterdam: North-Holland.
Synge, J. L. (1964). *The Petrov Classification of Gravitational Fields*, Dublin: Dublin Institute for Advanced Studies.
Torretti, R. (1996), *Relativity and Geometry*, New York: Dover (1st edn Pergamon, 1983).
Trautman, A. (1973). 'Theory of Gravitation' in J. Mehra (ed.), *The Physicist's Conception of Nature*, Dordrecht: Reidel, 179–201.
Trautman, A., Pirani, F. A. E., and Bondi, H. (1965). *Lectures on General Relativity*, Englewood Cliffs, NJ: Prentice-Hall.
Weinberg, S. (1973). *Gravitation and Cosmology. Principles and Applications of the General Theory of Relativity*, New York: Wiley.
Weinberg, S. (1918). *Raum-Zeit-Materie*, Berlin: Springer Verlag. 4th edn (1921).
Weyl, H. (1918). Transl. H. L. Brose, *Space-Time-Matter*, London: Methuen.
Wheeler, J. A. (1962). *Geometrodynamics*, New York and London: Academic Press.
Zahar, E. (1989). *Einstein's Revolution: A Study in Heuristic*, La Salle, IL: Open Court.
Zeeman, E. C. (1967). 'The Topology of Minkowski space', *Topology* 6: 161–70.

CHAPTER 15 THE GERMAN DEBATE OVER THE GEISTESWISSENSCHAFTEN IN GERMAN PHILOSOPHY

Barth, P. (1897). *Die Philosophie der Geschichte als Soziologie, Erster Teil*, 1st edn. (*The Philosophy of History as Sociology, first part*), Leipzig: O. R. Reisland.
Barth, P. (1899). 'Fragen der Geschichtswissenschaft: I, Darstellende und begriffliche Geschichte' ('Questions of Historical Science: I, Descriptive and Conceptual History'), *Vierteljahrschrift für wissenschaftliche Philosophie* (*Quarterly for Scientific Philosophy*) 23: 322–59.

Barth, P. (1915). *Die Philosophie der Geschichte als Soziologie*, (*The Philosophy of History as Sociology*), 2nd rev. edn, Leipzig: O. R. Reisland.

Cassirer, E. (1921–9). *Philosophie der symbolischen Formen*, 3 vols., Berlin: Cassirer. Trans. 1955 R. Mannheim, *The Philosophy of Symbolic Forms*, 3 vols., New Haven, CT: Yale University Press.

Cassirer, E. (1942). *Zur Logik der Kulturwissenschaften: Fünf Studien*, in *Göteborgs Högskolas Årsskrift*, Band XLVIII, Göteborg: Wettergren and Kerbers, 2–139. Trans. 1961 C. S. Howe, *The Logic of the Humanities*, New Haven, CT: Yale University Press.

Dilthey, W. (1883). *Einleitung in die Geisteswissenschaften: Versuch einer Grundlegung für das Studium der Gesellschaft und der Geschichte*, Erster Band (1922 *Gesammelte Schriften*, vol. I), Leipzig and Berlin: B. G. Teubner. Trans. 1989 M. Neville (ed. R. Makkreel and F. Rodi) *Introduction to the Human Sciences* (*Selected Works*, vol. I), Princeton, NJ: Princeton University Press.

Dilthey, W. (1894). 'Ideen über eine beschreibende und zergliedernde Psychologie' in 1924 *Die Geistige Welt* (*Gesammelte Schriften*, vol. V), Leipzig and Berlin: B. G. Teubner. Trans. 1977 R. M. Zaner, 'Ideas Concerning and Descriptive and Analytic Psychology' in Dilthey, *Descriptive Psychology and Historical Understanding*, The Hague: Nijhoff.

Dilthey, W. (1910). 'Der Aufbau der geschichtlichen Welt in den Geisteswissenschaften' ('The Construction of the Historical World in the Human Sciences') in Dilthey 1927.

Dilthey, W. (1927). *Der Aufbau der geschichtlichen Welt in den Geisteswissenschaften* (*The Construction of the Historical World in the Human Sciences*) (*Selected Works*, vol. VII), Leipzig and Berlin: Teubner.

Erdmann, B. (1878). 'Die Gliederung der Wissenschaften' ('The Division of the Sciences'), *Vierteljahrschrift für wissenschaftliche Philosophie* (*Quarterly for Scientific Philosophy*) 2: 72–105.

Gadamer, H.-G. (1960). *Wahrheit und Methode* (*Gesammelte Werke* vol. I), Tübingen: J. C. B. Mohr. Trans. 1989 J. Weinsheimer and D. G. Marshall, *Truth and Method*, New York: Crossroad.

Heidegger, M. (1927 [1957]). *Sein und Zeit*, Tübingen: M. Niemeyer. Trans. 1962 J. Macquarrie and E. Robinson, *Being and Time*, New York: Harper and Row.

Helmholtz, H. Von (1865). 'Über das Verhältnis der Naturwissenschaften zur Gesamtheit der Wissenschaft' in *Populäre wissenschaftliche Vorträge, erstes Heft* (*Popular Scientific Lectures*, no. 1), Braunschweig: F. Vieweg, 3–29. Trans. 1971 R. Kahl, 'The Relation of the Natural Sciences to Science in General' in *Selected Writings of Hermann von Helmholtz*, Middletown, CT: Wesleyan University Press, 122–43.

Hempel, C. G. (1942). 'The Problem of Historical Knowledge', *The Journal of Philosophy* 39: 35–48.

Hempel, C. G. (1962). 'Explanation in Science and in History' in R. G. Colodny (ed.), *Frontiers of Science and Philosophy*, Pittsburgh, PA: University of Pittsburgh Press, 9–33.

Lamprecht, K. (1896). *Alte und neue Richtungen in der Geschichtswissenschaft* (*Old and New Directions in Historical Science*), Berlin: R. Gaertners.

Lamprecht, K. (1900). *Die kulturhistorische Methode* (*The Method of Cultural History*), Berlin: R. Gaertners.

Lamprecht, K. (1904 [1909]). *Moderne Geschichtswissenschaft: fünf Vorträge*, 3rd edn, Berlin: Weidmannsche. Trans. 1905 E. A. Andrews, *What is History?: Five Lectures on the Modern Science of History*, New York: Macmillan.

Lotze, H. (1874 [1880]). *Logik: Drei Bücher, vom Denken, vom Untersuchen, und vom Erkennen*, zweite Auflage (1st edn 1874), Leipzig: S. Hirzel. Trans. 1888 B. Bosanquet, *Logic in Three Books, of Thought, of Investigation, and of Knowledge*, Oxford: Clarendon Press.

Mach, E. (1903). *Populär-wissenschaftliche Vorlesungen*, 3rd edn, Leipzig: J. A. Barth. Originally published in English trans. 1894 T. J. McCormack, *Popular Scientific Lectures*, Chicago: Open Court.

Makkreel, R. A. (1975). *Dilthey, Philosopher of the Human Studies*, Princeton, NJ: Princeton University Press.

Mill, J. S. (1843). *A System of Logic Ratiocinative and Inductive, Being a Connected View of the Principles of Evidence and the Methods of Scientific Investigation* (1974 *Collected Works*, vols. VII–VIII), J. M. Robson (ed.), Toronto: University of Toronto Press.

Oakes, G. (1988). *Weber and Rickert: Concept Formation in the Cultural Sciences*, Cambridge, MA: MIT Press.

Rickert, H. (1896–1902). *Die Grenzen der naturwissenschaftlichen Begriffsbildung: eine logische Einleitung in die historischen Wissenschaften* (1929, 5th edn), Tübingen: J. C. B. Mohr. Trans. (abridged) 1986 G. Oakes, *The Limits of Concept Formation in Natural Science: A Logical Introduction to the Historical Sciences*, Cambridge: Cambridge University Press.

Rickert, H. (1898). *Kulturwissenschaft und Naturwissenschaft* (6th and 7th rev. edns, 1926), Tübingen: J. C. B. Mohr. Trans. 1962 G. Reisman, *Science and History, A Critique of Positivist Epistemology*, New York: Van Nostrand.

Rothacker, E. (1927). *Logik und Systematik der Geisteswissenschaften* (*Logic and Systematic of the Human Sciences*), Munich: R. Oldenbourg.

Sigwart, C. (1873 [1889]). *Logik, zweite durchgesehene und erweiterte Auflage*, Freiburg i.B.: J. C. B. Mohr. Trans. 1895 H. Dendy, *Logic*, 2nd edn, revised and enlarged, London: Swan Sonnenschein.

Simmel, G. (1892). *Die Probleme der Geschichtsphilosophie*, 1st edn (1989 *Gesamtausgabe*, vol. II), Frankfurt on Main: Suhrkamp.

Simmel, G. (1905). *Die Probleme der Geschichtsphilosophie*, 2nd rev. edn (1997 *Gesamtausgabe*, vol. IX), Frankfurt on Main: Suhrkamp. Trans. 1977 G. Oakes, *The Problems of the Philosophy of History: An Epistemological Essay*, New York: Macmillan.

Simmel, G. (1918). 'Vom Wesen des historischen Verstehens' Berlin: Mittler. Trans. 1980 G. Oakes, 'On the Nature of Historical Understanding', in *Essays on Interpretation in Social Science*, Totowa, NJ: Rowman and Littlefield, 97–126.

Spranger, E. (1921). *Lebensformen* (*Forms of Life*), Halle: M. Niemeyer.

Troeltsch, E. (1922). *Der Historismus und seine Probleme, erstes Buch: das logische Problem der Geschichtsphilosophie* (*Gesammelte Schriften*, vol. III) (*Historicism and its Problems*, Book I: *The Logical Problem of the Philosophy of History*), Tübingen: J. C. B. Mohr.

Weber, M. (1904). 'Die "Objectivität" im sozialwissenschaftlicher und sozialpolitischer Erkenntnis', *Archiv für Sozialwissenschaft und Sozialpolitik* 19: 22–87. Trans. 1949 E. A. Shils and H. A. Finch, '"Objectivity" in Social Science and Social Policy', in *The Methodology of the Social Sciences*, Glencoe, IL: Free Press, 49–112.

Weber, M. (1906). 'Kritische Studien auf dem Gebiet der kulturwissenschaftlichen Logik', *Archiv für Sozialwissenschaft und Sozialpolitik* 22: 143–207. Trans. 1949 E. A. Shils and H. A. Finch, 'Critical Studies in the Logic of the Cultural Sciences: a Critique of Eduard Meyer's Methodological Views', in *The Methodology of the Social Sciences*, Glencoe, IL: Free Press, 113–88.

Weber, M. (1913). 'Über einige Kategorien der verstehenden Soziologie', *Logos* 4: 253–94. Trans. 1981 E. Graber, 'Some Categories of Interpretive Sociology', *Sociological Quarterly* 22: 145–80.

Windelband, W. (1894). 'Geschichte und Naturwissenschaft (Strassburger Rektoratsrede 1894)', in Windelband 1907, 355–79.

Windelband, W. (1907). *Präludien: Aufsätze und Reden zur Einleitung in die Philosophie*, 3rd rev. edn (1st edn 1884), Tübingen: J. C. B. Mohr.
Wundt, W. (1883). *Logik: eine Untersuchung der Prinzipien der Erkenntnis und der Methoden wissenschaftlicher Forschung, zweiter Band: Methodenlehre* (*Logic: An Investigation of the Principles of Cognition and the Methods of Scientific Research*, vol. II: *Doctrine of Method*), Stuttgart: F. Enke.
Wundt, W. (1893–5). *Logik: eine Untersuchung der Prinzipien der Erkenntnis und der Methoden wissenschaftlicher Forschung* (*Logic: An Investigation of the Principles of Cognition and the Methods of Scientific Research*), vol. I, Stuttgart: F. Enke.
Wundt, W. (1895). *Logik: eine Untersuchung der Prinzipien der Erkenntnis und der Methoden wissenschaftlicher Forschung, zweiter Band: Methodenlehre, zweite Abtheilung: Logik der Geisteswissenschaften* (*Logic: An Investigation of the Principles of Cognition and the Methods of Scientific Research, vol. II: Doctrine of Method, second part: Logic of the Human Sciences*), Stuttgart: F. Enke.
Wundt, W. (1913). *Die Psychologie im Kampf ums Dasein* (*Psychology in the Struggle for Existence*), Leipzig: Engelmann.

CHAPTER 16 FROM POLITICAL ECONOMY TO POSITIVE ECONOMICS

Black, R. D. C. (1972). 'W. S. Jevons and the Foundations of Modern Economics', *History of Political Economy* 4: 364–78.
Blaug, M. (1972). 'Was There a Marginal Revolution?', *History of Political Economy* 4: 269–80.
Caldwell, B. J. (ed.) (1990). *Carl Menger and His Legacy in Economics*, Durham, NC: Duke University Press.
Creedy, J. (1986). *Edgeworth and the Development of Neoclassical Economics*, Oxford: Blackwell.
De Marchi, N. B. (1972). 'Mill and Cairnes and the Emergence of Marginalism in England', *History of Political Economy* 4: 344–63.
Edgeworth, F. Y. (1881). *Mathematical Psychics: An Essay on the Application of Mathematics to the Moral Sciences*, London: Kegan Paul. Reprint edn 1965, New York: Augustus M. Kelley.
Edgeworth, F. Y. (1925). *Papers Relating to Political Economy*, 3 vols., New York: Burt Franklin.
Fisher, I. (1892 [1925]). *Mathematical Investigations in the Theory of Value and Prices*, New Haven, CT: Yale University Press.
Franklin, J. (1983). 'Mathematical Methods in Economics', *American Mathematical Monthly* 90: 229–44.
Gordon, H. S. (1973). 'Alfred Marshall and the Development of Economics as a Science' in R. N. Giere and R. S. Westfall (eds.), *Foundations of Scientific Method: The Nineteenth Century*, Bloomington, IN: Indiana University Press.
Hausman, D. (1992). *The Inexact and Separate Science of Economics*, Cambridge: Cambridge University Press.
Hollander, S. (1987). *Classical Economics*, Oxford: Blackwell.
Hutchison, T. W. (1978). *On Revolutions and Progress in Economic Knowledge*, Cambridge: Cambridge University Press.
Ingrao, B. and Israel, G. (1987). *La Mano Invisible*, Roma–Bari: Guis. Laterza and Figli Spa. Trans. 1990 I. McGilvray, *The Invisible Hand*, Cambridge, MA: MIT Press.
Jaffé, W. (1976). 'Jevons, Menger, and Walras De-Homogenized', *Economic Inquiry* 14: 511–24.
Jaffé, W. (1983). *William Jaffé's Essays on Walras*, Cambridge: Cambridge University Press.
Jevons, W. S. (1871 [1957]). *The Theory of Political Economy*, 5th edn (ed. H. S. Jevons) London: Macmillan. Repr. edn 1965, New York: Augustus M. Kelley.

Jevons, W. S. (1874 [1877]). *The Principles of Science*, London: Macmillan.
Keynes, J. M. (1921). *A Treatise on Probability*, London: Macmillan.
Keynes, J. N. (1890). *Scope and Method of Political Economy*, London: Macmillan.
Maloney, J. (1985). *Marshall, Orthodoxy, and the Professionalisation of Economics*, Cambridge: Cambridge University Press.
Marshall, A. (1890 [1920]). *Principles of Economics*, 8th edn, London: Macmillan. Repr. edn. 1979, London: Macmillan.
Menger, C. (1871). *Grundsätze der Volkswirtschaftslehre*. Trans. 1976 J. Dingwall and B. F. Hoselitz, *Principles of Economics*, New York: New York University Press.
Mirowski, P. (1989). *More Heat than Light: Economics as Social Physics, Physics as Nature's Economics*, Cambridge: Cambridge University Press.
Morgan, M. S. (1990). *The History of Econometric Ideas*, Cambridge: Cambridge University Press.
Newcomb, S. (1886). *Principles of Political Economy*, New York: Harper & Bros. Repr. edn 1966, New York: Augustus M. Kelley.
Pareto, V. (1909). *Manuel d'économie politique*, Paris: Giard & Brière.
Peart, S. J. (1996). *The Economics of W. S. Jevons*, London: Routledge.
Pigou, A. C. (1912). *Wealth and Welfare*, London: Macmillan.
Redman, D. A. (1997). *The Rise of Political Economy as a Science*, Cambridge, MA: MIT Press.
Rutherford, M. (1994). *Institutions in Economics: The Old and the New Institutionalism*, Cambridge: Cambridge University Press.
Schabas, M. (1990). *A World Ruled by Number: William Stanley Jevons and the Rise of Mathematical Economics*, Princeton, NJ: Princeton University Press.
Sidgwick, H. (1883). *Principles of Political Economy*, London: Macmillan.
Smith, B. (1986). 'Austrian Economics and Austrian Philosophy' in W. Grassl and B. Smith (eds.), *Austrian Economics: Historical and Philosophical Background*, London: Croom Helm.
Tarascio, V. J. (1968). *Pareto's Methodological Approach to Economics*, Chapel Hill, NC: University of North Carolina Press.
Veblen, T. (1899 [1967]). *The Theory of the Leisure Class*, Harmondsworth: Penguin.
Walras, L. (1874 [1900]). *Eléments d'économie politique pure*, 4th edn, Lausanne: F. Rouge and Paris: F. Pichon. Repr. edn 1976 Paris: R. Pichon and R. Durand-Auzias.
Weintraub, R. (1985). *General Equilibrium Analysis*, Cambridge: Cambridge University Press.
Wicksteed, P. H. (1935). *The Common Sense of Political Economy*, 2 vols. L. Robbins (ed.), London: George Routledge & Sons.

CHAPTER 17 SOCIOLOGY AND THE IDEA OF SOCIAL SCIENCE

Durkheim, E. (1895). *Les règles de là méthode sociologique*, Paris: Alcan. Trans. 1938 S. A. Solovay and J. H. Mueller, *The Rules of Sociological Method*, Chicago, IL: University of Chicago Press.
Durkheim, E. (1897). *Le Suicide: étude de sociologie*, Paris: Alcan. Trans. 1951 J. A. Spaulding and G. Simpson, *Suicide: A Study in Sociology*, Glencoe, IL: Free Press.
Durkheim, E. (1912). *Les Formes élémentaires de la vie religieuse*, Paris: Alcan. Trans. 1915 J. W. Swain, *The Elementary Forms of Religious Life*, New York: Macmillan.
Weber, M. (1904). 'Die "Objectivität" sozialwissenschaftlicher und sozialpolitischer Erkenntnis', *Archiv für Sozialwissenschaft und Sozialpolitik* 19: 22–87. Trans. 1949 E. A. Shils and H. A. Finch, '"Objectivity" in Social Science and Social Policy' in *The Methodology of the Social Sciences*, Glencoe, IL: Free Press, 49–112.

CHAPTER 18 UTILITARIANS AND IDEALISTS

Bradley, F. H. (1927). *Ethical Studies*, 2nd edn, Oxford: Clarendon Press.
Bradley, F. H. (1893). *Appearance and Reality*, 2nd edn 1906, 9th corrected impression, Oxford: Clarendon Press.
Green, T. H. (1883). *Prolegomena to Ethics*, ed. by A. C. Bradley, Oxford: Clarendon Press.
Grote, John (1870). *An Examination of the Utilitarian Philosophy*, Cambridge: Deighton, Bell, and Co.
Huxley, T. H. (1894). *Evolution and Ethics, and Other Essays*, London: Macmillan.
Lecky, William Edward Hartpole (1869). *History of European Morals from Augustus to Charlemagne*, London: Longmans, Green.
Manser, Anthony and Stock, Guy (eds.) (1984). *The Philosophy of F. H. Bradley*, Oxford: Clarendon Press.
Nicholson, Peter P. (1990). *The Political Philosophy of the British Idealists*, Cambridge: Cambridge University Press.
Schneewind, J. B. (1977). *Sidgwick's Ethics and Victorian Moral Philosophy*, Oxford: Clarendon Press.
Schultz, Bart (ed.) (1992). *Essays on Henry Sidgwick*, Cambridge: Cambridge University Press.
Sidgwick, Henry (1874 [1907]). *The Methods of Ethics*, 7th edn, London: Macmillan.
Spencer, Herbert (1893). *The Principles of Ethics*, London: Williams and Norgate.
Spencer, Herbert (1907). *The Data of Ethics*, London: Williams and Norgate. (Original edn 1879.)
Stephen, Leslie (1882). *The Science of Ethics*, London: Smith, Elder, and Co.
Thomas, Geoffrey (1987). *The Moral Philosophy of T. H. Green*, Oxford: Clarendon Press.

CHAPTER 19 NIETZSCHE

Clark, M. (1990). *Nietzsche on Truth and Philosophy*, Cambridge: Cambridge University Press.
Danto, A. C. (1965). *Nietzsche as Philosopher*, New York: Macmillan.
Hayman, R. (1980). *Nietzsche: A Critical Life*, London: Weidenfeld and Nicolson.
Heidegger, M. (1961). *Nietzsche*, 2 vols. Pfullingen: Neske. Trans. 1979–84 D. F. Krell, *Nietzsche*, 4 vols. New York: Harper and Row.
Jaspers, K. (1936). *Nietzsche: Einführung in das Verständnis seines Philosophierens*, Berlin and Leipzig: de Gruyter. Trans. 1965 C. F. Wallraff and F. J. Schmitz, *Nietzsche: An Introduction to the Understanding of His Philosophical Activity*, Tucson: University of Arizona Press.
Kaufmann, W. (1974). *Nietzsche: Philosopher, Psychologist, Antichrist*, 4th edn Princeton, NJ: Princeton University Press.
Magnus, B. (1978). *Nietzsche's Existential Imperative*, Bloomington, IN: Indiana University Press.
Magnus, B. and Higgins, K. M. (eds.) (1996). *The Cambridge Companion to Nietzsche*, Cambridge and New York: Cambridge University Press.
Nehamas, A. (1985). *Nietzsche: Life as Literature*, Cambridge, MA: Harvard University Press.
Nietzsche, F. (1878–80). *Menschliches, Allzumenschliches*, Chemnitz: E. Schmeitzner. Trans. 1986 R. J. Hollingdale, *Human, All Too Human*, Cambridge: Cambridge University Press.
Nietzsche, F. (1881). *Die Morgenröte*, Chemnitz: E. Schmeitzner. Trans. 1982 R. J. Hollingdale, *Daybreak*, Cambridge: Cambridge University Press.
Nietzsche, F. (1882). *Die fröhliche Wissenschaft*, Chemnitz: E. Schmeitzner. Trans. 1974 W. Kaufmann, *The Gay Science*, New York: Vintage.
Nietzsche, F. (1883–5). *Also sprach Zarathustra*, Chemnitz: E. Schmeitzner. Trans. 1961 R. J. Hollingdale, *Thus Spoke Zarathustra*, Harmondsworth: Penguin.

Nietzsche, F. (1886). *Jenseits von Gut und Böse*, Leipzig: C. G. Naumann. Trans. 1973 R. J. Hollingdale, *Beyond Good and Evil*, Harmondsworth: Penguin.
Nietzsche, F. (1887). *Zur Genealogie der Moral*, Leipzig: C. G. Naumann. Trans. 1969 W. Kaufmann and R. J. Hollingdale, *On the Genealogy of Morals*, New York: Vintage.
Nietzsche, F. (1889). *Götzen-Dämmerung*, Leipzig: C. G. Naumann. Trans. 1968 R. J. Hollingdale, *Twilight of the Idols*, Harmondsworth: Penguin.
Nietzsche, F. (1908). *Ecce homo*, Leipzig: Insel-Verlag. Trans. 1979 R. J. Hollingdale, *Ecce Homo*, Harmondsworth: Penguin.
Nietzsche, F. (1980). *Sämtliche Werke: Kritische Studienausgabe*, ed. G. Colli and M. Montinari, Berlin: de Gruyter.
Nietzsche, F. (1986). *Sämtliche Briefe: Kritische Studienausgabe*, ed. G. Colli and M. Montinari, Berlin: de Gruyter.
Russell, B. (1946). *History of Western Philosophy*, London: George Allen and Unwin.
Schacht, R. (1983). *Nietzsche*, London: Routledge.
Sleinis, E. E. (1994). *Nietzsche's Revaluation of Values*, Urbana and Chicago: University of Illinois Press.
Tanner, M. (1994). *Nietzsche*, Oxford: Oxford University Press.
Young, J. (1992). *Nietzsche's Philosophy of Art*, Cambridge: Cambridge University Press.

CHAPTER 20 THE NEW REALISM IN ETHICS

Brentano, F. (1874). *Psychologie vom empirischen Standpunkt*, Leipzig: Duncker and Humblot. Trans. 1995 L. L. McAlister (ed.), *Psychology from an Empirical Standpoint*, 2nd Engl. edn, London: Routledge.
Brentano, F. (1889). *Vom Ursprung sittlicher Erkenntnis*, Leipzig: Duncker and Humboldt. Trans. 1969 R. M. Chisholm (ed.), *The Origin of Our Knowledge of Right and Wrong*, London: Routledge.
Brentano, F. (1952). *Grundlegung und Aufbau der Ethik*, Berne: Francke. Trans. 1973, E. H. Schneewind (ed.), *The Foundation and Construction of Ethics*, London: Routledge.
Brentano, F. (1966). *Die Abkehr vom Nichtrealen (The Turn From the Non-Real)*, Berne: Francke.
Ehrenfels, C. von. (1890). 'Über Gestaltqualitäten' ('On "Gestalt qualities"'), *Vierteljahresschrift für wissenschaftliche Philosophie*, 14: 249–92.
Ehrenfels, C. von. (1897). *System der Werttheorie (A System of a Theory of Values)*, vol. I, Leipzig. Repr. 1982 in C. von Ehrenfels (R. Fabian, ed.), *Werttheorie*, Philosophische Schriften, vol. I, Munich: Philosophia, 201–405.
James, W. (1891). 'The Moral Philosopher and the Moral Life', repr. 1956 in *The Will To Believe and Other Essays on Popular Philosophy*, New York: Dover, 184–215.
Meinong, A. (1894). *Psychologisch-ethische Untersuchungen zur Werttheorie*. Graz: Leuschner & Lubensky. Repr. 1968 in R. Haller and R. Kindinger (eds.), *Alexius Meinong Gesamtausgabe*, vol. III, *Abhandlungen zur Werttheorie*, Graz: Akademische Druck- und Verlagsanstalt, pp. 1–244.
Meinong, A. (1917). 'Über emotionale Präsentation', *Sitzungsberichte der philosophisch-historischen Klasse der Kaiserlichem Akademie der Wissenschaften in Wien*, no. 183, 2. Abhandlung. Repr. 1968 in R. Haller and R. Kindinger (eds.), *Alexius Meinong Gesamtausgabe*, vol. III, *Abhandlungen zur Werttheorie*, Graz: Akademische Druck- und Verlagsanstalt, 285–465. Transl. 1972, A. Meinong (M.-L. Schubert Kalsi, ed.), *On Emotional Presentations*, Evanston: Northwestern University Press.
Meinong, A. (1923). *Zur Grundlegung der allgemeinen Werttheorie*, Graz: Leuschner & Lubensky. Repr. 1968 in R. Haller and R. Kindinger (eds.), *Alexius Meinong Gesamtausgabe*, vol. III, *Abhandlungen zur Werttheorie*, Graz: Akademische Druck-und Verlagsanstalt, 471–656.

Moore, G. E. (1903a). *Principia Ethica*, Cambridge: Cambridge University Press. New edition 1993, T. Baldwin (ed.), Cambridge: Cambridge University Press.

Moore, G. E. (1903b). 'Review of Franz Brentano, The Origins of the Knowledge of Right and Wrong (Engl. translation by Cecil Hague, Westminster, 1902)', *International Journal of Ethics* 14: 115–23.

Moore, G. E. (1922). 'The Conception of Intrinsic Value' in G. E. Moore, *Philosophical Studies*, London: Routledge, 253–75. Repr. 1993 in G. E. Moore (T. Baldwin, ed.), *Principia Ethica*, 280–98.

Moore, G. E. (1942). 'Reply to My Critics' in P. A. Schilpp (ed.), *The Philosophy of G. E. Mooore*, Evanston, IL: Northwestern University Press, 535–677.

Sidgwick, H. (1874) *The Methods of Ethics*, London: Macmillan. New edition 1966, New York: Dover.

Rashdell, H. (1905). *A Theory of Good and Evil*, Oxford: Clarendon Press.

Twardowski, K. (1894). *Zur Lehre vom Inhalt und Gegenstand der Vorstellungen*, Wien: Alfred Hölder. Trans. 1977 K. Twardowski (ed. R. Grossmann), *On the Content and Object of Presentations*, The Hague: Nijhoff.

CHAPTER 21 INDIVIDUALISM VS. COLLECTIVISM

Arnold, M. (1869). *Culture & Anarchy: An Essay in Political and Social Criticism*, London: Smith. New edn 1993, ed. S. Collini, Cambridge: Cambridge University Press.

Bellamy, R. (1992). *Liberalism and Modern Society: An Historical Argument*, Cambridge, MA: Polity Press.

Bosanquet, B. (1885). *Knowledge and Reality: A Criticism of Mr. F. H. Bradley's 'Principles of Logic'*, London: Kegan Paul.

Bosanquet, B. (1888). *Logic, or the Morphology of Knowledge*, 2 vols., Oxford: Clarendon Press, 2nd edn 1911.

Bosanquet, B. (1889). *Essays and Addresses*, London: Swan Sonnenschein.

Bosanquet, B. (1892). *History of Aesthetic*, London: Swan Sonnenschein, 2nd edn 1904.

Bosanquet, B. (1893). *The Civilization of Christendom and Other Studies*, London: Swan Sonnenschein.

Bosanquet, B. (1895a). *A Companion to Plato's Republic for English Readers: Being a Commentary adapted to Davies and Vaughan's Translation*, London: Rivingtons.

Bosanquet, B. (1895b). *The Essentials of Logic Being Ten Lectures On Judgement and Inference*, London and New York: Macmillan.

Bosanquet, B. (1897). *Psychology of the Moral Self*, London and New York: Macmillan.

Bosanquet, B. (1899). *The Philosophical Theory of the State*, London: Macmillan, 4th edn 1923. New edn 2001, G. F. Gaus and W. Sweet (eds.), *B. Bosanquet: The Philosophical Theory of the State and Related Essays*, South Bend, IN: St Augustine's Press.

Bosanquet, B. (1912). *The Principle of Individuality and Value: The Gifford Lectures for 1911*, London: Macmillan.

Bosanquet, B. (1913). *The Value and Destiny of the Individual: The Gifford Lectures for 1912*, London: Macmillan.

Bosanquet, B. (1915). *Three Lectures on Aesthetic*, London: Macmillan.

Bosanquet, B. (1917). *Social and International Ideals: Being Studies in Patriotism*, London: Macmillan.

Bosanquet, B. (1918). *Some Suggestions in Ethics*, London: Macmillan, 2nd edn 1919.

Bosanquet, B. (1920a). *Implication and Linear Inference*, London: Macmillan.

Bosanquet, B. (1920b). *What Religion Is*, London: Macmillan.

Bosanquet, B. (1921). *The Meeting of Extremes in Contemporary Philosophy*, London: Macmillan.

Bosanquet, B. (1927). *Science and Philosophy and Other Essays*, J. H. Muirhead and R. C. Bosanquet (eds.), London: George Allen and Unwin.
Bosanquet, B. (1999a). *The Collected Works of Bernard Bosanquet*, vol. I: *Selected Essays*, W. Sweet (ed.), Bristol: Thoemmes Press.
Bosanquet, B. (1999b). *The Collected Works of Bernard Bosanquet*, vol. XIV: *Essays on 'Aspects of the Social Problem' and Essays on Social Policy*, W. Sweet (ed.), Bristol: Thoemmes Press.
Bosanquet, H. (1924). *Bernard Bosanquet: A Short Account of his Life*, London: Macmillan.
Boucher, David and Vincent, Andrew (2000). *British Idealism and Political Theory*, Edinburgh: Edinburgh University Press.
Bradley, F. H. (1876). *Ethical Studies*, London: King, 2nd edn 1927, Oxford: Clarendon Press.
Cacoullos, A. C. (1974). *Thomas Hill Green: Philosopher of Rights*, New York: Twayne.
Carter, Matt (2003). *T. H. Green and the Development of Ethical Socialism*, Exeter: Imprint Academic.
Clarke, P. (1978). *Liberals and Social Democrats*, Cambridge: Cambridge University Press.
Collini, S. (1976). 'Hobhouse, Bosanquet and the State: Philosophical Idealism and Political Argument in England 1880–1918', *Past and Present* 72: 86–111.
Collini, S. (1979). *Liberalism and Sociology: L. T. Hobhouse and Political Argument in England 1880–1914*, Cambridge: Cambridge University Press.
Dimova-Cookson, Maria (2001). *T. H. Green's Moral and Political Philosophy: A Phenomenological Perspective*, Basingstoke: Palgrave.
Freeden, M. (1978). *The New Liberalism: An Ideology of Social Reform*, Oxford: Clarendon Press.
Freeden, M. (1996). *Ideologies and Political Theory: A Conceptual Approach*, Oxford: Clarendon Press.
Gaus, G. F. (1983). *The Modern Liberal Theory of Man*, London: Croom Helm.
Gaus, G. F. (1994). 'Green, Bosanquet and the Philosophy of Coherence' in C. L. Ten (ed.), *The Routledge History of Philosophy*, vol. VII: *The Nineteenth Century*, London: Routledge, 408–36.
Green, T. H. (1881). *Liberal Legislation and Freedom of Contract: A Lecture*, Oxford: Slatter and Rose. New edn 1986, P. Harris and J. Morrow (eds.), *T. H. Green: Lectures on the Principles of Political Obligation and Other Writings*, Cambridge: Cambridge University Press, 194–212.
Green, T. H. (1883). *Prolegomena to Ethics by the Late Thomas Hill Green*, ed. A. C. Bradley, Oxford: Clarendon Press. New edn 2003, D. Brink (ed.), Oxford: Oxford University Press.
Green, T. H. (1885–8). *Works of Thomas Hill Green*, 3 vols., ed. R. L. Nettleship, London: Longmans, Green.
Green, T. H. (1886). *Lectures on the Principles of Political Obligation*, in R. L. Nettleship (ed.), *Works of Thomas Hill Green*, vol. II: *Philosophical Works*, London: Longmans, Green. New edn 1986, P. Harris and J. Morrow (eds), *T. H. Green: Lectures on the Principles of Political Obligation and Other Writings*, Cambridge: Cambridge University Press.
Green, T. H. (1997). *Additional Writings*, ed. P. P. Nicholson, Bristol: Thoemmes Press.
Greengarten, I. M. (1981). *Thomas Hill Green and the Development of Liberal-Democratic Thought*, Toronto: University of Toronto Press.
Greenleaf, W. H. (1983). *The British Political Tradition*, 2 vols., London and New York: Methuen.
Harris, F. P. (1944). *The Neo-Idealist Political Theory: Its Continuity with the British Tradition*, New York: King's Crown Press.
Hobhouse, L. T. (1896). *The Theory of Knowledge: A Contribution to Some Problems of Logic and Metaphysics*, London: Methuen, 3rd edn 1921.
Hobhouse, L. T. (1901). *Mind in Evolution*, London: Macmillan, 3rd edn 1926.
Hobhouse, L. T. (1904). *Democracy and Reaction*, London: Fisher Unwin, 2nd edn 1909.

Hobhouse, L. T. (1906). *Morals in Evolution: A Study in Comparative Ethics*, 2 vols., London: Chapman and Hall, 3rd edn 1913.
Hobhouse, L. T. (1911a). *Liberalism*, London: Williams and Norgate. New edn 1994, J. Meadowcroft (ed.), *L. T. Hobhouse: Liberalism and Other Writings*, Cambridge: Cambridge University Press.
Hobhouse, L. T. (1911b). *Social Evolution and Political Theory*, New York: Columbia University Press. Ch. IX reprinted 1994 in J. Meadowcroft (ed.), *L. T. Hobhouse: Liberalism and Other Writings*, Cambridge: Cambridge University Press, 152–65.
Hobhouse, L. T. (1913a). *Development and Purpose: An Essay Towards a Philosophy of Evolution*, London: Macmillan, 2nd edn 1929.
Hobhouse, L. T. (1913b). 'The Historical Evolution of Property, in Fact and Idea' in C. Gore (ed.), *Property, Its Duties and Rights: Historically, Philosophically and Religiously Regarded*, London and New York: Macmillan, 1–33. Repr. 1994 in J. Meadowcroft (ed.), *L. T. Hobhouse: Liberalism and Other Writings*, Cambridge: Cambridge University Press, 175–98.
Hobhouse, L. T. (1918). *The Metaphysical Theory of the State: A Criticism*, London: George Allen and Unwin.
Hobhouse, L. T. (1921). *The Rational Good: A Study in the Logic of Practice*, London: George Allen and Unwin.
Hobhouse, L. T. (1922). *The Elements of Social Justice*, London: George Allen and Unwin.
Hobhouse, L. T. (1924). *Social Development: Its Nature and Conditions*, London: George Allen and Unwin.
Hobson, J. A. & Ginsberg, M. (1931). *L. T. Hobhouse: His Life and Work*, London: George Allen and Unwin.
Houang, F. (1954). *Le néo-hégélianisme en Angleterre: la philosophie de Bernard Bosanquet*, Paris: Vrin.
Hurka, T. (1993). *Perfectionism*, New York and Oxford: Oxford University Press.
Kloppenberg, J. T. (1986). *Uncertain Victory: Social Democracy and Progressivism in European and American Thought, 1870–1920*, New York: Oxford University Press.
Latta, R. (1905). 'Memoir' in R. Latta (ed.), *Philosophical Studies by David George Ritchie*, London and New York: Macmillan.
Lewis, H. D. (1962). *Freedom and History*, London: George Allen and Unwin.
Meadowcroft, J. (1995). *Conceptualizing the State: Innovation and Dispute in British Political Thought 1880–1914*, Oxford: Clarendon Press.
Mill, J. S. (1848). *Principles of Political Economy with Some of Their Applications to Social Philosophy*, London: Parker. New edn 1965, J. M. Robson (ed.), *Collected Works of John Stuart Mill*, vols. II–III, Toronto: University of Toronto Press and London: Routledge.
Mill, J. S. (1859). *On Liberty*, London: Parker. New edition 1977, ed. J. M. Robson, *Collected Works of John Stuart Mill*, vol. XVIII: *Essays on Politics and Society*, Toronto: University of Toronto Press and London: Routledge.
Mill, J. S. (1873). *Autobiography*, London: Longmans, Green. New edn 1981, J. M. Robson (ed.), *Collected Works of John Stuart Mill*, vol. I, Toronto: University of Toronto Press and London: Routledge.
Milne, A. J. M. (1962). *The Social Philosophy of English idealism*, London: George Allen and Unwin.
Muirhead, J. H. (1908). *The Service of the State: Four Lectures on the Political Teaching of T. H. Green*, London: John Murray.
Muirhead, J. H. (ed.) (1935). *Bernard Bosanquet and His Friends: Letters Illustrating the Sources and the Development of His Philosophical Opinions*, London: George Allen and Unwin.

Nettleship, R. L. (1888). 'Memoir' in R. L. Nettleship (ed.), *Works of Thomas Hill Green*, vol. III, *Miscellanies and Memoir*, London: Longmans, Green.

Nicholson, P. P. (1990). *The Political Philosophy of the British Idealists: Selected Studies*, Cambridge: Cambridge University Press.

Otter, S. den (1996). *British Idealism and Social Explanation: A Study in Late Victorian Thought*, Oxford: Clarendon Press.

Plamenatz, J. P. (1938). *Consent, Freedom and Political Obligation*, London: Oxford University Press, 2nd edn 1968.

Prichard, H. A. (1968). *Moral Obligation and Duty and Interest: Essays and Lectures*, London: Oxford University Press.

Pucelle, J. (1960–5). *La nature et l'esprit dans la philosophie de T. H. Green: La Renaissance de l'Idéalisme en Angleterre au XIXe siècle*, 2 vols., Paris: Beatrice Nauwelaerts.

Randall, J. H., Jr. (1966). 'Idealistic Social Philosophy and Bernard Bosanquet', *Philosophy and Phenomenological Research* 24: 473–502. Repr. 1977 in Randall (ed. B. J. Singer), *Philosophy After Darwin: Chapters for the Career of Philosophy*, vol. III, New York: Columbia University Press.

Richter, M. (1964). *The Politics of Conscience: T. H. Green and His Age*, London: Weidenfeld and Nicolson.

Ritchie, D. G. (1889). *Darwinism and Politics*, London: Swan Sonnenschein, 4th edn 1901.

Ritchie, D. G. (1891). *The Principles of State Interference: Four Essays on the Political Philosophy of Mr. Herbert Spencer, J. S. Mill, and T. H. Green*, London: Swan Sonnenschein, 4th edn 1902.

Ritchie, D. G. (1893). *Darwin and Hegel with Other Philosophical Studies*, London: Swan Sonnenschein.

Ritchie, D. G. (1894). *Natural Rights: A Criticism of Some Political and Ethical Conceptions*, London: Swan Sonnenschein and New York: Macmillan.

Ritchie, D. G. (1902). *Studies in Political and Social Ethics*, London: Swan Sonnenschein and New York: Macmillan.

Ritchie, D. G. (1905). *Philosophical Studies*, (ed.) R. Latta, London and New York: Macmillan.

Ritchie, D. G. (1998). *Collected Works of D. G. Ritchie*, vol. VI: *Miscellaneous Writings*, ed. P. P. Nicholson, Bristol: Thoemmes Press.

Sidgwick, H. (1902). *Lectures on the Ethics of T. H. Green, Mr. Herbert Spencer, and J. Martineau*, (ed.) E. E. C. Jones, London and New York: Macmillan.

Simhony, Avital and Weinstein, David (eds.) (2001). *The New Liberalism: Reconciling Liberty and Community*, Cambridge: Cambridge University Press.

Skorupski, J. (1993). *English-Language Philosophy 1750–1945*, Oxford and New York: Oxford University Press.

Spencer, H. (1884). *Man versus the State*, London: Williams and Norgate.

Sweet, W. (1997). *Idealism and Rights: The Social Ontology of Human Rights in the Political Thought of Bernard Bosanquet*, Lanham, MD: University Press of America.

Sweet, W. (1998). 'Bernard Bosanquet' in E. N. Zalta (ed.), *The Stanford Encyclopaedia of Philosophy*, Stanford, CA: CSLI.

Taylor, M. (ed.) (1996). *Herbert Spencer and the Limits of the State: The Late Nineteenth-century Debate between Individualism and Collectivism*, Bristol: Thoemmes Press.

Taylor, M. W. (1992). *Men versus the State: Herbert Spencer and Late Victorian Individualism*, Oxford: Clarendon Press.

Thomas, G. (1987). *The Moral Philosophy of T. H. Green*, Oxford: Clarendon Press.

Tyler, C. (1998). *Thomas Hill Green and the Philosophical Foundations of Politics: An Internal Critique*, Lewiston and Lampeter: Edwin Mellen Press.

Vincent, A. (ed.) (1986). *The Philosophy of T. H. Green*, Aldershot: Gower.
Vincent, A. and Plant, R. (1984). *Philosophy, Politics and Citizenship: The Life and Thought of the British Idealists*, Oxford: Blackwell.
Wempe, B. (1986). *Beyond Equality: A Study of T. H. Green's Theory of Positive Freedom*, Delft: Eburon.
Wolfe, W. (1975). *From Radicalism to Socialism: Men and Ideas in the Formation of Fabian Socialist Doctrines, 1881–1889*, New Haven, CT and London: Yale University Press.

CHAPTER 22 MARXISM AND ANARCHISM

Bakunin, M. A. (1842). 'Die Reaktion in Deutschland', *Deutsche Jahrbücher für Wissenschaft und Kunst*. Trans. and ed. 1965 J. M. Edie, J. P. Scanlon, and M.-B. Zeldin, 'The Reaction in Germany', *Russian Philosophy*, 3 vols., Chicago: Quadrangle Books, vol. I, 384–406.
Bakunin, M. A. (1873). *Gosudarstivennost' I anarkhiia*, Geneva. Trans. 1990 M. S. Shatz, *Statism and Anarchy*, Cambridge: Cambridge University Press.
Bauer, O. (1907). *Nationalitätenfrage und die Sozialdemokratie*, Vienna. Trans. 2000 J. O'Donnell, *The Question of Nationalities and Social Democracy*, Minneapolis: University of Minnesota Press.
Bottomore, Tom and Goode, Patrick (eds.) (1978). *Austro-Marxism*, Oxford: Clarendon Press.
Bourdet, Yves (1970). Introduction to R. Hilferding, *Le Capital financier*, Paris: Minuit, 9–52.
Carver, Terrell (1981). *Engels*, Oxford: Oxford University Press.
Colletti, Lucio (1972). *From Rousseau to Lenin*, London: New Left Books.
Engels, F. (1884). *Der Ursprung der Familie*, Zurich: Verlag der Schweizerischen Volksbuchhandlung. Trans. 1968 *The Origins of the Family* in K. Marx and F. Engels, *Collected Works*, London: Lawrence and Wishart.
Hilferding, Rudolf (1910). *Das Finanzkapital*, Vienna: Wiener Volksbuchhandlung. Trans. 1978 T. Bottomore, M. Watnick, and S. Gordon, *Finance Capital*, London: Routledge.
Howard, M.C. and King, J. E. (1989). *A History of Marxian Economics*, vol. I: 1882–1929, London: Macmillan.
Kautsky, Karl (1892). *Das Erfurter Programm*, Stuttgart: J. H. W. Dietz. Trans W. E. Bohm 1910, repr. 1971 *The Class Struggle*, New York: Norton.
Kautsky, Karl (1927). *Die materialistische Geschichtsauffassung*, Berlin: J. H. W. Dietz. Trans. and abr. 1988 J. H. Kautsky, *The Materialist Conception of History*, New Haven, CT: Yale University Press.
Labriola, Antonio (1896). *Saggi interno alla concezione materialistica della storia*. Trans. C. Kerr 1908 *Essays on the Materialist Conception of History*, Chicago: Charles Kerr.
Lukács, G. (1923). *Geschichte und Klassbewasstsein*, Berlin: Malik Verlag. Trans. 1971 R. Livingstone, *History and Class Consciousness Studies in Marxist Dialectics*, London: Merlin.
Marx, Karl (1871). *The Civil War in France*, London. Repr. in K. Marx and F. Engels, *Collected Works*, London: Lawrence and Wishart.
Marx, Karl and Engels, Friedrich (1975–98). *Collected Works*, 47 vols., London: Lawrence and Wishart.
Plekhanov, G. V. (1969). *Fundamental Problems of Marxism*, London: Lawrence and Wishart.
Plekhanov, G. V. (1977). *Selected Philosophical Works*, 5 vols., Moscow: Progress.
Salvadori, Massimo (1979). *Karl Kautsky and the Socialist Revolution, 1880–1938*, London: Verso.
Sorel, Georges (1908). *Réflexions sur la violence*, Paris: Editions de pages libres. Trans. T. E. Hulme repr. 1950, *Reflections on Violence*, Glencoe, IL: The Free Press.

Steenson, Gary P. (1991). *Karl Kautsky, 1854–1938*, Pittsburgh: University of Pittsburgh Press.
Walicki, Andrzy (1979). *A History of Russian Thought from the Enlightenment to Marxism*, Stanford: Stanford University Press.
Walicki, Andrzy (1995). *Marx and the Leap to the Kingdom of Freedom*, Stanford: Stanford University Press.

CHAPTER 23 LEGAL THEORY

Austin, J. (1861–3). *The Province of Jurisprudence Determined* and *Lectures on Jurisprudence*, 3 vols., London: J. Murray. Reprinted 1885, 5th edn, 2 vols., ed. Robert Campbell, London: J. Murray.
Bentham, J. (1970). *Of Laws in General*, ed. H. L. A. Hart, London: Athlone Press.
Binder, J. (1931). Review of A. Hägerström, *Der römische Obligationsrecht im Lichte der allgemeinen römischen Rechtsanschauung* (*The Roman Concept of Obligation in Light of the General Roman View of the Law*) (1927), *Kritische Vierteljahrsschrift für Gesetzgebung und Rechtswissenschaft*, 24: 269–315.
Buckland, W. W. (1945). *Some Reflections on Jurisprudence*, Cambridge: Cambridge University Press.
Cassirer, E. (1939). 'Axel Hägerström. Eine Studie zur schwedischen Philosophie der Gegenwart' ('Axel Hägerström. A Study of Contemporary Swedish Philosophy'), *Göteborgs Högskolas Årsskrift*, 45: 3–120.
Gierke, O. (1863–1913). *Das deutsche Genossenschaftsrecht* (*The German Law of Associations*), 4 vols., Berlin: Weidmann. Trans. 1990 M. Fischer, *Community in Historical Perspective*, Cambridge: Cambridge University Press (selections from vol. I). Trans. 1900 F. W. Maitland, *Political Theories of the Middle Ages*, Cambridge: Cambridge University Press (a selection from vol. III). Trans. 1977 G. Heiman, *Associations and the Law. The Classical and Early Christian Stages*, Toronto: University of Toronto Press (another selection from vol. III). Trans. 1934 E. Barker, *Natural Law and the Theory of Society 1500 to 1800*, Cambridge: Cambridge University Press (a selection from vol. IV).
Gierke, O. (1874). 'Die Grundbegriffe des Staatsrechts und die neueren Staatsrechtstheorien' ('The Fundamental Concepts of State Law and the Newer Theories of State Law'), *Zeitschrift für die gesamte Staatswissenschaft*, 30: 153–98, 265–335. Repr. 1915 as a book, Tübingen: J. C. B. Mohr.
Gierke, O. (1880). *Johannes Althusius und die Entwicklung der naturrechtlichen Staatstheorien* (*Johannes Althusius and the Development of Natural Law Theories of the State*), Breslau: M. and N. Marcus. Trans. 1939 B. Freyd, *The Development of Political Theory*, New York: W. W. Norton.
Gierke, O. (1883a). *Naturrecht und Deutsches Recht* (*Natural Law and German Law*), Frankfurt: Rütter and Loening.
Gierke, O. (1883b). 'Labands Staatsrecht und die deutsche Rechtswissenschaft' ('Laband's Theory of State Law, and German Legal Science'), *Schmollers Jahrbuch für Gesetzgebung, Verwaltung und Volkswirtschaft im Deutschen Reiche*, 7: 1097–195.
Gierke, O. (1887). *Die Genossenschaftstheorie und die deutsche Rechtsprechung* (*The Theory of Associations, and Adjudication in Germany*), Berlin: Weidmann.
Gierke, O. (1902). *Das Wesen der menschlichen Verbände* (*The Nature of Human Associations*), Berlin: Gustav Schade.
Gierke, O. (1916–17). 'Recht und Sittlichkeit' ('The Law and Morality'), *Logos*, 6: 211–64.
Gurwitsch, G. (1922–3). 'Otto v. Gierke als Rechtsphilosoph' ('Otto v. Gierke as Legal Philosopher'), *Logos*, 11: 86–132.

Hägerström, A. (1902). *Kants Ethik im Verhältnis zu seinem erkenntnistheoretischen Grundgedanken* (*Kant's Ethics in Relation to his Fundamental Ideas in the Theory of Knowledge*), Uppsala: Almqvist and Wiksell.

Hägerström, A. (1908). *Das Prinzip der Wissenschaft, I. Die Realität* (*The Principle of Science*, vol. I: *Reality*), Uppsala: Almqvist and Wiksell.

Hägerström, A. (1910). 'Kritiska punkter i värdepsykologien' ('Critical Points in the Psychology of Valuation') in *Festskrift tillägnad E.O. Burman på hans 65–årsdag den 7 oktober 1910*, Uppsala: Akademiska bokhandeln, 17–75.

Hägerström, A. (1927). *Der römische Obligationsbegriff im Lichte der allgemeinen römischen Rechtsanschauung* (*The Roman Concept of Obligation in Light of the General Roman View of the Law*), vol. I, Uppsala: Almqvist and Wiksell.

Hägerström, A. (1929). 'Axel Hägerström' in *Die Philosophie der Gegenwart in Selbstdarstellungen* (*Contemporary Philosophy in Self-Portrayals*), ed. R. Schmidt, vol. VII, Leipzig: Felix Meiner, 111–59. Trans. 1964 R. T. Sandin, 'A Summary of My Philosophy' in A. Hägerström, *Philosophy and Religion*, London: George Allen and Unwin, 31–74.

Hägerström, A. (1935). 'Begreppet viljeförklaring på privaträttens område', *Theoria*, 1: 32–57, 121–38. Trans. 1953 C. D. Broad, 'The Conception of a Declaration of Intention in the Sphere of Private Law' in A. Hägerström, *Inquiries into the Nature of Law and Morals*, Stockholm: Almqvist and Wiksell, 299–347.

Hart, H. L. A. (1955). Review of A. Hägerström, *Inquiries into the Nature of Law and Morals* (1953), *Philosophy*, 30: 369–73.

Hart, H. L. A. (1982). *Essays on Bentham*, Oxford: Clarendon Press.

Heck, P. (1932). *Begriffsbildung und Interessenjurisprudenz*, Tübingen: J. C. B. Mohr. Trans. 1948 M. M. Schoch, 'The Formation of Concepts and the Jurisprudence of Interests' in *The Jurisprudence of Interests*, ed. M. M. Schoch, Cambridge, MA: Harvard University Press, 99–256.

Holmes, O. W. (1881). *The Common Law*, Boston: Little, Brown.

Holmes, O. W. (1896–7). 'The Path of the Law', *Harvard Law Review*, 10: 457–78. Reprinted 1920 in *Collected Legal Papers*, New York: Harcourt, Brace, and Howe, 167–202.

Holmes, O. W. (1905). *Lochner v New York* (dissenting opinion), *United States Reports*, vol. 198: 45–76, at 74–6. Reprinted 1992 in *The Essential Holmes*, ed. Richard A. Posner, Chicago: University of Chicago Press, 305–7.

Hull, N. E. H. (1997). *Roscoe Pound & Karl Llewellyn*, Chicago: University of Chicago Press.

Jhering, R. (1852–65). *Geist des römischen Rechts* (*Spirit of the Roman Law*), 3 parts (the second of which is divided into two volumes): pt 1 (1852), pt 2 (1854), pt 2.2 (1858), pt 3 (1865), Leipzig: Breitkopf and Härtel. Repr. 1891, 1894, 1898, 1906.

Jhering, R. (1872). *Der Kampf um's Recht*, Vienna: G. J. Manz. Trans. 1924 J. J. Lalor, *The Struggle for Law*, New York: Macmillan.

Jhering, R. (1877, 1884). *Der Zweck des Rechts* (*The Purpose of the Law*), 2 vols., Leipzig: Breitkopf and Härtel. Trans. 1914 I. Husik, *Law as a Means to an End* (vol. I only), Boston: Boston Book Co.

Kunkel, W. (1929). Review of A. Hägerström, *Der römische Obligationsrecht im Lichte der allgemeinen römischen Rechtsanschauung* (*The Roman Concept of Obligation in Light of the General Roman View of the Law*) (1927), *Zeitschrift der Savigny-Stiftung für Rechtsgeschichte, romanistische Abteilung*, 49: 479–90.

Maine, H. (1861). *Ancient Law*, London: J. Murray. Repr. 1963, preface by Raymond Firth, introduction and notes by Frederick Pollock, Boston: Beacon Press.

Maine, H. (1875). *Lectures on the Early History of Institutions*, London: J. Murray. Repr. 1888, London: J. Murray.

Mill, J. S. (1838). 'Bentham', *London and Westminster Review*. Repr. 1875 in J. S. Mill, *Dissertations and Discussions*, vol. I, London: Longmans, Green, 330–92.
Olivecrona, K. (1953). 'Editor's Preface' in A. Hägerström, *Inquiries into the Nature of Law and Morals*, Stockholm: Almqvist and Wiksell, x–xxvi.
Olivecrona, K. (1971). *Law as Fact*, 2nd edn, London: Steven and Sons.
Pollock, F. (1906). Maine, *Ancient Law*, with introduction and notes by Sir Frederick Pollock, London: J. Murray. Reprinted 1963, preface by Raymond Firth, Boston: Beacon Press.
Pollock, F. (1941). *The Holmes-Pollock Correspondence*, 2 vols., Cambridge, MA: Harvard University Press.
Pound, R. (1907). 'The Need of a Sociological Jurisprudence', *The Green Bag*, 19: 607–15.
Pound, R. (1908). 'Mechanical Jurisprudence', *Columbia Law Review*, 8: 605–23.
Pound, R. (1908–9). 'Liberty of Contract', *Yale Law Journal*, 18: 454–87.
Ross, J. (1893). *Three Generations of English Women* (memoirs and correspondence), revised edn, London: T. Fisher Unwin.
Schlegel, J. H. (1995). *American Legal Realism and Empirical Social Science*, Chapel Hill: University of North Carolina Press.
Stolleis, M. (1992). *Geschichte des öffentlichen Rechts in Deutschland* (*History of Public Law in Germany*), 3 vols., Munich: C. H. Beck (1988–99), vol. II: *Staatsrechtslehre und Verwaltungsrecht 1800–1914* (*Public Law Theory and Administrative Law 1800–1914*).
Vinogradoff, P. (1920). *Outlines of Historical Jurisprudence*, 2 vols., London: Oxford University Press.
Woodard, C. (1991). 'A Wake (or Awakening?) for Historical Jurisprudence' in *The Victorian Achievement of Sir Henry Maine. A Centennial Reappraisal*, ed. Alan Diamond, Cambridge: Cambridge University Press, 242–55.

CHAPTER 24 SCEPTICAL CHALLENGES TO FAITH

Barth, Karl. (1960). *Church Dogmatics III*, 2, Edinburgh: T. & T. Clark.
Bibby, Cyril. (1960). *Scientist, Humanist and Educator*, New York and London: Horizon Press.
Burrow, John W. (1996). *Evolution and Society: A Study of Victorian Social Theory*, Cambridge: Cambridge University Press, ch. 6.
Cashdollar, Charles D. (1989). *The Transformation of Theology, 1830–1890: Positivism and Protestant Thought in Britain and America*, Princeton, NJ: Princeton University Press.
Chadwick, Owen (1975). *The Secularization of the European Mind in the Nineteenth Century*, Cambridge: Cambridge University Press.
Clifford, W. K. (1879). *Lectures and Essays*, eds. F. Pollock and L. Stephens, 2 vols. Volume I includes a life of Clifford by Pollock. London: Macmillan.
Clifford, W. K. (1882). *Mathematical Papers*, ed. R. Tucker, with an introduction by H. J. S. Smith. London: Macmillan.
Clifford, W. K. (1885). *Common Sense of the Exact Sciences*, edited and partly written by Karl Pearson. London: Kegan Paul. Reissued with a preface by Bertrand Russell and a new introduction by James R. Newman (New York, 1955).
Comte, Auguste (1830–42). *Cours de philosophie positive*, 6 vols. Paris: Rouen frères. Trans. and abridged 1853 Harriet Martineau, *The Positive Philosophy of Auguste Comte*, 2 vols. London: Chapman.
Comte, Auguste (1851–4). *Système de politique positive*, 4 vols. Paris: L. Mathias. Trans. 1875–7 J. H. Bridges *et al.*, *The System of Positive Polity*, 4 vols. London: Longmans, Green.

Comte, Auguste (1852). *Catéchisme positiviste*, Paris: l'auteur. Trans. 1858 Richard Congreve, *The Catechism of Positive Religion*, London: Chapman.
Comte, Auguste (1968–70). *Oeuvres*, 13 vols. Paris.
Desmond, Adrian. (1997). *Huxley: From Devil's Disciple to Evolution's High Priest*, Reading, MA: Addison-Wesley.
Duncan, David (1908). *Life and Letters of Herbert Spencer*, 2 vols., London: Methuen.
Durkheim, Emile. (1912). *Les formes élémentaires de la vie religieuse*, Paris: Alcan. Trans. 1915 J. W. Swain, *The Elementary Forms of the Religious Life*, New York: Macmillan.
Espinasse, Francis (1895). *The Life of Ernest Renan*, London: W. Scott. Repr. 1980 Boston.
Gouhier, Henri (1965). *La vie d'Auguste Comte* (*The Life of Auguste Comte*), 2nd rev. edn, Paris: J. Vrin.
Haeckel, Ernst Heinrich (1868). *Natürliche Schöpfungsgeschichte*, Berlin: G. Reimer. Trans. 1876 E. R. Lankester, *The History of Creation*, London: Routledge.
Haeckel, Ernst Heinrich (1899). *Die Welträtsel*, Bonn: E. Strauss. Trans. 1929 Joseph McCabe, *The Riddle of the Universe*, London: Watts.
Hayman, Ronald (1980). *Nietzsche: A Critical Life*, Oxford: Oxford University Press.
Holt, N. R. (1971). 'Ernst Haeckel's Monistic Religion', *Journal of the History of Ideas* 32: 265–80.
Huxley, Leonard (ed.) (1900). *Life and Letters of Thomas Henry Huxley*, 2 vols., London: Macmillan.
Huxley, Thomas Henry (1863). *Evidence as to Man's Place in Nature*, London: Williams and Norgate.
Huxley, Thomas Henry (1879). *Hume*, London: Macmillan.
Huxley, Thomas Henry (1893–94). *Collected Essays*, 9 vols., London: Macmillan.
Huxley, Thomas Henry (1898–1902). *Scientific Memoirs*, ed. M. Foster and E. R. Lankester, 5 vols., London: Macmillan.
Kaufmann, Walter (1950). *Nietzsche: Philosopher, Psychologist, Antichrist*, Princeton, NJ: Princeton University Press. 4th edn, 1974.
Kelly, Alfred (1981). *The Descent of Darwin: The Popularization of Darwinism in Germany, 1860–1914*, Chapel Hill, NC: University of North Carolina Press.
Lightman, Bernard (1987). *The Origins of Agnosticism: Victorian Unbelief and the Limits of Knowledge*, Baltimore and London: Johns Hopkins University Press.
Livingston, James C. (1974). *The Ethics of Belief: An Essay on the Victorian Religious Conscience*, Tallahassee, FL: Scholars Press.
Lukes, Steven (1973). *Emile Durkheim: His Life and Work*, New York: Harper and Row.
Magnus, Bernd (1978). *Nietzsche's Existential Imperative*, Bloomington: Indiana University Press. Eternal Recurrence as 'countermyth' to Christianity.
McCarthy, Gerald D. (1986). *The Ethics of Belief Debate*, Atlanta: Scholars Press.
Mill, J. S. (1865). *Auguste Comte and Positivism*, London, repr. 1961 Ann Arbor: University of Michigan Press.
Newman, J. H. (1870). *An Essay in Aid of a Grammar of Assent*, London: Burnes, Oates, and Co. New edn 1985, ed. I. T. Ker, Oxford: Clarendon Press.
Nietzsche, Friedrich (1882). *Die fröhliche Wissenschaft*. Trans. 1974 Walter Kaufmann, *The Gay Science*, New York: Vintage Press.
Nietzsche, Friedrich (1883–5). *Also sprach Zarathustra*. Trans. 1961 R. J. Hollingdale, *Thus Spoke Zarathustra*, Harmondsworth: Penguin.
Nietzsche, Friedrich (1886). *Jenseits von Gut und Böse*. Trans. 1966 Walter Kaufmann, *Beyond Good and Evil*, New York: Vintage Press.

Nietzsche, Friedrich (1887). *Zur Genealogie der Moral*. Trans. 1968 Walter Kaufmann and R. J. Hollingdale, *On the Genealogy of Morals*, New York: Vintage Press.

Nietzsche, Friedrich (1889). *Die Götzen-Dämmerung*. Trans. 1968 R. J. Hollingdale, *The Twilight of the Idols*, Harmondsworth: Penguin.

Nietzsche, Friedrich (1895). *Der Antichrist*. Trans. 1968 R. J. Hollingdale, *The Anti-Christ*, Harmondsworth: Penguin.

Nietzsche, Friedrich (1906). *Der Wille zur Macht*. A collection of Nietzsche's outlines and notes of 1883–8 selected and arranged by editors. Trans. 1967 Walter Kaufmann *The Will to Power*, New York: Viking.

Nietzsche, Friedrich (1908). *Ecce Homo*. Trans. Walter Kaufmann, *Ecce Homo*, New York: Vintage Press.

Nietzsche, Friedrich (1967–84). *Werke: Kritische Gesamtausgabe (Complete Critical Works)*, ed. G. Colli and J. Montinari, Berlin: de Gruyter.

Peel, J. D. Y. (1971). *Herbert Spencer: The Evolution of a Sociologist*, London: Heinemann.

Pickering, Mary (1993). *Auguste Comte: An Intellectual Biography*, vol. I, Cambridge: Cambridge University Press.

Pickering, W. S. F. (1984). *Durkheim's Sociology of Religion*, London: Routledge.

Pommier, Jean (1925). *La pensée religieuse de Renan*, Paris: F. Rieder.

Ratschow, Carl Heinz (1985). 'Friedrich Nietzsche' in *Nineteenth Century Religious Thought in the West*, ed. Ninian Smart *et al.*, Cambridge: Cambridge University Press.

Reardon, B. M. G. (1985). 'Ernest Renan and the Religion of Science' in *Religion in the Age of Romanticism*, Cambridge: Cambridge University Press.

Renan, Ernest (1847–61). *Oeuvres complètes*, 10 vols., ed. Henriette Psichari. Paris: Colmann–Lévy.

Renan, Ernest (1863). *Vie de Jésus*, Paris: Michel Lévy frères. Trans. 1864 C. E. Wilbour, *The Life of Jesus*, New York: Carlton.

Renan, Ernest (1863–81). *Histoire des origines du christianisme*, 7 vols., Paris: Michel-Lévy frères. Trans. 1889–90 *The History of the Origins of Christianity*, London: Mathieson and Co.

Renan, Ernest (1887–93). *Histoire du peuple d'Israël*, 5 vols., Paris: C. Lévy. Trans. 1888–96 C. B. Pitman and D. V. Bingham, *History of the People of Israel*, London: Chapman and Hall.

Renan, Ernest (1890). *L'Avenir de la science*, Paris: C. Lévy. Trans. 1891 A. D. Vandam and C. B. Pitman, *The Future of Science*, London: Chapman and Hall.

Richards, R. (1987). *Darwin and the Emergence of Evolutionary Theories of Mind and Behavior*, Chicago: University of Chicago Press.

Roberts, Tyler T. (1998). *Contesting Spirit: Nietzsche, Affirmation, Religion*, Princeton, NJ: Princeton University Press.

Spencer, Herbert (1862). *First Principles*. London: Williams and Norgate.

Spencer, Herbert (1864–7). *Principles of Biology*, 2 vols. London: Williams and Norgate.

Spencer, Herbert (1870–72). *Principles of Psychology*, 2 vols., 2nd edn, London: Williams and Norgate.

Spencer, Herbert (1876–96). *Principles of Sociology*, 3 vols. London: Williams and Norgate.

Spencer, Herbert (1893) *Principles of Ethics*, 2 vols. London: Williams and Norgate.

Spencer, Herbert (1884). *Man Versus the State*, London: Williams and Norgate.

Spencer, Herbert (1904). *An Autobiography*, 2 vols. London: Williams and Norgate.

Wallwork, Ernest (1972). *Durkheim: Morality and Milieu*, Cambridge, MA: Harvard University Press.

Wardman, H. W. (1964). *Ernest Renan: A Critical Biography*, London: Athlone Press.

Weindling, P. J. (1989). 'Ernst Haeckel's Darwinismus and the secularization of nature' in James R. Moore (ed.), *History, Humanity and Evolution*, Cambridge: Cambridge University Press, 311–29.

Wiltshire, David (1978). *The Social and Political Thought of Herbert Spencer*, Oxford: Oxford University Press.

Wright, Terence R. (1986). *The Religion of Humanity: The Impact of Comtean Positivism on Victorian Britain*, Cambridge: Cambridge University Press.

CHAPTER 25 THE DEFENCE OF FAITH

Allen, Gay Wilson (1967). *William James: A Biography*, New York: Viking.

Barth, K. (1962). 'The Principles of Dogmatics according to Wilhelm Herrmann' in *Theology and Church*, London: SCM Press.

Beintker, M. (1976). *Die Gottesfrage in der Theologie Wilhelm Herrmann* (*The Question of God in Wilhelm Herrmann's Theology*), Berlin: Evangelische Verlaganstalt.

Bergson, Henri (1889). *Essai sur les données immédiates de la perception*, Paris: Alcan. Trans. 1910 F. L. Pogson, *Time and Free Will*, London: George Allen and Unwin.

Bergson, Henri (1896). *Matière et mémoire*, Paris: Alcan. Trans. 1911 N. M. Paul and W. S. Palmer, *Matter and Memory*, London: George Allen and Unwin.

Bergson, Henri (1907). *L'évolution créatrice*, Paris: Alcan. Trans. 1911 A. Mitchell, *Creative Evolution*, London: Macmillan.

Bergson, Henri (1932). *Les Deux Sources de la morale et de la religion*, Paris: Alcan. Trans. 1935 R. A. Audra and C. Brereton, *The Two Sources of Morality and Religion*, London: Macmillan.

Bergson, Henri (1959). *Oeuvres* (*Works*), ed. André Robinet and introduced by Henri Gouhier. Paris: Presses Universitaires de France.

Blondel, Maurice (1893). *L'Action. Essai d'une critique de la vie et d'une science de la pratique* (*Essay on a Critique of Life and a Science of Practice*), Paris: Alcan. Repr. 1950 in *Les Premiers écrits de Maurice Blondel*, vol. I, Paris: Presses Universitaires de France. Trans. 1984 Oliva Blanchette, *Action*, Notre Dame, IN: University of Notre Dame Press.

Blondel, Maurice (1896). 'Lettre sur les exigences de la pensée contemporaine en matière d'apologétique et sur la methode de la philosophie dans l'étude du problème religieux', *Annales de philosophie chrétienne* 131 and 132. Repr. Maurice Blondel 1956, *Premiers écrits*, vol. II, 5–95. Trans. 1964 A. Dru and I. Trethowan, *The Letter on Apologetics and History and Dogma*, London: Harvill Press.

Blondel, Maurice (1904). 'Histoire et dogma: Les lacunes philosophiques de l'exégesé moderne', *La Quinzaine* 56. Reprinted 1956, *Premiers écrits*, vol. II, 149 ff. Trans. 1964 A. Dru and I. Trethowan, *The Letter on Apologetics and History and Dogma*, London: Harvill Press.

Blondel, Maurice (1934). *La Pensée* (*Thought*), 2 vols., Paris: Alcan. Reprinted 1948 and 1954, Paris: Presses Universitaires de France.

Blondel, Maurice (1935). *L'Etre et les êtres* (*Being and Beings*), Paris: Alcan.

Blondel, Maurice (1936–7). *L'Action*, 2 vols., Paris: Alcan.

Blondel, Maurice (1944–6). *La philosophie et l'esprit chrétien* (*Philosophy and the Christian Spirit*), 2 vols., Paris: Presses Universitaires de France.

Boekraad, A. J. (1955). *The Personal Conquest of Truth*, Louvain: Editions Nauwelaerts.

Boekraad, A. J. and Tristram Henry. (1961). *The Argument from Conscience to the Existence of God*, Louvain: Editions Nauwelaerts.

Bouillard, Henri (1969). *Blondel and Christianity*. Trans. L. P. Caron, Washington: Corpus Books.

Boutroux, E. (1879). *De la contingence des lois de la nature*, Paris: Alcan. Trans. F. Rothwell 1916, *The Contingency of the Laws of Nature*, Chicago, IL: Open Court.

Clendenning, J. (1985). *The Life and Thought of Josiah Royce*, Madison: University of Wisconsin Press.

Copleston, Frederick (1975). *A History of Philosophy*, vol. IX, New York: Newman Press.

Daly, Gabriel (1980). *Transcendence and Immanence: A Study in Catholic Modernism and Integralism*, Oxford: Oxford University Press.

Dansette, A. (1961). *Religious History of Modern France*, vol. II, New York: Herder and Herder.

De Achaval, Hugo M. and Holmes, J. Derek (eds.) (1976). *The Theological Papers of John Henry Newman on Faith and Certainty*, Oxford: Clarendon Press.

Deegan, Daniel L. (1966). 'Wilhelm Herrmann: An Assessment', *Scottish Journal of Theology* 19.

Duméry, Henri (1948). *La Philosophie de l'action: Essai sur l'intellectualisme blondélien* (*The Philosophy of Action: An Essay on Blondelian Intellectualism*), Paris: Aubier.

Ferreira, M. Jaime (1990). *Doubt and Religious Commitment: The Role of the Will in Newman's Thought*, Oxford: Clarendon Press.

Fischer-Appelt, Peter (1965). *Metaphysik im Horizont der Theologie Wilhelm Herrmann* (*Metaphysics in the Horizon of Wilhelm Herrmann's Theology*), Munich: Kaiser Verlag.

Fisher, Simon (1988). *Revelatory Positivism? Barth's Earliest Theology and the Marburg School*, Oxford: Oxford University Press.

Fuss, Peter (1965). *The Moral Philosophy of Josiah Royce*, Cambridge, MA: Harvard University Press.

Gilley, Sheridan (1990). *Newman and His Age*, London: Darton, Longmans, and Todd.

Gregory, Frederick (1992). *Nature Lost? Natural Science and the German Theological Traditions in the Nineteenth Century*, Cambridge, MA: Harvard University Press.

Hanna, T. (ed.) (1962). *The Bergsonian Heritage*, New York: Columbia University Press.

Herrmann, Wilhelm (1876). *Die Metaphysik in der Theologie* (*Metaphysics in Theology*), Halle: Niemeyer.

Herrmann, Wilhelm (1879). *Die Religion im Verhältnis zum Welterkennen und zur Sittlichkeit* (*Religion and Its Relation to Science and Morality*), Halle: Niemeyer.

Herrmann, Wilhelm (1886). *Der Verkehr des Christen mit Gott*, Stuttgart: J. G. Cotta. Trans. 1906 R. W. Stewart, *The Communion of the Christian with God*, London: Williams and Norgate. From the 4th German edn 1903. Repr. with introduction by R. Voekel. Philadelphia: Westminster Press, 1971; London, 1972.

Herrmann, Wilhelm (1901). *Ethik*, Tübingen: J. C. B. Mohr.

Herrmann, Wilhelm (1925). *Dogmatik*, ed. M. Rade, Stuttgart: F. A. Perthes. Trans. 1927 N. Micklem and K. A. Saunders, *Systematic Theology*, London: George Allen and Unwin.

Herrmann, Wilhelm (1966–7). *Schriften zur Grundlegung der Theologie* (*Writings on Laying the Foundations of Theology*), 2 vols., Munich: Kaiser Verlag.

James, William (1975–90). *The Works of William James*, 21 vols., ed. F. H. Burkhardt, F. Bowers and I. K. Skrupskelis, Cambridge, MA: Harvard University Press.

James, William (1897). *The Will to Believe and Other Essays*, New York and London: Longmans, Green.

James, William (1902). *The Varieties of Religious Experience: A Study of Human Behaviour*, New York and London: Longmans, Green.

James, William (1907). *Pragmatism: A New Name for Some Old Ways of Thinking*, New York and London: Longmans, Green.

James, William (1909). *A Pluralistic Universe*, New York and London: Longmans, Green.

James, William (1909). *The Meaning of Truth: A Sequel to Pragmatism*, New York and London: Longmans, Green.

James, William (1912). *Essays in Radical Empiricism*, New York and London: Longmans, Green.

Jankélévitch, Vladimir (1959). *Henri Bergson*, Paris: Presses Universitaires de France.

Kant, I. (1790). *Kritik der Urteilskraft*, Berlin: Lagarde und Friederich. Trans. 1952 J. C. Meredith, *The Critique of Judgment*, Oxford: Clarendon Press.

Ker, Ian (1988). *John Henry Newman: A Biography*, Oxford: Clarendon Press. The fullest account of his life and writings.

Kolakowski, L. (1985). *Bergson*, Oxford: Oxford University Press.

Lacroix, Jean (1968). *Maurice Blondel: An Introduction to the Man and His Philosophy*. Trans. John C. Guinness, New York: Sheed and Ward.

Lambeth, David (1999). *William James and the Metaphysics of Experience*, Cambridge, MA: Harvard University Press.

Lee, Seong-Woo (1995). *Das Wesen der Religion und ihr Verhältnis zu Wissenschaft und Sittlichkeit bei Wilhelm Herrmann* (*The Essence of Religion and Its Relationship to Science and Morality in Wilhelm Herrmann*), Frankfurt-on-Main and New York: Peter Lang.

Mahlmann, Theodor (1962). 'Das Axiom des Erlebnisses bei Wilhelm Herrmann' (*The Principle of Experiences in Wilhelm Herrmann*), *Neue Zeitschrift für systematische Theologie und Religionsphilosophie* 6, 70–107.

Myers, Gerald E. (1986). *William James: His Life and Thought*, New Haven, CT: Yale University Press.

Newman, J. H. (1845). *An Essay on the Development of Christian Doctrine*, London: James Toovey. New edn 1989, Notre Dame, IN: University of Notre Dame Press.

Newman, J. H. (1852). *Discourses on the Scope and Nature of University Education: Addressed to the Catholics of Dublin*, Dublin. New edn 1976, I. T. Ker (ed.), *The Idea of a University*, Oxford: Clarendon Press.

Newman, J. H. (1864). *Apologia Pro Vita Sua*, London: Longmans. New edn 1967, Martin J. Svaglic (ed.), Oxford: Clarendon Press.

Newman, J. H. (1870). *An Essay in Aid of a Grammar of Assent*, London: Burns, Oates, and Co. New edn 1985, I. T. Ker (ed.), Oxford: Clarendon Press.

Oppenheim, F. M. (1980). *Royce's Voyage Down Under: A Journey of the Mind*, Lexington, KY: University of Kentucky Press.

Perry, Ralph Barton (1935). *The Thought and Character of William James*, 2 vols., Boston: Little, Brown. Both a biography and a study of James's thought.

Price, H. H. (1969). *Belief*, London: George Allen and Unwin.

Reardon, Bernard M. G. (1975). *Liberalism and Tradition: Aspects of Catholic Thought in the Nineteenth Century*, Cambridge: Cambridge University Press.

Royce, Josiah (1885). *The Religious Aspect of Philosophy*, Boston: Houghton Mifflin. Repr. New York: Dover, 1983.

Royce, Josiah (1897). *The Conception of God*, New York: Macmillan.

Royce, Josiah (1899–1900). *The World and the Individual*, 2 vols., New York: Macmillan. Repr. Magnolia, MA: Peter Smith, 1983.

Royce, Josiah (1908). *The Philosophy of Loyalty*, New York: Macmillan.

Royce, Josiah (1912). *The Sources of Religious Insight*, New York: Charles Scribner's Sons.

Royce, Josiah (1913). *The Problem of Christianity*, New York: Macmillan. Reprinted, Chicago: University of Chicago Press, 1968.

Sillem, E. J. (ed.) (1969). *The Philosophical Notebook of John Henry Newman*, 2 vols., Louvain: Nauwelaerts Publishing House.

Simon, Linda (1998). *Genuine Reality: A Life of William James*, Chicago: Harcourt Brace.

Smart, Ninian, et al. (eds.) (1985). *Nineteenth Century Religious Thought in the West*, vol. II, Cambridge: Cambridge University Press, chs. 7 and 8.

Smith, John E. (1985). 'William James and Josiah Royce' in Ninian Smart et al. (eds.), *Nineteenth Century Religious Thought in the West*, vol. II, Cambridge: Cambridge University Press.

Smith, John E. (1950). *Royce's Social Infinite*, New York: Library of Liberal Arts Press.
Somerville, James M. (1968). *Total Commitment: Blondel's L'Action*, Washington: Corpus Books.
Suckiel, Ellen Kappy (1996). *Heaven's Champion: William James's Philosophy of Religion*, Notre Dame, IN: University of Notre Dame Press.
Tresmontant, Claude (1963). *La métaphysique de Maurice Blondel* (*The Metaphysics of Maurice Blondel*), Paris: Editions du Seuil.
Turner, Frank M. (1974). *Between Science and Religion: The Reaction to Scientific Naturalism in Late Victorian England*, New Haven, CT: Yale University Press.
Vargish, Thomas (1970). *The Contemplation of Mind*, Oxford: Oxford University Press.
Welch, Claude (1985). *Protestant Thought in the Nineteenth Century, vol. II: 1870–1914*, New Haven, CT: Yale University Press.

CHAPTER 26 ART AND MORALITY: AESTHETICS AT 1870

Baumgarten, Alexander Gottlieb (1735). *Meditationes philosophicae de nonnullis ad poema pertinentibus*, Halle: Johann Heinrich Grunert. Modern edition with German translation 1983: Heinz Paetzold, *Philosophische Betrachtungen über einige Bedingungen des Gedichtes*, Hamburg: Felix Meiner. English translation 1954 K. Aschenbrenner and W. B. Holther, *Reflections on Poetry*, Berkeley/Los Angeles: University of California Press.
Guyer, Paul (1993). *Kant and the Experience of Freedom*, Cambridge: Cambridge University Press.
Guyer, Paul (1996). 'Pleasure and Knowledge in Schopenhauer's Aesthetics' in Jacquette (1996), 109–32.
Harrison, Charles, Wood, Paul, and Gaiger, Jason (1998). *Art in Theory 1815–1900: An Anthology of Changing Ideas*, Oxford: Blackwell.
Jacquette, Dale (ed.) (1996). *Schopenhauer, Philosophy and the Arts*. Cambridge: Cambridge University Press.
Kant, I. (1790). *Kritik der Urteilskraft*. Trans. 2000 P. Guyer and E. Matthews, *Critique of the Power of Judgment*, Cambridge: Cambridge University Press.
Landow, George P. (1985). *Ruskin*, Oxford: Oxford University Press.
Lotze, Hermann (1845). *Über den Begriff der Schönheit*. Göttingen: Vanderhoeck and Ruprecht.
Lotze, Hermann (1856–64). *Mikrokosmos: Ideen zur Naturgeschichte und Geschichte der Menschheit*, 3 vols., Leipzig: Hirzel. Trans. 1885 E. Hamilton and E. C. Jones, *Microcosmos: An Essay concerning Man and his Relation to the World*. 2 vols., Edinburgh: T. & T. Clark and New York: Scribner and Welford.
Lotze, Hermann (1868). *Geschichte der Ästhetik in Deutschland* (*History of Aesthetics in Germany*), Munich: Cotta, 1868.
Lotze, Hermann (1884). *Die Grundzüge der Ästhetik: Diktate aus den Vorlesungen*, Leipzig: Hirzel; modern edition from 1990: Hein Stünke (ed.), *Schriften zur Kunsttheorie VI*, Berlin: Alexander Verlag; English translation in 1885 by G. T. Ladd, *Outlines of Aesthetics: Dictated Portions of the Lectures of H. Lotze*, Boston: Ginn & Co.
Magee, Brian (1983). *The Philosophy of Schopenhauer*, Oxford: Clarendon Press.
Morris, William (1910–15). *The Collected Works of William Morris*, ed. May Morris, London.
Morris, William (1891). *News from Nowhere*, London: Reeves and Turner. Repr. 1995 ed. K. Kumar, Cambridge: Cambridge University Press.
Nehamas, Alexander (1985). *Nietzsche: Life as Literature*, Cambridge, MA: Harvard University Press.
Nietzsche, Friedrich (1872). *Die Geburt der Tragödie aus dem Geiste der Musik* (after 1886: *Die Geburt der Tragödie, oder Griechentum und Pessimismus*), Leipzig: E. W. Fritzsch. English translation 1867 by Walter Kaufmann, *The Birth of Tragedy*, New York: Random House.

Nietzsche, Friedrich (1886). *Jenseits von Gut und Böse*, Leipzig: C. G. Naumann; English translation 1973 by R. J. Hollingdale, *Beyond Good and Evil*, Harmondsworth: Penguin.
Pater, Walter (1873). *The Renaissance: Studies in Art and Poetry* (originally entitled *Studies in the History of the Renaissance*), London: Macmillan; modern edition, 1986, ed. Adam Phillips, Oxford: Oxford University Press.
Pater, Walter (1885). *Marius the Epicurean: His Sensations and Ideas*. London; modern edition, 1985, ed. Michael Levey, Harmondsworth: Penguin.
Pater, Walter (1973). *Essays on LIterature and Art*, ed. Jennifer Uglow. London: J. M. Dent.
Ruskin, John (1903–12). *The Library Edition of the Works of John Ruskin*, ed. E. T. Cook and Alexander Wedderburn, London.
Ruskin, John (1985). *Unto this Last and Other Writings*, ed. Clive Wilmer, Harmondsworth: Penguin.
Ruskin, John (1995). *Selected Writings: Modern Painters, The Stones of Venice, The Seven Lamps of Architecture, Praeterita*, ed. Philip Davis, London: J. M. Dent.
Ruskin, John (1996). *Lectures on Art*, ed. Bill Beckley, New York: Allworth Press.
Schiller, J. C. F. (1975). *Briefe über die Ästhetische Erziehung des Menschen*. Jena: no publisher. Repr. in K. Goedeke (ed.), *Schillers sämmtliche Schriften*, Stuttgart, 1867–76. Trans. 1967 F. M. Wilkinson and L. A. Willoughby, *On the Aesthetic Education of Men*, Oxford: Clarendon Press.
Schopenhauer, Arthur (1844). *Die Welt als Wille und Vorstellung*, 2nd edn, 2 vols. Leipzig, Brockhans; trans. 1958 E. F. J. Payne, *The World as Will and Representation*, New York: Dover.
Silk, M. S. and Stern, J. P. (1981). *Nietzsche on Tragedy*. Cambridge: Cambridge University Press.
Stansky, Peter (1983). *Morris*, Oxford: Oxford University Press.
Stolnitz, Jerome. (1961a). 'On the Origins of "Aesthetic Disinterestedness"', *Journal of Aesthetics and Art Criticism* 20.
Stolnitz, Jerome. (1961b). 'On the Significance of Lord Shaftesbury in Modern Aesthetic Theory', *Philosophical Quarterly* 11.
Young, Julian. (1992). *Nietzsche's Philosophy of Art*. Cambridge: Cambridge University Press.

CHAPTER 27 FORM AND FEELING: AESTHETICS AT THE TURN OF THE CENTURY

Bell, Clive (1914). *Art*, London: Chatto and Windus. Repr. New York: G. P. Putnam's Sons, 1958.
Bosanquet, Bernard (1892). *A History of Aesthetic*, London: George Unwin. 2nd edn 1904.
Bosanquet, Bernard (1915). *Three Lectures on Aesthetic*, London: Macmillan.
Bullough, Edward (1912 [1957]). *Aesthetics: Lectures and Essays*, ed. Elizabeth M. Wilkinson, Stanford: Stanford University Press.
Collingwood, R. (1924). *Speculum Mentis*, Oxford: Clarendon Press.
Croce, Benedetto (1902). *Estetica come scienza dell'espressione e linguistica generale*, Milan: Sandron. Trans. 1992 C. Lyas, *The Aesthetic as the Science of Expression and of the Linguistic in General*, Cambridge: Cambridge University Press.
Croce, Benedetto (1913). *Guide to Aesthetics*, trans. Patrick Romanell. Indianapolis: Bobbs-Merrill, 1965; repr. cited: Indianapolis: Hackett, 1995.
Dilthey, Wilhelm (1985). 'Poetry and Experience', *Selected Works*, vol. V, ed. Rudolf A. Makkreel and Frithjof Rodi, Princeton, NJ: Princeton University Press.
Fry, Roger (1920). *Vision and Design*, London: Chatto and Windus; reprint cited: Oxford: Oxford University Press, 1981.

Fry, Roger (1996). *A Roger Fry Reader*, ed. by Christopher Reed. Chicago: University of Chicago Press.
Harrison, Charles, Wood, Paul, and Gaiger, Jason (1998). *Art in Theory: 1815–1900. An Anthology of Changing Ideas*, Oxford: Blackwell.
Santayana, George (1896). *The Sense of Beauty: Being the Outline of Aesthetic Theory*, New York: Charles Scribner's Sons; reprint cited: New York: Dover Publications, 1905.
Santayana, George (1905). *Reason in Art; The Life of Reason*, vol. IV. New York: Charles Scribner's Sons; cited from *The Life of Reason, or the Phases of Human Progress*; new one-volume edition revised by the author in collaboration with Daniel Cory. New York: Charles Scribner's Sons, 1954.
Tolstoy, Leo (1898). *What is Art?* Transl. 1995 Richard Pevear and Larissa Volokhonsky. Harmondsworth: Penguin.

INTERLUDE: PHILOSOPHY AND THE FIRST WORLD WAR

Alexander, S. (1920). *Space, Time and Deity*, London: Macmillan.
Benda, J. (1927). *La Trahison des Clercs*, Paris. Trans. 1928 R. Aldington, *The Treason of the Intellectuals*, London: Routledge.
Bernhardi, Friedrich von (1912). *Germany and the Next War*, London: Edward Arnold.
Bosanquet, B. (1899). *The Philosophical Theory of the State*, London: Macmillan.
de Chardin, T. (1965). *Ecrits du temps de la guerre*, Paris: Grasset. Trans. (part only) 1968 R. Hague *Writings in Time of War*, London: Collins.
Dewey, J. (1915). *German Philosophy and Politics*, New York: Holt.
Engelmann, P. (1967). *Letters from Ludwig Wittgenstein with a Memoir*, trans. L. Furtmüller, Oxford: Blackwell.
Ferguson, N. (1998). *The Pity of War*, Harmondsworth: Penguin.
Heidegger, M. (1927). *Sein und Zeit*, Tübingen: Max Niemeyer Verlag. Trans. 1962 J. Macquarrie and E. Robinson, *Being and Time*, Oxford: Blackwell.
Hobhouse, L. T. (1918). *The Metaphysical Theory of the State*, London: George Allen and Unwin.
Jünger, E. (1920). *In Stahlgewittern*, Berlin. Trans. 1929 *The Storm of Steel*, London: Chatto and Windus.
Jünger, E. (1928). *Das Wäldchen 125*, Berlin: F. Mittler. Trans. 1930 B. Creighton, *Copse 125*, London: Chatto and Windus.
Monk, R. (1990). *Ludwig Wittgenstein: The Duty of Genius*, London: Jonathan Cape.
Monk, R. (1996). *Bertrand Russell: The Spirit of Solitude*, London: Jonathan Cape.
Muirhead, J. H. (1915). *German Philosophy in Relation to the War*, London: John Murray.
Ott, H. (1993). *Martin Heidegger: The Political Life*, London: HarperCollins.
Rhees, R. (ed.) (1984). *Recollections of Wittgenstein*, Oxford: Oxford University Press.
Ross, Sir W. D. (1930). *The Right and the Good*, Oxford: Clarendon.
Russell, B. A. W. (1914). *On Scientific Method in Philosophy*, London: Oxford University Press. Repr. 1986 in *The Collected Papers of Bertrand Russell*, vol. VIII, London: George Allen and Unwin.
Russell, B. A. W. (1916). *Principles of Social Reconstruction*, London: George Allen and Unwin.
Russell, B. A. W. (1920). *The Analysis of Mind*, London: George Allen and Unwin.
Wallace, S. (1988). *War and the Image of Germany*, Edinburgh: John Donald.
Wittgenstein, L. (1921). 'Logische-philosophische Abhandlung', in *Annalen der Naturphilosophie*. Trans. 1922 C. K. Ogden, *Tractatus Logico-Philosophicus*, London: Routledge.
Wittgenstein, L. (1961). *Notebooks 1914–16*, ed. G. H. von Wright and G. E. M. Anscombe, trans. G. E. M. Anscombe, Oxford: Blackwell.

CHAPTER 28 LOGICAL ATOMISM

Griffin, J. (1964). *Wittgenstein's Logical Atomism*, Oxford: Oxford University Press.
Moore, G. E. (1899). 'The Nature of Judgment', *Mind* n.s. 5: 176–93. Repr. 1993 in G. E. Moore (ed. T. Baldwin), *Selected Writings*, London: Routledge, 1–19.
Russell, B. A. W. (1910a). *Principia Mathematica*, vol. I, Cambridge: Cambridge University Press.
Russell, B. A. W. (1910b). 'On the Nature of Truth and Falsehood' in *Philosophical Essays*, London: George Allen and Unwin. Reprinted in Russell (1984–), vol. VI, 115–24.
Russell, B. A. W. (1911). 'Le Réalisme analytique', *Bulletin de la société française de philosophie*, 11: 282–91. Trans. in Russell (1984–), vol. VI, 133–46.
Russell, B. A. W. (1914). 'The Relation of Sense-data to Physics', *Scientia* 16, 1–27. Reprinted in Russell (1984–), vol. VIII, 5–29.
Russell, B. A. W. (1918). 'The Philosophy of Logical Atomism', *Monist* 28: 495–527; 29 (1919): 33–63, 190–222. Reprinted in Russell (1984–), vol. VIII, 160–244.
Russell, B. A. W. (1927). 'Introduction', 2nd, edn *Principia Mathematica*, Cambridge: Cambridge University Press, xiii–xlvi.
Russell, B. A. W. (1968). *The Autobiography of Bertrand Russell 1914–1944*, London: George Allen and Unwin.
Russell, B. A. W. (1984–). *The Collected Papers of Bertrand Russell*, London: Routledge.
Wittgenstein, L. (1921). *Logische-Philosophische Abhandlung*, in *Annalen der Naturphilosophie*. Trans. 1922 C. K. Ogden *Tractatus Logico-Philosophicus*, London: Routledge.
Wittgenstein, L. (1929). 'Some Remarks on Logical Form', *Proceedings of the Aristotelian Society, Supplementary volume* 9, 162–71. Reprinted in *Philosophical Occasions* (ed. J. Klagge and A. Nordmann), Indianapolis: Hackett, 29–35.
Wittgenstein, L. (1961). *Notebooks 1914–16*, ed. G. H. von Wright and G. E. M. Anscombe, trans. G. E. M. Anscombe, Oxford: Blackwell.

CHAPTER 29 THE SCIENTIFIC WORLD CONCEPTION: LOGICAL POSITIVISM

Ayer, A. J. (1936). *Language, Truth, and Logic*, London: Gollancz.
Bell, D. and Vossenkuhl, W. (1992). *Science and Subjectivity: The Vienna Circle and Twentieth-Century Philosophy*, Berlin: Akademie.
Carnap, R. (1922). *Der Raum (Space)*, Berlin: Reuther und Reichard.
Carnap, R. (1928a). *Der logische Aufbau der Welt*. Berlin: Weltkreis. Trans. 1967 R. George, *The Logical Structure of the World*, Berkeley and Los Angeles: University of California Press.
Carnap, R. (1928b). *Scheinproblems in der Philosophy*, Berlin: Weltkreis. Trans. 1967 R. George, *Pseudoproblems in Philosophy*, Berkeley and Los Angeles: University of California Press.
Carnap, R. (1934). *Logische Syntax der Sprache*, Vienna: Springer Verlag. Trans. 1937 A. Smeaton, *The Logical Syntax of Language*, London: Routledge.
Carnap, R. (1936). 'Von Erkenntnistheorie zur Wissenschaftslogik' ('From Epistemology to the Logic of Science'), in *Actes du Congrès Internationale de Philosophie Scientifique*, Sorbonne, Paris, 1935, vol. I, Paris: Hermann and Cie, 36–41.
Carnap, R. (1936–7). 'Testability and Meaning', *Philosophy of Science* 3: 419–71; 4: 1–40.
Carnap, R. (1942). *Introduction to Semantics*, Cambridge, MA: Harvard University Press.
Carnap, R. (1947). *Meaning and Necessity*, Chicago: University of Chicago Press.
Carnap, R. (1950). *Logical Foundations of Probability*, Chicago: University of Chicago Press.
Carnap, R. (1963). 'Intellectual Autobiography', in P. A. Schilpp (1963), 3–84.
Cartwright, N., Fleck, L., Cat, J. and Uebel, T. E. (1996). *Otto Neurath: Philosophy between Science and Politics*, Cambridge: Cambridge University Press.

Coffa, J. A. (1991). *The Semantic Tradition from Kant to Carnap: To the Vienna Station*, Cambridge: Cambridge University Press.

Dewey, J. (1938). 'Unity of Science as a Social Problem' in O. Neurath, R. Carnap, and C. W. Morris (eds.), *International Encyclopedia of Unified Science*, vol. I, no 1, Chicago: University of Chicago Press, 29–38.

Dewey, J. (1939). *Theory of Valuation*, Chicago: University of Chicago Press.

Feigl, H. (1934). 'The Logical Character of the Principle of Induction', *Philosophy of Science* 1: 20–9.

Feigl, H. (1945). 'Operationism and Scientific Method', *Psychological Review* 52: 250–9.

Friedman, M. (1987). 'Carnap's *Aufbau* Reconsidered', *Noûs* 21: 521–45.

Friedman, M. (1992). 'Epistemology in the *Aufbau*', *Synthèse* 93: 15–57.

Galison, P. (1990). '*Aufbau/Bauhaus*: Logical Positivism and Architectural Modernism', *Critical Inquiry* 16: 709–52.

Galison, P. (1996). 'Constructing Modernism: The Cultural Location of *Aufbau*' in Giere and Richardson (1996), 17–44.

Giere, R. N. and Richardson, A. W. (1996). *Origins of Logical Empiricism*, Minneapolis: University of Minnesota Press.

Haller, R. (1982). *Schlick und Neurath. Ein Symposon* (*Schlick and Neurath: A Symposium*), Amsterdam: Rodopi.

Haller, R. and Stadler, F. (1993). *Wien-Berlin-Prag: Der Aufstieg der wissenschaftlichen Philosophie* (*Vienna-Berlin-Prague: The Rise of Scientific Philosophy*), Vienna: Hölder-Pichler-Tempsky.

Hempel, C. G. (1942). 'The Function of General Laws in History', *Journal of Philosophy* 39: 35–48.

Hempel, C. G. (1945). 'Studies in the Logic of Confirmation', *Mind* 54: 1–26, 97–121.

Hintikka, J. (1975). *Rudolf Carnap, Logical Empiricist: Materials and Perspectives*, Dordrecht: Reidel.

McGuinness, B. (1985). *Zurück zu Schlick. Eine Neubewertung von Werk und Wirkung* (*Back to Schlick. A New Evaluation of his Work and Influence*), Vienna: Hölder-Pichler-Tempsky.

Morris, C. W. (1937). *Logical Positivism, Pragmatism and Scientific Empiricism*, Paris: Hermann et Cie.

Moulines, C. U. (1991). 'Making Sense of Carnap's *Aufbau*', *Erkenntnis* 35: 263–86.

Nemeth, E. (1981). *Otto Neurath und der Wiener Kreis, Wissenschaftlichkeit als revolutionärer politischer Anspruch* (*Scientific Status as Revolutionary Politics*), Frankfurt: Campus.

Nemeth, E. and Stadler, F. (1996). *Encyclopedia and Utopia: The Life and Work of Otto Neurath (1882–1945)*, Dordrecht: Kluwer.

Neurath, O. (1931). *Empirische Soziologie*, Vienna: Springer. Partial trans. 1973 P. Foulkes and M. Neurath, 'Empirical Sociology' in O. Neurath (ed. M. Neurath and R. S. Cohen), *Empiricism and Sociology*, Dordrecht: Reidel, 319–421.

Neurath, O. (1933). *Einheitswissenschaft und Psychologie*, Vienna: Gerold. Trans. 1987 H. Kraal, 'Unified Science and Psychology' in B. McGuinness (ed.), *The Unity of Science*, Dordrecht: Reidel, 1–23.

Neurath, O. (1944). *Foundations of the Social Sciences*, Chicago: University of Chicago Press.

Neurath, O., Carnap, R., and Hahn, H. (1929). *Wissenschaftliche Weltauffassung. Der Wiener Kreis*, Vienna: Wolf. Trans. 1973 P. Foulkes and M. Neurath, 'Scientific World Conception. The Vienna Circle' in O. Neurath (ed. M. Neurath and R. S. Cohen), *Empiricism and Sociology*, Dordrecht: Reidel, 299–318.

Neurath, P. and Nemeth, E. (1994). *Otto Neurath oder die Einheit von Wissenschaft und Gesellschaft* (*Otto Neurath or the Unity of Science and Society*). Vienna: Böhlau.

Oberdan, T. (1993). *Protocols, Truth and Convention*, Amsterdam: Rodopi.

Proust, J. (1986). *Questione de Forme: Logique et proposition analytique de Kant à Carnap*, Paris: Librairie Arthème Fayard. Trans. 1989 A. Brenner, *Questions of Form: Logic and the Analytic Proposition from Kant to Carnap*, Minneapolis: University of Minnesota Press.

Quine, W. V. (1936). 'Truth by Convention' in O. H. Lee (ed.), *Philosophical Essays for A. N. Whitehead*, New York: Longman, 90–124. Reprinted 1976 in W. V. Quine, *The Ways of Paradox*, Cambridge, MA: Harvard University Press, 77–106.

Quine, W. V. (1942). *Mathematical Logic*, New York: Norton.

Reichenbach, H. (1920). *Relativitätstheorie und Erkenntnis Apriori*, Berlin: Springer Verlag. Trans. 1965 M. Reichenbach, *The Theory of Relativity and A Priori Knowledge*, Berkeley and Los Angeles: University of California Press.

Reichenbach, H. (1924). *Axiomatik der relativistischen Raum-Zeit-Lehre*, Braunschweig: Vieweg. Trans. 1969 M. Reichenbach, *Axiomatization of the Theory of Relativity*, Berkeley and Los Angeles: University of California Press.

Reichenbach, H. (1928). *Philosophie der Raum-Zeit-Lehre*, Berlin: de Gruyter. Trans. 1958 M. Reichenbach and J. Freund, *The Philosophy of Space and Time*, New York: Dover.

Reichenbach, H. (1935). *Wahrscheinlichkeitslehre (Probability Theory)*, Leiden: Sijthoff.

Reichenbach, H. (1938). *Experience and Prediction*, Chicago: University of Chicago Press.

Reichenbach, H. (1939). 'Dewey's Theory of Science' in P. A. Schilpp (ed.), *The Philosophy of John Dewey*, Evanston: Northwestern University Press, 157–92.

Reichenbach, H. (1944). *Philosophical Foundations of Quantum Mechanics*, Berkeley and Los Angeles: University of California Press.

Reichenbach, H. (1951). *The Rise of Scientific Philosophy*, Berkeley and Los Angeles: University of California Press.

Reichenbach, H. (1956). *The Direction of Time*, Berkeley and Los Angeles: University of California Press.

Reisch, G. A. (1994). 'Planning Science: Otto Neurath and the *International Encyclopedia of Unified Science*', *British Journal for the History of Science* 27: 153–75.

Richardson, A. W. (1997a). 'Toward a History of Scientific Philosophy', *Perspectives on Science* 5: 418–51.

Richardson, A. W. (1997b). 'Two Dogmas about Logical Empiricism', *Philosophical Topics* 25: 145–68.

Richardson, A. W. (1998). *Carnap's Construction of the World*, Cambridge: Cambridge University Press.

Ricketts, T. G. (1994). 'Carnap's Principle of Tolerance, Empiricism and Conventionalism' in P. Clark and B. Hale (eds.), *Reading Putnam*, Oxford: Blackwell, 176–200.

Runggaldier, E. (1984). *Carnap's Early Conventionalism: An Inquiry into the Background of the Vienna Circle*, Amsterdam: Rodopi.

Salmon, W. C. (1979). *Hans Reichenbach: Logical Empiricist*, Dordrecht: Reidel.

Salmon, W. and Wolters, G. (1994). *Logic, Language, and the Structure of Scientific Theories*, Pittsburgh: University of Pittsburgh Press.

Sauer, W. (1989). 'On the Kantian Background of Neopositivism', *Topoi* 8: 111–19.

Schilpp, P. A. (1963). *The Philosophy of Rudolf Carnap*, La Salle, IL: Open Court.

Schlick, M. (1910). 'Das Wesen der Wahrheit nach der modernen Logik', *Vierteljahrsschrift für wissenschaftliche Philosophie und Soziologie* 34: 386–477. Trans. 1979 P. Heath, 'The Nature of Truth in Modern Logic' in M. Schlick (ed. H. L. Mulder and B. F. B. van de Velde-Schlick), *Philosophical Papers*, vol. I, Dordrecht: Reidel, 41–103.

Schlick, M. (1917). *Raum und Zeit in der gegenwärtigen Physik*, Berlin: Springer Verlag. Trans. 1979 P. Heath, 'Space and Time in Contemporary Physics' in M. Schlick (ed. H. L. Mulder and B. F. B. van de Velde-Schlick), *Philosophical Papers*, vol. I, Dordrecht: Reidel, 207–69.

Schlick, M. (1918, 1925). *Allgemeine Erkenntnislehre*, Berlin: Springer. Trans. of 2nd edn 1974 A. Blumberg and H. Feigl, *General Theory of Knowledge*, La Salle, IL: Open Court.
Schlick, M. (1930). 'Die Wende der Philosophie', *Erkenntnis* 1: 4–11. Trans. 1979 P. Heath, 'The Turning-Point in Philosophy' in M. Schlick (ed. H. L. Mulder and B. F. B. van de Velde-Schlick), *Philosophical Papers*, vol. II, Dordrecht: Reidel, 154–60.
Schlick, M. (1932). 'Positivismus und Realismus', *Erkenntnis* 3: 1–31. Trans. 1979 P. Heath, 'Positivism and Realism' in M. Schlick (ed. H. L. Mulder and B. F. B. van de Velde-Schlick), *Philosophical Papers*, vol. II, Dordrecht: Reidel, 259–84.
Schlick, M. (1934). 'Über das Fundament der Erkenntnis', *Erkenntnis* 4: 79–99. Trans. 1979 P. Heath, 'On the Foundation of Knowledge' in M. Schlick (ed. H. L. Mulder and B. F. B. van de Velde-Schlick), *Philosophical Papers*, vol. II, Dordrecht: Reidel, 370–87.
Stadler, F. (1991). 'Aspects of the Social Background and Position of the Vienna Circle at the University of Vienna' in Uebel (1991), 51–77.
Stadler, F. (1993). *Scientific Philosophy: Origins and Developments*, Dordrecht: Kluwer.
Stadler, F. (1997). *Studien zum Wiener Kreis. Ursprung, Entwicklung und Wirkung des Logischen Empirismus im Kontext*, Frankfurt: Suhrkamp. Trans. 2001 C. Nielsen, *The Vienna Circle: Studies in the Origins, Development and Influence of Logical Empiricism*, Vienna: Springer.
Uebel, T. E. (1991). *Rediscovering the Forgotten Vienna Circle*, Dordrecht: Kluwer.
Uebel, T. E. (1992). *Overcoming Logical Positivism from Within: The Emergence of Neurath's Naturalism in the Vienna Circle's Protocol Sentence Debate*, Amsterdam: Rodopi.
Uebel, T. E. (1996a). 'Anti-Foundationalism and the Vienna Circle's Revolution in Philosophy', *British Journal for the Philosophy of Science* 47: 415–40.
Uebel, T. E. (1996b). 'The Enlightenment Ambition of Epistemic Utopianism: Otto Neurath's Theory of Science in Historical Perspective' in Giere and Richardson (1996), 91–112.
Zolo, D. (1989). *Reflexive Epistemology: The Philosophical Legacy of Otto Neurath*, Dordrecht: Kluwer.

CHAPTER 30 THE ACHIEVEMENTS OF THE POLISH SCHOOL OF LOGIC

Ajdukiewicz, K. (1974). *Pragmatic Logic*, Warsaw and Dordrecht: The Polish Scientific Publishers–Reidel.
Ajdukiewicz, K. (1978). *The Scientific World-Perspective and Other Essays, 1931–1963*, ed. J. Giedymin, Dordrecht: Reidel.
Bar-Hillel, Z. and Fraenkel, A. (1958). *Foundations of Set Theory*, Amsterdam: North-Holland.
Chwistek, L. (1948). *The Limits of Science: Outline of Logic and of the Methodology of the Exact Sciences*, London: Kegan Paul.
Coniglione, F., Poli, R., and Woleński, J. (eds.) (1993). *Polish Scientific Philosophy: The Lvov-Warsaw School*, Amsterdam: Rodopi.
Czeżowski, T. (1999). *Selected Papers*, ed. L. Gumański, Amsterdam: Rodopi.
Jaśkowski, S. (1934). *On the Rules of Supposition in Formal Logic*, Warsaw: Nakładem Seminarium Filozoficznego Wydzialn Matematyczno-Przyrodnicznego Universy tetr Warszawskeigo. Repr. 1967 in S. McCall (ed.), *Polish Logic 1920–37*, Oxford: Clarendon Press.
Jordan, Z. (1945). *The Development of Mathematical Logic and of Logical Positivism in Poland between Two Wars*, Oxford: Oxford University Press; repr. in McCall 1967, 346–406.
Kijania-Placek, K. and Woleński, J. (eds.) (1988). *The Lvov-Warsaw School and Contemporary Philosophy*, Dordrecht: Kluwer.
Kotarbiński, T. (1966). *Gnosiology. The Scientific Approach to the Theory of Knowledge*, Wrocław: Ossolineum and Oxford: Pergamon Press.

Leśniewski, S. (1988). *Lecture Notes in Logic*, ed. J. T. J. Srzednicki and Z. Stachniak, Dordrecht: Kluwer.
Leśniewski, S. (1992). *Collected Works*, vols. I–II, ed. S. J. Surma, J. T. J. Srzednicki, D. I. Barnett, and V. T. Rickey, Dordrecht: Kluwer.
Luschei, E. (1962). *The Logical Systems of Leśniewski*, Amsterdam: North-Holland Publishing Company.
Łukasiewicz, J. (1957). *Aristotle's Syllogistic from the Standpoint of Modern Formal Logic*, Oxford: Clarendon Press.
Łukasiewicz, J. (1970). *Selected Works*, ed. L. Borkowski, Warsaw: Polish Scientific Publishers and Amsterdam: North-Holland Publishing Company.
Łukasiewicz, J. (forthcoming). *Collected Works*, ed. J. T. J. Srzednicki, A. LeBlanc, G. Malinowski, and J. Woleński, Aldershot: Ashgate.
Łukasiewicz, J. and Tarski, A. (1930). 'Untersuchungen über den AussagenKalkül', *Comptes Rendus des Séances de la Société des Sciences et des Lettres de Varsovie* (Classe 3) 23: 30–50. Trans. 'Investigations into the Sentential Calculus' in Łukasiewicz 1970 and Tarski 1956.
McCall, S. (ed.) (1967). *Polish Logic 1920–1939*, Papers by Ajdukiewicz, Chwistek, Jaśkowski, Jordan, Leśniewski, Łukasiewicz, Słupecki, Sobociński, and Wajsberg, Oxford: Clarendon Press.
Mostowski, A. (1948). *Logika matematyczna (Mathematical Logic)*, Warsaw: Monografie Matematyczne.
Mostowski, A. (1967). 'Tarski, Alfred' in P. Edwards (ed.), *The Encyclopedia of Philosophy*, vol. VIII, New York: Macmillan, 77–81.
Mostowski, A. (1979). 'Foundational Studies', *Selected Works*, vols. I–II, Warsaw: Polish Scientific Publishers and Amsterdam: North Holland Publishing Company.
Sierpiński, W. (1965). *Cardinal and Ordinal Numbers*, Warsaw: Polish Scientific Publishers.
Sinisi, V. and Woleński, J. (eds.) (1994). *The Heritage of Kazimierz Ajdukiewicz*, Amsterdam: Rodopi.
Skolimowski, H. (1967). *Polish Analytical Philosophy*, London: Routledge.
Srzednicki, J. T. J., Rickey, V. F., and Czelakowski, J. (eds.) (1984). *Leśniewski's Systems: Ontology and Mereology*, The Hague: Martinus Nijhoff and Wrocław: Ossolineum.
Srzednicki, J. T. J. and Stachniak, Z. (eds.) (1998). *Leśniewski's System: Protothetic*, Dordrecht: Kluwer.
Tarski, A. (1956). *Logic, Semantics, Metamathematics Papers from 1923–1939*, Oxford: Oxford University Press; 2nd edn 1984, J. Corcoran, Indianapolis: Hackett Publishing Company.
Tarski, A. (1986). *Collected Papers*, vols. I–IV, ed. R. S. Givant and R. M. McKenzie, Basle: Birkhaüser Verlag.
Twardowski, K. (1977). *On the Content and Object of Presentation. A Psychological Investigation*, The Hague: Nijhoff.
Twardowski, K. (1999). *Selected Philosophical Papers*, ed. J. Brandl and J. Woleński, Amsterdam: Rodopi.
Wajsberg, M. (1977). *Logical Works*, ed. S. J. Surma, Wrocław: Ossolineum.
Woleński, J. (1989). *Logic and Philosophy in the Lvov-Warsaw School*, Dordrecht: Kluwer.
Woleński, J. (ed.) (1990). *Kotarbiński: Logic, Semantics and Ontology*, Dordrecht: Kluwer.
Zawirski, Z. (1994). *Selected Writings on Time, Logic and the Methodology of Science*, ed. I. Szumilewicz-Lachman, Dordrecht: Kluwer.

CHAPTER 31 LOGIC AND PHILOSOPHICAL ANALYSIS

Ayer, A. J. (1936). *Language, Truth and Logic*, London: Gollancz. New edn 1971, Harmondsworth: Penguin.

Carnap, R. (1934). 'On the Character of Philosophical Problems', *Philosophy of Science* 1: 5–19. Repr. 1967 in R. Rorty (ed.), *The Linguistic Turn*, Chicago: Chicago University Press, 54–62.
Carnap, R. (1950). 'Empiricism, Semantics and Ontology', *Revue Internationale de Philosophie* 4: 20–40.
Kant, I. (1781(A), 1787(B)). *Kritik der reinen Vernuft*, Riga. Trans. 1929 N. Kemp Smith, *Critique of Pure Reason*, London: Macmillan.
Lewis, C. I. (1929). *Mind and World-Order*, New York: Charles Scribner's.
Lewis, C. I. and Langford, C. H. (1932). *Symbolic Logic*, New York: Appleton Century.
Moore, G. E. (1899). 'The Nature of Judgement', *Mind* 8: 176–93. Repr. 1993 in G. E. Moore (ed. T. Baldwin), *Selected Writings*, London: Routledge, 1–19.
Moore, G. E. (1903). *Principia Ethica*, Cambridge: Cambridge University Press. Rev. edn 1993 (ed. T. Baldwin) Cambridge: Cambridge University Press.
Russell, B. A. W. (1905). 'On Denoting', *Mind* 14: 479–93. Repr. 1994 in A. Urquart (ed.), *The Collected Papers of Bertrand Russell*, vol. IV, London: Routledge, 415–27.
Russell, B. A. W. (1914). *Our Knowledge of the External World*, London: Open Court.
Russell, B. A. W. (1918–19). 'The Philosophy of Logical Atomism', *The Monist* 28: 495–527, 29: 32–63, 190–222, 345–80. Repr. 1986 in J. Slater (ed.), *The Collected Papers of Bertrand Russell*, vol. VIII, London: George Allen and Unwin, 160–244.
Russell, B. A. W. (1959). *My Philosophical Development*, London: George Allen and Unwin. Repr. 1995, London: Routledge.
Wisdom, J. (1934). *Problems of Mind and Matter*, Cambridge: Cambridge University Press.
Wittgenstein, L. (1921). 'Logische-philosophische Abhandlung', *Annalen der Naturphilosophie*. Trans. 1922 C. K. Ogden, *Tractatus Logico-Philosophicus*, London: Routledge.

CHAPTER 32 THE CONTINUING IDEALIST TRADITION

Alexander, S. (1920). *Space, Time and Deity*, 2 vols., London: Macmillan.
Armour, Leslie and Trott, Elizabeth (1981). *The Faces of Reason: Philosophy and Culture in English Canada, 1850–1950*, Waterloo, Ontario: Wilfrid Laurier University Press.
Ayer, A. J. (1936). *Language Truth and Logic*, London: Gollancz. 2nd edn 1946, London: Gollancz.
Bhattacharyya, K. C. (1976). *The Search for the Absolute in Neo-Vedanta*, ed. G. Bosworth Burch, Honolulu: University of Hawaii Press.
Blanshard, B. (1939). *The Nature of Thought*, London: George Allen and Unwin.
Bogumil, Gacka (1994). *Bibliography of American Personalism*, Lublin: Oficyna Wydawnicza, Czas.
Bogumil, Gacka (1995). *American Personalism*, Lublin: Oficyna Wydawnicza, Czas.
Boodin, J. E. (1921). 'Notes on Science and Life', appended to a typescript of an Aristotelian Society Paper read at 21 Gower Street, London, 7 March 1921, Boodin Archive, University of California at Los Angeles.
Boodin, J. E. (1925). *Cosmic Evolution*, New York: Macmillan.
Boodin, J. E. (1934). *God: A Cosmic Philosophy of Religion*, New York: Macmillan.
Boodin, J. E. (1939). *The Social Mind*, New York: Macmillan.
Bosanquet, B. (1889). *The Philosophical Theory of the State*, London: Macmillan.
Bosanquet, B. (1920). *Implication and Linear Inference*, London: Macmillan.
Bosanquet, B. (1923). *The Meeting of Extremes in Contemporary Philosophy*, London: Macmillan.
Bosanquet, B. (1934). *A History of Aesthetics*, London: George Allen and Unwin.
Bowne, B. P. (1908). *Personalism*, Boston: Houghton Mifflin.
Bradley, F. H. (1893). *Appearance and Reality*, London: Swan Sonnenschein. 2nd edn 1897 repr. 1969 with a new pagination, Oxford: Clarendon Press.
Brightman, E. S. (1930). *The Problem of God*, New York: Abingdon.

Brightman, E. S. (1940). *A Philosophy of Religion*, New York: Prentice-Hall.
Brunschvicg, Léon (1939). *La Raison et la religion*, Paris: Presses Universitaires de France.
Cassirer, Ernst (1923–96). *Philosophie der Symbolischen Formen*, Berlin: B. Cassirer, and Darmstadt: Wissenschaftliche Buchgesellschaft. Trans. 1955–7 Ralph Manheim, *The Philosophy of Symbolic Forms*, 4 vols., New Haven, CT: Yale University Press.
Collingwood, R. G. (1919). 'Lectures on the Ontological Argument', Bodleian Modern Manuscripts, Collingwood deposit 2, Film 12/1.
Collingwood, R. G. (1924). *Speculum Mentis*, Oxford: Clarendon Press.
Collingwood, R. G. (1928). Letter to Samuel Alexander July 30, 1928, Alexander Archive, The John Rylands Library, Manchester.
Collingwood, R. G. (1933). 'Lectures on Ethics', Bodleian Library Modern Manuscripts, Deposit 8, Film 12/2.
Collingwood, R. G. (1935). Correspondence with Gilbert Ryle, letter of 9 May, 1935, Bodleian MS. Eng. Lett. d.194.
Collingwood, R. G. (1938a). *An Autobiography*, Oxford: Clarendon Press.
Collingwood, R. G. (1938b). *The Principles of Art*, Oxford: Oxford University Press.
Collingwood, R. G. (1940). *An Essay on Metaphysics*, Oxford: Clarendon Press.
Collingwood, R. G. (1942). *The New Leviathan*, Oxford: Clarendon Press. 2nd edn ed. David Boucher 1998, Oxford: Clarendon Press.
Collingwood, R. G. (1946). *The Idea of History*, Oxford: Oxford University Press.
Croce, Benedetto (1920). *Nuovi Saggi di Estetica* (*New Essays on Aesthetics*), Bari: Laterza and Figli.
Cunningham, G. W. (1916–24). Correspondence with Richard Burdon Haldane (Viscount), Watts Cunningham Archives, Cornell University, Ithaca, NY.
Cunningham, G. W. (1933). *The Idealistic Argument in Recent British and American Philosophy*, New York: Century.
Dray, William (1998). *History as Reenactment*, Oxford: Oxford University Press.
Eddington, A. S. (1920). *Space, Time and Gravitation*, Cambridge: Cambridge University Press.
Eddington, A. S. (1928). *The Nature of the Physical World*, Cambridge: Cambridge University Press.
Eddington, A. S. (1929). *Science and the Unseen World*, New York: Macmillan.
Eddington, A. S. (1939). *The Philosophy of the Physical Sciences*, Cambridge: Cambridge University Press.
Ewing, A. C. (1933). *Idealism: A Critical Survey*, London: Methuen.
Ewing, A. C. (1957). *The Idealist Tradition from Berkeley to Blanshard*, Glencoe, IL: The Free Press.
Flewelling, R. T. (1926). *Creative Personality*, New York: Macmillan.
Flewelling, R. T. (1935). Letter of March 5, 1934 to Norbert Oldgeering, Catholic University of America, University of Southern California, Flewelling Archive.
Flewelling, R. T. (1952). *The Person or the Significance of Man*, Los Angeles: Ward Ritchie Press.
Gentile, Giovanni (1920). *Teoria Generale Dello Spirito come Atto Puro*, third edition, Bari: Laterza and Figli, 1920. Trans. 1922 H. Wildon Carr, *The Theory of Mind as Pure Act*, London: Macmillan.
Guitton, Jean (1939). *Le Problème de la connaissance et la pensée religieuse*, Paris: Aubier.
Haack, Susan (1993). *Evidence and Inquiry: Towards Reconstruction in Epistemology*, Oxford: Blackwell.
Haldane, R. B. (Viscount) (1921). *The Reign of Relativity*, London: John Murray.
Hocking, W. E. (1912). *The Meaning of God in Human Experience*, New Haven, CT: Yale University Press.
Hocking, W. E. (1940). *Living Religions and a World Faith*, New York: Macmillan.

Hoernlé, R. F. Alfred (1920). *Studies in Contemporary Metaphysics*, New York: Harcourt Brace.
Hoernlé, R. F. Alfred (1927). *Idealism as a Philosophy*, New York: Harcourt Brace.
Hoernlé, R. F. Alfred (1939). *South African Native Policy and the Liberal Spirit*, Capetown: University of Capetown Press.
Jeans, Sir James (1930). *The Mysterious Universe*, Cambridge: Cambridge University Press. New edn 1937, Harmondsworth: Pelican.
Jones, Sir H. and Muirhead, J. H. *The Life and Philosophy of Edward Caird*, Glasgow: Maclehose Jackson, and Co.
Joseph, H. W. B. (1916). *An Introduction to Logic* (2nd edn), Oxford: Clarendon Press.
Joseph, H. W. B. (1931). 'Short Treatise on Propositional Functions', New College Archives, Oxford, PA/J/2 10/5 (there are two versions of the treatise).
Joseph, H. W. B. (1932). 'Lectures on Internal and External Relations and the Philosophy of Analysis' (subtitled inside the notes 'Lectures on Logical Atomism'), New College Archives, Oxford, PA/J/2 3/3.
Le Senne, René (1930). *Le Devoir*, Paris: Alcan.
Lodge, R. (1937). *The Questioning Mind*, New York: E. P. Dutton.
Luce, A. A. (1954). *Sense Without Matter*, Edinburgh: Nelson.
McTaggart, J. M. E. (1921–7). *The Nature of Existence*, 2 vols., Cambridge: Cambridge University Press.
Marshall, Bruce (1963). *The Month of the Falling Leaves*, London: Constable.
Metz, Rudolph (1938). *A Hundred Years of British Philosophy*, London: George Allen and Unwin.
Meyerson, Emile (1931). *Du Cheminement de la pensée*, 3 vols. Paris: Alcan.
Moore, G. E. (1903). 'The Refutation of Idealism', *Mind* 12, 433–53.
Muirhead, J. H. (1931). *The Platonic Tradition in Anglo-Saxon Philosophy*, London: George Allen and Unwin.
Mure, G. R. G. (1958). *Retreat From Truth*, Oxford: Blackwell.
Mure, G. R. G. (1978). *Idealist Epilogue*, Oxford: Clarendon Press.
Paton, H. J. (1955). *The Modern Predicament: A Study in the Philosophy of Religion*, London: George Allen and Unwin.
Radhakrishnan, Sarvepalli (1932). *An Idealist View of Life*, New York: Macmillan.
Sharif, M. M. (1966). *In Search of Truth*, Lahore: Institute of Islamic Culture.
Sinclair, M. (1917). *A Defence of Idealism*, New York: Macmillan, p. v.
Smith, J. A. (1914–16).The Hibbert Lectures. The second series of these unpublished essays is in the archives of Magdalen College, Oxford (Magdalen MSS. 1026 I–3). There are notes by R. G. Collingwood in the Bodleian Library, Modern Manuscripts.
Smith, J. A. (1926). Letter of 18 February to Samuel Alexander, Alexander Archive, John Rylands Library, Manchester.
Smith, J. A. (1929–30). Gifford Lectures. Syllabi and fragments remain in the Magdalen College, Oxford archives (Magdalen MSS. 1026 II–27).
Spirito, U. (1974). *L'idealismo italiano e suoi critici*, 2nd. edn Rome: Bulzoni.
Stebbing, L. S. (1937). *Philosophy and the Physicists*, London: Methuen.
Streeter, B. H. (1927). *Reality*, London: Macmillan.
Taylor, A. E. (1932). *The Faith of a Moralist*, 2 vols., London: Macmillan.
Temple, W. (1934). *Nature, Man and God*, London: Macmillan.
Watson, J. (1897). *Christianity and Idealism*, with an introductory essay by George Holmes Howison, New York: Macmillan.
Watson, J. (1919). *The State in Peace and War*, Glasgow: Maclehose.
Whitehead, A. N. (1929). *Process and Reality*, New York: Macmillan and Cambridge: Cambridge University Press.

Wilson, J. Cook (1926). *Statement and Inference*, ed. A. S. L. Farquharson, 2 vols., Oxford: Clarendon Press.

CHAPTER 33 TRANSFORMATIONS IN SPECULATIVE PHILOSOPHY

Alexander, Samuel (1920). *Space Time and Deity*, 2 vols., London: Macmillan.
Bergson, H. (1889). *Quid Aristoteles de Loco Senserit*. Doctoral thesis. Trans. into French 1949 R. Mosse-Bastide, *L'Idée de lieu chez Aristote, Les Etudes bergsoniennes*, vol. II.
Bergson, H. (1889). *Essai sur les donnes immédiates de la conscience*, Paris: Presses Universitaires de France. Trans. 1910 F. L. Pogson, *Time and Free Will: An Essay on the Immediate Data of Consciousness*, London: George Allen and Unwin.
Bergson, H. (1903). 'Introduction à la metaphysique', *Revue de la metaphysique et de morale*, 11: 1–36. Trans. 1913 T. E. Hulme, *An Introduction to Metaphysics*, Indianapolis, IN: Bobbs-Merrill, 1985.
Bergson, H. (1907). *L'Evolution créatrice*, Paris: Presses Universitaires de France. Trans. 1911 A. Mitchell, *Creative Evolution*, London: Macmillan.
Bradley, J. (1996). 'Act, Event, Series: Metaphysics, Mathematics, and Whitehead', *Journal of Speculative Philosophy* 10: 233–48.
Cassirer, E. (1910). *Substanzbegriff und Funktionsbegriff*, Berlin: Cassirer. Trans. 1923 W. C. Swabey and M. C. Swabey, *Substance and Function*, Chicago: Open Court.
Cassirer, E. (1923–9). *Philosophie der symbolischen Formen*, 3 vols., Berlin: Bruno Cassirer. Trans. 1955–7 R. Manheim, *The Philosophy of Symbolic Forms*, 3 vols., New Haven: Yale University Press.
Collingwood, R. G. (1940). *An Essay on Metaphysics*, Oxford: Clarendon Press.
Crocker, S. (1997). 'The Oscillating Now: Heidegger on the Failure of Bergson', *Philosophy Today* 41: 405–23.
Deleuze, G. (1966). *Le Bergsonisme*, Paris: Presses Universitaires de France. Trans. 1988 H. Tomlinson, *Bergsonism*, New York: Zone Books.
Dewey, J. (1929). *Experience and Nature*, Chicago: Open Court. New edn, 1958, New York: Dover.
Hampe, M. and Maasen, H. (1991). *Prozess, Gefuhl und Raum-Zeit: Materialien zu Whiteheads Prozess und Realität, Die Gifford Lectures und ihre Deutung: Materialien zu Whiteheads 'Prozess und Realität'*, 2 vols., Frankfurt: Suhrkamp.
Harris, P. (1997). *Creation in Time: Philosophy, Theology and the Event in the Later Heidegger*, St. John's, Newfoundland: privately published.
Heidegger, M. (1927). *Sein und Zeit*, Tübingen: Niemeyer Verlag. Trans. 1962 J. Macquarrie and E. Robinson, *Being and Time*, Oxford: Blackwell.
Heidegger, M. (1960). *Der Ursprung des Kunstwerkes*, Stuttgart: Reclam. Lecture first delivered Freiburg, 1935. Trans. 1971 A. Hofstadter, 'The Origin of the Work of Art' in *Poetry, Language, Thought*, New York: Harper and Row, 15–88.
Heidegger, M. (1969). 'Zeit und Sein' in *Zur Sache des Denkens*, Tübingen: Niemeyer 1–26. Lecture delivered Freiburg, 1962. Trans 1972. J. Stambaugh, 'Time and Being' in *On Time and Being*, New York: Harper and Row, 1–24.
Heidegger, M. (1975). *Die Grundprobleme der Phänomenologie* (*Gesamtausgabe*, vol. XXIV) Frankfurt: V. Klostermann. Lectures delivered Marburg, 1927. Trans. 1982 A. Hofstadter, *The Basic Problems of Phenomenology*, Bloomington, IN: Indiana University Press.
Heidegger, M. (1978). *Metaphysische Anfangsgrunde der Logik* (*Gesamtausgabe*, vol. XXVI), Frankfurt: V. Klostermann. Lectures delivered Marburg, 1928. Trans. 1984 M. Heim, *The Metaphysical Foundations of Logic*, Bloomington, IN: Indiana University Press.

Heidegger, M. (1989). *Beiträge zur Philosophie (vom Ereignis)*, (*Gesamtausgabe*, vol. LXV) Frankfurt: V. Klostermann. Writings, 1936–9.

Husserl, E. (1928). 'Vorlesungen zur Phenomenologie des inneren Zeitbewusstseins', (ed. M. Heidegger), *Jahrbuch fur Philosophie und phänomenologische Forschung*, 9: 367–498. Trans. 1964 J. W. Churchill, *The Phenomenology of Internal Time Consciousness*, Bloomington: Indiana University Press.

James, W. (1916). *Some Problems of Philosophy*, New York: Longmans, Green. New edn 1979 ed. F. Bowers, Cambridge, MA: Harvard University Press.

Ketner, K. L. (1977). *A Comprehensive Bibliography and Index of the Published Works of Charles Sanders Peirce with a Bibliography of Secondary Studies*, Greenwich, CT: Johnson Associates.

Lowe, V. (1966). *Understanding Whitehead*, Baltimore, MD: Johns Hopkins Press.

Lowe, V. (1985, 1990). *Alfred North Whitehead: The Man and His Work*, 2 vols., Baltimore, MD: Johns Hopkins University Press.

McTaggart, J. M. E. (1921, 1927). *The Nature of Existence*, 2 vols., Cambridge: Cambridge University Press.

McTaggart, J. M. E (1908). 'The Unreality of Time', *Mind* 17, 457–74. Reprinted 1934 *Philosophical Studies*, London: Edward Arnold, 110–31.

Nietzsche, F. (1901). *Nachgelassene Werke: Der Wille zur Macht*, vol. XV, Leipzig: C. G. Naumann. Trans. 1967 W. Kaufmann, *The Will to Power*, London: Weidenfeld and Nicolson.

Peirce, C. S. (1931–68). *Collected Papers of Charles Sanders Peirce*, 8 vols., ed. C. Hartshorne, P. Weiss, and A. Books, Cambridge, MA: Harvard University Press.

Roberts, J. (1992). *The Logic of Reflection: German Philosophy in the Twentieth Century*, New Haven, CT: Yale University Press.

Royce, J. (1913). *The Problem of Christianity*, New York: Macmillan, 2 vols. New edn, 1967, New York: Archon Books.

Rubinoff, L. (1970). *Collingwood and the Reform of Metaphysics: A Study in the Philosophy of Mind*, Toronto: University of Toronto Press.

Russell, B. A. W. (1915). 'On the Experience of Time', *Monist* 25: 212–33.

Skolem, T. (1923). 'Begrundung der elementaren Arithmetik durch rekurrierende Denkweise ohne Anwendung Scheinbarer Veranderlichen mit unendlichem Ausdehnungsbereich', *Videnskapsselskapets skrifter*, 1, *Matematisk-naturvidenskabelig Klasse*, n. 6. Trans. 1967 J. van Heijenoort, 'The Foundations of Elementary Arithmetic established by means of the Recursive Mode of Thought, without Use of Apparent Variables ranging over Infinite Domains', *From Frege to Godel. A Sourcebook in Mathematical Logic*, 1879–1931, Cambridge, MA: Harvard University Press, 303–33.

Whitehead, A. N. (1898). *A Treatise on Universal Algebra*, Cambridge: Cambridge University Press.

Whitehead, A. N. and Russell, B. A. W. (1910–13). *Principia Mathematica*, 3 vols., Cambridge: Cambridge University Press.

Whitehead, A. N. (1911). *Introduction to Mathematics*, new edn 1958, New York: Oxford University Press.

Whitehead, A. N. (1917). *The Aims of Education and Other Essays*, London: Williams and Norgate. 2nd edn 1950, London: Ernest Benn.

Whitehead, A. N. (1919). *Enquiry Concerning the Principles of Natural Knowledge*, Cambridge: Cambridge University Press.

Whitehead, A. N. (1920). *The Concept of Nature*, Cambridge: Cambridge University Press.

Whitehead, A. N. (1922). *The Principle of Relativity*, Cambridge: Cambridge University Press.

Whitehead, A. N. (1926). *Religion in the Making*, Cambridge: Cambridge University Press.

Whitehead, A. N. (1926). *Science and the Modern World*, Cambridge: Cambridge University Press. New edn 1967, New York: The Free Press.
Whitehead, A. N. (1928). *Symbolism: Its Meaning and Effect*, Cambridge: Cambridge University Press. New edn 1959, New York: G. P. Putnam's Sons.
Whitehead, A. N. (1929a). *Process and Reality: An Essay in Cosmology*, Cambridge: Cambridge University Press. Corrected edn 1978, New York: The Free Press.
Whitehead, A. N. (1929b). *The Function of Reason*, Princeton, NJ: Princeton University Press. New edn 1958, Boston: The Beacon Press.
Whitehead, A. N. (1933). *Adventures of Ideas*, Cambridge: Cambridge University Press. New edn 1967, New York: The Free Press.
Whitehead, A. N. (1938). *Modes of Thought*, Cambridge: Cambridge University Press. New edn 1968, New York: The Free Press.
Whitehead, A. N. (1947). *Essays in Science and Philosophy*, New York: Philosophical Library.
Woodbridge, B. A. (1977). *Alfred North Whitehead: A Primary-Secondary Bibliography*, Bowling Green, OH: Philosophy Documentation Center.

CHAPTER 34 REALISM, NATURALISM, AND PRAGMATISM

Blau, Joseph (1952). *Men and Movements in American Philosophy*, New Jersey: Prentice Hall.
Cohen, Morris (1931). *Reason and Nature: An Essay on the Meaning of Scientific Method*, New York: Harcourt Brace.
Cohen, Morris (1933). *Law and the Social Order: Essays in Legal Philosophy*, New York: Harcourt Brace.
Cohen, Morris and Nagel, Ernest (1934). *An Introduction to Logic and the Scientific Method*, New York: Harcourt Brace.
Delaney, C. F. (1969). *Mind and Nature: A Study of the Naturalistic Philosophies of Cohen, Woodbridge, and Sellars*, Notre Dame: University of Notre Dame Press.
Dewey, John (1922). *Human Nature and Conduct*, New York: Henry Holt.
Dewey, John (1925). *Experience and Nature*, Chicago: Open Court.
Dewey, John (1927). 'Half-Hearted Naturalism', *The Journal of Philosophy* 24: 57–64.
Dewey, John (1938). *Logic: The Theory of Inquiry*, New York: Henry Holt.
Drake, Durant et al. (1920). *Essays in Critical Realism: A Cooperative Study of the Problem of Knowledge*, New York: Macmillan.
Flower, Elizabeth and Murphy, Murray (1977). *A History of Philosophy in America*, 2 vols., New York: Capricorn Books.
Holt, Edwin et al. (1912). *The New Realism: Cooperative Studies in Philosophy*, New York: Macmillan.
Hook, Sidney (1927). *The Metaphysics of Pragmatism* Chicago: Open Court.
Hook, Sidney (1934). 'What is Materialism?' *The Journal of Philosophy* 24: 235–42.
Hook, Sidney (1944). 'Is Physical Realism Sufficient?' *The Journal of Philosophy* 41, 544–51.
Krikorian, Y. H. (1944). *Naturalism and the Human Spirit*, New York: Columbia University Press.
Kuklick, Bruce (1977). *The Rise of American Philosophy, Cambridge Massachusetts 1860–1930*, New Haven: Yale University Press.
Lewis, C. I. (1918). *A Survey of Symbolic Logic*, Berkeley: University of California Press.
Lewis, C. I. (1929). *Mind and the World Order*, New York: Charles Scribner's.
Lewis, C. I. (1950). *An Analysis of Knowledge and Valuation*, La Salle, IL: Open Court.
Lovejoy, A. D. (1930). *The Revolt Against Dualism*, Chicago: Open Court.
Mead, George Herbert (1934). *Mind, Self and Society*, Chicago: University of Chicago Press.

Mead, George Herbert (1938). *The Philosophy of the Act*, Chicago: University of Chicago Press.
Mead, George Herbert (1959). *The Philosophy of the Present*, La Salle, IL: Open Court.
Miller, David (1973). *George Herbert Mead: Self, Language and the World*, Austin: University of Texas Press.
Morris, C. W. (1937). *Logical Positivism, Pragmatism and Scientific Empiricism*, Paris: Herman.
Ryan, Alan (1995). *John Dewey and the High Tide of American Liberalism*, New York: W. W. Norton.
Santayana, George (1905). *The Life of Reason*, 5 vols. New York: Charles Scribner's.
Santayana, George (1923). *Skepticism and Animal Faith*, New York: Charles Scribner's.
Santayana, George (1925). 'Dewey's Naturalistic Metaphysics', *The Journal of Philosophy* 22: 673–88.
Santayana, George (1927–40). *The Realms of Being*, New York: Charles Scribner's.
Scheffler, Israel (1974). *Four Pragmatists*, London: Routledge.
Sellars, Roy Wood (1916). *Critical Realism: A Study of the Nature and Conditions of Knowledge*, Chicago: Rand McNally.
Sellars, Roy Wood (1922). *Evolutionary Naturalism*, Chicago: Open Court.
Sellars, Roy Wood (1932). *The Philosophy of Physical Realism*, New York: Macmillan.
Sellars, Roy Wood (1943). 'Dewey on Materialism', *Philosophy and Phenomenological Research*, 111: 381–92.
Sellars, Roy Wood (1944). 'Does Naturalism Need Ontology?' *The Journal of Philosophy* 41: 686–94.
Sellars, Roy Wood (1944). 'Is Naturalism Enough?' *The Journal of Philosophy* 41: 533–44.
Sprigge, T. L. S. (1995). *Santayana*, London: Routledge.
Thayer, Henry S. (1968). *Meaning and Action: A Critical History of American Pragmatism*, Indianapolis: Bobbs-Merrill.
Tiles, J. E. (1988). *Dewey*, London: Routledge.
Woodbridge, F. J. E. (1926). *The Realm of Mind: An Essay on Metaphysics*, New York: Columbia University Press.
Woodbridge, F. J. E. (1937). *Nature and Mind: Selected Essays*, New York: Columbia University Press.

CHAPTER 35 FRENCH CATHOLIC PHILOSOPHY

Bars, H. (1959). *Maritain en notre temps*, Paris: Grasset.
Bars, H. (1962). *La politique selon Jacques Maritain*, Paris: Editions ouvrières.
Blondel, Maurice (1948, 1954). *La Pensée*, 2 vols., Paris: Alcan. 2nd edn, Paris: Presses Universitaires de France, vol. I, 1948, vol. II, 1954.
Blondel, Maurice (1944). *La Philosophie et l'Esprit chrétien*, Paris: Alcan. 2nd edn, Paris: Presses Universitaires de France, 1950.
Blondel, Maurice (1949, 1963). *L'Action*, 2 vols., Paris: Alcan, 1936–7. Second edition, Paris: Presses Universitaires de France, vol. I, 1949, vol. II, 1963.
Blondel, Maurice (1893). *L'Action: essai d'une critique de la vie et d'une science de la pratique*, Paris: Alcan. Further edns, Paris: Presses Universitaires de France, 1950 and 1973.
Blondel, Maurice (1893). *Le lien substantiel et la substance composée d'après Leibniz* (Latin text 1893), trans. C. Troisfontaines, Paris–Louvain: Béatrice Nauwelaerts, 1972.
Blondel, Maurice (1932). *Le Problème de la philosophie catholique*, Paris: Bloud et Gay.
Blondel, Maurice (1935). *L'Etre et les Etres*, Paris: Alcan. 2nd edn, Paris: Presses Universitaires de France 1963.
Claudel, P. et al. (1948). *Le Mal est parmi nous: un problème actuel*, Paris: Plon.
Cornati, D. (1998). *L'ontologia implicita nell'Action (1893) di Maurice Blondel*, Milan: Glossa.

Coutagne, M.-J. (ed.) (1994). *L'Action: une dialectique du salut, Actes du colloque du centenaire (Aix-en-Provence, March 1993)*, Paris: Beauchesne.
Doering, B. E. (1983). *J. Maritain and the French Catholic Intellectuals*, Notre Dame, IN: Notre Dame University Press.
Favraux, P. (1987). *Une philosophie du Médiateur: Maurice Blondel*, Paris-Naumur: Lethielleux.
Fecher, Ch. A. (1953). *The philosophy of J. Maritain*, Westminster: Newman Press, 1953.
Fessard, G. (1936). *Pax Nostra*, Paris, Grasset
Fessard, G. (1956). *La Dialectique des exercises spirituels de Saint Ignace de Loyola*, Paris: Aubier.
Fessard, G. (1990). *Hegel, le christianisme et l'histoire*, ed. M. Sales, Paris: Presses Universitaires de France.
Fessard, G. (1997). *Le mystère de la Société: recherches sur le sens de l'histoire*, ed. Sales, M. (S. J.), Namur: Culture et Vérité.
Gilson, E. and Maritain, J. (1991). *Deux approches de l'être. Correspondence 1923–71, Etienne Gilson, Jacques Maritain*, ed. G. Prouvost, Paris: Vrin.
Hersch, J., Lévinas, E., Ricoeur, P., and Tilliette, X. (1976). *Jean Wahl et Gabriel Marcel*, Paris: Beauchesne.
Lapointe, F. H. and C. (1977). *Gabriel Marcel and his Critics, International Bibliography (1928–1976)*, New York and London: Garland.
Leduc-Fayette, D. (ed.) (1986, 1987). *Colloque Maurice Blondel (Centre d'Etudes des Philosophes Français – Sorbonne), 'Revue philosophique de la France et de l'étranger'* 1986 (IV) and 1987 (I).
Lubac, H. de, Rougier, M. and Sales, M. (1985). Introd. by X. Tilliette, *Gabriel Marcel et Gaston Fessard, correspondance*, Paris: Beauchesne.
MacNeill, J.-J. (1966). *The Blondelian Synthesis: A Study of the Influence of German Philosophy Sources on the Formation of Blondel's Method and Thought*, Leiden: Brill.
Marcel, Gabriel (1927). *Journal Métaphysique*, Paris: Gallimard. Trans. 1952 G. Wall, *Metaphysical Journal*, London: Rockcliff.
Marcel, Gabriel (1935). *Etre et Avoir*, Paris: Aubier. Trans. 1949 K. Farrer, *Being and Having*, London: Dacre Press.
Marcel, Gabriel (1940). *Du Refus à l'invocation*, Paris: Gallimard.
Marcel, Gabriel (1945a). *Homo viator*, Paris: Aubier. Trans. 1951 E. Craufurd, *Homo Viator*, London: Gollancz.
Marcel, Gabriel (1945b). *La métaphysique de Royce (The Metaphysics of Royce)*. Paris: Aubier.
Marcel, Gabriel (1951). *Le Mystère de l'être*, Paris, Aubier Trans. 1950 G. S. Fraser and R. Hague, *The Mystery of Being*, London: Harvill Press.
Maritain, Jacques (1914). *La philosophie bergsonienne: études critiques*, Paris: Marcel Rivière, New edn, Paris: Téqui, 1927.
Maritain, Jacques (1920). *Art et scolastique*, Paris: Art catholique. New edn 1927.
Maritain, Jacques (1930). *Le Docteur angélique*, Paris: Desclée de Brouwer. Trans. 1931 J. F. Scamlan, *St. Thomas Aquinas: Angel of the Schools*, London: Sheed and Ward.
Maritain, Jacques (1932a). *De la philosophie chrétienne*, Milan: Rivista de neo-scolastica.
Maritain, Jacques (1932b). *Les degrés du savoir: distinguer pour unir*, Paris: Desclée de Brouwer.
Maritain, Jacques (1934). *Sept leçons sur l'Etre et les premiers principes de la raison spéculative*, Paris: Téqui.
Maritain, Jacques (1935). *Science et sagesse*, Paris: Labergerie Trans. 1940 B. J. Wall, *Science and Wisdom*, London: Geoffrey Bles.
Maritain, Jacques (1936). *L'Humanisme intégral*, Paris: Aubier, 1936.
Maritain, Jacques (1939). *Quatre essais sur l'esprit dans sa condition charnelle*, Paris: Desclée de Brouwer. New edn 1956, Paris: Alsatia.
Maritain, Jacques (1942). *Saint Thomas and the problem of Evil*, Milwaukee: Marquette University Press.

Maritain, Jacques (1944). *De Bergson à Thomas d'Aquin*, New York: Editions de la Maison Française.
Maritain, Jacques (1947). *Court traité de l'existence et de l'existant*, Paris: P. Hartmann. Trans. 1987 L. Galantiere and G. B. Phelan, *Existence and the existent*, Lanham, MD: University Press of America.
Maritain, R. (1949a). *Jacques Maritain, son oeuvre philosophique*, Paris: Desclée de Brouwer.
Maritain, R.(1949b). *Les grandes amitiés*, Paris: Desclée de Brouwer.
Perico, Y. (1991). *Maurice Blondel: genèse du sens*, Paris: Editions Universitaires.
Plourde, S. (1985). *Vocabulaire philosophique de Gabriel Marcel*, Paris: Cerf.
Ricoeur, P. (1948). *Gabriel Marcel et Karl Jaspers, deux maîtres de l'existentialisme*, Paris: Temps présent.
Sacquin, M. (ed.) (1988). *Colloque Gabriel Marcel*, Paris: Bibliothèque nationale, 1988.
Schillp, P. A. and Hahn, L. E. (eds.) (1984). *The Philosophy of Gabriel Marcel*, La Salle, IL: Library of Living Philosophers, vol. XXII.
Smith, B. W. (1976). *J. Maritain: anti-modern or ultramodern? An Historical Analysis of his Critics, his Thought and his Life*, New York and Amsterdam: Elsevier.
Tilliette, X. (1989). *Filosofi davanti a cristo: Maurice Blondel e il pancritismo*, Brescia: Quiriniana.
Tilliette, X. (1990). *Le Christ de la philosophie*, Paris: Cerf.
Tilliette, X. (1993). *Le Christ des philosophes*, Namur: Culture et Vérité.
Virgoulay, R. and Troisfontaines, C. (1975–6). *Maurice Blondel: bibliographie analytique et critique*. I. *Oeuvres de M. B. (1880–1973)*, II. *Etudes sur M. B. (1893–1913)*, Louvain: Peeters.
Virgoulay, R. (1980). *Blondel et le modernisme, la philosophie de l'action et les sciences religieuses*, Paris: Cerf.

CHAPTER 36 SPANISH PHILOSOPHY

Abellán, J. L. (1979–92). *Historia crítica del pensamiento español (A Critical History of Spanish Thought)*, Madrid: Espasa Calpe.
Alonso Gamo, J. Mª. (1966). *Un español en el mundo: Santayana (A Spaniard in the World: Santayana)*, Madrid: Ediciones Cultura Hispánica.
Araya, G. (1971). *Claves filológicas para la comprensión de Ortega (Philological Keys for Ortega's Understanding)*, Madrid: Gredos.
Ferrater Mora, J. (1957). *Ortega y Gasset: an Outline of his philosophy*, Cambridge: Bowes and Bowes and New Haven, CT: Yale University Press.
Ferrater Mora, J. (1962). *Unamuno*, Berkeley: University of California Press.
Ganivet, A. (1897). *Idearium español*, Granada. Trans. *Spain. An Interpretation*, London: Eyre & Spottiswoode, 1946.
García Bacca, D. (1934). *Introducció a la logística amb applications a la filosofia i a les matemàtiques (Introduction to the Logistic with Applications to the Philosophy and the Mathematics)*, Barcelona: Institut d'Estudis Catalans.
Gracia Guillén, D. (1986). *Voluntad de verdad (The Will to Truth)*, Barcelona: Labor.
Guy, A. (1983). *Histoire de la philosophie espagnole (History of Spanish Philosophy)*, Toulouse: Publications de l'Université.
Izuzquiza, I. (1984). *El proyecto filosófico de Juan David García Bacca (The Philosophical Project of Juan David García Bacca)*, Barcelona: Anthropos.
Jiménez-Landi, A. (1996). *La Institución Libre de Enseñanza (The Institute of Free Education)* 4 vols., Madrid: Editorial Complutense.
López-Morillas, J. (1956). *El krausismo español. Perfil de una aventura intelectual (Spanish Krausism. Outline of an Intellectual Adventure)*, Madrid: F.C.E.; 2nd augmented edn 1980.

Marías, J. (1962). *Ortega. I. Circunstancia y vocación* (*Ortega. I. Circumstance and Vocation*), Madrid: Revista de Occidente.
Marías, J. (1983). *Ortega. II. Las trayectorias* (*Ortega. II. The Trajectories*), Madrid: Alianza Editorial.
Morán, G. (1998). *El maestro en el erial: Ortega y Gasset y la cultura del franquismo* (*The Master in the Uncultivated Land: Ortega y Gasset and the Culture of Franquism*), Barcelona: Tusquets.
Nozick, M. (1971). *Miguel de Unamuno*, New York: Twayne.
Olmedo, M. (1965). *El pensamiento de Ganivet* (*The Thought of Ganivet*), Madrid: Revista de Occidente and Granada: Diputación Provincial, 1998.
Orringer, N. (1979). *Ortega y sus fuentes germánicas* (*Ortega and his German Sources*) Madrid: Gredos.
Orringer, N. (1985). *Unamuno y los protestantes liberales* (*Unamuno and Liberal Protestants*), Madrid: Gredos.
Ors, E. d' (1911). *La ben plantada* (*The Good-Looking Wife*), Barcelona: Lib. Alvar Verdaguer and Ed. Selecta Catalònia, 1980.
Ors, E. d' (1947). *El secreto de la filosofía* (*The Secret of Philosophy*), Madrid: Editorial Iberia; new repr. in Madrid: Tecnos, 1998.
Ors, E. d (1987–). *Obra catalana d'Eugeni d'Ors* (*Complete Catalan Works*), Madrid. Ediciones dels Quaderns Crema, 15 vols. (incomplete).
Ortega y Gasset, J. (1914). *Meditaciones del Quijote*, Madrid: Ediciones de la Residencia de Estudiantes; *Meditations on Quixote*, New York: Norton, 1961.
Ortega y Gasset, J. (1921). *España invertebrada*, Madrid: Espasa Calpe; *Invertebrate Spain*, London: George Allen and Unwin and New York: Norton, 1937.
Ortega y Gasset, J. (1923). *El tema de nuestro tiempo*, Madrid: Espasa Calpe; *The Modern Theme*, London: C. W. Daniel, 1931 and New York: Norton, 1933, repr. 1961.
Ortega y Gasset, J. (1929). *La rebelión de las masas*, Madrid: Revista de Occidente, 1929; *The Revolt of the Masses*, London: George Allen and Unwin and New York: Norton, 1932.
Ortega y Gasset, J. (1935). *Historia como sistema: Del Imperio Romano*, Madrid: Revista de Occidente. Trans. 1941 H. Weyl and W. Attenson, 'History as System' in *Philosophy and History*, Oxford: Clarendon Press.
Ortega y Gasset, J. (1946–83). *Obras completas* (*Complete Works*), Madrid: Revista de Occidente, vols. I–XI, 1946–69; Madrid: Alianza Editorial, vols. I–XII, 1983.
Ortega y Gasset, J. (1959). *En torno a Galileo*, Madrid: Revista de Occidente; *Man and Crisis*, New York: Norton, 1958; London: George Allen and Unwin, 1959.
Ortega y Gasset, J. (1957). *El hombre y la gente*, Madrid: Revista de Occidente, 1957; *Man and People*, New York: Norton, 1957.
Ortega y Gasset, J. (1958). *La idea de principio en Leibniz y la evolución de la teoría deductiva*, Madrid: Revista de Occidente. *The Idea of Principle in Leibniz and the Evolution of Deductive Theory*, New York, 1971.
Ortega y Gasset, J. (1958). *Prólogo para alemanes*, Madrid: Taurus.
Rius, M. (1991). *La filosofia d'Eugeni d'Ors* (*The Philosophy of Eugeni d'Ors*), Barcelona: Curial Edicions Catalanes.
Russell, B. A. W. (1940). 'The Philosophy of Santayana' in P. A. Schilpp (ed.), *The Philosophy of George Santayana*, La Salle, IL: Open Court; 2nd printing 1971, 451–74.
Sánchez Barbudo, A. (1968). *Estudios sobre Galdós, Unamuno y Machado* (*Studies on Galdós, Unamuno and Machado*), Madrid, Guadarrama; new edn Barcelona: Lumen, 1981.
Santayana, G. (1925). *Dialogues in Limbo*, London: Constable.
Santayana, G. (1940a). 'A General Confession' in P. A. Schilpp (ed.), *The Philosophy of George Santayana*, La Salle, IL: Open Court; 2nd printing 1971, 1–30.
Santayana, G. (1942). *Realms of Being*, New York: Scribner.

Unamuno, M. de (1895). *En torno al casticismo* (*On Authentic Tradition*), Madrid: La España Moderna.
Unamuno, M. de (1905). *Vida de Don Quijote y Sancho* (*The Life of Don Quijote and Sancho*), Madrid: Renacimiento. *Our Lord Don Quixote and Sancho with Related Essays*, Princeton, NJ: Princeton University Press, 1967.
Unamuno, M. de (1913). *Del sentimiento trágico de la vida en los hombres y en los pueblos*, Madrid: Renacimiento. *The Tragic Sense of Life in Men and in Peoples*, Princeton, NJ: Princeton University Press, 1972.
Unamuno, M. de (1925). *La agonía del cristianismo*, Paris: Editorial Excelsior. *The Agony of Christianity and Essais of Faith*, Princeton, NJ: Princeton University Press, 1974.
Unamuno, M. de (1933). *San Manuel Bueno, mártir*, Madrid, Espasa Calpe. 'Saint Emmanuel the Good, Martyr' in *Abel Sánchez and Other Histories*, Chicago: Regnery, 1956.
Unamuno, M. de (1959–64). *Obras completas* (*Complete Works*), Madrid: Vergara, 16 vols.; repr. Madrid: Escelicer, 1966, 9 vols.
Zubiri, X. (1944). *Naturaleza, Historia, Dios*, Madrid: Editora Nacional. *Nature, History, God*, Washington DC: University of America Press, 1981.

CHAPTER 37 THE PHENOMENOLOGICAL MOVEMENT

Brentano, F. (1874). *Psychologie vom empirischen Standpunkt*, Leipzig: Duncker and Humblot. 2nd edn by O. Kraus, 1924, Leipzig: Meiner. Trans. 1973 A.C. Rancurello, D. B. Terrell, and L. L. MacAlister, *Psychology from an Empirical Standpoint*, London: Routledge.
Frings, M. S. (ed.) (1974). *Max Scheler (1874–1928) Centennial Essays*, The Hague: Nijhoff.
Guignon, Ch. (ed.) (1993). *The Cambridge Companion to Heidegger*, Cambridge and New York: Cambridge University Press.
Heidegger, M. (1927). *Sein und Zeit*, Tübingen: Max Niemeyer Verlag. Trans. 1962 J. Macquarrie and E. Robinson, *Being and Time*, Oxford: Blackwell.
Heidegger, M. (1947). *Brief über den 'Humanismus'*, Berne: A. Franke Verlag. Reprinted 1976 in *Wegmarken* (*Gesamtausgabe*, vol. IX), Frankurt on Main: V. Klostermann. Trans. 1998 F. A. Capuzzi 'Letter on Humanism' in *Pathmarks*, ed. W. McNeill, Cambridge: Cambridge University Press.
Heidegger, M. (1953). *Einführung in die Metaphysik*, Tubingen: M. Niemayer. Trans. 1959 R. Manheim, *An Introduction to Metaphysics*, New Haven, CT: Yale University Press.
Héring, J. (1925). *Phénoménologie et philosophie religieuse* (*Phenomenology and Religions Philosophy*), Paris: 1926.
Howells, Ch. (ed.) (1992). *The Cambridge Companion to Sartre*, Cambridge and New York: Cambridge University Press.
Husserl, E. (1891). *Philosophie der Arithmetik*, Halle: C. E. M. Pfeffer. Repr. 1970 in *Husserliana* XII, The Hague: Nijhoff.
Husserl, E. (1900–1). *Logische Untersuchungen*, Halle: M. Niemayer. Repr. 1975, 1984 in *Husserliana* XVIII, XIX, The Hague: Nijhoff. Trans. J. N. Findlay 1970, *Logical Investigations*, London: Routledge.
Husserl, E. (1913). *Ideen zu einer reinem Phänomenlogie und phänomenologischen Philosophie* I, in *Jahrbuch für Philosophie und phänomenologische Forschung* I, 1–323. Reprinted 1950 in *Husserliana*, vol. III, The Hague: Nijhoff. Trans. 1982 F. Kersten, *Ideas Pertaining to a Pure Phenomenology and to a Phenomenological Philosophy* I, The Hague: Nijhoff.
Husserl, E. (1929). 'Formale und transcendentale Logik' in *Jahrbuch für Philosophie und phänomenologische Forschung* 10, 1–298. Reprinted 1974 in *Husserliana* XVII, The Hague: Nijhoff. Trans. 1969 D. Cairns, *Formal and Transcendental Logic*, The Hague: Nijhoff.

Husserl, E. (1931). *Méditations cartésiennes*, trans. G. Pfeiffer and E. Levinas, Paris: Colin. German version reprinted 1950 in *Husserliana*, I, The Hague: Nijhoff. Trans. 1973 D. Cairns, *Cartesian Meditations*, The Hague: Nijhoff.

Husserl, E. (1936). 'Die Krisis der europäischen Wissenschaften und die transzendentale Phänomenologie', *Philosophia 1: 77–176*. Repr Inted. 1954 in *Husserliana* VI, The Hague: Nijhoff. Trans. 1970 D. Carr *The Crisis of European Sciences and Transcendental Philosophy*, Evanston, IL: Northwestern University Press.

Kojève, A. (1947). *Introduction à la lecture de Hegel*, Paris: Gallimard. Trans. (part only) 1969 J. H. Nichols, *Introduction to the Reading of Hegel*, New York: Basic Books.

Lapointe, F. and Lapointe, C. (eds.) (1976). *Maurice Merleau-Ponty and His Critics (1942–1976)*, New York and London: Garland Publishing Inc.

Levinas, E. (1930). *La Théorie de l'intuition dans la phénoménologie de Husserl*, Paris: Alcan. Trans. 1973 A. Orianne, *The Theory of Intuition in Husserl's Phenomenology*, Evanston, IL: Northwestern University Press.

Merleau-Ponty, M. (1942). *La Structure de comportment*, Paris: Presses Universitaires de France. Trans. 1963 A. Fisher, *The Structure of Behavior*, Boston, MA: Beacon Press.

Merleau-Ponty, M. (1945). *Phénoménologie de la perception*, Paris: Gallimard. Trans. 1962 C. Smith *The Phenomenology of Perception*, London: Routledge.

Merleau-Ponty, M. (1955). *Les Aventures de la dialectique*, Paris: Gallimard. Trans. 1974 J. Bien, *Adventures of the Dialectic*, London: Heinemann.

Sartre, J.-P. (1936a). *L'Imagination*, Paris: Alcan. Trans. 1962 F. Williams, *Imagination*, Ann Arbor, MI: University of Michigan Press.

Sartre, J.-P. (1936b). 'La Transcendence de l'ego', *Recherches Philosophiques* 6. Trans. 1962 F. Williams and R. Kirkpatrick, *The Transcendence of the Ego*, New York: Noonday.

Sartre, J.-P. (1939). *Esquisse d'une théorie des émotions*, Paris: Hermann. Trans. 1962 P. Mairet, *Sketch for a Theory of the Emotions*, London: Methuen.

Sartre, J.-P. (1940). *L'Imaginaire*, Paris: Gallimard. Trans. 1948 B. Frechtman, *The Psychology of the Imagination*, New York: Philosophical Library.

Sartre, J.-P. (1943). *L'Etre et le néant*, Paris: Gallimard. Trans. 1956 H. Barnes, *Being and Nothingness*, New York: Philosophical Library, London: Methuen, 1957.

Scheler, M. (1913, 1916). *Der Formalismus in der Ethik und die materiale Wertethik*, 2 vols. Halle: M. Niemayer. Trans. 1973 M. S. Frings and R. Funk, *Formalism in Ethics and Non-Formal Ethics of Values*, Evanston, IL: Northwestern University Press.

Scheler, M. (1923). *Wesen und Formen der Sympathie*, Bonn: F. Cohen. Trans. 1954 P. Heath, *The Nature of Sympathy*, London: Routledge.

Smith, B. and Smith, D. W. (eds.) (1995). *The Cambridge Companion to Husserl*, Cambridge and New York: Cambridge University Press.

CHAPTER 38 HEIDEGGER

Adorno, T. (1964). *Jargon der Eigentlichkeit*, Frankfurt: Suhrkamp. Trans. 1973 K. Tarnowski and F. Will, *Jargon of Authenticity*, London: Routledge.

Adorno, T. (1966). *Negative Dialektik*, Frankfurt: Suhrkamp. Trans. 1973 E. B. Ashton, *Negative Dialectics*, London: Routledge.

Ferry, L. and Renaut, A. (1988). *Heidegger et les modernes*, Paris: Grasset. Trans. 1990 F. Philip, *Heidegger and Modernity*, Chicago: University of Chicago Press.

Guignon, C. (ed.) (1993). *Cambridge Companion to Heidegger*, Cambridge: Cambridge University Press.

Heidegger, M. (1927). *Sein und Zeit* in *Jahrbuch für Philosophie und phänomenologische Forschung* 8, Halle: Niemeyer. Trans. 1962 J. Macquarrie and E. Robinson, *Being and Time*, New York: Harper and Row.
Heidegger, M. (1929). *Kant und das Problem der Metaphysik*, Bonn: Friedrich Cohen. Trans. 1990 R. Taft, *Kant and the Problem of Metaphysics*, Bloomington, IN: Indiana University Press.
Heidegger, M. (1950). *Holzwege*, Frankfurt on Main: Vittorio Klostermann. Trans. 2002 J. Young and K. Haynes, *Off the Beaten Track*, Cambridge: Cambridge University Press.
Heidegger, M. (1953). *Einführung in die Metaphysik*, Tübingen: Max Niemeyer. Trans. 1959 R. Manheim, *Introduction to Metaphysics*, New Haven, CT: Yale University Press.
Heidegger, M. (1959). *Gelassenheit*, Pfullingen: Günther Neske. Trans. 1966 J. M. Anderson and E. H. Freund, *Discourse on Thinking*, New York: Harper and Row.
Heidegger, M. (1961). *Nietzsche*, Pfullingen: Günther Neske, 2 vols. Trans. 1979–87, D. F. Krell and F. Capuzzi, *Nietzsche*, New York: Harper and Row, 4 vols.
Heidegger, M. (1967). *Wegmarken*, Frankfurt on Main: Vittorio Klostermann. Trans. 1997 D. F. Krell, W. McNeill, and J. Sallis, *Pathmarks*, Cambridge: Cambridge University Press.
Heidegger, M. (1975–). *Gesamtausgabe*, Frankfurt on Main: Vittorio Klostermann.
Heidegger, M. et al. (1976). *Nur noch ein Gott kann uns retten* in *Der Spiegel*, 30. Jg., Nr. 23, 31 May 1976. Trans. 1990 L. Harries in *Martin Heidegger and National Socialism*, ed. G. Neske and E. Kettering, New York: Paragon House.
Kisiel, T. (1993). *The Genesis of Heidegger's Being and Time*, Berkeley, CA: University of California Press.
Löwith, K. (1984). *Heidegger: Denker in dürftiger Zeit: Zur Stellung der Philosophiein 20. Jahrhundert*, Stuttgart: Metzler.
Merker, B. (1988). *Selbsttäuschung und Selbsterkenntnis: Zu Heideggers Transformation der Phänomenologie Husserls*, Frankfurt on Main: Suhrkamp.
Ott, H. (1988). *Martin Heidegger: Unterwegs zu seiner Biographie*, Frankfurt on Main: Campus. Trans. 1994 A. Blunden, *Martin Heidegger: A Political Life*, London: Fontana.
Pöggeler, O. (1983). *Der Denkweg Martin Heideggers*, Pfullingen: Max Neske. Trans. 1987 D. Margushak and S. Barber, *Martin Heidegger's Path of Thinking,* Atlantic Highlands, NJ: Humanities Press.
Schnädelbach, H. (1983). *Philosophie in Deutschland 1831–1933*, Frankfurt on Main: Suhrkamp. Trans. 1984 E. Matthews, *Philosophy in Germany 1983–1933*, Cambridge: Cambridge University Press.
Young, J. (2002). *Heidegger's Later Philosophy*, Cambridge: Cambridge University Press.
Zimmermann, M. (1990). *Heidegger's Confrontation with Modernity: Technology, Politics, Art*, Bloomington, IN: Indiana University Press.

CHAPTER 39 LATIN AMERICAN PHILOSOPHY

Astrada, C. (1933). *El juego existencial (The Existential Game)*, Buenos Aires: El Ateneo.
Bello, Andrés (1880). *Filosofía del entendimiento (Philosophy of Understanding)*. Originally written in 1854, published posthumously in 1880. Repr. 1946, México: Fondo de Cultura Económica.
Caso, Antonio (1943). *La existencia como economía, como desinterés y como caridad (Existence as Economy, as Unselfishness and as Charity)*. Third Edition. México, Secretaría de Educación Pública.
Crawford, William Rex (1944). *A Century of Latin American Thought*. Cambridge: Cambridge University Press.
Guy, Alain (1989). *Panorama de la philosophie ibéro-americaine. Du XVIe siècle a nos jours (Overview of Ibero-American Philosophy. From XVI Century to the Present)*, Génova: Patiño.

Ingenieros, José (1919). *Principios de Psicología* (*Principles of Psychology*), *Obras completas* (*Complete Works*), vol. IX, Buenos Aires: Elmer Editor, 1956. A first version (1910) was entitled *Principios de Psicología biológica* (*Principles of Biological Psychology*).

Mariátegui, J. C. (1928). *Siete ensayos sobre la realidad peruana* (*Seven Essays on Peruvian Reality*). *Obras Completas* (*Complete Works*) (1969), vol. II. Lima: Empresa Editora Amauta.

Mariátegui, J. C. (H. Neira ed.) (1973). *José Carlos Mariátegui en sus textos* (*José Carlos Mariátegui in his Essays*). Lima: PEISA. Biblioteca Peruana.

Romero, Francisco (1951). 'Latin American's Twentieth-century Sages'. *Américas*, III.

Salazar Bondy, A. (1968) *¿Existe una filosofía de nuestra américa?* (*Is There a Philosophy of our America?*) Mexico City: Siglo Veitiuno Editores.

Sanchez Reulet, A. (1954). *Contemporary Latin American Philosophy*. Mexico City: University of New Mexico.

Soler, Ricaurte (1968). *El positivismo argentino* (*Argentine Positivism*). Buenos Aires: Paidós.

Vaz Ferreira, C. (1920). *Lógica Viva* (*Live Logic*), Montevideo: Talleres graficos A. Barreiro y Ramos.

Woodward, R. L. (ed.) (1971). *Positivism in Latin America*. Lexington, MA, Heath.

Zea, L. (1942). 'En torno a la filosofía americana' ('On (Latin) American Philosophy'), in *Ensayos sobre filosofía de la historia* (*Essays on the Philosophy of History*), Mexico.

Zea, L. (1968). *El positivismo en México* (*Positivism in Mexico*). Mexico: Fondo de Cultura Económica. Trans. 1974 O. Schutte, *Positivism in Mexico*. Austin: University of Texas Press.

Zea, L. (ed.) (1980). '*El pensamiento positivista latinoamericano*' (*Latin American Positivist Thought*), Caracas: Biblioteca Ayacucho.

CHAPTER 40 JAPANESE PHILOSOPHY

Carter, Robert E. (1997). *The Nothingness Beyond God: An Introduction to the Philosophy of Nishida Kitarō*, 2nd edn, St. Paul, MN: Paragon House.

Dilworth, David A. and Viglielmo, Valdo H. with Zavala, Agustin Jacinto (1998). *Sourcebook for Modern Japanese Philosophy: Selected Documents*, London: Greenwood Press.

Heisig, James W. and Maraldo, John C. (eds.) (1994). *Rude Awakenings: Zen, The Kyoto School, and the Question of Nationalism*, Honolulu: University of Hawaii Press.

Jacinto Zavala, Agustin (ed.) with Tamiyo Kambe ohara (2 vols.: 1995, 1997). *Textos de la Filosofia Japonesa Moderna: Antologia, Zamora, Michacán*: El Colegio de Michoacán.

Nishida, Kitarō (1911). *Zen no kenkyū*, Tokyo: Iwanami shoten. Trans. 1992 Masao Abe and Christover Ives, *An Inquiry into the Good*, New Haven, CT: Yale University Press.

Nishida, Kitarō (1927). *Hataraku mono kara miru mono e* (*From the Acting to the Seeing*), Tokyo: Iwanami shoten.

Nishida, Kitarō (1929). *Ippansha no jikakuteki taikei* (*The Self-Conscious System of the Universal*), Tokyo: Iwanami shoten.

Nishida, Kitarō (1934). *Tetsugaku no kompon mondai*, Tokyo: Iwanami shoten. Trans. 1970 David A. Dilworth, *Fundamental Problems of Philosophy*, Tokyo: Sophia University Press.

Nishitani, Keiji (1985). *Nishida Kitarō: sono hito to shisō*, Tokyo: Chikuma Shobō. Trans. 1991 Yamamoto Seisaku and James W. Heisig, *Nishida Kitarō*, Berkeley: University of California Press.

Ohashi, Ryōsuke (ed.) (1990). *Die Philosophie der Kyôto Schule: Texte und Einführung*, Munich and Freiburg: Verlag Karl Alber.

Piovesana, Gino K. (1997). *Recent Japanese Philosophical Thought 1862–1996: A Survey Including a New Survey by Naoshi Yamawaki 'The Philosophical Thought of Japan from 1963–1996'*, Richmond, Surrey: Japan Library (Curzon Press Ltd).

Tanabe, Hajime (1946). *Zangedō to shite no tetsugaku*, Tokyo: Iwanami shoten. Trans. 1988 Takeuchi Yoshinori, with Valdo H. Viglielmo and James W. Heisig, *Philosophy as Metanoetics*, Berkeley: University of California Press, 1986.
Unno, Taitetsu (ed.) (1990). *The Religious Philosophy of Tanabe Hajime: The Metanoetic Imperative*, Berkeley, CA: University of California Press.
Watsuji, Tetsurō (1952). *Nihon rinri shisōshi (A History of Japanese Ethical Thought)*, Tokyo: Iwanami shoten.
Watsuji, Tetsurō (1935). *Fudo*, Tokyo: Iwanami shoten. Trans. 1961 Geoffrey Bownas, *Climate and Culture: A Philosophical Study*, Tokyo: Hokuseido Press. Repr. 1988, Westport, CT: Greenwood Press.
Watsuji, Tetsurō (3 vols: 1937, 1942, 1949). *Rinrigaku (Ethics)*, Tokyo: Iwanami shoten. Partial trans. 1996 Yamamoto Seisaku and Robert E. Carter, *Rinrigaku: Ethics in Japan*, Albany, NY: State University of New York Press.

CHAPTER 41 SENSIBLE APPEARANCES

Anscombe, G. E. M. (1965). 'The Intentionality of Sensation: A Grammatical Feature' in R. J. Butler (ed.), *Analytical Philosophy* (2nd series), Oxford: Blackwell.
Austin, J. L. (1962). *Sense and Sensibilia*, Oxford: Oxford University Press.
Ayer, A. J. (1940). *The Foundations of Empirical Knowledge*, London: Macmillan.
Baldwin, T. (1990). *G. E. Moore*, London: Routledge.
Barnes, W. H. (1945). 'The Myth of Sense-Data', *Proceedings of the Aristotelian Society* 45. Reprinted 1965 in R. Swarz (ed.), *Perceiving, Sensing, and Knowing*, New York: Doubleday, 138–67.
Brentano, F. (1874). *Psychologie vom empirischen Standpunkt*, vol. I, edited by Oskar Kraus in 1924, Hamburg: Felix Meiner Verlag. Trans. 1973 A. Rancurello, D. Terrell, and L. McAlister, *Psychology from an Empirical Standpoint*, London: Routledge.
Broad, C. D. (1914). *Perception, Physics and Reality*, Cambridge: Cambridge University Press.
Broad, C. D. (1923). *Scientific Thought*, London: Kegan Paul.
Broad, C. D. (1925). *Mind and its Place in Nature*, London: Kegan Paul.
Burnyeat, M. (1979). 'Conflicting Appearances', *Proceedings of the British Academy* 65: 69–111.
Dawes Hicks, G. (1917). 'Are the Materials of Sense Affections of the Mind?', *Proceedings of the Aristotelian Society* 17: 434–45.
Drake, Durant et al. (1920). *Essays in Critical Realism: A Cooperative Study of the Problem of Knowledge*, New York: Macmillan.
Ducasse, C. J. (1942). 'Moore's Refutation from idealism' in P. A. Schilpp (ed.), *The Philosophy of G. E. Moore*, Evanston, IL: Northwestern University Press, 223–52.
Heidegger, M. (1927). *Sein und Zeit*, Tübingen: Niemeyer. Trans. 1962 J. Macquarrie and E. Robinson, *Being and Time*, Oxford: Blackwell.
Husserl, E. (1900/1). *Logische Untersuchungen*. Halle: M. Niemayer. Reprinted 1975, 1984 in *Husserliana* XVIII, XIX, The Hague: Nijhoff. Trans. 1970 J. N. Findlay, *Logical Investigations*, London: Routledge.
Husserl, E. (1913). *Ideen zu einer reinem Phänomenlogie und phänomenologischen Philosophie* I, in *Jahrbuch für Philosophie und phänomenologische Forschung* I 1–323. Reprinted 1950 in *Husserliana*, vol. III, The Hague: Nijhoff. Trans. 1982 F. Kersten, *Ideas Pertaining to a Pure Phenomenology and to a Phenomenological Philosophy*, vol. I, The Hague: Nijhoff.
Lewis, C. I. (1929). *Mind and the World-Order*, New York: Charles Scribner's.
Marion, M. (2000). 'Oxford Realism: Knowledge and Perception', *British Journal for the History of Philosophy* 8–9: 299–338, 485–519.

Merleau-Ponty, M. (1942). *La Structure de comportement*, Paris: Presses Universitaires de France. Trans. 1963 A. Fisher, *The Structure of Behavior*, Boston, MA: Beacon Press.
Merleau-Ponty, M. (1945). *Phénoménologie de la perception*, Paris: Gallimard. Trans. 1962 C. Smith, *The Phenomenology of Perception*, London: Routledge.
Moore, G. E. (1903). 'The Refutation of Idealism', *Mind* 12: 433–53.
Moore, G. E. (1909). 'The Subject-Matter of Psychology', *Proceedings of the Aristotelian Society* 10: 36–62.
Moore, G. E. (1914). 'The Status of Sense-Data', *Proceedings of the Aristotelian Society* 14: 355–406.
Moore, G. E. (1925). 'A Defence of Common Sense' in J. H. Muirhead (ed.), *Contemporary British Philosophy* (2nd series), London: George Allen and Unwin, 193–223. Reprinted in T. Baldwin (ed.), *G. E. Moore: Selected Writings*, London: Routledge, 106–33.
Moore, G. E. (1942). 'A Reply to my Critics: 10. Subjectivity of sense-data', in P. A. Schilpp (ed.), *The Philosophy of G. E. Moore*, Evanston, IL: Northwestern University Press, 653–60.
Paul, G. A. (1936). 'Is there a Problem about Sense-Data?', *Aristotelian Society Supplementary Volume* 15, 61–77.
Price, H. H. (1932). *Perception*, London: Methuen.
Prichard, H. (1909). *Kant's Theory of Knowledge*, Oxford: Oxford University Press.
Prichard, H. (1950). *Knowledge and Perception*, Oxford: Oxford University Press.
Russell, B. A. W. (1912). *The Problems of Philosophy*, London: Williams and Norgate.
Russell, B. A. W. (1914). *Our Knowledge of the External World*, Chicago and London: Open Court.
Russell, B. A. W. (1921). *The Analysis of Mind*, London: George Allen and Unwin.
Sartre, J.-P. (1940). *L'Imaginaire*, Paris: Gallimard. Trans. 1948 B. Frechtman, *The Psychology of the Imagination*, New York: Philosophical Library.
Sartre, J.-P. (1943). *L'être et le néant*, Paris: Gallimard. Trans. 1956 H. Barnes, *Being and Nothingness*, New York: Philosophical Library; 1957 London: Methuen.
Searle, J. R. (1983). *Intentionality*, Cambridge: Cambridge University Press.
Sellars, W. (1956). 'Empiricism and the Philosophy of Mind', in H. Feigl and M. Scriven (eds.), *Minnesota Studies in the Philosophy of Science* 1, Minneapolis: Minnesota University Press, 253–329. Repr. 1963 in W. Sellars *Science, Perception and Reality*, London: Routledge, 127–96.

CHAPTER 42 THE RENAISSANCE OF EPISTEMOLOGY

Albert, H. (1978). 'Science and the Search for Truth', *Boston Studies in the Philosophy of Science* 58: 203–20.
Albert, H. (1985). *Treatise on Critical Reason*, Princeton, NJ: Princeton University Press.
Apel, K. O. (1975). 'The Problem of Philosophical Fundamental-Grounding in Light of a Transcendental Pragmatic of Language', *Man & World* 8: 239–75.
Blanshard, B. (1939). *The Nature of Thought*, New York: Macmillan.
Bosanquet, B. (1888). *Logic, or the Morphology of Knowledge*, 2nd edn 1911, Oxford: Clarendon Press.
Bosanquet, B. (1920). *Implication and Linear Inference*, London: Macmillan.
Bradley, F. H. (1883). *The Principles of Logic*, Oxford: Clarendon Press. 2nd edn 1922.
Bradley, F. H. (1893). *Appearance and Reality*, London: Swan Sonnenschein. 2nd edn. 1897. Repr. 1930, Oxford: Clarendon Press.
Bradley, F. H. (1914). *Essays on Truth and Reality*, Oxford: Clarendon Press.
Carnap, R., Morris, C., and Neurath, O. (eds.) (1938–70). *International Encyclopedia of Unified Science*, Chicago, IL: University of Chicago Press.

Chisholm, R. (1973). 'The Problem of the Criterion', *The Aquinas Lecture*, Marquette University. Repr. 1982 in R. Chisholm, *The Foundations of Knowing*, Brighton: The Harvester Press, ch. 5.

Chisholm, R. (1989). *Theory of Knowledge*, 3rd edn, Englewood Cliffs, NJ: Prentice-Hall.

Dewey, J. (1925). *Experience and Nature*, Chicago, IL and London: Open Court.

Dewey, J. (1929). *The Quest for Certainty*, New York: Minton Balch.

Dewey, J. (1938). *Logic: The Theory of Inquiry*, New York: Holt.

Ducasse, C. J. (1942). 'Moore's Refutation of Idealism' in P. A. Schilpp (ed.), *Philosophy of G. E. Moore*, Chicago, IL: Northwestern University Press, 225–51.

Fries, J. F. (1807, 1828–31). *Neue oder anthropologische Kritik der Vernunft*, Heidelberg: Bey Mohr and Zimmer.

Gettier, E. L. (1963). 'Is Justified True Belief Knowledge?', *Analysis* 23: 121–3.

Haller, R. (1974). 'Über die Möglichkeit der Erkenntnistheorie' ('On the Possibility of a Theory of Knowledge') in P. Schroeder (ed.), *Vernunft Erkenntnis Sittlichkeit (Reason, Knowledge, Ethics)*, Hamburg: Felix Meiner V. 37–54.

Hegel, G. W. F. (1802). *On the Relationship of Scepticism with Philosophy*. Trans. 1985 in G. Di Giovanni and H. S. Harris (eds.), *Between Kant and Hegel, Texts in the Development of Post-Kantian Idealism*, New York: Suny Press, 311–62.

Husserl, E. (1950). *Die Idee der Phaenomenologie, Funf Vorlesungen*, in *Gesammelte Werke*, vol. II, ed. Walter Biemel, The Hague: Nijhoff. These are five lectures delivered by Husserl in Göttingen in 1907. Trans. 1964 W. P. Alston and G. Nakhinian, *The Idea of Phenomenology*, The Hague: Nijhoff.

Joachim, H. H. (1906). *The Nature of Truth: An Essay*, 2nd edn 1939, Oxford: Clarendon Press.

Lakatos, I. (1978). 'Infinite Regress and Foundations of Mathematics' in *Philosophical Papers II*, ed. J. Worrall and G. Currie, Cambridge: Cambridge University Press, 3–23.

Mercier, D. (1923). *Critériologie Générale ou Théorie Générale de la Certitude*, 8th edn, Louvain: Institut supérieur de philosophie and Paris: Alcan.

Moore, G. E. (1925). 'A Defence of Common-Sense' in *Contemporary British Philosophy*, 2nd series, ed. J. H. Muirhead, London: George Allen and Unwin. Repr. 1959 in *Philosophical Papers*, London: George Allen and Unwin and in 1993 *Selected Writings*, ed. T. Baldwin, London: Routledge.

Moore, G. E. (1939). 'Proof of an External World', *Proceedings of the British Academy* 25: 273–300. Repr. 1959 in *Philosophical Papers*, London: George Allen and Unwin and in 1993, *Selected Writings*, ed. T. Baldwin, London: Routledge.

Nelson, L. (1930). 'Über das Sogennante Erkenntnisproblem' ('On the So-called Problem of Knowledge'), *Abhandlungen der Fries'schen Schule*, n.s. 1: 444–6.

Nelson, L. (1965). 'The Impossibility of the "Theory of Knowledge"', English trans. in *Socratic Method and Critical Philosophy, Selected Essays* by T. K. Brown III, foreword by B. Blanshard, introd. by J. Kraft, New York: Dover, 185–205.

Nelson, L. (1971). *Progress and Regress in Philosophy, From Hume and Kant to Hegel and Fries*, ed. Julius Kraft, English trans. Humphrey Palmer, Oxford: Blackwell.

Neurath, O. (1983). *Philosophical Papers 1913–1946*, ed. R. S. Cohen and M. Neurath, Dordrecht: Reidel.

Peirce, C. S. (1931–58). *Collected Papers of C. S. Peirce*, ed. C. Hortshorne, P. Weiss, and A. Burks, Cambridge, MA: Harvard University Press.

Popper, K. R. (1962). *The Logic of Scientific Discovery*, London: Hutchinson (1st edn 1934).

Popper, K. R. (1979). *Die beiden Grundprobleme der Erkenntnistheorie*, Tübingen: J. C. B. Mohr.

Quine, W. V. (1969). 'Epistemology Naturalized', in *Ontological Relativity and Other Essays*, New York: Columbia University Press.

Quine, W. V. (1992). *Pursuit of Truth*, Cambridge, MA: Harvard University Press.

Ramsey, F. P. (1931). *The Foundations of Mathematics*, ed. R. B. Braithwaite, London: Kegan Paul.
Rorty, R. (1979). *Philosophy and the Mirror of Nature*, Princeton, NJ: Princeton University Press.
Russell, B. A. W. (1912). *The Problems of Philosophy*, London: Williams and Norgate.
Russell, B. A. W. (1914). *Our Knowledge of the External World*, Chicago and London: Open Court.
Russell, B. A. W. (1921). *The Analysis of Mind*, London: George Allen and Unwin.
Russell, B. A. W. (1927). *The Analysis of Matter*, London: George Allen and Unwin.
Russell, B. A. W. (1948). *Human Knowledge. Its Scope and Limits*, London: George Allen and Unwin.
Russell, B. A. W. (1984). *Collected Papers*, vol. VII, ed. E. R. Eames, London: George Allen and Unwin.
Schlick, M. (1925). *General Theory of Knowledge*, English trans. 1974 by A. E. Blumberg, Vienna and New York: Springer Verlag.
Schlick, M. (1979). *Philosophical Papers*, ed. H. Mulder and B. F. B. van de Velde-Schlick, 2 vols., Dordrecht: Reidel.
Sellars, W. S. (1963). *Science, Perception and Reality*, London and New York: Routledge. Repr. 1991, Atascadero, CA: Ridgeview.
Sextus Empiricus (1976), *Outlines of Pyrrhonism*, English trans. R. G. Bury, Cambridge, MA: Harvard University Press.
Wittgenstein, L. (1969). *On Certainty*, ed. G. E. M. Anscombe and G. H. von Wright, trans. D. Paul and G. E. M. Anscombe, Oxford: Blackwell.

CHAPTER 43 THE SOLIPSISM DEBATES

Bell, D. (1996). 'Solipsism and Subjectivity', *European Journal of Philosophy* 4: 155–74.
Braithwaite, R. B. (1933). 'Solipsism and the "Common Sense View of the World"', *Analysis* 1: 13–15.
Cornforth, M. (1933). 'Is Solipsism Compatible with Common Sense?', *Analysis* 1: 21–6.
Craig, E. J. (1998). 'Solipsism', in E. J. Craig (ed.), *Routledge Encyclopedia of Philosophy*, London: Routledge, vol. IX, 25–26.
Descartes, R. (1954). *Meditations on First Philosophy* in G. E. M. Anscombe and P. T. Geach (eds.), *Descartes: Philosophical Writings*, London: Thomas Nelson.
Heidegger, M. (1927). *Sein und Zeit*. Trans. 1967 J. Macquarrie and E. Robinson, *Being and Time*, Oxford: Blackwell.
Husserl, E. (1931). *Méditations cartésiennes*, Paris: Armand Colin. Trans. 1973 D. Cairns, *Cartesian Meditations*, The Hague: Nijhoff.
Husserl, E. (1954). *Die Krisis der europäischen Wissenschaften und die transzendentale Phänomenologie*, The Hague: Nijhoff. Trans. 1970 D. Carr, *The Crisis of European Sciences and Transcendental Phenomenology*, Evanston: Northwestern University Press.
Merleau-Ponty, M. (1945). *Phénoménologie de la perception*, Paris: Gallimard. Trans. 1962 C. Smith, *The Phenomenology of Perception*, London: Routledge.
Miller, R. W. (1980). 'Solipsism in the *Tractatus*', *Journal of the History of Ideas* 18: 142–66.
Moore, G. E. (1925). 'A Defence of Common Sense' in J. H. Muirhead (ed.), *Contemporary British Philosophy*, second series, London: George Allen and Unwin, 93–223.
Russell, B. A. W. (1927). *An Outline of Philosophy*, London: George Allen and Unwin.
Russell, B. A. W. (1948). *Human Knowledge: Its Scope and Limits*, London: George Allen and Unwin.
Sartre, J.-P. (1943). *L'être et le néant*, Paris: Gallimard. Trans. 1956 H. E. Barnes, *Being and Nothingness*, New York: Philosophical Library, 1957 and London: Methuen.

Schopenhauer, A. (1844). *Die Welt als Wille und Vorstellung*, 2nd edn Berlin: H. Bohm. Trans. 1969 E. F. J. Payne, *The World as Will and Representation*, New York: Dover.

Stebbing, L. S. (1933). 'Concerning Solipsism: Reply to Braithwaite', *Analysis* 1: 26–8.

Wisdom, J. O. (1933). 'Solipsism', *Analysis* 1: 17–21.

Wittgenstein, L. (1921). 'Logische-philosophische Abhandlung', *Annalen der Naturphilosophie*. Trans. 1922. C. K. Ogden, *Tractatus Logico-Philosophicus*, London: Routledge. Rev. trans. 1961 D. F. Pears and B. F. McGuiness: Routledge.

Wittgenstein, L. (1953). *Philosophical Investigations*. Trans. G. E. M. Anscombe, Oxford: Blackwell.

Wittgenstein, L. (1958). *The Blue and Brown Books*, Oxford: Blackwell.

Wittgenstein, L. (1961). *Notebooks 1914–1916*. Ed. G. H. von Wright and G. E. M. Anscombe, trans. G. E. M. Anscombe, Oxford: Blackwell.

Wittgenstein, L. (1968). 'Notes for Lectures on "Private Experience" and "Sense Data"', *Philosophical Review* 77.

Wittgenstein, L. (1975). *Philosophical Remarks*. Ed. R. Rhees, trans. R. Hargreaves and R. White, Oxford: Blackwell.

Wittgenstein, L. (1979). *Wittgenstein's Lectures. Cambridge 1932–1935*. Ed. A. Ambrose, Oxford: Blackwell.

CHAPTER 44 LANGUAGE

Aler, J. (1972). 'Heidegger's Conception of Language in *Being and Time*' in Kocklemans 1972, 33–62.

Ayer, A. J. (1936). *Language Truth and Logic*, London: Gollancz.

Ayer, A. J. (ed.) (1959). *Logical Positivism*, Glencoe, IL: The Free Press.

Bell, D. (1990). *Husserl*, London: Routledge.

Biemel, W. (1972). 'Poetry and Language in Heidegger' in Kockelmans 1972: 65–105.

Biemel, W. (1977). *Martin Heidegger: An Illustrated Study*, trans. J. L. Mehta, London: Routledge, chs. 4 and 6.

Black, M. (1954). 'Carnap on Semantics and Logic' in M. Black, *Problems of Analysis*, London: Routledge, 255–90.

Black, M. (1966). *Language and Philosophy*, Ithaca, NY: Cornell University Press.

Carnap, R. (1932a). 'Die physikalische Sprache als Universalsprache der Wissenschaft', *Erkenntis*, 432–65. Trans. 1934 M. Black, *The Unity of Science*, London: Kegan Paul. Repr. in part in Hanfling 1981a, 150–60.

Carnap, R. (1932b). 'Uberwindung der Metaphysik durch logische Analyse der Sprache', *Erkenntnis*, 2, 219–41. Trans. 1959 A. Pap, 'The Elimination of Metaphysics Through Logical Analysis' in Ayer 1959, 60–81.

Carnap, R. (1934a). 'On the Character of Philosophical Problems', *Philosophy of Science* 1, 5–19. Repr. in Rorty 1967, 54–62.

Carnap, R. (1934b). *Logische Syntax Der Sprache*, Vienna: Springer Verlag. Trans. 1937 Amethe Smeaton, *The Logical Syntax of Language*, London: Kegan Paul.

Carnap, R. (1938). 'Logical Foundations of the Unity of Science' in O. Neurath, R. Carnap, and Charles Morris (eds.), *International Encyclopedia of Unified Science*, vol. I, no. 1, Chicago: Chicago University Press, 42–62. Repr. in Hanfling 1981a, 112–29.

Carnap, R. (1942). *Introduction to Semantics*, Cambridge, MA: Harvard University Press.

Carnap, R. (1963). 'Intellectual Autobiography', in P. A. Schilpp (ed.), *The Philosophy of Rudolf Carnap*, La Salle, IL: Open Court, 3–84.

Dreyfus, H. L. (ed.) (1982). *Husserl, Intentionality and Cognitive Science*, Cambridge Mass.: MIT Press.
Dreyfus, H. L. (1995). *Being-in-the-World: A Commentary on Heidegger's Being and Time*, Division I, Cambridge, MA.: MIT Press.
Fogelin, R. J. (1976). *Wittgenstein*, London: Routledge.
Hanfling, O. (1981a) *Logical Positivism*, Oxford: Blackwell.
Hanfling, O. (ed.) (1981b). *Essential Readings in Logical Positivism*, Oxford: Blackwell.
Heidegger, M. (1927). *Sein und Zeit, Jahrbuch für Philosophie und phänomenologische Forschung*, vol. VIII, Halle: Max Niemayer. Trans. 1962 J. McQuarrie and E. Robinson, *Being and Time*, New York: Harper and Row.
Hempel, C. G. (1950). 'Problems and Changes in the Empiricist Criterion of Meaning', *Revue International de Philosophie*, 11. Repr. in Linsky 1952, 163–88.
Holdcroft, D. (1991). *Saussure: Signs, System and Arbitrariness*, Cambridge: Cambridge University Press.
Husserl, E. (1900–1). *Logische Untersuchungen*, Halle a.d.S.: Max Niemeyer. 2nd edn in two parts 1913–22. Trans. 1957 J. N. Findlay, *Logical Investigations*, London: Routledge.
Husserl, E. (1913). 'Ideen zur einer reinen Phänomenologie und phänomenologischen Philosophie', *Jahrbuch für Philosophie und phänemenologische Forschung*, 1: 1–323. Trans. 1982 F. Kersten, *Ideas Pertaining to a Pure Phenomenology and to a Phenomenological Philosophy. First Book: General Introduction to a Pure Phenomenology*, The Hague: Nijhoff.
Jager, R. (1972). *The Development of Bertrand Russell's Philosophy*, London: George Allen and Unwin.
Kenny, A. J. (1973). *Wittgenstein*, Harmondsworth: Penguin.
Kockelmans, J. J. (ed.) (1972). *On Heidegger and Language*, Evanston, IL: Northwestern University Press.
Linsky, L. (ed.) (1952). *Semantics and the Philosophy of Language*, Urbana, IL: University of Illinois Press.
Mohanty, J. N. (1995). 'The Development of Husserl's Thought' in Smith and Smith 1995, 45–77.
Moore, G. E. (1954). 'Wittgenstein's Lectures in 1929–33', *Mind* 63: 1–15, 289–316, and (1955) *Mind* 64, 1–27.
Morris, C. W. (1938). 'Foundations of the Theory of Signs' in O. Neurath, R. Carnap and Charles Morris (eds.), *International Encyclopedia of Unified Science*, vol. I, no. 2, Chicago: Chicago University Press, 1–59.
Ogden, C. K. and Richards, I. A. (1923). *The Meaning of Meaning: A Study of The Influence of Language upon Thought and of The Science of Symbolism*, London: Routledge.
Passmore, J. (1978). *A Hundred Years of Philosophy*, Harmonsdworth: Penguin.
Pears, D. F. (1972). 'Russell's Logical Atomism', in D. F. Pears (ed.), *Bertrand Russell: A Collection of Critical Essays*, Garden City, New York: Doubleday Anchor Books.
Quine, W. V. O. (1951). 'Two Dogmas of Empiricism', *Philosophical Review*, 60, 20–43. Repr. in W. V. O. Quine (1961), *From a Logical Point of View*, Cambridge, MA: Harvard University Press.
Rescher, N. (1995). 'The Rise and Fall of Analytic Philosophy', in N. Rescher 1993, *Essays in the History of Philosophy*, Aldershot: Avebury, 327–37.
Rorty, R. (ed.) (1967). *The Linguistic Turn*, Chicago: University of Chicago Press.
Rorty, R. (1993). 'The Reification of Logic' in C. B. Guignan (ed.) 1993, *The Cambridge Companion to Heidegger*, Cambridge: Cambridge University Press.
Russell, B. A. W. (1918). 'The Philosophy of Logical Atomism', *The Monist* 28, 495–527, and (1919) 29, 32–63, 190–222, 345–80. Repr. in Russell 1956, 175–282.

Russell, B. A. W. (1921). *An Analysis of Mind*, London: George Allen and Unwin, ch. 10.
Russell, B. A. W. (1924). 'Logical Atomism' in ed. J. H. Muirhead, *Contemporary British Philosophy*, vol. I, xxx. Reprinted in Russell 1956, 321–43.
Russell, B. A. W. (1956). *Logic and Knowledge*, ed. R. C. Marsh, London: George Allen and Unwin.
Russell, B. A. W. (1959). *My Philosophical Development*, London: George Allen and Unwin.
Sainsbury, M. (1979). *Russell*, London: Routledge.
Saussure, Ferdinand de (1916). *Cours de lingusitique generale*, ed. C. Bally and A. Sechehaye, Lausanne and Paris: Payot. Trans. 1977 Wade Baskin, *Course in General Linguistics*, Glasgow: Fontana/Collins.
Schlick, M. (1979). *Philosophical Papers*, 2 vols., ed. H. L. Mulder and B. F. B. van de Velde-Schlick. Trans. P. Heath, Dordrecht: Reidel.
Simons, P. (1995). 'Meaning and Language' in Smith and Smith 1995, 106–37. An account of Husserl's theory.
Smith, B. and Smith, D. W. (1995). *Introduction* in B. Smith and D. W. Smith (ed.), *The Cambridge Companion to Husserl*, Cambridge: Cambridge University Press, 1–44.
Smith, B. (1994). 'Husserl's Theory of Meaning and Reference' in L. Haaparanta (ed.), *Mind, Meaning and Mathematics*, Dordrecht: Kluwer, 163–84.
Stevenson, C. L. (1937). 'The Emotive Meaning of Ethical Terms', *Mind* 14–31. Reprinted in Ayer 1959, 264–81.
Tarski, A. (1936). 'Der Wahrheitsbegriff in den formalisierten Sprachen', *Studia Philosophica* 1, 261–405. There is an English version with replies to criticisms, 'The Semantic Conception of Truth', *Philosophy and Phenomenological Research*, 4, 341–75. Repr. in Linsky 1952, 13–49.
Urmson, J. O. (1956). *Philosophical Analysis: Its Development Between the Two World Wars*, Oxford: Clarendon Press.
Waissman, F. (1965). *The Principles of Linguistic Philosophy*, ed. R. Harre, London: Macmillan.
Waissman, F. (1967). *Wittgenstein und der Wiener Kreis*, ed. B. F. McGuiness, Oxford: Blackwell.
Warnock, M. (1960). *Ethics Since 1900*, London: Oxford University Press.
Wittgenstein, L. (1922). *Tractatus Logico-Philosophicus*, trans. C. K. Ogden, London: Routledge.
Wittgenstein, L. (1929). 'Some Remarks on Logical Form', *Proceedings of the Aristotelian Society*, suppl. vol. IX, 162–71.
Wittgenstein, L. (1953). *Philosophical Investigations*, ed. G. E. M. Anscombe and R. Rhees, trans. G. E. M. Anscombe, Oxford: Blackwell.
Wittgenstein, L. (1958). *The Blue and Brown Books*, Oxford: Blackwell.

CHAPTER 45 THE END OF PHILOSOPHY AS METAPHYSICS

Austin, J. L. (1979). 'Ifs and Cans' in *Philosophical Papers*, Oxford: Oxford University Press.
Derrida, J. (1993). 'On a Newly Arisen Apocalyptic Tone in Philosophy', trans. J. Leavey, Jr in P. Fenves (ed.), *Raising the Tone of Philosophy*, Baltimore: Johns Hopkins University Press, 117–71.
Glendinning, S. (1998). *On Being With Others*, London: Routledge.
Hacker, P. M. S. (1986). *Insight and Illusion: Themes in the Philosophy of Wittgenstein*. Rev. edn, Oxford: Clarendon Press.
Heidegger, M. (1969). 'Das Ende der Philosophie und die Aufgabe des Denkens' in *Zur Sache des Denkens*, Tübingen: Niemeyer. Trans. 1977 D. Farrell Krell, 'The End of Philosophy and the Task for Thinking' in D. Farrell Krell, *Basic Writings*, London: Routledge, 427–49.

Heidegger, M. (1975). *Die Grundprobleme der Phänomenologie* (*Gesamtausgabe* vol. XXIV), Frankfurt: V. Klosterman. Trans. 1982 A. Hofstadter, *The Basic Problems of Phenomenology*, Bloomington, IN: Indiana University Press.

Heidegger, M. (1927). *Sein und Zeit*, Halle: Niemeyer. Trans. 1962 J. Macquarrie and E. Robinson, *Being and Time*, Oxford: Blackwell.

Heidegger, M. (1967). 'Was ist Metaphysik?' in *Wegmarken*, Frankfurt on Main: Vittorio Klostermann Verlag. Trans. 1977 D. Farrell Krell, 'What is Metaphysics?' in D. Farrell Krell (ed.), *Basic Writings*, London: Routledge, 89–110.

Husserl, (1913). *Ideen zu einer Reinen Phänomenologie und Phänomenologischen Philosophie*, Halle: Niemeyer. Trans. 1931 W. R. Boyce Gibson, *Ideas toward a Pure Phenomenology and Phenomenological Philosophy*, London: George Allen and Unwin.

Kant, I. (1787). *Kritik der Reinen Vernunft*, Riga: J. F. Hartknoch. Trans. 1933 N. Kemp Smith, *The Critique of Pure Reason*, London: Macmillan.

McManus, D. (1995). 'Philosophy in Question: *Philosophical Investigations* 133', *Philosophical Investigations* 18: 4 348–61.

Moore, G. E. (1953). *Some Main Problems of Philosophy*, London: George Allen and Unwin.

Rorty, R. (1982). 'Pragmatism and Philosophy', Introduction to *Consequences of Pragmatism*, Brighton: Harvester, xiii–xlvii.

Ryle, G. (1971). 'Phenomenology versus *The Concept of Mind*' in *Collected Papers*, London: Hutchinson.

Wittgenstein, L. (1981). *Zettel*, trans. G. E. M. Anscombe, Oxford: Blackwell.

Wittgenstein, L. (1953). *Philosophical Investigations*, trans. G. E. M. Anscombe, Oxford: Blackwell.

Wittgenstein, L. (1969). *The Blue and Brown Books*, Oxford: Blackwell.

CHAPTER 46 FIRST-ORDER LOGIC AND ITS RIVALS

Barcan, R. (1946a). 'A Functional Calculus of First-order Based on Strict Implication', *The Journal of Symbolic Logic* 11: 1–16.

Barcan, R. (1946b). 'The Deduction Theorem in a Functional Calculus of First Order Based on Strict Implication', *The Journal of Symbolic Logic* 11: 115–18.

Barcan, R. (1947). 'The Identity of Individuals in a Strict Functional Calculus of Second Order', *The Journal of Symbolic Logic* 12: 12–15.

Brouwer, L. E. J. (1948). 'Consciousness, Philosophy and Mathematics', *Proceedings of the 10th International Congress of Philosophy, Amsterdam, 1948*, 1235–49. Repr. 1975 in L. E. J. Brouwer, *Collected Works*, ed. A. Heyting, vol. I, Amsterdam: North-Holland, 480–94.

Gödel, K. (1929). 'Über die Vollstandigkeit des Logikkalküls', doctoral dissertation, University of Vienna. Trans. 1986 S. Bauer-Mengelberg and J. van Heijenoort, 'On the completeness of the Calculus of Logic' in K. Gödel, *Collected Works*, ed. S. Feferman et al., vol. I, New York: Oxford University Press, 60–101.

Gödel, K. (1932). 'Zum intuitionistischen Aussagenkalkül', *Anzeigen der Akademie der Wissenschaften in Wien* 69: 65–6. Trans. 1986 J. Dawson, 'On the Intuitionistic Propositional Calculus' in K. Gödel, *Collected Works*, ed. S. Feferman et al., vol. I, New York: Oxford University Press, 222–5.

Gödel, K. (1933). 'Eine Interpretation des intuitionistischen Aussagenkalküls', *Ergebnisse eines mathematischen Kolloquiums*, 4: 39–40. Trans. 1986 J. Dawson, 'An Interpretation of the Intuitionistic Propositional Calculus', in K. Gödel, *Collected Works*, ed. S. Feferman et al., vol. I, New York: Oxford University Press, 300–3.

Heyting, A. (1930a). 'Die formalen Regeln der intuitionistischen Logik', *Sitzungsberichte der preussischen Akademie der Wissenschaften, Physikalisch-mathematische Klasse*, 16: 42–56.

Heyting, A. (1930b). 'Die formalen regeln der intuitionistischen Mathematik', *Sitzungsberichte der preussischen Akademie der Wissenschaften, Physikalisch-mathematische Klasse*, 16: 57–71, 158–69.

Hilbert, D. and Ackermann, W. (1928). *Grundzüge der theoretischen Logik*, Berlin: Springer. 2nd edn 1938. Trans. 1950 L. M. Hammond *et al.*, ed. R. E. Luce, *Principles of Mathematical Logic*, New York: Chelsea.

Kleene, S. (1945). 'On the Interpretation of Intuitionistic Number Theory', *The Journal of Symbolic Logic*, 10: 109–24.

Kripke, S. (1959). 'A Completeness Theorem in Modal Logic', *The Journal of Symbolic Logic*, 24: 1–14.

Lewis, C. I. (1912). 'Implication and the Algebra of Logic', *Mind* 21: 522–31.

Lewis, C. I. (1918). *A Survey of Symbolic Logic*, Berkeley: University of California Press.

Lewis, C. I. and Langford, C. H. (1932). *Symbolic Logic*, New York: The Century Co.

Łukasiewicz, J. (1930). 'Philosophische Bemerkungen zu mehrwertigen System des Aussagenkalküls', *Comptes rendus des séances de la Société de Sciences et des Lettres de Varsovie*, 23: cl. iii, 51–77. Trans. 1970 H. Weber, 'Philosophical Remarks on Many-valued Systems of Propositional Logic' in J. Łukasiewicz, *Selected Works*, ed. L. Borkowski, Amsterdam: North-Holland, 153–78.

Łukasiewicz, J. (1953). 'A System of Modal Logic', *The Journal of Computing Systems* 1: 111–49.

Quine, W. V. (1939). 'Designation and Existence', *The Journal of Philosophy* 36: 701–9.

Quine, W. V. (1947). 'The Problem of Interpreting Modal Logic', *The Journal of Symbolic Logic* 12: 43–8.

Russell, B. A. W. (1914). *Our Knowledge of the External World*, Chicago and London: Open Court.

Shapiro, S. (1985). 'Second-order Languages and Mathematical Practice', *The Journal of Symbolic Logic*, 50: 714–42.

Skolem, T. (1920). 'Logisch-kombinatorische Untersuchungen über die Erfüllbarkeit und Beweisbarkeit mathematischen Sätze nebst einem Theorem über dichte Mengen', *Skrifer utgi av Videnkapsselkapet I Kristiana, I. Matematisk-naturvidenskabelig klasse*, no. 4: 1–36. Partial trans. 1967 S. Bauer-Mengelberg, 'Logico-combinatorial Investigations in the Satisfiability or Provability of Mathematical Propositions: A Simplified Proof of a Theorem by L. Lowenheim and Generalizations of the Theorem' in J. van Heijenoort (ed.), *From Frege to Gödel: A Sourcebook in Mathematical Logic*, Cambridge, MA: Harvard University Press, 254–63.

Skolem, T. (1923). 'Einige Bemerkungen zur Axiomatischen Begründen der Mengenlehre', *Matematischerkongressen in Helsingfors 4–7 Juli 1922, Den femte skandinaviska Matematikerkongressen, Redogörelse*, Helsinki: Akademiska Bokhandeln, 217–32. Trans. 1967 S. Bauer-Mengelberg, 'Some Remarks on Axiomatized Set Theory' in J. van Heijenoort (ed.), *From Frege to Gödel: A Sourcebook in Mathematical Logic*, Cambridge, MA: Harvard University Press, 291–301.

Skolem, T. (1930). 'Einige Bemerkungen zu der Abhandlung von E. Zermelo: "Über die Definitheit in der Axiomatik"', *Fundamenta Mathematicae* 15: 337–41. Repr. 1970 in T. Skolem (ed. J. E. Fenstad), *Selected Works in Logic*, Oslo: Universitetsforlaget, 275–9.

Skolem, T. (1934). 'Über die Nichtcharakterisierbarkeit der Zahlenreihe mittels endlich oder abzählbar unendlich vieler Aussagen mit ausschliesslich Zahlenvariablen', *Fundamenta Mathematicae* 23: 150–61. Repr. 1970 in T. Skolem (ed. J. E. Fenstad), *Selected Works in Logic*, Oslo: Universitetsforlaget, 355–66.

Whitehead, A. N. and Russell, B. A. W. (1910–13). *Principia Mathematica*, vols. I–III, Cambridge: Cambridge University Press. 2nd edn 1925.

Zermelo, E. (1908). 'Untersuchungen über die Grundlagen der Mengenlehre, I', *Mathematische Annalen* 65, 261–81. Trans. 1967 S. Bauer-Mengelberg, 'Investigations in the Foundations of Set Theory I' in J. van Heijenoort (ed.), *From Frege to Gödel: A Sourcebook in Mathematical Logic*, Cambridge, MA: Harvard University Press, 200–15.

CHAPTER 47 THE GOLDEN AGE OF MATHEMATICAL LOGIC

Ackermann, W. (1928). 'Zum Hilbertschen Aufbau der reellen Zahlen', *Mathematische Annalen* 99: 118–33. Trans. S. Bauer-Mengelberg, 'On Hilbert's Construction of the Real Numbers', in van Heijenoort 1967, 493–507.

Ackermann, W. (1954). *Solvable Cases of the Decision Problem*, Amsterdam: North-Holland.

Anderson, C. A. (1998). 'Alonzo Church's contributions to philosophy and intensional logic', *The Bulletin of Symbolic Logic* 4: 129–71.

Barendregt, H. (1997). 'The Impact of the Lambda Calculus in Logic and Computer Science', *The Bulletin of Symbolic Logic* 3: 181–215.

Bernays, P. (1926). 'Axiomatische Untersuchung des Aussagen-Kalküls der *Principia Mathematica*' ('Axiomatic Investigation of the Propositional Calculus of *Principia Mathematica*'), *Mathematische Zeitschrift* 25: 305–20.

Bernays, P. (1967). 'Hilbert, David' (1862–43) in P. Edwards, (ed.) *Encyclopedia of Philosophy*, vol. III: 496–504. New York: Macmillan and Free Press.

Browder, F. E. (ed.) (1976). *Mathematical Developments Arising from Hilbert Problems*. Proceedings of Symposia in Pure Mathematics, XXVIII. Providence: American Mathematical Society.

Church, A. (1935). 'An Unsolvable Problem of Elementary Number Theory', *Bulletin of the American Mathematical Society* 41: 332–3.

Church, A. (1936a). 'An Unsolvable Problem of Elementary Number Theory', *American Journal of Mathematics* 58: 345–63. Repr. in Davis 1965, 88–107.

Church, A. (1936b). 'A Note on the Entscheidungsproblem', *The Journal of Symbolic Logic* 1: 40–1 and 101–2. Repr. in Davis 1965, 110–15.

Church, A. (1936c). 'A Bibliography of Symbolic Logic', *The Journal of Symbolic Logic* 1: 121–216. Additions and corrections 3: 178–92.

Church, A. (1941). *The Calculi of Lambda Conversion*. Princeton, NJ: Princeton University Press.

Davis, M. (ed.) (1965). *The Undecidable: Basic Papers on Undecidable Propositions, Unsolvable Problems, and Computable Functions*, Hewlett, NY: Raven Press.

Dawson, J. W., Jr. (1993). 'The Compactness of First-order Logic: From Gödel to Lindström', *History and Philosophy of Logic* 14: 15–37.

Dawson, J. W., Jr. (1997). *Logical Dilemmas: The Life and Work of Kurt Gödel*. Wellesley, MA: A. K. Peters, Ltd.

Dedekind, R. (1888). *Was sind und was sollen die Zahlen?*, Braunschweig: Vieweg. Trans. 1996 W. Ewald in W. Ewald (ed.) *From Kant to Hilbert: A Source Book in the Foundation of Mathematics*, vol. II, Oxford: Clarendon Press.

Dreben, B. and Goldfarb, W. D. (1979). *The Decision Problem: Solvable Classes of Quantificational Formulas*, Reading, MA: Addison-Wesley.

Enderton, H. B. (1998). 'Alonzo Church and the Reviews', *The Bulletin of Symbolic Logic* 4: 181–203.

Gandy, R. (1988). 'The Confluence of Ideas' in R. Herken (ed.), *The Universal Turing Machine*, Oxford: Oxford University Press, 55–111.

Gentzen, G. (1936). 'Die Widerspruchsfreiheit der reinen Zahlentheorie', *Mathematische Annalen* 112: 493–565. Trans. 1969 M. E. Szabo, 'The Consistency of Pure Number Theory' in

G. Gentzen (ed. M. E. Szabo), *The Collected Papers of Gerhard Gentzen*, Amsterdam: North-Holland, 68–131.

Gödel, K. (1929). *Über die Vollständigkeit des Logikkalküls*, doctoral dissertation, University of Vienna. Repr. in Gödel 1986, 60–100. Trans. S. Bauer-Mengelberg and J. van Heijenoort, *On the Completeness of the Calculus of Logic* in Gödel 1986, 61–101.

Gödel, K. (1930). 'Die Vollständigkeit der Axiome des logischen Funktionenkalküls', *Monatshefte für Mathematik und Physik* 37: 349–60. Repr. in Gödel 1986, 102–22. Trans. S. Bauer-Mengelberg, 'The Completeness of the Axioms of the Functional Calculus of Logic', in Gödel 1986, 103–23.

Gödel, K. (1931). 'Über formal unentscheidbare Sätze der *Principia Mathematica* und verwandter Systeme, I', *Monatshefte für Mathematik und Physik* 38: 173. Repr. in Gödel 1986, 144–94. Trans. J. van Heijenoort, 'On Formally Undecidable Propositions of *Principia Mathematica* and Related Systems, I' in Gödel 1986, 145–95.

Gödel, K. (1934). 'On Undecidable Propositions of Formal Mathematical Systems', mimeographed notes by S. C. Kleene and J. B. Rosser. Repr. in Gödel 1986, 346–71.

Gödel, K. (1938). 'Vortrag bei Zilsel', shorthand lecture draft. Transcribed C. Dawson, in Gödel 1995, 86–112. Trans. C. Parsons, 'Lecture at Zilsel's' in Gödel 1995, 87–113.

Gödel, K. (1940). *The Consistency of the Axiom of Choice and of the Generalized Continuum Hypothesis with the Axioms of Set Theory*, Princeton, NJ: Princeton University Press. Reprinted in Gödel 1990, 33–101.

Gödel, K. (1941). 'In What Sense is Intuitionistic Logic Constructive?', manuscript lecture notes, first published in Gödel 1995, 189–200.

Gödel, K. (1949). 'An Example of a New Type of Cosmological Solutions of Einstein's Field Equations of Gravitation', *Reviews of Modern Physics* 21: 447–50.

Gödel, K. (1986). *Collected Works*, vol. I: *Publications 1929–1936*, New York and Oxford: Oxford University Press.

Gödel, K. (1990). *Collected Works*, vol. II: *Publications 1938–1974*, ed. S. Feferman *et al.*, New York and Oxford: Oxford University Press.

Gödel, K. (1995). *Collected Works*, vol. III: *Unpublished Essays and Lectures*, ed. S. Feferman *et al.*, New York and Oxford: Oxford University Press.

Goldfarb, W. D. (1979). 'Logic in the Twenties: The Nature of the Quantifier', *The Journal of Symbolic Logic* 44: 351–68.

Henkin, L. (1949). 'The Completeness of the First-order Functional Calculus', *The Journal of Symbolic Logic* 14: 159–66.

Herken, R., (ed.) (1988). *The Universal Turing Machine*, Oxford: Oxford University Press.

Hilbert, D. (1899). *Grundlagen der Geometrie*, Leipzig: Teubner. Trans. 1971 L. Unger and P. Bernays, *Foundations of Geometry*, La Salle, IL: Open Court.

Hilbert, D. (1900). 'Mathematische Probleme. Vortrag, gehalten auf dem internationalen Mathematiker-Kongress zu Paris 1900', *Nachrichten von der Königlichen Gesellschaft der Wissenschaften zu Göttingen*, 253–97. Trans. 1902 M. W. Newson, 'Mathematical Problems. Lecture Delivered Before the International Congress of Mathematicians at Paris in 1900', *Bulletin of the American Mathematical Society* 8: 437–79. Repr. 1976 in F. Browder (ed.), *Mathematical Developments Arising from Hilbert Problems* (Proceedings of Symposia in Pure Mathematics 28:1), Providence: American Mathematical Society, 1–34.

Hilbert, D. (1926). 'Über das Unendliche', *Mathematische Annalen* 95: 161–90. Trans. S. Bauer-Mengelberg, 'On the Infinite' in van Heijenoort 1967, 367–92.

Hilbert, D. (1935). *Gesammelte Abhandlungen*, 3 vols., Berlin: Springer Verlag.

Hilbert, D. (1968). *Grundlagen der Geometrie*, 10th edn, Leipzig: Teubner.

Hilbert, D. and Ackermann, W. (1928). *Grundzüge der theoretischen Logik* (*Fundamentals of Theoretical Logic*), Berlin: Springer Verlag.

Hilbert, D. and Bernays, P. (1934). *Grundlagen der Mathematik (Foundations of Mathematics)*, Berlin: Springer Verlag.
Hilbert, D. and Bernays, P. (1939). *Grundlagen der Mathematik*, vol. II, Berlin: Springer Verlag.
Hodges, A. (1983). *Alan Turing: The Enigma*. New York: Simon and Schuster.
Kleene, S. C. (1935). 'λ Theory of Positive Integers in Formal Logic', *American Journal of Mathematics* 57: 153–73.
Kleene, S. C. (1936a). 'λ-definability and Recursiveness', *Duke Mathematical Journal* 2: 340–53.
Kleene, S. C. (1936b). 'General Recursive Functions of Natural Numbers', *Mathematische Annalen* 112: 727–42.
Kleene, S. C. (1981). 'Origins of Recursive Function Theory', *Annals of the History of Computing* 3: 52–67.
Lindenbaum, A. and Tarski, A. (1926). 'Communication sur les recherches de la théorie des ensembles' ('Report on Research in the Theory of Sets'), *Comptes Rendus des séances de la Société des Sciences et des Lettres de Varsovie, Classe III, Sciences mathématiques et physiques* 19: 299–330.
Löwenheim, L. (1915). 'Über Möglichkeiten im Relativkalkül', *Mathematische Annalen* 76: 447–70. Trans. S. Bauer-Mengelberg, 'On Possibilities in the Calculus of Relatives' in van Heijenoort 1967, 228–51.
Moore, G. H. (1982). *Zermelo's Axiom of Choice, Its Origins, Development, and Influence*. New York: Springer Verlag.
Post, E. L. (1921). 'Introduction to a General Theory of Elementary Propositions', *American Journal of Mathematics* 43: 163–85. Repr. in van Heijenoort 1967, 265–283.
Reid, C. (1970). *Hilbert*, New York: Springer Verlag.
Richard, J. (1905). 'Les principes de Mathématiques et la problème des ensembles', *Revue générale des sciences pures et appliquées* 16. 541. Trans. 1967 J. van Heijenoost, 'The Principles of Mathematics and the Problem of Sets' in van Heijenoort (ed.) 1967, 142–4.
Rosser, J. B. (1936). 'Extensions of Some Theorems of Gödel and Church', *The Journal of Symbolic Logic* 1: 87–91. Repr. in Davis 1965, 230–5.
Russell, B. A. W. (1903). *The Principles of Mathematics*, London: George Allen and Unwin.
Russell, B. A. W. and Whitehead, A. (1910–13). *Principia Mathematica*, Cambridge: Cambridge University Press.
Shanker, S. G. (ed.) (1988). *Gödel's Theorem in Focus*, London: Croom Helm.
Sieg, W. (1988). 'Hilbert's program sixty years later', *The Bulletin of Symbolic Logic* 2: 338–48.
Sieg, W. (1997). 'Step by Recursive Step: Church's Analysis of Effective Calculability', *The Bulletin of Symbolic Logic* 3: 154–80.
Skolem, T. (1920). 'Logisch-kombinatorische Untersuchungen über die Erfüllbarkeit oder Beweisbarkeit mathematischer Sätze nebst einem Theorem über dichte Mengen', *Skrifter utgit av Videns-kapsselslapet i Kristiania, I. Matematisk-naturvidenskabelig klasse* 4: 1–36. Partial trans. S. Bauer-Mengelberg, 'Logico-combinatorial Investigations in the Satisfiability or Provability of Mathematical Propositions: A Simplified Proof of a Theorem by L. Löwenheim and Generalizations of the Theorem' in van Heijenoort 1967, 254–63.
Skolem, T. (1923a). 'Begründung der elementaren Arithmetik durch die rekurrierende Denkweise ohne Anwendung scheinbarer Veränderlichen mit unendlichem Ausdehnungsbereich', *Skrifter utgit av Videnskapsselskapet i Kristiania, I. Matematisk-naturvidenskabelig klasse* 6: 1–38. Trans. S. Bauer-Mengelberg, 'The Foundations of Elementary Arithmetic Established by Means of the Recursive Mode of Thought, Without the Use of Apparent Variables Ranging over Infinite Domains' in van Heijenoort 1967, 303–33.
Skolem, T. (1923b). 'Einige Bemerkungen zur axiomatischen Begründung der Mengenlehre', *Matematikerkongressen i Helsingfors 4–7 Juli 1922, Den femte skandinaviska matematikerkongressen,*

Redogörelse, Helsinki: Akademiska Bokhandlen, 217–32. Trans. S. Bauer-Mengelberg, 'Some Remarks on Axiomatized Set Theory' in van Heijenoort 1967, 291–301.

Skolem, T. (1933). 'Über die Unmöglichkeit einer vollständigen Charakterisierung der Zahlenreihe mittels eines endlichen Axiomensystems', *Norsk matematisk forenings skrifter* 2 (10): 73–82. Reprinted in Skolem 1970, 345–54.

Skolem, T. (1934). 'Über die Nicht-charakterisierbarkeit der Zahlenreihe mittels endlich oder abzählbar unendlich vieler Aussagen mit ausschliesslich Zahlenvariablen' ('On the Non-characterisability of the Number Sequence by Means of Finitely or Countably Infinitely Many Propositions Containing Only Variables for Numbers'), *Fundamenta Mathematicae* 23: 150–61. Reprinted 1970 in T. Skolem, *Selected Works in Logic*, Oslo: Universitetsforlaget, 355–66.

Skolem, T. (1970). *Selected Works in Logic*, ed. J. Fenstad, Oslo: Universitetsforlaget.

Tarski, A. (1933). *Pojecie prawdy w jezykach nauk dedukcyjnych*, Prace Towarzystwa Naukowego Warszawskiego, wydial III, no. 34. Trans. 1956 J. H. Woodger (ed.), 'The Concept of Truth in Formalized Languages' in A. Tarski, *Logic, Semantics, Metamathematics. Papers from 1923 to 1938*, Oxford: Clarendon Press. 2nd edn, 1983 ed. J. Corcoran, Indianapolis, IN: Hackett.

Turing, A. M. (1937). 'On Computable numbers, with an Application to the Entscheidungsproblem', *Proceedings of the London Mathematical Society* 2, 42: 230–65; correction, 43: 544–6. Reprinted in Davis 1965, 116–54.

van Heijenoort, J. (ed.) (1967). *From Frege to Gödel: A Source Book in Mathematical Logic, 1879–1931*, Cambridge, MA: Harvard University Press.

van Rootselaar, B. (1981). 'Zermelo, Ernst Riedrich Ferdinand', *Dictionary of Scientific Biography*, vol. XIV, 613–16. New York: Charles Scribner's.

Zermelo, E. (1904). 'Beweis, dass jede Menge wohlgeordnet werden kann (Aus einem an Herrn Hilbert gerichteten Briefe)', *Mathematische Annalen* 59: 514–16. Trans. S. Bauer-Mengelberg, 'Proof that Every Set Can Be Well-ordered', in van Heijenoort 1967, 139–41.

Zermelo, E. (1908). 'Untersuchungen über die Grundlagen der Mengenlehre. I' *Mathematische Annalen* 65: 261–81. Trans. S. Bauer-Mengelberg, 'Investigations in the Foundations of Set Theory, I' in van Heijenoort 1967, 199–215.

Zermelo, E. (1930). 'Über Grenzzahlen und Mengenbereiche: Neue Untersuchungen über die Grundlagen der Mengenlehre' ('On Limit Numbers and Set Domains: New Investigations Concerning the Foundations of Set Theory'), *Fundamenta Mathematicae* 16: 29–47.

CHAPTER 48 GENERAL RELATIVITY

Barbour, J. (1999). 'The Development of Machian Themes in the Twentieth Century' in J. Butterfield (ed.), *The Arguments of Time*, Oxford: Clarendon Press, 83-109.

Barbour, J. B. and Pfister, H. (eds.) (1995). *Mach's Principle; From Newton's Bucket to Quantum Gravity*, Boston-Basle-Berlin: Birkhäuser.

Bergmann, P. (1965). 'Physics and Geometry' in Y. Bar-Hillel, *Logic, Methodology and Philosophy of Science; Proceedings of the 1964 International Congress*, Amsterdam: North-Holland Publishers, 343-46.

Bergmann, P. (1980). Remarks in 'Open Discussion' following papers by S. Hawking and W. Unruh in H. Woolf (ed.), *Some Strangeness in the Proportion*, Reading, MA: Addison-Wesley Publishers, 156.

Earman, J. (1995). *Bangs, Crunches, Whimpers, and Shrieks: Singularities and Acausalities in Relativistic Spacetimes*, New York: Oxford University Press.

Eddington, A. S. (1930). 'On the Instability of the Einstein World', *Monthly Notices of the Royal Astronomical Society* 90: 668–78.

Einstein, A. (1916). *Die Grundlagen der allgemeinen Relativitätstheorie*, Leipzig: J. Barth; trans. 1923 W. Perrett and G. B. Jeffrey 'The Foundation of the General Theory of Relativity', in H. A. Lorentz, A. Einstein, H. Minkowski, and H. Weyl, *The Principle of Relativity*; repr. New York: Dover, 1952, 111–64.

Einstein, A. (1917). 'Kosmologische Betrachtungen zur allgemeinen Relativitätstheorie', *Sitzungsberichte der Preußischen Akademie der Wissenschaften. Math.-Phys. Kl.*; trans. 1952 W. Perrett and G. B. Jeffrey, 'Cosmological Considerations on the General Theory of Relativity', in H. A. Lorentz, A. Einstein, H. Minkowski, and H. Weyl, *The Principle of Relativity*, 1923; repr. New York: Dover, 1952, 175–88.

Einstein, A. (1918). 'Prinzipielles zur allgemeinen Relativitätstheorie', *Annalen der Physik* 55: 241–4.

Einstein, A. (1921). 'Geometrie und Erfahrung', *Sitzungsberichte der Preußlischen Akademie der Wissenschaften. Math.-Phys. Kl.*; separately issued in expanded form and trans. 1923 W. Perrett and G. B. Jeffrey, 'Geometry and Experience' in *Sidelights on Relativity*, New York: E. P. Dutton, 27–56.

Einstein, A. (1949). 'Autobiographical Notes' in P. A. Schilpp (ed.), *Albert Einstein, Philosopher-Scientist*, Evanston, IL: Northwestern University Press, 1–95.

Einstein, A. (1952). 'Relativity and the Problem of Space', Appendix V, 135–57, in A. Einstein, *Relativity: The Special and General Theory*, 15th edn, New York: Crown Publishers, 1961.

Friedman, M. (1983). *Foundations of Space-Time Theories: Relativistic Physics and Philosophy of Science*, Princeton, NJ: Princeton University Press.

Hoffman, B. (1972). *Albert Einstein – Creator and Rebel* (written in collaboration with Helen Dukas), New York: Viking Press.

Holton, G. (1986). *The Advancement of Science, and its Burdens*, New York: Cambridge University Press.

Hubble, E. (1929). 'A Relation Between Distance and Radial Velocity Among Extra-galactic Nebulae', *Proceedings of the National Academy of Science (USA)* 15: 168–73.

Kretschmann, E. (1917). 'Über den physikalischen Sinn der Relativitätspostulate, A. Einstein's neue und seine ursprüngliche Relativitätstheorie', *Annalen der Physik* 53: 575–614.

Norton, J. D. (1989). 'How Einstein Found his Field Equations' in D. Howard and J. Stachel (eds.), *Einstein and the History of General Relativity*, Boston-Basle-Berlin: Birkhäuser, 101–59.

Norton, J. D. (1993). 'General Covariance and the Foundations of General Relativity: Eight Decades of Dispute', *Reports on Progress in Physics* 56: 791–858.

Pais, A. (1982). *'Subtle is the Lord': The Life and Science of Albert Einstein*, New York: Oxford University Press.

Reichenbach, H. (1928). *Philosophie der Raum-Zeit Lehre*, Berlin and Leipzig: de Gruyter; trans. *The Philosophy of Space and Time*, New York: Dover, 1957.

Ryckman, T. A. (1992). '(P)oint-(C)oincidence Thinking', *Studies in History and Philosophy of Science* 23: 471–97.

Ryckman, T. A. (2004). *The Reign of Relativity: Philosophy in Physics, 1915–25*, New York: Oxford University Press.

Smolin, L. (1992). 'Space and Time in the Quantum Universe' in A. Ashtekar and J. Stachel (eds.), *Conceptual Problems of Quantum Gravity*, Boston-Basle-Berlin: Birkhäuser, 228–88.

Sommerfeld, A. (1949). 'To Albert Einstein's Seventieth Birthday' in P. A. Schilpp (ed.), *Albert Einstein, Philosopher-Scientist*, Evanston, IL: Northwestern University Press, 99–105.

Stachel, J. (1986). 'What a Physicist Can Learn from the Discovery of General Relativity' in R. Ruffini (ed.), *Proceedings of the Fourth Marcel Grossmann Meeting on General Relativity*, Amsterdam: North Holland Publishers, 1857–62.

Stachel, J. (1989). 'Einstein's Search for General Covariance, 1912–1915' in D. Howard and J. Stachel (eds.), *Einstein and the History of General Relativity*, Boston-Basle-Berlin: Birkhäuser, 63–100. (Based on a paper circulating privately since 1980.)

Weinberg, S. (1989). 'The Cosmological Constant Problem', *Reviews of Modern Physics*: 61, 1–23.

Weyl, H. (1918). *Raum-Zeit-Materie*, Berlin: Springer Verlag. 4th edn 1921, trans. 1922 H. Brose, *Space-Time-Matter*, London: Methuen.

CHAPTER 49 SCIENTIFIC EXPLANATION

Bachelard, Gaston (1929). *Valeur inductive de la relativité* (*The Inductive Value of Relativity*), Paris: J. Vrin.

Bachelard, Gaston (1933). *Les intuitions atomistiques: essai de classification* (*Atomistic Intuitions: A Classification*), Paris: Vrin.

Bachelard, Gaston (1969). *Essai sur la connaissance approchée* (*Essay on the Approach to Knowledge*), Paris: Vrin. Trans. in Jones (1991).

Bachelard, Gaston (1973). *Le Nouvel Esprit scientifique* (*The New Scientific Spirit*), Paris: Presses Universitaires de France. Trans. in Jones (1991).

Berkeley, George (1901). *De Motu*, vol. III, §37, in A. C. Fraser (ed.), *Works*, Oxford: Oxford University Press.

Bridgman, P. W. (1927). *The Logic of Modern Physics*, New York: Macmillan.

Bridgman, P. W. (1936). *The Nature of Physical Theory*, Princeton, NJ: University Press.

Bridgman, P. W. (1955). *Reflections of a Physicist*, New York: Philosophical Library.

Brunschvicg, Léon (1905). *L'idéalisme contemporain* (*Contemporary idealism*), Paris: Alcan.

Brunschvicg, Léon (1931). *De la connaissance de soi* (*On Self-consciousness*), Paris: Alcan.

Campbell, N. R. (1920). *Physics: The Elements*, Cambridge: Cambridge University Press.

Campbell, N. R. (1921). *What is Science?* Cambridge: Cambridge University Press.

Carnap, R. (1928). *Der logische Aufbau der Welt*, Berlin: Weltkreis-Verlag. Trans. 1967 R. George, *The Logical Structure of the World*, Berkeley, CA: University of California Press.

Carnap, R. (1932). 'Überwindung der Metaphysik durch logische Analyse der Sprache', *Erkenntnis* 2: 219–41. Trans. 1959 A. Pap, 'The Elimination of Metaphysics Through the Logical Analysis of Language' in A. J. Ayer (ed.), *Logical Positivism*, Glencoe, IL: Free Press, 60–81.

Duhem, P. (1905–6). *Les origines de la statique. Les sources des théories physiques*, 2 vols., Paris: A. Hermann. Trans. 1991 G. H. Leneaux, V. N. Vagliente, and G. H. Wagener, *The Origins of Statics: the sources of physical theory*, Dordrecht: Kluwer.

Duhem, P. (1906). *La théorie physique. Son objet et sa structure*, Paris: Chevalier and Rivière. Trans. 1954 P. Wiener, *The Aim and Structure of Physical Theory*, Princeton, NJ: Princeton University Press.

Duhem, P. (1913–59). *Le système du monde. Histoire des doctrines cosmologiques de Platon à Copernic* (*The System of the World: A History of Cosmological Doctrines from Plato to Copernicus*), 10 vols. Paris: A. Hermann.

Gale, George (1984). 'Science and the Philosophers', *Nature* 312: 491–5.

Hempel, C. G. and Oppenheim, Paul (1939). 'Studies in the Logic of Explanation', *Philosophy of Science* 15: 135–75.

Hesse, Mary (1966). *Models and Analogies in Science*, South Bend: Notre Dame Press.

Jones, M. M. (1991). *Gaston Bachelard, Subversive Humanist: Texts and Readings*, Madison: University of Wisconsin Press.

Leibniz, G. W. (1860). *Mathematische Schriften*, vol. VI, ed. C. I. Gerhardt, Halle.

Meyerson, E. (1908). *Identité et Realité*, Paris: Alcan. Trans. 1930 K. Loewenberg, *Identity and Reality*, New York: Macmillan.

Meyerson, E. (1921). *De l'explication dans les sciences*, 2 vols. Paris: Payot. Trans. 1991 D. A. and M.-A. Sipfle, *Explanation in the Sciences*, Boston Studies in the Philosophy of Science 128, Dordrecht: Kluwer.
Meyerson, E. (1925). *La deduction rélativiste*, Paris: Payot. Trans. 1985 D. A. Sipfle and M.-A. Sipfle, *The Relativistie Deduction*, Boston Studies in the Philosophy of Science 83, Dordrecht: Reidel.
Meyerson, E. (1929). 'Explanation', *Encyclopedia Britannica*, 14th edn, 984–5.
Meyerson, E. (1931). *Du cheminement de la pensée* (*The Ways of Thought*), 3 vols. Paris: Alcan.
Neurath, Otto (1932). 'Protokolsätze', *Erkenntnis* 3: 204–14. Trans. 1959 'Protocol Sentences' in A. J. Ayer (ed.), *Logical Positivism*, Glencoe, IL: Free Press, 199–207.
Poincaré, H. (1889). *Leçons sur la théorie mathématique de la lumière* (*Lessons on the Mathematical Theory of Light*), Paris: G. Carré.
Poincaré, H. (1902a). 'La valeur objective de la science' (*The Objective Value of Science*), *Revue de métaphysique* 10: 265.
Poincaré, H. (1902b). *La Science et l'hypothèse*, Paris: Flammarion. Trans. 1905 W. J. G., *Science and Hypothesis*, London: Walter Scott Publishing Co. Repr. New York: Dover Publications, 1952.
Poincaré, H. (1904). *La Valeur de la science*, Paris: Flammarion. Trans. 1907 by G. B. Halstead, *The Value of Science*, London: Walter Scott.
Poincaré, H. (1908). *Science et méthode*, Paris: Flammarion. Trans. 1914 F. Maitland, *Science and Method*, London: Nelson.
Suppe, Frederick (1977). *The Structure of Scientific Theories*. 2nd edn, Urbana, IL: University of Illinois Press.
Taine, Hippolyte (1897). *De l'intelligence*. Paris: Hachette, vol. II. Trans. 1899 T. D. Haye, *On Intelligence*, New York: Holt.
Whitehead, A. N. and Russell, B. A. W. (1910–13). *Principia Mathematica*, Cambridge: Cambridge University Press.

CHAPTER 50 THE RISE OF PROBABILISTIC THINKING

van Brakel, J. (1985). 'The Possible Influence of the Discovery of Radio-active Decay on the Concept of Physical Probability', *Archive for History of Exact Sciences*, 31, 369–85.
Exner, F. (1919). *Vorlesungen über die physikalischen Grundlagen der Naturwissenschaften* (*Introduction to the Physical Foundations of the Natural Sciences*), Vienna: Franz Deuticke.
Feller, W. (1968). *An Introduction to Probability Theory and Its Applications*, vol. I, New York: Wiley.
de Finetti, B. (1931). 'Sul significato soggettivo della probabilità' ('On the Subjective Significance of Probability'), *Fundamenta Mathematicae*, vol. XVII, 298–329.
de Finetti, B. (1937). 'La Prévision: ses lois logiques, ses sources subjectives', *Annales de l'Institut Henri Poincaré*, 7, 1–68. Trans. 1964, 'Foresight: Its Logical Laws, Its Subjective Sources' in H. Kyburg and H. Smokler (eds.), *Studies in Subjective Probability*, New York: Wiley.
Heidelberger, M. (1987). 'Fechner's Indeterminism: From Freedom to Laws of Chance' in Krüger 1987, vol. I, 117–56.
Hilbert, D. (1899). *Grundlagen der Geometrie*, Leipzig: Teubner.
Howson, C. and Urbach, P. (1989). *Scientific Reasoning: The Bayesian Approach*, La Salle, IL: Open Court.
Jeffreys, H. (1939). *Theory of Probability*, Oxford: Oxford University Press.
Kolmogorov, A. (1933). *Grundbegriffe der Wahrscheinlichkeitsrechnung*, Berlin: Springer-Verlag. Trans. 1950 N. Morrison, *Foundations of the Theory of Probability*, New York: Chelsea.
von Kries, J. (1886). *Die Principien der Wahrscheinlichkeits-Rechnung* (*The Principles of Probability*), Freiburg: J. C. B. Mohr.

Krüger, L. et al. (1987). *The Probabilistic Revolution*, 2 vols., Cambridge, MA: MIT Press.
Maxwell, J. C. (1873). 'Does the Progress of Physical Science Tend to Give Any Advantage to the Opinion of Necessity (or Determinism) over that of the Contingency of Events and the Freedom of the Will' in L. Campbell and W. Garnett 1882, *The Life of James Clerk Maxwell*, London, 434–44.
von Mises, R. (1928). *Wahrscheinlichkeit, Statistik und Wahrheit*, Vienna: Springer-Verlag. Trans. 1957 J. Bernstein and R. G. Newton, *Probability, Statistics, and Truth*, New York: Dover.
von Plato, J. (1994). *Creating Modern Probability: Its Mathematics, Physics and Philosophy in Historical Perspective*, Cambridge: Cambridge University Press.
Poincaré, H. (1912). *Calcul des probabilités* (*The Probability Calculus*), 2nd edn, Paris: Gauthier Villars.
Ramsey, F. (1931). '*The Foundations of Mathematics and other Logical Essays*, ed. R. Braithwaite, London: Kegan Paul.
Reichenbach, H. (1915). *Der Begriff der Wahrscheinlichkeit für die mathematische Darstellung der Wirklichkeit* (*The Concept of Probability for the Mathematical Representation of Reality*), Leipzig: Barth.
Reichenbach, H. (1935). *Wahrscheinlichkeitslehre*, Leiden: Sijthoff's. Trans. 1949 E. Hutton and M. Reichenbach, *The Theory of Probability*, Berkeley, CA: University of California Press.

CHAPTER 51 VITALISM AND EMERGENCE

Alexander, S. (1920). *Space, Time, and Deity*, 2 vols., London: Macmillan.
Asimov, I. (1964). *A Short History of Biology*, Garden City, NY: The Natural History Press.
Bakhtin, M. (1926). 'Contemporary Vitalism', *Chelovek I Priroda* (*Man and Nature*), vols. I and II (published under the name I. Kanaev). Trans. 1992 in F. Burwick and P. Douglass (eds.), *The Crisis in Modernism*, Cambridge: Cambridge University Press, 1992, 76–97.
Bechtel, W. and Richardson, R. C. (1993). *Discovering Complexity: Decomposition and Localization as Strategies in Scientific Research*, Princeton, NJ: Princeton University Press.
Bechtel, W. and Richardson, R. C. (1998). 'Vitalism' in *Routledge Encyclopedia of Philosophy*, vol. IX, ed. E. Craig, London: Routledge, 639–43.
Beckner, M. (1972). 'Vitalism' in *The Encyclopedia of Philosophy*, vol. VIII, ed. P. Edwards, New York: Macmillan, 253–56.
Beckermann, A., Flohr, H., and Kim, J. (eds.) (1992). *Emergence or Reduction? Essays on the Prospects of Nonreductive Physicalism*, Berlin: Walter de Gruyter.
Beckerman, A. (1992). 'Supervenience, Emergence, and Reduction' in A. Beckermann *et al.*, Berlin: Walter de Gruyter, 94–118.
Bergson, H. (1907). *L'Evolution créatrice*, Paris: Alcan. Trans. 1911 A. Mitchell, *Creative Evolution*, New York: Holt.
Blitz, D. (1992). *Emergent Evolution: Qualitative Novelty and the Levels of Reality*, Dordrecht: Kluwer.
Broad, C. D. (1925). *The Mind and Its Place in Nature*, London: Kegan Paul.
Burwick, F. and Douglass, P. (eds.) (1992). *The Crisis in Modernism*, Cambridge: Cambridge University Press.
Burwick, F. and Douglass, P. (1922). 'Introduction' in F. Burwick and P. Douglass (eds.) (1992), 1–14.
Driesch, H. (1905). *Der Vitalismus als Geschichte und als Lehre*, Leipzig. Trans. 1914 C. K. Ogden, *The History and Theory of Vitalism*, London: Macmillan.
Driesch, H. (1908). *The Science and Philosophy of the Organism*, London: Adams and Charles Black. Trans. 1909 *Philosophie des Organischen*, 2 vols. Leipzig.

Feldman, F. (1995). 'Life', 'Vitalism' in J. Kim and E. Sosa (eds.), *A Companion to Metaphysics*, Oxford: Blackwell, 272–4, 508–9.
Haldane, J. S. (1923). *Mechanism, Life, and Personality*, New York: Dutton.
Kamenka, E. (1972). 'Communism, Philosophy under' in P. Edwards (ed.), *Encyclopedia of Philosophy*, New York: Macmillan.
Kim, J. (1992). 'Downward Causation in Emergence and Nonreductive Physicalism' in A. Beckermann, *et al.* (eds.) (1992), 119–38.
Lehan, R. (1992). 'Bergson and the Discourse of the Moderns' in F. Burwick and P. Douglass (eds.) (1992), 277–305.
Lewes, G. H. (1875). *Problems of Life and Mind*, vol. II, London: Kegan Paul.
Lovejoy, A. O. (1911). 'The Import of Vitalism', *Science* 34: 75–80.
Lovejoy, A. O. (1912). 'The Meaning of Driesch and the Meaning of Vitalism' *Science* 36: 672–5.
Lovejoy, A. O. (1926). 'The Meaning of "Emergence" and its Modes' in *Proceedings of the Sixth International Congress of Philosophy*, New York, 20–33.
McLaughlin, B. P. (1992). 'The Rise and Fall of British Emergentism' in A. Beckermann *et al.* (eds.) (1992), 49–93.
McLaughlin, B. P. (1992). 'Epiphenomenalism' in S. Guttenplan (ed.), *A Companion to the Philosophy of Mind*, Oxford: Blackwell, 277–88.
McLaughlin, B. P. (1997). 'Emergence and Supervenience', *Intellectica* 25: 25–43.
McLaughlin, B. P. (1999). 'Emergentism' in R. A. Wilson and F. C. Keil, *The MIT Encyclopedia of the Cognitive Sciences*, Cambridge, MA: MIT, 267–8.
Mill, J. S. (1843). *A System of Logic*, London: Longmans, Green. 8th edn 1872.
Morgan, C. Lloyd (1912). *Instinct and Experience*, London: Methuen.
Morgan, C. Lloyd (1923). *Emergent Evolution*, London: Williams and Norgate.
Morris, C. R. (1926). 'The Notion of Emergence', *Proceedings of the Aristotelian Society*, suppl. vol. VI, 49–55.
Nagel, E. (1951). 'Mechanist Biology and Organismic Biology', *Philosophy and Phenomenological Research* 2: 327–38.
Nagel, E. (1961). *The Structure of Science*, New York: Harcourt, Brace, and World.
Pappas, G. S. (1995). 'Mechanism' in J. Kim and E. Sosa (eds.), *A Companion to Metaphysics*, Oxford: Blackwell, 304–5.
Passmore, J. (1957). *A Hundred Years of Philosophy*, London: Duckworth.
Pepper, S. (1926). 'Emergence', *Journal of Philosophy* 3: 241–5.
Riddel, J. N. (1992). 'Bergson and the discourse of the moderns' in F. Burwick and P. Douglass (eds.) (1992), 330–67.
Rousseau, G. (1992). 'The Perceptual Crises of Modernism and the Traditions of Enlightenment Vitalism: With a Note on Mikhail Bakhtin' in F. Burwick and P. Douglass (1992), 15–75.
Smuts, J. C. (1926). *Holism and Evolution*, London: Macmillan.
Stace, W. T. (1939). 'Novelty, Indeterminism, and Emergence', *Philosophical Review* 48: 295–310.
Stephan, A. (1992). 'Emergence – A Systematic View of its Historical Facets' in A. Beckermann *et al.* (eds.) (1992), 25–48.
Wolsky, M. I. and Wolsky, A. A. (1992): 'Bergson's Vitalism in the Light of Modern Biology' in F. Burwick and P. Douglass (1992), 153–70.

CHAPTER 52 BEHAVIOURISM AND PSYCHOLOGY

Amundson, R. (1983). 'E. C. Tolman and the Intervening Variable: A Study in the Epistemological History of Psychology', *Philosophy of Science*, 50: 268–82.

Amundson, R. and Smith, L. D. (1984). 'Clark Hull, Robert Cummins, and Functional Analysis', *Philosophy of Science*, 51: 657–66.

Angell, J. R. (1913). 'Behavior as a Category of Psychology', *Psychological Review* 20: 255–70.

Bergmann, G. and Spence, K. W. (1941). 'Operationism and Theory in Psychology', *Psychological Review* 48: 1–14. Reprinted 1960 in K. W. Spence, *Behavior Theory and Learning: Selected Papers*, Englewood Cliffs, NJ: Prentice-Hall, 3–16.

Bridgman, P. W. (1927). *Logic of Modern Physics*, New York: Macmillan.

Carnap, R. (1932). 'Psychologie in physikalischer Sprache', *Erkenntnis* 3: 107–42. Trans. 1959 G. Schick, 'Psychology in Physical Language', in A. J. Ayer (ed.), *Logical Positivism*, New York: Free Press, 165–97.

Carnap, R. (1935). *Philosophy and Logical Syntax*, London: Kegan Paul.

De Laguna, G. A. (1916). 'Sensation and Perception', *Journal of Philosophy, Psychology and Scientific Methods* 13: 533–47, 617–30.

De Laguna, G. A. (1918). 'Dualism in Animal Psychology', *Journal of Philosophy, Psychology and Scientific Methods* 15: 617–27.

Dewey, J. (1896). 'The Reflex Arc Concept in Psychology', *Psychological Review* 3: 357–70.

Dewey, J. (1911). 'Brief Studies in Realism, I', *Journal of Philosophy, Psychology and Scientific Methods* 8: 393–400.

Dewey, J. (1914). 'Psychological Doctrine and Philosophical Teaching', *Journal of Philosophy, Psychology and Scientific Methods* 11: 505–11.

Dewey, J. (1925). *Experience and Nature*, Chicago: Open Court.

Dewey, J., Hook, S., and Nagel, E. (1945). 'Are Naturalists Materialists?', *Journal of Philosophy* 42: 515–30.

Feigl, H. (1951). 'Principles and Problems of Theory Construction in Psychology', in W. Dennis, R. Leeper, H. F. Harlow, J. J. Gibson, D. Krech, D. M. Rioch, W. S. McCulloch, and H. Feigl, *Current Trends in Psychological Theory*, Pittsburgh: University of Pittsburgh Press, 179–213.

Ferster, C. B. and Skinner, B. F. (1957). *Schedules of Reinforcement*, New York: Appleton-Century-Crofts.

Harrell, W. and Harrison, R. (1938). 'Rise and Fall of Behaviorism', *Journal of General Psychology* 18: 367–421.

Heidbreder, E. (1933). *Seven Psychologies*, New York: Century.

Hempel, C. G. (1935). 'Analyse logique de la psychologie', *Revue de synthèse* 10: 27–42. Trans. 1949 W. Sellars, 'Logical Analysis of Psychology' in H. Feigl and W. Sellars (eds.), *Readings in Philosophical Analysis*, New York: Appleton-Century-Crofts, 373–84.

Holt, E. B. (1915). 'Response and Cognition', *Journal of Philosophy, Psychology and Scientific Methods* 12: 365–73, 393–409. Repr. 1915 in E. B. Holt, *The Freudian Wish and Its Place in Ethics*, New York: Holt, 153–208.

Holt, E. B. et al. (1912). *The New Realism: Cooperative Studies in Philosophy*, New York: Macmillán.

Hull, C. L. (1930). 'Simple Trial-and-Error Learning: A Study in Psychological Theory', *Psychological Review* 37: 241–56.

Hull, C. L. (1937). 'Mind, Mechanism, and Adaptive Behavior', *Psychological Review* 44: 1–32.

Hull, C. L. (1943). *Principles of Behavior: An Introduction to Behavior Theory*, New York: Appleton-Century.

Hull, C. L. (1952). *A Behavior System: An Introduction to Behavior Theory Concerning the Individual Organism*, New Haven: Yale University Press.

Hull, C. L. (1984). *Mechanisms of Adaptive Behavior: Clark L. Hull's Theoretical Papers, With Commentary* in A. Amsel and M. E. Rashotte (eds.), New York: Columbia University Press.

Jennings, H. S. (1906). *Behavior of the Lower Organisms*, New York: Macmillan.
Koch, S. (1954). 'Clark L. Hull' in A. T. Poffenberger (ed.), *Modern Learning Theory*, New York: Appleton-Century-Crofts, 1–176.
Loeb, J. (1900). *Comparative Physiology of the Brain and Comparative Psychology*, New York: G. P. Putnam's Sons.
MacCorquodale, K. and Meehl, P. E. (1948). 'On a Distinction between Hypothetical Constructs and Intervening Variables', *Psychological Review* 55: 95–107. Repr. 1953, 'Hypothetical Constructs and Intervening Variables' in H. Feigl and M. Brodbeck, *Readings in the Philosophy of Science*, New York: Appleton-Century-Crofts, 596–611.
Mach, E. (1912). *Mechanik in ihrer Entwicklung historisch-kritisch dargestellt*, 7th edn, Leipzig: Brockhaus. Trans. 1919 T. J. McCormack, *Science of Mechanics: A Critical and Historical Account of Its Development*, 4th edn, Chicago: Open Court.
McDougall, W. (1905). *Physiological Psychology*, London: Dent.
McDougall, W. (1911). *Body and Mind: A History and a Defense of Animism*, New York: Macmillan.
McDougall, W. (1912). *Psychology: The Study of Behavior*, New York: Holt.
O'Neil, W. M. (1995). 'American Behaviorism: A Historical and Critical Analysis', *Theory & Psychology* 5: 285–305.
Pepper, S. C. (1923). 'Misconceptions Regarding Behaviorism', *The Journal of Philosophy* 20: 242–4.
Perry, R. B. (1909). 'The Mind Within and the Mind Without', *Journal of Philosophy, Psychology and Scientific Methods* 6: 169–75.
Perry, R. B. (1912). *Present Philosophical Tendencies*, London: Longmans, Green.
Perry, R. B. (1918). 'Docility and Purposiveness', *Psychological Review* 25: 1–20.
Perry, R. B. (1921a). 'A Behavioristic View of Purpose', *Journal of Philosophy* 18: 85–105.
Perry, R. B. (1921b). 'The Cognitive Interest and its Refinements', *Journal of Philosophy* 18: 365–75.
Pillsbury, W. B. (1911). *Essentials of Psychology*, New York: Macmillan.
Poincaré, H. (1902). *Science et l'hypothèse*, Paris: Flammarion. Trans. 1905 G. B. Halsted, *Science and Hypothesis*, New York: Science Press.
Quine, W. V. O. (1985). *Time of My Life: An Autobiography*, Cambridge, MA: MIT Press.
Roback, A. A. (1923). *Behaviorism and Psychology*, Cambridge, MA: University Book Store.
Russell, B. (1921). *Analysis of Mind*, London: George Allen and Unwin.
Russell, B. (1927). *Philosophy*, New York: Norton.
Santayana, G. (1905). *Life of Reason: Or the Phases of Human Progress*, New York: Charles Scribner's Sons.
Santayana, G. (1920). 'Three Proofs of Realism' in *Essays in Critical Realism: A Co-Operative Study of the Problem of Knowledge*, London: Macmillan, 163–84.
Sellars, R. W. (1916). *Critical Realism: A Study of the Nature and Conditions of Knowledge*, New York: Rand, McNally.
Sellars, R. W. (1922). *Evolutionary Naturalism*, Chicago: Open Court.
Singer, E. A. (1911). 'Mind as an Observable Object', *Journal of Philosophy, Psychology and Scientific Methods* 8: 180–6.
Skinner, B. F. (1938). *Behavior of Organisms: An Experimental Analysis*, New York: Appleton-Century.
Skinner, B. F. (1945). 'Operational Analysis of Psychological Terms', *Psychological Review* 52: 270–7, 291–4. Repr. 1972 in B. F. Skinner, *Cumulative Record: A Selection of Papers*, 3rd edn, New York: Appleton-Century-Crofts, 370–84.
Skinner, B. F. (1976). *Particulars of My Life*, New York: Knopf.
Smith, L. D. (1986). *Behaviorism and Logical Positivism: A Reassessment of the Alliance*, Stanford: Stanford University Press.

Spence, K. W. (1944). 'The Nature of Theory Construction in Contemporary Psychology', *Psychological Review* 51: 47–68. Repr. 1960 in K. W. Spence, *Behavior Theory and Learning: Selected Papers*, Englewood Cliffs, NJ: Prentice-Hall, 17–38.
Thorndike, E. L. (1898). *Animal Intelligence: An Experimental Study of the Associative Process in Animals*. Psychological Review Monograph Supplement no. 8, New York: Macmillan.
Titchener, E. B. (1914). 'On "Psychology As the Behaviorist Views It"', *Proceedings of the American Philosophical Society* 53: 1–17.
Tolman, E. C. (1926). 'A Behavioristic Theory of Ideas', *Psychological Review* 33: 352–69.
Tolman, E. C. (1927). 'A Behaviorist's Definition of Consciousness', *Psychological Review* 34: 433–9.
Tolman, E. C. (1932). *Purposive Behavior in Animals and Men*, New York: Century.
Tolman, E. C. (1938). 'Determiners of Behavior at a Choice Point', *Psychological Review* 45: 1–41.
Tolman, E. C. (1949). 'Discussion: Interrelationships between Perception and Personality', *Journal of Personality* 18: 48–50.
Tolman, E. C. (1951a). *Collected Papers in Psychology*, Berkeley: University of California Press.
Tolman, E. C. (1951b). 'A Psychological Model' in T. Parsons and E. A. Shils (eds.), *Toward a General Theory of Action*, Cambridge, MA: Harvard University Press, 279–361.
Warren, H. C. (1914). *Human Psychology*, New York: Houghton Mifflin.
Washburn, M. F. (1908). *The Animal Mind: A Text-book of Comparative Psychology*, New York: Macmillan.
Watson, J. B. (1913a). 'Image and Affection in Behavior', *Journal of Philosophy, Psychology and Scientific Methods* 10: 421–8.
Watson, J. B. (1913b). 'Psychology as the Behaviorist Views It', *Psychological Review* 20: 158–77.
Watson, J. B. (1914). *Behavior: An Introduction to Comparative Psychology*, New York: Holt.
Watson, J. B. (1919). *Psychology from the Standpoint of a Behaviorist*, Philadelphia: Lippincott.
Watson, J. B. (1924). *Behaviorism*, New York: People's Institute Publishing Co.
Williams, K. A. (1931). 'Five Behaviorisms', *Americal Journal of Psychology* 43: 337–60.
Woodbridge, F. J. E. (1909). 'Consciousness, the Sense Organs, and the Nervous System', *Journal of Philosophy, Psychology and Scientific Methods* 6: 449–55.
Woodbridge, F. J. E. (1913). 'Belief in Sensations', *Journal of Philosophy, Psychology and Scientific Methods* 10: 599–608.
Woodbridge, F. J. E. (1921). 'Mind Discerned', *The Journal of Philosophy* 18: 337–47.
Woodbridge, F. J. E. (1925). 'Behavior', *The Journal of Philosophy* 22: 402–11.
Woodworth, R. S. (1948). *Contemporary Schools of Psychology*, rev. edn, New York: Ronald Press.
Yerkes, R. M. (1907). *The Dancing Mouse: A Study in Animal Behavior*, New York: Macmillan.
Yerkes, R. M. (1917). 'Behaviorism and Genetic Psychology', *Journal of Philosophy, Psychology and Scientific Methods* 14: 154–60.

CHAPTER 53 GESTALT PSYCHOLOGY

Ash, M. G. (1995). *Gestalt Psychology in German Culture, 1890–1967: Holism and the Quest for Objectivity*, Cambridge: Cambridge University Press.
Ellis, W. D. (ed.) (1938). *A Sourcebook of Gestalt Psychology*, London: Routledge.
Harrington, A. (1996). *Reenchanted science: Holism in German culture from Wilhelm II to Hitler*. Princeton, NJ: Princeton University Press.
Henle, M. (ed.) (1961). *Documents of Gestalt Psychology*, Berkeley: University of California Press.
Hochberg, J. (1974). 'Organization and the Gestalt tradition' in E. C. Carterette and M. P. Friedman (eds.), *Handbook of Perception, vol I: Historical and Philosophical Roots of Perception*. New York: Academic, 180–211.

James, W. (1890). *The Principles of Psychology*, New York: Henry Holt and Co.
Koffka, K. (1922). 'Perception: An Introduction to *Gestalt-theorie*', *Psychological Bulletin* 19: 531–85. Available at: http://psychclassics.yorku.ca/Koffka/Perception/perception.htm.
Koffka, K. (1935). *Principles of Gestalt Psychology*, New York: Harcourt, Brace, and World.
Köhler, W. (1913). 'Über unbemerkte Empfindungen und Urteilstäuschungen', *Zeitschrift für Psychologie* 66: 51–80.
Köhler, W. (1927). *Intelligenzprüfungen an Menschenaffen*. Trans. 1938 *The mentality of apes*, New York: Liveright.
Köhler, W. (1947). *Gestalt Psychology: An Introduction to New Concepts in Modern Psychology*, New York: Liveright.
Köhler, W. (1959). 'Gestalt psychology today', *American Psychologist* 14: 727–34. Repr. 1978 in E. R. Hilgard (ed.), *American Psychology in Historical Perspective: Addresses of the Presidents of the American Psychological Association*, Washington, DC: American Psychological Association, 251–63.
Köhler, W. (1967 [1971]). 'Gestalt Psychology', *Psychologische Forschung*, 31, xviii–xxx. Reprinted in Köhler 1971, 108–22.
Köhler, W. (1971). *The Selected Papers of Wolfgang Köhler*, New York: Liveright.
Leahey, T. H. (2003). *A History of Psychology; Main Currents in Psychological Thought*, 56th edn, Upper Saddle River, NJ: Prentice-Hall.
Lewin, K. (1936). *Principles of Topological Psychology*, New York: McGraw-Hill.
Smith, B. (ed.) (1988). *Foundations of Gestalt Psychology*, Munich: Philosophia.
Sokal, M. (1984). 'The Gestalt Psychologists in behaviourist America', *American Historical Review*, 89, 1240–63.
Wertheimer, M. (1912). 'Experimentelle Studien über das Sehen von Bewegung' ('Experimental Studies on the Seeing of Movement'), *Zeitschrift für Psychologie*, 161–265. Abbreviated translation published in T. Shipley (ed.), *Classics in Psychology*, New York: Philosophical Library, 1032–89.
Wertheimer, M. (1923). 'Untersuchungen zur Lehre von der Gestalt II' ('Laws of Organisation in Perceptual Forms') *Psychologische Forschung* 4, 301–50. Translation published in Ellis, 1938, 71–88. Available at: http://psychclassics.yorku.ca/Wertheimer/Forms/forms.htm.
Wertheimer, M. (1945). *Productive Thinking*, New York: Harper and Row.

CHAPTER 54 WITTGENSTEIN'S CONCEPTION OF MIND

Anscombe, G. E. M. (1971). *An Introduction to Wittgenstein's Tractatus*, London: Hutchinson.
Budd, M. (1989). *Wittgenstein's Philosophy of Psychology*, London: Routledge.
Cavell, S. (1979). *The Claim of Reason: Wittgenstein, Skepticism, Morality and Tragedy*, Oxford: Oxford University Press.
Child, W. (1996). 'Solipsism and First Person/Third Person Asymmetries', *European Journal of Philosophy* 4, no. 2: 137–54.
Hacker, P. M. S. (1986). *Insight and Illusion*, Oxford: Clarendon Press.
Hacker, P. M. S. (1990). *Wittgenstein: Meaning and Mind*, vol. III, Oxford: Blackwell.
Hertzberg, L. (1994). ' "The Kind of Certainty is the Kind of Language Game" ' in *The Limits of Experience, Acta Philosophica Fennica*, vol. 56.
Jacquette, D. (1998). *Wittgenstein's Thought in Transition*, Indianapolis, IN: Purdue University Press.
Johnston, P. (1993). *Wittgenstein: Rethinking the Inner*, London: Routledge.
Kenny, A. (1984). 'Wittgenstein's Early Philosophy of Mind' in *The Legacy of Wittgenstein*, Oxford: Blackwell: 1–9.

McDowell, J. H. (1982). 'Criteria, Defeasibility and Knowledge', *Proceedings of the British Academy* 68: 455–80.
McDowell, J. H. (1998). 'Intentionality and Interiority in Wittgenstein' in *Mind, Value and Reality*, Cambridge, MA: Harvard University Press.
McGinn, M. E. (1997). *Wittgenstein and the Philosophical Investigations*, London: Routledge.
Mulhall, S. (1990). *On Being in the World*, London: Routledge.
O'Brien, L. F. (1996). 'Solipsism and Self-Reference', *European Journal of Philosophy* 4, no. 2: 175–94.
Pears, D. F. (1987). *The False Prison*, 2 vols. Oxford: Oxford University Press.
Pears, D. F. (1996). 'The Originality of Wittgenstein's Investigation of Solipsism', *European Journal of Philosophy* 4, no. 2: 124–36.
Schulte, J. (1993). *Experience and Expression: Wittgenstein's Philosophy of Psychology*, Oxford: Oxford University Press.
Stern, D. G. (1995). *Wittgenstein on Mind and Language*, Oxford: Oxford University Press.
Sullivan, P. M. (1996). 'The "Truth" in Solipsism, and Wittgenstein's Rejection of the A Priori', *European Journal of Philosophy* 4, no. 2: 195–219.
Wittgenstein, L. (1921). 'Logische-philosophische Abhandlung', *Annalen der Naturphilosophie*. Trans. 1922 C. K. Ogden, *Tractatus Logico-Philosophicus*, London: Routledge; revised trans. 1961 tr. D. F. Pears and B. F. McGuiness, London: Routledge.
Wittgenstein, L. (1953). *Philosophische Untersuchungen*, ed. G. E. M. Anscombe and R. Rhees, trans. G. E. M. Anscombe, *Philosophical Investigations*, Oxford: Blackwell.
Wittgenstein, L. (1958). *The Blue and Brown Books* (dictated 1933–4), Oxford: Blackwell.
Wittgenstein, L. (1968). 'Wittgenstein's Notes for Lectures on "Private Experience" and "Sense Data"' (notes made 1936), ed. R. Rhees, *The Philosophical Review* 77, 275–320. Reprinted in Wittgenstein 1993a: 202–88.
Wittgenstein, L. (1974). *Philosophische Grammatik* (notes made 1932–4), ed. R. Rhees, trans. A. J. P. Kenny, *Philosophical Grammar*, Oxford: Blackwell.
Wittgenstein, L. (1975). *Philosophische Bemerkungen* (notes made 1929–30), ed. R. Rhees, trans. R. Hargreaves and R. White, *Philosophical Remarks*, Oxford: Blackwell.
Wittgenstein, L. (1978). *Bemerkungen zu den Grundlagen der Mathematik* (notes made 1937–44), ed. G. H. von Wright, R. Rhees, and G. E. M. Anscombe, trans. G. E. M. Anscombe, *Remarks on the Foundations of Mathematics*, Oxford: Blackwell.
Wittgenstein, L. (1979). *Notebooks 1914–1916*, ed. G. E. M. Anscombe and G. H. von Wright, trans. G. E. M. Anscombe, Oxford: Blackwell.
Wittgenstein, L. (1984). 'The Language of Sense Data and Private Experience', *Philosophical Investigations* 7, 2–45 and 101–40. Repr. in Wittgenstein (1993a), 290–367.
Wittgenstein, L. (1993a). *Philosophical Occasions* (reprinted versions of Wittgenstein's shorter published works), ed. James Klagge and Alfred Nordmann, Indianapolis, IN: Hackett.
Wittgenstein, L. (1993b). 'Notes for the Philosophical Lecture', ed. D. Stern, in Wittgenstein 1993a, 447–58.
Wright, C. (1989). 'Wittgenstein's Later Philosophy of Mind: Sensation, Privacy, and Intention', *The Journal of Philosophy* 86.

CHAPTER 55 THE METHODOLOGY OF THE SOCIAL SCIENCES

Bell, D. (1990). *Husserl*, London: Routledge.
Cartwright, N., Cat, J., Fleck, B., and Uebel, T. (1995). *Between Science and Politics: The Philosophy of Otto Neurath*, Cambridge: Cambridge University Press.

Collingwood, R. G. (1940). *An Essay on Metaphysics*, Oxford: Oxford University Press.
Collingwood. R. G. (1946). *The Idea of History*, Oxford: Oxford University Press.
Cook, G. A. (1993). *George Herbert Mead: The Making of a Social Pragmatist*, Urbana, IL: University of Illinois Press.
Dewey, J. (1927). *The Public and Its Problems*, New York: Henry Holt. Repr. 1984 in J. A. Boydston (ed.), *John Dewey: The Later Works*, vol. II, Carbondale: Southern Illinois University Press.
Dewey, J. (1935). *Liberalism and Social Action*, New York: Henry Holt. Repr. 1987 in J. A. Boydston (ed.) *John Dewey: The Later Works*, vol. XI, Carbondale: Southern Illinois University Press.
Dewey, J. (1938). *Logic: The Theory of Inquiry*, New York: Henry Holt. Repr. 1988 in J. A. Boydston (ed.) *John Dewey: The Later Works*, vol. XII, Carbondale: Southern Illinois University Press.
Dreyfus, Hubert (1991). *Being-in-the-World*, Cambridge, MA: MIT Press.
Dussen, W. J. van der (1981). *History as a Science: The Philosophy of R.G. Collingwood*, Oxford: Oxford University Press.
Factor, R. and Turner, S. (1984). *Max Weber and the Dispute Over Reason and Value*, London: Routledge, 1984.
Habermas, J. (1967). 'Zur Logik der Sozialwissenschaften', *Philosophisches Rundschau* 5. Trans. 1988 S. Nicholson and J. Stark, *On the Logic of The Social Sciences*. Cambridge, MA: Polity Press/MIT Press.
Habermas, J. (1968). *Erkenntnis und Interesse*, Frankfurt: Suhrkamp. Trans. 1971 J. Shapiro, *Knowledge and Human Interest*, Boston: Beacon Press.
Heidegger, M. (1927). *Sein und Zeit*, Tübingen: Max Niemayer Verlag. Trans. 1962 J. Macquarrie and E. Robinson, *Being and Time*, New York: Harper and Row.
Held, D. (1984). *Introduction to Critical Theory*, Berkeley: University of California Press.
Horkheimer, M. (1931). 'Die gegenwärtige Lage der Sozialphilosophie und die Aufgaben eines Instituts für Sozialforschung', *Frankfurter Universitätsreden* 27, 1–26. Trans. 1993 G. F. Hunter, M. Kramer, and J. Torpey, *Between Philosophy and Social Science*, Cambridge MA: MIT Press, 1–14.
Horkheimer, M. (1937) 'Traditionelle und kritische Theorie', *Zeitschrift für Sozialforschung* 6: 2, 245–83. Trans. 1982 M. O'Connell, *Critical Theory*, New York: Continuum, 188–244.
Horkheimer, M. and Adorno, T. W. (1944). *Dialektik der Aufklärung* (*The Dialectic of Enlightenment*), Amsterdam: Quierdo. Trans. 1969 J. Cumming, New York: Continuum.
Husserl, E. (1936/1954). *Krisis der europäischen Wissenschaften und die transzendentale Phänomenologie*, *Husserliana*, vol. VI. Trans. 1970 David Carr, *The Crisis of the European Sciences and Transcendental Phenomenology*, Evanston: Northwestern University Press.
Joas, H. (1980). *Praktische Intersubjektivität: Die Entwicklung des Werkes von George Herbert Mead*, Frankfurt: Suhrkamp. Trans. 1985 R. Meyer, *George Herbert Mead: A Contemporary Reexamination of his Thought*, Cambridge, MA: MIT Press.
Mead, G. H. (1934). *Mind, Self and Society*, Chicago: University of Chicago Press.
Mink, L. (1969). *Mind, History and Dialectic*, Bloomington, IN: Indiana University Press.
Natanson, M. (1986). *Anonymity: A Study in the Philosophy of Alfred Schütz*, Bloomington: Indiana University Press.
Neurath, O. (1910). 'Zur Theorie der Sozialwissenschaften', *Jahrbuch für Gesetzgebung, Verwaltung und Volkswirtschaft im Deutschen Reich* 34, 37–67. Repr. 1981, ed. R. Haller and H. Rütte, *Gesammelte philosophische und methodologische Schriften*, Vienna: Hölder, Pichler, Tempsky, 23–46.

Neurath, O. (1913–46). *Philosophical Papers 1913–1946*. Trans. and ed. 1983 R. Cohen and M. Neurath, Dordrecht: Reidel.

Neurath, O. (1932). 'Protocolsätze', *Erkenntnes* 3: 204–14. Transl. in Neurath (1913–46).

Neurath, O. (1944). *Foundations of the Social Sciences*, International Encyclopedia of Unified Science, vol. II, no. 1, Chicago: University of Chicago Press.

Rouse, Joseph (1988). *Knowledge and Power*, Ithaca: Cornell University Press.

Ryan, A. (1996). *John Dewey and the High Tide of American Liberalism*, New York: Norton.

Schütz, A. (1932). *Der sinnhafte Aufbau der sozialen Welt*, Vienna: Springer-Verlag. Trans. 1967 G. Walsh and F. Lehnert, *The Phenomenology of the Social World*, Evanston: Northwestern University Press.

Schütz, A. (1964). *Collected Papers*, vol. II, The Hague: Njihoff.

Spiegelberg, Herbert. (1960). *The Phenomenological Movement: An Historical Introduction*, Phenomenologica 5/6, vols. I and II, The Hague: Njihoff.

Uebel, T. (1992). *Overcoming Logical Positivism from Within: The Emergence of Neurath's Naturalism in the Vienna Circle's Protocol Sentence Debate*, Amsterdam: Rodopi.

Wagner, H. (1983). *Alfred Schütz: An Intellectual Biography*, Chicago: University of Chicago Press.

Weber, Max (1921). *Gesammelte politische Schriften*. Munich: Drei Masken Verlag. Ed. H. H. Gerth and C. W. Mills, 1946 *From Max Weber*, Oxford: Oxford University Press.

Weber, Max (1922a). *Gesammelte Aufsätze zur Wissenschaftslehre*, Tübingen: J. C. B. Mohr. Trans. and ed. 1949 E. Shils and H. A. Finch, *The Methodology of the Social Sciences*, New York: Free Press.

Weber, Max (1922b). *Wirtschaft und Gesellschaft*, Tübingen: J. C. B. Mohr. Trans. 1978 G. Roth and C. Wittich, *Economy and Society*, Berkeley: University of California Press.

Westbrook, Robert (1991). *John Dewey and American Democracy*, Ithaca: Cornell University Press.

Wiggershaus, Rolf (1986). *Die Frankfurter Schule*, Munich: Hanser Verlag, 1986. Trans. 1994 M. Robertson, *The Frankfurt School: Its Histories, Theories and Political Significance*, Cambridge, MA: Polity Press/MIT Press.

CHAPTER 56 THE RISE OF SOCIAL ANTHROPOLOGY

Benedict, R. (1934). *Patterns of Culture*, New York: Houghton-Mifflin.

Boas, F. (1940). *Race, Language and Culture*, New York: The Free Press.

Durkheim, E. (1895). *Les règles de la méthode sociologique*, Paris: Alcan. Trans. 1938 Sarah A. Solovay and John H. Mueller, *The Rules of Sociological Method*, Chicago, IL: University of Chicago Press.

Engels, F. (1884). *Der Ursprung der Familie, des Privateigentums und des Staat*, Zurich: Hottingen. Trans. 1968 *The Origins of the Family, Private Property, and the State* in K. Marx and F. Engels, *Selected Works*, London: Lawrence and Wishart.

Evans Pritchard, E. E. (1964). *Social Anthropology and Other Essays*, Glencoe, IL: The Free Press.

Fortes, M. (1953). *Social Anthropology at Cambridge since 1900: An Inaugural Lecture*, Cambridge: Cambridge University Press.

Frazer, J. G. (1890). *The Golden Bough*, London: Macmillan; 3rd edn 1907–15, 12 vols. London: Macmillan.

Kuklick, H. (1991). *The Savage Within: The Social History of British Anthropology, 1885–1945*. Cambridge: Cambridge University Press.

Mach, E. (1886). *Beiträge zur Analyse der Empfindungen*, Jena. Trans. 1914 C. Williams, *Analysis of Sensations and the Relation of the Physical to the Psychical*, La Salle, IL: Open Court.

Malefijt, A. deW. (1974). *Images of Man*, New York: Alfred A. Knopf.

Malinowski, B. (1929). *The Sexual Life of Savages in North-Western Melanesia*, London: Routledge.
Malinowski, B. (1944). *A Scientific Theory of Culture and Other Essays*, New York: Oxford University Press.
Malinowski, B. (1954). *Magic, Science and Religion and Other Essays*, Garden City, NY: Doubleday and Company.
Mead, M. (1928). *Coming of Age in Samoa*, New York: William Morrow and Company.
Montesquieu, C. de (1748). *L'Esprit des Lois*. Trans. 1966 T. Nugent, *The Spirit of Laws*. New York: Hafner Publishing Company.
Morgan, L. H. (1870). *Systems of Consanguinity and Affinity in the Human Family*, Washington DC: The Smithsonian Institution.
Radcliffe-Brown, A. R. (1952). *Structure and Function in Primitive Society*, Glencoe, IL: The Free Press.
Russell, B. A. W. (1914). *Our Knowledge of the External World*, New York: W.W. Norton and Company.
Salmon, Merrilee H. (1997). 'Ethical Considerations in Anthropology and Archaeology, or Relativism and Justice for All', *Journal of Anthropological Research* 53: 47–63.
Sapir, E. (1921). *Language*, New York: Harcourt, Brace, and Company.
Tylor, E. B. (1871). *Primitive Culture*, London: Murray.
Tylor, E. B. (1889). 'On a Method of Investigating the Development of Institutions; Applied to the Laws of Marriage and Descent', *Journal of the Royal Anthropological Institute of Great Britain and Ireland* 18: 245–72.
Whorf, B. (1956). *Language, Thought and Reality*, ed. John B. Carroll, New York: John Wiley and Sons.

CHAPTER 57 WESTERN MARXISM AND IDEOLOGY CRITIQUE

Adorno, Theodor W. (1955). *Prismen*, Berlin: Suhrkamp. Trans. 1967 S. and S. Weber, *Prisms*, London: Spearman.
Anderson, Perry (1976). *Considerations on Western Marxism*, London: New Left Books.
Arato, Anthony and Breines, Paul (1979). *The Young Lukács and the Origins of Western Marxism*, London: Pluto.
Eagleton, Terry (1991). *Ideology*, London: Verso.
Horkheimer, Max (1995). *Between Philosophy and Social Science: Early Selected Writings*. Trans. G. Frederick Hunter, M. S. Kramer, and J. Torpey, Cambridge, MA: MIT Press.
Horkheimer, Max (1972). *Critical Theory: Selected Essays*, ed. M. J. O'Connell *et al.*, New York: Seabury Press.
Jay, Martin (1973). *The Dialectical Imagination*, London: Heinemann.
Kettler, David, Meja, Volker, and Stehr, Nico (1984). *Karl Mannheim*, London: Tavistock.
Löwy, Michael (1979). *Georg Lukács – From Romanticism to Bolshevism*, London: Verso.
Lukács, Georg, (1923). *Geschichte und Klassenbewusstsein*, Frankfurt: Malik Verlag. Trans. 1971 R. Livingstone, *History and Class Consciousness*, London: Merlin.
Mannheim, Karl (1929). *Ideologie und Utopie*, Bonn: Friedrich Cohen. Trans. 1936 L. Wirth and E. Shils, *Ideology and Utopia*, London: Routledge.
Mannheim, Karl (1984). *Konservatismus*, Frankfurt: Suhrkamp. Trans. 1986 D. Kettler, V. Meja, and E. R. King, *Conservatism*, London: Routledge.
Rees, John (1998). *The Algebra of Revolution*, London: Routledge.
Rosen, Michael (1996). *Of Voluntary Servitude*, Cambridge, MA: Polity.
Stedman-Jones, Gareth (1972). 'The Marxism of the Early Lukács', *New Left Review*, 70, 27–64.
Wiggershaus, Rolf (1994). *The Frankfurt School*, Cambridge, MA: MIT Press.

CHAPTER 58 FROM INTUITIONISM TO EMOTIVISM

Ayer, A. J. (1936). *Language, Truth and Logic*, London: Gollancz.
Barnes, W. H. F. (1934). 'A Suggestion about Values', *Analysis* 1: 45–6.
Barnes, W. H. F. (1948). 'Ethics without Propositions', *Proceedings of the Aristotelian Society*, supp. vol. XXII: 1–30.
Braithwaite, R. B. (1928). 'Verbal Ambiguity and Philosophical Analysis', *Proceedings of the Aristotelian Society* 28: 135–54.
Broad, C. D. (1928). 'Analysis of Some Ethical Concepts', *Journal of Philosophical Studies (Philosophy)* 3; reprinted in Broad 1971, 63–81.
Broad, C. D. (1930). *Five Types of Ethical Theory*, London: Kegan Paul.
Broad, C. D. (1934). 'Is "Goodness" a Name of a Simple Non-Natural Quality?', *Proceedings of the Aristotelian Society* 34; reprinted in Broad 1971, 106–23.
Broad, C. D. (1945). 'Some Reflections on Moral-Sense Theories in Ethics', *Proceedings of the Aristotelian Society* 45; reprinted in Broad 1971, 188–222.
Broad, C. D. (1971). *Broad's Critical Essays in Moral Philosophy*, ed. D. Cheney, London: George Allen and Unwin.
Carnap, R. (1935). *Philosophy and Logical Syntax*, London: Kegan Paul.
Carritt, E. F. (1928). *The Theory of Morals*, London: Oxford University Press.
Carritt, E. F. (1935). *Morals and Politics*, London: Oxford University Press.
Carritt, E. F. (1947). *Ethical and Political Thinking*, Oxford: Clarendon Press.
Dewey, J. (1899–1924). *The Middle Works: 1899–1924*, 15 vols., ed. J. A. Boyston, Carbondale: Southern Illinois University Press (1976–83).
Dewey, J. (1922). *Human Nature and Conduct*, New York: Holt (*Middle Works*, vol. XIV).
Dewey, J. (1925–53). *The Later Works: 1925–1953*, 17 vols., ed. J. A. Boyston, Carbondale: Southern Illinois University Press (1976–83).
Dewey, J. (1929). *The Quest for Certainty*, New York: Milton, Balch and Co. (*Later Works*, vol. IV).
Dewey, J. (1939). *The Theory of Valuation*, Chicago: University of Chicago Press (*Later Works*, vol. XIII).
Dewey, J. and Tufts, J. H. (1932). *Ethics*, rev. edn, New York: Holt (*Later Works*, vol. VII).
Edwards, P. (1955). *The Logic of Moral Discourse*, Glencoe, IL: The Free Press.
Ewing, A. C. (1929). *The Morality of Punishment*, London: Kegan Paul.
Ewing, A. C. (1947). *The Definition of Good*, London: Routledge.
Ewing, A. C. (1953). *Ethics*, London: English Universities Press, Teach Yourself Books.
Ewing, A. C. (1959). *Second Thoughts in Moral Philosophy*, London: Routledge.
Festenstein, M. (1997). *Pragmatism and Political Theory*, Oxford: Polity.
Gouinlock, J. (1972). *John Dewey's Philosophy of Value*, New York: Humanities Press.
Hägerström, A. (1911). 'Om Moraliska Föreställningars Sanning'. Trans. 1964 R. T. Sandin, *Philosophy and Religion*, London: George Allen and Unwin.
Hägerström, A. (1938). *Inquiries into the Nature of Laws and Morals*, trans. C. D. Broad, Stockholm: Almqvist and Wiksell.
Hurley, P. E. (1988). 'Dewey on Desires: The Lost Argument', *Transactions of the Charles S. Peirce Society* 24: 509–19.
Joseph, H. W. B. (1931). *Some Problems in Ethics*, Oxford: Clarendon Press.
Mackie, J. L. (1946). 'A Refutation of Morals', *Australian Journal of Psychology and Philosophy* 24: 77f.
Moore, G. E. (1903). *Principia Ethica*, Cambridge: Cambridge University Press; rev. edn, ed. T. Baldwin 1993.
Moore, G. E. (1912). *Ethics*, London: Home University Library.

Moore, G. E. (1952). 'A Reply to my Critics' in P. A. Schilpp ed., *The Philosophy of G. E. Moore*, New York: Tudor Publishing Co., 533–677.
Ogden, C. K. and Richards, I. A. (1923). *The Meaning of Meaning*, London: Routledge.
Prichard, H. A. (1912). 'Does Moral Philosophy Rest on a Mistake?', *Mind* 21: 21–37. Repr. in Prichard 1968, 1–17.
Prichard, H. A. (1928). 'Duty and Interest'; inaugural lecture, repr. in Prichard 1968, 203–38.
Prichard, H. A. (1932). 'Duty and Ignorance of Fact', *Proceedings of the British Academy*: 67–92; repr. with endnotes in Prichard 1968, 18–39.
Prichard, H. A. (1968). *Moral Obligation*, ed. J. O. Urmson, Oxford: Clarendon Press.
Rashdall, H. (1907). *The Theory of Good and Evil*, Oxford: Clarendon Press.
Robinson, R. (1948). 'The Emotive Theory of Ethics', *Proceedings of the Aristotelian Society*, supp. vol. XXII: 79–106.
Ross, W. D. (1930). *The Right and The Good*, Oxford: Clarendon Press.
Ross, W. D. (1939). *Foundations of Ethics*, Oxford: Clarendon Press.
Russell, B. A. W. (1936). *Religion and Science*, New York: Holt.
Selby-Bigge, L. A. (1897). *British Moralists*, Oxford: Clarendon Press.
Stevenson, C. L. (1937). 'The Emotive Meaning of Ethical Terms', *Mind* 46: 14–31. Repr. in Stevenson 1963, 10–31.
Stevenson, C. L. (1938). 'Persuasive Definitions', *Mind* 47: 331–50. Repr. in Stevenson 1963, 32–54.
Stevenson, C. L. (1944). *Ethics and Language*, Yale: Yale University Press.
Stevenson, C. L. (1948). 'The Nature of Ethical Disagreement', *Sigma* 8–9. Repr. in Stevenson 1963, 1–9. This piece was written in 1941.
Stevenson, C. L. (1963). *Facts and Values*, New Haven, CT: Yale University Press.
Stratton, G. M. (1903). 'A Psychological Test of Virtue', *International Journal of Ethics* 11: 200–13.
Urmson, J. O. (1968). *The Emotive Theory of Ethics*, London: Hutchinson.
Urmson, J. O. (1975). 'A Defence of Intuitionism', *Proceedings of the Aristotelian Society* 75: 111–19.
Welchman, J. (1995). *Dewey's Ethical Thought*, Ithaca: Cornell University Press.
Wittgenstein, L. (1921). *Logische-philosophische Abhandlung*, in *Annalen der Natur Philosophie*. Trans. 1961 D. F. Pears and B. F. McGuinness, *Tractatus Logico-Philosophicus*, London: Routledge.
Wittgenstein, L. (1965). 'Lecture on Ethics', *Philosophical Review* 74: 3–12.

CHAPTER 59 PHILOSOPHY OF RELIGION

Alexander, Samuel (1920). *Space, Time and Deity* (Gifford Lectures 1916–18), London: Macmillan.
Andresen, Carl (ed.) (1985ff.). *Handbuch der Dogmen- und Theologiegeschichte*, 3 vols. Berlin: de Gruyter.
Ayer, A. J. (1936). *Language, Truth and Logic*, London: Victor Gollancz.
Barth, K. (1922). *Der Römerbrief*, Zurich. Trans. 1933 E. Hoskyns, *The Epistle to the Romans*, London: Oxford University Press.
Barth, K. (1932–67). *Die kirchliche Dogmatik*, Munich. Trans. 1936–69 G. Thomson et al., *Church Dogmatics*, Edinburgh: T. & T. Clark.
Barth, K. (1947). *Die protestantische Theologie im 19 Jahrhundert*, Zurich. Trans. 1972 B. Cozens and J. Bowden, *Protestant Theology in the Nineteenth Century*, London: SCM.
Brunner, E. (1927). *Die Religionsphilosophie evangelischer Theologie*, Munich: Oldenburg. Trans. 1937 *The Philosophy of Religion from the standpoint of Protestant Theology*, London: Ivor Nicholson and Watson.
Brunner, E. (1941). *Offenbarung und Vernunft*, Zurich: Zwingli. Trans. 1947 *Revelation and Reason*, London: SCM.

Buber, M. (1923). *Ich und Du, in Das dialogische Prinzip*, Heidelberg. Trans. 1937 R. Smith, *I and Thou*, Edinburgh: T. &T. Clark.
Collingwood, R. G. (1916). *Religion and Philosophy*, London: Macmillan.
Collingwood, R. G. (1940). *An Essay on Metaphysics*, Oxford: Oxford University Press.
Dalferth, I. U. (1981). *Religiose Rede von Gott*, Munich: Kaiser.
Dilthey, W. (1883). *Einleitung in die Geisteswissenschaften*, Leipzig. Trans. 1989 J. R. Betanzons *Introduction to the Human Sciences: An Attempt to Lay the Foundation for the Study of Society and History*, London: Harvester Wheatsheaf.
Emmet, D. (1936). *Philosophy and Faith*, London: SCM.
Emmet, D. (1945). *The Nature of Metaphysical Thinking*, London: Macmillan.
Farrer, A. M. (1943). *Finite and Infinite*, London: Dacre.
Gestrich, Christoff (1977). *Neuzeitliches Denken und die Spaltung der dialektischen Theologie*, Tübingen: J. C. B. Mohr (Paul Siebeck).
Guttman, Julius (1964). *Philosophies of Judaism: The History of Jewish Philosophy from Biblical Times to Franz Rosenzweig*, London: Routledge.
Hartshorne, C. (1941). *Man's Vision of God, and the Logic of Theism*, New York.
Hartshorne, C. (1948). *The Divine Relativity: A Social Conception of God*, New Haven: Yale University Press.
Hodgson, L. (1930). *Essays in Christian Philosophy*, London: Longmans, Green.
Hodgson, Leonard (1943). *Towards a Christian Philosophy*, London: Nisbet.
Hugel, Fr. von (1921, 1926). *Essays and Addresses*, series I, II, London: Dent.
Husserl, E. (1936). 'Die Krisis der europäischen Wissenschaften und die transzendentale Phänomenologie', *Philosophia* I: 77–176. Repr. 1954 in *Husserliana*, vol. VI, trans. 1970 David Carr, The Hague: Nijhoff. *The Crisis of the European Sciences and Transcendental Philosophy*, Evanston, IL: Northwestern University Press.
Langford, T. A. (1969). *In Search of Foundations: English Theology 1900–1920*, Nashville: Abingdon Press.
MacKinnon, D. M. (1940). 'What is a Metaphysical Statement?' *Proceedings of the Aristotelian Society* XLI.
Maréchal, J. (1923–49). *Le point de départ de la métaphysique*, Bruges.
Pailin, D. (1986). *Groundwork of Philosophy of Religion*, London: Epworth.
Pringle-Pattison, A. Seth (1917). *The Idea of God in Recent Philosophy*, Gifford Lectures (1912–13), Aberdeen.
Rahner, K. (1939). *Geist in Welt*, Leipzig. Trans. 1968 W. Dych, *Spirit in the World*, London: Sheed & Ward.
Roberts, R. H. (1990). *Hope and its Hieroglyph: A Critical Decipherment of Ernst Bloch's 'Principle of Hope'*, Atlanta: Scholars Press.
Roberts, R. H. (1992). *A Theology on Its Way? Essays on Karl Barth*, Edinburgh: T. & T. Clark.
Roberts, R. H. (1996). 'Theology and Social Science' in D. Ford (ed.), *The Modern Theologians*, Oxford: Blackwell (2nd rev. edn, 1996), 700–19.
Scholder, K. (1977–85). *Die kirchen im dritten Reich*, 2 vols., Berlin. Trans. 1987–8 *The Churches and the Third Reich*, London: SCM.
Sell, A. P. F. (1988). *The Philosophy of Religion 1875–1980*, Bristol: Thoemmes Press.
Smart, N. et al. (1985ff.). *Nineteenth Century Religious Thought in the West*, 3 vols., Cambridge: Cambridge University Press.
Smith, R. (1997). *Fontana History of the Human Sciences*, London: Fontana Press.
Streeter, B. H. (ed.) (1912). *Foundations*, London: Macmillan.
Temple, W. (1934). *Nature, Man and God* (Gifford Lectures 1932–4), London: Macmillan.
Tennant, R. F. (1928, 1930). *Philosophical Theology*. Cambridge: Cambridge University Press.

Tillich, P. (1988–). *Main Works*, Berlin: de Gruyter.
van der Leeuw, G. (1933). *Phänomenologie der Religion*, Tübingen. Trans. 1938 J. E. Turner, *Religion in essence and manifestation: a study in phenomenology*, London: George Allen and Unwin.
von Balthasar, H. U. (1947). *Prometheus; Studien zur Geschichte des deutschen Idealismus*, Heidelberg: F. H. Kerle Verlag.
Webb, C. C. J. (1918–20). *God and Personality*, 2 vols. (Gifford lectures 1918–19), Aberdeen.
Webb, C. C. J. (1925). 'Outline of a philosophy of religion' in J. H. Muirhead (ed.), *Contemporary British Philosophy*, London: George Allen and Unwin.
Webb, C. C. J. (1933). *A Study of Religious Thought in England from 1850*, Oxford: Clarendon Press.
Welch, C. (1972). *Protestant Thought in the Nineteenth Century*, 2 vols. New Haven: Yale University Press.
Whitehead, A. N. (1926). *Religion in the Making*, Cambridge: Cambridge University Press.
Whitehead, A. N. (1929). *Process and Reality*, Cambridge: Cambridge University Press.

CHAPTER 60 LITERATURE AS PHILOSOPHY

Bersani, Leo (1965). *The Fictions of Life and of Art*, New York and London: Oxford University Press.
Bowie, Malcolm (1998). *Proust among the Stars*, London: HarperCollins.
Goldthorpe, Rhiannon (1991). *La Nausée* (Unwin Critical Library), London: HarperCollins.
Mann, Thomas (1924). *Der Zauberberg*, in *Gesammelte Werke*, 13 vols, vol. III (1960), Frankfurt on Main: Fischer Verlag. Trans. 1960 H. T. Lowe-Porter, *The Magic Mountain*, Harmondsworth: Penguin.
Minden, Michael (ed.) (1995). *Thomas Mann*, London: Longmans.
Murdoch, Iris (1953). *Sartre: Romantic Rationalist*, Cambridge: Bowes and Bowes. Reprinted, with a new introduction, 1989, Harmondsworth: Penguin.
Proust, Marcel (1913–27). *A la recherche du temps perdu*. New edition 1987–9, ed. Jean-Yves Tadié, 4 vols., Paris Gallimard (Pléiade). Trans. 1992 C. K. Scott Moncrieff and Terence Kilmartin, revised by D. J. Enright, *In Search of Lost Time*, 6 vols., London: Chatto and Windus. Repr. in paperback 1996, London: Vintage.
Reed, T. J. (1974). *Thomas Mann. The Uses of Tradition*, Oxford: Clarendon Press.
Sartre, Jean-Paul (1938). *La Nausée*. New edition 1981 in *Œuvres romanesques*, ed. Michel Contat and Michel Rybalka, Paris: Gallimard (Pléiade). Trans. 1965 Robert Baldick, *Nausea*, Harmondsworth: Penguin.

CHAPTER 61 AESTHETICS BETWEEN THE WARS: ART AND LIBERATION

Ayer, Alfred Jules (1946). *Language, Truth and Logic*, 2nd edn, London: Gollancz.
Benjamin, Walter (1968). *Illuminations*, ed. with an introduction by Hannah Arendt, New York: Harcourt, Brace, and World.
Benjamin, Walter (1978). *Reflections: Essays, Aphorisms, Autobiographical Writings*, ed. Peter Demetz, New York: Harcourt Brace Jovanovich.
Cassirer, Ernst (1944). *An Essay on Man*, New Haven: Yale University Press.
Collingwood, R. G. (1925). *Outlines of a Philosophy of Art*, London: Oxford University Press.
Collingwood, R. G. (1938). *The Principles of Art*, Oxford: Clarendon Press.
Danto, A. (1964). 'The Artworld', *Journal of Philosophy* 61, 571–84.
Dewey, John (1934). *Art as Experience*, New York: Milton Balch.

Goodman, N. (1968). *The Languages of Art*, Indianapolis, IN: Hackettt.
Harrison, Charles and Wood, Paul (eds.) (1992). *Art in Theory 1900–1990: An Anthology of Changing Ideas*, Oxford: Blackwell.
Heidegger, M. (1950), *Holzwege (Forest Paths)*, Frankfurt: Vittorio Klosterman.
Hofstadter, Albert and Kuhns, Richard (eds.) (1964). *Philosophies of Art and Beauty: Selected Readings from Plato to Heidegger*, New York: The Modern Library.
Ingarden, R. (1931). *Das Literarische Kunstwark*, Halle: Niemeyer. Trans. 1973 G. G. Grabowicz, *The Literary Work of Art*, Evanston, IL: Northwestern University Press.
Kelly, Michael, ed. (1998). *Encyclopedia of Aesthetics*, New York: Oxford University Press.
Langer, Suzanne K. (1942). *Philosophy in a New Key: A Study in the Symbolism of Reason, Rite and Art*, Cambridge, MA: Harvard University Press.
Lukács, G. (1916). *Die Theorie des Romans*, Berlin: Paul Cassirer. Trans. A. Bostock 1978 *The Theory of the Noval*, London: Merlin.
Taylor, Ronald (ed.) (1977). *Aesthetics and Politics: The Key Texts of the Classic Debate within German Marxism*, London: Verso.
Wittgenstein, Ludwig (1966). *Lectures & Conversations on Aesthetics, Psychology and Religious Belief*, ed. Cyril Barrett, Oxford: Blackwell.

CHAPTER 62 HANS KELSEN AND NORMATIVE LEGAL POSITIVISM

Alexy, R. (1992). *Begriff und Geltung des Rechts (Concept and Validity of the Law)*, Freiburg and Munich: Karl Alber. Trans. 2002 S. L. Paulson and B. L. Paulson, *The Argument from Injustice. A Reply to Legal Positivism*, Oxford: Clarendon Press.
Hart, H. L. A. (1957–8). 'Positivism and the Separation of Law and Morals', *Harvard Law Review* 71: 593–629. Repr. 1983 in H. L. A. Hart, *Essays in Jurisprudence and Philosophy*, Oxford: Clarendon Press, 49–87.
Kant, I. (1781, 1787). *Kritik der reinen Vernunft*, Riga: Hartknoch. Trans. 1998 P. Guyer and A. W. Wood, *Critique of Pure Reason*, Cambridge: Cambridge University Press.
Kant, I. (1797). *Die Metaphysik der Sitten, Erster Theil, metaphysische Anfangsgründe der Rechtslehre* (First Part, *Metaphysical First Principles of the Theory of Law*), Königsberg: Friedrich Nicolovius. Trans. 1991 M. Gregor, *The Metaphysics of Morals*, Cambridge: Cambridge University Press, 33–177.
Kelsen, H. (1911). *Hauptprobleme der Staatsrechtslehre* (*Main Problems in the Theory of Public Law*), Tübingen: J. C. B. Mohr, 2nd printing (1923) with new foreword. Trans. of 'Foreword' in S. L. Paulson and B. L. Paulson (eds. and trans.) (1998), 3–22.
Kelsen, H. (1920). *Das Problem der Souveränität und die Theorie des Völkerrechts* (*The Problem of Sovereignty and the Theory of International Law*), Tübingen: J. C. B. Mohr.
Kelsen, H. (1922a). *Das soziologische und das juristische Staatsbegriff* (*The Sociological and the Legal Concept of the State*), Tübingen: J. C. B. Mohr.
Kelsen, H. (1922b). 'Rechtswissenschaft und Recht' ('Legal Science and the Law'), *Zeitschrift für öffentliches Recht*, 3: 103–235.
Kelsen, H. (1923–4). 'Die Lehre von den drei Gewalten oder Funktionen des Staates' ('The Doctrine of the Three Powers or Functions of the State'), *Archiv für Rechts-und Wirtschaftsphilosophie*, 17: 374–408.
Kelsen, H. (1925). *Allgemeine Staatslehre* (*General Constitutional Theory*), Berlin: Springer Verlag.
Kelsen, H. (1928). *Die philosophischen Grundlagen der Naturrechtslehre und des Rechtspositivismus*, Charlottenburg: Pan-Verlag Rolf Heise. Trans. 1945 W. H. Kraus as an appendix to H. Kelsen, *General Theory of Law and State*, Cambridge, MA: Harvard University Press, 389–446.

Kelsen, H. (1934). *Reine Rechtslehre* (*Pure Theory of Law*) 1st edn, Leipzig and Vienna: Deuticke. Trans. 1992 B. L. Paulson and S. L. Paulson, *Introduction to the Problems of Legal Theory* (the subtitle of the original work), Oxford: Clarendon Press.

Kelsen, H. (1941–2). 'The Pure Theory of Law and Analytical Jurisprudence', *Harvard Law Review* 55: 44–70. Repr. 1957 (with omissions) in H. Kelsen, *What is Justice?*, Berkeley and Los Angeles: University of California Press, 266–87, 390 (notes).

Kelsen, H. (1945). *General Theory of Law and State*, trans. H. Wedberg, Cambridge, MA: Harvard University Press.

Kelsen, H. (1960). *Reine Rechtslehre*, 2nd edn, Vienna: Franz Deuticke. Trans. 1967 M. Knight, *The Pure Theory of Law*, Berkeley and Los Angeles: University of California Press.

Kelsen, H. (1979). K. Ringhofer and R. Walter (eds.), *Allgemeine Theorie der Normen*, Vienna: Manz. Trans. 1991 M. Hartney, *General Theory of Norms*, Oxford: Clarendon Press.

Maihofer, W. (ed.) (1962). *Naturrecht oder Rechtspositivismus?* (*Natural Law or Legal Positivism?*), Darmstadt: Wissenschaftliche Buchgesellschaft.

Merkl, A. J. (1917). *Das Recht im Lichte seiner Anwendung* (*The Law in Light of its Application*), Hanover: Helwing.

Merkl, A. J. (1931). 'Prolegomena einer Theorie des rechtlichen Stufenbaus' ('Prolegomena to a Theory of the Hierarchical Structure of the Law') in A. Verdross (ed.), *Gesellschaft, Staat und Recht. Untersuchungen zur Reinen Rechtslehre. Festschrift Hans Kelsen zum 50. Geburtstage gewidmet* (*Society, State, and the Law. Investigations into the Pure Theory of Law. Festschrift Dedicated to Hans Kelsen on his Fiftieth Birthday*), Vienna: Springer Verlag, 252–94.

Paulson, S. L. (1992). 'The Neo-Kantian Dimension of Kelsen's Pure Theory of Law', *Oxford Journal of Legal Studies* 12: 311–32.

Paulson, S. L. (1996). 'Hans Kelsen's Earliest Legal Theory: Critical Constructivism', *The Modern Law Review* 59: 797–812. Repr. (with revisions) in S. L. Paulson and B. L. Paulson (eds.) (1998), 23–43.

Paulson, S. L. (2003). 'Legal Theory, 1870–1914', chapter 23 in this volume.

Paulson, S. L. and Paulson, B. L. (eds.) (1998). *Normativity and Norms. Critical Perspectives on Kelsenian Themes*, Oxford: Clarendon Press.

Pound, R. (1933–4). 'Law and the Science of Law in Recent Theories', *Yale Law Journal* 43: 525–36.

Raz, J. (1974). 'Kelsen's Theory of the Basic Norm', *The American Journal of Jurisprudence* 19: 94–111. Repr. (with revisions) in S. L. Paulson and B. L. Paulson (eds.) (1998), 47–67.

Raz, J. (1981). 'The Purity of the Pure Theory', *Revue internationale de philosophie* 138: 441–59. Repr. in S. L. Paulson and B. L. Paulson (eds.) (1998), 237–52.

Ross, A. (1961). 'Validity and the Conflict between Legal Positivism and Natural Law', *Revista Jurídica de Buenos Aires*, no. 4: 46–93 (bilingual printing). Repr. in S. L. Paulson and B. L. Paulson (eds.) (1998), 147–63.

von Wright, G. H. (1963). *Norm and Action*, London: Routledge.

CHAPTER 63 THE LIBERAL DEMOCRATIC STATE: DEFENCES AND DEVELOPMENTS

Beetham, D. (1985). *Max Weber and the Theory of Modern Politics*, 2nd edn, Cambridge: Polity.
Bellamy, R. P. (1992). *Liberalism and Modern Society: A Historical Argument*, Cambridge: Polity.
Bellamy, R. P. (2000). *Rethinking Liberalism*, London: Pinter.
Beveridge, W. (1945). *Why I am a Liberal*, London: Herbert Jenkins.
Calogero, G. (1940–5). *Difesa del liberalsocialismo ed altri saggi* (*A Defence of Liberal Socialism and Other Writings*), repr. 1968, ed. M. Sciavone and D. Cofrancesco, Milan: Marzorati.

Croce, B. (1928). 'Liberismo e liberalismo' ('Free Trade and Liberalism'), *Atti dell'Accademia di scienze morale e politiche della società reale di Napoli* 51, 75–9. Reprinted 1973, B. Croce, *Etica e politica*, Bari: Laterza, 263–8.

Croce, B. (1943). 'Revisione filosofica dei concetti di "Liberta" e "Giustizia" ' ('Philosophical Re-readings of the Concepts of Liberty and Justice'), *La Critica* 40 (1943), 276–84.

De Ruggiero, G. (1925). *Storia del liberalismo europeo*. Bari: Laterza. Trans 1927 R. G. Collingwood, *The History of European Liberalism*, Oxford: Clarendon Press.

De Ruggiero, G. (1946) *Il ritorno alla ragione (The Return to Reason)*, Bari: Laterza.

Dewey, J. (1927). *The Public and its Problems*, New York: Henry Holt. Repr. 1984 in J. A. Boydston (ed.), *John Dewey: The Later Works*, Carbondale, IL: Southern Illinois University Press, vol II, 253–372.

Dewey, J. (1935). *Liberalism and Social Action*, New York: G. P. Putnam's Sons. Repr. 1987 in J. A. Boydston (ed.), *John Dewey: The Later Works*, Carbondale, IL: Southern Illinois University Press, vol. XI, 1–65.

Dewey, J. (1939). 'The Economic Basis of the New Society' in J. Ratner, *Intelligence in the Modern World*, New York: Modern Library, 1939. Repr. 1988 in J. A. Boydston (ed.), *John Dewey: The Later Works*, Carbondale, IL: Southern Illinois University Press, 416–38.

Einaudi, L. (1928). 'Di concetti di liberismo economico, e di borghesia e sulle origini materialistiche della guerra', *La riforma sociale*, 35, vol. 39, nos. 9–10 September-October, 501–16. Repr. 1973 in L. Einaudi, *Il buongoverno*, Bari: Laterza, vol. I, 196–218.

Freeden, M. (1986). *Liberalism Divided: A Study in British Political Thought 1914–39*, Oxford: Clarendon Press.

Harris, J. (1977). *William Beveridge: A Biography*, Oxford: Clarendon Press.

Hayek, F. A. (1935) (ed.). *Collectivist Economic Planning*, London: Routledge.

Hayek, F. A. (1944). *The Road to Serfdom*, London: Routledge.

Hetherington, H. J. W. and Muirhead, J. H. (1918). *Social Purpose: A Contribution to a Philosophy of Civic Society*, London: George Allen and Unwin.

Hirst, P. Q. (ed.) (1989). *The Pluralist Theory of the State: Selected Writings of G. D. H. Cole, J. N. Figgis and H. J. Laski*, London: Routledge.

Hobhouse, L. T. (1911). *Liberalism*, London: Williams and Norgate. New edn 1964, Oxford: Oxford University Press.

Hobhouse, L. T. (1918). *The Metaphysical Theory of the State*, London: George Allen and Unwin.

Hobson, J. A. (1934). *Democracy and a Changing Civilisation*, London: John Lane The Bodley Head Ltd.

Keynes, J. M. (1919). *The Economic Consequences of the Peace*, London: Macmillan.

Keynes, J. M. (1925). 'Am I a Liberal?', *Nation and Atheneum*, 8 and 15 August. Repr. 1972 in *Essays in Persuasion, Collected Writings of John Maynard Keynes*, vol. IX, London: Macmillan, 295–306.

Keynes, J. M. (1926). *The End of Laissez-Faire*. London: Hogarth Press. Repr. 1972 in *Essays in Persuasion, Collected Writings of John Maynard Keynes*, vol. IX, London: Macmillan, 272–94.

Keynes, J. M. (1927). 'Liberalism and Industry', in H. L. Nathan and H. Heathcote Williams (eds.), *Liberal Points of View*, London: Ernest Benn, 205–19. Repr. 1981 in D. Moggridge (ed.), *Activities 1922–29, Collected Writings of John Maynard Keynes*, vol. XIX, London: Macmillan, 638–48.

Keynes, J. M. (1936). *The General Theory of Employment, Interest and Money*, London: Macmillan. Repr. 1973 in D. Moggridge and A. Robinson (eds.), *The Collected Works of John Maynard Keynes*, vol. VIII, London Macmillan.

Kloppenberg, J. T. (1986). *Uncertain Victory: Social Democracy and Progressivism in European and American Thought 1700–1920*, New York: Oxford University Press.

Benhabib, S., Bonss, W., and McCole, J. (1993). *On Max Horkheimer: New Perspectives*, Cambridge, MA: MIT Press.
Buck-Morss, S. (1977). *The Origin of Negative Dialectics: Theodor W. Adorno, Walter Benjamin, and the Frankfurt Institute*, New York: Free Press.
Calandra, G. (1987). *Gentile e il fascismo*, Rome and Bari: Laterza.
Dallmayr, F. (1993). *The Other Heidegger*, Ithaca, NY: Cornell University Press.
Femia, J. (1981). *Gramsci's Political Thought: Hegemony, Consciousness and the Revolutionary Process*, Oxford: Oxford University Press.
Gentile, G. (1915). *Teoria generale dello spirito come atto puro*, Bari: Laterza. Trans. 1922 H. W. Carr, *The Theory of Mind as Pure Act*, London: Macmillan.
Gentile, G. (1927). 'The Philosophic Basis of Fascism', *Foreign Affairs* 6: 290–304.
Gentile, G. (1937). *Fondamenti della filosofia del diritto*, 3rd edn, Florence: Sansoni.
Gluck, M. (1985). *Georg Lukács and His Generation 1900–1918*, Cambridge, MA: Harvard University Press.
Gottfried, P. E. (1990). *Carl Schmitt: Politics and Theory*, New York: Greenwood Press.
Gramsci, A. (1948–51). *Quaderni del carcere*, ed. F. Platone, 6 vols., Turin: Einaudi. Rev. complete edn 1975 ed. V. Gerratana, Turin: Einaudi. Trans. 1971 (incomplet) Q. Hoare and G. Smith, *Selections from the Prison Notebooks*, London: Lawrence and Wishart.
Gramsci, A. (1982). *La città futura*, ed. S. Caprioglio, Turin: Einaudi. Trans. 1994 V. Cox, *Pre-prison Writings*, Cambridge: Cambridge University Press.
Heidegger, M. (1953). *Einführung in die Metaphysik* (*Gesamtausgabe* vol. XL), Frankfurt: V. Klosterman. Trans. 1961 R. Manheim, *An Introduction to Metaphysics*, New York: Anchor Books.
Heidegger, M. (1954). *Die Frage nach der Technik* (*Vorträge und Aufsätze*, 13–44), Pfullingen: Verlag Günter Neske. Trans. 1977 W. Lovitt, *The Question Concerning Technology* (*Basic Writings*, 283–317), New York: Harper and Row.
Horkheimer, M. (1947). *The Eclipse of Reason*, New York: Oxford University Press.
Jay, M. (1984a). *Adorno*, Cambridge, MA: Harvard University Press.
Jay, M. (1984b). *Max Horkheimer and the Retreat from Hegelian Marxism* in *Marxism and Totality: The Adventures of a Concept from Lukács to Habermas*, Berkeley and Los Angeles: University of California Press.
Kadarkay, A. (1991). *Georg Lukács: Life, Thought, and Politics*, Oxford: Blackwell.
Lukács, G. (1910). *A lélek és a formák*, Budapest: Franklin. Trans. 1974 A. Bostock, *Soul and Form*, Cambridge, MA: MIT Press.
Lukács, G. (1920). *Die Theorie des Romans*, Berlin: Paul Cassirer. Trans. 1971 A. Bostock, *Theory of the Novel*, Cambridge, MA: MIT Press.
Lukács, G. (1923). *Geschichte und Klassenbewusstsein: Studien über Marxistische Dialektik*, Berlin: Malik Verlag. Trans. 1971 R. Livingstone, *History and Class Consciousness: Studies in Marxist Dialectics*, Cambridge, MA: MIT Press.
Lukács, G. (1924). *Lenin: Studie über den Zusammenhang seiner Gedanken*, Berlin: Malik Verlag. Trans. 1971 N. Jacobs, *Lenin: A Study on the Unity of His Thought*, Cambridge, MA: MIT Press.
Maier, C. (1975). *Recasting Bourgeois Europe: Stabilization in France, Germany and Italy in the Decade After the First World War*, Princeton, NJ: Princeton University Press.
McCormick, J. (1997). *Carl Schmitt's Critique of Liberalism: Against Politics as Technology*, Cambridge: Cambridge University Press.
Mommsen, W. (1959). *Max Weber und die deutsche Politik, 1890–1920*, Tübingen: J. C. B. Mohr. Trans. 1984 M. Steinberg, *Max Weber and German Politics, 1890–1920*, Chicago: University of Chicago Press.
Prezzolini, G. (1909). 'Relazione del primo anno della Voce', *La Voce* I:1.
Romano, S. (1984). *Giovanni Gentile: La filosofia al potere*, Milan: Bompiani.

Rose, G. (1978). *The Melancholy Science: An Introduction to the Thought of Theodor W. Adorno*, New York: Columbia University Press.

Safranski, R. (1994). *Ein Meister aus Deutschland: Heidegger und seine Zeit*, Munich: Carl Hanser Verlag. Trans. 1998 E. Osers, *Martin Heidegger: Between Good and Evil*, Cambridge, MA: Harvard University Press.

Schmitt, C. (1925a). *Politische Romantik*, Berlin: Duncker and Humboldt. Trans. 1986 G. Oakes, *Political Romanticism*, Cambridge, MA: MIT Press.

Schmitt, C. (1925b). *Römischer Katholizismus und politsche Form*, Munich: Theatiner-Verlag. Trans. 1996 G. Ulmen, *Roman Catholicism and Political Form*, Westport, CT: Greenwood.

Schmitt, C. (1934). *Politische Theologie: Vier Kapitel zur Lehre von der Souveränität*, Munich: Duncker and Humblot. Trans. 1985 G. Schwab, *Political Theology: Four Chapters on the Concept of Sovereignty*, Cambridge, MA: MIT Press.

Schmitt, C. (1963a). 'Das Zeitalter der Neutralisierungen und Entpolitisierungen' in *Der Begriff des Politischen*, Berlin: Duncker and Humboldt. Trans. 1993 M. Konzett and J. McCormick, 'The Age of Neutralisations and Depoliticisations', *Telos* 96.

Schmitt, C. (1963b). *Der Begriff des Politischen: Text von 1932 mit einem Vorwort und drei Corollarien*, Berlin: Duncker and Humboldt. Trans. 1976 G. Schwab, *The Concept of the Political*, New Brunswick, NJ: Rutgers University Press.

Stirk, P. (1992). *Max Horkheimer: A New Interpretation*, Lanham, MD: Barnes and Noble.

Veneruso, D. (1984). *Gentile e il primato della tradizione culturale italiana: Il dibattito politico all'interno del fascismo*, Rome: Edizioni Studium.

Wolin, R. (1990). *The Politics of Being: The Political Thought of Martin Heidegger*, New York: Columbia University, Press.

Zimmerman, M. (1990). *Heidegger's Confrontation with Modernity: Technology, Politics, and Art*, Bloomington, IN: Indiana University Press.

索引

本索引所注页码为原书页码，读者可根据本书边码寻找。

A la Recherche du Temps Perdu（Proust），《追忆逝水年华》（普鲁斯特），714–716

a priori method, 先天的方法, 16, 19, 79, 422–423, 542–543, 567

Abelard, 阿伯拉尔 157

the Absolute, 绝对 45
  in Bosanquet, 鲍桑葵论~, 432, 538
  existence of, ~的存在, 55
  forms of, ~的形式, 428
  independence of, ~的独立性, 431
  in Royce, 罗伊斯论~, 57–58

absolute discreteness, 绝对的分离性, 431

absolute idealism 绝对唯心主义
  in Bosanquet, 鲍桑葵论~, 54–57
  decline of, ~的衰落, 708–709
  false belief, 虚假的信念, 85–86
  humanism and, 人道主义与~, 88

absolute paradox, 绝对悖论 711

absolute presuppositions, 绝对的预先假定 431–432, 433

AC（Axiom of Choice）, 选择公理, 141, 148

acceptance, 接受 160, 168

Ackermann, W., 阿克曼, 585–586, 594–595

acquaintance, 亲知, 420

索 引

action，活动，164，330-331

    in Bergson，柏格森论~，73

    in Stumpf，斯通普夫论~，165-166

Action, L' (Blondel) 《论活动》（布隆代尔），330-331，461-462，712

actualisation，实现，439-440

Adler, Max，阿德勒，307

Adorno, Theodor，阿多诺 504，691，756，763-764，765

aesthetics，美学

    art as experience，作为经验的艺术，726-728

    in Bell，贝尔的~，356-357

    in Benedetto，克罗齐的~，355-356

    Bloomsbury group，布卢姆斯伯里团体，356-361

    in Bosanquet，鲍桑葵的~，350-353

    in Cassirer，卡西尔的~，731-732

    in Collingwood，柯林伍德的~，728-731

detachment，超然 358

    in Dewey，杜威的~，726-728

    ethics and，伦理学与~，734

    feelings，感觉，感受，352

    formalism and，形式主义与~，342

    in Fry，弗莱的~，357-359

    in Heidegger，海德格尔的~，735-736

history of，~史，54，337-338

idealism and，唯心主义与~，342

inter-war period，两次战争之间时期，721-722

knowledge，知识，437

Marxist，马克思主义~，722-726

    Neo-Kantian，新康德主义~，731-733

    in Nietzsche，尼采的~，342-345

in pater，佩特的~，345 – 347

phenomenology and，现象学与~，735

psychical distance，心理距离，359 – 360

in Ruskin，斯金的~，338 – 341

in Santayana，桑塔亚那的~，353 – 355

in Schopenhauer，叔本华的~，338

as science，作为科学的~，734 – 735

in Tolstoy，托尔斯泰的~，349 – 350

uniqueness，唯一性，360 – 361

in Wittgenstein，维特根斯坦的~，734 – 735

Affinity in the Human Family（摩尔根），《人类家庭的血亲和姻亲制度》680

agnition，认识 461 – 462

Agnostic Controversy，不可知论之争，324 – 326

agnosticism，不可知论，24，81

Ajdukiewicz, K.，阿吉图库威茨，414 – 415

alethia，真理 571

Alexander, Samuel，亚历山大，376，636，765

    Space-time matrix，时空矩阵，439

algebra, logic and，代数，逻辑与代数，120 – 123

Allgemeine Logik（Bergmann），《普通逻辑》（伯格曼）164

altruism，利他主义，287，290 – 291

    in Nietzsche，尼采的~，270 – 271

American Journal of Psychology, The《美国心理学杂志》，101

analogy，类比，443，540，613 – 614

analysis and action，分析与活动 73

Analysis，《分析》（杂志），417

Analysis of Sensations, The（Mach），《感觉的分析》（马赫），20

Analysis of Mind, The（Russell），《心的分析》（罗素），373

analytic philosophy，分析哲学

索 引

acts theory，活动理论，168
aesthetics，美学，722
 background，~的背景，174–177
 beginnings of，~的开端，67–69，505
 inBergson，柏格森的~，68–69
 formal language，形式语言，179–186
 in Frege，弗雷格的~，177–186
 identity conditions，同一性条件，179
 intentionality，意向性，523
 in Lewes，刘易斯的~，422–423
 logic and，逻辑与~，417–423
meaning，意义，169，179，430
in Moore，摩尔的~，422
natural language，自然语言，179–186
picture theory，图画理论，22，658–659
religion and，宗教与~，711–712
in Russell，罗素的~，186–92，418–420，
signs theory，记号理论，559–560
speculative philosophy and，思辨哲学与~，417
syncategorematica，句法范畴的，161
synthetic，综合的，423
in Vienna Circle，维也纳学派的~，421–423
in Wittgenstein，维特根斯坦的~，420–421
see also sense-data theories，亦见感觉材料理论
anarchism，无政府主义
anarcho-syndicalist myth，无政府工联主义神话，306–307
Marxism and，马克思主义与~，297–301
Angell, J. R. 安吉尔，105，643
angst，畏，490，502–503
anguish，467

1099

animal psychology，动物心理学，642
　　behaviourism，行为主义，655 – 656
　　intervening variables，中介变量，645 – 646
anthropology，人类学
　　beginning of，~的开端，680 – 681
　　colonialism and，殖民主义与~，683 – 684
　　cultural relativism，文化相对主义，681 – 682
diffusionism，传播论，679，683
　　evolutionism，进化论，679，681 – 682，683
　　functionalism，功能主义，679，682 – 683，683 – 684
　　science and，科学与~，679 – 680
Anti-Dühring，(Engels)《反杜林论》(恩格斯)，297
anti-positivism，反实证主义，507 – 508，509 – 510
anti-semitism，反犹太主义 763
Antichrist，敌基督，63 – 64
anxiety，忧虑，466 – 468
apes，studies of，猩猩，对猩猩的研究，655
Apollonian ideas，阿波罗神式的观念 344
apparent motion，似动现象，653 – 654
appearance，呈现，现象
　　multiple relation theory，多重关系理论，528
　　reality and，实在与~，52 – 53，261 – 262
　　see also sense-data theories，亦见感觉材料理论
Appearance and Reality（Bradley），《现象与实在》(布拉德雷)，52 – 53，261 – 262
apperception，统觉，100
approciateness，适宜性，458
Aquinas，St Thomas，阿奎那，圣托马斯，157，462
　　see also Thomist philosophy，亦见托马斯主义哲学
Arbeiterfrage，Die（Lange），《论工人问题》(朗格)，33

Arendt, Hannah, 阿伦特, 505

Argentina, 阿根廷, 509-510

arguments, nature of, 论证, 它的性质, 175

Aristotle, 亚里士多德

 arts, 艺术, 350

 judgement theory, 判断理论, 157

 logic, 逻辑, 175

 naturalism and, 自然主义与~, 452-453

 on science, 论科学, 616

 species, 类, 种类, 170

 syllogisms, 三段论, 122

 time, 时间, 441-442

arithmetic, 算数

 analytic number theory, 分析数论, 133-134

 logic and, 逻辑与~, 68, 132, 136-137, 177-178, 181

 number systems, 数的系统, 135-137

 phenomenology and, 现象学与~, 481-483

 synthetic a priori, 先天综合的, 421

art, 艺术

 for art's sake, 为艺术的艺术, 338, 346, 348-349

 content, 内容, 352

 craft and, 工艺与~, 729

 cult art, 膜拜艺术, 725

detachment, 超然, 358

 division of labour, 劳动分工, 340

 as experience, 作为经验的艺术, 726-728

 feelings and, 感觉与~, 351, 352-360, 356-357

 form and content, 形式与内容, 352

 formalism and, 形式主义与~, 348

 freedom and, 自由与~, 351

1101

God and，上帝与~，339
infection theory，感染论，730
innovations，创新，革新，3-4
intuition and，直觉与~，355
knowledge，知识，437，728
language and，语言与~，733
means-end relation，手段与目的关系，729-730
morality and，道德与~，339，341，345，346，349-350
no-art and，非艺术与~，356
philosophy of，~哲学，15
positivist psychology，实证主义心理学，15
principles of，~原理，728-731
realism and，实在论与~，724
reason in，~中的理性，354
symbolism and，符号运用与~，732-733
truth and，真理与~，730-731
value of，~的价值，349

Art as Experience（Dewey），《作为经验的艺术》（杜威），726-728

Art（Bell），《艺术》（贝尔），356-357，726

'as if'，"仿佛"，34，40-41，89

assent, inference and，同意，推断与~，331-332

associationist psychology，联想主义心理学，95，97，232
    atomizing tendency，原子化倾向，97

assumption，假设，170-171

atomism，原子论
    background，背景，195-197
    in Boltzmann，玻尔兹曼~，203-205
    consciousness，意识，651-653
    criticisms of，对~的批判，197-199，202-203
    defence of，对~的辩护，76

in Duhem，杜恒的~，199－203

Duhem-Quine problem，杜恒－奎因问题，201－203

empirical support for，对~的经验支持，204

empiricist，经验主义的，84

facts，事实，384

idealism，唯心主义，197－199

承诺 Mach，马赫的~，197－199

in Ostwald，奥斯特瓦尔德的~，199

realism and，实在论与~，22－23，199，203

reductionism，还原主义，203

rejection of，对~的拒斥，70

in Russell，罗素的~，186

see also logical atomism，亦见逻辑原子论

attitude，态度，701

Augustine，奥古斯丁，445

Austin, J. L. 奥斯汀，521，529，532，567－568，570

Austin, John，奥斯汀，309－310，766

Austria，奥地利

　idealism，唯心主义，427

　liberalism，自由主义，750－751

Austrian school，奥地利学派，239－240

Austro-Marxists，奥地利马克思主义者，307

Autobiography (Mill)，《自传》（密尔），290

Avenarius, Richard，阿芬那留斯，21

'average man'，"平均人"，621

awareness, threshold of，意识，意识阈限，108

Axiom of Choice (AC)，选择公理，141，148，598－599

Axiom of Reducibility，可还原性公理，153－154

Ayer, A. J.，艾耶尔，766

　aesthetics，美学，734

emotivism，情感主义，700，703
idealism，唯心主义，428
influence of，~的影响，709
logical positivism and，~与逻辑实证主义，393－394
perception，知觉，530
sense-data theory，感觉材料理论，522
verifiability，可证实性，556

Bachelard，Gaston，巴舍拉尔，611－613，766
Bahktin，Mikhail，巴克廷，633
Bain，Alexander，贝恩，81，93，95，241
Bakunin，M，A，巴枯宁，297－301，766－767
Baldwin，James，鲍德温，101
Balfour，A. J.，鲍尔弗，325
Balthasar，Hans，Urs von，巴尔撒泽，710
Barcan，Ruth.，巴坎，587－588
Barnes，W. H.，巴恩斯，530
Barth，Karl，巴特，336，710，711，767
Barth，P. 巴思，229，232
basho，场所，514－515，516
Bauer，Otto，鲍尔，307
Bayesian philosophy，贝叶斯哲学，627
beauty，美
　　essence of，~的本质，352－3
　　morality and，道德与~，351
　　reason and，理性与~，54
　　sense of，美感，353－354
　　unity and，统一与~，343
Beck，Lewis White，贝克，27
Begriffsschrift（Frege），《概念文字》（弗雷格），177

behaviour, Gestalt, 行为, 格式塔的, 495

behavourism, 行为主义
 atomism, 原子论, 655-656
 birth of, 行为主义的诞生, 641-642
 molar, 克分子, 646
 naturalism and, 自然主语与~, 640-641, 647-648
 neo-behaviourism, 新行为主义, 644-647, 648
 purposive, 目的的, 645
 responses to, 对~的反应, 643-644
 signs and attitude, 记号与态度, 560-561
 structure, 结构, 526

Being, 存在, 427, 490-491, 498-501, 566, 569

Being and Nothingness(Sartre), 《存在与虚无》（萨特）, 493, 526, 547

Being and Time(Heidegger), 《存在与时间》（海德格尔）, 371, 442, 477, 478, 490-491, 500-503, 573

Being as Being, 作为存在之存在, 570-571

being-for-itself, 自为之物, 493, 548

being-in-itself, 自在之物, 493

being-in-the-world, 在世的存在, 562-563

Being, the Great, 伟大的存在, 321-322

belief, 信念
 attitude and, 态度与~, 701
 desire and, 欲望与~, 697
 empiricism and, 经验主义与~, 324
 ethic of, ~的伦理学, 81, 331-332
 fixation of, ~的确定, 78-79
 in Marxism, 马克思主义的~, 686
 will and, 意志与~, 333-334

Bell, Clive, 贝尔, 356-357, 726, 727

Bellamy, R. 贝拉米, 293

Bello, Andrés, 贝略, 508, 510

Beloved, Community, 爱的社群, 335

Beltrami, Eugenio, 贝尔特拉米, 143

Beneke, F. E., 贝内克, 93

Benjamin, Walter, 本杰明, 724, 725-726

Bentham, George, 边沁, 乔治, 120

Bentham, Jeremy, 边沁, 杰里米, 240, 309

Berdiaev, Nikolai, 贝尔迪亚耶夫, 64-65, 767

Bergmann, Julius, 伯格曼, 164-165

Bergson, Henri, 柏格森, 767-768
 aesthetics series, 审美系列, 441-444
 analysis revived, 分析的复兴, 68-69
 influence of, ~的影响, 306
 intuition, 直觉, 71-72
 life of, ~的生平, 73
 phenomenological approaches, 现象学的方法, 70-71
 'project', 设计, 72-73,
 religion and, ~与宗教, 329-330
 serial actualization, 系列的实现, 440
 time and durance, 时间与绵延, 69-70
 unconsciousness, 无意识, 111-112
 vitalism and, 活力论, 生机论, 633-35
 war service, 战时服务, 369

Berkeley, George, 巴克莱, 12, 428, 609

Berlin Psychological Unit, 柏林心理学研究所, 651

Berlin Society, 柏林学会, 392, 393

Bernhardi, Friedrich von, 伯恩哈迪, 366

Bernoulli's Law, 贝努利定律, 623, 624

Bernstein, Eduard, 伯恩斯坦, 303

索引

Betweenness，居间状态，517

Beveridge, William，贝弗里奇，748，749-750

Biology，生物学

    idealism and，唯心主义与~，429

    mechanism and，机械论与~，637-638

    positivism in，~中的实证主义，23-26

    psychology，心理学，95

    see also vitalism，亦见活力论，生机论

Birth of Tragedy, The（Nietzsche），《悲剧的诞生》（尼采），344-345

black holes，黑洞，606-607

Blanc, Louis，布兰克，300

Blanschard, Brand，布兰夏德，538

Bloch, Ernst，布洛赫，710，723

BLondel, Maurice，布隆代尔，88，330-331，461-463，712，768

Bloomsbury group，布卢姆斯伯里团体，356-361

Blue Book（Wittgenstein），《蓝皮书》（维特根斯坦），574-577

Boas, Franz，博厄斯，681-682

bodies，物体，21

Bolshevism，布尔什维主义，761

Boltzmann, Ludwig，玻尔兹曼，22-23，203-205，622，768-769

Bolzano, Bernard，波尔查诺，119-120，158-159

Boodin, J. E.，布丁，429，435

Boole, George，布尔，121-122，124，126

Boolos, G.，布洛斯，133

Borel, Emile，博雷尔，624

Boring, E. G.，博林，103

Bosanquet, Bernard，鲍桑葵，769

    the Absolute，绝对，432，538

    aesthetics，美学，350-353，437

    coherentism，融贯论，538

1107

idealism，唯心论，53-56，342，428，429

logic，逻辑，126

militarism and，～与军国主义，367

perception，知觉，436

politics，政治学，294-295

religion，宗教，434

time，时间，432

Boström，C. J.，博斯特伦，316

bourgeoisie，资产阶级，687

Boutroux，Emile，布特鲁，329

Bowne，Borden Parker，鲍恩，434

Boyle's Law，波义耳定律，616

Bradley，F. H.，布拉德雷，770

'Bradley's regress'，"布拉德雷的倒退"，52

ethics，伦理学，255，256-257，260-262

idealism，唯心主义，49-53

logic，逻辑，126，176

militarism，军国主义，367

'Stations and Duties'，"地位与责任"，50，260，261

the Unknowable，不可知物，326，538

utilitarianism，功利主义，50，261

Brazil，巴西，509

Brecht，Bertolt，布莱希特，723，724-725

Brentano，Franz，布伦塔诺，770

consciousness，意识，101，650

ethics，伦理学，277，282-285

intentionality，意向性，159-160，283，525

introspection，内省，105-106

judgement theory，判断理论，124，159-163，165，170-171

phenomenology，现象学，481

unconsciousness，无意识，112-113
Bridgman, Percy, W.，布里奇曼，617-618，770
Brightman, Edgar Sheffield，布赖特曼，434
Britain，英国
 aesthetics，美学，337，338-341，350
 anthropology，人类学，682-683
 coherentism，融贯论，538-541
 colonialism，殖民主义，683
 early idealism，早期唯心主义，43-45
 economics，经济学，242
emotivism，情感主义，695
 empiricism，经验主义，331
 epistemology，认识论，533
 idealism，唯心主义，331，364，436，707
 imperialism，帝国主义，2
 individualism to collectivism，对之于集体主义的个人主义，289-290
 intuitionism，直觉主义，286
 liberal democracy，自由民主制度，745-750
 logical positivism，逻辑实证主义，393-394
 naturalism，自然主义，538-541
 psychology，心理学，94-98
 religion，宗教，709-710，711-712
 religious critique，宗教批判，323-326
 religious defence，宗教辩护，331-332，334
 scepticism，怀疑主义，538-541
 war service，战时服务，369
Broad, C. D.，布罗德，770-771
 duty，责任，698
 emotivism and，~与情感主义，700-701

intuitionism，直觉主义，695

rightness，正当性，697

sense-data theories，感觉材料理论，522，523，527-528

vitalism，活力论，生机论，633，637-638

Brouwer, L. E. J.，布劳维尔，150-151，155，588-589，771

Brunner, Emil，布伦纳，711

Brunschvicg, L.，布兰斯维克，437，610-611，771

Buber, Martin，布伯，710

Bulgakov, Sergei，布尔加科夫，64-65

Bullough, Edward，布洛，359-361

Bultmann, Rudolf，布尔特曼，336，710

Caird, Edward，凯尔德，44-45，334

Caird John，凯尔德，44-45，334

Campbell, Norman，坎贝尔，613-614，771-772

Canada，加拿大，94

Canons of Induction，归纳法则，16-17

Cantor, Georg，康托尔，138-142，772
 number theory，数论，581，598
 paradoxes，悖论，147-149

set theory，集合论，166

Capital (Marx)，《资本论》（马克思），685

capitalism，资本主义
 class consciousness，阶级意识，687
 commodification，商品化，686，687-688
 communism and，共产主义与~，759
 morality and，道德与~，292
 populism and，民粹主义与~，60
 socialism and，社会主义与~，296，304
 support for，对~支持，294，

  totality of，~的整体性，685 – 686
Carnap, Rudolf，卡尔纳普，772 – 773
  analytic philosophy，分析哲学，421 – 422，423
  commands，命令，703
  logic positivism，逻辑实证主义，392，393，394，396 – 397
  reducibility，可还原性，617
  verification principle，证实原则，557 – 558
Carpenter, William，卡彭特，95，105，241
Carritt, E. F.，卡里特，695，698
Cartesianism，笛卡尔主义
  critiques of，笛卡尔主义批判，546 – 547
  solipsism，唯我论，561 – 562
Cassirer, Ernst，卡西尔，773
  aesthetics，美学，722，731 – 732
  cultural sciences，文化科学，230 – 231
  legal realism，法律实在论，316
  Neo – Kantianism，新康德主义，29，35
  serial synthesis，系列综合，439
  symbolic forms，符号形式，433 – 434
  value theory，价值论，37
Catalan philosophy，加泰罗尼亚哲学，475
Categories (Aristotle)，《范畴篇》（亚里士多德）157，170
categories, theory of，范畴理论，85 – 87，443
Catholic philosophy，天主教哲学，461 – 462，712
  historical actuality，历史的现实性，465 – 466
  sanctification of reason，理性的神圣化，462 – 463
Catholicism，天主教，63，494
cats, studies of，对猫的研究，655
causality，因果性
  ephemeral and permanent，暂时的~和长久的~，16

explanations，说明，608-614，614-615

principle of，因果性原理，609

a priori law of，先天因果律，16，19

as psychological product，作为心理的产物，15

Causes, Composition of，原因，~的构成 636

certainty，确实性，704

CH (Continuum Hypothesis)，连续统假设，140，141，145，151，598-599

Chamberlain, Houston Stewart，钱伯林，656

Character-complex，特性复合体，451-452

de Chardin, Teilhard，德日进，370

Charlton, D. G.，查尔顿，13，14

Chicherin, Boris，奇切林，63

'Christian philosophy'，"基督教哲学"，462

Christianity，基督教，48，58-59，334-335

Church, Alonzo，丘奇，597-598，773

Church Dogmatics (Brunner),《教会教义学》(布伦纳)，711

Church's Thesis，丘奇论题，592

Chwistek, Leon，赫维斯特克，403，412-413，415，773

citizens，公民，249

Civil War in France, The (Marx and Engels),《法兰西内战》(马科思和恩格斯) 299

class consciousness，阶级意识，685，686-687，691，723，762，763

Clausius, R.，克劳修斯，195

Clifford, W. K.，克利福德，773-774

ethic of belief，信念伦理学，81，333-334

religion，宗教，323-324

space-time，时空，218

cognition，认识，认知，

always-contextualised，永远语境化的~ 541

apperception, 统觉, 100
    in law, 法律中的~, 742
    objectivity of, ~的客观性, 30
    transcendental, 先验的~, 741-742
Cohen, Hermann, 柯亨, 774
    aesthetics, 美学, 731
    Neo-Kantianism, 新康德主义, 29, 34-36, 37
    religion, 宗教, 335-336
    space-time, 时空, 32
Cohen, Morris R., 柯恩, 453
Cohen, P. J., 科恩, 141, 155
coherentism, 融贯论, 537, 538-541
collectivism, 集体主义,
    individualism and, 个人主义与~, 289-291
    individualist, 个人主义的~, 293
    morality and, 道德与~, 292-293
Collingwood, R. G., 柯林伍德, 774
    absolute presuppositions, 绝对的预先假定, 431
    aesthetics, 美学, 437, 722, 728-731
    history, 历史, 433, 672
    history and, ~与历史, 439
    religion and, ~与宗教, 434, 436
    truth, 真理, 430
    war service, 战时服务, 369
colonialism, 殖民主义, 683-684
colour perception, 颜色知觉, 99
command doctrine, 命令学说, 309-310, 313
commodity fetishism, 商品拜物教, 685
common good, 共同善, 47-49, 290
Common Law, The (Holmes), 《习惯法》(霍姆斯), 314, 315

common sense，常识，258–259，545，546

Commons，康芒斯，John R.，240–241

communism，共产主义
- capitalism and，资本主义与~，759
- liberal democracy and，自由民主制度与~ 747
- see also Marxism；Western Marxism，亦见马克思主义，西方马克思主义

community，社群，334–335，435，436，445
- final community，终极的共同性，446

compactness theorem，紧致性定理，595

Comparison，比较，14

completeness theorem，完全性定理，150，412，413，586，594–596

complex function theory，符合函数理论，133–134

complexes，复合体，384，386

Composition of Causes，原因的构成，636

computers，计算机，122

Comte, Auguste，孔德
- attitudes of mind，心灵的态度，13–14
- economics，经济学，241
- human sciences，人文科学，人学，12
- Hume and，~与休谟，14
- religion，宗教，321–322
- social science，社会科学，245

'Conception of Intrinsic Value'，"内在价值概念"，280

concepts，概念
- analysis of，~的分析，417–418，421
- formation of，~的形成，39–40
- in Kant，康德的~，417–418
- notation，记法，表示法，文字，176–177，179–182，558–560
- pragmatism and，实用主义与~，75

teleology of，~的目的论，76

theory of，~的理论，181

concrete universals，具体共相，55

conditionals，条件句，51

conscience collectives，集体意识，246-247

consciousness，意识

　　　atomism，原子论，651-653，655

　　　behaviourism，行为主义，641-642

　　　in Biran，比郎论~，329

　　　in Brentano，布伦塔诺论~，650

　　　bundle hypothesis，捆束假设，652

　　　constancy hypothesis，恒常性假设，652

　　　ego，自我，307，493

　　　equilibrium and，平衡与~，726-727

　　　existence of，~的存在，24，98，104

　　　in Freud，弗洛伊德论~107

function of，~的功用，333

　　　Gestalt psychology，格式塔心理学，650

　　　in Helmholtz，赫尔姆霍茨论~，108，109

　　　in Hussell，胡塞尔论~，484-487

　　　in Huxley，赫胥黎论~，24

　　　in James，詹姆斯论~，113-114，333，650

　　　in Kant，康德论~，307

　　　knowledge，知识，429

　　　in Ladd，莱德论~，102

　　　in literature，文学中的~，719-720

　　　unity of，~的统一性，102

　　　in Ward，沃德论~，98

　　　will，意志，329

consequentialism，后果论，697，704-705

1115

consistency, 一致性, 一贯性, 147, 150, 595-596
conspicuous consumption, 炫耀性消费, 240
context, kinds of, 各种语境, 183
context principle, 语境原则, 179
contextual definition, 语境定义, 188
continuity, 连续性, 85, 129-130, 135
Continuum Hypothesis (CH), 连续统假设, 140, 141, 145, 151, 598-599
'Copernican Revolution' (Kant), "哥白尼革命"(康德), 30
Cornford, Francis, 康福德, 369
correspondence, 对应, 385
Correspondence Principle, 一致性原则, 201-202
cosmology, 宇宙论, 604
Cournor, 库尔诺, A. A., 236
Cousin, 库辛, Victor, 243
covering-law, model, 覆盖率模型, 619-620
craft, 技艺, 729
creation, 创造, 440
Creative Evolution (Bergson), 《创造进化论》(柏格森), 72, 634-635
Critical Realism, 批判的实在论, 450-452, 522, 528
Critical Theory, 批判理论, 674-677, 691
Critique of Judgement (Kant), 《判断力批判》(康德), 337-338
Critique of Pure Reason (Kant), 《纯粹理性批判》(康德), 27, 30, 176, 535
 controversy of, 关于~的争论, 31-32
Croce, Benedetto, 克罗齐, 355-356, 775
 aesthetics, 美学, 437
 economics, 经济学, 243
 idealism, 唯心主义, 427, 433

liberalism，自由主义，436，753

cultural relativism，文化相对主义，681－682

cultural sciences，文化科学，38－40，230

 see also human sciences，亦见人文科学

cultural studies，文化研究，725

Cunningham，G. W.，坎宁安，429

Dalferth，Ingolf，达尔佛斯，708

Danilevsky，Nikolai，丹尼列夫斯基，63

Danto，Arthur，丹托，721，

Darwin，Charles，达尔文，2，23，95

Dasein，此在，478，490－492，502－502，548

 structure of，~的结构，562－563

Data of Ethics（Spencer），《伦理学资料》（斯宾塞），255

De Finetti，Bruno，德·菲内蒂，627，775

De Laguna，德拉古纳，643

De Morgan，Augustus，德摩根，120－121

death，freedom towards，死，向死的自由，371

'death of God'，"上帝死了"，327

decidability，可判定性，592

decision problem，判定问题，594

Dedekind Cut Property（DCP），狄德金分割属性，135，136

Dedekind，R.，狄德金，133－138，155，597

deductive logic，演绎逻辑

 defence of，对~的辩护，59

 induction and，归纳与~，611－613

 methodology，方法论，591

 study of，~研究，119

 theory of deduction，演绎理论，127

 transcendental，先验的，40

1117

validity of，有效性 52，414

definability，可定义性，592

definite descriptions，限定的摹状词，187

Des Degrés du Savoir，知识的等级，464 – 465

Degrés du Savoir，*Les*（Maritain），《知识的等级》（马利坦），464

demarcation criterion，划界标准，232 – 233，671，677

democracy，民主制度

 art and，艺术与 ~，728

 industrial，工业的，747

 planning and，计划与 ~，752

 social enquiry and，社会研究与 ~，675 – 677

 see also liberalism，亦见自由主义

Democritus，德谟克利特，195

derivability，可导出性，593 – 594

Descartes，René，笛卡尔，67，413，544，546 – 547，652 – 653

Descent of Man，*The*（Darwin），《人类起源》（达尔文），2

desire，欲望，47，256，287，704

determinism，决定论，409

Dewey，John，杜威，775

 aesthetics，美学，722，726 – 728

 behaviourism，行为主义，643

 economics，经济学，243

 enquiry，探索，79

 ethics，伦理学，285

 human science，人文科学，671 – 672

 liberalism，自由主义，745 – 746，747 – 748

 logical positivism，逻辑实证主义，394

 naturalism，自然主义，453 – 456，640

 pragmatism，实用主义，75，456 – 458，541 – 542

 social enquiry，社会探索，675，676

value theory,价值论,704-705

dialectic, laws of,辩证法规律,301

Dialectic of Enlightenment (Horkheilmer and Adorno),《启蒙的辩证法》（霍克海默与阿多诺）,691,756,763-764

Dialectics of Nature (Engels),《自然辩证法》（恩格斯）,301

Dickinson, G. L.,迪金森,377

Dilthey, Wilhelm,狄尔泰,775-776
    human sciences,人文科学,38,223-225,228,232
    theology,神学,707

Dionysian element,酒神的元素,344-345

direct realism,直接实在论,450

Dirichlet, Peter,狄利克雷,133-134,137

Dirichlet's Principle,狄利克雷原则,129

disinterestedness,无利害性,337-338

dissociation,分裂,108

'Distinguish to Unite' (Maritain),"差异而统一"（马利坦）464-465

division of labour,劳动分工,240,340

Dodgson, Charles Lutwidge,道奇森,125

Doppelgänger concept,"幽灵"概念,38

doubt,怀疑,78-79

Drake, Durant,德雷克,451

dreams,梦,107,108

Driesch, Hans,杜里舒,631-633,634

Drobisch, Moritz,德罗比斯,121

Ducasse, C. J.,杜卡斯,530,539

Duchamp, Marcel,杜尚,721

Duhm, Pierre,杜恒,199-203,615-616,776

Duhem-Quine problem,杜恒-奎因问题,201-203

Dummett, M. A. E.,达米特,179,186

Duncan-Jones, Austin, 邓肯－琼斯, 699

durance, 绵延, 68

duration, 绵延, 441-442, 443

Duration and Simultaneity (Bergson),《绵延与同时性》(柏格森), 72

Durkheim, Emile, 涂尔干, 246-248, 251, 323, 776-777

duty, 义务, 责任
 choice theory, 选择理论, 314-315
 general and special, 普遍的~与特殊的~, 696
 goodness and, 善与~, 698
 grounds for, ~的根据, 698
 in intuitionism, 直觉主义论~, 695-699,
 in law, 法律~, 316
 prima-facie, 当下的, 696-697

dynamics, 动力学, 196

Ebbinghause, Hermann, 埃宾豪斯, 99

Economic Consequences of Peace (Keynes),《凡尔赛和约的经济后果》(凯恩斯), 748

Economic Journal,《经济杂志》, 242

Economics, 经济学
 Austrian school, 奥地利学派, 239-240
 classical, 古典~, 241-242
 freedom and, 自由与~, 749-750
 institutionalism, 制度学派, 制度主义, 240-241
 laissez-faire, 自由放任, 748, 753
 Marginal Revolution, 边际革命, 235-237, 240
 marginal utility law, 边际效用规律, 288
 mathematics and, 数学与~, 236-237
 neo-classical, 新古典主义~, 237, 239, 240-241
 philosophy and, 哲学与~, 242-243

planning，计划，749-750，751-752
principles of，~原理，236，240
psychology and，心理学与~，241
science and，科学与~，243-244
sociology and，社会学与~，239
 utilitarianism，功利主义，241
 welfare economics，福利经济学，237-239
Eddington, Arthur，爱丁顿，429，430
Edgeworth, F. Y.，埃奇沃思，236，238，239，241，242
Edwards, Paul，爱德华兹，696
ego，自我，307，493
egoism，自我主义，258
Ehrenfels, Christian von，埃伦费尔斯，101，286，287-288
 perception，知觉，651
Eichhorn, K. F.，艾希霍恩 311
eidetic reduction，本质还原，487-488
Einaudi, Luigi，伊诺第，753
Einstein, Albert，爱因斯坦，777
 atomism，原子论，204
 Berlin Society，柏林学会，393
 cosmological constant，宇宙论常数，604
 equivalence principle，等效原理，602
 general relativity，广义相对论，600-601
 Hole Argument，空穴论证，603
 logical positivism，逻辑实证主义，392
 singularities，奇点，606-607
 special theory，狭义相对论，207-208，216
 time，时间，618
 unified field theory，统一场理论，603
ecstatic，逸出，442

élan vital，生命冲动，72，634-635

electro-magnetism，电磁学，2

Elementarsäzte，基本命题，384

Elementary Forms of the Religious Life, The（Durkheim），《宗教生活的基本形式》（涂尔干），247

Elements of Logic（Whately），《逻辑原理》（沃特利），119

Ely, Richard，伊利，240-241

embryology，胚胎学，发生学，631-632

Emergent Evolution（Lioyd Morgan），《突现进化论》（L. 摩尔根），636，637

Emergent Vitalism，突现活力论，637-638

emergentism，突现论，454，636-637

emotion，情感，情绪
　　art and，艺术与~，727，728，730，732
　　in behaviourism，行为主义论~，642
　　in Meinong，迈农论~，286-287
　　studies of，对~的研究，493

emotivism，情感主义，561，695，699-701，701-703
　　in Dewey，杜威的~，704-705

empiricism，经验主义
　　atomism，原子主义，84
　　errors in，~中的错误，33-34
　　in Hume，休谟的~，76，84
　　idealism and，唯心主义与~，514-515
　　in James，詹姆斯的~，77，84-85，87
　　logical positivism，逻辑实证主义，394-397
　　in Mill，密尔的~，12
　　pragmatism，实用主义，76-77
　　radical，彻底的~，84，87

Encyclopedia（Neurath），《百科全书》（纽拉特），537

索 引

ends in view，考虑中的目的，704－705

energetics，能量学，199，202－203

Engelmann, Paul，恩格尔曼，375

Engels, F.，恩格斯，297，299，301－305，777

England，英格兰
    legal positivism，法律实证主义，309－310
    positivism，实证主义，12，16－18
    science and religion，科学与宗教，23

enlightenment，启蒙，763－764

enquiry，探索，研究，78－81．458，675－677

Enquiry (Hume)，《人类理智研究》（休谟），524

Enquiry into the Good, An (Nishida)，《善的研究》（西田），513－514

entelechies，隐德莱希，632，633

entropy，熵，195－196，204－205

Entscheidungsproblem，判定问题，594，598

Epistemology，认识论
    anti-naturalism，反自然主义，535－538
    pragmatism，实用主义，541－543
    renaissance of，～的复兴，533－534

Erdmann, Benno，埃德曼，29，124

Erdmann, Eduard，厄尔德曼，158

Erlanger Programm (Klein)，厄兰格纲领（克莱恩），129

Essay on Man (Cassirer)，《论人》（卡西尔），731

essence，本质，实质，479，480，487－488

eternal recurrence，永恒轮回，276，439

ethical relativism，伦理相对主义，682

Ethical Studies (Bradley)，《伦理学研究》（布拉德雷），49－50，255，260－262

ethics，伦理学
    absolute ethics，绝对伦理学，264

1123

autonomy of，~的自主，278，281

of belief，信念的~，81，324

betweenness，居间性，517

in Bradley，布拉德雷的~，49-50. 255，260-262

in Brentano，布伦塔诺的~，277，282

desire，欲望，欲求，46-48

developments in，~的发展，285-288

in Dewey，杜威的~，704-705

evolution and，进化论与~，263-265

feelings，感觉，286-287

free action，自由行动，47

good self，善良的自我，49-50

in Green，格林的~，261-262

history of，~史，277

inconsistency，不一贯，262

methods of，~的方法，257-260

in Mill，密尔的~，255-256

in Moore，摩尔的~，277-282

moralities，道德，267-281

non-naturalism，非自然主义，279-281

objectivism，客观主义，278-284

phenomenology and，现象学与~，488-489

psychology and，心理学与~，281-284

realism and，实在论与~，277

in Scheler，舍勒的~，488-489

science of，~的科学，263

in Sidgwick，西奇威克的~，257-260

subjectivism，主观主义，284

value theory，价值论，286

in Wittgenstein，维特根斯坦的~，375

索引

  see also emotivism；intuitionism；morality，亦见情感主义，直觉主义，道德

Ethics and Language（Stevenson），《伦理学与语言》（斯蒂文森），701-703

Ethics（Dewey），《伦理学》（杜威），704

Ethics（Ewing），《伦理学》（尤因），700-701

'The Ethics of Belief'（Clifford），"信念伦理学"（克利福德），324

ethno-psychology，民族心理学，227

Euclidean geometry，欧几里德几何学，30

eugenics movement，优生学运动，17，750

evaluations，评价，460

evangelical Christianity，基督教福音派，43-44

the event，事件，442

evil，恶，111，434，436

evolution，进化论，进化，23-24

  acceptance of，~的接受，2

  anthropology and，人类学与~，679

  élan vital，生命冲动，72，634-635

  emergentism，突现论，636-637

  ethics and，伦理学与~，330

  God and，上帝与~，330

  idealism and，唯心主义与~，429

  Marxism and，马克思主义与~，302-303

  morality and，道德与~，26

  naturalism and，自然主义与~，458-459

  religion and，宗教与~，326-327

  see also emergentism，亦见突现论

Evolution of Religion（Caird），《宗教的进化》（凯尔德），45

Ewing, A. C.，尤因，695，696，698，700-701，777

excluded middle principle，排中律，589

existence，存在，生存
 in Dewey，杜威论~，726 - 727
 in Peirce，皮尔士论~，444 - 445
 in phenomenology，现象学中的~，479
 semantics and，语义学与~，415
strong and weak theories，强理论与弱理论，438 - 439
 see also Being，亦见存在（是）
existentialism，存在主义
 in Heidegger，海德格尔的~，490
 judgements，判断，160 - 161
 in Marcel，马塞尔的~，467
 Marxism and，马克思主义与~，493
 religion，宗教，336
 in Sartre，萨特的~，493 - 494
 solipsism and，唯我论与~，547 - 548
 war mysticism，战争神秘主义，710 - 711
expediency，方便，83
experience，经验
 art as，作为~的艺术，726 - 728
 in Cassirer，卡西尔论~，732
 instinct and，本能与~，635
 in James，詹姆斯论~，71，439
 in Merlau-Ponty，梅洛—庞蒂论~，526 - 527
 pragmatism and，实用主义与~，84 - 87
 pure experience，纯粹经验，514
 reflection and，反思与~，466 - 467
Experiment，实验，14，
expressions，表达，表达式
 complete，完整的~，181 - 182
 expression-perception，表达知觉，231

  incomplete，不完整的~，182–183

  intersubstitutability，相互可替换性，182，183–185

   references of，~的指称，183–185

   sense，含义，意义，184–185

expressivism，表达主义，700

extremes，极，432

faith，信仰，492

fallibilism，可错论，199，200

Farrer, Austin，法勒，712

fascism，法西斯主义，747，757，763

Fechner, Gustav，费希纳，99，108，241，342，624

Fedorov, Nikolai，费德罗夫，63

Feeling and Form (Langer)，《感觉与形式》（朗格），732

Feigl, H.，费格尔，399，400

Feller, W.，费勒 628

Ferguson, Niall，弗格森，732

Fessard., Gaston，费萨尔，465

fideism，信仰主义，203

Finance Capital (Hilferding)，《金融资本》（希尔佛丁），308

Finite and Infinite (Farrer)，《有限与无限》（法勒），712

first-order logic，一阶逻辑，581–583

  origins of，~的起源，583–586

  rivals to，~的竞争者，586–591

First World War，第一次世界大战

  beginnings of，~的开始，2

  consequences of，~的后果，376–377，709–710

  idealism，唯心主义，365，428

  militarism，军国主义，366–369

   'new destiny'，"新宿命"，370

philosophers and，哲学家与～，369-376

Firstness，第一位性，444-445

Fischer, Kuno，费舍，31，32，35，158，778

Fisher, I.，费希尔，243

'Fixation of Belief, The'（Peirce），"信念的确定"（皮尔士），78-79

Flewelling, Ralph Tyler，弗卢埃林，434-435

Florenskii, Pavel，弗罗连斯基 64

formal language，形式语言，see concepts; notation，见概念，记法

Formal Logic（De Morgan），《形式逻辑》（德摩根），120

Formal Logic（Keynes），《形式逻辑》（凯恩斯），125

formalism，形式主义，338

Fortes, Meyer，福蒂斯，683

foundational debates，基本争论，535-538

foundationalism，基础主义，11，535-536

Foundations of Belief, The（Balfour），《信念的基础》（鲍尔弗），325

France，法国

  'Catholic philosophy'，"天主教哲学"，461-462

  conventionalism，约定论，415

  Heidegger and，海德格尔与～，505

  idealism，唯心主义，432-433，436，437

  inter-war period，两次战争之间时期，465-466

  Paris Commune，巴黎公社，298，299

  phenomenology，现象学，493-496

  philosophie de l'esprit，精神哲学，427

  philosophy of science，科学哲学，608-609，613

  positivism，实证主义，88-89

  pragmatism，实用主义，88-89

  psychology，心理学，93

  religious critique，宗教批判，321-323

religious defence, 宗教辩护, 329-331

Revolution, 革命, 306

Frank, Philipp, 弗兰克, 392, 393

Frank, Semën, 弗兰克, 64-65

Frank, S. L., 弗兰克, 62

Frankfurt school, 法兰克福学派, 504, 656, 674

Marxism, 马克思主义, 690-691

Frazer, James, 弗雷泽, 681

freedom, 自由

art and, 艺术与~, 351

in Bosanquet, 鲍桑葵论~, 56

in Bradley, 布拉德雷论~, 257

equal freedom, 平等的自由, 264

in Heidegger, 海德格尔论~, 443

liberalism and, 自由主义与~, 746

in Mill, 密尔论~, 289-290

in pragmatism, 实用主义的~, 82-83

in Sartre, 萨特论~, 493-494

Frege, Gottlob, 弗雷格, 778

analytic truth, 分析的真理, 418

conceptual notation, 概念文字, 176-177, 179-182, 558-560

existence, 存在, 438

history of logic, 逻辑史, 413

on Husserl, 论胡塞尔, 483

judgement theory, 判断理论, 168, 177

laws, 规律, 136

logic, 逻辑, 122, 123, 177-179

logical analysis, 逻辑分析, 179-186

number theory, 数论, 132-133

real and abstract, 实在的与抽象的, 137-138

Russell's paradox，罗素悖论，68

sense and meaning，含义与意义，388

set theory，集合论，155

French Revolution，法国革命，14

Freud, Sigmund，弗洛伊德，107，108，114 – 115，393，779

Fries, Jakob Friederich，弗里斯，535

Fry, Roger，弗莱，357 – 359

function – names，函项名称，182

functional analysis，函数分析，446 – 447

functionalism，功能主义，682 – 683

Fundamentals of Theoretical Logic（Hilbert and Ackermann），《理论逻辑基础》（希尔伯特与阿克曼），594 – 595

future contingents，未来偶然事件，409

Galton, Francis，高尔顿，93

The Game of Logic（Dodgson），《逻辑游戏》（道奇森），125

Ganivet, Angel，加尼韦特，470

Ganzheit psychology，整体论心理学，656

Garcia Bacca, D.，加西亚，475

Garfinkel, Harold，加芬克尔，673 – 674

Gautier, Théophile，高蒂埃，348

Gegenstände（objects），对象，384

Geist in Welt（Rahner），世界中精神，712

Geiteswissenschaften, see human sciences，见人文科学

Gene theory，基因理论，2 – 3

Gentile, Giovanni，金蒂莱，427，428，436，756 – 758，779

Gentzen, Gerhard，根岑，596

geometry，几何学

    arithmetic and，算数与~，68

    axiom system，公理系统，144 – 147

logic and，逻辑与~，58

non-Euclidean，非欧几何，143-144

physics and，物理学与~，214-216

projective，投影~，144

space-time，时空，207-208

synthetic，综合~，144，146

unifying framework，统一的框架，130-131

German Philosophy（Muirhead），《德国哲学》（米尔黑德），367

Germany，德国

aesthetics，美学，337，342-345

analytic philosophy，分析哲学，505

anti-naturalism，反自然主义，535-538

atomism，原子论，658

Berlin Society，柏林学会，392，393

crisis，危机，759

epistemology，认识论，533

evolution，进化，24

foundational debates，基本争论，535-538

Gestalt psychology，格式塔心理学，656

Historical School，历史学派，223，240

human sciences，人文科学，221-222

idealism，唯心主义，27-31，158，427

inter-war period，两次战争之间时期，721

legal constructivism，法律推定主义，310-311

liberalism，自由主义，750-751，753，756

liberalism and，自由主义与~，759-761

logic，逻辑，123-124，177

Manifesto of the Intellectuals，《德国知识分子宣言》，368

materialism，唯物主义，335

militarism，军国主义，366-369

phenomenology，现象学，487－489

positivism，实证主义，12，18－23，222－223

post-war period，战后时期，504

psychology，心理学，94，98－101，649－651

religious critique，宗教批判，326－328

religious defence，宗教辩护，335－336

science and religion，科学与宗教，23

socialism，社会主义，297

unification，统一，1

universities，大学，4

Germany and the Nest War（Bernhardi），《德国与下一次战争》（伯恩哈迪），366

Geschichte des Materialismus（Lange），《唯物主义史》（朗格），30，33－34

Gestalt psychology，格式塔心理学

atomism and，原子论与～，651－653

background，背景，101，177，287，649－651

consciousness，意识，650

perception，知觉，495，651

theory，理论，653－656

Gierke, Otto von，吉尔克，311－314，779

Gifford Lecture，吉福德讲座，709

Gilson, Etienne，吉尔松，462

globalism，全球性，全球主义，756

'Go to the people' movement，"到民间去"运动，60－61

God，上帝

as the Absolute，作为绝对的～，45

art and，～与艺术，339

community and，～与共同体，435

death of，～之死，275，327，492

evil and，~与恶，434

evolution and，~与进化，330

existence of，~的存在，44，165，471

　'Godmanhood'，"神人性"，62

reintegration with，与~重新成为一体，62

transcendence of，~的超越性，440

Gödel, Kurt，哥德尔，142，780

　completeness theorem，完全性定理，150，412，413，586，595－596

　consistency，一致性，599

　Continuum Hypothesis (CH)，连续统假设，141

　matrices，矩阵，410

　provability，可证性，590－591

　purity issue，纯粹性问题，145

Godmanhood，神人性，62，64

Godeeekers，寻神派，64－65

Golden Bough, The (Frazer)，《金枝》（弗雷泽），681

good self，善良自我，49－50，262

Goodman, Nelson，古德曼，733

goodness，善

　in Brentano，布伦塔诺论~，283－285

　emotivism and，情感主义与~，699

　in Moore，摩尔论~，278－281，418，695

　in Rashdall，拉什达尔论~，286

　rightness and，正当与~，695－699

　in Stevenson，斯蒂文森论~，561

　in Taylor，泰勒论~，436

Grammar of Science, The (Pearson)，《科学语法》（毕尔生），18

Gramsci, Antonio，葛兰西，685，755，756，757－758，780

Grassman, Robert，格拉斯曼，122，155

gravity，重力，引力，209-210
Great Being, the，伟大的存在，321-322
Greek tragedy，希腊悲剧，344-345
Green, T. H.，格林，780-781
    Bradley and，~与布拉德雷，50
    collectivism，集体主义，290-291
    goodness，善，261-262，290-291
    on Hume，论休谟，46
    idealism，唯心主义，45-49
    judgement theory，判断理论，176
    on Locke，论洛克，45-46，
    Mill and，~与密尔，255
    Religion and，~与宗教，334
Grimm, Jacob，格里姆，311
Grote, John，格罗特，255，256
growth，成长，704-705
Grünbaum, A.，格林鲍姆，215
Grundgesetze (Frege)，《算术的基本规则》（弗雷格），133，179
Grundlagen (Frege)，《算数基础》（弗雷格），132，178-179
Guild Socialism，基尔特社会主义，747
Guitton, Jean，吉东，427
Guyer, Paul，盖耶，27

Habermas, Jürgen，哈贝马斯，677
habit strength，习惯强度，646
Haeckel, Ernst，海克尔，24，326-327
Hägerström, Axel Anders，黑格斯特伦，316-317，781
Hahn, Hans，汉恩，392，393
Haldane, R. B.，霍尔丹，49，429，436
Hall, Stanley G.，霍尔，101

Hamilton, William, 汉密尔顿, 44, 120

happiness, 幸福, 256

Harris, William T., 哈里斯, 56

Hartmann, Eduard von, 哈特曼, 108, 109 – 111, 112, 781

Hartmann, Nicolai, 哈特曼, 29

Hartshorne, Charles, 哈茨霍恩, 711,

Hautprobleme (Kelsen), 《国家法理论中的主要问题》（凯尔森）, 739

Hayek, Friedrich von, 哈耶克, 751, 752 – 753

Hegel, G. W. F., 黑格尔
    Catholicism, 天主教教义, 712
    determinate negation, 规定的否定, 298
    epistemology, 认识论, 537
    history, concept of, 历史的概念, 37, 56
    infinite substance, 无限的实体, 440
    influence of, ~的影响, 44 – 45, 49
    militarism, 军国主义, 366 – 368
    Motion, 运动, 12
    Phenomenology, 现象学, 477

Hegelianism and Personality (Seth), 《黑格尔主义与人格》（塞思）, 53

Heidegger, Martin, 海德格尔, 781 – 782
    aesthetic series, 审美系列, 441 – 444
    aesthetics, 美学, 735 – 736
    basic project, 基本方案, 498 – 501
    Husserl and, ~与胡塞尔, 561 – 562
    influence of, ~的影响, 504 – 506
    inter-war period, 两次战争之间时期, 710
    language and, ~与语言, 561 – 563
    metaphysics and science, 形而上学与哲学, 565 – 567, 567 – 570, 572
    on Natorp, 论纳托尔普, 41

natural sciences, 自然科学, 673

phenomenology, 现象学, 478-479, 480, 489-492, 493

politics, 政治学, 504-506, 760-761

religion, 宗教, 497

serial actualization, 系列实现, 440

solipsism, 唯我主义, 548

thinking, 思想, 570-571

war service, 战时服务, 370-371

Wittgenstein and, ~与维特根斯坦, 571-572

Heimsoeth, Heinz, 海姆塞特, 29

Helmholtz, Hertmann, 赫尔姆霍茨, 782

aesthetics, 美学, 342

human sciences, 人文科学, 223, 231

non-Euclidean geometry, 非欧几何, 143

perception, 知觉, 19, 99

positivism, 实证主义, 19, 21, 22

unconsciousness, 无意识, 108, 109

Hempel, C. G., 亨普尔, 231-232, 400

Herbart, J. E., 93, 赫尔巴特, 107-108, 121, 342

Herd morality, 民众道德, 267-268

Hering, E., 赫林, 99

Hermeneutics, 解释学,

beginning of, ~的开端, 490

human sciences, 人文科学, 223, 228-229

social sciences, 社会科学, 672-674

Herschel, John, 赫舍尔, 242

Hertz, Heinrich, 赫兹, 21-22, 782

Hesse, H., 赫西, 620

Heyting, Arend, 海丁, 151, 589-591

Hibbert Lectures, 希伯特讲座, 709

Hilbert, David, 希尔伯特, 142 – 147, 155, 393, 585 – 586, 782 – 783
 axiom system, 公理系统, 142 – 143
 computable functions, 可计算函数, 597
 consistency, 一致性, 136, 142 – 143
 Continuum Hypothesis (CH), 连续统, 145, 598 – 599
 first-order logic, 一阶逻辑, 594 – 595
 geometry, 几何学, 144
 proof theory, 证明论, 596
Hilferding, Rudolf, 希尔弗丁, 307, 308
Hillebrand, F., 希尔布兰德, 124
historical a priori, 历史先天的, 225
historical actuality, 历史的现实性, 465 – 466
historical materialism, 历史唯物主义, 301 – 305, 685
Historical School, 历史学派, 223, 240
historiography, 历史编纂学, 672 – 674
history, 历史
 conceptions of, 历史的概念, 37 – 38
 ideals and, 理想与～, 61
  knowledge, 知识, 433
  psychology and, 心理学与～, 229
  see also cultural sciences; human sciences, 亦见文化科学, 人文科学
History and Class Consciousness (Lukács),《历史与阶级意识》(卢卡奇), 685, 723, 762, 763
Historicism and its Problems (Troelstch),《历史主义及其问题》(特勒尔奇), 37
'History and Natural Science' (Windelband), "历史与自然科学"(文德尔班), 38
History of Aesthetics (Bosanquer),《美学史》(鲍桑葵), 54, 352
History of European Morals (Lecky),《欧洲道德史》(莱基), 255

Hobbes, Thomas, 霍布斯, 309

Hobhouse, J. A., 霍布豪斯, 294 - 295, 746

Hobhouse, L. T., 霍布豪斯, 366 - 367, 783

Hocking, William Ernest, 霍金, 435

Hoernlé, R. F. A., 霍尔恩勒, 436 - 437

Holmes, Oliver Wendell, 霍姆斯, 77, 314 - 315, 783 - 784

Holt, Edwin, 霍尔特, 449, 450, 641, 643

Hook, Sidney, 胡克, 454, 456, 784

hope, 希望
   in Marcel, 马塞尔论~, 466 - 468
   in Peirce, 皮尔士论~, 82

horizon theory, 视域理论, 549

Horkheimer, Max, 霍克海默, 674 - 675, 691, 756, 753, 784

Hosiasson, Janina, 奥西亚松, 414

Hoskyns, Edwin, 霍斯金斯, 710 - 711

hyle, 感觉活动的质料 525, 526

Hull, Clark L., 赫尔, 640, 646

Hulme, T. E., 休姆, 369

human nature, 人性, 45

Human Nature (Dewey), 《人性》(杜威), 704

human sciences, 人文科学
   background, 背景, 12, 222 - 223
   beginnings of, ~的开端, 223 - 225
   complications, 复杂化 225 - 230
   conceptualization, 概念化, 231
   crisis of, ~的危机, 707
   demarcation criterion, 划界标准, 232 - 233, 671, 677
   hermeneutics, 解释学, 223, 228 - 229
   methodology, 方法论, 231
   natural sciences and, 自然科学与~, 221 - 222

objects of，~的对象，227-228

　　positivism in，~中的实证主义，222-223，229

　　psychology and，心理学与~，224-225，227

humanism，人文主义，人道主义，88，475

Humboldt，Wilhelm von，洪堡，706

Hume，David，休谟

　　atomism，原子主义，76

　　empiricism，经验主义，84

　　Green and，格林与~，45，46

　　number，数，178

　　sense-data theories，感觉材料理论，524

　　truth，真理，16

Hume's Principle（HP），"休谟原则"，132-133

Huntingdon，Edward V.，亨廷顿，123

Husserl，Edmund，胡塞尔，784

　　epistemology，认识论，534

　　human sciences，人文科学，707

　　judgement and meaning，判断与意义，168-170

　　language，语言，561-562

　　lifeworld，生活世界，672-673

　　logic，逻辑学，124，168，483，525

　　metaphysics and science，形而上学与科学，567-569

　　Neo-Kantianism，新康德主义，29

　　perception，知觉，525-526，531

　　phenomenology，现象学，478，479-480，480-487，548-550，672-673

　　reductionism，还原主义，562

　　solipsism，唯我主义，548-550

Hutcheson，Francis，哈奇森，337-338

Huxley，Thomas Henry，赫胥黎，23-24，264-265，321，323-

326，785

hypostases，本质，415

'I am I'，"我就是我"。473
ideal types concept，理想类型概念，230
idealism，唯心主义
    absolute idealism，绝对唯心主义，54－57，85－86
    aesthetics，美学，437
    atomism，原子主义，197－199
    in Bosanquet，鲍桑葵的～，53－56
    in Bradley，布拉德雷的～，49－53，49－53
    coherentism，融贯论，538－541
    criticisms of，对～的批判 427－428，531，539
    empiricism and，经验主义与～，514－515
    ethics，伦理学，260
    German influence of，德国～的影响，44
    Godseekers，寻神派，64－65
    in Green，格林的～，45－49
    immanence，内在性，158
    knowledge，知识，432－434
    language，语言，427，430
    metaphysical idealism，形而上学的唯心主义，61－64，65，429－432
morals and politics，道德与政治学，436－437
optimism，乐观主义，34
personal idealism，人格唯心主义，53，56，434－434
positivism，实证主义，12
realism，实在论，449
refutation of，驳斥～，449－450
religion，宗教，334－335，434－435

rise of，~的兴起，43-45

in Royce，罗伊斯的~，56-59

science and religion，科学与宗教，45-49

state action，国家行为，290

verification principle and，证实原则与~，709

Ideas（Husserl），《观念》（胡塞尔），485，525

ideas, kinds of，观念，观念的种类，50

ideas of relations，关系的观念，46

Identité et Realité（Meyerson），《同一性与实在》（梅耶松）。608

ideology，意识形态

 perspective theory，透视理论 689-690

 total conception of，对~的总体构想，689-690

IL（intuitionistic logic），直觉主义逻辑，151

illative sense，推理感，332

illusory contours，幻觉轮廓，654

Illustrations of the Logic of Science（Peirce），《科学逻辑的证明》（皮尔士），78

imagination, studies of，想象，对想象的研究，493，525

immanence，内在性，158，330-331，443

implication，蕴含，含义，460

impredicative definitions，非述谓定义，150

inconnaissables，不可知的东西 13

India，印度，313

individualism，个人主义，54-55，246，296

 meaning of，~的意义，289

 see also freedom，亦见自由

individuation, law of，个体化定律，50

induction，归纳，200，202，597

 in mathematics，数学中的~，136，589

inductive logic，归纳逻辑，16-17，414

industrial democracy，工业民主制度，747
inertia，惯性，604
inference，推断，推论
 assent and，同意与～，331-332
 premises of，～的前提，50-52，54
 solvability of，～的可解决性，122
 validity of，～的有效性，177
infinite substance，无限的实体，440
infinity，无穷，138-141，150
Ingarden, Roman，英加登，735
Ingenieros, José，因赫涅罗斯，508，510
insight，顿悟，655-656
Instinct and Experience（Lloyd Morgan），《本能与经验》（L. 摩尔根），635
instrumentalism，工具主义，89，454-455，456-458
intellectualism，理智主义，475
intelligence，理智
 definition of，～的定义，96
 intuition and，直觉与理智，464
Intelligence, *D'*（Taine），《论理智》（丹纳），14-15
intelligentsia，知识分子，690，691
intensional logics，内涵的逻辑，588
intentional correlation，意向的相互关系，484
intentionality，意向性，527-529
 in Brentano，布伦塔诺论～，86，281，525
 horizon structure，视域结构，549
 in Husserl，胡塞尔论～，481
 judgement theory，判断理论，159-160，161-162
 perception，知觉，523，525
 phenomenology，现象学，481，523

inter-war period，两次战争之间时期，709－710
 aesthetics，美学，721－722
 historical actuality，历史的现实性，465－466
 liberal，democracy，自由民主制度，744
 liberalism，自由主义，754
religion，宗教，465－466
interest theory，利益理论，311
interjectional theory，感叹理论，700
Interpretation of Dreams，The（Freud），《梦的解释》107，108
intersubjectivity，主体间性，182，183－185
intervening variables，中介变量，645－646
introjection，嵌入，21
introspection，内省，96，97，103，105－106
 behaviourism and，行为主义与～，641，643
 in literature，文学中的，715
intuition，直觉，71－72
intuitionism，直觉主义，695－699
 beginning of，～的开端，286
 common sense and，常识与～，258－259
 emotivism，情感主义，699－701
intelligence，理智，464
 meaning of，～的意义，258
 prima-facie duty，当下的义务，696－697
 utilitarianism and，功利主义与～，255－257
intuitionistic logic，直觉主义逻辑，588－591
irrational numbers，无理数，135－136
irrationalism，非理性主义，475
Islam，伊斯兰教，435
Italy，意大利
 aesthetics，美学，337

idealism，唯心主义，427
liberalism，自由主义，750-751，756
political theories，政治理论，756-758
pragmatism，实用主义，88
unification，统一，1
Ivanov, Vyacheslav，伊万诺夫，64

James, William，詹姆斯，785
 on Bergson，论柏格森，635
 Durkheim and，～与涂尔干，247
 experience，经验，71，439
 influence of，～的影响，88
 morality and，～与道德，285
 pragmatism，实用主义，74-78，456
 psychology，心理学，101-102
 radical empiricism，彻底的经验主义，84-85，87
 rationality and truth，合理性与真理，81-84
 religion and，～与宗教，332-334
 unconsciousness，非意识，113-114
Janet, P.，雅内，108
Janiszewski, Zygmunt，亚尼塞夫斯基，402
Japan，日本，513-517
Jaskowski, S.，亚希科夫斯基，409
Jeans, James，金斯，429，430
Jeffreys, Harold，杰弗里斯，627
Jennings, H. S.，詹宁斯，642
Jesus，耶稣，322，322-323，328
Jevons, William Stanley，杰文斯，785-786
 Boole and，～与布尔，122
 economics，经济学，235-236，237，239，241，242

physics and，~与物理学，243

Jews and God，犹太人与上帝，35

Jhering, Rudolf von，耶林，310-311，786

Joachim, J. J.，乔基姆，538

Johnson, W. E.，约翰逊，176

Joes, Henry，琼斯，49

Joseph, H. W. B.，约瑟夫，125，126，431，695，698

Journal of Speculative Philosophy, *The*，《思辨哲学杂志》，56

journals of philosophy，哲学杂志，4-5

Jowett, Bejamin，乔伊特，44，242-243

judgement theory，判断理论
  acts，活动，165-166，166-168，169
  analysis of，~的分析，50-52
  assumption，假设，170-171
  basho，场所，514-515
  combination theory，结合理论，157-159
  content，内容，165-168
  correctness，正确性，282

in Dewey，杜威的~，457

elementary judgements，基本判断，384，385

emotivism and，情感主义与~，669-701

errors and，~与错误，57

evident judgement theory，明证判断理论，162-163

existential theory，存在理论，160-161
  forms of，~的形式，54
  in Frege，弗来格的~，168，177
  in Husserl，胡塞尔的~，168-170
  indexical representations，索引表征，86
  intentionality，意向性，159-160，161-162
  intuitionism and，直觉主义与~，697-698

in Kant，康德的~，337-338
meaning and，意义与~，168-170
　　in Meinong，迈农的~，170-171
　　objectives theory，客体理论，171
　　objects of，~的对象，161-162，164，166-168
　　primacy of，~的首要性，176
　　priority of，~的优先性，418
　　psychology of，~的心理学，165-168，171
　　in Reinach，赖纳赫的~，171-173
　　in Russell，罗素的~，189-192
　　Sachverhalt concept，事态概念，164-165
　　sentences in themselves，句子自身，158-159
　　terminating judgements，终极判断，542
　　truth theory，真理理论，162-163
Jünger, Ernst，荣格尔，371，710，761
justice，正义，264

Kant-Gesellschaft（Kant Society），康德学会，41
Kant, Immanuel，康德
　　aesthetics，美学，351
　　analysis，分析，417-418
　　arithmetic，算数，132，421
　　Catholicism and，~与天主教信条，712
　　cognition，认识，30，741-742
epistemology，认识论，535
ethics，伦理学，261
　　influence of，~的影响，27-31，44
　　intuitionism，直觉主义，259
judgement theory，判断理论，176
law，法律，740

laws of nature，自然法，16
limitations of，～的局限，30
logic，逻辑，119，175
metaphysics of nature，自然的形而上学，566
militarism，军国主义，366
    number，数，178
    Sensibility and Undestanding，感性与知性，35
    space controversy，关于空间的争论，31-32
Kant-Studien（journal），《康德研究》（杂志），29，40
Kant and die Epigonen（Liebman），《康德与后继者们》（李普曼），29
Kant's Leben（Fischer），《康的的生平》（费舍），31
Kant's Verunft Kritik（Fischer），《康德对理性的批判》（费舍），32
Kautsky，Karl，考茨基，302-303，305，685，786
Kazimierz，Ajdukiewicz，卡齐米尔兹，402，765
Kelsen，Hans，凯尔森，739-743，786-787
    critical constructivism，739
    normative positivism，740-741
Kemp Smith，N.，肯普 369
Kempe，Alfred Bray，肯普，58
Keynes，John Maynard，凯恩斯，243，369，748-749
Keynes，John Neville，凯恩斯，125
Kierkegaard，Søren，克尔凯郭尔，711
kinship nomenclature，亲属关系命名，683
Kireevsky，Ivan，基列夫斯基 62
Kleene，Stephen，克林尼，597
Klein，F.，克莱恩，129，130，393
knowledge，知识
    by acquaintance，亲知的～，188-189
    aesthetics，美学，437，728
    art and，艺术与～，437，728

in Bergson, 柏格森论~, 71-72
in Bradley, 布拉德雷论~, 538
characteristics of, ~的特征, 30
in Collingwood, 柯林伍德论~, 728
consciousness, 意识, 429
in Critical Realism, 批判实在论论~, 451
in Dewey, 杜威论~, 457, 541-542
forms of, ~的形式, 71-72
in Heidegger, 海德格尔论~, 489
hierachical structure, 等级结构, 542
history, 历史, 433
idealism and, 唯心主义与~, 432-434
judgement and, 判断与~, 160-164
（K）, 问题（K）, 534-535, 539
（KK）, 问题（KK）, 534-535
in Lewis, 刘易斯论~, 542-545
in Maritain, 马利坦论~, 464
in New Realism, 新实在论论~, 450
objects of, ~的对象, 36
origins of, ~的起源, 36
positivism, 实证主义, 16-18
a priori pragmatism, 先天的实用主义, 459-460
probability, 或然性、概率, 627-628
religion, 宗教, 324-425
in Russell, 罗素论~, 190, 420, 539-541
Sachverhalt, 事态, 164-165
in Sartre, 萨特论~, 547
scientific, 科学~, 16-18
sense, 感觉, 531
sociology of, ~社会学, 689-690

Koffka, Kurt, 考夫卡, 651, 787

Köhler, Wolfgang, 科勒, 651-652, 655-656, 657, 787

    Prägnanz Law, 简洁律, 655

Kolmogorov, Andrei, 柯尔莫哥洛夫, 625-626, 787

Kölpe, Oswald, 科尔普, 100-101

Kommenntar (Vaihinger)《评述》(瓦伊欣格), 40

Kotarbiński, T., 科塔尔宾斯基, 406-407, 415, 787

Kozlov, Aleskei, 科兹洛夫, 65

Krauism, 克劳泽主义, 469-470

Krause, Christian, 克劳泽, 469

Kretschmann, Erich, 克雷奇曼, 602

Kries, Johnnnes von, 克里斯, 624

Kripke, S., 克里普克, 588

Kronecker, L., 克罗内克尔, 134

Kuhn, T. S., 库恩, 620

Kuki, Shuzo, 库基, 505

Kuklick, B., 库克里克, 683-684

Kyoto School, 京都学派, 515

Laband, Paul, 拉邦, 312

labour, role of, 劳动的作用, 301-302

Labriola, Antonio, 拉布寥拉, 304

Ladd, George T., 莱德, 101-102, 104

laissez-faire, 自由放任, 289-290, 293, 305

Lamarck, J.-B., 拉马克, 302

λ-calculus, λ 演算, 597-598

Lamprecht, K., 兰姆普雷克特, 229

Lange, F. A., 朗格, 30, 33-34, 37, 787-788

Langer, Suzanne, 兰格, 722, 732-733

language, 语言

art and，艺术与~，732

dynamic use of，~的动态用法，702

1st-person use of，~的第一人称用法，661–663

formal，形式~，179–186，558–560

games，~游戏，564，664

logical atomism，逻辑原子主义，554–556

logical positivism，逻辑实证主义，556–558

metalanguage and，元语言与~，593

misuse of，~的误用，430

phenomenology and，现象学与~，561–563

psychological language，心理语言，659–663

psychology，心理学，560–561

public/ private，公共的~/私人的~，661–663，665

religion and，宗教与~，711–712

social action and，社会行动与~，250–251

solipsism and，唯我主义与~，550–553

in Wittgenstein，维特根斯坦论~，420，563–564

Language, *Truth and Logic*（Ayer），《语言，真理与逻辑》（艾耶尔），393–394，421–422，709，734

Languages of Art（Goodman）《艺术语言》（古德曼），733

Lask, Emil，拉斯克，40，369，788

Latin America，拉丁美洲

anti-positivism，反实证主义，509–510，511–512

identity，同一性，511–512

literature，文学，511

philosophy，哲学，510–511

positivism，实证主义，507–509，511

Lavrov, Pëtr，拉甫洛夫，61，788

law，法律

cognition，认知法学，742

  constructivism，推定主义，310 – 311，312

  critical constructivism，批判的推定主义，739

  facticity thesis，事实性论题，741

  formalism and，形式主义与~，311，314 – 315

  historicism and，历史主义与~，311 – 314

morality thesis，道德论题，740

  naturalism，自然主义，311，312，313

  nature of，~的性质。740 – 741

  normative positivism，规范的实证主义，739 – 743，740 – 741

  positivism，实证主义，309 – 310

  Pure Theory，纯粹法学理论，739，741 – 743

realism，实在论，314 – 317

  separation thesis，分离性论题，740 – 741

  Stufenbaulehre，等级结构学说，739 – 740

law-explanations，规律解释，608 – 610

  anthropology，人类学，683

  homeopathic and heteropathic，同质被动的~与异质被动的~，636

  positivism，实证主义，614 – 616

laws，morality and，法律，道德与法律，48

League of Nations，国际联盟，377 – 378

learning，theory of，学习，学习理论，646

Lecky，W. ，莱基，255

Leeuw，G. van der，莱乌，710

Leibniz，G. W. ，莱布尼茨，113，157，609

Leipzig school，莱比锡学派，656

leisure class，有闲阶级 240

LEM（Law of Excluded Middle），排中律，150

Lenin，V. I. ，列宁 21，722

Leontiev，Konstantin，列昂季耶夫，65

Lesniewski，Stanislaw，莱斯涅夫斯基，402 – 403，406 – 407，412 –

413，415，788

Lewes, George Henry，刘易斯，93，95-97，105，636-637，789

Lewin, Kurt，莱温，651，657，789

Lewis, C. I.，刘易斯，789
 knowledge，知识，542-543
 logical analysis，逻辑分析，422-423
 modal logic，模态逻辑，586-588
 pragmatism，实用主义，459-460
 sense-data theory，感觉材料理论，530，531

liar paradox，说谎者悖论，559

liberal socialism，自由主义的社会主义，294-296，753

liberalism，自由主义
 assumptions of，~的假设，759-760
 challenges to，对~的挑战，744-745，750-754
 collectivism，集体主义，289-290，292
 criticism of，对~的批判，294-295，755-764
 self-help，自助，292
 socialism and，~与社会主义，746

Liberalism and Social Action（Dewey），《自由主义与社会行动》（杜威），745-746

Liebmann, Otto，李普曼，29，31

life, definition of，生命，生命的定义，96

Life of Jesus, The（Renan），《耶稣的生平》（勒南），322

lifeworld，生活世界，672-673

Limit，有限的东西，440

Limits of Concept Formation, The（Rickert），《自然科学的概念构成之界限》（李凯尔特），39，40

Lindenbaum algebra，林登堡姆代数，409，411

Lindsay, A. D.，林赛，369

Lipps, Theodor，里普斯，104

Literary Work of Art, *The* (Ingarden),《文学艺术品》(英加登), 735
literature, 文学
 art for art's sake, 为艺术而艺术, 348
 capitalism and, 资本主义与~, 722
 Marxism and, 马克思主义与~, 723-724
 themes of, ~的论题, 714, 721
truth, 真, 714-716
Lloyd Morgan, C., 劳埃德, 635-637
Locke, John, 洛克, 45-46, 157, 331
Loeb, Jacques, 洛布, 642
logic, 逻辑
 algebra, 代数, 120-123
 arithmetic and, 算数与~, 178-179
 of basho, 场所逻辑, 514-515, 516
 development of, ~的发展, 130
 division of, ~的划分, 175
 empiricism, 经验主义, 377
 end of traditional, 传统~的终结, 23-126
 epistemology and, 认识论与~, 420-421
 essence and, ~与本质, 164
 evidence and, ~与证据, 164
 in Frege, 弗雷格的~, 177-181
 geometry and, 几何学与~, 58
 history of, ~史, 413-414
 in Husserl, 胡塞尔的~, 124, 168, 169, 483, 525
 ideal meanings, 理想的意义, 172
 intuitionistic, 直觉主义~, 151, 410-411, 588-591
 intuitive formalism, 直觉形式主义, 407-408
 laws of, ~规律, 16-17, 82
 many-valued logic, 多值逻辑, 406, 409-410

mathematical，数理逻辑，155 – 156

mathematics and，数学与~，395

in Mill，密尔的逻辑，16

modal logic，模态逻辑，586 – 588

objectives theory，客体理论，171

paradoxes，悖论，123

philosophy and，哲学与~，414 – 415

premises of，~的前提，52

principle of，~原理，126，585 – 586

problem solving，问题解决，78 – 79

psychology and，心理学与~，164

realism and，实在论与~，407

relations and quantifiers，关系与量词，75

revival of，~的复兴，119 – 120

science of，~科学，170，171

series，系列，444 – 447

of species，种的~，516

syllogistic，三段论~，157

symbols，符号，124，126 – 127

theory of logical types，逻辑类型论，152

in Wittgenstein，维特根斯坦论~，375，385，420 – 421

see also first-order logic; propositional logic; symbolic logic，亦见一阶逻辑，命题逻辑，符号逻辑

Logic（Bosanquet），《逻辑学》（鲍桑葵），54，126

Logic（Dewey），《逻辑学》（杜威），79

Logic（Hegel），《逻辑学》（黑格尔），44 – 45

logica magna，大逻辑，404

logical atomism，逻辑原子主义

background，背景，383

basic statement，基本陈述，384

hypothesis of，~的假设，419

language，语言，554－556

levels of，~的层次，384－385

molecular theories，分子理论，387－388

rejection of，对~的拒斥，423

truth，真理，385－386

truth-functionality，真值函项性，389

'Logical Atomism'（Russeell），"逻辑原子主义"（罗素），186

logical empiricism, see logical positivism，逻辑经验主义，见逻辑实证主义

Logical Investigations（Husserl），《逻辑研究》（胡塞尔），168，169，483，525

logical positivism，逻辑实证主义

 aesthetics and，美学与~，734

 in Ayer，艾耶尔的~，393－394

 Berlin Society，柏林学会，393

 Britain，英国的~，393－394

 in Carnap，卡尔纳普的~，392，393，394，396－397，398－400

 central themes，核心论题，394－397

 in Dewey，杜威的~，394

 in Einstein，爱因斯坦的~，392

 language，语言，556－558

 in Russell，罗素的~，392

 in Schlick，石里克的~，397

 science and，科学与~，398－400

 scientific explanation，科学的解释，616－619

 significance of，~的意义，398－400

 Vienna Circle，维也纳学派，392－393

 see also positivism; Vienna Circle，亦见实证主义，维也纳学派

Logik（Lotze），《逻辑》（洛采），164

Logische Untersuchungen（Trendelenburg），《逻辑学研究》（特伦德堡），32

Logische（Wittgenstein），《逻辑哲学论》（维特根斯坦），385

Logos（journal），《逻各斯》（杂志），29

Lorentz transformations，洛伦兹变换，209 – 210，217

Lose Blätter（Kant），《活页》（康德），29

Losskii，Nikolai，洛斯基，65

Lotze，R. H.，洛采，789 – 790
 aesthetics，美学，342 – 343
  Frege and，~与弗雷格，126
 judgement theory，判断理论，164 – 165，176
 spatial perception，空间知觉，98

love and hate，爱与恨，283，494

Lovejoy，A. O.，洛夫乔伊，451，633

Löwenheim 洛伦兹变换 Skolem theorem. 骆文海 – 斯柯伦定理，584 – 585，593 – 594

Loyalty，忠诚，57

Luce，A. A.，卢斯，428

Lukác，C.，卢卡斯，306

Lukács，Georg，卢卡奇，790
 aesthetics，美学，722
 art，艺术，723 – 724
 Marxism，马克思主义，685 – 688，756，761 – 763
 perspective theory，透视理论，689

Łukasiewicz，Jan，卢卡西维茨，790
 achievements of，~的成就，415 – 416
 history of logic，逻辑史，413 – 414
 logic and philosophy，逻辑与哲学，414
 logica magna，大逻辑，405
 many-valued logic，多值逻辑，406，409 – 410

mathematical logic, 数理逻辑, 401-402

modal logic, 模态逻辑, 588

propositional logic, 命题逻辑, 409

Lux Mundi school, 世界之光派 708

MacColl, H., 麦克尔, 122, 126-127

Mach, Ernst, 马赫, 790-791

atomism, 原子主义, 22, 197-199

human sciences, 人文科学, 222

positivism, 实证主义, 20-21

space-time, 时空, 217

spiritual power, 精神能力, 12

Mach's Principle, 马赫原理, 604

Mackie, J. L., 麦凯, 703

MacKinnon, Donald, 麦金农, 711-712

Maine de Biran, François-Pierre, 迈内, 329

Maine, Henry Summer, 梅因, 313-314, 791

Malinowski, B., 马林诺夫斯基, 682, 791

Malthus, Thomas Robert, 马尔萨斯, 235

Mann, Thomas, 曼, 714, 716-718

Mannheim, Karl, 曼海姆, 688-690, 791-792

Mansel, H. L., 曼塞尔, 43

Marburg school, 马堡学派, 28-29, 33-36, 37, 335-336

Marcel Gabriel, 马塞尔, 463, 465, 466-468, 792

marginalism, economics and, 边际主义, 经济学与边际主义, 237-238

Maritain, Jacques, 马利坦, 462, 464-465, 792-793

Marshall, Alfred, 马歇尔, 236, 237, 238, 239, 241, 242-243

Marty, Anton, 马蒂, 793

Marx, Karl, 马克思, 38, 680, 686, 687, 793

Marxism，马克思主义
  aesthetics，美学，722–726
  anarchism and，无政府主义与~，297–301
  anti-naturalism，反自然主义，305–308
  class consciousness，阶级意识，685–688，723，762，763
  defeat of，~的失败，756
  distribution of income，收入分配，300
  evolution，进化，302–303
  in exile，流亡中的~，761–764
  existentialism，存在主义，493
  in Gramsci，葛兰西的~，757–758
  Hegel and，~与黑格尔，301–302，303
  historical materialism，历史唯物主义，301–305，439，685
  in Latin America，拉丁美洲的~，509–510
  legal Marxists，合法的~，64
  anti-naturalism，反自然主义，301–305
  naturalism，自然主义，301–305
  Nazism，纳粹主义，465–466
  populism，民粹主义，61
  rise of，~的兴起，297
  socialism and，~与社会主义，308
  Western Marxism，西方马克思主义，685–691
mass, concept of，质量，质量的概念，20
master morality，主人的道德，267–268
materialism，唯物主义
  denunciation of，对~的指责，33–34，95
  history of，~史，30
  interdisciplinary，跨学科的~，674–675
  populism and，~与民粹主义，61
Mathematical Analysis of Logic（Boole），《逻辑的数学分析》（布

尔），121

mathematical logic，数理逻辑，412
 Axiom of Choice（AC），选择公理，141，148，596-598
 completeness，完全性，150，413，586，595-596
 consistency proofs，一致性证明，594-596
 Continuum Hypothesis（CH），连续统假设，140，141，145，151，589-599
 derivability，可导出性，593-594
 Entscheidungsproblem，判定问题，594，598
 incompleteness，不完全性，594-596
 undecidability，不可判定性，596-598
 undefinability，不可定义性，596-598
 validity，有效性，593-594

Mathematical Psychics（Edgeworth），《数理心理学》（埃奇沃思），243

mathematics，数学
 axiomatic method，公理方法，142-143，155
 conceptual abstractness，概念的抽象性，129
 consistency，一致性，147，150
 continuity，连续性，129-130，135
 direct proof，直接证明，200
 error theory，错误理论，621
 foundational theories，基础理论，128-130，142，144，155-156，583-586
 generalization，普遍化，概括，130，135
 induction，归纳，136，589
 logic and，～与逻辑，68，395，581
 new mathematics，新数学，138-142
 phenomenology and，～与现象学，481-483
 in Poland，波兰的～，402-403
 purity issue，纯粹性论题，130，144-145，155

reductionism, 还原主义, 130-132, 133-135
truth, 真理, 589
validity of, ~的有效性, 30
see also arithmetic; geometry, 亦见算数, 几何学

Maudsley, Henry, 莫兹利, 95, 96, 105
Maxwell, James Clark, 麦克斯韦, 22-23, 621-622
McCosh, J., 麦克什, 103
McCdougall, William, 麦克杜格尔, 641
McTaggart, J. M. E., 麦克塔格特, 69, 430-431, 434, 436, 791
'C-series', "C-系列", 439
Mead, George Herbert, 米德, 454, 458-459, 675, 793-794
meaning, 意义
acts, 活动, 169-170
analytic philosophy, 分析哲学, 169, 179, 430
emotivism, 情感主义, 701-702
in Frege, 弗雷格论~, 388
in Heidegger, 海德格尔论~, 490-491
in Husserl, 胡塞尔论~, 168-170
ideal meanings, 理想的意义, 172
logical positivism, 逻辑实证主义, 395
picture theory of, ~的图画论, 22
in Russell, 罗素论~, 186-187
in Stevenson, 斯蒂文森论~, 701-702
in Wittgenstein, 维特根斯坦论~, 388, 661-663
Meaning of Meaning, The (Ogaden and Richards), 《意义之意义》(奥格登和理查兹), 87
means-end relation, 目的与手段关系, 704-705, 729-730
mechanics, 力学, 机械学, 69, 196, 203, 242
mechanism, 机械论, 631-633
mediation, 中介, 85

Meditations on Quixote（Ortega y Gasset），《关于堂吉诃德的沉思》（奥尔特加），472-473

Meehl, Paul E., 米尔，646

Meeting of Extremes（Bosanquet），《当代哲学中的两极相通》（鲍桑葵），432

Meinong, Alexius, 迈农，167, 170-171, 286, 651, 794

memory, 记忆，99

Mendel, Gregor, 孟德尔，2-3

Menger, Carl, 门格尔，239-240, 242, 243

Mercier, Charles, 默西埃，97-98

Mercier, Desiré, 梅西耶，534

Merkl, Adolf Julius, 默克尔，739-740

Merlau-Ponty, Maurice, 梅洛-庞蒂，794
- phenomenology of perception, 知觉现象学，479, 494-496, 526-527, 528
- social world, 社会世界，548
- solipsism and, ~与唯我论，550

metalanguage, 元语言，593

metalogic, 元逻辑，398

metamathematics, 元数学，41-412

metaphor in literature, 文学中的隐喻，715-716

metaphysics, 形而上学
- empiricism and, 经验主义与~，21-21, 394
- experience and, 经验与~，21
- in Heidegger, 海德格尔的~，499-500
- of hope, 希望的~，466-468
- idealism and, 唯心主义与~，429-432
- intuition, 直觉，71-72
- moral theory and, 道德理论与~，436
- philosophy as, 作为~的哲学，565-567

pragmatism and，实用主义与~，75
  questions of，~的问题，34
  restrictions of，~的局限，34
  science and，科学与~，103
  scientific，科学的~，85，87
  unconsciousness，无意识，108 – 109
Metaphysics（Aristotle），《形而上学》（亚里士多德），157
Metaphysics in Theology（Herrmann），《神学中的形而上学》（赫雷曼），336
Methods of Ethics（Sidgwick），《伦理学方法》（西奇威克），255，257 – 260
Mexico，墨西哥，509，510
Meyerson，Emile，梅耶松，608 – 610，612，615 – 616，794
Mikhailovskii，Nikolai，米哈伊洛夫斯基，61，794 – 795
Mill，James，密尔，93，95
Mill，John Stuart，密尔
  on Bentham，论边沁，310
  Composition of Causes，原因的合成，636
  critique of，对~的批判，15，52
  deductive logic，演绎逻辑，119
  economics，经济学，235，242
  empiricism，经验主义，12
  on Hamilton，论汉密尔顿，74
  human sciences，人文科学，222
  individuality，个体性，289 – 290
  number，数，178
  psychology，心理学，95
  religious critique and，~与宗教批判，323
  scientific method，科学方法，16 – 17
  utilitarianism，功利主义，255 – 256，258

Mind and World Order（Lewis），《心灵与世界秩序》（刘易斯），422-423

mind/body problem，心身问题，71，644
    atomism，原子主义，198

Mind（journal），《心灵》（杂志），95

Minkowski diagram，明可夫斯基图表，217

Minkowski, H.，明可夫斯基，129，208，210-211

Mises, Ludwig von，米塞斯，239，240，751

Mises, Richard von，米泽斯，623，810-811

Mixture，（有限的东西与无限的东西的）混合物，440

Moberly, W. H.，莫伯利，708

modal logic，模态逻辑，586-588

model theory，模型论，412，595

Modern Paiters（Ruskin），《现代画家》（罗斯金），339

modernism，现代主义，724-725

modernity, crisis of，现代性，现代性的危机，760，763-764

molecular theories，分子理论，22-23，387-388

monism，一元论，24，84，87，96，326-327，329

Montesquieu, C. de，孟德斯鸠，680

Moore, G. E.，摩尔，795
    analytic philosophy，分析哲学，422
    ethics，伦理学，277-281，357
    goodness，善，695
    idealism，唯心主义，427-428
    intuitionism and，~与直觉主义，695-696
    judgement theory，判断理论，418
    scepticism，怀疑论，539
    sense-data theories，感觉材料理论，522，523，524，527，531

morality，道德
    art and，艺术与~，339，341

capitalism and, 资本主义与~, 292
common good, 共同的善, 47-49 290-291
development of, ~的发展, 50
law and, 法律与~, 740
in Nietzsche, 尼采论~, 342
objectivity of, ~的客观性, 282
politics and, 政治与~, 436-437
positivism and, 实证主义与~, 13-15
reality and, 实在与~, 57
see also ethics, 亦见伦理学

Morgan, C. Lioyd, 摩根, 95
Morgan, L. H., 摩尔根, 680-681, 795
Morris, Charles, 莫里斯, 393, 394
Morris, William, 莫里斯, 341, 352
Mostowski, A., 莫斯托夫斯基, 405-406
motivation, 动机, 697, 699-700
Mounier, Emmanuel, 穆尼埃, 465
Muirhead, John Henry, 缪尔黑德, 49, 367-368, 428
Müller, George Elias, 弥勒, 99
Müller, Johannes, 弥勒, 98
music, 音乐, 70-71, 343-344, 467, 721
　language and, 音乐与语言, 733
Mussolini, Benito, 墨索里尼, 757

Nachlass (Kant), 《遗稿》(康德), 29
Nagel, Ernest, 内格尔, 453, 633
names, apparent, 名称, 显名, 415
names, uses of, 名称, 名称的用法, 169-170
nationalism, 国家主义, 465
Natorp, Paul, 那托尔普, 29, 35-36, 335-336, 796

natural number，自然数，136，482
natural rights，自然权利，63
natural sciences，自然科学
    abstraction，抽象，39
    cultural sciences and，文化科学与～，38－40
    deductive-nomological model，演绎－法则模式，231－232
    history，历史，37－38
    mathematics，数学，67
    phenomenology，现象学，477
    psychology，心理学，226
naturalism，自然主义，538－541
    behaviourism，行为主义，640－641
    challenges to，对～的挑战，305－308
    dialectics，辩证法，301－305
    empiricism，经验主义，452－453
    explanations，解释，608－609
    and facts，～与事实，20－21
    Marxism，马克思主义，301－305
    materialistic，唯物主义的～，455－456
    methodological，方法论的～，452－455
    picture theory of meaning，意义的图画理论，22
    positivism，实证主义，16－18
    pragmatism and，实用主义与～，87
    supernaturalism，超自然主义，60
naturalistic fallacy，自然主义的谬误，279
Nausée, La (Sartre)，恶心，718－720
Nazism，纳粹主义，35，465－466，487－488，504，760，761
necessity，必然性，30
negation，否定，298
Nelson Leonard，纳尔逊，535

Neo-behaviourism，新行为主义，644 - 647，648

Neo-Hegelianism，新黑格尔主义，126

Neo-Kantianism，新康德主义
 aesthetics，美学，731 - 733
 beginning of，~的开端，30 - 31
 end of，~的终结，30
 human sciences，人文科学，224，225，228
 law，法律，739
 Marburg school，马堡学派，28 - 29，33 - 36，37，335 - 336
 meaning of，~的意义，27 - 31
 new directions，新方向，40 - 42
 philology，文献学，29
 positivism，实证主义，393
 religion，宗教，335 - 336
 Southwest school，西南学派，28，37 - 40
 space controversy，关于空间的争论，31 - 32

Neo-Orthodoxy，新正统（神学），336

Neo-Platonism，新柏拉图主义，440

Neurath, Otto，纽拉特，796
 Anschluss，（纳粹德国对奥地利的）吞并，联合，399
 epistemology，认识论，536 - 537
 Marxism，马克思主义，396
 protocol-sentence debate，记录语句之争，396 - 397
 quantification theories，量化理论，617
 Universal Science，普遍科学，393，398，670 - 671

Neutral Monism，中立一元论，84，87

New Realism，新实在论，449 - 450

Newman, John Henry，纽曼，119，323，324，331 - 332，796

Newton, Isaac，牛顿，20，211 - 212，216

Niebuhr, Reinhold，尼布尔，711

Nietzsche, Friedrich, 尼采, 796 – 797
    aesthetics, 美学, 342 – 345
    altruism, 利他主义, 270 – 271
    eternal recurrence, 永恒轮回, 439
    evolution, 进化, 327
    influence of, ~的影响, 38, 41, 266
    moralities, 道德, 267 – 268
    reason, 理性, 266 – 267
    religion and, ~与宗教, 327 – 328
    suffering, 受难, 273 – 275
    übermensch, 超人, 275 – 276, 328
    unconsciousness, 无意识, 111
    universality, 普适性, 268 – 270
    utilitarianism, 功利主义, 271 – 273
    will to power, 权力意志, 327 – 328
nihilism, 虚无主义, 61, 327, 712, 716 – 718, 760 – 761
Nishida, Kitarō, 西田, 513 – 515, 797
noema, 意向的内容, 意向的对象, 562
non-Euclidean geometry, 非欧几何, 143
novels, 小说, 3, 348, 723
number, meaning of, 数, 数的意义, 177
number theory, 数论
    in Cantor, 康托尔的~, 581, 598
    consistency, 一致性, 596
    finitistic, 有穷的, 585 – 586
    in Frege, 弗雷格的~, 132 – 133
    λ-calculus, λ演算, 597 – 598
    to logic, 对之于逻辑的~, 178, 179
    number systems, 数的系统, 135
    reductionism, 还原主义, 133 – 137

truth，真，597

objective psychology，客观心理学，96

objectives theory，客体理论，171

objects，对象，384

obligation，see duty，见责任

observation，观察，14

Ogden, C.，奥格登，87，560-561

On Assumptions（Meinong），《论假设》（迈农），171

On the Content and Object of Presentations（Twardowski），《论呈现的内容和对象》（特瓦尔多夫斯基），167

operationism，操作主义，617-618，645，647

ordinal numbers，序数，141

Origin of Species, The（Darwin），《物种的起源》（达尔文），2

Origins of Knowledge（Brentano），《知识的起源》（布伦塔诺），277，282

Ors, Eugeni d'，奥尔斯，475

Ortega y Gasset, José，奥尔特加-加塞特，472-474，510，797-798

ostensive definition，实指定义，557-558

Ostwald, W.，奥斯特瓦尔德，22，199，798

the Other，他人，547-548

Outline of a New System of Logic（Bentham），《新逻辑体系纲要》（边沁），120

Outlines of a Philosophy of Art（Collingwood），《艺术哲学纲要》（柯林伍德），728

Pailin, David，佩林，708

pain, role of，痛苦，痛苦的作用，271-275

pandectism, see law: constructivism，学说汇纂主义，见法律：推定主义

panpsychism, 泛心论, 58, 65, 326-327
pantheism, 泛神论, 326-327
Papini, Giovanni, 帕比尼, 88
paradoxes, 悖论, 147-154, 155, 389, 586
    absolute paradox, 绝对的悖论, 711
    reducibility, 可还原性, 593
    T-sentences, T-语句, 559
Parallel Axiom, 平行公理, 145
Pareto, Vilfredo, 帕累托, 239, 243, 752
Paris Commune, 巴黎公社, 298, 299
particulars, 殊相, 384, 386, 431
Pasch, M., 帕施, 130, 144
Passagenwerk (Benjamin), 拱廊街计划（本杰明）, 725
Passmore, J., 帕斯莫尔, 23, 26
past, present, and future, 过去、现在和将来, 70-71
Pater, Walter, 佩特, 345-347
Paton, H. J., 佩顿, 369
Patzig, Günther, 帕齐希, 505
Paul, G. A., 保罗, 530
Paulsen, E., 保尔森, 23
peace, 和平, 367-368
Peano axioms, 皮亚诺公理, 583, 585
Pearson, Karl, 毕尔生, 12, 17-18, 798
Peirce, C. S., 皮尔士, 799
    economics, 经济学, 243
    hope, 希望, 82
    influence of, ~的影响, 78, 87
    inquiry and truth, 探索与真理, 78-81
    logic, 逻辑, 122-123
    on Pearson, 论毕尔生, 18

positivism，实证主义，81

pragmatism，实用主义，74－75，456

probability，概率，624

serial actualisation，系列实现，440

speculative philosophy，思辨哲学，444－447

theory of categories，范畴理论，85－87

perception，知觉

absolute discreteness，绝对的分离性，431

aspects of potentiality，潜在的诸方面，549

in behaviourism，行为主义中的～，642

expression-perception，表达知觉，231

Gestalt psychology，格式塔心理学，651，653－654

horizon theory，视域理论，549

ingredients of，～的组成部分，451－452

intentionality，意向性，523，525

in literature，文学中的～，719

neurophysiology of，～神经生理学，19

objective interpretation，客观的解释，484－485

phenomenology，现象学，479，495，525－527

thing-perception，事物知觉，231

see also sense-data theories，亦见感觉材料理论

Perpetual Peace，永久和平，367－368

Perry, Ralph Barton，培里，449，450，641，643－644，798

personal idealism，人格唯心主义，53，56，434，437

Phenomenology of Perception（Merlau-Ponty），《知觉现象学》（梅洛－庞蒂），479，526－527

phenomenology，现象学，70－71，427

atomism，原子主义，197－199

in Bergson，柏格森的～，70－71

categories of，～的范畴，176

founding of，~的创立，29

French phase，法国方面，493–496

German phase，德国方面，487–489

in Heidegger，海德格尔的~，489–492

history of，~史，477–480

in Husserl，胡塞尔的~，478，480–487

intentionality，意向性，481，523

language and，~与语言，561–563

laws of，~的规律，13–14

in literature，文学中的~，719

methodology，方法论，478–479

perception，知觉，525–527

psychology，心理学，97，102，282

realism，实在论，526

reductionism，还原主义，525

social sciences，社会科学，672–674

solipsism and，唯我论与~，548–550

thermodynamics，热力学，195

transcendental，先验的，485–487

phi phenomenon，Φ现象，653–654

Philosophical Investigations（Wittgenstein），《哲学研究》（维特根斯坦），565–566，573

Philosophical Remarks（Wittgenstein），《哲学评论》（维特根斯坦），552

Philosophical Theology（Tennant），《哲学神学》（坦南特），708–709

Philosophical Theory of the State, The（Bosanquet），《国家的哲学理论》（鲍桑葵），294

Philosophie de l' Art（Taine），《艺术哲学》（丹纳），15

Philosophie of the Unconscious（Hartmann），《无意识哲学》（哈特曼），108

1171

Philosophie Studien（journal），《哲学研究》（杂志），99

Philosophische Arbeiten（journal），《哲学论著》（杂志），29

philosophy，哲学
 apocalyptic，末日预言式的～，573–577
 history of，～史，37–38，573–574
 of language，语言～，564
 as metaphysics，作为形而上学的～，565–567
 place of，～的地位，567–568
 priority of，～的优先性，572
 systems，体系，72

Philosophy in a New Key（Langer），《哲学新解》（兰格），732

Philosophy of Arithmetic（Husserl），《算术哲学》（胡塞尔），482–483

Philosophy of Loyalty（Royce），《忠诚哲学》（罗伊斯），57

Philosophy of Religion（Caird），《宗教哲学》（凯尔德），45

Philosophy of Symbolic Forms（Cassirer），《符号形式的哲学》（卡西尔），230，433–434

physics，物理学
 geometry and，几何学与～，214–216，604–606
 idealism，唯心主义，429
 indirect method，间接方法，200–201
 mathematics and，数学与～，199–200，201
 observable properties，可观察的性质，20，
 picture theory of meaning，意义的图画理论，22

physiology，生理学
 mental，心理生理学，95
 perception，知觉，19，652–653
 psychology，心理学，102，105，649

Physiology of Mind（Maudsley 1876），《心灵生理学》（莫兹利，1876），96

picture theory，图画理论，22，658–659

Pigou, A. C., 庇古, 238, 239

Pillsbury, Walter, 皮尔斯伯里, 641

pity, 怜悯, 275

Plato, 柏拉图
    actualisation, 实现, 440
    arts, 艺术, 350
    intelligence, 理智, 69
    judgement theory, 判断理论, 158
    Kantian approach to, 对~康德主义的探讨, 36
    understanding, 理解, 30

Platonic idealism, 柏拉图的唯心主义, 428, 432

Platonic ideas, 柏拉图的理念, 343 – 344

Platonic objects, 柏拉图的对象, 483

Platos Iddnlehre (Natorp), 《柏拉图的理念论》(那托尔普), 36

pleasure, 愉悦, 353 – 354

pleasure, role of, 愉悦, 愉悦的作用, 271 – 273

Plekhanov, G., V., 普列汉诺夫, 303 – 304, 305, 685, 799

Plotinus, 普罗提诺, 350

pluralism, value, and duty, 多元论, 价值与义务, 696

poetry, 诗歌, 344, 501

Poincaré, Henri, 彭加勒, 799
    impredicative definitions, 非述谓定义, 150
    law-explanations, 规律解释, 615 – 616
    non-Euclidean geometry, 非欧几何, 143
    probability, 概率, 或然性, 624
    on science, 论科学, 610

Poincaré transformation, 彭加勒变换, 217

Poland, 波兰
    First World War, 第一次世界大战, 376
    history, 历史, 401 – 404

history of logic，逻辑史，413－414

logic，逻辑，167－168，414－415

logic and mathematics，逻辑与数学，404－408

many-valued logic，多值逻辑，409－410

metamathematics，元数学，411－412

semantics，语义学，393

political economy theory，see economics，政治经济学理论，见经济学

politics，政治学

morality，道德，48，436－437

obligation，责任，义务，48，56

Popper, Karl，波普尔，392，537－538

populism，民粹主义，60－61

positivism，实证主义

background to，~的背景，11－13

biology，生物学，23－26

critique of，对~的批判，60－61，332－335

empirical positivism 经验实证主义，12，13－14，15，16－17，26

empirio-criticism，经验批判主义，21

in England，英国的~，16－18

in France，法国的~，13－15

in Germany，德国的~，18－23

human sciences，人文科学，222－223

in Latin America，拉丁美洲的~，508－509

law-explanations，规律解释，614－619

in literature，文学中的~，715

morality，道德，13－15

physics，物理学，18－23

religion and，~与宗教，321－322，708－709

scientific knowledge，科学知识，16－18

sociological positivism，社会学实证主义，14

see also logical positivism，亦见逻辑实证主义
Positivisme Anglais，*Le*（Taine），《英国实证主义》（丹纳），15
Pound，Roscoe，庞德，315，739，799－800
poverty，贫困，294
power，力，26
pragmatism，实用主义，74－78
 classic，古典～，75
 epistemology，认识论，541－543
 European pragmatism，欧洲实用主义，87－89
 experience and，～与经验，76－77，84－87
 idealism and，～与唯心主义，456－460
 inquiry and truth，探索与真理，78－81
 interpretation and，～与解释，76，
 morality and，～与道德，284
 positivism and，～与实证主义，77
realism and，～与实在论，75－76，79－81，84－87
 romantic，浪漫的～，88
 social sciences，社会科学，675－677
 truth，真理，75－76
 truth and inquiry，真理与探索，78－81
 truth and rationality，真理与合理性，81－84
Pragmatism（James），《实用主义》（詹姆斯），74，77，83
Prägnanz Law，简洁律，655
Pratt，J. B.，普拉特，451
predicate calculus，谓词演算，85，121－122，175，183
prediction，预言 619－620
presentations，呈现，表象，160，166，167，171，282－283，286
presuppositions，预先假定，160，166，167，171，282－283，286
Price，H. H.，普赖斯，522，523，528
Price，Richard，普赖斯，697，700

1175

Prichard, Harold, 普里查德, 286, 522, 531, 695, 698, 800

The Principles of Logic (Bradley), 《逻辑学原理》（布拉德雷）, 50 - 52

Prime Number Theorem (PNT), 素数定理, 134

primitive recursive relations, 原始递归关系, 596, 597

Principia Ethica (Moore), 《伦理学原理》（摩尔）, 277, 278 - 281, 357, 418

Principia Mathematica (Russell and Whitehead), 《数学原理》（罗素和怀特海）
 atomism, 原子主义, 383
 implication, 蕴涵, 460
 influence of, ~ 的影响, 68
 logic in, ~ 中的逻辑, 583 - 584
 logical atomism, 逻辑原子主义, 384 - 385
 theory of deduction, 演绎理论, 127
 theory of types, 类型论, 152 - 154, 389 - 390, 413

Principles of Art, The (Collinwood), 《艺术原理》（柯林伍德）, 728 - 731

Principles of Economics (Marshall), 《经济学原理》（马歇尔）, 236

Principles of Economics (Menger), 《经济学原理》（门格尔）, 240

The Principles of Logic (Bradley), 《逻辑学原理》（布拉德雷）, 126

Principles of Mathematical Logic (Hillbert and Ackermann), 《数理逻辑原理》（希尔伯特和阿克曼）, 585 - 586

Principles of Mathematics (Russell), 《数学原理》（罗素）, 186 - 187, 482

Principles of Mechanics, The (Hertz), 《力学原理》（赫兹）, 21 - 22

Principles of Mental Physiology (Carpenter), 《心理生理学原理》（卡彭特）, 95

Principles of Psychology (James), 《心理学原理》（詹姆斯）, 102, 332 - 334

Principles of Science（Jevons），《科学原理》（杰文斯），241，242

probability，概率，或然性

 classical，古典~，622

 knowledge，知识，627-628

 logic，逻辑，414

 measure theory，测度论，625

 modern，现代~，624-626

 quantum phenomena，量子现象，626

 in science，科学中的~，621-622

 statistical，统计~，622-624

 strong law of large number，强大数律，624

Problem of Christianity, The（Royce），《基督教的问题》（罗伊斯），58-59，334-335

problem solving，问题解决，78-79

Problems of Life and Mind（Lewes），《生命与心灵问题》（刘易斯），96

Problems of Mind and Matter（Wisdom），417

The Problems of Philosophy（Russell），《哲学问题》（罗素），522，524，540

Process and Reality（Whitehead），《过程与实在》（怀特海），446，448

progress, law of，进步，进步律，14

Prolegomena to Ethics（Green），《伦理学导论》（格林），46-48，261，290

proletariat，无产阶级，687-688，689，762-763

proof, methods of，证明的方法，16-17

proper names，专名

 logically proper，逻辑~，189

 reference of，~的指称，183

 sense of，~的含义，185

1177

propositional logic，命题逻辑

 atomic propositions，原子命题，385 - 386

 classical，古典~，408 - 411

 consistency，一致性，595 - 596

 decision problem，判定问题，594

 doctrine of，~学说，175

 ethics，伦理学，703

 functions，函项，446 - 447，583

 history of，~史，126 - 127

 intuitionism，直觉主义，589 - 591

 many-valued logic，多值逻辑，409 - 411

 matrix of，~矩阵，409

 mereology，部分论，412 - 413

 ontology，本体论，412

 protocol propositions，记录命题，536，558，671，677

 protothetic，第一要义，412

 psychological，心理学的~，660 - 661

 in Russell，罗素论~，153 - 154，384 - 389

 satisfiability，可满足性，594

 sentences in themselves，句子自身，158 - 159

 unity，统一性，190

 validity，有效性，594

 in Wittgenstein，维特根斯坦论~，384 - 389，420 - 421，659 - 661，663 - 664，703

protocol propositions，记录命题，536，558，671，677

Proust, Marcel，普鲁斯特，714 - 716

Przywara, Erich，普尔茨瓦拉，710

psychical distance，心理距离，359 - 360

psychoanalysis，心理分析，114 - 115

Psychological Review, The，《心理学评论》，101

Psychologie（Brentano），《心理学》（布伦塔诺），160
psychologism，心理主义，164，172
psychology, see also phenomenology，心理学，亦见现象学
　　in America，美国的 ~，101 – 103
　　art and，艺术与 ~，15
　　associationist，联想主义 ~，95，97，222，232
　　background，背景，649 – 651
　　behaviourism，行为主义，641 – 642
　　of belief，信念 ~，332
　　biological，生物 ~，95
　　in Britain，英国 ~，94 – 98
　　comparative，比较 ~，642
　　consciousness，意识，104 – 105
　　dispositions，性情，643 – 644
　　establishment of，~的确立，93 – 94
　　ethno-graphic，人种学的 ~，100，227
　　experimental，实验 ~，98，99 – 101，102 – 103
　　in France，法国的 ~，93
　　in Germany，德国的 ~，93，94，98 – 101
　　hedonism and，享乐主义与 ~,，485
　　idealism and，唯心主义与 ~，485
　　introspection，内省主义，96，97，103，105 – 106，641
　　judgement theory，判断理论，165 – 168
　　logic and，逻辑与 ~，125
　　method, subject, and theory，方法，主题与理论，103 – 106
　　as a natural science，作为自然科学的 ~，232
　　objective，客观的 ~，96，97 – 98
　　parallelism，平行主义，100 – 101，105
　　philosophy and，哲学与 ~，103
　　physiological，生理学与 ~，102，105，649

1179

principles of，~原理，102，332-334
relations of ideas，观念的关系，14
in Spencer，斯宾塞的~，263
subjective，主观的~，96，97
value theory，价值论，286，287
see also behaviourism；consciousness；Gestalt psychology，亦见行为主义，意识，格式塔心理学

Psychology of Imagination，The（Sartre），《想象心理学》（萨特），525
psychophysics，心理物理学，99
Pure Logic（Jevons），《纯粹逻辑》（杰文斯），122
Pure Theory of Law，纯粹法学理论，739，741-743

qua category，作为范畴的，742
qualities，性质，52
quantification theories，量化理论，594，595，617
quantifiers，量词，182-183
quantum mechanics，量子力学，207
quantum physics，量子物理学，204
Quest for Certainty，The（Dewey），《确定性的寻求》（杜威），704
Quetelet，Adolphe，奎特勒，621
Quine，W. V. O.，奎因
　and Carnap，~与卡尔纳普，394
　coherentism，融贯论，537
　Duhem-Quine problem，杜恒-奎因问题，201-203
　identity，同一性，179
　logic，逻辑，178
　modal logic，模态逻辑，591
Quixote，Don，奎克绍特，471

RA（Replacement Axiom），替换公理，148

race，种族，305，306

Radcliffe-Brown, Alfred，拉德克利夫-布朗，682–683，800

radical conventionalism，彻底的约定论，414–415

Rahner, Karl，拉赫纳，710，712

Ramsey, Frank，拉姆齐，87–88，154，540–541，627，800

Ranke, Leopold von，兰克，37

Rashdall, Hastings，拉什达尔，286，369，696

rational unity，理性统一体，432

rationalism，理性主义，81–84，475

ratiovitalism，理性生机论，472–474

rats, study of，对老鼠的研究，645–646

Raven, Charles，雷文，710

realism，实在论
    arts，艺术，724
    Critical Realism，批判的实在论，450–452，522，528
    direct realism，直接实在论，450
    experience and，经验与~，84–87
    idealism and，唯心主义与~，449
    New Realism，新实在论，449–450
    pragmatism and，实用主义与~，84–87
    science and，科学与~，201–202
    Scottish common-sense，苏格兰常识~，44，74
    types of，~的类型，449–452

reality，实在
    appearance，现象，52–53
    idealism，唯心主义，428
    monads，单子，65
    plurality，多数性，432
    pragmatism，实用主义，79–81

value，价值，55，
   in Zen Buddhism，佛教禅宗中的~，514
reason，理性
   reassessment of，对~的再评价，266-267
   role of，~的作用，73
   sanctification of，~的神圣化，462-463
   vital reason，生命理性，472-473
   will，意志，471
Reason in Art（Santayana），《艺术中的理性》（桑塔亚那），354
Rechtslehre（Kant），《法律论》（康德），740
recursion theory，递归论，597-598
Reducibility Axiom，可还原公理，389-390
reductionism，还原论，203
references，指称，183-185
Reflexionen（Kant），《论反省》（康德），29
Reichenbach, Hans，莱辛巴赫，801
general relativity，广义相对论，215，607
   general relativity measurements，广义相对论的测量，605-606
   leaves Germany，离开德国，399-400
   Neo-Kantianism，新康德主义，396
   probability，概率，398，624
   Vienna Circle，维也纳学派，392，393
Reicke, Rudolf，赖克，29
Reinach, Adolf，赖纳赫，171-173，369，801
reism，具相主义，415
rejection，拒绝，160，168
relationism，关联主义，690
relations between things，事物之间的关系，164
relativism in literature，文学中的相对主义，716-718
relativity theory，相对论，211-213

absolute simultaneity, 绝对的同时性, 72
  announcement of, ~的宣布, 600–601
general covariance, 广义协变性, 215, 601–604
  'geometrisation' of physics, 物理学的"几何化", 604–606
  importance of, ~的重要性, 207, 217–218
  Mach's Principle, 马赫原理, 604
  singularities, 奇点, 606–607
religion, 宗教
  absolute idealism, 绝对唯心主义, 55–57, 708–709,
  belief, 信念, 82
  community, 社群, 334–335
  crises in, 宗教危机, 43–45, 707
  critiques of, 对~的批判, 321–328
  defences of, 对~的辩护, 329–336
  empiricism, 经验主义, 323–326
  fabrication of, ~的创立, 14
  as fiction, 作为虚构的~, 41
  idealism, 唯心主义, 334–335, 434–435
  knowledge, 知识 324–325
  language, 语言, 325
  marginality of philosophy of, ~哲学的边缘性, 706–708
  materialism, 唯物主义, 326–327
  mysteries, 神秘, 13
  naturalism, 自然主义, 322–323
  nihilism, 虚无主义, 327
  phenomenology, 现象学, 489–492
  philosophy of action, 活动哲学, 330–331
  positivism, 实证主义, 321–322, 708–709
  Religion of Humanity, 人道宗教, 321–322
  renewal, signs of, 复兴, 复兴的迹象, 712–713

science and, 科学与宗教, 23, 25, 326, 336, 428
self-realisation, 自我实现, 49-50
war and, 战争与~, 709-712
see also Catholic philosophy, 亦见天主教哲学

Religious Aspects of Philosophy, *The* (Royce),《哲学的宗教方面》(罗伊斯), 57, 86

Renaissance, *The* (Pater),《文艺复兴》(佩特), 346

Renan, Ernest, 勒南, 322

representation, 表象, 表征
in Heidegger, 海德格尔论~, 443
indexical representations, 索引表征, 86
will, 意志, 111, 343

responsibility, 责任, 49-50

revelation, 启示, 434

revolution, 革命, 298-300, 306

Ribot, Théodule, 里博, 93, 98, 101

Ricardo, Davod, 李嘉图, 235

Richard, J., 理查德, 149-150

Richards, I., A., 理查兹, 87, 560-561

Rickert, Heinrich, 李凯尔特, 29, 38-40, 227-228, 230, 801
psychologism, 心理主义, 225

Riemann, Bernhard, 黎曼, 134, 155, 210

rightness, 正当
in emotivism, 情感主义中的~, 702-703
goodness and, 善与~, 695-699

rights, 权利
choice theory, 选择理论, 314-315
interest theory, 利益理论, 311

Río, Julión Sanz del, 里奥, 469

Ritchie, D. G., 里奇, 49, 293-295, 801-802

Rogers, A. K., 罗杰斯, 451

Roman law, 罗马法, 312

Romanes, George, 罗马尼斯, 93, 95

Romerbries（Barth），《致罗马人的信》（巴特），711

Romero, Francisco, 罗梅罗, 508

Rosenzweig, Franz, 罗森茨韦克, 710

Ross, David, 罗斯, 286, 695 – 698, 700 – 701, 802

Roy, Eduard Le, 勒鲁瓦, 88

Royal Economic Society, 皇家经济协会, 242

Royal Prussian Academy, 普鲁士皇家学院, 29

Royce, Josiah, 罗伊斯, 56 – 59, 85 – 86, 334 – 335, 449, 802

Rozanov, Vasili, 罗查诺夫, 65, 802 – 803

Rule of Law, 法律规则, 752 – 753

Runnstrom, John, 郎斯特罗姆, 633

Ruskin, John, 罗斯金, 338 – 341, 348, 351

Russell, Bertrand, 罗素, 803 – 804
    analytic philosophy, 分析哲学, 186 – 189
    behaviourism, 行为主义, 560, 644
    Bergson and, ～与柏格森, 71 – 72
    constructivism, 构成主义, 建构主义, 390
    descriptions theory, 摹状词理论, 419
    emotivism, 情感主义, 700
Frege and, ～与弗雷格, 68
history of logic, 逻辑史, 413
    idealism, 唯心主义, 427 – 428
    James and, ～与詹姆斯, 87
    judgement theory, 判断理论, 189 – 192
    knowledge, 知识, 539 – 541
    liberalism, 自由主义, 747
    logical analysis, 逻辑分析, 418 – 420

logical atomism, 逻辑原子主义, 554 – 555

logical construction, 逻辑构造, 390

logical positivism, 逻辑实证主义, 392

MacColl and, 麦克尔, 127

Neutral Monism, 中立一元论, 84, 87

propositional logic, 命题逻辑, 153 – 154, 384 – 389

reducibility, 可还原性, 154, 389, 413

Russell's paradox, 罗素悖论, 133, 148, 151, 179

on Santayana, 论桑塔亚那, 472

sense-data theories, 感觉材料理论, 522, 523, 524, 531, 540 – 541

solipsism and, ~与唯我论, 545 – 546, 551

type theory, 类型论, 152, 154, 389 – 390, 413, 583

vicious-circle principle, 恶性循环原则, 152

war opposition, 反战, 372 – 373

Wittgenstein and, 维特根斯坦与 ~, 375

see also logical atomism, 亦见逻辑原子主义

Russia, 俄罗斯

capitalism in, ~的资本主义, 304

collectivism, 集体主义, 299

'Godseekers', "寻神派", 64 – 65

idealism, 唯心主义, 60

inter-war period, 两次战争之间时期, 721

metaphysical idealism, 形而上学唯心主义, 61 – 64, 65, 66

populism, 民粹主义, 60 – 61, 303 – 304

positivism, 实证主义, 61

revolution, 革命, 303, 376, 685

vitalism, 活力论, 639

Ryle, Gilbert, 赖尔, 567

Sachverhalt（state of affairs），事态，164－166，169，171－173，384，386

Sain Simon, Henri de，圣西门，16

Sanctis, Gaetano De，桑克蒂斯，756

Santayana, George，桑塔亚那，353－355，804
 Americanism，美国主义，472
 character-complex，特性复合体，451
 Dewey and，~与杜威，455－456
 naturalism，自然主义，641

Sartre, Jean-Paul，萨特，804
 consciousness，意识，525－526，528
 existentialism，存在主义，493－494
 La Nausée，恶心，718－720
 solipsism and，~与唯我主义，547－548

satisfaction，满足，55

satisfiability，可满足性，593－594，597

Saussure, Ferdinand de，索绪尔，559－560

Savigny, Friedrich，萨维尼，310，311

Say, Jean-Baptiste，萨伊，235

Scandanavia，斯堪的纳维亚，316－317

scepticism，怀疑主义，57，483，534－535，538－541，545－546

Scheler, Max，舍勒，488－489，804

Schelling, F. W. J.，谢林，351，440

Schiller, F. C.，席勒，88，804

Schilck, Moritz，石里克，804－805
 analytic philosophy，分析哲学，421－422
 convenes Vienna Circle，召集维也纳学派，392
 epistemology，认识论，535－536
 inductive science，归纳科学，393
 logical positivism，逻辑实证主义，397

剑桥哲学史(1870—1945)

    murder of，～遇刺，399

    protocol – sentence debate，记录语句之争，396 – 397

    verification principle，证实原则，394 – 395，556 – 557

Schmitt, Carl，施密特，759 – 760，805

Scholastics，经院哲学家，164

Schopenhauer, Arthur，叔本华，108 – 109，111，338，343 – 345，545

Schröder, Ernst，施罗德，123

Schrödinger, Erwin，薛定谔，626

Schumpeter, Joseph，熊彼特，754

Schurman, Jacob Gould，舒尔曼，436

Schütz, Alfred，舒茨，673 – 674，805 – 806

Schwarzschild, Karl，史瓦西，606 – 607

Schweitzer, Albert，施韦策，711

science，科学

    goals of，～的目标，609 – 610

    idealism and，唯心主义与～，429

    indirect method，间接方法，200 – 201

    logical positivism and，逻辑实证主义与～，398 – 399

    metaphysics and，形而上学与～，197，567 – 570

    positivism in，～中的实证主义，16 – 18

    probability，概率，621 – 622，

    realism in，～中的实在论，11 – 12

    reductionism，还原主义，395

    religion and，宗教与～，45 – 49，199，428

Science of Ethics（Stephen），《伦理科学》（斯蒂芬），263

The Science of Mechanics（Mach），《力学》（马赫），20

science, philosophy of，科学，科学哲学，16s

scientific explanation，科学的解释

    analogies，类比，613 – 614

索 引

cause-explanations，原因解释，608－615

covering-law，model，覆盖律模型，619－620

inductive and deductive，归纳与演绎，611－613

intelligibility，可理解性，610－611

law-explanations，规律解释，614－619

logical positivism，逻辑实证主义，616－619

modes of，～的方式，608－610

positivism and，实证主义与～，614－616

prediction，预言，619－620

Scientific Lectures（Mach），《科学讲演集》（马赫），20

scientific theories，theory of，科学理论的理论，671

scientific world conception，see logical positivism，科学世界观，见逻辑实证主义

Scottish common-sense realism，苏格兰常识实在论，44，74

SCP（Set Comprehension Principle），集合包含原则，148－149

Second International，第二国际，297，685

Second Thoughts（Ewing），《重新思考》（尤因），701

Second World War，第二次世界大战，415－416，465

secondness，第二位性，444－445

Secret of Hegel, The（Stirling），《黑格尔的秘密》（斯特林），44

the self，as illusion，自我，作为幻象的自我，15

self-awareness，自我意识，548

self-explanatory，不解自明的，438－439

self-interest，自利，288，290－291

self-knowledge，自我认识，548

self-realisation，自我实现，49－50

self-sacrifice，自我牺牲，270－271

self-worth，自尊，268－269

Sell，Alan，塞尔，708

Sellars，Roy Wood，塞拉斯，罗伊·伍德，451，456，641，806

1189

Sellars, Wilfred, 塞拉斯，威尔弗雷德, 530, 532
semantics, 语义学
    categories of, ~的范畴, 181-183
    in Frege, 弗雷格的~, 182-183
    in Tarski, 塔尔斯基的~, 411-412, 559
sensations, 感觉
    as judgements, 作为判断的~, 46
    objectively interpreted, 客观解释的~, 485
    perception and, 知觉与~, 528-529
    scale of, ~的量表, 99
Sense and Sensibilia (Austin), 《感觉与可感觉物》（奥斯汀）, 521, 529
sense-data theories, 感觉材料理论, 521-525
    in Austin, 奥斯汀的~, 521, 529
    in Ayer, 艾耶尔的~, 522
    in Broad, 布罗德的~, 522, 523, 527-528
    comparisons, 比较, 527-532
    contrasts, 差别, 527-532
    in Lewis, 刘易斯的~, 530, 531
    realism and, 实在论与~, 531
    in Russell, 罗素的~, 384, 386, 522, 524, 531, 540-541
    semantics, 语义学, 415
    in Wittgenstein, 维特根斯坦的~, 386
Sense of Beauty, The (Santayana), 《美感》（桑塔亚那）, 353-354
sensory impressions, 感觉印象, 24
sensory perception, empirical research, 感官知觉，感觉，经验研究, 93
sentences, 语句，句子
    context principle, 语境原则, 179
    definite descriptions, 限定摹状词, 187-188

nature of, ~的性质, 175

  references of, ~的指称, 183, 185

  sense of, ~的含义, 185

  use of, ~的用法, 169 – 170

sentences in themselves, 句子自身, 158 – 159

Separation Axiom, 分离公理, 149, 584

serial actualisation, 系列实现, 439 – 444

  aesthetic series, 审美系列, 441 – 444,

  types of, ~的类型, 440 – 441

Set Comprehension Principle, (SCP), 集合包含原则, 148 – 149

set theory, 集合论

  axiomatic, 公理~, 141, 584 – 585

  in Cantor, 康托尔的~, 138 – 142

  in Husserl, 胡塞尔的~, 482

  importance of, ~的重要性, 155

  naïve, 素朴~, 593

  paradoxes, 悖论, 147 – 149

  in Poland, 波兰的~, 406

  propositional functions, 命题函项, 583

  in Zermelo, 策梅罗的~, 141, 149, 150, 205, 584, 599

Seth, A., 塞斯, 53

Shaftesbury, Anthony Ashley Cooper, 3rd Earl of, 莎夫茨伯里伯爵三世, 337 – 338

Sidgwick, Henry, 西奇威克, 237 – 238, 255, 257 – 260, 262, 806

Sierpiński, Waclaw, 谢尔平斯基, 402, 405

Sigwart, Christopher, 西格瓦特, 124

Similarity Law, 相似律, 654 – 655

Simmel, Georg, 席梅尔, 29, 35, 41, 225 – 226, 228

Sinclair, May, 辛克莱, 427

Singer, E. A., 辛格, 641

singularities，奇点，606-607

Skinner, B. F.，斯金纳，640, 644-647

Skolem, Thoralf，斯柯伦，584-585, 593-594, 806

slave morality，奴隶道德，267-268, 270, 271, 327-328

Sleszyński, Jan，斯莱钦斯基，403

Smith, Adam，斯密，235

Smith, J. A.，史密斯，431-432

Smuts, J. C.，斯马茨 633

social action，社会行动
   language and，语言与~，250-251
   pragmatism and，实用主义与~，459
   sociology，社会学，250-252

Social Darwinism，社会达尔文主义，240

social facts，社会事实，247, 251

social sciences，社会科学
   Critical Theory，批判理论，674-677
   hermeneutics，解释学，672-674
   historiography，历史编撰学，672-674
   methodology，方法论，669-670
   natural sciences and，自然科学与~，669-670
   phenomenology，现象学，672-674
   pluralism，多元主义，670, 674-675
   positivism，实证主义，670-672
   pragmatism，实用主义，675-677
   sociology and，社会学与~，246-250

social welfare，社会福利，38

socialism，社会主义
   calculation debate，社会主义计算之争，751
   emergence of，~的出现，297
   Guild Socialism，基尔特~，747

liberal democracy and，自由民主制度与~，746

　　　Marxism and，马克思主义与~，308

　　　planning，计划，751-752

　　　as reform，作为改革的~，294-295

　　　in Ruskin，罗斯金论~，340-341

society, idea of，社会，社会的观念，248-249

sociology，社会学

　　　in Durkheim，涂尔干的~，246-248

　　　history of，~史，41

　　　of knowledge，知识~，689-690

　　　language and，语言与~，250-251

　　　laws of，~的规律，232

　　　methods of，~的方法，14，248

　　　science and，科学与~，245，246-248

　　　social action，社会行动，250-252

　　　as a social science，作为社会科学的~，246-250

　　　subjectivity of，~的主观性，61

solipsism，唯我论

　　　anti-Cartesian，反笛卡尔的~，546-547

　　　common sense，常识，545-546

　　　existentialism and，~与存在主义，547-548

　　　language and，~与语言，550-553

　　　partial and global，部分的~和全面的~，544-545

　　　phenomenology and，~与现象学，203，548-550

　　　psychology and，~与心理学，661-663

Solly, Thomas，索利，120

Soloviev, Vladimir，索洛维约夫，60-64，66，806-807

Sophia, concept of，索非亚，索非亚的概念，62，64

Sorel, Georges，索雷尔，306-307

Soul and the Forms, The (Lukács)，《灵魂与形式》（卢卡奇），723

soul, existence of, 灵魂，灵魂的存在，103，330
Southwest school, 西南学派，28，37-40
sovereignty, 主权，君权，309，310，313
space, 空间
 as construction, 作为构造的~，19
 exclusivity claim, 排他性主张，31-32
 proof of, ~的证明，20
 subjectivity of, ~的主观性，32
space-time, 时空
 classical, 古典时空，212
 conceptual discussion, 概念讨论，214-216
 general covariance, 广义协变性，601-654
 general relativity, 广义相对论，211-213，215
 geometry, 几何，207-208
 matrix of, ~矩阵，439
 in Minowski, 明可夫斯基论~，210-211，217
 special theory of relativity, 狭义相对论，207-210，211
Space, Time and Deity (Alexander)，《空间，时间，神》（亚历山大），636
Spain, 西班牙
 Catalan philosophy, 加泰罗尼亚哲学，475
 generation of '14, 1914的一代，472-474
 generation of '27, 1927的一代，475-476
 generation of '98, 1898的一代，470-472
 Krausism, 克劳泽主义，469-470
spatial perception, analysis of, 空间知觉，对空间知觉的分析，98
SPD (Social Democrat Party)，社会民主党，297，299，303
special theory of relativity, 狭义相对论，208-210，211，600-601
'specious present'，"似是而非的现在的东西"，71
speculative philosophy, see Second World War, 思辨哲学，见第二次世

界大战
    critiques of，对~的批判，442-444
    defence of，对~的辩护，447-448
    existence，存在，438-439
    series，系列，439-447
    series logic，系列逻辑，444-447

Speculum Mentis（Collingwood），《知识的图式》（柯林伍德），433

speech acts, theory of，言语行为理论，173

Spencer, Herbert，斯宾塞，807
    agnosticism，不可知论，325-326
    ethics，伦理学，255，263
    individualism，个人主义，290
    positivism and，~与实证主义，12，24-26
    psychology，心理学，93，95，96-97
    religion，宗教，323-324
    significance of，~的影响，256-257
    thought，思想，76

Spinoza, Baruch，斯宾诺莎，440，453

spontaneity，自发性，444-445

St Louis Hegelians，圣路易斯黑格尔主义者，56

St Paul，圣保罗，328

Stahl, Georg Ernest，斯塔尔，631

Stalinism，斯大林主义，302，756

the state，国家
    abolishment of，国家的废除，299-301
    anarchy and，~与无政府状态，299
    ethical state，伦理国家，757
    function of，~的功用，294
    in Gentile，金蒂莱论~，757
    in Hegel，黑格尔论~，757

morality and, 道德与~, 291-292, 294

states of affairs, 事态, 164-166, 169, 171-173, 384, 386

Statism and Anarchy (Bakunin), 《国家主义与无政府状态》（巴枯宁）, 298, 300

statistical probability, 统计概率, 622-624

statistics, 统计学, 17, 621

Stebbing, Susan, 斯特宾, 430

Stephen, Leslie, 斯蒂芬, 263-264, 323-324, 807-808

Stevenson, C. L., 斯蒂文森, 561, 701, 808

Stewart, D., 斯图尔特, 108

Stigler, George, 斯蒂格勒, 244

Stirling, J. H., 斯特林, 44

Stones of Venice, The (Ruskin), 《威尼斯之石》（罗斯金）, 339-340

Stout, G. F., 斯托特, 97, 98, 106, 158, 808

Strauss, Leo, 斯特劳斯, 505

Streeter, Bernard, 斯特里特, 434

Strong, C. A., 斯特朗, 451

structural functionalism, 结构功能主义, 682

Structure of Behaviour, The (Merlau-Ponty), 《行为的结构》（梅洛-庞蒂）, 526

Struve, Pëtr, 司徒卢威, 64-65

Stufenbaulehre, 等级结构学说, 739-740

Stumpf, Carl, 斯通普夫, 101, 165-166, 651, 808

subconsciousness, 潜意识, 104-105

subject, 主体
　in Peirce, 皮尔士论~, 448
　in Whitehead, 怀特海论~, 448

subjective psychology, 主观心理学, 96

substance, 实体
　definition of, ~的定义, 430-431

as illusion，作为幻像的～，15

Sustantial Vitalism，实体活力论，637-638

suffering，受难，273-275

sufficient reason principle，充足理由律，609

suicide，自杀，246-247，251

superman ideal，超人理想，275-276

supernaturalism，超自然主义，60，62

Syllabus of Logic，A（Solly），《逻辑学大纲》（索利），120

syllogisms，三段论，121-122，175

symbolic logic，符号逻辑，120-122

 in Cassirer，卡西尔的～，433-444

 in Heidegger，海德格尔的～，563

in Husserl，胡塞尔的～，482

 incomplete，不完全的～，187-189

 intersubstitutability，可互相替代性，182

 in Lewis，刘易斯的～，587

 in MacColl，麦克尔的～，126-127

 origins of，～的起源，592

 in Peirce，皮尔士的～，76

 in Russell，罗素的～，188

 in Saussure，索绪尔的～，559-560

 in Wittgenstein，维特根斯坦的～，659

 see also concepts: notation，亦见概念：记法，表示法

Symbolic Logic（Lewis），《符号逻辑》（刘易斯），587

Symbolic Logic（Venn），《符号逻辑》（维恩），124

synechism，连续论，85

syntax, categories of，句法，句法的范畴，181-182

synthetic philosophy，综合哲学

 arithmetic，算数的～，421

 critique of，对～的批判，443

　　　　Duhem-Quine problem，杜恒-奎因问题，201-203

　　　　geometry，几何学，144，146

　　　　serial synthesis，系列综合，439

　　　　system of，~的体系，24-25，325-326

System der Logik（Fischer），《逻辑系统》（费舍），32

System of Logic（Mill），《逻辑体系》（密尔），16，119，323

System of Synthetic Philosophy（Spencer），《综合哲学体系》（斯宾塞），24-25，325-326

Systems of Consanguinity（Morgan），《人类家庭的血亲和姻亲制度》（摩尔根），680

T-sentences，T-语句，559

Taine，Hippolyte，丹纳，14-15，322，609，808-809

Tanabe，Hajime，田边元，515-516，809

Tarski，Alfred，塔尔斯基，403-404，809

　　　　deductive logic，演绎逻辑，591

　　　　empiricism，经验主义，407

　　　　metamathematics，元数学，411-412

　　　　nominalism，唯名论，405

　　　　semantics，语义学，393

　　　　truth，真，559，597

tautologies，重言式，421

Taylor，A. E.，泰勒，436

technology，技术，3，761

temperament，性情，77

Temple，William，坦普尔，434，708

temporalisation，时间化，442

Tennant，F. R.，坦南特，708-709

terms，doctrine of，词，词项，词项论，175

theatre，舞台，467，724

theism，defence of，有神论，为有神论辩护，325

theocracy，神权政治，63

theology，神学，706–712

theories，理论，76，201–202，618–619

Theory of Good and Evil, The（Rashdall），《善恶论》（拉什达尔），286

Theory of Knowledge（Russell），《知识论》（罗素），190，540

Theory of Probability（Jeffreys），《概率论》（杰弗里斯），627

Theory of the Leisure Class（Veblen），《有闲阶级理论》（维布伦），240

Theory of the Novel, The（Lukács），《小说理论》（卢卡奇），723

Theory of Valuation（Dewey），《评价理论》（杜威），704

thermodynamics，热力学，195，204，205

'thermometer-analogy'，"温度计类比"，540

things-in-themselves，物自体，197–198

Third International，第三国际，756

Thirdness，第三位性，445

Thomist philosophy，托马斯主义哲学，462，464，712

    see also Aquinas, St Thomas，亦见阿奎那

Thornadike, Edwardt Lee，桑代克，655–656

thought，思想

    absolute mind，绝对的心灵，86

    being and，存在与～，427，491–492，498–499

    classes of，～的类别，281–284

    components of，～的组成部分，333

    content and object，内容与对象，285

    feeling and，感觉与～，54

    function of，～的功能，76

    immediacy and，～与直接性，514

    inclusivity of，～的包括性，54

    intentionality，意向性，160

kinds of，~的种类，175 – 176

language and，语言与~，176

nature of，~的性质，49

objectives，客体，171

operational thinking，操作性思维，705

reality and，~与实在，45，52 – 53，54

symbolic，符号式的~，732 – 733

Tillich, Paul，蒂利希，701，711

Tilliette, X.，蒂利埃特，463

time，时间

the Absolute and，绝对与~，432

aesthetic series，审美系列，441 – 442

being and，存在与~，503

as construction，作为构造的~，19

durance and，绵延与~，69 – 70

in literature，文学中的~，715，716 – 718

past, present, and future，过去，现在和将来，70 – 71

proof of，~的证明，20

relations of，~的关系，69

relativity of，~的相对性，716 – 718

simultaneity，同时性，208

unreality of，~的非实在性，430

Titchener, E. B.，铁钦纳，100 – 101，102 – 103，106，643

Tolman, Edward Chace，托尔曼，640，644 – 646

Tolstoy, Leo，托尔斯泰，349 – 350，730

Tractatus Logico – Philosophicus（Wittgenstein），《逻辑哲学论》（维特根斯坦）

ethics，伦理学，374 – 375

language，语言，420，6580659

logical atomism，逻辑原子主义，393，385

psychology in, ~中的心理学, 659–663

Ramsey and, 拉姆齐与~, 87

'Traditional and Critical Theory'（Horkheimer），"传统的与批判的理论"（霍克海默），691

tragedy, 悲剧, 344–345, 471

'Transcendental Aesthetic'（kant），"先验感性论"（康德），30, 31

'Transcendental Deduction'（kant），"先验演绎"（康德），40

Transcendentalism, 先验主义, 478–479

transfiguration, （肉体）变容, 63

transfinite numbers, 超穷数, 139–140

transubstantiation, 化体, 75

Treatise of Human Nature（Hume），《人性论》（休谟），45

Treatise on Man（Descartes），《论人》（笛卡尔），652–653

Trendelenburg, F. A., 特伦德伦堡, 32, 34

trinitarianism, 三位一体说, 440, 444–446

Troelsch, Ernst, 特勒尔奇, 29, 228

Trotsky, Leon, 托洛斯基, 722–723

truth, 真理，真

 analysis, 分析, 417–418

 art and, 艺术与~, 730–731

 in Bosanquet, 鲍桑葵论~, 432–433

 in Collingwood, 柯林伍德论~430

 in Dewey, 杜威论~, 457

 in Gentile, 金蒂莱论~, 757

 in Heidegger, 海德格尔论~, 571

 in literature, 文学中的~, 714–716

 logical atomism, 逻辑原子主义, 385–386

 objectivity of, ~的客观性, 158–159

 original, 原始的~, 571

 pragmatism and, 实用主义与~, 75–76, 79–80, 83–84

proof and, 证明与~, 412

propositions and, 命题与~, 158

rationalism and, 理性主义与~, 81-84

   states of affairs and, 事态与~, 171-173

   in Tarski, 塔尔斯基论~, 411-412

   in Wittgenstein, 维特根斯坦论~, 421, 555-556

truth-functions, 真值函项, 389, 555-556

truth-tables, 真值表, 421

truth-values, 真值, 185

Tugendhat, Ernst, 图根德哈特, 505

Turing, Alan, 图灵, 598, 809

Turner, J. M. W., 特纳, 339

Twardowski, Kazimierz, 特瓦尔多夫斯基, 166-168, 286, 376, 402, 809-810

Tylor, E., B., 泰勒, 680-681, 810

type theory, 类型论, 152-154, 230, 389-390, 413

übermensch, 超人, 275-276, 328

ugliness, 丑, 358-359

Ultimate Reality, 终极实在, 25, 52-53, 54-55

ultimates, 终极物, 438-439

Unamuno, Miguel de, 乌纳穆诺, 470-472, 810

unconsciousness, 无意识

   awareness, 意识, 108

   in Bergson, 柏格森论~, 111-112

   in Brentano, 布伦塔诺论~, 112-113

   concept of, ~的概念, 107-111

   critics of, ~（概念）的批评者 112-114

   dissociation, 分裂, 108

   in Freud, 弗洛伊德论~, 107, 114-115

in Hartmann，哈特曼论~，108，109－110

　　　in Helmholtz，赫尔姆霍茨论~，108，109

　　　in James，詹姆斯论~，113－114

　　　kinds of，~的种类，110

　　　in Leibniz，莱布尼茨，113

　　　physiology，生理学，104－105

　　　psychoanalysis，精神分析，107

　　　in Schopenhauer，叔本华论~，111－112

　　　split consciousness，分裂的意识，113

undecidability theorems，不可判定性公理，596－598

undefinability theorems，不可定义性公理，596－598

understanding，理解

　　　in Cassirer，卡西尔论~，731

　　　in Heidegger，海德格尔论~，500－511

　　　in Kant，康德论~，35

　　　in Plato，柏拉图论~，30

unemployment，失业，746，748－749

unified field theory，统一场理论，603，606，607

universal sciences，普遍科学，569，670－671

universality，普遍性

　　　in Blondel，布隆代尔论~，461－462

　　　in Marcel，马塞尔论~，467

　　　morality and，道德与~，268－270

　　　necessity，必然性，30

　　　value，价值，268－269

universals，共相，55，384

the Unknowable，不可知物，325－326，538

　　　see also the Absolute，亦见绝对

Unlimited，无限的东西，440

Urmson, J. O.，厄姆森，696

USA（United States of America），美国
　　aesthetics，美学，337
　　behaviourism，行为主义，640，657
　　cognitive psychology，认知心理学，650
　　economics，经济学，242
　　emergentism，突现论，638–639
　　emotivism，情感主义，695
　　epistemology，认识论，533，541–543
　　Gestalt psychology，格式塔心理学，657
　　Heidegger and，海德格尔与~，505–506
　　idealism，唯心主义，56–59，436，449
　　institutionalism，制度学派，240–241
　　inter-war period，两次战争之间时期，721
　　legal realism，法律实在论，314–315
　　liberal democracy，自由民主制度，745–750
　　logical positivism，逻辑实证主义，394，399–400
　　naturalism，自然主义，452–456，640，647–648
　　personal idealism，人格唯心主义，434–435
　　pragmatism，实用主义，74，284，456–460，541–543
　　psychology，心理学，101–103
　　religion，宗教，711
utilitarianism，功利主义
　　criticisms of，对~的批评，271–273
　　economics and，经济学与~，237–239，241
　　empiricist and intuitionist，经验主义的~与直觉主义的~，255–256
　　errors in，~中的错误，260–261
　　evolution and，进化与~，263–265
　　hedonism，享乐主义，271–273
　　ideal，理想的~，，286
　　intuitionism，直觉主义，255–260

  meaning of，~的意义，258

  pain，痛苦，274

  state and，国家与~，293-294

Utilitarianism（Mill），《功利主义》（密尔），255

Vaihinger, Hans，瓦伊欣格，29，32，40-41，89，393，810

Vailati, G.，瓦拉蒂，88

validity，有效性，594

value theory，价值论

  'Conception of Intrinsic Value'，"内在价值概念"，280

  in Dewey，杜威的~，704

  in Ehrenfels，埃伦费尔斯的~，287

  empiricism and，经验主义与~，704

  intuitionism and，直觉主义与~，695

  in law，法学中的~，316

  in Lewis，刘易斯的~，460

  in Meinong，迈农的~，286

  in Nietzsche，尼采的~，272-273

rationalism and，理性主义与~，704

  relevance，相关性，228

  universality，普遍性，268-270

Varona, José，瓦罗纳，508

Veblen, Thorstein，维布伦，240

Vekhi (Kushnerev)，路标（库斯涅列夫），64-65

Venn, John，维恩，124-125

verification principle，证实原则，81，394-395，556-558，561，709

vicious-circle principle (VCP)，恶的循环原理，152

Vienna Circle，维也纳学派

  atomism，原子主义，385

  first，第一维也纳小组，393

law-explanations，规律的揭示，609
　　　logical positivism，逻辑实证主义，421 - 422
　　　protocol-sentence debate，记录句之争，396 - 397
　　　scientific world conception，科学世界观，391 - 393
　　　statistical probability，统计概率，623
　　　verification principle，证实原则，556 - 558
Vienna School of Legal Theory，法学理论的维也纳学派，739
violence，暴力，306 - 307
Vischer, F. T.，菲舍尔，342
Vischer, R.，菲舍尔，342
vitalism，生机论
　　　in Begerson，柏格森的～，633 - 635
　　　élan vital，生命冲动，72，634 - 635
　　　emergent，突现～，635 - 638
mechanism and，机械论与～，631 - 632，637
　　　ratiovitalism，理性主义，472 - 474
　　　substantial，实体～，631 - 633，637 - 638
voluntarism，唯意志论，514

Walicki, Andrzy，瓦利斯基，304
Wallace, William，华莱士，44 - 45
Walras, Léon，瓦尔拉，235 - 236，237，243
Ward, James，沃德，53，97，98，165
warranted assertability，有保证的可断言性，457
Warsaw school，华沙学派
　　　history of，～的历史，401 - 404
　　　ideology，意识形态，405
　　　intuitive formalism，直觉的形式主义，407 - 408
　　　propositional calculus，命题演算，408 - 409
Watson, John，沃森，49

索 引

Watson, John B., 华生, 640, 641-642
Watsuji, Tetsurō, 和辻哲郎, 516-517, 811
Wealth and Welfare (Pigou), 《财富和福利》(庇古), 238
Wealth of Nations (Smith), 《国富论》(斯密), 235
weath, social nature of, 财富, 财富的社会性质, 294
Weber, E. H., 韦伯, 98-99
Weber, Max, 韦伯, 811
    laws, 规律, 230
    liberalism, 自由主义, 753
    methodology, 方法论, 670
    Neo-Kantianism, 新康德主义, 29
    Rickert and, 李凯尔特与~, 38
    social sciences, 社会科学, 251
Weber's Law, 韦伯定律, 98-99
Weiss, Johannes, 韦斯, 711
welfare, 福利, 238, 746
welfare economics, 福利经济学, 237-239
Well-Ordering Theorem (WOT), 良序定理, 141, 148
Weltanschauung philosophy, 人生观哲学, 391
Welträtsel, Die (Haeckel), 《宇宙之谜》(海克尔), 326-327
Wertheimer, Max, 韦特海默, 651, 652, 653-654, 656, 811
Western Marxism, 西方马克思主义, 688-690
    defeat of, ~的失败, 756
    in exile, 流亡中的~, 761-764
    in Gramsci, 葛兰西的~, 757-758
Weyl, H., 外尔, 150, 605, 606
What is Art? (Tolstoy), 《什么是艺术?》(托尔斯泰), 349
Whately, Richard, 沃特利, 119
Wheeler, J. A., 惠勒, 215
Whewell, William, 休厄尔, 12, 17, 44, 236, 259

Whistler, J. M., 惠斯勒, 811-812
Whitehead, A., 怀特海, 811-812
  algebra, 代数, 123
  at Harvard, 在哈佛, 394
  influence of, ~的影响, 68, 711
serial actualisation, 系列的实现, 440
  speculative philosophy, 思辨哲学, 446-447
Whitley Councils, 惠特利协议会, 748
will, 意志, 109-111
  belief and, 信念与意志, 333
  in Blondel, 布隆代尔论~, 463
  idea and, 观念与~, 112
  in James, 詹姆斯论~, 81-82, 333-334
  in Nietzsche, 尼采论~, 327-328
  reason and, 理性与~, 471
  representation and, 表象与~, 111, 343
  in Schopenhauer, 叔本华论~, 343
  in Unamuno, 乌纳穆诺论~, 471
  willing and willed, 自愿的~与被迫的~, 463
'Will to Believe, The'(James), "信仰意志"（詹姆斯）, 81-82, 333-334
Willey, Thomas, 威利, 31
Windelband, Wilhelm, 文德尔班, 30, 37-38, 157, 225-226, 812
Wisdom, John, 威兹德姆, 417
Wissenschaftslehre(Bolzano), 《精神科学》（波尔查诺）, 119-120, 158
Wittgenstein, Ludwig, 维特根斯坦, 812
  aesthetics, 美学, 734-735
  apocalyptic philosophy, 末日预言式的哲学, 573-577
  clarity, 清晰性, 573-574

contingent propositions，偶然命题，390

early view，早期观点，659 – 663

essence，本质，480

ethical propositions，伦理命题，703

forms of life，生活方式，735

Heidegger and，海德格尔与~，571 – 572

inter-war period，两次战争之间时期，710

language，语言，187，420，563 – 564，565 – 566，658 – 659

language, critique of，语言，对语言的批判，664

logical atomism，逻辑原子主义，383 – 390，555 – 556

metaphysics and，~与形而上学，565 – 567

picture theory，图画论，658 – 659

pragmatism and，~与实用主义，87 – 88

propositional logic，命题逻辑，384 – 389，420 – 421，659 – 661，663 – 664

psychological language，心理学语言，659 – 663，664 – 665

Russell and，~与罗素，190，191 – 192，375

solipsism and，~与唯我论，545，551 – 553，661 – 663

Vienna Circle and，~与维也纳学派，392

war service，战时服务，373 – 375

Wood, Allen，伍德，27

Woodbridge, F. J. E.，伍德布里奇，452 – 453，454，641，644，813

Woodard, Calvin，伍达德，314

words, nature of，词语，词语的性质，175

World and the Individual, The (Royce)，《世界与个体》（罗伊斯），58

World as Will, The (Schopenhauer)，《作为意志与表象的世界》（叔本华），343

World War I, see First World War，第一次世界大战

World War II, see Second World War，第二次世界大战

WOT (Well-Ordering Theorem)，良序定理，141，14

Wright, Chauncey, 赖特, 77, 133,
Wundt, W. M., 冯特, 99-100, 106, 108, 224-225, 227, 813
Würzburg school, 维尔茨堡学派, 106

Yang-Mills fields, 杨-米尔斯场, 218
Yerkes, Robert M., 耶基斯, 641

Der Zauberberg (Mann),《魔山》(曼), 716-718
Zawirski, Z., 扎韦斯基, 414
Zeller, Eduard, 策勒, 30
Zen Buddhism, 禅宗, 514
Zermelo, Ernst, 策梅罗, 813
 Axiom of Choice (AC), 选择公理, 141, 598-599
 Boltzmann and, 玻尔兹曼与~, 205
Cantor and, 康托尔与~, 150
 Separation Axiom, 分离公理, 149, 584
Zimmerman, Robert, 齐默尔曼, 342
Zubiri, Xavier, 苏维里, 475-476
Zweck des Rechts, Der (Jhering),《法的目的》(耶林), 311

后　记

本书是《剑桥哲学史》丛书中的一卷，它主要概括了1870年至1945年间欧洲和北美哲学的发展，同时也专设章节介绍和论述了拉丁美洲和日本哲学的情况。我们要特别感谢本卷主编英国约克大学的哲学教授托马斯·鲍德温应邀为本卷中译本写了序言，简明扼要地介绍了《剑桥哲学史》丛书及本卷的缘起、结构设计、内容特色和出版情况，为中国读者更好地理解本书的思想提供了很大的帮助。由于书中涉及的国别和人物众多，讨论的问题十分广泛，而且在有限的篇幅内不可能提供更详尽的背景信息，这给我们对原文的理解和准确翻译带来了很大的困难。虽然在翻译过程中我们始终尽心尽责，努力追求完善，但由于对西方哲学理解方面的差距和翻译水平的局限，译文难免会有不少错误和疏漏，敬希读者不吝指正。

本书翻译是集体合作的成果。其中王柯平翻译了序言、第一篇、第二篇、第七篇、第十四篇；江怡翻译了第三篇、第四篇、第八篇、第十篇；张家龙翻译了第四十六章、第四十七章。其他部分均由周晓亮翻译，并对全部译文进行了统稿和必要的校正。中国社会科学院哲学研究所的罗嘉昌研究员，刘新文副研究员审阅了部分译稿，提出了宝贵意见；田时纲研究员、张慎研究员、杨深研究员在意大利文、德文和法文翻译方面提供了帮助，我们对此表示衷心的感谢。

本书的责任编辑张红编审做了大量严格细致的编辑工作，并在译文方面提出了许多宝贵的意见，本书的出版是与她付出的辛勤劳动分不开的，对此我们深表谢意。

本书的翻译得到了中国社会科学院科研局和哲学研究所的大力支持，被列为中国社会科学院重点研究项目。

周晓亮
2008年12月